西洋写本学

ベルンハルト・ビショッフ 著
佐藤彰一／瀬戸直彦 訳

西洋写本学

岩波書店

PALÄOGRAPHIE DES RÖMISCHEN ALTERTUMS UND
DES ABENDLÄNDISCHEN MITTELALTERS
4. Auflage

by Bernhard Bischoff

Copyright © Erich Schmidt Verlag GmbH & Co., Berlin 2009

First published 2009 by Erich Schmidt Verlag GmbH & Co., Berlin
This Japanese edition published 2015
by Iwanami Shoten, Publishers, Tokyo
by arrangement with Erich Schmidt Verlag GmbH & Co., Berlin

序　言

　本書はもともとヴォルフガング・シュタムラー(W. Stammler)の求めに応じて，彼が編集した『ドイツ文献学概観 Deutsche Philologie im Aufriß』の一部として寄稿した，「とくにドイツ文化圏を考察した」短かい「古書体学」から生まれた。そこでは古典古代におけるラテン語書体の発展やドイツ語圏以外の領域での文字関連の事柄は，ごくスケッチ風に素描することができただけであった。最初のテクストに，この部分を書き足して増補したいという提案は，出版社に好意をもって迎えられた。こうして古書体学の分野で議論の多かった諸問題について，自分の立場を明らかにし，おそらくいくつかの問題の解決にさらに近づくための，願ってもない機会が与えられた。増補されたこの草稿のために，叢書「ゲルマン学の基礎 Grundlagen der Germanistik」という場を提供してくれたエリノール・カーレス(E. Kahleyss)博士とフーゴ・モーザー(H. Moser)氏に感謝申し上げる。おなじくラテン語書体の立派な短縮形一覧表を作ってくれたミヒャエル・ベルンハルト(M. Bernhard)，ならびに校正の手助けをしてくれたガブリエル・ジラギ(G. Silagi)にお礼を述べたい。

　著書や論文を恵送下さることで，長年にわたって私の研究を支えてくれた多くの友人と同学の諸氏にも，感謝の言葉をつけ加えなければならない。とくに，今はもう故人となってしまった人たちを想起したい。すなわちフランシス・ウォーマルド(F. Wormald)，フランコ・バルトローニ(F. Bartoloni)，ジョルジョ・チェンチェッティ(G. Cencetti)，ジョヴァンニ・ムッツィオリ(G. Muzzioli)の諸氏である。こうした人々の助力が無かったならば，おそらく本書は書かれたとしても，これより遥かに欠落が多いものであったのは疑いない。

第 2 版序言

　本書の本文，したがってその基本内容は，わずかな個所(とくに 7 頁のパピルス紙の生産について)を除くほかは，変更をせずに済ますことができた。それでも註と文献の補充とともに，国際的に盛んな古書体学の研究成果を考慮にいれることが求められるであろう。その場合レナード・E. ボイル師の書誌(L. E. Boyle, Medieval Latin Palaeography, Toronto 1984)とならんで，ヤン゠ウーロヴ・シェーデル(J.-O. Tjäder)の『エラノス Eranos』誌上での本書の内容への批判がとくに有益であるのは明らかである。1985 年にパリのピカール出版社から刊行されたハルトムート・アツマ(H. Atsma)とジャン・ヴザン(J. Vezin)が翻訳した本書のフランス語版からは，新たに 3 点の本文図版を採録することができた。おなじくいくつかの手に取って見るのが困難な書体に関しては，このフランス語版巻末図版への参照を指示しておいた。

　またしても，この研究と結びついている 4 人の人物，すなわちシャルル・サマラン(Ch. Samaran)，ジャン・マロン(J. Mallon)，ニール・ケア(N. Ker)，アルベルト・ブルックナー(A. Bruckner)を失ったことを悲しまなければならない。彼らの影響は古書体学の歴史と将来の発展に，紛うかたない痕跡を残している。

第 4 版序言

　20 世紀ドイツにおける最高の古書体学者であり，この分野の国際学界において空前の偉大な学者のひとりベルンハルト・ビショッフ(1906-1991)の著書がかち得た不朽の名声は，エーリヒ・シュミット出版社(ベルリン)のおかげで，第一級の教本としてテクスト部分はそのままに，いまや新たに第 4 版として世に出ることになった。1986 年に刊行された第 2 版の文献情報を更新する──第 3 版(2004 年)は第 2 版の単なる再刊であった──ために，1986 年から 2008 年にかけて公刊された文献の精選リストを付け加えるべきであろう。これまでのドイツ語版が巻末図版を欠いていたことに，たびたび不便を感じてきた。これに対処するために，ハルトムート・アツマとジャン・ヴザンの翻訳により 1985 年にパリのピカール出版社から刊行されたフランス語版に付された巻末図版を，今回はドイツ語原本にも加えることにした。ベルンハルト・ビショッフはこの精選された図版を承知しており，本書の第 2 版ではこれらにも折にふれて参照するように指示していた。フランス語版の線画で書かれた 2 つの書体の事例も本書に収録された(179 頁)。この第 4 版が，これまでの版と同じように好評をもって迎えられ，広く読者を得ることを願っている。

ヴァルター・コッホ

目　次

序　言／第 2 版序言／第 4 版序言
略号一覧

はじめに …………………………………………………… 001

A. 写本学

第 I 章　支持素材と筆記用具 …………………………… 007

1. パピルス紙 ………………………………… 007
2. 鞣皮紙（じゅうひし）……………………… 009
3. パリンプセスト …………………………… 012
4. 紙 …………………………………………… 014
5. 蠟　板 ……………………………………… 015
6. その他の支持素材 ………………………… 017
7. インクと顔料 ……………………………… 019
8. 筆記用具 …………………………………… 022

第 II 章　写本の形態 …………………………………… 025

1. コーデクス ………………………………… 025
2. 判　型 ……………………………………… 030
3. ページ・レイアウト ……………………… 035
4. 装　丁 ……………………………………… 039
5. 巻子本と折畳み紙 ………………………… 041
6. タブラ ……………………………………… 044
7. 証書と書簡 ………………………………… 045

第III章　書字と写字 ……………………………………………… 049
　付論　偽書 ………………………………………………………… 059

B. ラテン語書体の歴史

　予備的考察 ………………………………………………………… 065
第I章　古代のラテン語書体 ……………………………………… 071
　1. ラテン語書体 ………………………………………… 071
　2. キャピタル書体 ……………………………………… 073
　3. 古ローマ草書体 ……………………………………… 082
　4. 新ローマ草書体 ……………………………………… 085
　5. アンシアル書体 ……………………………………… 087
　6. 古(東方)半アンシアル書体 ………………………… 095
　　──「リウィウス簡略本」の書体とその類縁書体
　7. 新半アンシアル書体 ………………………………… 100
　8. 複数の書体の並存 …………………………………… 105
　9. 速記書体 ……………………………………………… 107
第II章　中世のラテン語書体 ……………………………………… 111
　1. アイルランドのラテン語書体 ……………………… 111
　2. アングロ・サクソン書体 …………………………… 121
　3. 西ゴート(モサラベ)書体とシナイ書体 …………… 130
　4. イタリアとフランスにおける小文字書体への発展 … 136
　5. ベネヴェント書体 …………………………………… 148
　6. カロリング小文字書体の完成と勝利 ……………… 153
　7. 9世紀後半から12世紀にかけての書体の発展 …… 162
　8. ゴシックのテクストゥラ(テクストゥアリス)書体 … 175
　9. ゴシック草書体と折衷書体 ………………………… 187
　10. ユマニスト書体 …………………………………… 200

第 III 章　補助記号 …………………………………………………… 207

1. 短縮形 ……………………………………………… 207
   付　中世盛期および後期における短縮形とその方法 216
2. 句読点法と関連記号 ……………………………… 230
3. 記譜記号 …………………………………………… 235
4. 数　字 ……………………………………………… 239
5. 暗号文字 …………………………………………… 241

C. 文化史のなかの写本

1. 古代・キリスト教ローマ ………………………… 245
2. 中世初期 …………………………………………… 259
3. カロリング朝期 …………………………………… 277
4. 10 世紀から 12 世紀まで ………………………… 291
5. 中世後期 …………………………………………… 308
6. 人文主義の時代 …………………………………… 323

文献一覧 ………………………………………………… 329
精選文献目録 (1986–2008 年) ………………………… 355
日本語文献案内・参考地図 …………………………… 386
図　版 …………………………………………………… 393
訳者あとがき …………………………………………… 419
索　引 (人名・地名・事項，研究者名，写本) ……… 425

函図版
　　（表）　ブルゴーニュ公フィリップ善良公の祈禱書 (本書 34 頁参照)。
　　　　　ÖNB Vienna: Cod. 1800.
　　（裏）　ザンクト・ガレン修道院の理想的な設計プラン (本書 53, 284 頁
　　　　　参照)。

略号一覧

Abh.	Abhandlungen
Arch.	Archiv
Arch. f. Dipl.	Archiv für Diplomatik, Schriftgeschichte, Siegel- und Wappenkunde
Arch. f. Urk.	Archiv für Urkundenforschung
Arch. Pal. Ital.	Archivio Paleografico Italiano (Hrsg. Ernesto Monaci u. a., Rom 1882 ff.)
Arch. stor. ital.	Archivio storico italiano
Arndt / Tangl	Wilhelm Arndt / Michael Tangl, Schrifttafeln zur Erlernung der lateinischen Paläographie 1/2 (4. Aufl.), 3 (2. Aufl.) (Berlin 1904–1906)
Baesecke, Lichtdr.	Georg Baesecke, Lichtdrucke nach altdeutschen Handschriften (Halle / S. 1926)
Battelli, Lezioni[3]	Giulio Battelli, Lezioni di paleografia, 3. ed. (Vatic. 1949)
Becker, Catalogi	Gustavus Becker, Catalogi bibliothecarum antiqui (Bonn 1885)
Bibl. Éc. Chartes	Bibliothèque de l'École des Chartes
Bischoff, Kalligraphie	Bernhard Bischoff, Kalligraphie in Bayern. Achtes bis zwölftes Jahrhundert (Wiesbaden 1981)
–, Ma. Studien	–, Mittelalterliche Studien 1–3 (Stuttgart 1966–1981)
–, Paläographie	–, Paläographie, in : Wolfgang Stammler (Hrsg.), Deutsche Philologie im Aufriß 1² (Berlin / Bielefeld / München 1957), Sp. 379–452 ; auch Sonderdruck
–, Paléographie	–, Paléographie de l'antiquité romaine et du moyen âge occidental. Traduit par Hartmut Atsma et Jean Vezin (Paris 1985)
–, Schreibschulen	–, Die südostdeutschen Schreibschulen und Bibliotheken in der Karolingerzeit. 1. Die bayrischen Diözesen, 3. Aufl. (Wiesbaden 1974 ; 1. Aufl. Leipzig 1940) ; 2. Die vorwiegend österreichischen Diözesen (Wiesbaden 1980)
Bruckner, Scriptoria	Albert Bruckner, Scriptoria medii aevi Helvetica, 14 Bde. (Genf 1935–1978)
Bullett.	Bullettino

Catal. manoscr. datati	Catalogo dei manoscritti in scrittura latina datati o databili 1 (Hrsg. Viviana Jemolo ; Turin 1971) ; 2 (Hrsg. Francesca di Cesare ; Turin 1982)
Catal. mss. datés	Charles Samaran / Robert Marichal, Catalogue des manuscrits en écriture latine portant des indications de date, de lieu ou de copiste, bisher Bd. 1-3, 4/1, 5-7 (Paris 1959 ff.)
Catal. of Dated and Datable mss.	(1) Catalogue of Dated and Datable Manuscripts c. 700-1600 in the Department of Manuscripts in the British Library (London 1979) ; (2) C. of D. and D. Mss. ca. 435-1600 in Oxford Libraries (London 1984) (Andrew G. Watson)
Cavallo, Libri	Guglielmo Cavallo, Libri e lettori nel medioevo (Bari 1977)
Cencetti, Compendio	Giorgio Cencetti, Compendio di paleografia latina (Neapel 1963)
–, Lineamenti	–, Lineamenti di storia della scrittura latina (Bologna 1954)
–, Pal. lat.	–, Paleografia latina (Guide 1 ; Rom 1978)
Cgm	Codex Germanicus Monacensis
Chatelain, Pal. class. lat.	Émile Chatelain, Paléographie des classiques latins 1/2 (Paris 1884-1900)
ChLA	Albert Bruckner / Robert Marichal u. a., Chartae Latinae Antiquiores, bisher 1-15, 17, 18, 20-22 (Olten / Lausanne 1954-1967 ; Zürich 1975 ff.)
Chroust	Anton Chroust, Monumenta palaeographica, Denkmäler der Schreibkunst des Mittelalters, I. und II. Ser. (München 1902-1917) ; III. Ser. (Leipzig 1931-1940)
CLA	Elias Avery Lowe, Codices Latini Antiquiores, 1-11 und Suppl. (Oxford 1934-1971) ; 2^2 (ebd. 1972)
CLA Addenda	Bernhard Bischoff / Virginia Brown, Addenda to Codices Latini Antiquiores, in : Mediaeval Studies 47 (1985), S. 317-366, Taf.
Clm	Codex Latinus Monacensis
Crous / Kirchner, Schriftarten	Ernst Crous / Joachim Kirchner, Die gotischen Schriftarten (Leipzig 1928)
CSEL	Corpus Scriptorum Ecclesiasticorum Latinorum (Wien 1866-)
DA	Deutsches Archiv für Erforschung des Mittelalters
Datierte Hss.	Datierte Handschriften in Bibliotheken der Bundesrepublik Deutschland (Hrsg. Johanne Autenrieth), 1 Frankfurt a. Main (Gerhard Powitz) (Stuttgart 1984)

Degering, Schrift	Hermann Degering, Die Schrift. Atlas der Schriftformen des Abendlandes vom Altertum bis zum Ausgang des 18. Jahrhunderts (Berlin 1929)
Écr. lat.	Jean Mallon / Robert Marichal / Charles Perrat, L'Écriture latine de la capitale romaine à la minuscule (Paris 1939)
Ehrle / Liebaert	Franz Ehrle / Paul Liebaert, Specimina codicum Latinorum Vaticanorum (Bonn 1912)
Exempla scripturarum I (II, III)	Bruno Katterbach / Augustus Pelzer / Carolus Silva-Tarouca, Codices Latini saeculi XIII (Ex. scr. I, Vatic. 1928) ; B. Katterbach / C. Silva-Tarouca, Epistolae et instrumenta saeculi XIII (dass. II, ebd. 1930) ; Iulius Battelli, Acta pontificum^2 (dass. III, ebd. 1965)
Fichtenau, Mensch und Schrift	Heinrich Fichtenau, Mensch und Schrift im Mittelalter (Wien 1946)
Fischer, Schrifttafeln	Hanns Fischer, Schrifttafeln zum althochdeutschen Lesebuch (Tübingen 1966)
Foerster, Abriß^2	Hans Foerster, Abriß der lateinischen Paläographie, 2. neubearb. u. verm. Aufl. (Stuttgart 1963)
Gumbert, Utrechter Kartäuser	J. P. Gumbert, Die Utrechter Kartäuser und ihre Bücher (Leiden 1970)
It. Med. e Um.	Italia Medioevale e Umanistica
Jahrb.	Jahrbuch
John, Lat. Pal.	James J. John, Latin Paleography, in : James M. Powell (Hrsg.), Medieval Studies, An Introduction (Syracuse, N. Y., 1976), S. 1–68
Katal. d. dat. Hss., Österreich	Katalog der datierten Handschriften in lateinischer Schrift in Österreich, 1–4 (Franz Unterkircher), 5 (Franz Lackner), 6 (Maria Mairold) (Wien 1969 ff.)
Katal. d. dat. Hss., Schweden	Katalog der datierten Handschriften in lateinischer Schrift vor 1600 in Schweden 1/2 (Monica Hedlund). Text, Taf. (Stockholm 1977–1980)
Katal. d. dat. Hss., Schweiz	Katalog der datierten Handschriften in der Schweiz vom Anfang des Mittelalters bis 1550 (Beat Matthias von Scarpatetti u. a.), bisher 2 Bde. (Dietikon-Zürich 1977 ff.)
Ker, Catal. of Mss.	Neil R. Ker, Catalogue of Manuscripts containing Anglo-Saxon (Oxford 1957)
–, Engl. Mss.	–, English Manuscripts in the Century after the Norman Conquest (Oxford 1960)
Kirchner, Script. Goth. libr.	Joachim Kirchner, Scriptura Gothica libraria (München / Wien 1966)

–, Script. Lat. libr.²	–, Scriptura Latina libraria, ed. alt. (München 1970)
Koehler, Karol. Min.	Wilhelm Koehler (Köhler), Die karolingischen Miniaturen, 1–3 (Berlin 1930–1960)
Koehler / Mütherich, Karol. Min.	Wilhelm Koehler / Florentine Mütherich, dass., bisher 4–5 (Berlin 1971 ff.)
Koennecke, Bilderatlas	Gustav Koennecke, Bilderatlas zur Geschichte der Deutschen Nationalliteratur (Marburg 1887)
Lehmann, Erforschung	Paul Lehmann, Erforschung des Mittelalters, 1–5 (Stuttgart 1959–1962 ; 1 : 1. Aufl. Leipzig 1941)
Lesne, Livres	Émile Lesne, Les livres, <scriptoria> et bibliothèques du commencement du VIIIe à la fin du XIe siècle (Histoire de la propriété ecclésiastique en France 4, Lille 1938)
Lindsay, Notae Latinae	W. M. Lindsay, Notae Latinae. An account of abbreviations in Latin manuscripts of the early minuscule period (ca. 700–850) (Cambridge 1915 ; Repr. Hildesheim 1965)
Litt. text.	Litterae textuales (Hrsg. J. P. Gumbert u. a.) (Amsterdam 1972–1976 ; Leiden 1976 ff.)
Lowe, Engl. Uncial	Elias Avery Lowe, English Uncial (Oxford 1960)
–, Pal. Papers	–, Palaeographical Papers 1907–1965 1/2 (Oxford 1972)
Mallon, De l'Écriture	Jean Mallon, De l'Écriture, Recueil d'études (Paris 1982)
–, Pal. rom.	–, Paléographie romaine (Madrid 1952)
Mazal, Gotik	Otto Mazal, Buchkunst der Gotik (Graz 1975)
–, Romanik	–, Buchkunst de Romanik (Graz 1978)
MBK	Mittelalterliche Bibliothekskataloge Deutschlands und der Schweiz, Bd. 1 und 2 bearb. von Paul Lehmann ; Bd. 3 bearb. von Paul Ruf ; Bd. 4, 1 bearb. von Christine Elisabeth Ineichen-Eder ; Bd. 4, 2 bearb. von Günter Glauche und Hermann Knaus (München 1918–1979)
MGH	Monumenta Germaniae Historica
Micheli, L'Enluminure	G. L. Micheli, L'Enluminure du haut moyen âge et les influences irlandaises (Brüssel 1939)
Milkau / Leyh, Handbuch²	Fritz Milkau / Georg Leyh, Handbuch der Bibliothekswissenschaft, 2. Aufl. (Bd. 1 Wiesbaden 1952 ; 3, 1 ebd. 1955)
Millares Carlo, Tratado	Agostín Millares Carlo, Tratado de paleografía española, con la colaboración de José Manuel Ruiz Asencio 1–3, 3. ed. (Madrid 1983)
MIÖG	Mitteilungen des Instituts für Österreichische Geschichtsforschung

MSB	Sitzungsberichte der Bayerischen Akademie der Wissenschaften, Philosophisch-historische Klasse
Mss. datés, Belgique	François Masai / Martin Wittek (Hrsg.), Manuscrits datés conservés en Belgique, bisher 4 Bde. (Brüssel / Gent 1968 ff.)
Mss. datés, Pays-Bas	Gerard Isaak Lieftinck, Manuscrits datés conservés dans les Pays-Bas, bisher 1 Bd. (Amsterdam 1964)
Münchener Beiträge	Münchener Beiträge zur Mediävistik und Renaissance-Forschung
New Pal. Soc.	The New Palaeographical Society. Facsimiles of Ancient Manuscripts, Ser. I–II (Hrsg. E. M. Thompson u. a. ; London 1903–1930)
Nomenclature	Nomenclature des écritures livresques du IXe au XVIe siècle (B. Bischoff / G. I. Lieftinck / G. Battelli) (Paris 1954)
Nordenfalk, Das frühe Mittelalter	Carl Nordenfalk in : André Grabar / Carl Nordenfalk, Das frühe Mittelalter vom vierten bis zum elften Jahrhundert (Die großen Jahrhunderte der Malerei ; Genf 1957)
–, Die romanische Malerei	Ders. in : André Grabar / Carl Nordenfalk, Die romanische Malerei vom 11. bis zum 13. Jahrhundert (ebd. ; Genf 1958)
–, Zierbuchstaben	–, Die spätantiken Zierbuchstaben. Text, Taf. (Stockholm 1970)
Paläographie 1981	Paläographie 1981. Colloquium des Comité International de Paléographie, München, 15.–18. September 1981. Referate (Hrsg. G. Silagi) (Münchener Beiträge 32, München 1982)
Pal. Soc.	The Palaeographical Society, Facsimiles of Manuscripts and Inscriptions, Ser. I–II (Hrsg. E. A. Bond u. a. ; London 1873–1894)
Petzet / Glauning	Erich Petzet / Otto Glauning, Deutsche Schrifttafeln des IX. bis XVI. Jahrhunderts aus Handschriften der K. Hof- und Staatsbibliothek (4/5 : der Bayerischen Staatsbibliothek) in München, 1–3 (München 1910–1912), 4/5 (Leipzig 1924–1930)
Rev. Bénéd.	Revue Bénédictine
s. (I ex.)	saeculi (I exeuntis)
Santifaller, Beiträge	Leo Santifaller, Beiträge zur Geschichte der Beschreibstoffe im Mittelalter. 1. Teil : Untersuchungen (Mitteilungen d. Inst. f. Österr. Geschichtsforschung, Erg.-Bd. 16, 1 ; Graz / Köln 1953).

SB	Sitzungsberichte
Schramm / Mütherich	Percy Ernst Schramm / Florentine Mütherich, Denkmale der deutschen Könige und Kaiser (München 1962)
Scritt. e civ.	Scrittura e civiltà (Turin 1977 ff.)
Seider	Richard Seider, Paläographie der lateinischen Papyri, bisher Bd. 1, 2/1, 2/2 (Stuttgart 1972 ff.)
Settimane	Settimane di Studio del Centro Italiano di Studi sull'Alto Medioevo
Steffens²	Franz Steffens, Lateinische Paläographie, 2. Aufl. (Berlin 1929)
Stiennon, Pal.	Jacques Stiennon, Paléographie du Moyen Age (Paris 1973)
StMOSB	Studien und Mitteilungen zur Geschichte des Benediktinerordens und seiner Zweige
Studi Med.	Studi Medievali
Thomson, Bookhands	S. Harrison Thomson, Latin Bookhands of the Later Middle Ages 1100–1500 (Cambridge 1969)
Tjäder, Nichtliter. lat. Pap.	Jan-Olof Tjäder, Die nichtliterarischen lateinischen Papyri Italiens aus der Zeit 445–700, 1 und Taf. (Lund 1954/1955); 2 (Stockholm 1982)
Traube, Nomina Sacra	Ludwig Traube, Nomina Sacra, Versuch einer Geschichte der christlichen Kürzung (München 1907)
–, Vorl. u. Abh.	–, Vorlesungen und Abhandlungen, 1–3 (München 1909–1920)
Wattenbach	Wilhelm Wattenbach, Das Schriftwesen im Mittelalter, 3. verm. Aufl. (Leipzig 1896)
Zbl. f. Bw.	Zentralblatt für Bibliothekswesen
Zimmermann, Vorkarol. Min.	E. Heinrich Zimmermann, Vorkarolingische Miniaturen. Text, Taf. (Berlin 1916)
Zs.	Zeitschrift
Zs. f. Bw. u. Bibl.	Zeitschrift für Bibliothekswesen und Bibliographie

はじめに

　古書体学(Paläographie)という用語は，サン・モール会士ベルナール・ド・モンフォコン(B. de Montfaucon)師が 1708 年に出版した『ギリシア古書体学 Palaeographia Graeca』に初めて現れる。この書物はギリシア語で書かれた写本の書体，および特徴についての網羅的な記述のゆえに，おおよそ 2 世紀にわたって基本文献としての権威を保ったのであった。ラテン語で書かれた写本の書体の体系的研究は，それより少し前に，モンフォコン師より年長で，おなじくサン・モール会士で友人でもあったジャン・マビヨン(J. Mabillon)師により大いに気運が高められていた。マビヨンは『古文書の形式について De re diplomatica』(1681 年)第 5 書で，様々な書体の見本を 4 世紀から 15 世紀までの文書をもとに，年代を追って，また書体類型ごとに提示している[1]。この書物は，書かれた文字を，その形態によって分類しようとする最初の試みを示すものであった。

　だがマビヨンは，自身が「ゴート書体」「ランゴバルド書体」「サクソン書体」「フランク・ガリア書体」とみなしたそれぞれの書体が，ローマ人の書体とは別の，互いに独立して発展した各蛮族の民族書体であると考えたのであった。これとは逆に，ヴェローナのシピオーネ・マッフェイ(S. Maffei)は，それらがローマ人の書体から成長した異体であるのを見抜いた。ラテン語書体を大文字書体，小文字書体，草書体の 3 つに分類するマッフェイのやり方は，書体の歴史を発生史的に研究するための最も実り豊かな出発点であったと言えよう。事実マッフェイの理論は原則として認められた。だが 18 世紀の古書体学がかち得た最も目覚ましい成果は，すでに知られている様々な書体を，細心の注意

---

[1] また De re diplomatica, lib. I., cap. 10［宮松浩憲訳『ヨーロッパ中世古文書学』九州大学出版会，2000 年］も参照。ラテン古書体学の歴史は Ludwig Traube が叙述している(Vorl. u. Abh. 1)。さらに Cencetti, Lineamenti, S. 7-17 ; Foerster, Abriß², S. 9-36 ; Stiennon, Pal., S. 23-54 も参照。ルネサンス期のラテン語書体に関する考察については，E. Casamassima, in : Studi Med., 3. Ser., 5 (1964) S. 525-578 を見よ。

をはらって体系的に整理したことにあった。それがサン・モール会士トゥスタン（Toustain）師とタッサン（Tassin）師の共著『新文書形式学提要 Nouveau traité de diplomatique』（パリ，1750-1765年，特に第3巻）であった。

この書物に見られるように，古書体学は文書形式学（Diplomatik）のまえで，19世紀にいたるまで影が薄かった。このことは，とりわけ写真の発明と複写技術の開発のおかげで，史料を思いのままに，かつより確実に増やすことができた時代になってもなおそうであった。古書体学の伝統的な役割は，古い文字を正確に解読する知識を与えるほかに，写本の制作年代の確定を可能にすることでもある。文字の形態を観察し，筆写に用いられた材料を検討することで，年代確定のためのいくつかの一般的規範が提唱された。

書体そのものが，歴史について何を語りうるかという認識の突破口を開いたのは，レオポル・ドリール（L. Delisle）であり，書体研究を文献学およびテクスト伝来の歴史と密接に関連づけながら行ったのはルートヴィヒ・トラウベ（L. Traube）であった。「書写室 Skriptorium」と「書体の系統 Schreibschule」という観念がここで生まれた。書体の様々な実例が集められ，トラウベは短縮形の歴史的解釈の基礎を確立した。このルートヴィヒ・トラウベ学派から出た最も重要な仕事は，E. A. ローウィ（E. A. Lowe）が編纂した『古ラテン書冊総覧 Codices Latini Antiquiores』（CLA）[2]である。紀元800年以前にラテン語で書かれたすべての写本が，この作品のなかで詳細な解題を付され，古書体学的な観点から分析されている。

書体の歴史は文字の書き方によって規定されていたのだという事実が，広く認識されるようになったのはもっと後のことである[3]。だがこのことは，近代の数人の書体学者が発見したというような類いのものではない。私は文書形式学者ルドルフ・フォン・ヘッケル（R. von Heckel）の教えを思い出す。彼はパウル・レーマン（P. Lehmann）と共に，1920年代の終わりに私に古書体学の手ほど

---

[2] この企画の成立に関しては T. J. Brown, E. A. Lowe and "Codices latini antiquiores", in : Scrittura e Civiltà 1 (1977), S. 177-197 参照。その続編と増補として B. Bischoff / V. Brown, Addenda to Codices Latini Antiquiores, in : Mediaeval Studies 47 (1985), S. 317-366, 18 Taf.（以下，CLA Addenda として引用する）．

[3] Cencetti, Lineamenti, S. 10 は，文字の発展系列に関して W. Wattenbach, Anleitung zur lateinischen Paläographie (1886) ですでに述べられている形態史についての見解を想起させる。

きをしてくれた。フォン・ヘッケルは，草書体こそが書体の変化の歴史を解く鍵であると考えていた。たとえば彼は，「右側に腹の突き出たb」の生成が，(運筆の勢いとその省力化の双方の規定を受けながら)「左側に腹の突き出たb」から自然に発展した結果であることを教えてくれた[図5参照]。

　書体を歴史的に理解するためには，他にも取り除いておかなければならない障害がある。それは各専門分野間の障壁と，素材それ自体に由来する障害である。証書書体や中世後期書体研究の分野，さらには，パピルス学の分野に関しても同様のことがいえる。古風を墨守する傾きのある尚書局の書体や「日常の書体」が，様々な時代に写本の書体に影響を及ぼした。ラテン語パピルスの書体は，たとえそれがいかに稀少で断片的であろうと，他の手段では近づきえない世紀について，古書体学が知ることができる唯一の方法であるだけに重要であり，書体の変化を理解するための不可欠の基礎を提供している。

　E. K. ランド(E. K. Rand)とヴィルヘルム・ケーラー(W. Köhler)は，ほぼ同時期にトゥールの「書写室」を主題とする記念碑的著作を，古書体学と美術史の観点からそれぞれ著わした。この2作品は，2つの学問分野が互いにそれぞれの成果をくみ取り，また批判し合わなければならないということを，身をもって示している。

　このように古書体学の研究が着実に進歩する一方で，研究のあるべき方向性についての言が数多く声高に発せられた。そのなかでアウグスト・カンパナ(A. Campana)とハインリヒ・フィヒテナウ(H. Fichtenau)の論考を想起するに留めたい[4]。だがまだすべての願望が満たされたわけではない。ラテン古書体学にとって，碑文学(Epigraphik)とギリシア古書体学は補助科学の役割を果たす。書体と碑文との関係については，ジャン・マロン(J. Mallon)の諸研究がきわめて貴重な成果をもたらしている。とはいえそれぞれの分野での知見を生かすために，しばしば表明されてきた，この3つの学問を糾合すべきであるという希望はまだ実現できていない。

---

[4]　A. Campana, Paleografia oggi, in : Studi Urbinati di storia, filosofia e letteratura 41(N. S. B 1-2, 1967), S. 1013-1030. H. Fichtenau は Enzyklopädie der geisteswissenschaftlichen Arbeitsmethoden (München / Wien 1967), S. 125-129 に Die historischen Hilfswissenschaften und ihre Bedeutung für die Mediävistik と題する論考を寄稿している。

古書体学は着実に、その道を進んでいる。基本的な諸問題の解決に取り組むのを、国際協力が可能にしている。古書体学研究とその応用を確実な仕方で助け容易にしてくれる[5]科学的手段の発達のおかげで、観察と直感の学問であった古書体学は、計測可能な学問になろうとしているのである。

本書の構成と意図について一言しておきたい。その標題[原題を直訳すると『古代ローマと西洋中世の古書体学』]が示している通り、われわれは書体とその歴史を、古代ローマおよび中世における書物の歴史の一部として理解してもらおうと努めた。このように考えた結果、最初の部分で書物の物的特性と条件について述べる。さらに第C部では、テクスト伝来の歴史にも、図書室の歴史にもならないように配慮しつつ、文化史における写本の地位を素描し、文化史と切り離せない彩色挿画が頂点を極めた時代を紹介しようと努めた。

ひとつひとつの写本は独自性をもつ対象である。われわれはその個性を認識し、歴史的記念物としてそれを眺め、もしその書体と装飾が高い水準に到達しているならば、その美しさを解明しようと努めなければならない。本書の叙述は1500年頃で終える。中世に淵源を発して、近代において展開する書体のその後の歴史はここでは扱えない。それが今後埋めていかなければならない大きな欠落であるのは確かである。

---

5) Ch. Samaran の Codicologica 1 (Litt. text., Amsterdam 1976), S. 9 f. の序文参照。

A. 写本学

写字生の仕事風景(11世紀)。左の人物は蠟板と鉄筆を持つ。右の人物は鞣皮紙に罫線を引こうとしているところか(Paris, B. N. F., Lat. 818, fol. 2v)。

第I章　支持素材と筆記用具

1. パピルス紙

　キリスト紀元の最初の数世紀頃まで，古代を通して最も重要な支持素材はパピルス紙であった[1]。ギリシア人は遠い昔から，パピルス紙をエジプト人から手に入れていた。ローマ人がその使用を知ったのは，ギリシア人との接触を通してである。それは三角形の形状をしたパピルス葦［カミガヤツリ］の茎を縦に走る髄から作られ，エジプト人は実質的にパピルス紙の製造を独占し続けた。

　文字を書く支持素材を得るためには，パピルス葦の茎を，外皮を剝いで適当な長さに切ったうえで，残った髄(ずい)の部分をその中心までむいていかねばならない。こうして得られた髄の薄層を展げ，その上にもうひとつの髄の薄層を直交させて重ね，そしてしっかりと加圧するのである。パピルス紙は巻子本(かんすぼん)の形で利用されるのが普通であった。そのためには，ほぼ正方形に近いパピルス紙葉を，表面の髄の走る方向が同じ向きになるようにして，貼り継がなければならない。巻子本を構成する最初のパピルス紙がプロトコル(Protokoll)，最後の1葉がエスカトコル(Eschatokoll)と称される。

　書写の仕事がやり易いように，パピルスの髄脈が水平方向に走る面が文字を

---

[1]　以下の記述は，大プリニウスの報告を新たに解釈した I. H. M. Hendriks, Pliny, Historia Naturalis XIII, 74–82 and the Manufacture of Papyrus, in : Zs. für Papyrologie und Epigraphik 37 (1980), S. 121–136 に従う。おなじような成果が研究により強められた。Adolf Grohmann, Arabische Paläographie 1 (Österr. Akad. d. Wiss., Phil.-hist. Kl. Denkschriften 94, 1. Abt., 1967), S. 76 u. 78 (Jean Vezin の指摘). これと並行して，髄を短冊状にカットしたものを並べていくことで上下2つの薄層を作ったとする，広く受け入れられている従来の製法もまた実際に用いられていたのかもしれない。加えて W. Schubart, Einführung in die Papyruskunde (Berlin 1918) ; Battelli, Lezioni³, S. 28–30 ; Cencetti, Lineamenti, S. 23–27 ; ders., Compendio, S. 34–37 ; Santifaller, Beiträge, S. 25 ff. ; H. Hunger, in : Geschichte der Textüberlieferung 1 (Zürich 1964), S. 30 ff., 43 ff. ; T. C. Skeat, in : The Cambridge History of the Bible 2 (Cambridge 1969), S. 54–60 ; Seider 1 ; J. Vezin, La réalisation matérielle des manuscrits latins pendant le haut Moyen Age, in : Codicologica 2 (Litterae textuales, Leiden 1978), S. 17 f. また E. G. Turner, The Typology of the early codex (Philadelphia 1977), とくに S. 47–51 を見よ。

書くのに使われた。この面が表(recto)とよばれ、巻子本にしたとき内側になる。古典古代の人々の述べるところによれば、パピルス紙は洗浄することで書かれた文字を消すことができたという。それにもかかわらず、非常に多くの巻子本あるいはその一部は、最初に書かれたテクストがその所有者に不用になると、後に裏(verso)に別のテクストを筆写するのに使われた(これを紙背文書 Opistographe という)[2]。こういう場合、しばしば表と裏とは異なる言語で書かれている。ラテン文字を記した巻子本がエジプト[カイロの南西約160 kmにあるオクスュリュンコス(現バナサ)][3]やヘルクラネウム[イタリアのヴェズヴィオ山麓に位置する遺跡(現エルコラーノ)]から出ているが、後者から出土したものは炭化してしまっている[4]。

エジプトのキリスト教徒は、2世紀以降書物を作るのにパピルス紙を折畳んだ料紙を使用した[5]。西ローマ世界では4世紀から、鞣皮紙による冊子体の書物(コーデクス codex)が、本の形態の全面的変革とでも呼べるような勢いで普及した。このことは文字記録の保存にとって決定的に重要であった。事実、中世の図書室では、パピルス紙に筆写された写本のうち、ごく少数だけがヨーロッパの気候条件に抗して数世紀を生き延びたのだった[6]。とはいえ依然ユスティニアヌス法典などは、パピルス紙と鞣皮紙による写本の形でビザンティン帝国から流布した[7]。西ヨーロッパでパピルス紙に筆写された写本のうち最も後代のもののひとつは、リュクスーユから出たアウグスティヌスの作品を収めた

---

2) たとえば、3-4世紀の「リウィウス簡略本 Livius-Epitome」は4世紀のギリシア語で書かれた「ヘブライ人への手紙」の裏に書かれているが(CLA II. 208 ; Seider 2, 1, Nr. 34 ; ChLA V. 304, Seider 2.1, Nr. 11)、それは遅くとも2-3世紀に学校で計算の練習に何度も使われた後のことであった。C. H. Roberts, The Codex, in : Proceedings of the British Academy 40(1954), S. 194 参照。

3) L. Santifaller, Über späte Papyrusrollen und frühe Pergamentrollen, in : Speculum Historiale(Festschrift Johannes Spörl ; Freiburg / München 1965), S. 126–128(エジプトから出たラテン語パピルス紙のリスト)。他の断片に関しては CLA S(XII)および CLA Addenda 所収。

4) Giovanna Petronio Nicolaj, Osservazioni sul canone della capitale, in : Miscellanea in memoria di Giorgio Cencetti(Turin 1973), S. 11 ff. u. Taf. 2–4 ; CLA III. 385–387 ; Seider 2, 1, Nr. 2–4.

5) C. H. Roberts / T. C. Skeat, The Birth of the Codex(Oxford 1983), S. 45 ff., 54 ff. は、パピルス紙の書冊が、すでに西暦100年より前にアンティオキアあるいはイエルサレムで考案されていたという仮説に傾いている。

6) Tjäder, Nichtliter. lat. Pap. 1, S. 37–42 のリスト参照。

7) Lowe, Pal. Papers 2, S. 470 以降の一覧表を見よ。

コーデクスである(7-8世紀頃)。この写本では,鞣皮紙がコーデクス本体の真中と最初と最後のページの外側部分に補強用として使用されている[8]。

古典古代を通じて,公文書やある程度の長さの証書を作成したり,手紙[9]を書いたりするのにパピルス紙がごく普通に使われた。この習慣は中世初期西ヨーロッパのいくつかの尚書局でも維持されている[10]。メロヴィング朝期の国王尚書局から発給された文書は,7世紀後半までパピルス紙に記されていた。ラヴェンナ大司教の尚書局と教皇庁のそれは,文書作成や発給文書登録簿用に,もっと後までこの習慣を維持している。教皇庁尚書局でのパピルス紙使用の最後の事例は,11世紀の終わりであった。パピルス紙(Papyrus)という名称は,東洋に起源を発するもうひとつの支持素材,すなわち「紙 Papier」を表現する言葉として生き続けるのである。

2. 鞣皮紙(じゅうひし)

鞣皮紙を製造するための通常の工程は以下のようであった[11]。獣皮は鞣しを

---

[8] CLA V. 614 ; Seider 2, 2, Nr. 59. 継ぎ目を強化するために,いくつかのコーデクスではパピルス紙の折丁の真中(ノドの部分)に,後に紙の写本でそうするように,鞣皮紙を見開き状態の両頁に帯状に掛かるように貼り付けた。そうした事例として,CLA X. 1470 u. 1471 がある。さらに CLA Addenda, Taf. 16a を見よ。

[9] Bruckner / Marichal, ChLA 1 ff. ヒエロニュムスの時代になっても何通かの書簡はパピルス紙に書かれている。E. Arns, La technique du livre d'après Saint Jérôme (Paris 1953), S. 27.

[10] Santifaller, Beiträge, S. 52 ff. ; Tjäder, Nichtliter. lat. Pap. 1, S. 35 ff., 42 ff.

[11] Wattenbach, S. 113–139 ; Battelli, Lezioni³, S. 30–33 ; Cencetti, Lineamenti, S. 27–30 ; Santifaller, Beiträge, S. 78 ff. ; H. Hunger (註1), S. 34 ff. ; G. S. Ivy, in : The English Library before 1700, ed. F. Wormald / C. E. Wright (London 1958), S. 33 ff. ; Skeat (註1), S. 61 ff. ; Stiennon, Pal., S. 152–156 ; R. Reed, Ancient Skins, Parchment and Leathers (London 1973) ; ders., The Nature and Making of Parchment (Leeds 1975) 参照。14-15世紀に作られた,写本挿絵トレース用の極薄の透かし鞣皮紙については B. Bischoff, Anecdota novissima (Stuttgart 1984), S. 238 f. 細かく穿孔して写し取るもうひとつの方法については D. Miner, More about Medieval Pouncing, in : Homage to a Bookman, Essays... written for Hans P. Kraus (Berlin 1967), S. 87-107, Abb. バンベルクから出た鞣皮紙の下準備と加工を示す一連の図像がある。これについては Patr. 5, s. XII : F. Dreßler, Scriptorium opus, Schreibermönche am Werk, Prof. Dr. Otto Meyer zum 65. Geburtstag (Wiesbaden 1971), S. 4 u. 8 ff. 1255年の「ハンブルク聖書」(Kopenhagen, Gl. Kgl. S. 4.2.2°)に由来するもうひとつの事例は,A. A. Björnbo, in : Zs. f. Bücherfreunde 11 (1907), S. 329 ff. (Foerster, Abriß², S. 74 ff.)。また J. Vezin (註1), S. 18 ff. および,中世の寓喩的解説については D. Richter, Die Allegorie der Pergamentbearbeitung, in : Fachliteratur des Mittelalters, Festschrift für Gerhard Eis (Stuttgart 1968), S. 83-92 も参照。

しないままで，かなり濃度の高い石灰汁の入った水槽に浸し，体毛と脂肪分を落とす。ついで半円形の刃のついた小刀で残り滓をきれいに削ぎ落とし，それから場合によってはもう1度石灰汁で洗う。そしてこれを枠の上に拡げて乾燥させるのである。地方や時代によっては，これに付随的な工程が加わることがあるが，それは何よりも素材となる動物の種類によったようである。古代の写本——現存する最古のラテン語写本は『マケドニア戦記』断片 Fragmentum de bellis Macedonicis である[12]——で使われている鞣皮紙は，しばしば非常に上質である。大陸では，カロリング朝期の鞣皮紙は主に羊の皮を素材とし，外面が滑らかである。山羊の皮も使われた中世後期イタリアの鞣皮紙の場合，程度の差はあるものの石灰での煆焼（かしょう），すなわち乾燥工程の前にチョークを塗る作業をおこない，書写面を整えた。入念に仕上げられた製品は，毛側と肉側ともに白色になる。しかしながら，両者は反りの方向の点で差異がある。肉側は凸面状に反り，伸縮性に欠ける毛側は凹面状に彎曲するのである。こうした特性の観察が，断片状態となった写本の復元に役立つ。

　島嶼地域の手稿本，すなわちアイルランド人やアングロ・サクソン人の支持素材は，普通これとは異なる性質をもっている。これらの地方では一般に，より強靭な素材である仔牛の皮を殊に[13]利用した。仔牛の皮の両面を，毛側と肉側の見分けがつかなくなるまで，軽石で圧擦する工程が特徴である。この鞣皮紙を「ヴェラム Vellum」と呼ぶ。けれどもイングランドでは，特別の用途をもった書物を作るのに羊皮が使われたことが知られている。たとえば，「エヒテルナハ修道院の福音書」[14]とか，ローマ教皇庁に献上するために作られた「コーデクス・アミアティヌス」[15]などがその例である。アングロ・サクソン

---

12) CLA II². 207. おそらく100年頃と思われる。本書88頁以下参照。
13) G. S. Ivy（註11），S. 34は，仔牛から作られた牛皮紙と羊から作られた羊皮紙とを区別することが困難な場合があることを強調している。T. J. Brown, The Distribution and Significance of Membrane Prepared in the Insular Manner, in : La Paléographie hébraïque médiévale. Colloques internationaux du C.N.R.S. 547 (Paris 1974), S. 127–135. カロリング朝期の「サン・パオロの聖書」の彩色された皮紙のいくつかは明らかに山羊の皮紙を用いている。顕微鏡を使った分析による新しい成果は Anna di Majo / Carlo Federici / Marco Palma, in : Scriptorium 39 (1985), S. 3–13, Abb. 参照。
14) CLA V. 578.
15) CLA III. 299.

第 I 章 支持素材と筆記用具　　| 011

人は伝道活動の領域のなかで，またその影響を及ぼした地域に，彼ら固有の書体とならんで，独特の鞣皮紙製造法を持ちこんだ。カロリング朝期のフルダ修道院やマインツの写本の素材が，「島嶼」的性格の鞣皮紙であるのはそうした例である。もともとニーダーザクセンで作られ，現在ミュンヘンに保存されている『ヘリアンド』の写本にも，この特徴が見てとれる。仔牛を使った鞣皮紙に見られるかすかな凹凸が，グワシュ染料を定着させるのに適していた。そこで 9 世紀から，羊の鞣皮紙写本のなかに装飾細密画を描くために，仔牛の皮紙が挿入されるようになった。そしてカロリング朝以後の時代に，この技法は広く普及した。中世後期の独創は，死産した子羊の皮を原料とする極薄の柔らかな鞣皮紙の使用である。鞣皮紙の品質と，それを選別し加工する能力は，スクリプトリウム（書写室）の水準を評価するためのひとつの尺度となる。

　だが鞣皮紙の生産は，経済的観点からも考察されねばならない[16]。ウィアマス＝ジャロウの修道院の写字生は，「コーデクス・アミアティヌス」の制作に 500 頭以上の羊皮を必要としたが，彼らはこれと似た姉妹写本を，さらに 2 部筆写して作ったのである。カロリング朝期のいくつかの書簡（たとえばラバヌス・マウルス，書簡 26）は，自分の読みたい作品の写本を入手するために，人によっては鞣皮紙を送ったりしたことを伝えている。9 世紀の少なからぬ写本に見られる註記から，修道士や聖堂参事会員らが鞣皮紙の入手に携わったことが知られる[17]。財政の窮迫は支持素材の品質低下をまねくことがあったが，『語源誌 Etymologiae』のトレド本のような極端な例も珍しい[18]。

　支持素材としての鞣皮紙は，古代後期の並はずれた華美好みが，紫色に染められた鞣皮紙を思いつくまで，パピルス紙ほど珍重されなかった。紫色の鞣皮

---

16)　Lesne, Livres, S. 325 ff.
17)　St. Gallen, Stiftsb. 672 の「ここまでがノートケルが調達した Hucusque patravit Notker」(S. 64) や，「ここから以下はじっさい……すべて共同調達された Abhinc vero ... hoc totum est in commune patratum」(S. 65) などの註記は，そうした事情を述べている。これについては Bischoff, Ma. Studien 2, S. 35, Anm. 1 参照。私の考えでは，ランス写本 Cambridge, Pembroke College 308 (f. 299「共同の部分 portio communis」) にある「イオツマルスの部分 portio Iotsmari」「サルヴィオヌスの部分 p. Salvioni」や，Paris, B. N. F., Lat. 12132 (Jean Vezin, S. 218 ff. によれば，筆写の分担部分を示しているという。本書 54 頁註 31 以下を見よ) などのメモは，同一の事態を意味している。
18)　CLA XI. 1638.

紙という豪奢な素材は，聖書の写本制作にも使われている。その一例が，おそらく東ゴートのテオドリック大王のために作られた福音書の写本「コーデクス・アルゲンテウス Codex Argenteus」である。聖書や典礼書などの似たような豪華本が，まずアングロ・サクソン人によって，続いてカール大帝と彼の後継者の宮廷やその他の書写室で作られた。こうした紫色の鞣皮紙は美麗ではあるが色調が暗く，明るい派手な色彩が必要だったから，文字はもっぱら金・銀の2色を使って書かれたのだった[19]。いずれもカール大帝の治世にさかのぼる「ゴデスカルクの典礼用福音書抄本」[20]や，現在ウィーンの王宮宝物館に収蔵されている「戴冠式福音書」[21]は，全ページ紫色の鞣皮紙が使われている例である。これ以外の写本では，紫色の鞣皮紙がわずか数葉差し込まれているにすぎない[22]。本物の紫色鞣皮紙はすべてビザンティン帝国から輸入されていた可能性はある。オットー諸帝やザリエル朝の時代に制作された豪華写本にも，紫色の鞣皮紙を使ったページが見られるが，それらは紫色に染色されたものではなく，単に表面を紫色に着色したものでしかない[23]。さらに後代のこれに比肩する作品として，黒の鞣皮紙に書かれた「スフォルツァ家の祈禱書」(ウィーン，オーストリア国立図書館，Cod. 1856)があげられよう[24]。

3. パリンプセスト

パピルス紙にあっては最初に書かれた文字を消して，これを再使用することができるが，鞣皮紙の写本でも，きわめてしばしばこうした方法が採られ，これはまたテクスト伝来に関しても大きく作用した[25]。

書かれた文字は洗うか掻き削るかして消去した。そして再度文字の書かれた

---

19) 紫色鞣皮紙を用いた写本については Lesnes, Livres, S. 14 ff.
20) CLA V. 681.
21) CLA X. 1469.
22) CLA V. 576.
23) 骨貝を用いた紫染色については H. Roosen-Runge, Farbgebung und Technik frühmittealterlicher Buchmalerei(Berlin 1967), 2, S. 25 ff. 植物の葉を用いた染色については同書 2, S. 34 ff. 参照。
24) E. Trenkler, Das Schwarze Gebetbuch(Wien 1948).
25) Fr. Mone, De libris palimpsestis tam latinis quam graecis(Karlsruhe 1855) ; Wattenbach, S. 300 ff. Colligere fragmenta, Festschrift Alban Dold(Beuron 1952), S. IX–XX の A. Dold の著作リストは重要である。

鞣皮紙——ギリシア語で palin psao「私は再び掻き取る」——が[26]，多くの場合3度目も利用されることがあった(再パリンプセスト)[27]。通常こうした写本は，そもそも不完全であるか，あるいは「ウェトゥス・ラティナ Vetus Latina」[ヒエロニュムス以前の聖書ラテン語訳]のように，そこに記されたテクストへの関心が失われて，廃棄されたものである。同様の事態が，改革や新たな禁令が出された後の典礼テクストや法律写本，ギリシア語またはゴート語などの理解されにくくなった言葉で書かれた作品などにも，起こることがあった。こうしたパリンプセストのかたちで，ヘブライ語の写本の名残りなどに偶然でくわすことがある[28]。パリンプセスト生成の主たる原因が，異端者の作品の意図的破壊のような事例は稀である。

一度消された下にある文字を蘇らせる手段は，インクの性質とか，文字を消去した仕方——料紙への穿孔の痕跡が残るだけのほぼ完全な消去もある——，あるいはすでに使用したことのある化学的処理の方法などに応じて，非常に多様である。化学処理は一時的に有益な結果をもたらすこともあるが，結局は鞣皮紙を傷つけてしまう。またパリンプセストを写真で記録するという，現在とられている方法の成果を減殺してしまう。後者は危険がなく，そして解読を最も容易にする[29]。当面費用が嵩む方法であるが，この電子的方法が効果の点で優れている[30]。

4世紀(場合によっては3世紀)から7世紀にかけての文字をとどめ，かつ7世紀および8世紀に再使用された西欧の写本のなかで，最も重要で意義深いも

---

26) 牛乳で洗浄するという11世紀の詳細な処方は Wattenbach, S. 303 に記されている。
27) たとえば CLA II. 166 f.; VII. 955 ff., 968 ff.
28) Lowe, Pal. Papers 2, S. 517 ff. オリエントのラテン語パリンプセストで，アラビア語の下に書かれていたものとして CLA III. 294 u. 306; VIII. 1036. コプト語の下は II. 205 f.; XI. 1651. シリア語の下は II. 166 f. また G. Cavallo, La produzione di manoscritti greci in Occidente tra età tardoantica e alto medioevo, in: Scrittura e Civiltà 1 (1977), S. 111–131 m. Taf. 参照。800年頃までのラテン語パリンプセストは Lowe, Pal. Papers 2, S. 480–519 に一覧が掲げられている。またその他に CLA Addenda がある。
29) また B. Bischoff, Der Fronto-Plimpsest der Mauriner (MSB 1958, 2), S. 19 を見よ。
30) J. Benton, Nouvelles recherches sur le déchiffrement des textes effacés, grattés ou lavés, in: Acad. des inscriptions et belles-lettres, Comptes-rendus 1978, S. 580–594, Abb.; ders., Digital image-processing applied to the photography of manuscripts, in: Scriptorium 33 (1979), S. 40–55 u. Taf. 9–13; Ch. Samaran, in: Miscellanea codicologica F. Masai dicata MCMLXXIX 2 (Gent 1979), S. 597–599.

のは，ボッビオ，リュクスーユ，フルーリ，コルビィ，ザンクト・ガレンなどの諸修道院から出ている。これらの修道院から伝えられた写本のなかに，キケロの『国家について De re publica』や演説集，プラウトゥスやフロントーさらにはウルフィラの作品（U. Carolinus はヴォルフェンビュッテル図書館に保存されていたが，1756 年頃のクニッテル（F. A. Knittel）によるその発見は，パリンプセスト研究に一時代を画している），西ゴートのエウリック王法典（Codex Euricianus）がある。

アイルランド人はしばしば，文字の部分が掻き取られた鞣皮紙を使ったが，この場合多くはパリンプセストの性格を確定するのが困難である。カロリング朝期以降は，パリンプセストの制作が相対的に少なくなる。そして消去されたテクストにはとりわけ典礼作品が多い。だが驚くべき例外もあった。ヴァイセナウ（Weißenau）から出た古高ドイツ語で書かれた 9 世紀初めのパリンプセストには，「アブロガンス Abrogans の語彙集（ラテン語・中高ドイツ語語彙集）」（Prag, NUB, Lobkowitz 434）の要約版が含まれているのである[31]。

4. 紙

13 世紀以降，鞣皮紙と並んで東方起源の新しい支持素材，すなわち紙（carta papiri, carta bambacis など）が西洋の書字文化に登場した[32]。紙は 2 世紀に中国で発明された。751 年になって初めて，中国人の戦争捕虜がサマルカンドに紙の製法を伝えたのだった。そこからこの技術が，緩やかにアラブ世界に普及していった。スペインのバレンシア近くのシャティバは，12 世紀にまだイスラーム教徒の支配下にあったが，当時の製紙水車の存在が確認されている。これから 1 世紀遅れて，キリスト教徒支配のスペインと，現在でも製紙業の盛んなファブリアーノで紙の製造が始まった。1340 年頃にはトロワに製紙業が出現している。ドイツでは 1390 年にニュルンベルクで，都市貴族で貿易商のウルマン・シュトローマーが，イタリアの職人たちの協力をえて，製紙水車を建設し

---

31) Baesecke, Lichtdr., Taf. 36-38.
32) F. Hoyer / H. H. Bockwitz, Einführung in die Papierkunde（Leipzig 1941）; Wattenbach, S. 139-149 ; Santifaller, Beiträge, S. 116-152 ; Cencetti, Lineamenti, S. 30-33 ; H. Hunger（註 1）, S. 38 ff. ; Foerster, Abriß[2], S. 57 ff. ; Stiennon, Pal., S. 156-158 ; J. Vezin（註 1）, S. 22 f.

西洋では初め，アラブ世界から輸入された紙を使用していた。フリードリヒ2世は，その尚書局が紙に書かれた命令書を残しているにもかかわらず，1231年，公証人文書の作成にあたっての紙の使用を禁止している。どの尚書局でも，紙の使用は下書きとか，証書発給控，議事録などの作成に限られた。

　紙に書かれたドイツ最古の写本は，1246–1247年に作られたパッサウ聖堂参事会長アルベルト・ベハムの証書発給控 (Clm 2574b) である[33]。最初期の紙は肉厚で柔かかったり，堅く強靭であったり様々であった。紙の製造のために寸法を標準化したことが，書物の判型を規格化するのに役立った[34]。1300年の少し前に，ある形に金属線を折り曲げて作られた図柄を透かし模様として漉き込み，それによって紙を識別する習慣が現れた。その図柄は，文字とか動物や道具，あらゆる種類の紋章などであり，極めて魅力的な多様性を示している。多くの場合，この透かし模様が紙の産地を同定したり，写本のおよその年代を決定したりするのを可能にするのである[35]。

5. 蠟　板

　古典古代におけると同じく，中世でも蠟板が使用された[36]。蠟板を作るには，木製または象牙の小板を用い，その表面を縁取りを残すようにして，浅く穿つ。ついでこの凹(へこ)みに蜜蠟を流し込むのである。この蠟面に鉄筆の先で文字を書いた。鉄筆のもう一方の先端は扁平になっていて，書かれた文字を消すのにも使われた。もし2枚の蠟板が継ぎ合わせてあればディプティック（二枚折板）と称

---

33) Chroust I, 1, Taf. 7 u. 2, Taf. 8.
34) レーゲンスブルクのベネディクト派修道士ディオニシウス・メンガーは，その蔵書目録 (1500 / 01年) のなかで，以下のように判型を区別している。すなわち「papirus regalis 大フォリオ判」「arcus modus フォリオ判」「textpleter 四つ折判」「regelpleter 小四つ折判，八つ折判」「halbregelpleter 十二折判」である。MBK 4, I, S. 187.
35) 透かし模様の学問的知見については，Ch.-M. Briquet, Les filigranes² 1–4 (Amsterdam 1968)；Monumenta chartae papyraceae historiam illustrantia (Hilversum 1950 ff.)；G. Piccard, Die Kronenwasserzeichen (Findbuch 1 der Wasserzeichenkartei Piccard im HStA Stuttgart, St. 1961) u. 11 weitere Bde. (St. 1966 ff.)；J. Irigoin, La datation par les filigranes du papier, in : Litt. text., Codicologica 5 (1980), S. 9–36.
36) Wattenbach, S. 51–89；Cencetti, Lineamenti, S. 21–23；Foerster, Abriß², S. 40 ff.

され，トリプティック（三枚折板）あるいはポリプティック（多連板）など，その数に応じて呼ばれる。古典古代期には，蠟板が最も一般的な文字の支持素材であった。様々な場所で，ローマ時代の証書や書簡，または学習問題といったテクストを載せた蠟板が発見されている[37]。これはまた，絵画や彫刻でもしばしば表現されている。いちばん良く知られているのはポンペイとトランシルヴァニア（ルーマニア）で見つかった蠟板であり，それぞれ1世紀と2世紀に遡る。蠟の上に鉄筆で文字を書くことで，文字の形が甚だしく変形することになったが，そのため封印された外面に，内側に書かれたテクストの写しあるいは摘要が，葦ペンで同時に，ものによっては同じ手で書かれているものがある。こうした蠟板を研究するのは，書体の歴史にとって特別の意味がある[38]。

　場所によっては文字を書くのに単なる木の小板を2枚か3枚，あるいはもっと多くを繋げて使うこともあった。こうした出土品は，ローマ帝国の最も僻遠の辺境地帯で見つかる。たとえばイギリスのハドリアヌス帝の防塁にあった定住地ヴィンドランダ（Vindolanda）で発見された，1世紀末の会計記録や私信が記された木板（菩提樹か）とか[39]，ヴァンダル支配下（493-496年）のアルジェリア南東部の，農民同士の土地売買を記録した木板（西洋杉その他）の出土遺物などがそれである[40]。

　古代の最後の数世紀に由来するものとして，自身の官職就任に際して執政官が贈り物として与えた，浅浮彫りがほどこされた象牙の「執政官ディプティック」がある[41]。これは中世には，連禱あるいは教会への寄進者の芳名リストを記録するのに好んで使われた。またそのいくつかは，今でも裏に文字の痕跡を

---

37)　R. Marichal, in : Scriptorium 4 (1950), S. 131 ff.
38)　一例を挙げれば，E. Diehl, Inscriptiones Latinae (Bonn 1902), S. XIX-XXVI (紀元58年と59年) ; Seider 1, Taf. XII f., Nr. 25 (紀元128年). G. Cencetti, Note paleografiche sulla scrittura dei papiri latini dal I al III secolo D. C., in Accademia delle Scienze dell'Istituto de Bologna, Classe di scienze morali, Memorie, Ser. V, 1 (1950), S. 6 f. 参照。
39)　J. D. Thomas, New Light on Early Latin Writing : the Vindolanda Tablets, in : Scriptorium 30 (1976), S. 38-43 m. Taf. ; Alan K. Bowman / J. David Thomas u. a., Vindolanda, The Latin Writing-tablets (Britannia Monograph Series, No. 4, London 1983). ほかにも小板がサマセットやケンプテンで発見されている。
40)　Chr. Courtois u. a., Tablettes Albertini, Actes privés de l'époque vandale, Text u. Taf. (Paris 1952). 書体については同書 S. 15-62 (Ch. Perrat による)。
41)　R. Delbrück, Die Konsulardiptychen und verwandte Denkmäler (Berlin 1929).

とどめている。他はとくに貴重な写本を装丁するのに用いられた。ベルリンに保存されているキリスト教徒の「ラヴェンナ象牙折板」とか，ルーヴルにある数枚構成の「バルベリーニ象牙折板」などの似たような外観の折板が，たとえば前者なら連禱(6世紀)を書き写したり，後者なら長い人名リスト(7世紀後半)を収録したりするのに利用されている[42]。

中世において蠟板の使用は広く行われていた[43]。学校で生徒たちが，すぐに使えるように二枚折板をベルトに括りつけていた事実や，著述家が文章の下書きを作るのに，これを使ったのを忘れてはならない。蠟板は個人的な通信のやりとりにも役だった。とりわけ中世の会計記録の大部分は蠟板に記されたのであった。伝来している大部分の蠟板は，こうした用途に使われている。数枚の蠟板を繋ぎ合わせて作ったポリプティックが，この時期新たに製造された事実も知られている。場所によっては19世紀まで蠟板が使用され続けた[44]。

6. その他の支持素材

これまで述べた以外の，異なる書記法や支持素材もまた言及されてしかるべきであろう。それというのも，ひとつには，文字記録の伝承に欠落が多い時代に関して，それらが，書体の発展の理解に資するところ大であるという，その

---

42) J. Vezin, Une nouvelle lecture de la liste des noms copiée au dos de l'ivoire Barberini, in : Bulletin archéologique du Comité des travaux historiques et scientifiques, N. S. 7, 1971, S. 19-56 m. Abb.
43) アイルランドのスプリングマウントの泥炭地から出土した，最古のアイルランド書体で書かれた詩篇のテクストを伴った正方形の蠟板(CLA S 1684)は，おおむね600年頃に遡る。D. Wright, The Tablets from Springmount Bog, a Key to Early Irish Paleography, in : American Journal of Archaeology 67(1963), S. 219. 見事な彫刻が施され，上部が円形にされたアンジェのサン・モリュー教会の二枚折板(9世紀か。書体は1000年頃か)に関しては J. Vezin, Les scriptoria d'Angers au XIe siècle (Paris 1974), S. 120 ff. 参照。14世紀の書板が，リューベックの聖ヤコブ学校から出ている。J. Warncke, in : Zs. f. Geschichte der Erziehung und des Unterrichts 2(1912), S. 227 ff. m. Abb. 中世に関する記述は Foerster, Abriß^2, S. 43.
44) Wattenbach の所見に新しい証拠を加えて完璧を期すことができる。とくに A. Petrucci, Le tavolette cerate fiorentine di Casa Majorfi(Rom 1965)参照。偽書については H. Fichtenau, Das Wachstafelbüchlein des Instituts für Österreichische Geschichtsforschung, in : Festschrift Bernhard Bischoff(Stuttgart 1971), S. 435-440 参照。計算に用いる割符(Wattenbach, S. 95 f. を見よ)については Ch. Johnson(Hrsg.), The Course of the Exchequer by Richard son of Nigel(Medieval Classics, London 1950), S. XLIV, 22-24 u. Taf.; K. Menninger, Zahlwort und Ziffer 2^2(Göttingen 1958), S. 39-42 m. Abb.

ゆえに，もうひとつの理由は，人間が文字を書くという行為の実際を認識するのに役立つからである[45]。

ラテン語の落書き，すなわち最古のものがスッラの時代にまで遡る碑刻は，最も古い蠟板やパピルス紙よりもさらに古く，より多くがポンペイの壁面や殉教者の墓の近く，さらにその他の多くの場所で見られた[46]。

ポンペイでは民家の壁面に，この都市が存在した最後の数年に絵筆で書かれたキャピタル書体の見事な実例が見られる[47]。

ガリアの陶工の会計記録(1世紀)のような陶土に刻まれたグラッフィト(線刻)書体[48]，あるいは陶片(1世紀から5,6世紀)にインクで記された書体も残されている[49]。

鉛板に記されたラテン語の呪文(前1世紀-後6世紀)には，新旧の草書体が使われている[50]。

地方によっては石板(スレート)を記録の支持素材にすることもあった。テクストを刻みつけるのに，このスレート板を用いたのである。現存する西ゴート・スペインの最古の証書は，スレート板に草書体で書かれている[51]。中世初

---

45) Wattenbach, S. 47 ff.(鉛), 89 ff.(陶土, 木片, スレート); Stiennon, Pal., S. 147(スレート, 鉛板).

46) Charles Pietri, Art., "Graffito I", in : Reallexikon für Antike und Christentum 12(1983), Sp. 637–667. ポンペイに関する最も重要な集成は，多くの欠落があるとはいえ，依然としてK. Zangemeisterの刊本 Corpus Inscriptionum Latinarum 4 である。

47) たとえば, Écr. lat., Taf. 4 ; Seider 1, Taf. 4(7) u. 8(13).

48) A. Petrucci, Per la storia della scrittura romana : I graffiti di Condatomagos, in : Bullett. dell'Arch. Pal. Ital. 3. Ser., 1(1962), S. 85–132 m. 3 Taf. ; Écr. lat., Taf. 6(7/8) ; R. Marichal, Nouvelles fouilles et nouveaux graffites de la Graufesenque, in : Acad. des inscriptions et belles-lettres, Comptes-rendus 1981, S. 244–272, Abb.

49) R. Marichal : in Scriptorium 4(1950), S. 133 f. ; ders., Les ostraka de Bu Njem, in : Acad. des inscriptions et belles-lettres, Comptes-rendus 1979, S. 436–452. Seider 1, Taf. 1(2).

50) W. S. Fox, The Johns Hopkins Tabellae defixionum, in : Supplement to the American Journal of Philology 33, 1, N. 129(1912), m. Taf. ; K. Preisendanz, Die griechischen und lateinischen Zaubertafeln, in : Arch. f. Papyrusforschung 9(1930), S. 11 ff. u. 11(1933), S. 153 ff.

51) M. Gómez-Moreno, Documentación goda en pizarra(R. Academia de la Historia, Madrid 1966). 加えて M. C. Díaz y Díaz, in : Studi Med., 3. Ser., 7(1966), S. 75–107. Ders., Consideraciones sobre las pizarras visigoticas, in : Paleografia y archivistica(Actas de las I jornadas de metodologia aplicata de las ciencias historicas V), (Santiago de Compostela 1976), S. 23–29 参照。

期と後期のこの種の事例は，アイルランドから出ている[52]。このほかラン (Laon)の近く，ヴォクレールにあるシトー派修道院の発掘の際に見つかったものもある(おそらく 13 世紀のものと思われる祝別の文言)。

ヴァステーナやノヴゴロドでは，支持素材として白樺の樹皮も利用されている[53]。

ベルゲンで出土した四角形の木の棒に刻まれたルーン文字が，『カルミナ・ブラーナ Carmina Burana』から採った 2 つの恋歌の詩句であると確認されたことも指摘しておかなければならない[54]。

7. インクと顔料

古典古代にすでに多様な種類のインクが知られていた。あるものは煤(すす)と樹脂をもとに造られ，また別のものは烏賊墨(いか)で，他のものは没食子(もっしょくし)[ブナ科の植物の瘤]から抽出した染料と緑礬(りょくばん)[硫酸第一鉄]から造られるというように[55]。だが，とりわけ古代後期の多くの写本においては，緑礬のインクが湿度の影響で反応を起こし，鞣皮紙を浸食した。皮膜が強烈に浸食された結果，文字の書かれた部分が今では穴だらけという事態も生ずる[56]。4-6 世紀に書かれた写本のインクは，しばしばレーキ顔料成分を含んでいた。これは鞣皮紙の肉側よりも，毛側に固着する。その発色状態は，深みのある鮮明な黄色から，褐色がかったオリーブ色まで多様である。だが 6 世紀になると，西洋山査子(さんざし)やプルネリアの茎を赤葡萄酒に漬けて，褐色インクを造るようになったようである。修道士テオフィルス(1100 年頃)はその製法を詳しく述べている。このインクに緑礬や煤を

---

52) H. C. Lawlor, The Monastery of St. Mochai of Nendrum (Belfast 1925), S. 144 u. Taf. 12 ; A. J. Bliss, The inscribed slates at Smarmore (Proceedings of the Royal Irish Academy 64, Sect. C 2, 1965), m. Taf. 1-4.
53) O. Odenius, En notis om björknäver som skrivmaterial i Vadstenakloster under senmedeltiden, in : Kyrkhistorisk Årsskrift 1959, S. 163-171 m. Abb. (Scriptorium 15, 1961, S. 193 を見よ).
54) A. Liestøl, Runeninschriften von der Bryggen in Bergen (Norwegen), in : Zs. f. Archäologie des Mittelalters 1 (1973), S. 129-139.
55) Wattenbach, S. 237 ff. ; Monique Zerdoun Bat-Yehouda, Les encres noires au Moyen Age (jusqu'à 1600) (Paris 1983).
56) CLA III. 345 ; IV. 436 a. b.

添加することによって，より鮮やかな色調が得られる[57]。いずれにしても7世紀以来，大陸では濃褐色のインクが主流となった。8世紀には緑がかったインクも観察される。イタリアの写本で使われているインクは，しばしば灰色または黄色の色合を帯びている。これにたいして，アイルランド人，ブルトン人，あるいはアングロ・サクソン人の写字生は，見たところこれらとは別の製法のインクを使用したようである。彼らが用いたのは黒色か黒褐色のインクで，これらは彼らを通して大陸，たとえば低地ドイツや，アングロ・サクソン人が強い影響をおよぼした他のドイツ諸地方にも普及していった。中世後期になると再び没食子の染料や緑礬を，赤葡萄酒，雨水，酢などで溶いたものを基礎にして調合された多数のインクが使われるようになった。こうしたインクのおかげで，黒あるいは黒褐色の色調が得られたのであった。もっとも，色合の薄いインクを目にすることも頻繁にある。

　テクストの一部を区別したり，際立たせたりするためにいちばん多用されたのが赤色のインク(minium，鉛丹)である。鞣皮紙に書かれた西方最古の写本であり，しかしまた謎めいたところのある「ベーズ写本 Codex Bezae」[58] では，「収録作品」が変わるごとに冒頭の1行から3行ほどを赤インクで筆写するのがすでに通例となっている。初めは奥書に，もっと後では標題に，赤インクの行と黒インクの行を交互に配するというようなことも意識的になされた。註解書において，解説すべき文章を赤インクで筆写する習慣が中世初期を通じて普及した[59]。現在ロンドンの大英図書館が所蔵している北フランスで筆写された聖福音集(Harley 2795, 9世紀)は，全篇赤インクで書かれた特異な例である。カロリング朝期の多くの書写室では，赤インクは著しく青味を帯びていた。

　この時期から赤以外の色もテクストを際立たせるのに使われた。たとえばトゥールでは暗青色が，リヨンとザルツブルクでは灰青色が，フライジングでは赤褐色というように。12世紀のフランスでは，標題や小文頭文字に好んで

---

57) H. Roosen-Runge, Die Tinte des Theophilus, in : Festschrift Luitpold Dussler (Berlin 1972), S. 87–112.
58) CLA II. 140.
59) 引用を赤インクで書くことについては Lowe, Pal. Papers 1, S. 273. おそらくペンのインクを空にするために，島嶼地方の写字生は短縮形を示す赤の横線をしばしば二重に引いた。その例として CLA II. 121, 213, 241, 259, 273 ; VII. 998 参照。

赤・青・緑・黄などの色を交互に使った。ゴシック期には，赤色と青色を代わるがわる使うやり方が非常に普及した。

　金色のインクで筆写された書物については，古代の証言がある。オリエントでも西方でも，福音書や詩篇の豪華本を筆写するために紫色の鞣皮紙を用い，金色・銀色の文字をちりばめたが，このことをヒエロニュムスは，『ヨブ記講解序言』のなかで厳しく非難している[60]。金あるいは銀だけではなく，もっと安価な代用インクで筆写する方法を教える様々の処方が，今日まで伝わっている[61]。アイルランド人やランゴバルド人のあいだでの，またメロヴィング朝期における金銀のインクや紫色の鞣皮紙の使用についての証言は知られていない。しかしアングロ・サクソン人はこうした手法を用いている（「リンディスファーンの書」における金文字）。カロリング朝期には，写本全体，もしくはある決められた個所を筆写するのに，紫色の鞣皮紙を用いるにせよ普通のを使うにせよ，料紙からくっきり浮き出た華麗な文字を好む気風が広がった。この種の書物はそのほとんどすべてが典礼書に属しており[62]，また金文字で書かれるのが主流である。オットー大帝は，ローマ教会への寄進状（962年）や，テオファノの結婚契約書のような荘重な文書を，黄金のインクで認^{したた}めさせたのであった。豪華な写本を作る伝統はザリエル朝期まで維持されている。

　祝日暦，連禱集，聖人伝記集などでは，金文字がもっぱら聖人の名前を書き写すのに使われた。さらに時代が下ると金銀の文字は稀になる。1368年にヨハン・フォン・トロッパウが，オーストリアのアルブレヒト3世の黄金の福音書（Wien, Ms. 1182）を制作するための手本にしたもののなかに，中世初期のある豪華本があった[63]。一方，中世全期間を通して文頭文字は金銀で彩色され続け

---

60)　Lowe, ebd. 2, S. 400 を見よ。これらの写本のテクストは銀文字で書かれている。CLA III. 399, IV. 481, V. 616 では Nomina Sacra が，IV. 481 ではそれぞれの福音書の最初の頁と Pater Noster が金文字で書かれている。ゴート語の「コーデクス・アルゲンテウス」は銀文字で記されているが，対観表の数字は金文字で書かれている。

61)　Vera Trost, Die Metalltintenrezepte aus der Hs. Aa 20 der Hessischen Landesbibliothek Fulda, in : Diversarum artium studia, Festschrift für Heinz Roosen-Runge zum 70. Geburstag（Wiesbaden 1982），S. 185-193, 297.

62)　中世初期に関しては Lesne, Livres, S. 13 ff. の一覧参照。Paris, B. N. F., Lat. 257（9世紀）では，キリストの言葉は金文字で書かれている。

63)　G. Schmidt, Johann von Troppau und die vorromanische Buchmalerei, in : Studien zur Buchmale-

た。金箔の使用は遅れて登場し，中世全期間を通じて使用された[64]。

彩色挿画を描くのに使われた材料と技法は，『絵図の鍵 Mappae clavicula』(古代後期の作品で，中世初期を通じて追加がなされている)，いわゆる『ヘラクリウス Heraclius』(11世紀頃)，修道士テオフィルス『様々なる技芸の書 Schedula diversarum artium』(1100年頃)などの技術書のなかで述べられている[65]。

8. 筆記用具

古典古代に，インクで文字を書くのに普通に使われた道具は[66]，筆葦(カラムス)と呼ばれる葦の茎であった。少なくとも地中海世界では，この葦のペンが中世初期を通じて一定の役割を果たしたのにたいして，地中海世界以外の中世西洋では多くは鳥の羽根が字を書くのに用いられた。もっとも，史料では時おりこの羽根ペンも筆葦と同じ言葉で表現されている[67]。アングロ・サクソン人のもとではアルドヘルム以来，ペンはラテン語あるいは古英語で謎かけ言葉の主題とされ，ヴェローナの謎かけ(800年頃)の答えでもある[68][1924年にイタリアの著名な古書体学者ルイージ・スキアパレッリが，ヴェローナ司教座聖堂参事会に伝来した7世紀末もしくは8世紀初頭の祈禱書のなかで見つけた「謎かけ」言葉。草書体で書かれた初期のイタリア語の例としても貴重である。謎なぞはおよそ以下のような内容

---

rei und Goldschmiedekunst des Mittelalters. Festschrift für Karl Hermann Usener (Marburg 1967), S. 275 ff.

64) 写本のなかには金箔がそのまま保たれているものがある。833年のケルンの図書室目録には，「金箔が貼られた聖アウグスティヌスの書 Librum S. Augustini, in quo iacebant petulae aureae」という註記が見られる(A. Decker, in : Festschrift der 43. Versammlung deutscher Philologen und Schulmänner, Bonn 1895, S. 228)。その痕跡は多くの写本に見られる(CLA IV. 484 ; X. 1450)。Clm 4577. fol. 17r, 20v ff., 75r も同様。

65) H. Roosen-Runge, Farbgebung und Technik frühmittelalterlicher Buchmalerei 1/2 (Berlin 1967) 参照。『絵図の鍵』については B. Bischoff, Die Überlieferung der technischen Literatur, in : Artigianato e tecnica nella società dell'alto medioevo occidentale (Settimane 18, Spoleto 1971), 1, S. 277 ff. 参照。

66) 以下の記述については Wattenbach, S. 215 ff. および Cencetti, Lineamenti, S. 33-35 参照。

67) Stiennon, Pal., S. 159-161.

68) P. Rajna, Un' indovinello volgare scritto alla fine del secolo VIII o al principio del IX, in : Speculum 3 (1928), S. 291-313. 図版は G. Turrini, Millennium scriptorii Veronensis dal IV° al XV° secolo (Verona 1967), Taf. 14. Helga Goebel, Studien zu den altenglischen Schriftwesenrätseln (Epistemata, Würzburger wiss. Schriften, Reihe Literaturwiss., Bd. VII, 1980, Königshausen 1980) 参照。

である。「一対の牛が，白い耕地を白い犂で耕した，黒い種子を蒔きながら，とは何のこと？」。答えは，白い鞣皮紙に黒い文字を書いていくペンのことである]。ペンを削る，すなわちペン先の「調整」の際の中世後期の諸規則は今日まで伝わっている[69]。

　蠟板に文字を書くために鉄筆が用いられたが，これはまたありとあらゆる註記を鞣皮紙に記すのにもしばしば使われた[70]。多くの写本には古高ドイツ語でのこの種の語義註釈が目立たぬように付されている。同様な仕方でベンガラ(酸化第二鉄)のチョークや，さらに時代が下ると軟金属の細棒が使われた。中世の写字生は傾斜した書字台で書写した。その用具を完全に網羅するならば，「チョーク，2個の滑石，同じく2個の獣角製インク壺(1つは黒インク用，もう1つは赤インク用)，切っ先の鋭いナイフ1本，鞣皮紙の表面を削り取る剃刀が2本(novaculas sive rasoria duo)，穿孔用の道具(punctorium)，千枚通し1本，石墨1個，定規1本そして罫引器1つである」[71]。罫引きの目安になる穴を開ける道具(punctorium)として，はじめはコンパスを，後には拍車型罫引器を使うことができた[72]。忘れてならないのは，1285年頃に考案された眼鏡のもつ意義である。眼鏡のおかげで文字を読むだけでなく，書くのも容易になったのである[73]。

---

69)　Wattenbach, S. 230 f. 参照。F. Bech により Zs. f. deutsche Philologie 8(1877), S. 348 に掲載された「ペンの切り方の規則 Regulae de modo scindendi pennarum」がとくに詳しい。
70)　Bischoff, Ma. Studien 1, S. 88–92.
71)　以上がカルトゥジオ会規約での規定である。Gumbert, Utrechter Kartäuser, S. 308 f. 参照。
72)　Berlin, Staatsbibl. Preuß. Kulturbesitz, Ms. Theol. Lat. fol. 270(12世紀フランス), f. 224ʳ の巧みに描かれた文頭文字Lのなかで，ひとりの修道士が似た目的のためにより複雑な道具を手にしている。完全に足が開いたコンパスを表現していて，コンパスの片足が第3の足と鋭角をなしている様子が描かれている。巻末図版14参照。punctoriumについての文献は本書27頁参照。
73)　古典古代においてすでに拡大レンズが知られていた。中世における水晶の「読み石」の導入と眼鏡の発明については，G. Eis, Vom Werden altdeutscher Dichtung(Berlin 1962), S. 41 ff. を見よ。眼鏡を使用した中世における書字の証言としては Wattenbach, S. 288 f. ヴィーンハウゼンの尼僧院教会堂内陣のオーク材の床下から中世の眼鏡が発見されたが，この重要な発見については，H. Appuhn, Ein denkwürdiger Fund, in : Zeiss-Werkzeitschrift 1958, H. 27, S. 1–8 m. Abb. ; ders., Das private Andachtsbild im Mittelalter an Hand der Funde im Kloster Wienhausen, in : Das Leben in der Stadt des Spätmittelalters(Österr. Akad. d. Wiss., Phil.-hist. Kl., Sitzungsber. 325, 1977), S. 162 f. u. Abb. 92 f. 中世の眼鏡の痕跡が，ミュンスター大学図書館とゲルレーヴェ修道院図書室所蔵の中世初期の写本断片に見つかっている。Clm 19717(16世紀前半の「詩

篇」)の表紙内側には，眼鏡をしまうのに好適な凹みが穿たれている(H. Spilling 博士の指摘による)。

第 II 章　写本の形態

1. コーデクス（codex, 書冊）

　古代後期と中世における書物の普通の形態はコーデクスである。コーデクスは一度折畳まれ，折丁ごとにまとめられた鞣皮紙あるいは紙から成っている[1]。こうした形式の起源はディプティック（二枚折板），あるいはそれ以上の構成のポリプティックと称される蠟板をモデルとしており，その先駆形態は鞣皮紙を綴じた手帳に見られるものである[2]。マルティアリスは，鞣皮紙によるコーデクスに文学作品が書写された事実を伝える最初の人物であるが，彼はコーデクスをパピルス紙の巻子本に比べて見劣りがすると考えたようである[『格言詩集 Epigrammata』(XIV. 190)「私の図書室では入りきらないあの巨大なティトゥス・リウィウスが，こんな貧弱な皮のなかに押し込まれるとは」]。liber, volumen, tomus などの用語は，巻子本からコーデクスへと写本の形態が移行したあとでも，今や写本のほとんど唯一の形式として支配し始めたコーデクスを指示するために，変わらず使われ続けた[3]。

　エジプトのキリスト教徒は，巻子本以上に支持素材を節約できるパピルス紙のコーデクスを作り，それは早くも 2 世紀に巻子本を圧倒して用いられていた[4]。こうしたパピルス紙によるコーデクスは当初は折丁の厚さが著しく不

---

1) Santifaller, Beiträge, S. 162 ff.；Cencetti, Lineamenti, S. 36–42；ders., Compendio, S. 10 f.；G. S. Ivy, in : The English Library before 1700, ed. F. Wormald / C. E. Wright (London 1958), S. 38 ff.；J. Vezin, La réalisation matérielle des manuscrits latins pendant le haut Moyen Age, in : Codicologica 2 (Litterae textuales, Leiden 1978), S. 23 ff. また同書 S. 21, Anm. 11 で言及されている図も参照。
2) C. H. Roberts / T. C. Skeat, The Birth of the Codex (Oxford 1983)；E. G. Turner, The Typology of the Early Codex (Philadelphia 1977).
3) Santifaller, Beiträge, S. 166 ff. R. Schieffer, Tomus Gregorii papae, in : Arch. f. Dipl. 17 (1971), S. 169–184 参照。
4) 起源の問題は本書 8 頁註 5 および T. C. Skeat, in : The Cambridge History of the Bible 2 (Cambridge 1969), S. 65–79 を見よ。例としてギリシア語聖書の「チェスター・ビーティ・パピルス Chester Beatty-Papyri」が挙げられる。他に E. G. Turner, Towards a Typology of the Early Codex (Third to Sixth Centuries), in : Codicologica 2 (Litterae textuales, Leiden 1978), S. 9 ff.

均一であり,わずか1枚の紙を一折した折丁から50枚を超えるような折丁まであって,たとえば福音書のような書物がわずかひとつの折丁でまかなわれるという極端な例も見られた。鞣皮紙の時代に入ってもまだ,たとえば8世紀に作られたアイルランドの携帯用福音書にはこのような構成が見て取れる。フルダ修道院旧蔵の Codex Bonifatianus 3[5] はそうした例のひとつである。

大陸では,古典古代においても中世初期にも,折丁は原則として4枚の紙を重ねて二つ折にした構成(クアテルニオ quaternio)であった[すなわち8葉16ページ構成の折丁となる]。これにたいして,たいていのアイルランド写本やいくつかのアングロ・サクソン写本は,5枚を二つ折にした構成(クイニオ quinio と呼ばれ,古アイルランド語ではキン cín,アングロ・サクソン語ではキーネ cine と称された)であった。このクイニオの習慣が,古代ローマの形式の模倣であった可能性は十分にある。それというのもたとえばテレンティウスの「ベンボ本」は,このような折丁構成を示しているからである[6]。中世後期になると,鞣皮紙および紙からなるこうした折丁は,もっと多くの料紙を含むようになる。アイルランドやアングロ・サクソンの写本では軽石で獣皮の両面が識別できなくなるまで丹念に磨き上げるが,そうでない場合は,原則的には折丁を構成する獣皮の料紙は,毛側は毛側と,肉側は肉側と向きあうように配される。ただ8世紀北フランスのランを初めとするかなりの数の書写室[7]では,これとは逆の料紙配置がなされた。古典古代においては折丁の外側は肉側であるのが普通だったが,中世初期にはこれとは逆に毛側が外に向けられた。

中世には,二つ折4ページの料紙を重ねていく折丁のほかに,大判の1葉を幾度も折り重ねて折丁を造る方法が通例となった。折り方は何通りかあるが,折り重ねた後で袋部分を裁断して折丁としての体裁を整えるのである[8]。中世末期のおそらく印刷術の出現直前の頃と思われる時期に,数ある種類の小型本

---

5) 本書115頁を見よ。
6) CLA II, S. VI f. 参照。
7) CLA VI, S. XVIII 参照。例外として CLA VI. 766 がある。
8) L. Gilissen, La composition des cahiers, le pliage du parchemin et l'imposition, in : Scriptorium 26 (1972), S. 3–33 m. Taf. 1–8 u. Abb. ; ders., Prolégomènes à la codicologie(Gent 1977), S. 14 ff. ; J. Vezin(註1), S. 25 ff.

（聖務日課書，祈禱書，教本タブラ）が，折りも裁断もされていない料紙に書かれ，1枚の料紙に8ページか，16ページの紙面を作ることも行なわれたことが，廃棄写本の発見によって判明した。この場合ページの面付けは，四つ折本や八つ折本の印刷におけると同じような構成となる[9]。いくつかの証拠から，未裁断の二つ折料紙へのこの種の書写は，もっと古い時代にも時おり行なわれていたことが知られている[10]。

　一般に折丁の構成を決めると同時に，料紙には書写作業の規格を示す線が引かれる。テクストの両端と文の行間を画定するために，料紙に孔が穿たれた[11]。古代後期の写本には，四角形の枠を罫引きして，書写面のみを画定している写本がある[12]。古典古代，および中世においても12世紀までは，多くの地方で，二つ折料紙を折る前に，1枚ずつ，または2枚まとめて，あるいはひとつの折丁分全部を重ねて縦線状に穿孔するか，小さな切れ目を入れて書写面を画定している[13]。6世紀以前の写本では，この線がしばしば書写面の内に入り込んでいるのが見られるが，もっと後になると線はテクストの縁や余白部分に置かれるのが普通となる。書き出しの装飾化された大文字用に線が2本引かれること

---

[9]　Ch. Samaran, Manuscrits "imposés" à la manière typographique, in : Mélanges en l'honneur de M. Fr. Martroye (Paris 1940), S. 3–12 m. Abb. ; ders., Nouveaux exemples de manuscrits "imposés" à la manière typographique, in : Acad. des inscriptions et belles-lettres, Comptes-rendus 1950, S. 1–6 ; G. I. Lieftinck, Mediaeval manuscripts with "imposed" sheets, in : Het Boek, 3. R., 34, S. 210–220 m. Taf. (S. 214 に，おそらくこの方法で筆写されたと思われる初級学校の教科書が大量に制作されたことの報告がある)。最近では，Ch. Samaran, Manuscrits "imposés" et manuscrits non coupés – un nouvel exemple, in : Codices manuscripti 2 (1976), S. 38–42 m. Abb. ; Gr. Hövelmann, Gaesdonck Ms. 5. Eine unaufgeschnittene Handschrift des 15. Jahrhunderts, in : Börsenblatt f. d. dt. Buchhandel, Frankfurter Ausg., Aus dem Antiquariat, 18 (1968), S. 217–222 ; Gilissen, Prolégomènes, S. 114 ff. ; Pieter F. J. Obbema, Writing on uncut sheets, in Quaerendo 8 (1978), S. 337–354, Abb. ; J. Vezin, À propos d'un tableau du peintre Hermann tom Ring figurant un scribe transcrivant un livre suivant le procédé de l'imposition, in : Bulletin de la Société Nationale des Antiquaires 1978/9, S. 102–106, Abb.

[10]　A. I. Doyle, Further observations on Durham Cathedral Ms. A. IV. 34, in : Varia Codicologica. Essays presented to G. I. Lieftinck 1 (Amsterdam 1972), S. 35–47 m. Abb.

[11]　L. W. Jones, Pricking Manuscripts : the Instruments and their Significance, in : Speculum 21 (1946), S. 389–403 ; ders., Ancient prickings in eighth-century manuscripts, in : Scriptorium 15 (1961), S. 14–22 にはその他の文献付き。新しい方法論の提案として，L. Gilissen, Un élément trop peu exploité : la réglure, in : Scriptorium 23 (1969), S. 150–162 ; ders., Les réglures des manuscrits, in : Scritt. e civ. 5 (1981), S. 231–252 がある。

[12]　たとえば CLA III. 397a.

[13]　例外として，北アフリカで4-5世紀に制作された福音書(k)がある (CLA IV. 465)。

も珍しくない[14]。古典古代のとりわけ入念な罫引き方法が9世紀初頭に再発見されて，トゥールの書写室を筆頭にカロリング朝期における最良の工房で採用された[15]。その方法というのは，2枚の鞣皮紙を肉側が上向きになるように重ねて線引をし，ついでそのうち1枚を裏返しにするというやり方である。こうして作られた折丁の各ページは，線状に溝を穿たれた肉側と盛り上った線のある毛側が［それぞれ肉・肉，毛・毛というように］向い合うことになる。

　アイルランドやアングロ・サクソン地域では，特殊な線引き方法が用いられた。ここではまず料紙で折丁をつくり，続いて見開きの左右両面に孔を穿つのである[16]。折られていない料紙へ罫引きするばあい，上端の線と下端の線は見開きの両ページにまたがって，「貫通線」として中断なしに，1本の線として引かれることもよくあった[17]。12世紀からは罫引き用に鉛棒がよく利用された。13世紀からはインクも用いるようになる。各ページの最適な利用とレイアウトの美しさを決めるのは，行間と，文字の大きさと，文字径の基線［ベースライン］から上方・下方に突出する部分［アセンダ，ディセンダ］の長さ，この三者の関係である[18]。12世紀と13世紀の間に，上端の線には文字が書かれず，書写面の枠線として残されるという変化が起こった[19]。13世紀から，各折丁のなかでの二つ折料紙の順番が，記号で表わされる例がしばしば見られるようになる[20]。非常に古いいくつかの写本では，各折丁の最初と最後のページは白紙の

---

14) Lowe, Pal. Papers 1, S. 274. カロリング朝期の例は CLA X. 1469.

15) コルビィ修道院での慣行は T. A. M. Bishop, The Script of Corbie : a Criterion, in : Essays presented to G. I. Lieftinck 1 (Amsterdam 1972), S. 11 ff. ab 型の写字生（あるいは写字尼僧）が毛側を外に配置する一方で，カロリング小文字書体の写字生は，マウルドラムヌス修道院長の時代からハドアルドの時代まで，肉側を外に向けている。144頁註93も参照。

16) E. A. Lowe in CLA II², S. X. イングランドではすでにノルマン人の征服以前から，料紙を2つに折って罫引きする大陸風のシステムは行われていた。だが鉄筆あるいはドライ・ポイントによる罫引きが鉛棒にとって代わられると，古い島嶼風のやり方への回帰が見られたかもしれない。Ker, Engl. Mss., S. 41 ff. を見よ。

17) 両端に穴を穿って線を引く個所を目立たせるやり方については Gumbert, Utrechter Kartäuser, S. 153 ff. を見よ。

18) Ker, Engl. Mss., S. 44 f.

19) N. Ker, From "Above Top Line" to "Below Top Line" : A Change in Scribal Practice, in : Celtica 5 (1960), S. 13–16.

20) Lehmann, Erforschung 3, S. 13. ただし St. Gallen 672（9世紀）については Bruckner, Scriptoria 3, S. 116 参照。

まま残された[21]。

　折丁には番号が付けられた。東方(ビザンティン)で制作されたラテン語写本には，ギリシア方式にならって最初のページの左下部分に数字が付された[22]。これとは逆にある古いいくつかのラテン語写本では，こうした番号は折丁の最終ページの右下部分に記された。番号は数字であったり，5世紀以降はA，Bなどの文字で記されたりすることもあったが，数字の場合は「クアテルニオ」を表わすQの文字がその前に付けられるのが普通であった[23]。時代がさらに下ると，番号は下部の余白の中央に記され，しばしば四角形の枠取りが施された。コルビィ修道院で作られた2つの写本では，各折丁にAX, BU, CTなどと最後までアルファベット順に記号が付けられていて，この特別の方式は古典古代の初等教育の学習活動を想い起こさせる[24]。

　このほかに物の名前[25]や点なども使われたが，このばあいは綴り字数や，点の数[26]が各折丁の順番を示している[27]。レクラムと呼ばれる繋ぎ言葉の使用も，造本者が折丁の順序を確定するのを助けるひとつの方法である。それはある折丁の最終ページの下部に，次の折丁の最初の言葉あるいは音節を記すやり方である。この方式はスペインでは10世紀から，またフランスやイタリアでは11世紀から確認され[28]，それ以降どこでも見られるようになる。

　12世紀から，各葉に連続する通し番号を付した先駆的な写本が，比較的頻繁に見られるようになるが，その後13世紀から典礼書やその他の写本で，ペ

---

21) CLA 1. 74, 115 そしておそらく VI. 833.
22) そうした例として，「ヴェローナのガイウス写本」や他の東方起源の写本がある。Lowe, Pal. Papers 2, S. 470 裏の折込図表参照。
23) Lowe, ebd. 1, S. 202 u. 271 f.
24) H.-I. Marrou, Geschichte der Erziehung im klassischen Altertum (München 1957), S. 395 [横尾壮英ほか訳『古代教育文化史』岩波書店，1985年].
25) CLA IX. 1384.
26) 豪華本では Tours 22 (9世紀)。
27) Vatic. Reg. Lat. 1308 を11世紀にフランスで筆写したあるイタリア人写字生は，ジェルベールによって西欧に導入された「アバクスの数字」(アラビア数字)とその名前を使って，折丁の番号を付けている。
28) J. Vezin, Observations sur l'emploi des réclames dans les manuscrits latins, in : Bibl. Éc. Chartes 125 (1967), S. 5–33 ; ders., Codicologie comparée, in : La paléographie hébraïque médiévale (Colloques internationaux du C. N. R. S., No. 547, Paris 1974), S. 153–161. たんにレクラムとして用いられたティロー式速記記号は Laon 50 (8-9世紀) に見られる (CLA VI. 763)。

ージや欄にも通し番号を付けるようになった。1つのページが2つの欄に区切られている写本でも，葉番号あるいはページ番号を見開きの4欄の通し番号と組み合わせて，引用個所をたやすく探し当てることができるようにしている。

各行の番号付けまでもが学術書に登場するが，これを採用したのはイングランド，とくにオクスフォード大学に限られ，それも13世紀中頃から14世紀初頭までであった[29]。写本の読み手や写字生は読書用の栞として，見開き4欄の番号に合わせたIからIVまでの数字を記した鞣皮紙製の円盤状の栞を用いたが，それは細紐で写本本体に取り付けられていた。このような道具をそなえた13世紀から15世紀にかけての一連の写本が知られている[30]。

2. 判　型

コーデクスの大きさは，書写する作品の分量によるばかりでなく，その内容や写本の用途とも関係しており，たとえば豪華本とか携帯用ミサ典礼書とか，修道院の食堂での朗読用の本など，その用途によってまちまちである。それはまた書物のタイプによって特別の伝統があるものの[31]，文字の大きさを決定する作用があった。鞣皮紙写本の判型に関しては，二つ折，四つ折，八つ折というように料紙を折畳むことで変えられはするものの，古典古代と中世の大半の時期に用いられた羊の皮が提供できる，長方形の大きさからくる規格によって自然に決められてしまう。一方，より幅広とか，より縦長の判型，正方形の判型といった特定の趣向を凝らしたばあいには，こうした自然な判型の規格は崩れてしまう。また，装丁のさいに行なわれる周縁部分の裁断によっても，当該写本の元の大きさを研究するのが困難になる[32]。

---

29) 上記に関しては Lehmann, Erforschung 3, S. 1–59 u. 4, S. 17–19.

30) J. Destrez, L'outillage des copistes du XIIIe et du XIVe siècles, in : Aus der Geisteswelt des Mittelalters, Festschrift Martin Grabmann (Münster i. W. 1935), S. 19–34 m. Taf. ; H. Schreiber, Cavilla – ein spätmittelalteriches Lesezeichen?, in : Otto Glauning zum 60. Geburtstag, 2 (Leipzig 1938), S. 97–103 m. Abb. ; ders. in Zbl. f. Bw. 56 (1939), S. 281 ff. m. Abb. 参照。

31) 本書33頁以下参照。

32) Ker, Eng. Mss., S. 40 f. は，11–12世紀イングランド写本のいくつかの標準的な書写面の規格を提示している（書写面の大きさの順番で）。判型のモデル（11世紀）があり（Stuttgart, HB XIV 3, fol. 2/3），そこには「これはレティンブックの書物の規格に即して調整されている Istud moderatum est secundum modulationem libri qui est de Retinbuch」とある。本書187頁も

第 II 章　写本の形態　｜　031

　現在まで伝わる古代の最大のコーデクス[33]は，詩人ウェルギリウスやルカヌスの作品の豪華本や，フィレンツェに蔵されている『学説彙纂(ディゲスタ)』[34]の写本である。他方では，キリスト教古代にすでに小型本が登場していた。この時代に作られた最小の判型は 5-6 世紀の「聖ヨハネの福音書」(Paris, B. N. F., Lat. 10439)であり，各ページ 11 行の 71×51 mm(ページによっては 45×34 mm の個所もある)のサイズである。この小型本はおそらく護符として用いられた[35]。

　大型本の筆頭として挙げられるのは 1 巻本の聖書であろう[36]。このような例の最古のものは「レオのパリンプセスト」[37]と，カッシオドルスの「コーデクス・グランディオル Codex grandior」を手本にした「コーデクス・アミアティヌス」[38]である。中世初期の図書室では中型のフォリオ判が主流をなしていた。小型本としてはアイルランドで作られた携帯用福音書[39]や，テゲルンゼー修道院から出たベネディクト戒律[40]とか，ある伯の所有物であったインゴルシュタットのバイエルン部族法典[41]といった戒律集や法書が挙げられる。おなじくザ

見よ。
33)　ローマ時代および初期キリスト教時代のコーデクスの判型は Lowe, Pal. Papers 1, S. 189-195(書写面別に) u. 253-267 で一覧に示されている。
34)　アウグステウス本ウェルギリウス(CLA I. 13) ca. 425×325 mm(ca. 250×265 mm, 20 行)；ロマヌス本ウェルギリウス(I. 19) 333×332 mm(240×250 mm, 18 行)；ザンクト・ガレン本ウェルギリウス(VII. 977) (325)×350 mm(223×ca. 275 mm, 19 行)；ナポリのルカヌス・パリンプセスト(III. 392) ca. 380×360 mm(230×180 mm, 15 行)；『学説彙纂』(III. 295) 365×320 mm(255-270×255 mm, 2 欄構成，各欄 44 または 45 行)。各ページわずか 8 行(欄外に古註を記すため(?)の大きな余白をともなう)しかない「ウェルギリウスのコーデクス」が存在した可能性は排除できない。カロリング朝期の写本(Parisinus Lat. 7929)が，規則的に 8 行ごとに拡大された大文字で始まっている理由はそれかもしれない(図版は Chatelain, Pal. class. lat., Taf. 68)。
35)　CLA V. 600；Bischoff, Ma. Studien 2, S. 288 参照。14 世紀の挿画付き『聖女マルガレタ伝』は，ほぼ類似の規格である(82×61 mm)。このテクストは産褥の苦痛を和らげてくれると考えられた(E. P. Goldschmidt, London, Catal. 39, Nr. 141)。
36)　515×365 mm という最大の判型で，スペインのある書写室が 800 年頃に制作した。同時に様々な内容の複数の折丁が混在する集合写本としての聖書コーデクスを 3 欄構成で作った。CLA II. 195(u. XI, S. 17)；XI. 1635；XI. 1654. トゥールの聖書に関しては本書 285 頁参照。
37)　CLA XI. 1636 440×320 mm(365×285 mm)，2 欄構成，各欄 72-76 行。
38)　CLA III. 299 505×340 mm(360-365×260 mm)，2 欄構成，各欄 44 行。J. W. Halporn, Pandectes, Pandecta and the Cassiodorian Commentary on the Psalms, in : Rev. Bénéd. 90 (1980), S. 290-300.
39)　P. McGurk, The Irish Pocket Gospel Book, in : Sacris Erudiri 8(1956), S. 249-270.
40)　CLA IX. 1322.
41)　コロタイプ版 K. Beyerle 編(München 1926)。Bischoff, Schreibschulen 1, S. 249 f.；ders., Kalli-

ンクト・ガレン修道院のパリンプセスト St. Gallen 912[42]や「聖ガルスの語彙集」[43]などの学識者の覚え書きや用語註解集そしてほとんど教化本[44]とも言える小型本もこのなかに入る。この時代の比類のない作品として，37×31 mm 規格の 9 世紀西フランクの詩篇写本があり，これはザルツブルクのザンクト・ペーター教会 Ms. a I O として伝来している。もっと後の時代の写本としては巨大な「コーデクス・ギガス Codex Gigas」が独特の位置を占めている。この写本は，もとは 13 世紀初頭にボヘミア (ベーメン) の修道院ポドラジツェで，あるひとりの写字生によって筆写された。写本は 89.3×49 cm の 309 葉から成り，各ページ 2 欄の 105-106 行構成となっている。ここには聖書のほかに大部の諸作品，たとえばフラウィウス・ヨセフスやセビーリャ司教イシドルスなどが含まれている (現在はストックホルムにある)[45]。

　中世後期になると，紙面を経済的に使うために，小さな文字で書いたり，行間をつめたり行数を増やしたりしたが，とくに短縮文字を多用するようになった。こうすれば判型を変えずに 1 冊の写本に書ける分量を増やすことができる。また，それまでよりいっそう薄い鞣皮紙を用いることによっても，写本の厚みを圧縮できる[46]。書物のなかでも最も重要な聖書は，大フォリオ判の写本に一括して書写するのが，この頃までのならわしであった。また註釈が付いていてそういかないばあいは，四つ折の判型の本に何冊かで収録された。しかしこの時期以降は小サイズの新しい小型写本が作られるようになった。13 世紀には「ポケット版聖書」がとくにパリで，またイングランド，イタリアの工房で大量に作られた。こうした聖書はおよそ 14.5×10 cm の大きさで，書写面のサイズはほぼ 9.5-10.5×6.5 cm であった。各ページは 2 欄に分割され，各欄は 44-53 行の構成となっていた。それらは 400-550 葉の鞣皮紙を含んでいたが，少しも

---

graphie, Nr. 19 参照。
42) CLA VII. 967a.
43) CLA VII. 976.
44) Bischoff, Schreibschulen 1, S. 255 f. (Clm 14830 u. 14843. 両写本ともイシドルスの『同義語論 Synonyma』を含む)。
45) A. Friedl, Codex Gigas (Prag 1929)。
46) N. Ker はラテン教父文学で最長の作品を引き合いに出して，この変化を論証した。N. Ker, The English Manuscripts of the Moralia of Gregory the Great, in : Kunsthistorische Forschungen Otto Pächt zu seinem 70. Geburtstag (Salzburg 1972), S. 77-89.

かさばらなかったのは，処女の羊から取った極薄の羊皮紙を用いたからであった[47]。

　ドイツ中世の最も大部の写本のひとつは，14世紀中頃に作られたイエナの抒情詩写本で[48]，56×41 cmの大きさである。概して時代を経るにつれて，小型本の割合が増加した。中世後期の特徴のひとつは，一方では巨大な聖歌用の写本が作られ，他方で 8.5×6 cm，あるいはもっと小さな超小型祈禱書が並行して生み出されたことであろう。

　写本の縦横の比率は，伝統や流行や用途によって異なる。古典古代や初期キリスト教の鞣皮紙コーデクスは，両極端の2つの判型に分かれる。ひとつは正方形の判型であり，もうひとつは非常に縦長のそれである。古代のコーデクスにおいては豪華な写本に限らず，正方形の判型が比較的多かった[49]。ロルシュやフェリエールなど多くのカロリング朝期の修道院学校がそれを模倣している。縦長型の写本は，時によって実に極端な比率を示すことが多く，なかには縦3：横1以上の数値を示すものもあった[50]。こうした判型の採用にはそれなりの外観上の理由が見られることもあった。秘蹟書，詩篇，福音書，答唱集，続唱集など多くの典礼用写本は，現存するこの種の写本や古い目録が示しているように，象牙板で表紙を装丁できるように長方形の判型をとった。こうした例として「バンベルク昇階唱集」Lit. 7 (26.6×11.1 cm) と Lit. 8 (27.7×10.9 cm) が挙げられる。この2つの写本の上端部は，象牙板の湾曲した形に沿うように，丸みを帯びて裁断されている[51]。もうひとつの例はヴェルデン修道院から出た『聖リウ

---

47) New Pal. Soc. I, 2. Ser., Taf. 217 ; Crous / Kirchner, Schriftarten, Nr. 9 ; Mazal, Gotik, Abb. 4.
48) Die Jenaer Liederhandschrift (K. K. Müller によるファクシミリ版，Jena 1896).
49) 註34を見よ。他はLowe（註33）。以前はほぼ正方形であったと想定される，アンシアル書体で書かれた愛書家所蔵のキケロの弁論集写本（5世紀）ca. 145×(ca. 130 mm)（80×80 mm，各ページ17行)，CLA VIII. 1043 ; Seider 2, 1, Nr. 55 を見よ。
50) K. Christ, In caput quadragesimae, in : Zbl. f. Bw. 60 (1943/44), S. 56. ラテン＝アングロ・サクソン詩篇（Paris, B. N. F., Lat. 8824, 11世紀に制作された2欄構成）の規格は ca. 526×186 mm (Early English Manuscripts in Facsimile 8, Kopenhagen 1958)；Florenz, Laur. Ashb. 1814, 偽ヒエロニュムス『書簡』『教皇列伝』は 455×140 mm (11世紀にポワチエで制作)。
51) Schramm / Mütherich, Denkmale, Nr. 118. K. Weitzmann, Die byzantinischen Elfenbeine eines Bamberger Graduale und ihre ursprüngliche Verwendung, in : Studien zur Buchmalerei und Goldschmiedekunst des Mittelalters, Festschrift für Karl Hermann Usener (Marburg 1976), S. 11-20 参照。

ドゲルス伝』写本(30×12.5 cm)である[52]。

　11世紀から13世紀にかけて作られた[53]，詩をその内容とする単一欄で非常に縦長判型の写本の場合は，美的な動機が決定的な役割を果たし，戯曲の場合は実用的な要因が主であった[54]。中世後期の会計帳簿なども，計算に使われた蠟板に似せてか，馬による運搬に好都合なようにか，いずれにせよ非常に縦長の判型が普通であった[55]。

　縦長の鞣皮紙の裁ち残り(?)を利用して，ときに横長判型の写本が作られた[56]。判型の研究はひとり書物の歴史のみを益するものではない。それはまた書物が作られた時点でのその役割についても，さまざまの示唆を与える。写本の判型と縦横比は紙の時代に入ると，それまでよりも規則的な形をとるようになる[57]。

　コーデクスのなかには突飛な形をしたものもあった。12世紀にパッサウ司教区で作られた1冊の祈禱書は円形をしており，そこに記されたドイツ語の祈禱文によれば，その最初の所有者は女性であったようである[58]。さらに付け加えれば，おおよそ1460年と1476年の間に書写されたと思われるジャン・ド・モンシュニュの詩歌集はハート型をしていた[59]。1430年頃ブルゴーニュ公国のフィリップ善良公のために1冊のフランス語の祈禱書が筆写され，そこに挿画が添えられたが，この写本は下半分に二枚折板形式に写本が埋め込まれ，上部の湾曲した装丁部分の内面は宗教画で飾られていた。こうしてこの写本の見開

---

52)　Chroust II, 23, Taf. 5.
53)　たとえば Chatelain, Pal. class. lat., Taf. 162 のスタティウス(11世紀)およびTaf. 92 のオウィディウス(12世紀)。
54)　たとえばトリーアの「テオフィルス」は29×10.5 cm。
55)　革ケース入りの書物については G. S. Ivy(註51), S. 71 参照。
56)　この種の写本として2種類のカロリング朝期の詩歌集が存在する。Bremen b 52 および St. Gallen 273 が ca. 128×148 mm の規格であり，もうひとつが Vatic. Lat. 10816, 120×175 mm である。さらにより大型の 148×166 mm として CLA VII. 853 のセドゥリウス写本がある。
57)　本書15頁註34参照。
58)　Paris, B. N. F., Lat. 10526 は直径16.7 cm(書写面は13.2-14.7 cm)。内容については V. Leroquais, Les livres d'heures manuscrits de la Bibliothèque Nationale 1 (Paris 1927), S. 314-316. 加えて，ヒルデスハイム司教区博物館の「コーデクス・ロトゥンドゥス」(15世紀フランスの祈禱書)参照。
59)　J. Porcher, Französische Buchmalerei (Recklinghausen 1959), Taf. 83.

きの姿は、小さな家庭祭壇の趣きを呈したのであった[60]。中世後期の年代計算や天文学関係の写本のなかに、実演のため、あるいは計算のために回転式の鞣皮紙片をそなえたものが珍しくない。散発的でより古い事例は、パドヴァ、アントニアーナ図書館所蔵(Scaff. I. 27, 10世紀)第96葉裏の、黄道十二宮と四季を表した可動式の円盤を取り付けた扇状の写本である。

3. ページ・レイアウト

　書物を作るうえでの様々な伝統的な規則は、ページ・レイアウトやテクスト書写面と余白との調和のとれた配分にも当てはまる[61]。調和のとれた紙面分割への配慮は、4世紀にさかのぼる最も古い写本にすでにしばしば見てとれる。コーデクス形式の書物に見られる書写面の複数欄への分割は目を惹く特徴であり、その起源はおそらくパピルスの時代にまでさかのぼると思われる[62]。4世紀(4–5世紀)から、いくつかの例外的な写本に、テクストが細長の4欄に分割されているのが見られる[63]。多く見られるのは3欄への分割である。そうした例は古典古代の著作にも聖書や教父作品にも、5世紀(あるいは4–5世紀)の写本にときおり知られるが[64]、最も古い写本の大多数は、2欄への紙面分割がとくに好まれたことを示している。紙面を単一の欄として長行での筆写がなされている写本に出会うことは、あまり多くない。

　こうした最初期の写本では、各ページもしくは各欄の冒頭は、たとえ単語の途中であっても大サイズの文字で書かれるのが普通であった。これは後の、「イニシアル」[65]と称される冒頭の大サイズの文字とちがって、テクストの意味

---

60) Wien, Cod. 1800. 写真の提供を Otto Pächt に感謝する。
61) この比率の研究は、事後の何度かにわたって行われた裁断作業により、不可能となっていることが多い。
62) Lowe, Pal. Papers 1, S. 201 u. 270 f. 参照。
63) CLA I. 72(フロントー) u. II², 178(キュプリアヌス) (Seider 2, 2, Nr. 60).
64) CLA III. 363 ; VII. 1018 ; VIII. 1028(Seider 2, 1, Nr. 56) u. 1174(Seider 2, 2, Nr. 61) ; CLA Addenda 1843. L. Traube, Bamberger Fragmente der vierten Dekade des Livius(Abh. d. K. Bayer. Akad. d. Wiss., 3. Kl. 24, 1, 1904), S. 28 f. 参照。
65) 「アウグステウス本ウェルギリウス」(CLA I. 13)は、各ページが文頭装飾文字のように大型化され、装飾化され彩色された文字で始まっており、この慣行に従っている。本書257頁を見よ。

上のまとまりとは無関係の原則である[66]。

　紙面全体と書写面との関係が判型に応じているのは当然である。正方形をした判型においては，書写面もまた正方形をしている。中世初期の長方形の判型をした写本の大部分では，書写面の縦の長さとページ幅とが等しいのが一般的である。少なくとも優秀な書写室では，各ページを2欄に分割する方法を紹介する9世紀のある手引書が明らかにしているように，いっそう厳密な規則にしたがっていた[67]。

　中世の全期間を通じて，写本は単一欄で長行で筆写されるか，あるいは2欄構成をとった。カロリング朝期には各ページが3欄に分割された写本の数が増えるが，この習慣は「用語註解 Liber glossarum」もしくは聖書といった特定のテクストと関連がある[68]。この2つのばあいは西ゴート写本が手本となっている[69]。これに対し，3欄に分割されたテクスト面にキャピタル書体で筆写された「ユトレヒト詩篇」は，おそらく古代の写本をモデルとしている[70]。

　主たるテクストのほかに独立した註釈を付す写本のばあい，また特別のレイアウトが必要となる。中世初期の習慣では，こうした写本では特殊な2欄分割をしたうえで，テクストとその註釈を対照させるように筆写された。条件によ

---

[66] Lowe, Pal. Papers 1, S. 196 ff. u. 266 ff. ここではまた，ページ最後の文字が大サイズで書かれることが時おりあること，そしてその慣行が次第に失われていったことが述べられている。カロリング朝期以前の模本に見られるこの痕跡については，CLA VI. 736. 註 34 の最後の部分も見よ。

[67] L. Gilissen, Prolégomènes (註 8), S. 125 ff.；E. K. Rand, Studies in the Script of Tours 2 (Cambridge Mass. 1934), S. 87 f. (さらに Gilissen, S. 216 ff.)；J. Vezin (註 1), S. 29 f. 15 世紀の単純な規則としては B. Bischoff, Anecdota novissima (Stuttgart 1984), S. 239 f.

[68] 3欄構成はコルビィ修道院から出た「用語註解」の最古の写本 (CLA V. 611；VI. 743) でも，また後代の写本 (たとえば Clermont-Ferrand 240) でも採用されている。3欄構成の聖書の例として，比較的古いテオドゥルフ聖書 (Stuttgart, HB II. 16 および London, B. L., Add. 24142) が知られている。

[69] CLA XI. 1654,「コーデクス・カウエンシス」(Lowe, Pal. Papers 1, Taf. 55-57) および後のスペイン聖書など参照。

[70] 他の分野では3欄構成の手稿本は 12 世紀までは稀である。例として Montpellier 160 (カペル，9 世紀)；St. Gallen 1399 a/7 (ウェナンティウス・フォルトゥナトゥス，9 世紀後半)；Namur 1 (アウグスティヌス『詩篇講解』，9 世紀)；Oxford, Bodl., Laud. Lat. 49 (ボエティウス「ポルフュリオス『イサゴーゲー』註解」その他，11 世紀)；Paris, B. N. F., Lat. 7993 (オウィディウス，12 世紀)；Wien 12600 (天文学ならびに復活祭暦法計算関係写本，12 世紀) が挙げられる。

って欄の大きさや行の詰め具合はまちまちであり，このために文字の大きさもまた様々にならざるをえなかった。すでにカロリング朝期にテクストとその註釈を対照させた 2 欄型の写本とならんで[71]，テクストの左右両側に倍の行数での用語註解欄を付した「詩篇」の写本が登場している[72]。ヴィリラム・フォン・エーベルスベルク(11 世紀)が「雅歌」の註釈を行なったときに採用した方法がこれであった[73]。12 世紀のランバッハの写本では，テクストと註釈とを左右に対照させるという複雑なやり方ではなく，上下に配するという簡便な方法をとっている[74]。

12 世紀以降になると，テクストと註釈とをひとまとめにして，文字の大きさだけで両者を区別するという傾向が強まる。さまざまな試行錯誤ののち[75]，首尾よく目的は達せられたが，それはおそらくギリシア語の註釈写本を手本にしてであった。その最高に完成された形態は，ローマ法および教会法のテクストを筆写した 2 欄分割の大学写本で，テクストを取り囲むようにして註釈が配置されている[76]。このような配置は「テクスト囲繞型 cum textu incluso」レイアウトとして，初期活版印刷本でも採用されている。

聖書の古い写本や，タティアノスの古高ドイツ語訳[77]の写本では，「コロンとコンマで区切られた」[78] 修辞的な単位でページが分割されている例も見られる。詩句の韻律形態は，プラウトゥスやテレンティウスにおけるように，それを理解することができなくなっていない限り，テクストの配置にも保持される

---

71) 後代の実例として，「テゲルンゼー詩篇」(11 世紀)；Chroust II, 2, Taf. 4 がある。Chr. de Hamel, Glossed Books of the Bible and the Origin of the Paris Book-trade (Cambridge 1984). また L. Holtz, La typologie des manuscrits grammaticaux latins, in : Rev. d'histoire des textes 7 (1977), S. 247–269, Taf. 参照。
72) たとえば，Frankfurt a. M., Barth. 32 (フルダ修道院，9 世紀前半)。
73) Petzet / Glauning, Taf. 15 ; Chroust II, 11, Taf. 6b.
74) G. Swarzenski, Die Salzburger Buchmalerei (Leipzig 1908), Abb. 413, 417, 420.
75) 本文と註釈の分量的なバランスに応じて，本文の短い文章はしばしば，ページ各所の関連個所の註釈のなかに組み入れられる。たとえば Chroust III, 13, Taf. 8 (ペトルス・ロンバルドゥス『詩篇註解』，1317-1326 年)。
76) 見開き 2 頁にわたるこのシンメトリカルなレイアウトは，すでに 12 世紀イタリアの註釈付き詩篇に見られる。Florenz, Bibl. Laur., S. Croce pl. V dextr. 6.
77) G. Baesecke, Der deutsche Abrogans und die Herkunft des deutschen Schriftums (Halle 1930), Taf. 8 ; Fischer, Schrifttafeln, Taf. 9.
78) 本書 230 頁を見よ。

のである。「オトフリート」や「ルートヴィヒの歌」では，その散文テクストが詩句をまねて1行ごとに改行されている。しかし頭韻法あるいは脚韻法を用いた13世紀以前のこのほかのドイツ語詩作品は，一様に散文と同じように書写された。詩句はせいぜい句読点で区分されるにすぎない。

11世紀末以降ラテン語韻文詩の写本では，ときどき押韻した詩句ごとに改行されているが[79]，この点でフランスの宮廷詩はおそらくドイツのそれよりも進んでいた。なぜならドイツ語写本では，こうした現象が13世紀にならないと現れないからである。非常に美しい外観を示すページの3欄分割は，たとえばルドルフ・フォン・エムスが熟知していたにちがいない13世紀のフランス語叙事詩写本[80]に由来するものであろう。このようなページ分割の仕方には，中高ドイツ語や，中世オランダ語で書かれた13世紀，14世紀の叙事詩写本でも頻繁に出会う。こうして伝わっているのが，ヴォルフラム，ゴトフリート・フォン・シュトラスブルク，ルドルフ・フォン・エムス，ウルリヒ・フォン・テュールハイム，ハインリヒ・フォン・ヘスラー，ハインリヒ・フォン・ミュンヘン，テュートン騎士団の叙事詩風聖書，殉教者伝，『ガラン・ル・ローエレン』である[81]。さらにまた皇帝マクシミリアンの秘書官ヨハンネス・リートが，その主人のために中高ドイツ語でまとめた「アンブラース叙事詩」の，あの美麗な写本のページも3欄に分割されている[82]。

ときおり書写面が特別の形をとることがある。すでにカッシオドルスは「ボトリヨヌム・フォルムラエ Botryonum formulae」と称される，葡萄房型をした

---

79) H. van Thiel, Mittellateinische Texte (Göttingen 1972), Nr. 10, 22, 23.
80) たとえば Recueil de facsimilés à l'usage de l'École des Chartes, Taf. 762 ; dass., Nouv. sér., Taf. 291. イングランド写本の実例は Oxford, Bodl., Eng. poet. a. 1 (S. C. 3938-42) 参照。
81) 図版として Wolfram von Eschenbach, Parzival, Titurel, Tagelieder, Cgm. 19 (ファクシミリおよび転写テクストとして，H. Engels, Fr. Dreßler ; Stuttgart 1970) ; Petzet / Glauning, Taf. 33 (dass.), 44 (ガラン・ル・ローエレン) ; Deutsche Texte des Mittelalters 19 (『ユディト記』『ダニエル書』など), 39 (ウルリヒ・フォン・テュールハイム) ; P. Gichtel, Die Weltchronik Heinrichs von München in der Runkelsteiner Handschrift (München 1937), Beil. III. Bischoff, Paläographie, Sp. 390, Sonderdruck, Sp. 12 のリストに加えて，ルドルフ・フォン・エムス：Weltchronik：Berlin, Ms. germ. fol. 1046 u. Graz, Landesarchiv (断片) ; ハインリヒ・フォン・ヘスラー：Marburg, UB (断片) ; 殉教者伝：Berlin, Ms. germ. qu. 1722 u. Graz, LA (断片)。
82) Fr. Unterkircher (Einl.), Ambraser Heldenbuch, 完全ファクシミリ版 (Codices selecti 43, Graz 1973)。

余白の註釈ないし説明に言及している。8世紀に大陸で書写が行なわれたアングロ・サクソン語のある福音書[83]，ル・ピュイに伝来した「テオドゥルフの聖書」[84]や「ダニラの聖書」[85]では，序言の文言が十字架の形に書き綴られている。しかしテクストを筆写し終えても写本や折丁の最後の部分が空白として残ったときなど，写字生の想像力が自由に羽ばたくことができた。このような場合に写字生は任意のシンメトリカルな文様や装飾文字などを配置したのである[86]。

4. 装　丁

1冊の書物を書写し終わると，テクストを保護する目的で装丁（製本）が施されるのが普通である[87]。伝来している中世写本の多くは，オリジナルの装丁を伝えていないようである。事実，多くが数回にわたって装丁し直されている。すでにカッシオドルスは，装丁用の装飾モデルを集成した書物を作らせている[88]。パリのフランス国立図書館には，組紐文様や蔓巻文様などの5つの色彩豊かな文様を描いた特異な1葉を収録した写本が残されているが，それはまず

---

83) CLA VIII. 1195；Lowe, Engl. Uncial, Taf. 16.
84) CLA VI. 768.
85) Lowe, Pal. Papers 1, S. 340.
86) Lehmann, Erforschung 3, S. 60-66 m. Abb. 11世紀のテゲルンゼー修道院ではこうした遊びが熱心に行われ，習慣になっていた。Christine Elisabeth Eder, Die Schule des Klosters Tegernsee im frühen Mittelalter im Spiegel der Tegernseer Handschriften, in : StMOSB 83 (1972)（またMünchener Beiträge, Beiheft）, S. 67-69. ヴィルヘルム・フォン・ヴェイヤルンの「雅歌」に愛らしい文字装飾が見てとれる（Clm 17177 u. 6432, 12世紀後半）。Bischoff, Kalligraphie, S. 38 u. Nr. 28 f.
87) H. Loubier, Der Bucheinband von seinen Anfängen bis zum Ende des 18. Jahrhunderts² (Leipzig 1926)；H. Schreiber, Einführung in die Einbandkunde (Leipzig 1932)；ders., in : Reallexikon zur deutschen Kunstgeschichte 2, Sp. 1361-84. いくつかの図版収録作品として，F. Geldner, Bucheinbände aus elf Jahrhunderten (München 1958)；O. Mazal, Europäische Einbandkunst aus Mittelalter und Neuzeit (Graz 1971)；ders., Der mittelalterliche Bucheinband, in : Liber librorum. 5000 Jahre Buchkunst (Genf 1973), S. 342-370；ders., Romanik, S. 297-314 u. Abb. 83-87；ders., Gotik, S. 191 ff. u. Abb. 158-169；E. Ph. Goldschmidt, Gothic and Renaissance Bookbindings (London 1928)；L. Gilissen, La reliure occidentale antérieure à 1400 d'après les manuscrits de la Bibliothèque Royale Albert 1ᵉʳ à Bruxelles (Turnhout 1983).
88) 『綱要』第1巻30章。

こうした用途に充てられた書物の一部分と考えてよいであろう[89]。幾例かの中世初期の写本の発見のおかげで，中世写本の装丁史の基本線が明らかにされている。どの時代にも以下の3つの主要な装丁類型が同時に認められる。すなわち豪華装丁，革装板表紙装丁，純然たる革表紙もしくは鞣皮紙装丁である。

現存する最古の豪華装丁の例は，ランゴバルドの王妃テウデリンデが贈ったモンツァの聖堂教会所蔵の福音書扉である。このような装丁はもっぱら最重要の典礼用写本にほどこされ[90]，その装飾には金，銀，宝石，真珠，古代玉，カメオ，象牙彫り[91]，金銀薄板の打ち出し，七宝細工，銀板線刻などの最高級の素材と技法が用いられた。

最も広く普及した装丁法は，四隅と中央部に鉄の太鼓鋲を打って補強した革装板表紙装丁である[ムデハル様式とも呼ばれる]。「鎖留め本 libri catenati」と呼ばれる，書棚に連結された写本のばあい，鎖の他端はこの板表紙に繋がれていた。さまざまの時代に，多くの書写室が革装の板表紙に，特徴的な型押しをほどこした。9世紀と10世紀[92]，そして12世紀，13世紀[93]，そして再び中世後期とくに15世紀に，この技法が流行した[94]。この型押しの模様は，写本の歴史を研究する上で貴重な手がかりを提供し，また一般的に言って，装丁についての研究は，写本の研究において重要な補助学問となっている。革の型押しの技術

---

89) Zimmermann, Vorkarol. Min., Taf. 113a ; C. Nordenfalk, Corbie and Cassiodorus. A pattern page bearing on the early history of bookbinding, in : Pantheon 32(1974), S. 225-231(カラー複製版付き).

90) Frauke Steenbock, Der kirchliche Prachteinband im frühen Mittelalter(Berlin 1965).

91) 本書 16 頁も参照。

92) G. D. Hobson, Some early bindings and binders' tools, in : The Library 19(1938), S. 215 ff. ; Fr. Unterkircher, Die karolingischen Salzburger Einbände in der Österreichischen Nationalbibliothek in Wien, in : Libri 5(1954), S. 41–53 m. Abb. ; E. Kyriss, Vorgotische verzierte Einbände der Landesbibliothek Karlsruhe, in : Gutenberg-Jahrbuch 1961, S. 277–285 m. Abb. ; ders., Vorgotische verzierte Einbände der Stiftsbibliothek St. Gallen, ebd. 1966, S. 321–330 m. Abb. ; J. Vezin, Les reliures carolingiennes de cuir à décor estampé de la Bibliothèque Nationale de Paris, in : Bibl. Éc. Chartes 128(1970), S. 81–112 m. Abb. ; ders.(註 1), S. 36 ff. m. Abb.

93) G. D. Hobson, Further notes on romanesque bindings, in : The Library 15(1934), S. 211 m. Taf u. 19(1938), S. 233–249 m. Taf.

94) 基本文献は E. Kyriss, Verzierte gotische Einbände im alten deutschen Sprachgebiet, Text u. 3 Tafelbde.(Stuttgart 1951-1958) ; H. Knaus, Einbandstempel des XIV. Jahrhunderts., in : Festschrift Ernst Kyriss(Stuttgart 1961), S. 55–70 m. Abb. ; ebd., S. 487–493 Bibliographie Ernst Kyriss.

は，中世後期の特徴である。書物を収納する実用的な革袋（ポーチ）付きの書物も，この時代の産物である。このような書物は「袋本 libri caudati」と呼ばれた。それらは小型の祈禱書を収めるための装丁であり，表紙の革材が書物そのものよりも大きくなっていて，書物がすっぽり入る寸法になっていた。これを腰から下げて携行できるようになっていたのである[95]。

書物を保護する最も簡単な手だては，1枚の皮革紙または鞣皮紙で包むだけの装丁（Koperteinband）である。この種の質素な装丁は中世初期に遡り，フルダ修道院[96]——これらのうちのひとつはルーン文字で標題が記されている——や，ライヒェナウ修道院から出た写本にその例が見られる。この種の写本は12世紀にも知られている[97]。それらはしばしば謄本記録集や会計帳簿などにその例が見られるのである。書物の背は，型押しした革布や角板で補強されるが，その背の独特な綴じ方は，「鎖かがり Kettenstichbänden」とか「長糸かがり Langstichbänden」と称された。中世後期には，それらは「学生縫い ligaturae more studentium」と呼ばれ，こうした接合方式が普及した，もうひとつの領域を示唆している[98]。

装丁に使用した反故紙や，紙の写本の場合は接合部の補強に使用した鞣皮紙の切れ端に注意を向けるのは大切なことである。文字が記された写本の断片が，この種の用途に向けられることが珍しくないからである[99]。

5. 巻子本と折畳み紙

鞣皮紙に書かれた中世の巻子本（rotuli）は[100]，文字を書き記す方向の点で，古

---

95) Lisl u. H. Alker, Das Beutelbuch in der bildenden Kunst（Mainz 1966）.
96) P. Lehmann, Fuldaer Studien, MSB 1925, H. 3, S. 12 ff.；Berthe van Regemorter, La reliure souple des manuscrits carolingiens de Fulda, in：Scriptorium 11（1957）, S. 249–257 u. Taf. 32.
97) H. Knaus, Hochmittelalterliche Koperteinbände, in：Zs. f. Bw. u. Bibl. 8（1961）, S. 326–337 m. Abb.
98) 1500/01年のザンクト・エンメラムの目録（MBK 4, I, S. 187）にも「ウィーンかがり Wiener pündt」が見える。H. Alker, Wiener Kettenstich- und Langstichbände, in Gutenberg-Jahrbuch 1965, S. 368–373 m. Abb. 参照。
99) 剝離した断片については A. Dold, in：Festschrift für Wolfgang Stammler（Berlin 1953）, S. 29 f. G. Eis, Von der verlorenen altdeutscher Dichtung, in：Vom Werden altdeutscher Dichtung（Berlin 1962）, S. 7–27 は反故紙調査の経験による。E. Pellegrin, Fragments et Membra disiecta, in：Litt. text., Codicologica 3（1980）, S. 70–95.
100) Wattenbach, S. 157–174；Santifaller, Beiträge, S. 153–162.

代の巻子本とは基本的に異なる。中世の巻子本では，巻子を横置きにして欄構成で文字を記録することをしないで，たとえばパピルス紙に記されたラヴェンナ文書のように，縦置きにして書くようになった。教会典礼関係の記録が，巻子本状の文書を数多く生み出した。その実例としてランス，ベネヴェント，ヨーク，ミラノなどの司教指令書(ordines)が知られている[101]。ラヴェンナから出た7世紀の典礼用の鞣皮紙巻子本も残されている[102]。ロルシュ修道院の連禱集は，ルートヴィヒ2世(ドイツ人王)時代に作られた[103]。ベネヴェント起源の書体で記された「エクスルテト巻子本 Exultet-Rollen」は，そこに描かれた図像のすばらしさで際立っている[104]。復活祭前夜のミサで助祭が説教壇で歌う間に，集った信徒会衆が鑑賞できるように挿画は文字と逆向きに配置されていた。816年のアーヘン教会会議の決議が，修道院により巻子本で伝来しているような場合もある(『ムルバッハの規約集 Murbacher Statuten』コルマール，県文書館)[105]。中世盛期以降は，巻子本は大流行した系統図を配した聖史の要約や世界年代記，または地方年代記，それに系譜を書写するのにとくに適していることが理解された。「巻物 rotulus」は演劇用語として，ひとりの役者に割り振られた部分を指す「役 Rolle」という言葉に，その痕跡を留めている。この分野では，ムーリでの復活祭劇の巻子本や[106]，フランクフルトに保存されている役者への指示を記した14世紀初頭の巻子本や，南イタリアの復活祭劇でキリストの墓を守

---

[101] N. K. Rasmussen, Unité et diversité des pontificaux latins aux VIIIe, IXe et Xe siècles, in : Liturgie de l'Église particulière et liturgie de l'Église universelle (Rom 1976), S. 460.

[102] CLA III. 371(さらに CLA S, S. 51)。現在はミラノの Bibl. Ambros., S. P. cassaf. 1.

[103] B. Bischoff, Lorsch im Spiegel seiner Handschriften (München 1974), S. 45 ; Datierte Hss. 1, Taf. 1.

[104] 本書151頁を見よ。モデルとしてのギリシア語典礼巻子本については G. Cavallo, La genesi dei rotoli liturgici beneventani, in : Miscellanea in memoria di Giorgio Cencetti (Turin 1973), S. 213-229 m. Taf. ; M. L. Wurfbain, The Liturgical Rolls of South Italy and their Possible Origin, in : Miniatures, scripts, collections. Essays presented to G. I. Lieftinck 4 (Litterae textuales ; Amsterdam 1976), S. 9-15.

[105] このテクストはゴルツェ修道院蔵書目録(11世紀)にも同じ形状で記載されているようみえる。G. Morin, in : Rev. Bénéd. 22(1905), S. 10, Z. 190 f. 参照。813年頃のこのような一断片，すなわち Annotatio capitulorum synodalium (MGH Leges III, 2, 1, S. 301 ff)に比較されるのがミュンヘンの断片 Clm 29555/3 である。

[106] Das Osterspiel von Muri. Faksimiledruck der Fragmente mit Rekonstruktion der Pergamentrolle (Basel 1967).

る4人目の番人の台詞を記した巻子本(14世紀, スルモナの聖堂参事会文書館)が残されている[107]。抒情詩の巻子本については, 抒情詩写本の挿画がひじょうにしばしば詩人がそれを手にしている情景を表現しているが, ドイツでは韻文の恋愛書簡が巻子本形式で, いまでもミュンヘンに保存されている[108]。『ガニメデとヘレナ』の論争詩は, 長さ57cm幅6.4cmの巻子本に書写された(12世紀)[109]。巻子本に書かれた他のテクストに関する情報を総合するならば, そもそも巡礼者や各地を転々とする旅人は, こうした扱いやすい形態の書物をみずからすすんで利用したようである。『ローマの驚異 Mirabilia Romae』[110]や, 『聖地巡礼 Peregrinationes Terrae Sanctae』[111], また医学や錬金術のテクストを収めた巻子本の場合も同じである[112]。また紋章官が使用するための紋章一覧巻物や[113], 同職組合成員名記載巻子本もあった。オータンのホノリウスの遺品目録には, 次のような記述が見られる。「七自由学科が描かれたる巻子本。同じくトロイ戦争が描かれたる巻子本。……同じく様々の絵が描かれたる巻子本 Rodale, in quo VII liberales artes depictae. Item rodale, in quo Troianum bellum depictum ... Item rodale, in quo varia pictura」[114]。この記述は, 学校で用いられた図解説明用の道具や, 図解の手本のような資料に言及したものであろう。各地の修道院の間で回状として回された「死者の巻物 Totenroteln」は[115], 中世にお

---

107) K. Young, The Drama of the Medieval Church 1 (Oxford 1933), S. 701–708. 後に発見された台本により, 役柄が確定された。M. Inguanez, Un dramma della passione del secolo XII (Miscellanea Cassinese 18, 1939).

108) Petzet / Glauning, Taf. 54. このモチーフが現実を反映していることの決定的な証拠は, ラインマル・フォン・ツヴェーターの詩を伴う巻子本である(Los Angeles, Univ. of Calif., Research Libr. A. 1 T 36s); Fr. H. Bäuml / R. H. Rouse, Roll and Codex, in : Beiträge zue Geschichte der deutschen Sprache und Literatur 105 (1983), S. 92–231, 317–330, Abb. 参照。

109) Ingeborg Schröbler, Zur Überlieferung des mittellateinischen Gedichtes von "Ganymed und Helena", in : Unterscheidung und Bewahrung, Festschrift f. Hermann Kunisch (Berlin 1961), S. 321 ff. Wattenbach, S. 168 f. は他の文学テクストも挙げている。N. Ker, Medieval Manuscripts in British Libraries 1 (Oxford 1969), S. 400 f.

110) Manchester, John Rylands Libr. 71 ; St. Gallen 1093 ; Stuttgart, Hist. 459.

111) Jacques Rosenthal, Bibliotheca medii aevi manuscripta II (Katalog 90, 1928), Nr. 173.

112) Cgm 174 ; Kassel, Medic. 8° 11 ; Bern, Burgerbibl. 803 ; Göttingen, Deutsches Seminar III, 31.

113) Züricher Wappenrolle (14世紀) その他。

114) Th. Gottlieb, Mittelalterliche Bibliothekskataloge Österreichs 1 (Wien 1915), S. 12. ゴルツェの巻子本に収められている学校の教本については Morin (註105), Z. 191 f., 194.

115) L. Kern, Sur les rouleaux des morts, in : Schweizer Beiträge zur allgemeinen Geschichte 14 (1956),

ける巻子本文書の典型的な利用形態である。これは教団内部で修道院から修道院へと回覧され，数百年にわたってひとりひとりの死者の告知と，回覧された修道院の名前だけでなく，それぞれの修道院で起草された死者を悼む追悼の詩文も収録された。また巻子本は貢租賦課リストや所領目録などの，実用目的にも使われた。中世後期には紙を糊で継いで巻子本状にして，会計記録または一件書類の記載に用いた[116]。

　この他に例外的な用い方も挙げておかなければならない。すなわち折畳み状の紙片に記された護符や祝日暦[117]，祈禱書などがそれである[118]。

6. タブラ

　タブラ（tabula）またはパギナ（pagina）の名称で呼ばれるのは，大判の鞣皮紙および，鞣皮紙を継ぎ合わせて大きな規格にし，枠に縫い付けるか，板に固定した料紙のことである。その伝来例は少ない。中世の様々な目録類によれば，それらは学校でいろいろな用途に使われたようである[119]。たとえば初歩的な読み書き練習，自由三科[文法，修辞学，論理学]，算術，幾何学，音楽などの教育である。中世後期には，アルファベットを教えるための教科書はふつうの書物の形態であったにもかかわらず，「タブラ」という名称で呼ばれた[120]。この表現は，アルファベットが書かれた表に由来していたにちがいない。おなじ形状をしている世界図のなかで最も注目されるのは，ヘレフォードの地図と，今で

　　　S. 139-147 ; L. Delisle, Rouleaux des morts du IXe au XVe siècle (Paris 1866) ; J. Dufour, Les rouleaux des morts, in : Litt. text., Codicologica 3 (1980), S. 96-102. L. Delisle, Rouleau mortuaire du b. Vital, abbé de Savigni (Paris 1909) のファクシミリ版が最良の図版を提示している。

116）　L. Santifaller, Über Papierrollen als Beschreibstoff, in : Mélanges Eugène Tisserant 5 (Studi e Testi 235, Vatic. 1964), S. 361-371.

117）　A. Pfaff, Aus alten Kalendern (Augsburg 1945) ; Mss. datés, Pays-Bas 1, Taf. 239 ; New Pal. Soc. II, Ser. 1, Taf. 72.

118）　Monique Garand, Livres de poche médiévaux à Dijon et à Rome, in : Scriptorium 25 (1971), S. 18 ff. m. Taf. 7/8.

119）　たとえば，11世紀のゴルツェ修道院蔵書目録（註105）Z. 192 ff. および G. Becker, Catalogi bibliothecarum antiqui (Bonn 1885), Nr. 114, 10 ff. 収載の12世紀のサン・タマン修道院の蔵書目録参照。算術については A. Feldham, Fraction tables of Hermannus Contractus, in : Speculum 3 (1928), S. 240 ff. を，幾何学については12世紀の約150の図を記載した Vercelli, Bibl. Capit. の1葉参照。

120）　Bischoff, Ma. Studien 1, S. 72 f.

は失われてしまったエプストルフの世界図である[121]。多くの世界年代記や修道院年代記，または修道会年代記なども類似の形を示している[122]。またこうした大判の料紙は，霊的な瞑想にも用いられた。2つの例を挙げよう。ひとつは救済への道を図解した『五対の七大罪について De quinque septenis』であり[123]，もうひとつは「黙示録」から想を得た均整のとれたペン画が描かれたザルツブルクのザンクト・ペーター教会の1枚図で，後者は縦横ともに63.5 cmの大きな規格である。いずれも12世紀に遡る。中世の多くの図書室が，壁掛カタログを利用した事実を最後に言い添えておこう[124]。

7. 証書と書簡

文字記録に関して，中世の証書記録ほど，多数の個別の伝来記録が存在する領域はない[125]。中世の証書記録はローマ時代に利用された証書，あるいは証明文書から発展した形式である[126]。パピルス紙に記されたラヴェンナ文書は，ローマ時代の多様な形式の文書の直接の後裔であるがゆえに，とくに重要である[127]。中世初期の証書は定式文言の点だけでなく，たとえそれがゲルマン人の手により発給されたものであっても，その外的形態の面で古代の文書のいくつかの特徴を保持している。そうした特徴のひとつとして，教皇庁やメロヴィング朝王家の尚書局でのパピルス紙の使用が挙げられる。縦長に引き延ばされた書体や，あるいは横に拡がった書体の採用は，その個性的な特徴であり，一定

---

121) M. Destouches, Mappemondes A. D. 1200–1500 (Monumenta Cartographica Vetustioris Aevi 1, Amsterdam 1964), S. 193 ff. 参照。
122) たとえば Berlin, Staatsbibl. Preuß. Kulturbesitz, Lat. fol. 325 ; Rose Nr. 876 参照。さらに G. H. Gerould, Tables in mediaeval churches, in : Speculum 1 (1926), S. 439 f. ; H. J. Rieckenberg, Die Katechismus-Tafel des Nikolaus von Kues in der Lamberti-Kirche zu Hildesheim, in : DA 39 (1983), S. 555–581.
123) Jacques Rosenthal, Bibliotheca medii aevi manuscripta I (Katalog 83, 1925), Nr. 91. 現在は Oxford, Bodl. Libr., Lyell Bequ. 84.
124) その概要は P. F. J. Obbema, Een Deventer Bibliotheekcatalogus van het einde der vijftiende eeuw 1/2 (Tongern 1973).
125) H. Bresslau / H. W. Klewitz, Handbuch der Urkundenlehre für Deutschland und Italien^4 1/2 (Berlin 1968–1969).
126) 内側のテクストは封印されていて，外側にそのコピーが記載されている蠟板についてはすでに本書16頁で言及した。
127) Tjäder, Nichtliter. lat. Pap.

の特殊な条件のもとで中世の終わりまで存続した。自筆での結びの文言や，発給人の署名などは，証書に真正性を与える古代の方式の名残りである。

教皇庁尚書局は[128]，11世紀までパピルス紙を使用し続けている[129]。ここで作成された文書は，鉛の印章で封印された（封印文書）。12世紀にラテン草書体を引き継いだ教皇庁書体と呼ばれる古い書体を放棄して，小文字書体を採用した。この小文字書体は，その文書の内容に即した文書の形式と書式の階層序列を発展させることになった。たとえば，「ロタ rota」と称される署名に真正性を与える環状の線，副署，Bene valete（敬具）を示すモノグラム（組文字）などを具えた荘重な特権賦与文書であるかいなか，あるいは印章が絹糸で（cum filo serico），または麻糸で（cum filo canapis）で吊り下げられていれば，より簡素な形式の2つの文書形式という具合である。こうした文書の書式は，世俗権力の尚書局でも手本として大いに利用された。

メロヴィング朝の尚書局は，7世紀までパピルス紙を利用した。この世紀にパピルス紙は鞣皮紙にとって代わられた。メロヴィング朝諸王は依然として自筆の署名をおこなった。しかしピピン短軀王の時代から，国王は十字架の印や，あるいは王名のモノグラムに最後の線を自ら引くことで署名の代替とした。メロヴィング朝期の国王証書にしてからが，すでに熱蠟に印璽で押印することで認証行為の代わりとしていた。文書に関しては中世の全期間を通じて，片方の面だけを記録に用いるのが通例であった。国王尚書局は，尚書局草書体あるいは公文書用の小文字で書く国王証書とならんで，通常の文書や裁判文書に関して，縦長書体を放棄して，書簡や私文書で用いるより単純な書式を使用することもあった。シュタウフェン朝期から，国王証書を特権付与状と封緘状の2形態に分けるようになった。

中世初期の私文書が原本のままで伝来している事例はきわめて稀である。ひとりザンクト・ガレン修道院文書庫が，744年からの証書原本を保存しており，その貴重な例外である。もともと中世初期の私文書の伝来は，主に謄本の貴重な集成（寄進帳その他）に依っている。みずからの所有権を証明できるよう心を

---

128) L. Schmitz-Kallenberg, Papsturkunden, in : Urkundenlehre 1/2 (Grundriß der Geschichtswissenschaft 1, 2, Leipzig / Berlin 1913), S. 56–116 ; Exempla scripturarum III.
129) 本書9頁を見よ。

くだいた教会や修道院は，9世紀からこの種の謄本記録集を編纂するようになった。文書の利用が以前より稀になり，文書の認証が証人によって果たされるのがいっそう頻繁になった10世紀や11世紀には，ことに新しい文書をこの謄本記録集に収録し続けた。この時期には証書を形式に則って作成することをしないで，「摘要notitia」を作るか，あるいはその内容を謄本記録集成である「寄進帳 Liber Traditionum」に書き加えるか，たとえばただ「福音書」のなかに書き記すだけでこと足れりとした。

　キログラフム(割符証書)や印璽付き私証書は，保証され真正性が担保された新しい証書の形態であった。キログラフムでは，1葉の鞣皮紙に証書のテクストが2度3度と繰り返し筆写される。それぞれのテクスト面の間にCHIROGRAPHUM，あるいは他の言葉が記される。その1葉の鞣皮紙はその言葉を横から真っ直ぐに，あるいは歯形状に分断するように切り分けられるのである[130]。キログラフムは島嶼地域が起源であるが[131]，最初にイングランドから伝わり，10世紀以降大陸で普及した。こうした真正性賦与の形式は近代にいたるまで保持されて来た。国王証書においては慣行となっていた印璽によって真正性を保証する方式は，国王証書以外の文書では10世紀からその存在が確認されている。それが一般に広く普及するのは12世紀からである。神聖ローマ皇帝フリードリヒ1世の治世に，皇帝尚書局が蜜蠟印璽を刻印する代わりに，これを吊り下げる方式を導入したが，9世紀に国王証書で最初に用いられた下がり印璽は金属製であるのが通例であった。

　中世後期には印璽付き私証書とならんで，公証人証書が支配的であった。それはローマ法と教会法の影響がもたらした事態であった。証書は公証人によりその下署と書判(花押)を通じて公信力を賦与されたが，ドイツでは加えて印璽を付ける例がしばしば見られた。アングロ・サクソン語やプロヴァンス語に比して，証書のなかでドイツ語が使われるのは遅く，13世紀の前半になってからであった[132]。ドイツ語で書かれた最古の私証書(Wilhelm Nr. 5c)は1238年であ

---

130)　Arndt / Tangl⁴, Taf. 87 参照。
131)　Bischoff, Ma. Studien 1, S. 118 ff.
132)　Fr. Wilhelm, Corpus der altdeutschen Originalurkunden bis zum Jahre 1300 (Lahr 1932 ff.) ; H. Hirsch, in : MIÖG 52 (1938), S. 227 ff.

り，最古のドイツ語国王証書(Wilhelm Nr. 7)は 1240 年の作成であった。だが 1275 年の時点においてもなお，コンラート・フォン・ムーレは，ドイツ語を使用するのはためらいがちにであった[133]。

中世の私信は，ザリエル朝期でもまだその外形の面で，支配者の書簡とほとんど区別できなかったが[134]，私信の原本を保存する慣行は 12 世紀以前には極めて稀であった[135]。そうした例として，788 年のサン・ドニ修道院長マギナリウスのパピルス紙の書簡[136]，鞣皮紙に書かれたものとして 704 / 705 年のロンドン司教ウィールドヘアの書簡[137]，876 / 877 年のハルバーシュタット司教ヒルデグリムの書簡，11 世紀のある学生（？）の書簡などがある[138]。鞣皮紙書簡は折畳まれたり，丸めて紐で縛られたり[139]，あるいはとくに時代が下ると糸を通したり，鞣皮紙の細帯などを使って封緘された。そして印璽を保有する者はその上に押印した。中世後期には紙の使用が一般的になる。

---

133) W. Kronbichler, Die Summa de arte prosandi des Konrad von Mure (Zürich 1968), S. 164 f.
134) C. Erdmann, Untersuchungen zu den Briefen Heinrichs IV., in : Arch. f. Urk. 16 (1939), S. 186 ff.
135) H. Hoffmann, Zur mittelalterlichen Brieftechnik, in : Spiegel der Geschichte, Festgabe für Max Braubach (Münster / W. 1964), S. 148 ff. ; W. Wache, Eine Sammlung von Originalbriefen des XII. Jhs. im Kapitelsarchiv von S. Ambrogio in Mailand, in : MIÖG 50 (1936), S. 261 ff.（同書 S. 298-317 m. Taf. 5 f. は，レーゲンスブルクの聖職者パウル・フォン・ベルンリートとゲープハルトの書簡である）; P. Chaplais, The letter from Bishop Wealdhere of London to Archbishop Brihtwold of Canterbury : the earliest original 'letter close' extant in the West, in : Medieval Scribes, Manuscripts & Libraries. Essays presented to N. R. Ker (London 1978), S. 3-23 m. Taf.
136) 書簡とみなされている ChLA II. 174 については，Hist. Zs. 187 (1959), S. 376 参照。
137) ChLA III. 185.
138) Vatic. Palat. Lat. 57 のなかに f. 173 として綴じ込まれている。
139) このようにしてケルン大司教グンターからランス大司教ヒンクマール宛のプロパガンダのための書簡も送られた。H. Fuhrmann, in : Arch. f. Dipl. 4 (1958), S. 1 ff. m. Taf. 参照。

第 III 章　書字と写字

　文字史料は執筆の技術について，ほとんど何も語ってくれない[1]。古代において文字を書くのは，おそらく大部分の場合は膝の上であったが[2]，中世では傾斜した書字台の上であった。写字生[3]，ことに福音書記者の図像は，多くが書字を行う手の位置を描いている。ペンを摑む3本の指（「3本の指で書かれる tres digiti scribunt」）は拡げられるか，ややカーブを描き，残る2本の指は折り曲げられる。腕は小指一本で支えており，前腕による支えはない[4]。こうした，近代の書き手とは根本的に異なる文字を書く手の支え方は，16世紀の能筆家にいたるまで変わらなかった。しかし，時代や書体文化の地域的相違に応じて，文字の生理学的解析が示すように，腕の支え方，ペンの運び方（たとえば旋回の），さらには道具そのもの（葦ペン，羽根ペン），ペン先の削り方などが変化した[5]。それゆえ，様々な因子の共働をひとつの明確な像として構築するのは困難であり[6]，外見から引き出せるような書字のメカニズムについての推論に

---

1) 以下については，Wattenbach, S. 261–299 ; Lesne, Livres, S. 336 ff. ; Christ / Kern, in : Milkau / Leyh, Handbuch², 3, 1, S. 263 ff. 参照。
2) Skeat（本書7頁註1), S. 58 ; Br. M. Metzger, Historical and literary Studies, Pagan, Jewish, Christian（Leiden 1968), S. 123–137 が，西洋において書字台への一般的移行が「8世紀と9世紀」であったとしているのは，あまりに遅すぎる年代である。11世紀のフランスの写本挿画には，ひとりの写字生が膝の上に板を二重（?）に差し渡している姿が描かれている（J. Vezin, La réalisation matérielle des manuscrits latins pendant le haut Moyen Age, in : Codicologica 2, Litterae textuales, Leiden 1978, Taf. 1 による）。
3) J. Prochno, Das Schreiber- und Dedikationsbild in der deutschen Buchmalerei 1（800–1100)（Leipzig / Berlin 1929) ; P. Bloch / H. Schnitzler, Die ottonische Kölner Malerschule 2（Düsseldorf 1970), Abb. 472 ff.（福音書記者の図像，9–11世紀); H. Martin, Notes sur les écrivains au travail, in : Mélanges offerts à M. Émile Chatelain（Paris 1910), S. 535–544.
4) Fichtenau, Mensch und Schrift, S. 58 ff., 166 Anm.
5) 中世後期のペン先の削り方は，テクストゥラ書体を書くのに適している。Wattenbach, S. 230 f.
6) われわれが11世紀に最良の能筆家のひとりとして認めるザンクト・エンメラム修道院のオトゥロは，みずから写字を教育したが，自身は間違ったペンの持ち方をしていて（inrecto usu)，それは生涯にわたって続いた（Migne, PL 146, 56 D)。

は[7]，もっぱら相対的な有効性しか認められないと思われる。

まだ古典古代の経験のうちにとどまっていた[8]，中世初期の基礎的な書字教育[9]がどのように組み立てられていったかについては，多くのことがペンの試し書きから推論できる。写字生は単純な線から始めて，アルファベットのすべての文字が書けるようになったら，すべてのアルファベットを含んだ例文で反復練習がなされた[10]。中世後期になってようやく，われわれは書字をめぐる様々な側面についてのより詳細な知識を得る[11]。この時代の学校教師であったロイトリンゲンのフーゴ・シュペヒツハルト師や，様々な逸名教師は，実用書体の詳しい説明を，教訓詩や散文の形で教育した[12]。そのさい説明は文字を構

---

[7] Fichtenau（註4），S. 57 ff. u. 75 ff.（文字の種類の扱い）は最も洞察力に富む。部分的に誤った前提はあるものの，書記技術の歴史に関しては O. Hurm, Schriftform und Schreibwerkzeug (Wien 1928).

[8] 9つの要素から成る練習課題が ChLA V. 304；Seider 2, 1, Nr. 11 e（2世紀）に見える。大部分で古代ローマのウェルギリウスの詩句が用いられている。H.-I. Marrou, Geschichte der Erziehung im klassischen Altertum (München 1957), S. 396［横尾壮英ほか訳『古代教育文化史』岩波書店，1985年］；A. Petrucci, Virgilio nella cultura scritta romana, in : Virgilio e noi (Genua 1982), S. 56-58. セネカ，クインティリアヌスや教父たちの報告については Wattenbach, S. 265 参照。

[9] Bischoff, Ma. Studien 1, S. 75-87. カロリング朝期以前の書字教育の段階における（連綴文字ではない）「小文字」と草書体との関係については，A. Petrucci, Libro, scrittura e scuola, in : La scuola nell'occidente latino dell'alto medioevo (Settimane 19, Spoleto 1972), 1, S. 327 f. 参照。

[10] Bischoff, Ma. Studien 1, S. 79 ff.「ティロー式速記記号」を教育する学校用語の事例であるが，Steffens², S. XXXII はおそらくそれにとどまらなかったとする。

[11] 書字の教育にあっては大学が重要な役割を果たすとする St. Hajnal の説については，本書190頁参照。

[12] Hugo Spechtshart, Forma discendi : im Auszug hrsg. von A. Diehl, in : Mitteilungen der Gesellschaft für deutsche Erziehungs- und Schulgeschichte 20 (1910), S. 24 ff. (V. 681 ff.)；(B. Bischoff), Ein neuentdeckter Modus scribendi des XV. Jahrhunderts aus der Abtei Melk (Berlin 1939；engl. Bearbeitung : S. H. Steinberg, A fifteenth century Modus scribendi from the abbey of Melk, Cambridge 1940)；J. Kašpar, "Pražský traktát o notule", in : Knihtisk a Universiteta Karlova (Prag 1972), S. 21-65. フランス語の簡単な文字練習は Bern 205（15世紀），f. 276^V にある。Françoise Gasparri, L'enseignement de l'écriture à la fin du moyen âge : à propos du Tractatus in omnem modum scribendi, Ms. 76 de l'Abbaye de Kremsmünster, in : Scritt. e civ. 3 (1979), S. 243-265；dies., Enseignement et technique de l'écriture du moyen âge à la fin du XVIe siècle, ebd. 7 (1983), S. 201-222. 14-15世紀の均一な書体（continuare）を書くための助言としては B. Bischoff, Anecdota novissima (Stuttgart 1984), S. 237 ff. アルファベットに関する他の論文は，その文字通りの意味，倫理的な意味，神秘的な意味での解釈をとり扱っている。中世後期には教本その他では，頻繁に用いられる短縮形（頻度はいつもこの順序ではないがとくに et, est, con-）のいくつかが，アルファベットの一部のように加えられ，したがってそれらはアルファベットに続けて表示される。Bischoff, Ma. Studien 2, S. 197；B. Wolpe, Florilegium Alphabeticum, Alphabets in Medieval Mss., in :

第 III 章　書字と写字　｜　051

成する多様な書き線ごとに分解され，ひとつひとつ教えられた。実際に，草書体とテクストゥラ書体の習得は非常に普及した[13]。書字教師は教授の広告をして生徒を勧誘したが，教育は文頭装飾大文字体（ヴェアザーリエン）アルファベットと，最も一般的な短縮文字の授業で終了した[14]。短縮文字の成り立ちと使い方に関する初歩的な入門書もあり，その最も詳しい書物はおそらく共同生活兄弟団［14世紀末にオランダのデーフェンテルでヘルト・フローテが中心となって形成された兄弟団。修道誓願を行わず，小規模な家屋で共同生活をおくった。「デウォチオ・モデルナ（新しい信心）」の最も重要な担い手となった］のグループから出たものであった[15]。学問的な書物を書写するためには，専門用語の短縮文字に精通していなければならなかった[16]。

　書字教育は厳しく[17]，その目的は強調書体も含めてほとんど没個性的に，書写室の典型的な書体を習得するところにあった。それというのも，たとえばカロリング朝期の写字生は，3つないし4つの書体の異なるアルファベット文字を取り扱わねばならず[18]，また単に文字の形態ばかりでなく，その形態によって，何か有機的なものを造り上げなければならず，そしてそれが達成されていないことは滅多になかったことを[19]，われわれはしっかり認識しておかなければならない。様々な時代——人文主義の運動の時代だけでなく——に，さらに

Calligraphy and Palaeography. Essays presented to Alfred Fairbanks (London 1965), S. 69 ff., Taf. 18 ff.; Gumbert, Utrechter Kartäuser, S. 81 u. 135, Anm. 4 参照。
13)　標題や文章の書き出しで見られるところである。
14)　テクストゥラ書体の書体練習に関して非常に示唆的なのは，Luzern Msc. Pap. 25 in fol. (見返し)（本書巻末図版 19）および Clm 5900（裏表紙への写り込み）および Wolfenbüttel 404.8 Novi (26)（これまた文頭文字で）。
15)　P. Lehmann, Sammlungen und Erörterungen lateinischer Abkürzungen in Altertum und Mittelalter (Abh. d. Bayer. Akad. d. Wiss., Phil.-hist. Abt., N. F. 3, 1929), S. 30–35. 同書第3論文については B. Kruitwagen, Laatmiddeleeuwsche Paleographica, Palaeotypica, Liturgica, Kalendalia, Grammaticalia (Den Haag 1942), S. 43 f.
16)　Wattenbach, S. 296 参照。
17)　中世初期の詩に，いかに厳しいかのほのめかしが見える。Bischoff, Ma. Studien 1, S. 87. P. Riché, La formation des scribes dans le monde mérovingien et carolingien, in: Instruction et vie religieuse dans le Haut Moyen Age (London 1981), no. XIV.
18)　9世紀までに多くの写字生にとって，ネウマ記号（音符）の習得が加わった。
19)　またイングランドで，アングロ・サクソン書体とカロリング朝書体が同時期に使われたことが考えられる（本書124頁参照）。

言うならば個々の写字生によって，より古い書体が模倣された[20]。

　著作が生まれ，かたちとなって行くその過程については，蠟板あるいは鞣皮紙に記されたメモや構想から，著者あるいはその秘書の清書稿にいたるまで幅広い素材があるが，ここでは簡潔に触れるだけにする[21]。それでも中世の執筆活動全体に特徴的なのは，多くの作品が著者が生きた時代と周囲の人々についての証言であるというだけではなく，ときとして下書きの草稿や，さらに削除や付加をともなった第1稿や，著者自身が推敲を加えた原稿がしばしば残されていることである[22]。

　多くの書き手は口述筆記を行ったので，「口述する dictare」という言葉は，かつて中世においては，現在の「著述する」というのと同じ意味をもったのである。われわれが最良の情報を得るのはトマス・アクィナスからである[23]。彼は複数の秘書に命じ，判読不可能な文字で（littera inintelligibilis）自らが書いた

20）　11世紀テゲルンゼー修道院での島嶼小文字書体や証書書体の模倣に関しては，Christine Elisabeth Eder, Die Schule des Klosters Tegernsee im frühen Mittelalter im Spiegel der Tegernseer Handschriften, in : StMOSB 83 (1972)（また Münchener Beiträge, Beiheft）, S. 67 参照。1468年のライヘンバッハでの人文主義者による12世紀前半の書体での模倣のほか，15世紀により古い書体での書字活動が見られたことについては，Bischoff, Ma. Studien 1, S. 63 ff. m. Taf. 5. オランダのテル・ドゥースト修道院で13世紀の書体を真似た1477年の写本については，G. I. Lieftinck, Mss. datés, Pays-Bas 1, Text, S. XXVIII f., Taf. 229 f. 本書58頁註51も見よ。

21）　教父時代に関しては，ヒエロニュムスの全著作が模範的である。E. Arns, La technique du livre d'après Saint Jérôme (Paris 1963) 参照。

22）　批判的に書き変えられなければならないが，概観としては Lehmann, Erforschung 1, S. 359–381 がある。中世の著者の自筆本の集成に関するそれ以外の試みとして，M.-C. Garand, Auteurs latins et autographes des XIe et XIIe siècles, in : Scritt. e civ. 5 (1981), S. 77–104, Taf. ; Fr. Gasparri, Textes autographes d'auteurs Victoriens du XIIe siècle, in : Scriptorium 35 (1981), S. 277–284 ; G. Ouy, Autographes d'auteurs français des XIVe et XVe siècles : leur utilité pour l'histoire intellectuelle, in : Studia źródłoznawcze, Commentationes 28 (1983), S. 69–103, Abb. 例として以下の文献を挙げる。すなわち『カールの書』のヴァチカン写本（Ann Freeman, Further Studies in the Libri Carolini, in : Speculum 40, 1965, S. 205 ff. m. Abb.）；ヨハンネス・スコットゥスの『自然の分割 Periphyseon』の様々な段階の草稿（L. Traube, Autographe des Iohannes Scottus, Abh. d. K. Bayer. Akad. d. Wiss., Phil.-phil. u. hist. Kl. 26, 1, München 1912, m. Taf. 1–8）；トマス・ア・ケンピスの『キリストに倣いて Imitatio Christi』の自筆本（L. M. J. Delaissé, Le manuscrit autographe de Thomas a Kempis et l'Imitation de Jésus-Christ, Paris / Brüssel 1957）．また本書252頁註43（カッシオドルスか），259頁（教皇大グレゴリウスか），59頁以下（アルクィヌス），128頁註99（ラバヌス・マウルス），58頁註50（ヴァラフリード・ストラボ）参照。

23）　A. Dondaine, Secrétaires de Saint Thomas (Text u. Tafeln) (Rom 1956). 同書 S. 207 には口述についてさらなる事例が示されている。

草稿をもとに、また後年にはおそらくメモや梗概だけを下敷きに、ペンで口述筆記させた。

　著作の筆写は、中世の前半期における典礼写本の制作と同じく、12世紀まで大部分が修道院内部で実施された。書写室は、配備の整った修道院には必ず設置されていた[24]。ここで修道生活の重要な部分が展開された[25]。修道院が大規模な図書室を建設した場合、あるいはトゥールのサン・マルタン修道院のように、外部の受領者のために大量の写本を制作する場合、写字修道士あるいは場合によっては写字尼僧の共同体は、ある種の生きた組織を形成し、それは長い年月にわたって存続した。そうした書写室の書体は、個々の写字生によって、また写字生の世代交代によってより大きく変化しながらも、一つの派をかたちづくり、存続していった[26]。この共同体の門をくぐる若い写字生は──書写作業のためには学生もまた動員された──、その能力と習熟の度合に応じ、簡単なもの[27]から徐々により高度な課題の訓練を受け、最後に典礼写本の書写にまでいたるのであった。挿画生との共同作業のために、とくに熟練した能筆の写字生が養成されなければならなかった。個々の写字生が書写の仕事に取り組む標準的な期間は、10年から20年が想定された。しかし多くの者は、半世紀を写字生として活動した。

　1冊の書物の書写が[28]、書写室の責任者によって複数の写字生に委ねられる

---

[24] 820年頃のザンクト・ガレン修道院の理想的な設計プランでは、修道院教会の翼廊と内陣に隣接する建物の一階で、図書室の下に設けられている。H. Reinhardt, Der St. Galler Klosterplan (St. Gallen 1952), S. 11.

[25] 書写活動と禁欲に関しては Fichtenau, Mensch und Schrift, S. 155 ff. また書くことについてのジェルソンの詩（本書313頁）を見よ。

[26] この点や以下の行論については、Chr. E. Eder（註20), S. 11 f., 55 ff., 69 ff.; M.-C. Garand, Manuscrits monastiques et scriptoria aux XIe et XIIe siècles, travail au scriptorium, in : Litt. text., Codicologica 3 (1980), S. 9–45 参照。

[27] その見本はまさしく、何人かのかなり未熟な手で不良品の鞣皮紙に書かれた St. Gallen, Hs. 8 (トビト記、10世紀) であろう。

[28] 一般的には Ker, Engl. Mss., S. 10 f.; ders. in : Medieval Learning and Literature. Essays presented to Richard William Hunt (Oxford 1976), S. 31–34, 44–47 参照。ヒエロニュムスの『著名者列伝 De viris illustribus』第35章によって伝えられていることだが、イレナエウスは正確な写本を持ちたいと願った。この願いは、アダムナーン『聖コルンバ伝』や Wolfenbüttel, Weiss. 91 (9世紀), f. 159^R および Würzburg, M. p. th. f. 98 (12–13世紀), f. 149^V に受け継がれている。ドイツの写本を作った写字生には、とくに正確さを重視するようにとの中世後期特有の意見

のも珍しくはなかった[29]。彼らは不規則に交替しながら筆写するか，あるいはとくに浩瀚な作品を筆写するとか，迅速な写本制作が求められた場合には，一定の計画に従って割り当てられた折丁，もしくは折丁のまとまりごとに筆写することもあった[30]。写字生はしばしば自らの割り当て部分に署名を残している[31]。とくに書物の各折丁冒頭に記された名前は，時に写本の書写人自身ではなく，当該部分の筆写を割り当てられた写字生の名前であることがある[32]。多くの写本で，教師が生徒たちに一部を手本として書いて見せたのは明らかである[33]。筆写作業には写字生と飾り文字を描く挿画生とが参加するが，むろん後者が写字生と同じ人物である場合もあり，挿画生の関与は常に行われたわけではなかった。写本に奥書があり，その制作に多くの者が関与したのが明らかな場合でも，そこにはひとりの写字生しか名乗らないのがしばしばであった。筆写作業の速度は，当然のことながらきわめてまちまちであり，いくつかの写本ではそれに要した時間が記され，また別の写本では作業の進捗状況の情報が記

表明をともなって依頼されている。E. Schröder, Vom Abschreiben deutscher Bücher, in : Zs. f. dt. Alt. 63(1926), S. 128 ; J. Lechner, Die spätmittelalterliche Handschriftengeschichte der Benediktinerinnenabtei St. Walburg / Eichstätt(Münster i. W. 1937), S. 89 f. 参照。

29) ある写本の書体に一貫性がなければ，そこから推測されるのは，それが様々な地域から集められた学生が筆写作業に従事する一種の学校で制作されたということである。一例を挙げるならば，Berlin, Staatsbibl. Preuß. Kulturbesitz, Lat. qu. 690(マインツが出所であることは明瞭); Saint-Omer 91.

30) これはオットー朝の紫色福音書(Morgan Library, Ms. 23)において明らかである。Lowe, Pal. Papers 2, S. 399–416 u. Taf. 81–84 参照。

31) そうした例として，8-9世紀にシェル尼僧院の尼僧たちが制作したアウグスティヌスのコーデクス(Bischoff, Ma. Studien 1, S. 19 f.)がある。おそらく西フランスの Codex Angers 675 は，もともと 30 に及ぶ折丁について，少なくとも 24 人の写字生により署名がなされている。また Vatic. Regin. Lat. 762 は，アンシアル書体で書かれたクロード・デュピュイ旧蔵のリウィウスをトゥールで筆写したものである(CLA I. 109 ; E. K. Rand, Studies in the Script of Tours 1, Cambridge Mass. 1929, S. 97)。この写本および他の例について，J. Vezin, La répartition du travail dans les scriptoria carolingiens, in : Journal des Savants 1973, S. 212–237. 本書 11 頁も参照。

32) 例として CLA VI. 709 ; IX. 1288 ; MBK 4, I, S. 108, Anm. 104. 本書 11 頁註 17 も見よ(portio の意味に関連して)。

33) ドミニクスなる教師については Clm 6233(Bischoff, Schreibschulen 1², S. 136 ; ders., Kalligraphie, Nr. 10). オトゥロについては Clm 14512 u. 14712(?)(Bischoff, Mittelalterliche Studien 2, S. 90 f.). コルビィ修道院での手本書きは T. A. M. Bishop, The Script of Corbie : a Criterion, in : Essays presented to G. I. Lieftinck 1(Amsterdam 1972), S. 11, Anm. 3. 書体見本に関しては Wattenbach, S. 187 参照。

載されている34)。

　文書の使用が著しく増加した中世後期には，その使用階層が広範にわたっている。修道士，尼僧，とくに書物の制作に献身的に励んだ新興の修道会，在俗聖職者，公証人，聖俗双方の身分出身の職業写字生，工房，教師，学生，生徒などが写本制作に参加した。

　13世紀と14世紀に学究に必要な教本を組織的かつ秩序立てて複製するため，パリ，ボローニャ，オクスフォード，ナポリなどの大規模で古い大学やその他の大学は，「ペキア pecia」という制度で公式にその課題を担った35)。大学は各教本について，校訂した標準の「原本 exemplar」を作らせた。その原本は大学がその管理を委託した「スタティオナリウス stationarius」と称される貸本業者に預けられ，この業者のもとで「ペキア」と呼ばれる単位ごとに分割されて，筆写目的で貸し出された。地域的な例外はあるが，ペキアはフォリオ判(およそ 31×21cm)の2欄構成の二つ折紙2枚から成っている。通例，筆写作業は職業写字生によって行われ，その代価は定まった分量の文章を含んだペキアの数に応じて支払われた。こうして制作された写本はまた，大学当局により点検を受けなければならなかった。需要が多い原本は，時々新しいものと入れ替えなければならなかった。パリ，ボローニャ，パドヴァ，フィレンツェなどでは，ペキアや賃料の額を記した在庫写本のリストが伝来している。写本にはペキアが替わったことが，余白に記入されることがしばしばあった。ローマ法学や教会法のテクストと，これと一体をなすべき註釈などの考証資料は，様々のペキア原本に基づいて筆写された。15世紀にはこうした仕組みは衰退した。ドイツ

---

34)　Wattenbach, S. 289 ff.; W. M. Lindsay, in: Palaeographia Latina 2(1923), S. 22 f.; 3(1924), S. 14; Lesne, Livres, S. 375 ff.

35)　J. Destrez, La Pecia dans les manuscrits universitaires du XIIIe et du XIVe siècle, Text, Tafeln(Paris 1935). 同書では Taf. 12/13 Abb. はスタティオナリウス所有の原本である。また K. Christ, Petia, ein Kapitel mittelalterlicher Buchgeschichte, in: Zbl. f. Bw. 55(1938), S. 1–44; G. Finck-Errera, Une institution du monde médiéval, la pecia, in: Revue philosophique de Louvain 60(1962), S. 184–243(ital. in: Cavallo, Libri, S. 131–165, 284–302)参照。確認された原本の数は，1953年の時点で82点にのぼる。M. D. Chenu / J. Destrez, in: Scriptorium 7(1953), S. 68 ff. 参照。G. Pollard, The pecia system in the medieval universities, in: Medieval Scribes, Manuscripts & Libraries. Essays presented to N. R. Ker(London 1978), S. 145 ff.; A. Brounts, Nouvelles précisions sur la pecia, in: Scriptorium 24(1970), S. 343–359(テクスト史におけるトマス・アクィナスの1作品のペキア・システムの工程の事例)。

最古の諸大学も，その規定の中で貸本制度をうたっているが，しかしそこではもはやボローニャその他の大学で持っていた重要性を得られなかった。むしろ中世後期には，大学関連の写本としては学生自身が，部分的には教師が，講述内容に即して筆記したものが優位を占めた[36]。

筆写されたコーデクスは校正作業が必要であり[37]，この手続きに際して「校合済み contuli」などの古代後期の様々な確認用の下署が使われ[38]，写本に記入されて伝来している。だが，中世初期にこうした校正がそれとして明示される例は，比較的稀である。それだけにトゥールのサン・マルタン修道院の慣行は注目に値する。ここでは8世紀の中頃から，多くの写本で折丁の最後にティロー式速記記号で「調査済み requisitum (-tus) est」の文字が記されている[39]。

多くのテクストには伝来の過程で，写本伝来について有益な情報を与える可能性のある，定型化された言葉が付加された。写字生または編纂者が，当該テクストをどのように表示するかを明らかにしている下署，あるいは献辞などがそれであり[40]，それらはさらに写されてゆくことで後の世まで伝えられている。標題はしばしば，数えきれないほど様々なヴァリエーションをもった In nomine ... で始まる祈願定式（たとえばアイルランド人が好んだ「至高なる神の名において In nomine Dei summi」）である。これに続いて「このコーデクスに……が収録されている In hoc corpore (codice) continentur ...」のような言い回しで，書物の内容が紹介される。祈願の文言として「キリストよ，祝福されます

---

36) N. Ker, Copying an Exemplar : two Manuscripts of Jerome on Habakuk, in : Miscellanea codicologica F. Masai dicta MCMLXXIX (Gent 1979) 1, S. 203–210. オクスフォードのニュー・カレジで1480年の直後に50人以上の写字生によって筆写されたアルバート・コーデクスについては，Ker, Eton College Ms. 44 and its Exemplar, in : Essays presented to G. I. Lieftinck 1 (Litt. text. 1972), S. 48–60 m. Taf.

37) 筆写の誤りの訂正一般については Ker, Engl. Mss., S. 50 ff. ; ders., in : Manuscripts at Oxford : R. W. Hunt memorial exposition (Oxford 1980), S. 31 f., Abb. ; W. M. Lindsay, in : Palaeographia Latina 2 (1923), S. 10 ff. ; Wattenbach, S. 317 ff.

38) 本書248–249頁を見よ。

39) 最古の事例は CLA VI. 762. 校正者としてのフェリエールのルプスについては Elisabeth Pellegrin, Les manuscrits de Loup de Ferrières, in : Bibl. Éc. Chartes 115 (1957), S. 20 f. 正確さに疑問のある個所に，非常にしばしば余白部分に，r または r̄q̄（「要調査 require」）の記号が付けられた。

40) 本書251頁を見よ。

ように Christe fave」を意味する $\overline{\mathrm{XF}}$ が登場するが[41]，アイルランド人の写本にはしばしば似たような意味の文言 xb「キリストよ，祝福されますように Christe benedic」が見られるし，多くの島嶼地方出身の写字生は各折丁や各葉を十字架の印で開始している。「始まる INCIPIT」は見出し語であり，「終わる FINIT」または文法的には変だが「終わらせる EXPLICIT」は，結びの言葉である。前者の結語のほうが古く，島嶼地方出身者が主として使用したように思われる[42]。「幸福に FELICITER」あるいは類似の語が，しばしば結びの言葉に付加された。こうした定型句は，とくにアイルランド人写字生により，恣意的で風変わりなヴァリエーション (Inc.: occipit, inchoat など；Expl.: explicat, explicuit など) で用いられた[43]。「章」を示す用語にもヴァリエーションがあった (capitula に対し，スペインやアイルランドでは capitulatio が優位を占めた)。すでに早い時代から，写字生が読者に向けた祈願や (「心静かに読め Lege cum pace」「心静かに用いよ Utere c. p.」)，また自分自身に向けた願い (「写字生に人生あれ Scriptori vita」「写字生のために祈れ Ora pro scriptore」——しばしば十字架の印が付される等々) など，実に多様であった。さらに筆写作業の完成のための神への感謝や，写字生の締めくくりの言葉もある。ギリシア語の決まり文句がしばしば島嶼地方の写本伝来の道程を指し示し，ブルトン語の定型文は，初期のアイルランド・ラテン語である「ヒスペリク」の語彙を含んでいる。また多くのアイルランド人写字生は，欄外に自分の気分をしっかりと記している[44]。中世後期には，写字生がきわめて世俗的な詩句や後書きで，自らの心情を吐露するのがしばしば見られた[45]。

---

41)　CLA II, S. XV; W. M. Lindsay, in: Palaeographia Latina 2 (1923), S. 25 f. 参照。
42)　Lindsay, ebd. 2 (1923), S. 5 ff.; 4 (1925), S. 83 f.
43)　最もきわだっているのは Parisinus Lat. 7498 (9 世紀) である。M. Glück, Priscians Partitiones und ihre Stellung in der spätantiken Schule (Hildesheim 1967), S. 88 参照。
44)　Ch. Plummer, On the Colophons and Marginalia of Irish Scribes (Proceedings of the British Academy 1926); W. M. Lindsay, in: Palaeographia Latina 2 (1923), S. 24 f.
45)　写字生の詩句については，Wattenbach, S. 494 ff.; J. Klapper, in: Mitteilungen der Schlesischen Gesellschaft für Volkskunde 19 (1917), S. 1 ff.; L. Thorndike, in: Speculum 12 (1937), S. 268 u. 31 (1956), S. 321-328; A. Dondaine, "Postscriptum", in: Scriptorium 32 (1978), S. 54 f. また A. Derolez, Observations on the Colophons of Humanistic Scribes in Fifteenth Century Italy, in: Paläographie 1981, S. 249-261 参照。

A. 写本学

　写本により伝来している写字生の手(筆跡)のうちのごく一部についてだけ,下署[46]によって直接にその名前を知ることができる。それでもその中にはカープア司教ウィクトリウス(在位 541-554 年),アイルランド人セドゥリウス(9 世紀中葉)から,トマス・ア・ケンピスやニコラウス・クザーヌスまでの著名な筆跡が含まれている[47]。他にトマス・アクィナスのような人物の手(筆跡)は,古来信憑性があるとされてきた。写本ひとつひとつの書体の手を比較検討することは,逸名の個人の書体を歴史的な証拠として同定したり,解釈したりするという可能性を開いた。これは古書体学において最も魅惑的かつデリケートな作業である。異なるコーデクスの間での,また複数の手が混じった同一のコーデクス内部での,中世書体の手の確実な同定は[48],すでに述べた書写室ごとの書体の画一化,あるいは写字生個人の書体の変化(たとえば手早く書くなど)により困難となっており,その可能性は小さい[49]。しかもまた書体は個人の人間的成熟[50]や他の外的条件によっても,著しく変化した。ひとりの写字生の手は,異なる環境のもとに置かれたとき,その場所のスタイルの本質的傾向を取り入れるのである[51]。同じ人間が経験する書体変化のもうひとつの原因は,字径の

---

46) 下署の集成は Bénédictins du Bouveret, Colophons de manuscrits occidentaux des origines au XVIe siècle, 1–6 (Freiburg / Schweiz 1965–1982).
47) 註 22 参照。
48) L. Gilissen, L'Expertise des écritures médiévales (Gent 1973) は,書体の記述と同定の方法を論じているが,書写行為のダイナミズムを十分に考慮していない。同書への批判として E. Poulle, in : Bibl. Éc. Chartes 132 (1974), S. 101–110 参照。A. d'Haenens und E. Ornato, in : Scriptorium 29 (1975), S. 175 ff. の詳論は具体的な対象からさらに離れている。11 世紀のカロリング小文字書体への筆跡鑑定学の知見の応用可能性について,W. Schlögl, Die Unterfertigung deutscher König von der Karolingerzeit bis zum Interregnum durch Kreuz und Unterschrift (Kallmünz 1978), S. 215 ff. が試みている。
49) この問題については Eder (註 20), S. 13 f. 参照。
50) ヴァラフリード・ストラボの手はその一例を提供している。Bischoff, Ma. Studien 2, S. 34–51 m. Taf. 2 f. および ebd., Anm. 1 u. Bd. 1, S. 46, Anm. 15 で言及されている事例。中世後期のヴィッティンガウのアウグスチノ会士クジーシュ・ス・テルチェ (1495 年頃歿) の手に関して同じ問題が指摘されている。P. Spunar, Vyvoj autografu Oldřicha Kříže z Telče, in : Listy filologické 6 (81, 1958), S. 220 ff. m. Abb.
51) B. Bischoff, Die Rolle von Einflüssen in der Schriftgeschichte, in : Paläographie 1981, S. 93–103 u. Taf. 3–10. さらなる事例として,ザンクト・ガレン修道院設計図面に加わった手がある。Ders., Ma. Studien 1, S. 41–49 u. Taf. 3 f.

漸次的な拡大[52]へと導く，年齢による視力の低下である。わけてもカロリング朝国家の島嶼地方出身の写字生，あるいはレーゲンスブルクの尼僧院のために筆写作業に従事したマリアヌスと，彼の旅行の同伴者であったアイルランド修道士のような異国の民の場合は，特別の事情があった。これら2人は大陸の書体に適応したのであった[53]。9世紀のアイルランド人教師のなかで，おそらくランのマルティヌスは最も首尾一貫してカロリング小文字書体で書写を実践している[54]。ドゥンガルやヨハンネス・スコットゥスなどの他の者たちは，自身の故郷の書体に留まっていたように思われる。アルクイヌスの手については，用いるべき書体についてある写字生に出した彼の指示においては島嶼的性格を示しているが[55]，私としては彼がそれにふさわしい連綴文字［合字］(ec, re, ri, ro, rt, st)を伴った，カロリング小文字書体に習熟していたと想定すべきであると考える。しかし，その小文字書体のほっそりした形や，線の筆法，開いたaのような島嶼的字形，単語のなかでの大文字Tやxなどから，アングロ・サクソン的基礎が透けて見える[56]。

付論　偽書

古書体学に付随する問題として，偽書および偽造行為の識別がある。古代あるいは中世には確立していたとされる写本の偽造は[57]，証書の偽造と比較して

---

52) これについては，レーゲンスブルクの教会参事会員フーゴ・フォン・レールヘンフェルト (1167/68–1216年)により年ごとに記録された年代記や，サン・マルシアル修道院の司書ベルナール・イティエ(12世紀末期–1224年)の，年代が特定されている多くの記述が注目されなければならない。レールヘンフェルトについては Bischoff, Ma. Studien 2, S. 157 を，イティエについては Marie-Thérèse d'Alverny, L'écriture de Bernard Itier et son évolution, in : Medievalia et Humanistica 14 (1962), S. 47 ff. m. Abb. ; Mss. datés, Pays-Bas 1, Taf. 111 参照。
53) 本書119頁を見よ。
54) 本書119頁を見よ。
55) Bischoff, Ma. Studien 2, S. 12 ff. u. Taf. I.
56) これは Gotha Mbr. I. 75, f. 20^V–22^R からのみ伝来している3つの韻律詩の書体である。Wilhelm Meyer はそれを「アルクイヌスのグループ」から出た詩であるとし(in : Nachr. v. d. Kgl. Ges. d. Wiss. zu Göttingen, Phil.-hist. Kl. 1916, H. 5, m. Taf.)，K. Strecker はアルクイヌス自身の詩と見ている(MGH Poetae 4, S. 903 ff. 参照)。また CLA VIII. 1206 の図版も見よ。
57) ここで取り上げるのは，もっぱら現に存在する偽造写本か，あるいは書体から見てそうと判断される偽造写本である。そのいくつかは Wattenbach, S. 415 f. また W. Speyer, Die literarische Fälschung im heidnischen und christlichen Altertum (München 1971) のとくに S. 315 ff. 参

稀ではあったものの，まさしく千差万別であった。偽書を生みだす主要な動機は2つある。ひとつは偽造したテクストの存在を公表し，その信憑性を高めるため，もうひとつは市場に提供するためである。書写の質の悪さによって正体が暴かれる例はいくつもあり，他は手抜かりによってである。ほとんどいつも古い鞣皮紙が利用された。

　18世紀にリリエンフェルトのシトー派修道士クリソストムス・ハンタラー (Chr. Hanthaler) は，自らの修道院の13世紀以来の年代記を捏造して執筆した[58]。1820年頃にヴァーツラフ・ハンカが王妃宮廷写本やグリュンベルクの写本を偽造して，古いチェコの詩歌として公表する動機になったのは，ロマン主義的ナショナリズムの威信であった[59]。発見の名誉欲に駆られて，多才なゲオルク・ザッペルトは，贋作「古高ドイツ語子守唄」を一部ヘブライ語のマソラ文字で書き，また「皇帝マクシミリアン謹話集」などを偽作した[60]。

　ルートヴィヒ・トラウベは，コルネリウス・ネポスの失われた作品の一部とされるアンシアル書体で書かれたパリンプセストの断片が偽作であることを，暴くことができた。それは，贋作者のいかにもディレッタントじみたファクシミリ版を検証することによってであった[61]。アンシアル書体で書かれたプラウトゥスとカトゥッルスの断片も偽造された。前者は4世紀のものと称する紫色鞣皮紙に[62]，後者は中高ドイツ語の動物寓話の下にパリンプセストとして書か

照。

58) M. Tangl, Die Fälschungen Chrysostomus Hanthalers, in : MIÖG 19 (1898), S. 1 ff. m. Abb. ; Arndt / Tangl⁴, Taf. 30 C.

59) 図版として，V. Vojtěch, Rukopisy královédvorský a zelenohorský. Dokumentární fotografie (Prag 1930). 同写本およびヴィシュラド詩歌については，M. Žunkovič, Die Handschriften von Grünberg und Königinhof, dazu das Vyšehrad-Lied (Kremsier 1912). Olga Kvetonova, Romantische Handschriftenfälschungen, in : Arch. f. Kulturgeschichte 54 (1972), S. 168-173 参照。

60) H. Fichtenau, Die Fälschungen Georg Zapperts, in : MIÖG 78 (1970), S. 444-467.「皇帝マクシミリアン謹話集」の図像については ders., Die Lehrbücher Maximilians I. und die Anfänge der Frakturschrift (Hamburg 1961), Taf. 42 f. (加えて S. 15 f.).「古高ドイツ語子守唄」の図像に関しては G. Zappert, Über ein althochdeutsches Schlummerlied (SB der K. Akad. d. Wiss., Phil.-hist. Cl. 29, Wien 1859).

61) L. Traube, Der Anonymus Cortesianus, in : Paläographische Forschungen 4 (Abh. d. K. Bayer. Akad. d. Wiss., 3. Kl. 24, 1, 1904), S. 47-54 m. Taf. 6 f. (Traube, Vorl. u. Abh. 3, München 1920, S. 273-282 m. Taf. 1 f. にも収録).

62) H. Degering, Über ein Bruchstück einer Plautushandschrift des vierten Jahrhunderts, in : SB d.

第 III 章　書字と写字 ｜ 061

れた[63]）。挿画付きのユウェナリスのコーデクスの奇妙で特異な形で配置された書体は，後期ゴシックのテクストゥラ書体を再現しているはずであった。これは才能豊かな偽造者によって作られ（1900 年頃），その挿画（ミニアチュール）は偽造テクストそのものよりも高い水準を示している[64]）。現代に入って，最も耳目を聳動させた例のひとつは，ノルマン人が北アメリカを発見したというセンセーショナルな証拠とされた「ヴィンラント地図」である。この文書はバーゼル公会議時代［1431-1449 年］の作とされた。書体や正書法の不確かさ（e と ae の混在）が，疑念を呼び覚ました。インクの分析により最終的に偽造の特徴が認められた[65]）。西ゴート書体への見事な感情移入の成果であると思われたある作品は，最近まで 11 世紀の写本と見なされていたが，実は 17 世紀の印刷本に基づいて 1772 年頃に筆写されたものであることが判明した[66]）。

　偽造はたとえば挿画を描き加えるとか，本物の所有者記載を別の人物に書き換えて不利な項目を消去するか，あるいはまたその写本をより興味深いものたらしめる書き込みをするなど，様々な形を取りうるのである[67]）。

Preuß. Akad. d. Wiss. 1919, S. 468-476, 497-503 m. Faks. ; É. Chatelain, Un prétendu fragment de Plaute en onciale du IVe siècle, in : Comptes-rendus de l'Acad. des Inscriptions et belles-lettres 1922, S. 223-229.

63)　B. L. Ullman, in : Classical Philology 24(1929), S. 294-297.

64)　H. Omont, Un faux manuscrit de Juvénal orné de miniatures, in : Bibl. Éc. Chartes 75(1914), S. 229 f. 参照。贋作者については Janet Backhouse, The Spanish Forger, in : The Eric George Millar Bequest of Manuscripts and Drawings(London 1968), S. 65-71 ; 'The Spanish Forger'. Catalogue of an exhibition in the Pierpont Morgan Library(New York 1978).

65)　R. A. Skelton / Th. E. Marston / G. D. Painter, The Vinland Map and the Tartar Relation(New Haven / London 1965). 加えて Traudl Seifert, Anmerkungen zur sog. "Vinland Map", in : Börsenblatt für den Deutschen Buchhandel(Frankfurter Ausg.), Aus dem Antiquariat 1974, Nr. 2, S. A 53-58. 数年前に公刊された 15 世紀のウェルギリウス・テクストの巻子本の一節は，真正性についての疑問を引き起こさざるを得なかった。その理由は，巻子本の特殊性ばかりでなく，奇妙に短縮された写本の見出しにあった。Jeanne Krochalis, A Humanist Experiment : Princeton's New Vergil Roll, in : The Princeton University Library Chronicle 42(1981), S. 178-185, Taf. を見よ。

66)　M. C. Díaz y Díaz, El códice "Visigótico" de la Biblioteca Provincial de Toledo, sus problemas literarios, in : Homenaje a Antonio Tovar(Madrid 1972), S. 105-114.

67)　たとえばベーダの『イングランド教会史』のサンクトペテルブルク写本の奥書に，私の意見では中世以降の時代に書き込みがなされたが，それはベーダの直筆を装っている可能性がある。これについては D. H. Wright / P. Meyvaert, in : Rev. Bénéd. 71(1961), S. 265-273 m. Taf. u. S. 274-286, とくに Taf. 3 において明瞭である。

B. ラテン語書体の歴史

			アセンダ・ライン
KN	pF	hn	上部基線
キャピタル書体 (73頁以下参照)	アンシアル書体 (87頁以下参照)	島嶼半アンシアル書体 (112頁以下参照)	基線(ベースライン) ディセンダ・ライン

［参考図］4線図式

「エクスルテト巻子本」(本書42, 151頁参照)の一例(12世紀)。テクストと図柄とが上下逆に配置されていることに注意(Bari, Archivio del Duomo, Exultet Roll 3. ブルーノ・シュテープライン『人間と音楽の歴史 III-4 単音楽の記譜法』音楽之友社，1986年，166頁)。

予備的考察

　ラテン文字の歴史に足を踏み入れる前に，この文字を形成し，また変化を生みだし，それゆえその歴史を認識させてくれる，いくつかの作用と傾向について触れておかなくてはならない[1]。それによって，書体に関わる事柄を理解するのが容易になるのである。

　2つの根本的に異なる書記技術が存在しており――その間に様々な移行形態があるのは確かであるが――，私はこれらを楷書体(Kalligraphische)と草書体(Kursive)と呼び慣わしている[2]。前者，すなわち楷書体は一般に書物筆写用の書体に好適であり，後者はあらゆる種類の実用的な書体に適している。

　楷書体は，先が比較的広く割れたペンが好適な規範キャピタル書体[3]，アンシアル書体，半アンシアル書体，カロリング小文字書体，ベネヴェント書体，ゴシックのテクストゥラ書体といった種類の書体を書くために必要である。これらの字体は，太線と細線を必要に応じて，太線は書き手の体の方向へ，細線はペンの先端部ギリギリのところを使って右に引いて書き，こうした構成要素を合成して造られる。ペンは文字を記す支持素材を引っかいてはならないし，指が震えてインクが染みになってもいけない。このように「構築された」書体は，腕全体を小指でしっかりと支えることで書かれた。楷書体を書くにあたっては，線の書き順――それは恣意的ではなく，有機的で技術的に条件づけられていた――と，文字の「構造」[4]に留意しなければならない。草書体に生じた

---

1) ここで問題にするのは，書体の書字の側面だけである。書く行為の生理学や心理学，文字のスタイルや文化の変遷，政治的・社会的条件といった，文字の形態と変化を決定する他の要素に関しては，Fichtenau, Mensch und Schrift ; St. Morison, Politics and Script (Oxford 1972) ; Stiennon, Pal., S. 7-18 ; W. Schlögel, Die Unterfertigung deutscher Könige von der Karolingerzeit bis zum Interregnum durch Kreuz und Unterschrift (Kallmünz 1978), S. 215 ff. 参照。

2) また Cencetti, Lineamenti, S. 51-56 (ders., Compendio, S. 14-17) の「用語と原則 Terminologia e principi」の節も参照。

3) かつて「カピタリス・ルスティカ(田野風キャピタル書体)」と呼ばれていた書体を指している。

4) Gumbert, Utrechter Kartäuser, S. 216, Anm. 7 と同様に「構造」という用語を使用したい。研

最初の変化も，またこれらの要素によって条件づけられた。この「構築された」書体，ことに大いに受容された書体は，文字の構造を保持しようとする。「変異」が起こるのは例外的でしかない[5]。この変異が g の文字に生じた。写字生たちは，それぞれの時代に，この文字の右側部分の数字の 3 に似た書きにくい線を，頭部分の左側の弧線を右下の弧線と S 字型の線で結び，それからまだ欠けている部分を補って g の文字を完成するというやり方で，避けようと努力した[6]。しかしながらこれらの書体も，様式と趣味の変化を免れない。

　もう一方の極にある草書体は，しばしば比較的細いペンを使って，太線と細線を意識的に区別しないで，支持素材の上を軽やかに素早いテンポで筆を動かす。この書体は文字をできる限りひとつの全体として把握し，中断することなく筆を運び，隣接する文字と好適な形で結びつくよう整えることができる。素早く流れるような筆運びで書かれた書体がもたらした主要な帰結を，以下のようにまとめることができる。形態が単純化され，装飾的な(たとえばキャピタル書体におけるセリフのような)線が解消された。この書体はスペースに余裕があれば，最後の筆使いで線を上や下に引いて(たとえば古い草書体におけるQの字の尻尾など)，書体の描線を強調したり引き伸ばしたりできる。互いに接するか，あるいは互いに似たような位置に引かれる線は，一括して引かれる(たとえばキャピタル体の L, B, D の直角部分。キャピタル書体 G の終わりの小さな弧は，下向きの曲線と繋がる。キャピタル書体 Q の尻尾の撥ねは楕円の上端部分に移動する)。角は丸くなり(たとえば L, B, D の直角部分)，複雑な曲線は滑らかになる(BやRの右側部分)。互いに一定の角度を持つ2本の線は平行の線として書くことができる(草書体小文字の開いた a のように。すでにそ

　　究文献でよく使われる「運筆 Duktus」という表現は，書記スタイルの個性を言い表すための言葉としてとっておきたい。
5)　この点については基本的に Gumbert, S. 216, Anm. 7 参照。そこでは「メタナリーゼ」について言及されている[同じ「構築」の書体が徐々に変化するのではなく，同一形態をとりつつも，その「構築」が突然に変異すること。ビショップはこれを「方向の変化 Richtungsänderung」と呼ぶ]。
6)　図版は J. Vezin, Les scriptoria d'Angers au XIe siècle (Paris 1974), S. 132 にある。他の例は CLA VI. 840 (8 世紀末) および Bischoff, Schreibschulen 1, S. 52, 55 (8/9 世紀頃から 9/10 世紀まで)。中世後期になると，右上の弧線と左下の弧線を結合する試みも出てきた。Gumbert, S. 217 (Abb.) と本書 194 頁参照。

うなっていた蠟板書体のE, F, L, Mを参照）。線の分解や結合による変化（線の方向変化）は，様々な変異を引き起こす。最も知られている例は，bの変異である。古い草書体では弧線部は左に膨らんで引かれ，新しい草書体では右に膨らんで引かれている。もうひとつの例は中世後期における丸いsである。ドイツ語の語末のsの前段階と，「背中のs(Rücken-s)」[7]はこれから派生したのかもしれない（図28）。

　とくに連綴文字や，その連綴文字が続く場合は，文字を構成する線は変化するが，その変化は同一または異なる文字の一部を続けて書くことにより文字の左側で構成部分が縮約され，右側への筆の運びを概して自由で伸びやかにする。文字の連綴は多くの文字を変化させる（とりわけaとtに多い）だけではない。それはまた2つの文字の間で，書き始めの位置をどこに置くかによって，ap, epの場合のpのように書体がより保持されている文字でさえ，別の順序で，すなわち［右側の］曲線から書かざるをえなくする。とくに大きな変化をもたらしたのは，普通は鞣皮紙の書写面には現れない，中空を動く繋ぎ線（中空線）である。すなわちしばしば弧線，あるいはs字状を描く線は，隣接する次の文字──連綴文字の場合──に到達したり，あるいは文字の書き始めの部分に繋げたりするために書かれたペンの軌跡である。これは一般に部分的にしか使用されない。4世紀以降，ローマ新草書体において，とりわけアセンダの書き始めの線や，eとfの頭部で恒常的に使われ始める。その結果，a（半アンシアル書体）や，教皇庁書体におけるeとtの丸い部分が膨らんだり，あるいはアセンダの備わったゴシック草書体の文字のように湾曲部分が生じる（丸いdについても同じ）。これらすべてについて明らかなのは，決定的な変化は草書として「書かれた」書体のなかから生まれ，新しい形はそこで成立するということである。

　高いレベルで書字作業を行なっている者たちは，実用書体（人々が日常目にし，自身で書く書体）と写本書体（楷書体）との間に，たえず格差が広がっていると感じていたが，このような認識は写本書体に変化をもたらすことになった。2つの書体を隔てる格差を縮め，実用書体で普通になっていた種々の革新を写

7）　Gumbert, S. 227, Abb. 24. この形は16-17世紀のフランス語の「語尾のs」に残った。

本書体に導入し，書字形態の遅れを取り戻そうと，様式面で同化する試みがなされたのである。これは一般に，個々の形を変えた字体を写本用のアルファベットに加えること[8]によってではなく，ある形態の草書体を，写本書体の要請に即して適応させることにより達成された。「構築された」様式の原理に従って楷書体を書くためには，草書体の流れるような形態は，太線や細線によって記されるのに適した個々の描線を形成するまでに「濃密化され」[9]（固定され，縮約され）なくてはならない。例をひとつあげよう。前カロリング朝期のgの草書体は——頭頂の房を別にすれば——ひと筆で書かれた。それが今や「顔」「背」「靴」と3筆からなる濃密化の作用が生じた。gは全体で4筆の筆運びが必要となったのである。草書体で連綴文字のために非常に大きく変化した字体が，写本書体の「濃密化された」連綴文字として生き残ることもある (et, nt を参照)。このプロセスは，多少とも意識的な書字行為の過程を意味しているのであり，読みやすさの追求が個々の目的に沿った書体の選択を規定することになる。

　私の見解では，アンシアル書体，2種の半アンシアル書体[10]，そして中世初期の小文字書体の成立は，上に述べたような原理に従った，草書体を元にする楷書体のリニューアルと理解される。このなかに，私はローマ時代と中世初期における書体の歴史の決定的な要因を見るのである。観察する者にその完成形が賛嘆の念を呼び覚まさずにはおかない新たな書体は，書体の発展における大いなる転換点を画している。この発展が規範化された形態のまま停止し続けることがないのも，写字生が訓練で書体を学んだ後で，その書体が個々の写字生の実践のなかで——ほとんど知覚しえないほど微妙に——変化し[11]，そしてこの写字生の世代が教師となって教えるとき，自分たちの師が教えてくれたのと

---

[8] 後期のキャピタル書体のHは，ときにKの字の形に見えることがあるが（たとえばテレンティウスの「ベンボ本」CLA I. 12 におけるように），これは古い草書体では水平の線と右側の縦線の下部が一緒に記されたという事実により説明できる。

[9] この表現は J.-O. Tjäder, Der Ursprung der Unzialschrift, in : Basler Zs. f. Geschichte und Altertumskunde, 1974, S. 24 u. 34 によったものだが，誤った仕方で解釈されている。彼の用いる「様式化された」という語 (S. 38) は，私にはあまりにも漠然としているように思われる。

[10] 同じ意味での，この2つの書体については Tjäder, S. 38 参照。

[11] 本書58頁を見よ。

は何かしら違ったように教授するからなのである[12]。

---

[12] Christine Elisabeth Eder, Die Schule des Klosters Tegernsee im frühen Mittelalter im Spiegel der Tegernseer Handschriften, in : StMOSB 83 (1972) (Münchener Beiträge, Beiheft にも収録), S. 11 f. 参照。この調査が，ここでの完結した書写室についての私の記述の基礎になっている。より大きな規模でベネヴェント書体の歴史や，新しい書体が全く出現しなかった9-12世紀における小文字書体の進化にも，当てはめることができるであろう。

第 I 章　古代のラテン語書体

1. ラテン語書体

　ラテン・アルファベットは，西ギリシア語書体から派生している。しかしながらおおかたの意見によれば，ローマ人はそれを直接に借用したのではなく，エトルリア人を介して借りたのであり，自分たちの言語の特徴を考慮に入れて，それに手直しをしたという[1]。前1世紀まで，このアルファベットはAからXまでの21文字であった。その時代になると，ギリシア語の名詞や外国語起源の語彙を書写するために，YとZの文字が導入された[2]。アルカイック期(前7-前4世紀)にかけて字を記す方向は，まず右から左へ，ついで左から右へと，各行交互に書いていた(ブーストロフェードンという)[3]が，その後，左から右に書くという習慣が優勢になって，アルファベットの古典的形態が形成された。だが，Pについてはあいかわらず(右に短い線のつく)「角ばった」Pであって，コーデクスの大文字書体でしばしば下は閉じていない。

　前1世紀初頭まで，唯一われわれの目にすることのできるのは碑文の書体であるが，これによると，その200年以前にすでに草書体への一定の変化が確認できる[4]。この時代にはすでに ∥ と Ⅰ' の形をしたEとFが現れていて，これらは蠟板に典型的なものである。最もよく知られた遺産は，1世紀中頃か2世紀にさかのぼるもので，ポンペイとトランシルヴァニアにおいて発見された。これらの資料にふつうに用いられた書体は，スッラの時代から刻まれた碑文

---

1) Foerster, Abriß², S. 106 ff.; B. L. Ullman, Ancient Writing and its Influence (New York 1963), S. 32 ff.; H. Jensen, Die Schrift in Vergangenheit und Gegenwart² (Berlin 1958), S. 491 f. 参照。ラテン文字がギリシア文字から直接に由来したという説は，St. Bassi, Monumenta Italiae graphica (Cremona 1956-1957), S. 73 ff. によってふたたび主張された。
2) G. Perl, Y und Z im lateinischen Alphabet, in : Philologus 115 (1971), S. 196-233.
3) 図版は E. Diehl, Inscriptiones Latinae (Bonn 1912), S. VII u. Taf. 1 ; Bassi, Monumenta (註1), Abb. 82-84 ; Steffens², Taf. 1.
4) G. Cencetti, Ricerche sulla scrittura latina nell'età arcaica. I. Il filone corsivo, in : Bullett. dell'Arch. Pal. Ital., N. S. 2/3 (1956-1957), S. 175-205 m. Taf.

(グラフィト書体)にすでに見られた書体であって，できるだけ同方向に書かれた線によって構成されており，大きく変化している[5](図4)。

　記念碑書体は，長いあいだ同じ幅の刻線で彫られていた。ローマ帝政初期にはこの書体は，その丸みを帯びた部分が膨らんだり縮んだり変化を見せながらも，縦線部と文字の先端部がしっかりと打たれ，初めて不動の形態を獲得した。記念碑書体のほかに，碑文のなかに前1世紀から現れるのは，より自由でより幅の狭いアルファベットの形態である(「軽快書体 scriptura actuaria」)。このアルファベットは，たんに太線と細線が交互に現れるだけのものだが，これがとくに活用されるのは筆で記された非線刻碑文である(たとえばポンペイの選挙用声明)[6]。

　おそらくほぼ同時代の筆写書体のなかで，これと対照的なのは，楷書体によるローマの写本の規範キャピタル書体である[7]。だが考慮しなくてはならないのは，疑いなくローマの書籍売買のなかで培われたこの優雅な書体が，「常用書体」から分離して異なった進化をとげた一書体であるという点である[8]。

---

[5]　その例として E. Diehl, Inscriptiones (註3), S. XIII ff. ; Steffens^2, Taf. 5 u. 8 ; Seider 1, Nr. 25c, 25d ; Bassi, Monumenta (註1), Abb. 190 ff.

[6]　本書18頁参照。図版は Écr. lat., Nr. 4 ; Seider 1, Nr. 7 u. 13 ; Bassi, Monumenta (註1), Abb. 184–187 参照。J. Mallon は，石に彫られた書体は「多くの作業段階を自らに刻んでいる記念物」であり，各段階を経た書体の最終段階での形態を示していることを，繰り返し力説した。つまりテクストの構想，そしてその草稿を碑刻職人がどのように石に彫り込むかの指示である。彼はいくつもの論文のなかで，こうした点を綴り字の誤りや刻字の形態のなかに間接的に認め得ること，その直接の模写からもつきとめることができることを示して見せた。これらの模写は古代末期までのローマ世界の古書体学の材料を補強する。ことに L'Histoire et ses méthodes (Hrsg. Ch. Samaran, Paris 1961) の Paléographie romaine, S. 564 ff. および Scriptoria épigraphiques, in : Scriptorium 11 (1957), S. 177–194 参照。

[7]　伝統的に「田野風キャピタル書体」と呼ばれてきたこの書体は，ウェルギリウスの2写本にみられる碑文の様式を模倣したクアドラタ・キャピタル書体(「優雅なキャピタル」)の，より地味な類縁書体とみなされている。この書体は，文字の上部と下部にセリフがあること，また筆写角度(註17を見よ)が45–50度であることにより特徴づけられる。何世紀にもわたって，これらの特質は豪華本の楷書体に向くと認められていた。草書体の大文字が消失したあと，わけても書物筆写用の書体となる(4世紀からは「キャピタル書体」という語だけでこれを指すのに十分となる)。「規範キャピタル書体」という用語は，G. Cencetti から私が借用したものである。

[8]　「共通書体 Écriture commune」とか「常用書体 Scrittura usuale」という用語は，とくに Mallon, Pal. rom. と G. Cencetti のさまざまな研究により広まった。

2. キャピタル書体

ラテン語書体で記された最古の記念物[9]は，おおよそ前 1 世紀中頃の，ある奴隷が書いた書簡である[10]。これについで，より正確に年代決定の可能な作品がくる。アウグストゥス帝の時代に属するのは，ある決算書[11]とマケドなる人物宛ての書簡[12]であり，その直後のものとして，重要な意義をもつ裁判の判決文 (後 37-43 年)[13]や，またクラウディウス帝の演説を収録したベルリンのパピルス文書 (後 43-54 年頃) が続く[14]。これらの例のうち，ラテン文字のほとんど変形していない基本的な形を示しているのは，最初の 2 例だけである。他の例では，程度の差はあれ，草書体への移行を示している (その特徴的な字形は B, D, R にみられる)。書体の変化の 2 つの方向は，後 47-48 年にさかのぼるオクスュリュンコスの土地台帳の 2 断片によって，あまり類例のない仕方で説明できる。このテクストの一方は，均整のとれた字形をもつキャピタル書体で記され，もう一方は「常用書体」で，草書体によって記されている[15] (図 2)。

アウグストゥス帝の時代から 1 世紀中葉までの間に，ラテン文字による文学作品を記した最初のパピルス紙も位置づけられる。おそらく最古の作品は，熟達した草書体で書かれた，ギーセンに残っているキケロの『ウェッレース弾劾』第 2 の断片である[16]。ヘルクラネウムから出たパピルスは，後 79 年以前の

---

9) 以下の文献における古代の書体に関する個所を参照。Foerster, Abriß², S. 113–135 ; Cencetti, Lineamenti, S. 60–81 ; ders., Compendio, S. 19–38 ; R. Marichal, De la capitale romaine à la minuscule, in : M. Audin, Somme typographique 1 (Paris 1948), S. 61–96 ; John, Lat. Pal., S. 7–13 ; Mallon, Pal. rom.
10) Écr. lat., Nr. 19 ; Seider 1, Nr. 1 ; Mallon, Taf. 1, 1.
11) ChLA V. 308 (前 31– 前 8 年) ; Mallon, Taf. 2, 1
12) Seider, 1, Nr. 3.4 ; Mallon, Taf. 3, 2 ; Écr. lat., Nr. 11 (前 17– 前 14 年頃). ほとんど同時代の書簡が 1 通知られる。Virginia Brown, A Latin letter from Oxyrhynchus, in : Univ. of London, Inst. of Classical Studies, Bulletin Nr. 17 (1970), S. 136–143 m. Taf. エル・ファワーシル (El-Fawâchir) から出土した陶片に記された書簡も紀元の変り目と見られる。Seider 1, Nr. 2.
13) ChLA V. 280.
14) CLA VIII. 1038 ; Steffens², Taf. 4 ; Écr. lat., Nr. 11 ; Seider 1, Nr. 5 ; Mallon, Taf. 6 ; ChLA X. 418.
15) Écr. lat., Nr. 9.10 ; Seider 1, Nr. 6a, 6b ; Mallon, Taf. 5.
16) CLA VIII. 1201 ; Kirchner, Script. Lat. libr.², Taf. 3b ; Mallon, Taf. 4, 1 ; Seider 2, 1, Nr. 1. 同時代のキャピタル書体のさらなる文献的遺産は，1979 年に出版されたコルネリウス・ガッルスのエレギア (哀歌) の詩句を含むパピルス文書である。R. D. Anderson / P. J. Parsons / R. G. M. Nis-

ものである。そのなかの多くの書体は、書物筆写用キャピタル書体の厳密に規範化された形態をもつ。それらは比較的に幅のある線で書かれ、筆写角度[17]は基線[ベースライン]とほぼ45度をなしている。A, F, Mなどにはセリフが付き、AとMではそれが波打っている。N, Vの最後の線の上部は力強い。Gの3筆目は、比較的長く、少し基線より下に降りている[18]。『アクティウム海戦の歌』(前31-後79年の間)は、同じくヘルクラネウムで発見されたものだが、その書体はさらに単純な方式で記されている。縦線にセリフは付かなくなった。しかしAには第3の斜めの線が見える[19]。ヘルクラネウムの別のパピルス文書では、書体の線は草書体に近づいている[20]。キャピタル書体は、アルファベットの基本であり、大体において運筆のコントラストを際立たせることなく、またどれが規範かという正式の標識をもつこともなく、文書の性質を強調する場合にも用いられた[21]。さらにはあらゆる種類のリストやテクストにも使われた(たとえば「フェリアレ Feriale」、すなわち225年から235年までのドゥーラ・エウロポスの守備隊の祭祀リストのような場合)[22]。

規範キャピタル書体は、誰もが認める書物筆写用の書体という地位を、古代の末期まで保った[23]。もっとも、4世紀以前に文学作品の大部分は、同時代に

---

bet, Elegiacs by Gallus from Qaṣr Ibrîm, in : The Journal of Roman Studies 69, S. 125–155, Taf. ; CLA Addenda 1817. その真正性については、Fr. Brunhölzl, in : Codices Manuscripti 10(1984), S. 33–40, Abb. により異議が唱えられた。

17) Schreibwinkel(Tjäder のいう Schriftwinkel)「筆写角度」という表現を、私は D. F. Bright, The Origin of the Latin Uncial Script, Diss., Univ. of Cincinnati 1967 にならって、J.-O. Tjäder, Der Ursprung der Unzialschrift(註66), S. 26 と同じ意味で用いる。すなわち、太字部と基線の作る角度のことである。

18) Giovanna Petronio Nicolaj, Osservazioni sul canone della capitale libraria romana fra I e III secolo, in : Miscellanea in memoria di Giorgio Cencetti(Turin 1973), S. 11 ff. u. Taf. 2 u. 3(2 u. 3a は CLA III. 387, Seider 2, 1, Nr. 2 ; 3e は CLA III. 386)。

19) CLA III. 385 ; Seider 2, 1, Nr. 4. 写真版と古いファクシミリ版の比較については Mallon, Taf. 4.

20) G. Petronio Nicolaj, S. 16 u. Taf. 4 ; R. Marichal, in : G. G. Archi(u. a.), Pauli Sententiarum Fragmentum Leidense(Leiden 1956), Taf. 3, 3 ; CLA X. 1577 ; Seider 2, 2, Nr. 7 参照。

21) たとえば Écr. lat., Nr. 24(= Seider 1, Nr. 34), 27 ; Seider 1, Nr. 12.

22) ドゥーラのフェリアレ : ChLA VI. 309 ; G. Petronio Nicolaj, Taf. 1 u. S. 5 ff. ; Seider 1, Nr. 41 ; Mallon, Taf. 17, 4. 書体については Mallon, S. 89 ff.

23) ヘルクラネウムのパピルス文書と西方の鞣皮紙によるコーデクスの間にある伝来史料の欠落は、エジプトで発見されたパピルス断片のおかげで埋められた。そのリストについては

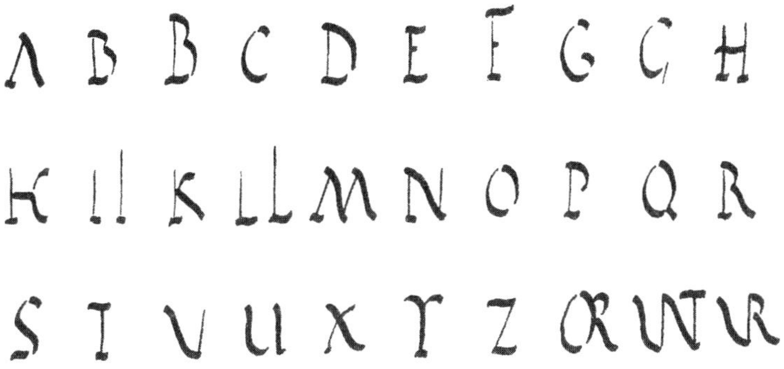

第Ⅰ章　古代のラテン語書体

ABCDEFGH
HIKLMNOPQR
STVUXYZ ŒWŁ

図1　キャピタル書体

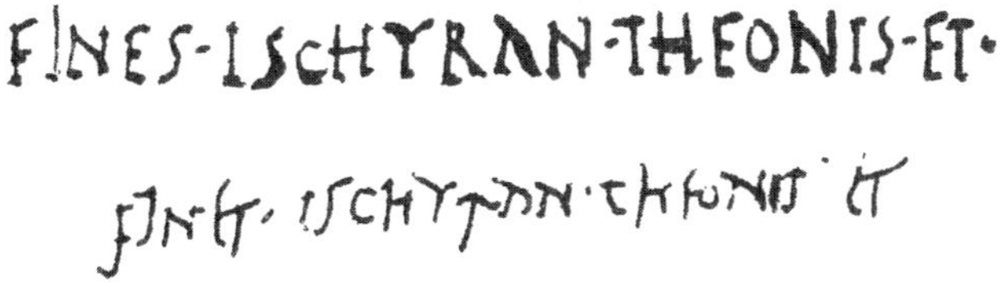

FINES·ISCHYRAN·THEONIS·ET·
fINGꞏ ISCHYRAN·THEONIS·ET

図2　オクスュリュンコス文書に見えるキャピタル書体と古ローマ草書体

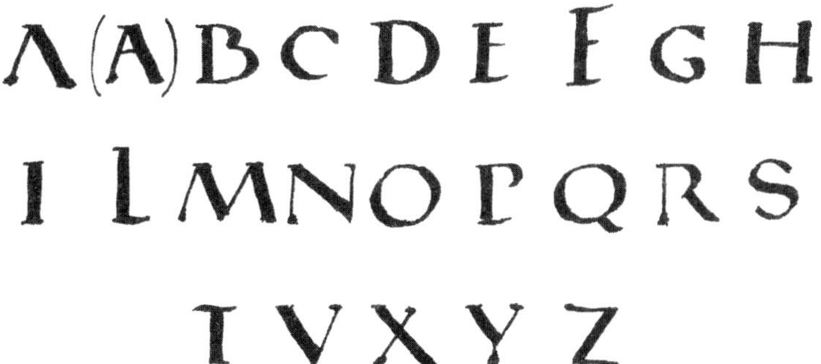

Λ(A)BCDEFGH
ILMNOPQRS
TVXYZ

図3　クアドラタ・キャピタル書体

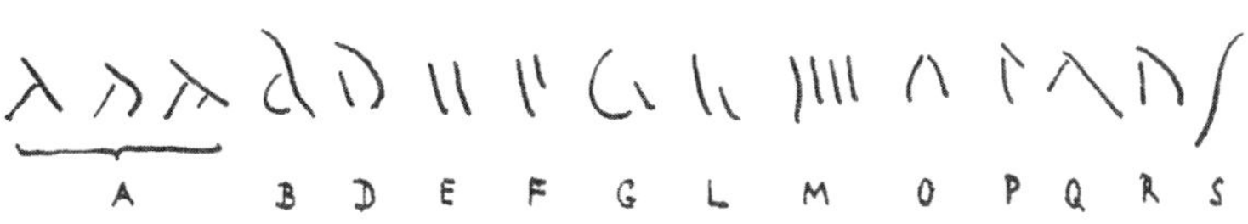

　　A　B　D E F G L M　O P Q R S

図4　蠟板書体

用いられた常用書体(草書体)[24]によって筆写されていたと推定できる。流行や流派の違いや，文字の描線の広さ狭さ，閉じているか開いているかという違いはあるものの，[25]この規範キャピタル書体は，600年間の長きにわたって本質的に同じであった[26]。字形にはほとんど変動がない。B, F, L, Yは基線を挟む上下の2線を越えることがあり，ときにはFはより深く引かれる。Gの最後の線は2筆目の弧線の最後よりも上にくることもあれば，あるいはそれに引っ掛かることもある。Hの字形はあきらかにその草書体の影響を受けている。多くの写本で，2本目の縦線のアセンダが別の線で斜めに記され[27]，まるでKのような外見となっている[28]。Vはしばしば左に広く伸びている。またアンシアル書体のように，ほとんど垂直をなす太線で書かれることもある。最も後の時代の資料にいたるまで，筆写角度が直立に近づいても，左に傾く線が最も太い[29]（図1・巻末図版1）。

　鞣皮紙による冊子本の伝統は，おそらく西洋では4世紀以前にはさかのぼらない。それはアウルス・ゲッリウスのパリンプセスト(Vaticanus, Palat. Lat. 24)とともに始まると思われる[30]。鞣皮紙の写本で最も古く，年代が比較的はっきりしているのは，まず「メディチ本ウェルギリウス」[31]で，これは494年に執政官のトゥルキウス・ルフィウス・アプロニアヌス・アステリウスによって校閲

G. Petronio Nicolaj, S. 11, Anm. 28. これに関連して CLA II². 223 (Seider 2, 1, Nr. 22) ; X. 1520. キャピタル書体による写本の年代決定における不確実性と，場合によってはその修正の必要があることについては Petronio Nicolaj, S. 23 ff.

24) 本書82頁以下参照。
25) こうした事例の集成として，C. Zangemeister / W. Wattenbach, Exempla codicum Latinorum litteris maiusculis scriptorum (Heidelberg 1876), Taf. 1-16 とその Suppl. (1879), Taf. 66 さらに St. Bassi, Monumenta (註1), Abb. 118 ff. 参照。A. Pratesi, Considerazioni su alcuni codici in capitale della Biblioteca Vaticana, in : Mélanges Eugène Tisserant 7 (Studi e Testi 237, Vatic. 1964), S. 243-254 m. Abb.
26) CLA I. 74 の書体(ゲッリウス)では，縦線の下端にたんに小さな曲線をつけることによって，セリフができている。書字練習(Exercitatio scribendi) の書体は少しだけ異なる(CLA S 1695, 1781)。
27) とくに CLA I. 12 そして 112 (Vatic. Reg. Lat. 1283a)以下。Écr. lat., Nr. 41.
28) CLA V. 571a. これらの書体は9世紀に模倣された。
29) CLA I. 115 (Seider 2, 1, Nr. 27) の示すのはその例外である。それにはアンシアル書体を明瞭に確認できる。
30) 註26参照。
31) CLA I. 11 ; Ehrle / Liebaert, Taf. 2.

された。つぎに527年に執政官だったウェッティウス・アゴリウス・バシリウスの所有であったプルデンティウス本がある[32]。

　聖書のテクストがキャピタル書体で記されることは稀であったらしい[33]。聖書以外のキリスト教の散文テクストで，この種の書体で伝えられるものはひとつもない。これら教父の著作を書き写すには，アンシアル書体や半アンシアル書体が使われたようである。古典古代の文学の大部分も，4世紀以降アンシアル書体で書写された。しかしながらアンシアル書体や半アンシアル書体によるウェルギリウスはひとつも残っていない。むしろキャピタル書体で書かれたウェルギリウスが伝わっており，挿画つきで書籍愛好家向けの超大型本である[34]。

　洗練の極致に達しているといえるのは，これもまた一冊全体がウェルギリウスにあてられたいくつかのコーデクスなのだが，その全体が伝統的なキャピタル書体で記されたわけではなく，記念物の碑文を模した書体，すなわち「クアドラタ・キャピタル書体」で書写されている（図3）。

　2つの作品（ページ冒頭の装飾頭文字が素晴らしい出来の「アウグステウス本ウェルギリウス」[35]と，同じく「ザンクト・ガレン本ウェルギリウス」[36]）の書体は人為的なもので，きわめて特殊なペンの操作を必要とする[37]。8–9世紀に確認されている，「ウェルギリウスの文字 litterae Vergilianae」という名称をもつ，キャピタル書体による詩行の意味は，おそらくウェルギリウスの写本伝

---

32) CLA V. 571a; Seider 2, 2, Nr. 44; Écr. lat., Nr. 42; Stiennon, Pal., S. 191–195.

33) CLA II². 118; Seider 2, 2, Nr. 43（ヨハネによる福音書）; S 1694; Seider 2, 2, Nr. 42（ギリシア語・ラテン語によるエフェソスの信徒への手紙）。

34) ヴァチカン本ウェルギリウス：CLA I. 11; Steffens², Taf. 10; Ehrle / Liebaert, Taf. 2; Kirchner, Script. Lat. libr.², Taf. 1a. ロマヌス本ウェルギリウス：CLA I. 19; Steffens², Taf. 19; Ehrle / Liebaert, Taf. 3. パラティヌス本ウェルギリウス：CLA I. 99; Ehrle / Liebaert, Taf. 3; Seider 2, 1, Nr. 29.

35) CLA I. 13; Steffens², Taf. 12; Ehrle / Liebaert, Taf. 1; Kirchner, Script. Lat. libr.², Taf. 2. ファクシミリ版は C. Nordenfalk, Vergilius Augusteus (Graz 1976). この写本が4世紀の最後の三半期に記され，その装飾は能書家で碑刻職人であるフィロカルスの技法（本書249頁）として説明できるという著者の意見を，私はとらない。年代はもう少し新しくしてよいと思う。その書体と装飾は Nordenfalk の記述する6世紀におけるイニシアルの進化（註189参照）に対応しているからである。A. Petrucci, Per la datazione del Virgilio Augusteo, in : Miscellanea in memoria di Giorgio Cencetti (Turin 1973), S. 29–45（「495年から530年の間」）参照。

36) CLA VII. 977; Steffens², Taf. 12; Écr. lat., Nr. 44; Seider 2, 1, Nr. 30.

37) 第3のウェルギリウス・コーデクスの断片の書体 CLA X. 1569 (Seider 2, 1, Nr. 28) は，「アウグステウス本」の書体にかなり近い。

承のなかでキャピタル書体が果たしてきた意味に由来するのであろう[38]。プルデンティウス[39]やセドゥリウス[40]がキャピタル書体で書写されたのも，キリスト教叙事詩人としての特質のおかげであったのかもしれない。古代文明の終焉とともに豪華な写本は消滅し，キャピタル書体もまたローマの楷書体のなかでの役割を演じ終える[41]。5世紀以降，キャピタル書体はアンシアル書体に組み合わされて，強調用の赤インク書き書体になり，それ以降，欄外見出しや，章のタイトル，Incipit（冒頭の句）や Explicit（末尾の句）のために使われるようになる。この最後の2つについては，記念キャピタル書体で記されることが多い[42]。スペインでは，セビーリャのイシドルスの時代にも，韻文作品の引用と強調のために依然としてキャピタル書体が用いられていた[43]。アングロ・サクソン人たちは，古代後期の模範にしたがって，キャピタル書体の使用を再開した。ケオルフリスの命により，ローマのサン・ピエトロ大聖堂用に制作された聖書の，その奥書といくつかの短い前書きにも，すでに用いられていた[44]。頻繁に使われたのは，8世紀にイングランドで書写されたアンシアル書体による写本の序言のなかであって，たとえば「ウェスパシアヌス詩篇集 Vespasian-Psalter[45]」やパリのフランス国立図書館所蔵の福音書（B. N. F., Lat. 281+298）[46]である。この時期から，大陸にもキャピタル書体の使用が見られるようになる。凝りすぎたアンシアル書体の他に，キャピタル書体についても同種の異体が見られ，ピピン短軀王の時代頃に北フランスの卓越した書写室で筆写された「ヘブル・ガリカ両詩篇集 Doppelpsalter」（Vaticanus Reg. Lat. 11）のなか

---

38) Bischoff, Ma. Studien 1, S. 4 f. しかし Sammelhandschrift Diez. B. Sant. 66（序論：B. Bischoff）（Graz 1973），S. 32 も参照。
39) CLA V. 571a ; Écr. lat., Nr. 42.
40) CLA IV. 447. この写本のキャピタル書体で書かれた部分は，様式を欠いた模倣にとらわれている。Zangemeister / Wattenbach, Exempla（註25），Taf. 16 u. 56 参照。
41) A. Petrucci, Scrittura e libro nell'Italia Altomedievale, in : A. Giuseppe Ermini 2（= Studi Med., 10/2, 1969），S. 177 ff., 205 f.
42) 本書79頁参照。
43) CLA XI. 1631 ; Millares Carlo, Tratado, Abb. 4. Bischoff, Ma. Studien 1, S. 173 参照。
44) CLA III. 299 ; Lowe, Engl. Uncial, Taf. 9.
45) D. H. Wright, The Vespasian Psalter（Early English Manuscripts in Facsimile 14, Kopenhagen 1967）; Lowe, Engl. Uncial, Taf. 27.
46) CLA V. 526 ; Lowe, Engl. Uncial, Taf. 30 ; Écr. lat., Nr. 45.

では，そのHの字はKの形態をしている[47]。ウィーンの「戴冠式福音書」序言[48]とドイツ南東部でカロリング朝初期に書写された福音書[49]の序言が，同じように目立つ書体で書かれたのも，アングロ・サクソンの書体を模範にしたためであった。

　カロリング朝期の改革から12世紀まで，キャピタル書体はアンシアル書体とライバル関係にあるか，あるいはアンシアル書体と混交して強調用書体となる。トゥール派の書体の序列体系では，キャピタル書体は第2位の地位を占めている。9世紀には豪華写本はこの書体で書かれた。「アラトス・ライデン本」[50]，「アラトス・ロンドン本」[51]の図像における星座の記述，「ユトレヒト詩篇」[52]などの書体がそれである。この時代には，そのキャピタル書体の良し悪しが，古代の書体にどのていど通暁しているかを計る尺度になりえた。それだからこそ，このキャピタル書体を自家薬籠中のものとしていたフェリエールのルプスは，自らが筆写した写本の多くで，キャピタル書体の文字を標題用に取っておいたようである。

　記念キャピタル書体や，これから様々な形態に変化を遂げ，丸みを帯びた（アンシアル書体のような）字形の影響を受けるなどして成った，標題や前書き，奥書などに見られるしばしば装飾的な作りの書体も，中世書体の多様性の表われである。これらの書体は時代や地域によって，その時どきの碑文書体と頻繁な接触を示し，あるいはそれどころか碑文書体に取って代わる場合もある。そもそもメロヴィング朝期（突き出た長い縦線を伴った）碑文書体の写本書体への侵入は，明らかであると言わねばならない[53]。おそらく島嶼書体は大型の装飾文字に最も強くこだわり[54]，縦長の気まぐれな形態は，スペイン書体の特徴で

47）　CLA I. 101.
48）　CLA X. 1469 ; Koehler, Karol. Min. 3, Taf. 1.
49）　CLA IX. 1347 ; Kremsmünster, Codex millenarius（Cod. Mill. Codex Cremifanensis Cim. 1 の完全ファクシミリ版。W. Neumüller / K. Holter の「序論」付き ; Graz 1974）; Clm 29270/7.
50）　Koehler / Mütherich, Karol. Min. 4, Taf. 96.
51）　Koehler / Mütherich, ebd., Taf. 62-73.
52）　ファクシミリ版は Latin Psalter in the University Library of Utrecht（London 1874）; Utrecht-Psalter, Univ.-Bibl. Hs. 32, Faksimileausg., 1/2（Graz 1982-1984）.
53）　CLA V. 617 ; VII. 860.
54）　本書117頁以下を見よ。おそらくオガム文字あるいはルーン文字の様式がこれにかかわ

ある[55]）。

　カロリング朝期の改革は，帝政期ローマの碑文書体を復活させた。この種の見本となるアルファベットはエインハルドゥスの周辺で制作された。これは明らかにフェリエールのルプスがエインハルドゥスに懇願した[56]，「古代の書体に属しており，それらは最大級の字径を示し，一部の者からはアンシアル書体と呼ばれ，その寸法も記述されている antiquarum litterarum ..., quae maximae sunt et unciales a quibusdam vocari existimantur, ... mensura descripta」（書簡 5）書体である。こうした見本を筆写することによってのみ，たとえば「サン・パオロの聖書」に見られるような，完成した巨大な書体の存在が説明されるのである[57]。11 世紀には，プラハでヴィシェフラット派によって，「ヴラチスラフ 2 世の戴冠式福音書」全体が碑文キャピタル書体に近い書体で筆写された[58]。同じ工房でも，他の写本は個々の豪華なページだけがこの書体で筆写されている[59]。12 世紀フランスの多くの写本に見られる標題ページや最終ページの書体は，同時代の碑文体と複雑に交錯した大文字との比較をうながしている[60]。

　ゴシック期以前の書体への回帰や，古代の碑文書体の研究の再興に際して，どうしてもユマニスト（人文主義者）たちは強調書体にも目を向けざるをえなかった。彼らは単なる標題や結語のためには，アンシアル書体も規範キャピタル書体も使用しなかった。最初は書物や碑文のなかのギリシア的な要素を用いるといった試行錯誤をへて新奇な「初期ユマニストのキャピタル書体」が多くの支持を得[61]，そして軽く弧線を描いた「クアドラタ・キャピタル書体」が最終

ったのであろう。

55)　Millares Carlo, Tratado 1, S. 78, Abb. 49, 87.
56)　図版は Karl der Große, Werk und Wirkung（Aachen 1965, カタログ），Taf. 36, なお S. 222 f.（Bern 250 について）参照。
57)　Arch. Pal. Ital. IV, Taf. 9, 14, 17 を見よ。
58)　ファクシミリ版は Fr. Kavka / J. Mašín, Codex Vyšehradensis（Prag 1970）．P. Spunar, Ein Beitrag zur Festlegung des Platzes des Vyšehrader Kodex in der Entwicklung der Schreibkunst Mitteleuropas, in : Scriptorium 23（1969），S. 13–23 参照。
59)　図版は G. Reimann / H. Büttner, Mittelalterliche Buchmalerei in Sammlungen volksdemokratischer Länder（Leipzig 1961），Taf. 14, 21.
60)　P. Deschamps, Paléographie des inscriptions de la fin de l'époque mérovingienne aux dernières années du XIIe siècle, in : Bulletin monumental 88（1929），Abb. 32, 49.
61)　本書 202 頁以下参照。

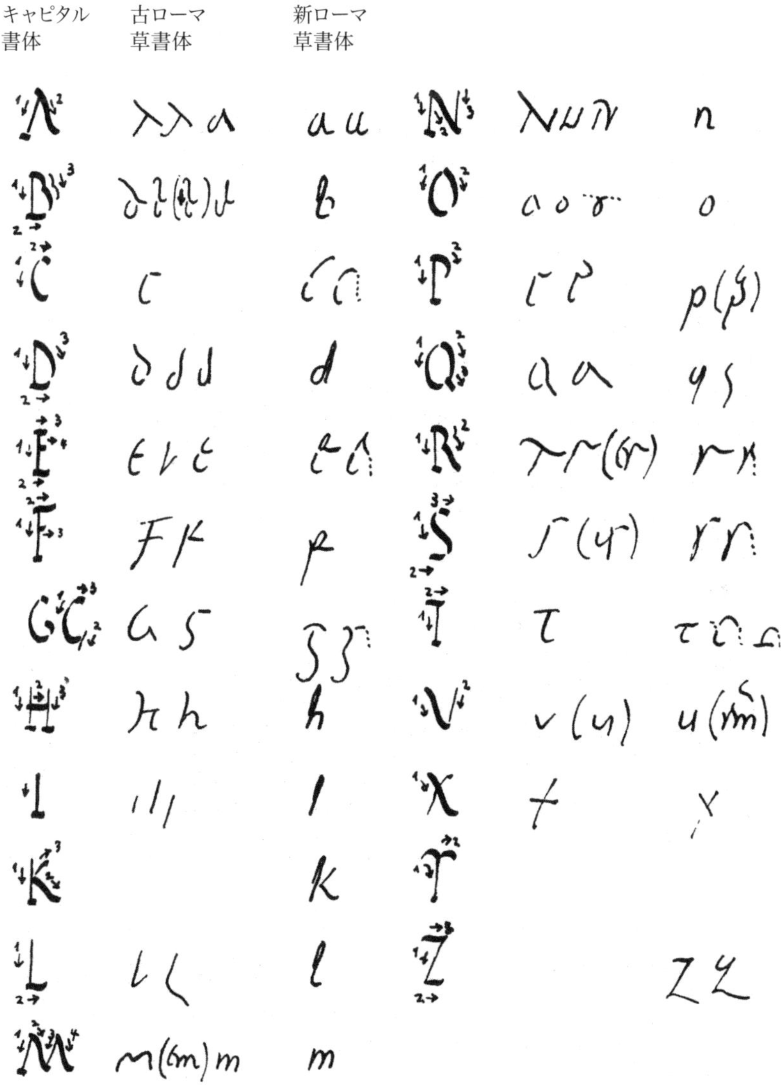

第 I 章　古代のラテン語書体

キャピタル 書体	古ローマ 草書体	新ローマ 草書体		キャピタル 書体	古ローマ 草書体	新ローマ 草書体
A	λλα	a u	N	N u N	n
B	ɔƅ(ƅ)ƅ	ƅ	O	o o o	o
C	c	c c	P	ƿ ƿ	p(ƿ)
D	ɔ d d	d	Q	a a	q
E	ε ε	ε α	R	r r (r)	r r
F	F F	p	S	ſ (y)	r r
G	G S	S S	T	τ	τ τ
H	ɧ h	h	V	v (u)	u (m)
I	ı ıı	ı	X	✝	x
K	k	k	Y		
L	ı ı	l	Z		z z
M	m (m) m	m			

図 5　キャピタル書体，古および新ローマ草書体

的に採用された。

3. 古ローマ草書体

すでにここまで，最初の100年間の書体に関して，さまざまの分化の傾向が見られたことを具体例をもって指摘してきた。書物用の正式な書体としてのキャピタル書体という規範が，その頃すでに定着していた一方で，日常のローマ書体[62]はパピルス文書が教えるように，遅くともアウグストゥス帝の時代に様々な変化を経験した。これはその2世紀前に起きたギリシア文字の根本的変化に比せられるべきものであり，また蠟板書体やグラフィティ書体にまで及ぶことになる変化であった。自ら変化し，隣接する文字と結合しようとする傾向をそなえているために，これは「急ぎ書かれる」書体[63]として「草書体」と称されるが，この名称は同時に，きわめて雑多な記録[64]として，たまたま一部だけが姿を見せる非常に多様な書体の集合名称としても用いられる。そうした書体として，4世紀までの西洋の事例の主なものとして，木板や蠟板，呪詛木板，碑文，粘土板への線刻文字などの他は残されていない。

ローマ草書体は2つの主要な段階に区別される。すなわち古ローマ草書体あるいは大文字（またはキャピタル）草書体と呼ばれるものと，新草書体あるいは小文字草書体という名でも呼ばれる書体である（図5・巻末図版2a）。古ローマ草書体は3世紀まで支配的であった。だが「リウィウス簡略本 Livius-Epitome」[65]の書体を見れば，この世紀の前半にすでに小文字草書体が存在したに違いないと結論できる。だが古ローマ草書体と新草書体との入れ替わりは非常に段階的に行われたのであり，この過程はほぼ数世代以上にわたって継続した。古草書体は多様な使用分野で遂げた一連の変化のなかで，様々な地方の異なる条件のもと新しい種類の楷書体，たとえば『マケドニア戦記』断片の書体，アンシアル書体，古半アンシアル書体，新半アンシアル書体，そして小文

---

62) 先に述べた「共通書体」「常用書体」のことである（本書72頁）。
63) すでに述べた草書体風「走り書き」についての個所参照。
64) R. Marichal, L'Écriture latine du Ier au VIIe siècle : les sources, in : Scriptorium 4 (1950), S. 119 ff. (ebd., 9, 1955, S. 128 ff. も参照) のなかにまとめられている。
65) CLA II². 208 ; Seider 2, 1, Nr. 34. 本書95頁以下を見よ。

字書体(カロリング朝期まで)を生みだすことができた[66]。

　古ローマ草書体[67]は，書簡，証書，公文書だけでなく，文学作品[68]にも使用され，その痕跡は伝来写本のなかに残された。筆記速度の向上によって呼び覚まされた新しい形態のなかでも，最も際立っているのは以下の形態である。Bは左に大きく弧を描いて，その上に長い波打つ線がノド部を作る（B à panse à gauche）。Dは，弧状の線が左もしくは上方に伸びて把手状に収まる形態である。Eは丸い形か，あるいは極度に矮小化されていて，1本の線が下に伸びて底部で反って第2の線が上方斜めに引かれている[69]。Hは2本目の縦線のアセンダ部分が消えた形態。Qは縦長の傾いた楕円形の上部に斜めの長い尻尾が付いた形。Rはたいてい長い縦線と，振り上げの上部線で構成される。書き慣れた古草書体ではAとRとが，BとDとが形態の上で接近し，連続して書かれる場合は，たとえばCとPとTの区別は消失するし，文字の連綴は様々の文字集団を互いに識別しがたくして混乱させる[70]。かなり古い遺産として，最初

---

66) 新しい書体の形成と発展における草書体の重要性を力説するのは，G. Cencetti, Note paleografiche sulla scrittura dei papiri latini dal I al III secolo D. C., in : Accademia della scienze dell'Istituto di Bologna, Classe di scienze morali, Memorie, Ser. V.(1951), S. 3 f. ; J.-O. Tjäder, Der Ursprung der Unzialschrift, in : Basler Zs. f. Geschichte und Altertumskunde 1974, S. 38 ; ders., Considerazioni e proposte sulla scrittura latina nell'età romana, in : Palaeographica, Diplomatica et Archivistica, Studi in onore di Giulio Battelli 1(Rom 1979), S. 31-62 ; ders., Skrift, skrivande och skrivkunnighet i det romerske världsriket, in : Kungl. Humanistiska Vetenskaps-Samfundet i Uppsala, Årsbok 1981-2(Uppsala 1983), S. 83-126, Abb.

67) とくに G. Cencetti, Note(註66), S. 40 ff. 参照（アルファベットと連綴文字の説明）。古ローマ草書体の形態史は，次の研究により完全に一新された。E. Casamassima / E. Staraz, Varianti e cambio grafico nella scrittura dei papiri latini, in : Scritt. e civ. 1(1977), S. 9-110 m. 4 Falttafeln. 私はこの基本的な研究を，本書の稿を起こしてからかなり経過してから知った。その説得力ある結論は，新しい書体の進化の前提条件は草書体の変遷のなかにあるのであって，支持素材の変化や，その結果おこる写字生による書字方向の転換などからうまれるのではないということである。J.-O. Tjäder, in : Eranos 75(1977), S. 139 f. 註 105 と 140 も参照。

68) ギーセンの「キケロ・パピルス」(註16)の他に，歴史的な断片がひとつ残っている（CLA S 1714 ; Seider 2, 1, Nr. 12 ; Mallon, Paléographie romaine, Taf. 10, 1）。これは，R. W. Hunt(u. a.), The Survival of Ancient Literature(展覧会目録，Oxford 1975)によれば，Nr. 46 はカトーの『起源論 Origines』とガイウスのものらしい(CLA S 1716 ; Mallon, Taf. 16, 1 ; Kirchner, Script. Lat. libr.², Taf. 3c)。

69) その起源については R. Marichal, L'Écriture latine et l'écriture grecque du Ier au VIe siècle, in : L'Antiquité classique 19(1950), S. 122.

70) 多数のラテン文学テクストが伝来の過程で草書体で記されたことの認識は，写字生による正字法の混乱について新しい方法的理解を開いた。Fr. Brunhölzl, Zu den sogenannten codices

にネロ帝の勅令に，最後の例として166年のものとされる売買契約文書に姿を見せる，幅広で垂直のスタイルが際立っている[71]。

2世紀の初めから，裁判関係文書や軍隊および市民行政関連文書の書体は，統一が進み[72]，やがて次第に硬直したものになっていった。初期の事例はもっぱらエジプトで作成された文書から知られていたが，それは272年に放棄されたユーフラテス川沿いの兵站基地ドゥーラ・エウロポスから発見された文書が，『古ラテン文書集成 Chartae Latinae Antiquiores』の第6巻から第9巻として完全に公刊されることにより，遥かに充実したものとなった[73]。

古草書体が公式の書体として用いられなくなった後でも，高ランクの官房は古草書体の使用を止めなかった[74]。それというのも，皇帝尚書局がこの書体の連綴性を高くし，縦長の傾いた形態の「至聖書体 litterae caelestes」として，ついには皇帝尚書局の特権的な書体——これは5世紀でもまだそうであった[75]——にまで高め，367年には皇帝尚書局以外の文書局がこれを妄りに使用するのを禁ずる勅令を公布したからである[76]。膨らみが左に突き出たbなど，いく

---

archetypi der römischen Literatur, in : Festschrift Bernhard Bischoff(Stuttgart 1971), S. 16-31 ; Michaela Zelzer, Palaeographische Bemerkungen zur Vorlage der Wiener Liviushandschrift, in : Antidosis, Festschrift für Walther Kraus(Wien / Graz / Köln 1972), S. 487 ff. ; dies., Zur Vorlage des Tacitus-Codex Mediceus 68, 2, in : Wiener Studien, N. F. 7(86, 1973), S. 185 ff. ; dies., Die Umschrift lateinischer Texte am Ende der Antike und ihre Bedeutung für die Textkritik, ebd. N. F. 15(1981), S. 211-231 参照.

71) 勅令については Écr. lat., Nr. 14 ; Seider 1, Nr. 8. 166年の契約については Steffens², Taf. 9 ; Écr. lat., Nr. 25 ; Seider 1, Nr. 36 ; ChLA III. 200. この種の史料に属するものとして，ドミティアヌス帝時代の遺言補足書も1通ある. Seider 1, Nr. 11(おそらく文字練習の書体もそうであろう. CLA XI. 1646 f. ; ChLA V. 304 ; Seider 2, 1, Nr. 11). Cencetti, Note(註66), S. 11 f. は，これを蠟板に書く習慣の影響が及んでいると彼が考える文書グループに分類している.

72) Cencetti, Note(註66), S. 16 ff. 似通った書体による文字の練習もある. CLA S 1755.

73) この土地から伝来した書体についての概括は ChLA IX, S. 16-19 m. Abb.

74) Tjäder, Nichtliter. lat. Pap., S. 119 参照.

75) 学校で用いられた手本は，5世紀の皇帝の勅答(レスクリプト)のパピルス紙の2断片であり，それらはライデンとパリに所蔵されている. ともに ChLA XVII. 657 に公刊されている. ほかに J. Mallon, L'Écriture de la chancellerie impériale romaine, in : Acta Salmaticensia, Filosofia y Letras 4, 2(1948), Taf. 2 ; ders., Pal. rom., Taf. 26, 4 ; Steffens², Taf. 16 ; Seider 1, Nr. 60. R. Marichal, L'Écriture de la chancellerie impériale, in : Aegyptus 32(1952), S. 336-350 参照. この書体はすでにその形態を2世紀にほとんど確立していたように見える. R. Marichal, L'Écriture latine(註69), S. 135 f. u. Taf. 6, 6.

76) Tjäder, Nichtliter. lat. Pap., S. 122, Anm. 3. 大字径の草書体を「都市登録簿 Gesta municipalia」の「書き起こしの大きな書体」として用いる慣行は存続したが，6世紀ラヴェンナではつい

つかの文字が証書類[77]や，楷書体で書かれていないコーデックス[78]のなかにおいてさえ使用され，それはさらに長く使われた。

4. 新ローマ草書体

ラテン語草書体の歴史のなかで第2の大きな段階である小文字草書体は，3世紀には出現したはずである（図5）。この時代から伝えられている記録は乏しいが，この転換をかなり明瞭に証明しているのは，287年と304年の間に書かれた皇帝の勅令（PSI 111）に，［古草書体の］L, Nの他にb, d, g, pの使用が見られることである[79]。293年から317-324年[80]までの記録のなかにも，古草書体と並んで新草書体のa, m, nがしばしば姿を現している。あるいは後者は，古いbとrだけが残っている310年の下署におけるように，古草書体をほとんど駆逐したのであろう。書体はいまや著しく直立した形となり，アセンダおよびディセンダが字形として際立ち，小文字書体の4線図式［64頁参考図］を予告している。それでも，直立した書体と傾いた書体は，まだくっきりとした対照を見せていて，傾いた書体はたとえば冒頭の挨拶部や末尾の署名部で使われ続けた。アセンダはますます書き始めのセリフが付けられることが多くなる。可能性豊かな革新は，多くの中空線が実際に書写面に書かれたことである。これによってeやfの頭部が，cの頭部と同様に，書体の基線域を斜めに越えて，幅の狭いループになる。小文字草書体の新たな形態は――確かにほとんどすべてが1-2世紀にたまたま見つかる例であるが[81]――線方向の変化，書き始めや筆写行為の力学の変化によって[82]，より古い草書体化された書体から連続的に発展

には著しく渦巻状の書体に堕してしまった。Tjäder, ebd., S. 122 ff. u. Taf. 1, Sp. 3 ; ders., La misteriosa "scrittura grande" di alcuni papiri ravennati, in : Studi Romagnoli 3 (1952), S. 173-221 m. Taf. 参照。

77) Tjäder, Nichtliter. lat. Pap., S. 117 ff.
78) CLA III. 280 (Abb. 1) u. 397a (Abb. 2). さらなる証言は J.-O. Tjäder, Some ancient letter-forms in the later Roman cursive and eary mediaeval script of the notarii, in : Scritt. e civ. 6 (1982), S. 5-21.
79) 図版は Cencetti, Note (註66), Taf. 5 (その S. 22 f. 参照)。
80) 293年の資料は Écr. lat., Nr. 30. 310年の資料は Écr. lat., Nr. 31 および Seider 1, Nr. 56. 311-321年の資料は ChLA V. 298 ; VI-VII. 317-324 ; Steffens², Taf. 13 および Seider 1, Nr. 51. ChLA IV. 253 参照。
81) Tjäder, Nichtliter. lat. Pap., S. 117, Anm. 3.
82) 本書66頁以下参照。

しているのである[83]。bと並んでとくに目を引くのは，基線の下に大きなループをもつgであり，これは4世紀に他の文字と結合しないときに頭に水平の細線が付される。それと「小さな」nである[84]。盛んに議論が戦わされた右側に丸い膨らみのあるb (panse droite)[85]は，この文字が上端から書き始められ，古い草書体がもっていた長い首の真中から下方の左の膨らみをさらに引き伸ばし[86]，下方部分を右側で閉めることによって成立したのかもしれない[87]（巻末図版4）。

　この書体をもってラテン・アルファベットの構造は，基本的に最終段階に達した。そして今日でも通用している大文字と小文字という二元性を成立させた。それが新しい書物筆写用書体の基礎となった。すなわち古半アンシアル書体，新半アンシアル書体，大陸の小文字書体が生成した。連綴文字を作る可能性が頻繁に模索された[88]。だがアルファベットuは，飾り文字として上に大きく突き出ないかぎり，もはや他の文字と連綴することはない。4世紀から6世紀まで，ギリシア語とラテン語の草書体は，様式のうえで非常に似通った形態を生みだし[89]，そして同一のあるいは (ηとh, ρとpのように) 互いに対応する文字

---

[83] Tjäder, Nichtliter. lat. Pap., S. 95 ff. u. 118. ただし硬直した役人書体に由来するものでないのは明らかである。Cencetti, Note (註66), S. 34 ff. は，その起源を民間の書字習慣のなかに探すよう提案している。

[84] Nからnの変容に関しては，ギリシア語での類似現象が示唆的である。J. P. Gumbert, Structure and forms of the letter ν in Greek documentary papyri, in : Papyrologica Lugduno-Batava 14 (Leiden 1965), S. 1–12. mについては本書89頁以下参照。

[85] さしあたり Mallon, Pal. rom., S.41 ff. ; R. Marichal, Le B "à panse droite" dans l'ancienne cursive romaine et les origines du B minuscule, in : Studi in onore di Cesare Manaresi (Mailand 1952), S. 347–363 m. Taf. ; A. Petrucci, Per la storia della scrittura romana : i graffiti di Condatomagos, in : Bullett. dell'Arch. Pal. Ital., 3. Ser., 1 (1962), S. 95 ff., 120 ; ders., Nuove osservazioni sulle origini della b minuscola nella scrittura romana, ebd. 2/3 (1963–1964), S. 55–72 m. Taf. ; Tjäder, Nichtliter. lat. Pap., S. 98 ff. (81頁の図版) を挙げておく。本書3頁も見よ。

[86] その意味するところは，文字の左部分をまず最初に「処理した」ということである。本書67頁を見よ。

[87] 一見，これはすでにポンペイで確認されていたキャピタル書体のBの異体に似ている。そのBは垂直の縦線にそって二重の弧線の上部が記されるか，あるいはその上部が消えているかのどちらかである。これの図版についてはとくに Marichal, Le B (註85), Abb. 22 (S. 356参照) ; Ch. Perrat (註140), S. 373, Nr. 4. これが実際に小文字のbの形成に影響を与えたかどうかの問題は，未解決である。

[88] Tjäder, Nichtliter. lat. Pap., S. 99 ff. のリストを見よ。

[89] R. Marichal, L'Écriture latine (註69), S. 138 参照。

は同じように書かれたから，しばしば2言語が併記される東方の記録では，全く同一のような文字の様相を示すことがある[90]。

5世紀には新草書体が西ローマ世界でも証書のなかに見られるようになり[91]，遅くともこの世紀には写本のなかで，訂正や付加が新草書体で書かれ，テクストそのものまで書かれたことが知られている[92]。この書体の構造は，その後数世紀にわたりその現象形態は極度の多様性を示すものの，ほぼ10世紀まで同一である[93]。

5. アンシアル書体

ローマ時代の書物用の新しい書体［すなわち楷書体］は，草書体が到達した字形を「能書法の技術」を用いて，目的に応じて必要な修正をほどこし，固定化することにより成立する。この書法により文字の形態は定着する[94]。それは個々人の自発的な書字の結果であったかもしれないが，ひとりの能書家の手で新しい書体が創造され，その書体が事情が幸いして改新された書体として受け入れられたと推測することもできる。いずれにせよ，そのようにして成立した書体のなかで，アンシアル書体と古半アンシアル書体，新半アンシアル書体，カロリング小文字書体が大きな成功をおさめた。これらの書体が最初のアンシアル書体アルファベットからしだいに大きく離れて行った過程は，草書体の変化系列の観を呈し，草書体の発展段階を反映している。

文学，学問，ことに法律学の文献が盛んに生まれた時代には，草書体が変形

---

90) その一例として Medea Norsa, Analogie e coincidenze tra scritture greche e latine nei papiri, in : Miscellanea Giovanni Mercati 6（Studi e Testi 126, Vatic. 1946), Taf. 5（u. S. 113）．
91) ラヴェンナ書体の系統が独自の重要性を持つことは，Tjäder, Nichtliter. lat. Pap. ; ChLA XX–XXII, さらに Chr. Courtois（u. a.）, Tablettes Albertini, Actes privés de l'époque vandale, Text u. Taf.（Paris 1952).
92) CLA IX. 1349 f. ; Seider 2, 2, Nr. 52 u. 48.
93) いくつかの書体のなかだけであるが，eのループがひと筆で記されている。これは次の字との「近代的な」結合へと導いたにちがいない。CLA V. 696（Seider 2, 1, Nr. 68); XI. 1628b ; Tjäder, Nichtliter. lat. Pap., S. 104, Abb. 18. -Ders., Later Roman (Common) Script, in : Calames et cahiers, Mélanges de codicologie et de paléographie offerts à Léon Gilissen（Brüssel 1985), S. 187–197 は，「新ローマ書体」が7世紀前半に終わりを告げたとしている。この先の発展については本書137頁以下を見よ。
94) 本書68頁を見よ。

してさらに「濃密化された」書体が見られるが，その初期の散発的な事例として，アバディーンの法学パピルス巻子本断片や，ロンドンにある最古のラテン語鞣皮紙コーデクス『マケドニア戦記』の一部が挙げられる[95]。2世紀頃（？）に強い筆圧で書かれたアバディーンのパピルス（Aberdeen 130）[96]では，引き締まった筆記文字の形態が，とくにAやR（また連綴形ER），BそしてD, E, 角張ったHなどで見られ，それは60–166年頃に確認される[97]草書体と照応している。

100年頃のものと思われる『マケドニア戦記』の鞣皮紙コーデクス断片は，多くの議論をよんだが[98]，写本はきわめて高度に組織されているという印象を与える。これはよく訓練された，端正な書体の見本であり，筆写角度はほぼ50度の傾きである。その書体のなかで（Bは欠けている），縮小されたA，膨らんだD，角張ったh，3線からなるM，ほっそりした小振りの頭と長い斜めの尻尾がついたQなどは，それぞれの草書体がAberdeen 130のように，「肉厚にされ」てできたものであるのは明らかである。E（依然として縦長），L, Pの文字は下部がやや丸みを帯びている。これに対してRは，長い縦線が直立し，キャピタル書体におけるようにその右側は引き締まっていて，草書体から派生したのではなく，混同を避ける目的で採用された意図的な形態である[99]（図6・巻末図版2b）。

われわれがより一般的に通用したと見ている最古の新しい書体は，4世紀か

---

95) この作品と会計文書の1断片（1世紀か）については，G. Petronio Nicolaj, Osservazioni（註18）, S. 17 f., Anm. 46 ; J.-O. Tjäder, Der Ursprung der Unzialschrift（註66）, S. 31, Anm. 84 も参照。
96) CLA II². 120（「3世紀」）; Écr. lat., Nr. 53 ; Seider 2, 2, Nr. 1 ; Tjäder, ebd.（「おそらく2世紀中葉頃」）. G. Cavallo, in : Scritt. e civ. 4 (1980), S. 344 は，これよりかなり後とする説――「リウィウス簡略本」以降（本書95頁参照）――も可能と主張したが，各単語のあとに点を打つというのは1世紀と2世紀の文学のパピルス写本にしばしば見られるものである（本書230頁註41参照）。
97) 本書83頁を見よ。
98) CLA II². 207 ; Écr. lat., Nr. 54 ; Mallon, Taf. 10, 2. 私はこの断片のイタリア起源を検討する必要があると思う。
99) そうしないとAの文字に非常に似てくると思われる。

ら 500 点[100]ほどの写本のうちに伝来しているアンシアル書体である[101]。その成立時期については，推測によるしかない。アンシアル書体のアルファベットの新しい諸要素も，いくつかの形態が(『マケドニア戦記』断片のうちに固定化されたままの部分に対して)さらに発展を遂げた大文字草書体のうちに予型を表わしている。D, h, q (いまや直立し，大きく丸みを帯びている)は，『マケドニア戦記』断片の書体と対応している。E は草書体の初期の形態におけるように丸みを帯びている[102]。U はすでに 131 年の字形では，2 本の平行の縦線を持っている[103]。アンシアル書体の典型と見なされている M (その見慣れた 2 つの山型の線はすでに 3 世紀の北アフリカの碑文に[104]，そして 4 世紀の多くの写本に出現している)は，もともと 1 本の直立した線に，2 つの弓なりの弧線が載せられることで始まったのは明らかである[105]。A が角張った形(後には大部分

---

100) より大判の図版として Zangemeister / Wattenbach, Exempla(註 25), Taf. 17-50 u. Suppl.; E. Chatelain, Uncialis Scriptura(Paris 1901-1902), Taf. 1-60; Bassi, Monumenta(註 1), Abb. 160-183 がある。

101) アンシアル書体成立と，その説明の試みについての文献は膨大な数にのぼる。この点については J.-O. Tjäder, Ursprung(註 66), S. 9-40 の批判的概観への参照をすすめる。私はここではもっぱら Bischoff, Paläographie, Sp. 400 f.(抜刷では Sp. 22 f.)で示唆した見解(これについては Tjäder, S. 24 f. u. S. 34 によって紹介されているが，「濃密化 Verdichtung」という私の表現を誤解している)を敷衍し，補完しておきたい。Tjäder は，アンシアル書体がキャピタル書体から成立したと見ており，そのさい D, h, q に関して，1 世紀の「古典的キャピタル書体の規範の衰退」を考えに入れた(S. 29)。彼はこの現象のうちに，角のある A が散発的に出現する理由が説明できるとしている(S. 32)。M についても(アンシアル書体では不均整な 3 つの線でできているのだが)，山が 2 つあって，キャピタルあるいは古ローマ草書体のもつ 2 つの同一部分よりなる M からできたに違いないとする(S. 20 f.)。逆にそれは初期の小文字の m をもとにして(すなわち，書き始めのセリフを伴った一筆で書かれた m から)発展したはずはないであろう。支持素材の傾きによる筆写角度の変化が筆写法におよぼした変容についての理論は，註 140 を見られたい。また E. Casamassima / E. Staraz(註 67)を参照。

102) 本書 83 頁註 70 参照。

103) Écr. lat., Nr. 23.

104) 註 112 参照。

105) E. A. Lowe, Palaeographical Papers 1, S. 123 によれば，最初の線が(ふつう)まっすぐに引かれる M は，アンシアル書体の最初期の特徴のひとつである。ここに紹介される観察は，実際に「小文字の m」を含むキケロのパリンプセスト(CLA I. 77)と福音書のコーデクス k (CLA IV. 465)を実例として出すことによって，きわめて説得力のある議論となっている。m の最初の直線は，あきらかに CLA II. 178(Seider 2, 2, Nr. 60); IV. 485(Seider 2, 2, Nr. 66); V. 562; X. 1472 のなかに観察されるし，キケロの『国家について De re publica』のような他の例でも確かめることができる(CLA I. 35; Seider 2, 1, Nr. 52)。アンシアル書体において丸い形が優勢であり，文字を丸くする様式化の傾向を認めるとするなら，この様式にはそぐわない形態

が弓形に弧を描いているのに対して)をしていることは、1世紀にすでに用いられていた形態を参照して説明することができる[106]。BとRの書物用字体は、「濃密になった」草書体から派生したとすることはできず、平明さを目指してキャピタル書体を造りかえて生み出したものと私は考えている[107]。なぜなら、BとRは草書体においてはDやAに酷似しているからである。こうした置換は、今は散逸した記録のなかで起こっていたのかもしれないが[108]、もはや写本用キャピタル書体とは認められない(図7・巻末図版5)。

　アンシアル書体は大文字体であると形容してもかまわない。アンシアル書体では文字は2本の基線の間に書かれる[109]。最古の写本では、D, F, h, L, Pや、qでさえも上部基線を越えることが滅多にない。後になってもアンシアル書体は他の書体類型にたいして、重厚さを保持する。

　4世紀になって初めてアンシアル書体の写本伝来が始まるのは、西洋の書物が鞣皮紙に転換したことと関係しているであろう。だがその起源は、新草書体をモデルにした書体が影響を及ぼす前の、2世紀にあったとみてよい[110]。アンシアル書体は書写技術の点でいえばキャピタル書体に続いて成立し、40ないし50度というその筆写角度は、ペンの向きを変えるか、あるいはまたギリシ

　　(最初の線のまっすぐなMが思い浮かべられる)をのちに採用することは、アフリカにおいてもヨーロッパにおいても、ほとんど考えられないことのように思える。草書体ではMの書き始めの線は、最初の山の基部に下りるかあるいは最初の線を独立させるかする。たとえば、すでにクラウディウス帝の演説のパピルス写本(註14)にあるように、Eと連綴する場合などである。すでに131年(Écr. lat., Nr. 23)と167年(ebd., Nr. 26)に、この文字は、次の文字と連綴せずに、書き始めの線をともなってあらわれている。Tjäder(註66), Fig. 7 u. 8 参照。草書体Mの進化(ある種の様式化の結果、アンシアル書体において丸い形で書かれた)のこのような説明は、E. Casamassima / E. Staraz(註67), S. 91 の結論と完全に一致している。

106)　さらにTjäder(註66), S. 32 f. と、とりわけ R. Marichal, in : Pauli Sententiarum Fragmentum(註20), S. 49 ff. u. Taf. 3 を見られたい。
107)　すでに註101で示した。同様の見解としてSchiaparelli(Tjäder, Ursprung der Unziale, S. 19 参照)。
108)　『マケドニア戦記』断片のなかの一例で示されている。しかし本書88頁註96(G. Cavallo)も参照。
109)　この点で、G. Cavallo, Ricerche sulla maiuscola biblica(Florenz 1967), S. 124 f. は、ギリシア語の聖書アンシアル書体が(最古の)ラテン文字のアンシアル書体の手本となったこともありうるとしている。
110)　Tjäder, Ursprung, S. 36 は、「2世紀の第2四半期にアンシアル書体は法律文書の書体として利用された」と想定している。この書体の成功の発端には、書物取引での受容があった。

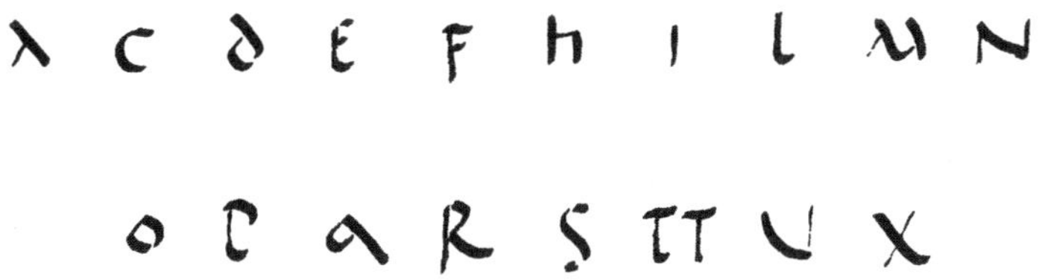

第I章　古代のラテン語書体

図6　『マケドニア戦記』断片の書体

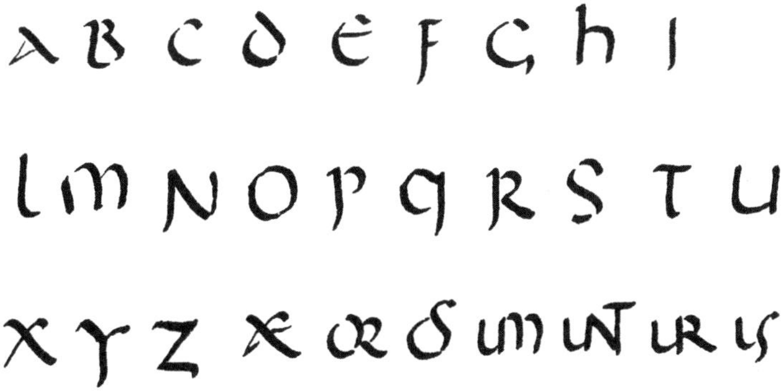

図7　アンシアル書体(4–5世紀頃)

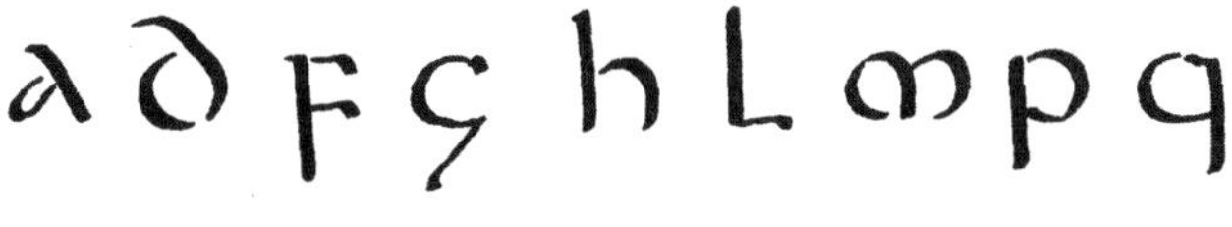

図8　アンシアル書体(6–8世紀頃)

図9　東方(ビザンティン)アンシアル書体(5–6世紀)

ア文字の筆写角度が採用されるまで、最古のアンシアル書体コーデクス[111]の多くで保持されたのは明らかである。だがアンシアル書体はより幅広に書かれ、弓形の弧線は角ばりが小さくなり、丸みを帯びた形になる。4世紀にアンシアル書体がキャピタル書体と同じく、書籍業者のあいだで古典文学を筆写する完璧な書体として用いられ、ローマ人の書字芸術の故郷であるイタリアで考案され、仕上げられたというのが、私の想定である[112]。その考案者がキリスト教徒であったとは思われないが、キリスト教徒はこの新しい書体を好んだようである。ただしキャピタル書体の使用を、聖書の写本を作るために完全に止めたわけではなかった[113]。アンシアル書体という名称は、キリスト教の豪華写本に用いられた「1 ウンキア uncia（約2.5 cm）幅の字径」を念頭においたヒエロニュムスの表現を、マビヨンがローマの大文字書体に適用したものであった[114]。

600年までと年代比定されるか、あるいはその可能性がある、この書体で筆写された作品は、396-397年のアウグスティヌス作品を収録しているサンクトペテルブルク写本[115]、447年の復活祭暦法のベルリン写本[116]、529-533年に年代比定されるユスティニアヌス法典初本断片[117]、さらに533年頃の「フィレンツェ・コーデクス」をはじめとする『学説彙纂』の最古の写群[118]、遅くとも536-537年とされるカープア司教ウィクトリウスのフルダ写本[119]、教皇大グレ

---

111) たとえば CLA I. 28（ボッビオ古註），35（キケロ『国家について』）(Seider 2, 1, Nr. 52) ; II. 283（キュプリアヌス、ブレシア）; IV. 465（福音書のコーデクス k）. Lowe, Pal. Papers 1, S. 123 ff. は最古のアンシアル書体の独自性を記述している。

112) かつて真剣に考慮されたような、アンシアル書体の北アフリカ創造説に優位を与える決定的な議論をするには、アンシアル書体の登場は遅すぎる。3世紀にさかのぼる北アフリカの碑文の多くでアンシアル書体が優位を占めているという理解は妥当としても、これら碑文のいくつかの要素は、古い形（ときにキャピタル書体のM）と新しい形（bと、ときに開いたr）が混在しているのである。CLA S Taf. 7 および St. Morison, Politics and Script (Oxford 1972), Abb. 46-48 の図版参照。

113) 註33参照。

114) Bischoff, Ma. Studien 1, S. 4 ; Tjäder, Ursprung（註66）, S. 10 f. ; P. Meyvaert, "Uncial Letters" : Jerome's Meaning of the Term, in : The Journal of Theological Studies 34 N. S. (1983), S. 185-188. 本書250頁も参照。

115) CLA XI. 1613.

116) CLA VIII. 1053.

117) CLA S 1713 ; Seider 2, 2, Nr. 34.

118) CLA III. 295 ; Seider 2, 2, Nr. 25.

119) CLA VIII. 1196.

ゴリウスの周辺から出た写本群(604年以前)，とくにトロワ本[120]の『司牧者の戒律 Regula pastoralis』などがそれである。

　4世紀および5世紀のアンシアル書体の事例を目にすれば，すでに様式上の大きな相違に気がつく。アウグスティヌスに近い北アフリカ・グループの書体は[121]角張っている。別の書体では個々の描線が細かく千切れていて，そのためまず文字を目で再構成しなければならない[122]。書字の肝要な点は何よりも，細い弧線の端を，文字から文字へと正確に結んで行くところにある[123]。5世紀と6世紀にビザンティン帝国で採用され，夥しい法学写本でわれわれに伝えられている変形は，Bが2倍の高さで書かれ，Rの膨らみは基線まで拡大されている[124](図9)。

　6世紀までにアンシアル書体はその自発性を失い，筆写角度は90度までになり，字体そのものも幅広の4線図式に変化する。すなわちD, h, Lは一段と字高を高め，FとP(その弧線はより大きくなる)は，qと同じくさらに下に書かれ，Gの尻尾は著しく長くなる[125](図8)。6世紀イタリアのアンシアル書体は，能書家の手を通して，水平の線の突端と小さな上部の弧線の先に，細線のセリフを付す習慣を受容した[126]。その後この書体はアセンダの書き始めや，水平の線に付された装飾的なディセンダによって変化を来たし，しばしば歪んだ形になる。

　教皇大グレゴリウスとその後継者たちが派遣したローマの伝道団によって，

---

120)　CLA VI. 838.
121)　CLA S Taf. Ib.c, II, III, Va 参照。CLA XI. 1613 に加えて，このグループには福音書のコーデクスkとキュプリアヌスの作品のいくつもの写本が属している。
122)　CLA I. 57；Seider 2, 1, Nr. 54(リウィウス)。
123)　たとえば CLA IV. 467(福音書，371年以前か)。
124)　Lowe, Pal. Papers 2, S. 466-474 m. Taf. 108-113. G. Cavallo (/ Fr. Magistrale), Libri e scritture del diritto nell'età di Giustiniano, in : Il mondo del diritto nell'epoca giustiniana (1985), S. 43-58 によれば，ユスティニアヌス法典の普及に向けて，この法典の成立との関連でまさに規範書体が生じたのだが，これは古めかしい特徴を保持した。Rの字形は，これ以前の半アンシアル書体を引き継いでいる。
125)　A. Petrucci, Scrittura e libro (註41), S. 193 ff.
126)　A. Petrucci, L'Onciale romana, in : Studi Med., 3. Ser., 12 (1971), S. 75-134 m. Taf. ここでは装飾的な形態の起源が，都市国家時代のローマの碑文に見られる衝角装飾に結びつけられている。Bischoff, Ma. Studien 2, S. 331 も参照。

大陸全体に普及していた書体が,イングランドの広範な地域にも移植された。そこではアンシアル書体が証書作成においても利用された[127]。「コーデクス・アミアティヌス」[128]の故郷である,ノーサンブリアの中心ウィアマス゠ジャロウ修道院では,この写本のテクストを筆写するために,きわめて繊細なローマ・アンシアル書体を手本とした。そのなかで際立っているのは,装飾のない,概して小字径の字形(「カピトゥラ型 Capitula-Typ」)であった。ストーニーハースト・カレッジの「ヨハネによる福音書」はこのカピトゥラ型で書写されている[129]。カロリング朝期のアミアンの書写室では,これをその手本のひとつに数えた[130]。

大陸のアンシアル書体は一般的に,カロリング朝期に先立つ数世紀に粗雑になっていった。これとは対照的に,カロリング朝改革以前に,フランスのここかしこでアンシアル書体があらためて楷書体として奨励されたのは,イングランドからの影響のように思われる[131]。それによって,カロリング朝期の書体全体のなかで,これが採用される準備は整っていたわけである。写本全体をアンシアル書体で筆写するのは,福音書やいくつかの典礼書の場合に限られていた。その他の場合は,しばしばキャピタル書体と混用され,一般には特別に際立たせる文字や,文頭装飾大文字体(ヴェアザーリエン)として用いる。トゥールの書体序列では,アンシアル書体はキャピタル書体と半アンシアル書体の間に位置している。テオドゥルフの写本では,アンシアル書体のqの代わりに,キャピタル書体のQが使われているのは注目すべきである。カロリング朝後期[132],オットー朝期の豪華写本[133]におけるアンシアル書体は,一段と作為的で生気

---

[127] Lowe, Engl. Uncial. これについては Bischoff, Ma. Studien 2, S. 328 ff.; D. H. Wright, Some Notes on English Uncial, in: Traditio 17(1961), S. 441–456, m. 6 Taf. 証書については ChLA III. 182, 183, 187 も参照。

[128] CLA III. 299.

[129] CLA II². 260.

[130] CLA VI. 821; X. 1579 参照。

[131] たとえば CLA V. 670(トゥールのグレゴリウス)。

[132] シャルル禿頭王のために 870 年に書写された福音書の「コーデクス・アウレウス」に見られる例がそれである。ファクシミリ版は G. Leidinger, Der Codex Aureus der Bayerischen Staatsbibliothek in München(München 1921–1931)。

[133] Lowe, Pal. Papers 2, S. 399–416 u. Taf. 81–87(これは「顕示アンシアル書体 display uncial」であって,qの代わりにふたたびQになる)参照。

を失っている。

　ローマやルッカなどのイタリアの多くの地域では，9世紀初頭まで書物の書写にアンシアル書体を継続して使い続けた[134]。アンシアル書体は，とくにA, D, E, h, M, Uなどの文字が，ロマネスク・ゴシック期に標題や文頭装飾大文字用の書体のひとつとなり，またゴシック碑文用の大文字になった。

6. 古（東方）半アンシアル書体──「リウィウス簡略本」の書体とその類縁書体

　この「古半アンシアル書体」という名称のもとに[135]，草書体（すなわち新草書体）から生まれたもうひとつ別の楷書体で，資料の一定数はもっぱらエジプトから出ているものの必ずしもエジプトで成立したというわけではない，そうした書体を指している。時代は3世紀から5世紀である。これは最初の小文字書体で，直立か，あるいは明瞭に右側に傾斜した形態を示している。字形のうえではやや不安定なところがあるものの，これら2種類は書字形態として統一的な性格を有している。以下にまず，3世紀前半のパピルス巻子本「リウィウス簡略本」として最も良く知られた事例に現れる，直立形態の特徴を記述することにする[136]。斜体の事例でも直立体と同じで，文字は基線にたいして同じ位

134） その一例は「ソメーズ本アントロギア」（8世紀末）；CLA V. 593；Maddalena Spallone, Il Par. Lat. 10 318（Salmasiano）, in : It. Med. e Um. 25（1982）, S. 1-71, Abb. サルデーニャ島でラテン文字としてのアンシアル書体が，アラブ人占領下（1077年まで）の数世紀間も保持されたことは，まさにアンシアル書体の伝統の最後の証言のひとつとなる。12世紀のそうした一証書については F. A. Ugolini, Atlante paleografico romanzo 1（Turin 1942）, Taf. 26.

135） 「アルカイックな半アンシアル書体 Archaische Halbunziale」とか「アンシアル bd」といった他の用語を使う場合もある。「ローマ小文字書体 römische Minuskel（Minuscola romana, minuscule primitive）」という用語は，書体の進化の歴史によく対応してはいるのだが，これまでのところ多数の賛同を得ていない。「半アンシアル書体 semionciale」という名称は18世紀以降使われている。

136） この書体の主要な特徴を記述するに当たり，私はR. Marichal が Pauli Sententiarum Fragmentum（註20）, S. 26 ff. で提示したリストよりも，証人の範囲を狭く限定した。「リウィウス簡略本」（CLA II². 208；Écr. lat., Nr. 46；Steffens³, Taf. 10；Seider 2, 1, Nr. 34；Mallon, Pal. rom., Taf. 17, 1 u. 3；Kirchner, Script. Lat. libr.², Taf. 4c）の他に，CLA II². 247；Seider 2, 1, Nr. 36（リウィウス）, CLA S 1677；Seider 2, 1, Nr. 35（ギリシア・ラテン語2言語書簡範例）, CLA II². 227 u. III. 367（ウェルギリウス『アエネーイス』，ギリシア語訳付き；Mallon, Taf. 19, 1），そして法学断片 CLA VIII. 1033（また Écr. lat., Nr. 47；Mallon, Taf. 19, 2；Seider 2, 2, Nr. 14）u. X. 1577 を加える。ウェルギリウス『アエネーイス』と法学断片は鞣皮紙に書かれたコーデクスの一部と，ウェルギリウスのパピルス・コーデクスの断片であり，それ以外は巻子本である。Br. Breveglieri, Ma-

置にあり，単に一貫して右に傾いているだけである。この書体は，その様式の実例がいっさい残されていないある小文字の草書体から派生したが，アルファベットは，一般に b, d, h[137], l がアセンダとともに，f, p, q, r がディセンダとともに 4 線内に配置される。そしてアセンダもディセンダも相対的に短い。アセンダに強調のための「杵状の止め」がないのは，この書体が年を重ねていることの典型的な表れである[138]。アルファベット a の左側は，鋭角もしくは小さな弓形の弧線で表わされる。いまや直立した d のアセンダは基線上で止まる。l は基線の下方まで降りることが多い。m は多くの写本でアンシアル書体の形態である。r の（草書体の r の振り上げた上部線から成立した）肩線は階段状の折れ線になる。s はふつう大文字書体である（直立した s は，縦長の足で基線に接する）。t の縦線部は直立である。なかでも b は以後のすべての形態に先駆けて，膨らみが右に付いている[139]。新しい（小文字の）書体を別にすれば，この書体の主要な特徴となるのは筆写角度である。すなわちここでは，同時代のギリシア語「聖書アンシアル書体」[140]におけるように，垂直線はペン幅全体の

---

teriali per lo studio della scrittura minuscola latina i papiri letterari, in : Scritt. e civ. 7 (1983), S. 5–49, Abb. も参照。ここに含まれるのはギリシア語テクストのなかのラテン語の引用である。

137) 立体によるものも斜体によるものも，多くの写本では H がキャピタル書体で書かれている。Marichal（註 136），S. 46 参照。

138) これは 242–244 年の兵員リストの，小文字書体でやや粗雑に書かれた個所でも確認される（ChLA V. 281）。

139) いわゆる「右側に突き出た腹 Panse à droite」である。この形態の起源については本書 86 頁を見よ。

140)「簡略本」の書体を，書物筆写用のラテン語書体の一連の変化と直接に関連づけようと，あるいはアンシアル書体の発展を説明しようとして，筆写角度について大いに議論が交わされてきた。規範キャピタル書体では，太線部は左に傾いた線として引かれた。ギリシア語の書体ではその太線を垂直に引くために，身体に対して腕の位置を変えるか，あるいは斜め右方向にペンを傾けてそのまま垂直に引く必要がある。しかしながら，文字を記す素材のほうを左に向きを変えて機械的に同じ結果を得ることもできる。規範キャピタル書体が誕生したときは，パピルスの巻子本の上に書写していた。巻子本は広げるとかなり長くなるから，身体とほぼ平行に置く必要があった。書物の新しい形態であるコーデクスの料紙は傾かせることができるから，結果的に，書写する人の身体に対して斜めに置くことが可能であった。このような考察をもとにして，以下のような仮説にいたったのである。すなわち，文字を記す面の向きを変えることができたことが，「簡略本」の書体の生成に決定的な影響をおよぼしたのであると（「まっすぐな支持素材 support droit」に対しての「傾いた支持素材 support incliné」「傾いた料紙 papier incliné」）。こうして筆写角度が変化しただけではなく，書体の変化も容易になって，アンシアル書体の創造にいたったのである。この仮説は以下の文献ではニュアンスの差こそあるものの，利用されている。Marichal, L'Écriture latine（註 69），S. 126 ff.；

広がりを見せているのである[141]（図10・巻末図版3）。

　斜体のほうもまた，テクスト書体として使用されたが，ギリシア語斜体の模倣の可能性がある[142]（図11）。「ファビウス書式断片 Fragmentum de formula Fabiana」[143]を筆頭とする，純粋な斜体で書かれた記録は，ギリシア語訳付きのウェルギリウスを例外として[144]，ユスティニアヌス法典以前のローマ法テクストから出ている[145]。残りの一部は，後代の粗雑な古半アンシアル書体で書かれたパピルス紙や，鞣皮紙の遺物であることを含めて考えると[146]，ギリシア・ラテンの2言語作品も含めて，学校用の書物の割合が高くなったといえる。

　古半アンシアル書体においてギリシア語の書字慣習，すなわちその筆写角度

---

ders., in : Pauli Sententiarum Fragmentum（註20), S. 35 f. ; Mallon, Pal. rom., S. 81 ff. ; Ch. Perrat, in : Relazioni, X Congresso Internazionale di Scienze Storiche 1955, 1（Florenz 1955), S. 370 ff. 参照。
　　しかし，ギリシア語の「聖書アンシアル書体」に対比されて当然であった（上に挙げた Marichal の研究参照）「簡略本」の書体が示す新しい筆写角度は，巻子本からコーデクスへの移行によって説明することはできない。ギリシア語資料がかなり豊富なことで，「聖書アンシアル書体」が生成されたのは巻子本の時代であったのが確認できるからである。C. H. Roberts, The Codex, in : Proceedings of the British Academy 40 (1954), S. 197 ; ders., Greek Literary Hands, 350 B. C.‒A. D. 400（Oxford 1956), S. XVI, Anm. 3 ; G. Cavallo, Ricerche sulla maiuscola biblica（Florenz 1967), S. 42 f. Anm. 参照。しかしまた dens., Problemi inerenti all'angolo di scrittura alla luce di un nuovo papiro greco : Florenz PSI Od. 5 ; in : Scritt. e civ. 4 (1980), S. 337-344（書体の揺れについて）も参照。E. Casamassima / E. Staraz（註67), S. 73 ff. もやはり，「傾いた料紙」は書体の発展においては二次的な影響しか与えなかったと認めている。さらに下記の註も参照。
141) これに対して，最古の西方ラテン・アンシアル書体のなかでは，多くが『マケドニア戦記』断片のように，依然として類似の傾斜した筆写角度で，規範キャピタル書体を用いて書写された（本書88頁参照）。東方のビザンティン風のアンシアル書体（Lowe, Pal. Papers 2, S. 466-474 m. Taf. 108-113）は，その最初の登場（「ヴェローナのガイウス写本」）のときから，ほとんど例外なくギリシア語書体の筆写角度を示している。
142) 図版として，たとえば W. Schubart, Griechsche Paläographie（München 1966), Abb. 97-99 ; G. Cavallo, Ricerche（註140), Taf. 107-111 ; R. Marichal, L'Écriture latine（註69), Taf. 5, 3（S. 132 f. 参照）。この書体はペンを強く押して書くと，右に傾いた縦軸は，対応するギリシア語書体と同じように太くなる。ゴート人の傾斜書体の特徴も似たような現象である。
143) CLA VIII. 1042 ; Écr. lat., Nr. 48 ; Steffens[2], Taf. 14.
144) CLA III. 306.
145) CLA II. 248（Seider 2, 2, Nr. 13) ; VIII. 1039, 1041, 1042 ; X. 1527（Seider 2, 2, Nr. 8) ; XI. 1657（Seider 2, 2, Nr. 10)。
146) Marichal, Pauli Sententiarum Fragmentum（註20), S. 26 ff. によって列挙された他の例参照。ヴァリエーションとしては，N とともに用いられる n，また曲がった t が，たとえばラテン語による最古の典礼用パピルスのなかに見られる（CLA S 1720 ; Mallon, Pal. rom., Taf. 20 ; Kirchner, Script. Lat. libr.[2], Taf. 4b ; Seider 2, 2, Nr. 53)。CLA II[2]. 210 ; Seider 2, 1, Nr. 50 にいくつかの草書体の線が見られる（きわめて小さい寸法の書体で書かれたキケロの弁論集)。

が受容されたこと，古半アンシアル書体の斜体がおそらくギリシア文字の斜体を模倣したものであることなどを考えれば，テクストのなかでのギリシア的要素が，この最初の小文字書体の起源をめぐる問いとの関連で，決定的な意味をもっているように私には思われる。私はその起源が，東方にあると推測したい。この書体を伝える法学テクストの量がきわめて多いことから，おそらくベイルートのラテン語法学学校が，この書体の完成にとは言わないまでも，3世紀から5世紀までこの書体を育成するうえで，一定の役割を果たしたのは確実であった[147]。

ギリシア語とラテン語による「ベーズ写本」(四福音書と使徒言行録を収録)[148]と，ニキアヌスなる人物によって書写されたセネカ[149]は，古半アンシアル書体によるさらに2つの実例であり，ギリシア的枠組に収まる。533年頃の，ビザンティン帝国から出たフィレンツェ所蔵の『学説彙纂』では，古半アンシアルの直立体が，導入部の教令に使用されている[150]。

西方[西ローマ世界]では古半アンシアル書体が，書物用書体として広く反響を呼ぶことがなかったのは明らかである。そのことを証する事実として，西方の写本において，様々な種類の書体が組み合わされて使われたときにも，この書体が欠如していることが挙げられよう[151]。ただし，b, d, f, h, m, r, s といった個々の小文字の字体については，様々な書体を混用しているアルファベットのなかで用いられた。そのことを，3世紀の北アフリカの碑文や，ギリシアやイタリアの碑文がときたま証明している[152]。4世紀になると，この書体はたとえ

---

[147] 「アフリカ文字 litterae Africanae」という古い書体名(本書102頁参照)については，「小文字が出現するのを目の当たりにするには，アフリカの側ではなく，レヴァント地方の法律研究の拠点であるベイルートのほうに目を向けなければならない」(R. Marichal, L'Écriture latine et la civilisation occidentale du Ier au XVIe siècle, in : L'Écriture et la psychologie des peuples, Paris 1963, S. 214)。ベイルートの法律学校に関しては L. Wenger, Die Quellen des römischen Rechts (Österr. Akad. d. Wiss., Denkschriften 2, Wien 1953), S. 619 ff. を見よ。
[148] CLA II². 140. この写本では，Rが大文字書体(最後の書き線が左下)で，Sは大きく，Mはアンシアル書体である。ギリシア語による書き加え(f. 285 ff.)によると，この写本は長くギリシア語圏で使われ，その後リヨンにもたらされたという。
[149] CLA I. 69.
[150] CLA III. 295 ; Seider 2, 2, Nr. 25. この写本には欄外註解に斜体文字も見られる。
[151] 本書104頁参照。
[152] たとえば Ae. Hübner, Exempla scripturae epigraphicae latinae (Berlin 1885), Nr. 1146 ff. 参照。

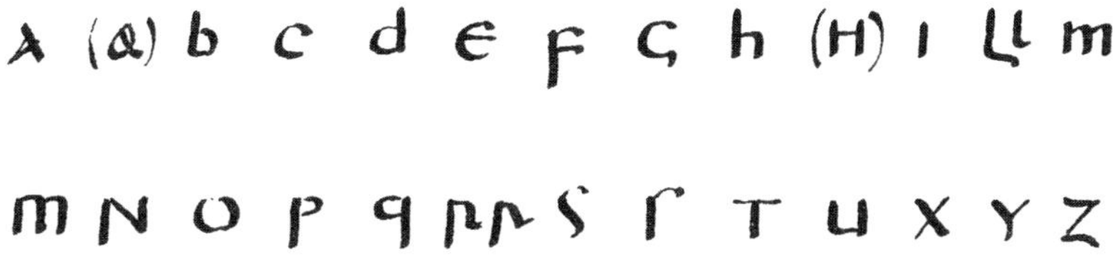

A (a) b c d e F G h (H) i Ll m
m N O p q qr rr ſ T u x y z

図10 古(東方)半アンシアル書体(「リウィウス簡略本」の書体)

a b d c N ſt ſ s T

図11 古(東方)半アンシアル斜体

a a a b c d e F f ʒ ʒ h I
k l m N O p q r N ſ τ u ˚
x y z rl d

図12 新半アンシアル書体

ばローマにおいてさえ，ことに稚拙な字形で刻まれた碑文にしばしば現れる[153]。

西方のアンシアル書体で書かれた2言語テクスト「コーデクス・クラロモンタヌス Codex Claromontanus」(5世紀のパウロ書簡)では，bとdが古半アンシアル書体である[154]。スペインから出たテオドシウス法典(Codex Theodosianus)[155]と，サルデーニャ島で書かれたと思われる2言語の「コーデクス・ラウディアヌス Laudianus」(6-7世紀に筆写された使徒言行録)[156]では，dがアンシアル書体であるのにひきかえ，bだけが古半アンシアル書体として現れる。

アンシアル書体へ，そして後には新半アンシアル書体へと進む西洋の書体発展過程の記述から，「リウィウス簡略本」の書体についての記述は，私が考えるように除かれるべきである[157]。

7. 新半アンシアル書体

4世紀において新草書体がさらに発展し，文字の連綴システムが一貫して成熟を遂げ，横に並んだ文字を結合しようとする傾向が強まるなかで，アセンダばかりでなく長いiやsの文字，連綴したc, e, (f)の上部の頭が，上部基線の上に突き出る，そして水平の書き線あるいは弧線を冠されたgはうねりながらディセンダをとる。その際，特定の中空線や，アセンダの書き出し線は一緒に書かれる。西ローマ世界ではこうした基礎の上に，古代後期の学校で使われた幾人かの重要な文法家の写本(プロブス，クラウディウス・サケルドゥス[158])な

---

153) Steffens², Taf. 11b 参照。
154) CLA V. 521(南イタリアに由来すると推定される)．
155) CLA I. 46(パリンプセスト，「7世紀」か)。パリンプセストの上に書かれた書体の由来については CLA XI. 1637 参照。
156) CLA II². 251.
157) 西方の写本のなかで「アンシアル bd」での欄外註解については，本書104頁を見よ。とくに堅苦しい東方書体も，またこれに類するスペインの能書家ダニラが「ラ・カーヴァのコーデクス」(9世紀)の章立ての目次を筆写するために再び使用したヴァリエーションも，西方の写本には欠けている。Lowe, Pal. Papers 1, S. 338 u. Taf. 55 参照。半アンシアル書体との関係で用いられた「アフリカ文字」という古い名称については本書102頁を見よ。
158) ナポリとトリーノにおいて。ボッビオに由来するものとして CLA III. 397a, 398(Seider 2, 1, Nr. 66)；IV. 462. さらに CLA III. 289(Seider 2, 1, Nr. 62) および Écr. lat., Nr. 51.

ど)や，4世紀と5世紀の伝来写本に見える古典註釈(スコリア)[159]や欄外註解(マルギナリア)[160]に現れる，適度の連綴文字をともなった比較的字高の低い常用書体が成立した。その書体を新半アンシアル書体と比較するならば，おそらく書体発達史のうえではやや後に位置するのであるが，「草書半アンシアル書体」と呼ぶことが許されるであろう[161]。

　古代後期と中世初期に書物用書体に成長した新半アンシアル書体[162]は，一般に独立した書体を構成するが，やはり発達した新草書体(これはすでに書物用書体の草書半アンシアル書体に接近していた)がその母体であった。その特徴的な字形は，(東方の古半アンシアル書体に対して)概してより丸みを帯び，元来は開いていたが，やがて上方に盛り上るように閉じるか，あるいは水平の線または凹面状の線で閉じる a である。ほとんどの長い f は，しばしば深く舌状の下方線を引く。g はその上部に水平の線がつき，本体は s 状に身をくねらせるか，不自然に折り曲げられ基線の下まで達する。l は基線の上に書かれる。(一部は下降する肩線をともなった) r と s は短い。t は右に向かって幅広の弧を描く鎌型の縦線である。ほぼ例外なく(新草書体とは対照的に) N は字形そのままである[163]。q に続く u はしばしば v 字形に書かれる。草書体で習慣となっていたアセンダの書き出し線は，濃密化にあたって杵のような形状を示す。しばしば e には前の字と連綴される傾向が見られ，初期の例では rl とか tl という連綴形に出会う。新半アンシアル書体では，こうした連綴形や肉厚のアセンダによって，古半アンシアル書体から完全に独立した草書体起源をもつという性格が保持されたのである。書物の取引を通じての平準化がそれほどなされな

---

159) たとえばテレンティウスの「ベンボ本 Terentius Bembinus」において。CLA I. 12; Seider 2, 1, Nr. 26; Écr. lat., Nr. 41.
160) たとえばウルフィラに関するマクシミヌス・アリアヌスの報告。R. Gryson / L. Gilissen, Les scolies ariennes du Parisinus 8907 (Armarium codicum insignium, 1, Turnhout 1980); CLA V. 572 u. Écr. lat., Nr. 50. さらに CLA I. 117 u. Écr. lat., Nr. 55; CLA III. 280; IV. 484 (Seider 2, 2, Nr. 68); 491 (Seider 2, 2, Nr. 67); VIII. 1174.
161) 「4分の1アンシアル Viertelunziale」という不適切な表現 (Lowe in CLA IV, S. XVI; ders., Handwriting², Rom 1969, S. 19 で用いられた quarter-uncial) は避けるべきであろう。
162) E. A. Lowe, A hand-list of half-uncial manuscripts, in: Miscellanea Francesco Ehrle 4 (Studi e Testi 40, Rom 1924), S. 34–61; Chatelain, Uncialis scriptura, Taf. 61–100.
163) r と混同されそうなので，それを避けるためか。

かった関係で，残りの半アンシアル・アルファベットについては，多くの写本でアンシアル書体の d, G, M, あるいは R が受容されたと見られる[164]（図12・巻末図版6）。

　半アンシアル書体の古い名称が「アフリカ文字 litterae Africanae」であったところから，その起源は北アフリカにあることが証明される[165]。たとえこの書体が，おそらくヨーロッパ大陸の書体よりも古さの点で勝っていることを証明できる伝来資料がもはや残っていないとしても，われわれはその歴史的妥当性を認めなくてはならない。半アンシアル書体で書かれた西方の最古の写本の一つが，おそらくヒエロニュムスの友人グループから出たザンクト・ガレン修道院コーデクスの「ウルガタ福音書」（Σ）である[166]。年代比定が可能な最初の写本は，486年以前に筆写され，f と g が基線上に書かれている，ヴェローナの『十二使徒の教え Didascalia apostolorum』[167]，またサルデーニャ島に追放されたアフリカの司教たちにより，509／510年にカリアリで改訂されたヒラリウスの「バシリカヌス」（Basilicanus D. 182）[168]，そしてヴェローナ教会の読師ウルシキヌスにより517年に筆写されたスルピキウス・セウェルス[169]である。半アンシアル書体はすでに5世紀頃に，伝道団がアイルランドに導入し，この地でアルファベットを増補した後に，島嶼書体に改変された。

　全体としてみるならば，半アンシアル書体は，アンシアル書体よりも普及の

---

164) 9世紀に西ゴート人のダニラ（註157）は，アンシアル書体の G とともに半アンシアル書体をモデルとして利用した。Lowe, Pal. Papers 1, Taf. 57.

165) Bischoff, Ma. Studien 1, S. 2 ff. この名称を採用したのはアイルランド人であるが，彼らはこれをスペインの出典から知ったのかもしれない。ただしこの表現に関連する記念碑的史料としては，「マニ教徒たちについての断片 Fragmentum de Manichaeis」（CLA V. 680, 5-6世紀のものか。g は古い形のままである）と，ヴァンダル王トランサムンドの在位14年目に書かれた「ヒラリウス・コーデクス Hilarius-Codex」（CLA I. 1a）しかない。だから私はこの用語を小文字書体の一書体に関連させるのであるが，Mallon, Pal. rom., S. 140 のように，「簡略本」の東方の古い半アンシアル書体とか，他の同種の書体に結びつけることはしない。本書98頁も参照。

166) CLA VII. 984 ; Seider 2, 2, Nr. 54. Bischoff, Ma. Studien 1, S. 101–111 参照。

167) CLA IV. 508.

168) CLA I. 1a ; Steffens², Taf. 20 ; Écr. lat., Nr. 62 ; Seider 2, 2, Nr. 62.

169) CLA IV. 494 ; Kirchner, Script. Lat. libr.², Taf. 10 ; E. Carusi / W. M. Lindsay, Monumenti Paleografici Veronesi 1 (Rom 1929), Taf. 1–5 ; G. Turrini, Millennium scriptorii Veronensis dal IV° al XV° secolo (Verona 1967), Taf. 6.

第 I 章　古代のラテン語書体　｜　103

度合いが遥かに限られたが，イタリア[170]やスペイン，そしてカロリング朝期に先立つ数世紀にフランスでも用いられ，いくつかの中心拠点（と時代）が書物筆写用の書体として，これを好んだようである。そうした例として，エウギッピウスの時代（6世紀前半）のナポリのサン・セヴェリーノ修道院[171]や，ヴェローナ[172]，ラヴェンナ[173]が挙げられる。またイングランド南部でも散発的に用いられた[174]。

　フランスでは，8世紀中葉のコルビィ修道院の「レウトカリウス型 Leutchar-Typ」が，退化した半アンシアル書体である[175]。トゥールでは，同じ時期にアンシアル書体，半草書体，小文字書体と不規則に交替しながら半アンシアル書体が使われた[176]。だがまさにこのトゥールで，この世紀の終わる前に半アンシアル書体が小文字書体に合わせて様式化され，それがほぼ3世代にわたってテクストの序言，冒頭の数行その他を筆写するために，書体序列のなかに受け入れられることとなる[177]。サン・ジェルマン・デ・プレ修道院[178]，サン・ドニ修道院（？），サン・タマン修道院（ザルツブルクとともに）[179]，そしてフルダ修道院が短期間この習慣に追随した。最後に（模倣を別にして），9世紀にその影響は様々な場所，たとえばフライジングなどでは小文字書体に現れるようになるが，そこでは縦線のセリフや書き出し線によって，洗練された効果が生まれることになる[180]。

---

170)　A. Petrucci, Scrittura e libro nell'Italia Altomedievale（註 41），S. 208 f. における統計参照。
171)　CLA I. 16 ; III. 374a ; VIII. 1031. この書写室の独占とみなすべきではない。M. Palma, in : Scriptorium 39 (1985), S. 8 参照。
172)　CLA IV. 476, 478 etc. ; Carusi / Lindsay, Monumenti（註 169），1 ; G. Turrini, Millennium（註 169），Taf. 11, 12.
173)　CLA IV. 410a.b, 412 ; VIII. 1107 ; IX, S. 43 (Nr. 41). そして，マリア像が彫られたベルリンの象牙折板に書写された6世紀の連禱（W. F. Volbach, Frühchristliche Kunst, München 1958, Abb. 225）; CLA Addenda 1856.
174)　CLA II. 237 ; Catal. of Dated and Datable mss. 2, Abb. 2. おそらく VI. 740 もこれに属する。
175)　CLA VI, S. XXIV.
176)　E. K. Rand, Studies in the Script of Tours 2（Cambridge Mass. 1934），S. 21 ff.
177)　Rand, Studies 1（ebd. 1929）.
178)　CLA X. 1581 ; Bischoff, Schreibschulen 2, S. 56.
179)　CLA IX. 1247 ; X. 1463, 1478, 1489 ; Bischoff, Schreibschulen 2, S. 65.
180)　Bischoff, Schreibschulen 1, Taf. 4b.

*

　一般に受容された書体システムのほかに、古代後期の写本の欄外註解や、訂正、下署などに現れる、その多くが小字径である書体が存在する[181]。そのうち、アンシアル書体あるいは半アンシアル書体の単独使用または混用の例が少なからざる数を占め、時として草書体の傾向を示している[182]。欄外に斜体が用いられた多くの事例では、アンシアル書体か、半アンシアル書体か、その変化形で巧みに書かれており、それらが教育と修練の結果であることを推測させる。しかし、それらがより長いまとまったテクストによって確認されることはほとんどない。それは知識人たちの個人的な手なのである[183]。各部分を見ると、純粋なアンシアル書体であるか[184]、小文字 -b と -d を含む[185]（規則的な A, M, R などをともなった）アンシアル書体であるか、いずれかである。これらの書体は古半アンシアル書体の斜体[186]、あるいはギリシア語の斜体についての素養によって蘇らされたにちがいない。古典的教養の崩壊とともに、これらもまた消滅する。5世紀と6世紀の若干の写本に見られる欄外註解は、通常の書物筆写用書体のほかに「古短縮記号 Notae antiquae」が使用されたことを証言している[187]。

---

181) A. R. Natale, Marginalia : la scrittura della glossa dal V al IX secolo, in : Studi in onore di mons. Carlo Castiglioni（Mailand 1957）, S. 615–630 m. Taf. ; A. Petrucci, Scrittura e libro（註 41）, S. 179 ff. 本書 101 頁も参照。

182) アンシアル書体が優っているものとして CLA I. 30 が、半アンシアル書体が優っている例として CLA I. 12（テレンティウスの「ベンボ本」）; I. 45. 110 ; IV. 498 ; VIII. 1174 がある。同様に斜体の半アンシアル書体として I. 27 ; III. 296 ; IV. 489a ; XI. 1629。

183) Petrucci（註 41）, S. 180 f.

184) いくつかの例は Lowe, CLA IV, S. XVII. 他の書体に混じって CLA VIII. 1196（カープア司教ウィクトリウス）および X. 1507（ウィーンの「ヒラリウス・パピルス・コーデクス」のなかのドゥルキティウス）。

185) CLA II^2. 233a（オクスフォードにある『ヒエロニュムス年代記』、これは極めて豊かな資料である。J. K. Fotheringham, Oxford 1905 にあるファクシミリ版参照）; V. 571a（ウェッティウス・アゴリウス・バシリウス）; IX. 1374（『ローマ土地測量士文献 Agrimensores』、ここでこの書体は、しばしば字間を詰めて書かれたり、行をはみ出して書かれるのに用いられている）。

186) 本書 98 頁参照。同様にフィレンツェの『学説彙纂』の欄外註解のなかにも見られる。

187) W. M. Lindsay, in : Zbl. f. Bw. 29（1912）, S. 57 および dess., Notae Latinae（Cambridge 1915）, S. XIII f. 参照。

8. 複数の書体の並存

およそ西洋の写本制作が開始された当初から，ラテン語写本書体において，本文とは異なる周縁的記録であることを強調するために，本文とは別種の書体あるいは赤インク，またしばしばこの両方の組み合わせが用いられてきた。

パピルス巻子本では，内容目次は本文の末尾，すなわち［巻き取った状態で］芯に最も近い安全な場所に書かれている。最古のコーデクスでも最後の文字，すなわち奥書が書物の書き出しよりも重視されていたのは，この巻子本を規範としたものである。結びの言葉 EXPLICIT の強調は，幾通りもの仕方でなされえた[188]。本文とは離れた位置に書く，字間を広く空けて書く，なかんずく大字径で書くなどである。行ごとあるいは単語ごとに，黒インクと赤インクで交互に書かれ，この 2 色あるいは単一色のインクで，広くとられた行間や，その周囲に枠取りが配置され，杉綾文様や渦巻文様，蔓巻文様などの装飾が描かれる場合も珍しくなかった[189]。遅くとも 5 世紀から，強調の手段として，これに加えて別種の書体を使用するというやり方が登場する。本文の筆写にアンシアル書体が用いられる場合には，キャピタル書体あるいはクアドラタ・キャピタル書体がよく使われ，本文が半アンシアル書体のときはアンシアル書体を，という組み合わせである[190]。このために多くの写本で，かなり数多くの書体ジャンルが見られることになる[191]。ごく例外的に，「より古い」書体を用いるという原則を逸脱する場合もあった[192]。もともと 2 冊であったものが合冊された写本では，Incipit(始まる)の部分が短く，Explicit(終わる)と結びついてしまうこともある[193]。

---

[188] Lowe, Pal. Papers 1, S. 272.
[189] Nordenfalk, Zierbuchstaben, S. 110 ff. u. Fig. 30 参照。
[190] CLA V. 658；VII. 984；IV. 509(キャピタル書体もまた用いられた).
[191] たとえばエウギッピウスの修道院(サン・セヴェリーノ)から出た写本には，半アンシアル書体に加えて，キャピタルと類似の書体とアンシアル書体の 2 書体が見られる(CLA III. 374a；VIII. 1031)。これより古い東方の半アンシアル書体で書かれた写本では，標題がキャピタル書体で書かれている(CLA VIII. 1033；X. 1527)。
[192] CLA VI. 800 は半アンシアル書体(テクストはアンシアル書体)。CLA II. 126 も参照。
[193] 図版はたとえば R. Beer, Monumenta palaeographica Vindobonensia 2(Leipzig 1910), Taf. 36-38；Zimmermann, Vorkarol. Min., Taf. 1b, 2 にある。『ローマ土地測量士文献』のテクストを収

一般に冒頭部分を強調するためには，当初は最初の3, 4行，または1行だけを赤インクで書くことに限定されていた。ヨーロッパの写本で見るかぎり[194]，5世紀の後期になって初めて標題が登場し，当初は第1ページの欄外上部に小さく欄外見出しと同じ書体で書かれたが[195]，本文とは異なる書体で書かれることもあった。古代末期に書物の冒頭部分の図像や装飾芸術が形成されるにつれて，文頭装飾文字も発展していく[196]。

巻子本に対してコーデックスが革新的であったのは，欄外見出しの導入である。この新機軸は現存する西方最古の事例にまでさかのぼる[197]。ほとんどの場合，簡略化される標題と内容表示が，小字径で，左右見開きページの中央にあたる欄外上部にそれぞれ配置され，開くと両方が一緒に読めるようになる。5-6世紀のいくつかの写本では，欄外見出しが2ページごとに書かれるが，それは鞣皮紙の肉側にであった[198]。EXPLICIT / INCIPIT という文字と同じく，欄外見出しもまた5世紀の後期から，たとえば本文がアンシアル書体の場合にはキャピタル書体で，本文が半アンシアル書体のときにはアンシアル書体で書かれるような，2番目の書体が使用される個所のひとつとなる[199]。

ときとして引用文が，斑晶のように本文とは別種の書体で書かれることもある[200]。フィレンツェにある『学説彙纂』コーデックスには，冒頭に公開許可の教令が古半アンシアル書体で書かれている[201]。その後数世紀にわたって，テクストを序列化したり，文字面に生気を与えたりするために，様々な仕方でこの種

　　録している「コーデクス・アルケリアヌス Codex Arcerianus」は，半アンシアル書体を別にして，変化に富む書体使用を示し，同時に文頭装飾文字の研究に極めて重要な写本である。ファクシミリ版として H. Butzmann, Corpus Agrimensorum Romanorum (Leiden 1970) 参照。
194) 独特なのは396-397年に作られたサンクトペテルブルク所蔵の「アウグスティヌス写本」で，装飾のあいだにおかれたキャピタル書体の標題である。図版は Almut Mutzenbecher, Codex Leningrad Q. v. I.3, in : Sacris Eruditi 18 (1967-1968), S. 416 に付せられたものである。
195) その結果生まれたのが，例をあげれば CLA VI. 735 ; VIII. 1196 ; X. 1491 ; XI. 1614 である。
196) 本書 257 頁参照。
197) Lowe, Pal. Papers 1, S. 199 ff. u. 270.
198) Lowe, ebd. 1, S. 270.
199) Lowe, ebd.
200) P. McGurk, Citation Marks in Early Latin Manuscripts, in : Scriptorium 15 (1961), S. 6 f.
201) 本書 95 頁以下を見よ。また Lowe, Pal. Papers 2, S. 450-458 u. Taf. 101 f. の最古のベーダ写本にある，教皇書簡の挨拶と日付の書式の写し参照。

の試みがなされた[202]。

9. 速記書体

これまで古代におけるラテン語の様々な書体について概観してきたが，キケロから教皇大グレゴリウスまで，政治・文学活動や，裁判などで重要な補助手段となった速記文字について言及しなくては，この概観は不完全なものとなろう。ここで真っ先に念頭に浮かぶのは，ティローの速記記号である[203]。これは「ティローの速記記号註解 Commentarii Notarum Tironianarum」(CNT)[204] として，中世初期の多くの写本や証書で速記記号として使用された記号約1万3000を，その語義とともに収載した辞典の形で今日まで伝来した，多層的な作品に与えられた名称である。

セビーリャのイシドルスの信頼すべき報告によれば，キケロの解放奴隷であったM.トゥッリウス・ティローが，口頭での陳述を書き記すのを容易にする一連の基本記号の発案者であった。前1世紀と後1世紀に，別の人々がこのシステムを発展させ仕上げをした。そのなかには，哲学者であったあのセネカもいたらしい。今日まで伝来しているこの「註解」には，後にさらに固有名詞や概念の特別のリストが加えられたが，そのうちにはキリスト教起源の記号が，最新の追加記号（おそらく4世紀のもの）としてあったと思われる。これらの速記記号は，一般に著しく縮小された書写用の字形に基づいており，一部はキャピタル書体からの，また一部は草書体的な書体からの派生であることを認識させる。単語を記号化するには，綴りの冒頭の数文字か，あるいはいくつかを適当に選び[205]，それらを多様な形の記号にまとめ上げるのである。このシステムの

---

202) 本書 283 頁参照。
203) E. Chatelain, Introduction à la lecture des notes tironiennes (Paris 1910 ; Repr. New York, 出版年記載なし) ; Chr. Johnen, Geschichte der Stenographie 1 (Berlin 1911) ; A. Mentz, Die Tironischen Noten, in : Arch. f. Urk. 16 (1939), S. 287-384 u. 17 (1942), S. 155-303. これはまた1冊にまとまった版 (Berlin 1944) もある（極めて主観的な研究で，一部危うい解読を含む）。H. Boge, Griechische Tachygraphie und Tironische Noten (Berlin 1973) ; Cencetti, Lineamenti, S. 376-389.
204) W. Schmitz (Leipzig 1893) による校訂版。
205) これらの解読は U. Fr. Kopp, Palaeographia critica 2 (Mannheim 1817) の与えてくれるヒントを助けとしてなされる同定作業に大幅に依存している。Koppの著作は以下の標題でリプリント版が出版されている。Lexicon Tironianum (Osnabrück 1965). G. Costamagna / M. F. Baroni /

大きな柔軟性が，その文法的性格を通して獲得されている。すなわち名詞の曲用や動詞の活用が，その語を意味する固定した記号（語根・語幹）に，屈折語尾・活用語尾の補助的な記号を，様々の個所に加えることで表現される。「註解」にはまた，多数の音節記号が含まれていて，たとえば証書類では，この音節記号を用いて固有名詞を書き記すことができた。おそらく4世紀のものと思われるパピルス紙に書かれたラテン・ギリシア語彙集のある欄に，しっかりした筆運びで，普通とは全く異なるMで始まるある別の記号システムが書かれており，半ダースほどの類似する記号から成っている。このシステムとティロー式速記記号との関連は明らかにされていない[206]。

ティロー式速記記号は，メロヴィング朝やカロリング朝の尚書局でも保持されたが，粗雑な書体に退化した。その傾向はカロリング朝初期に，古代後期に入念に筆写された「註解」の写本[207]によって正しい書体が再び知られるようになるまで続いた[208]。こうしてティロー式速記記号は，カロリング朝期の多くの学校で学ばれ，使用されたが，ドイツではフランスよりも遥かに散発的であった。その学習を容易にするために，教育に便利な順序で記号，すなわち単語を配列する語彙集の編纂がおこなわれた（「ベルンの速記記号 Berner Noten, Notae Bernenses」）。同じように，速記記号をより単純でより知られている記号と関連づけて，学習者を支援しようとする試みもおこなわれた[209]。ティロー式速記記号で書かれた「詩篇」もまた，記号を習得するのに役立った。この速記記号の知識は，9世紀に急速に衰退し，11世紀には消滅した[210]。

イタリアや，おそらくスペインでも，頻繁に使用される単語を記号で表わす，

L. Zagni, Notae Tironianae quae in lexicis et in chartis reperiuntur novo discrimine ordinatae (Fonti e Studi del Corpus Membranarum italicarum, 2 Serie, Fonti Medievali 10) (Rom 1983) も参照。

206) CLA V. 699.
207) これはおそらくローマに由来している。Traube, Vorl. u. Abh. 3 (München 1920), S. 197 f. 参照。
208) 789年の勅令「一般訓令 Admonitio generalis」の指示，「記号は……正しく訂正されて Notas ... bene emendate」（第72条）は，これと関連づけられるにちがいない（Capitularia regum Francorum, ed. A. Boretius 1, Hannover 1883, S. 60）。
209) P. Legendre, Un manuel tironien du Xe siècle (Paris 1905). 学校で用いる言い回しについては Steffens², S. XXXII.
210) 12世紀にオクスフォードの一学者が，ティローの語彙集の抜粋に自分で考案した記号を加えている（Oxford, Balliol Coll. 306, f. 5^R）。

音節速記記号の単純な方式が好まれた。この方式は，中世初期に様々な様式で出現したが，それらは互いに関連があったようである[211]。スペインには2つの異なる速記記号リストがマドリード写本(16世紀筆写)とエル・エスコリアル写本(11世紀)で伝来しており，さらに別の綴字帳(未解読)が，2つのコーデクス(おそらく8世紀)に記載されているのが確認される[212]。実際の使用については，2つのシステムに区別される[213]。古いシステムは，ボッビオ修道院から出たいくつかの写本と，7-8世紀の証書に現れる。新しいシステムは，8世紀から11世紀にかけてジェノヴァ，ノヴァーラ，パヴィーアその他のイタリア諸都市の公証人文書だけでなく，ローマ教皇庁でもその使用が証明されている。ジェルベールは，シルウェステル2世の名で教皇座にあったとき，この音節速記記号を自身で書いている[214]。

ついでながら付け加えるならば，12世紀と13世紀には，初めにティロー式速記記号についての一定の知識に触発されて，速記記号のいろいろな新案が生まれた。その最古の確実な例はイングランドにおいてであった。そこでは「ギリシア語」，あるいは「カルデア語」の数字との類似性が認められる，まったく任意の基礎記号を用いている[215]。

---

211) Johnen, Geschichte(註203)1, S. 230 ff.「マドリードの速記記号 Notae Matritenses」は，J. López de Toro, Abreviaturas Hispanicas(Madrid 1957), S. XLVIII-LIV にもある。

212) ひとつは Autun 107, f. 77^V/ 78^R(複製版：R. P. Robinson, Manuscripts 27(S. 29) and 107(S. 129) of the Municipal Library of Autun, in : Memoirs of the American Academy in Rome 16(1939), Taf. 48, 3 u. 4) [CLA VI. 728, 729]. もうひとつは Genf, Ms. Lat. 16, f. 53^R(CLA VII, S. 15). このシステムは，おそらく Paris, B. N. F., Lat. 9550, f. 32^R, 38^R, 78^R(CLA V. 589)でも用いられている。

213) L. Schiaparelli, Tachigrafia sillabica latina in Italia, in : Bolletino della Accademia Italiana di Stenografia 4(1928), S. 1 ff. ; Mentz, Die Tironischen Noten(註203), S. 115 ff. u. 221 f. ; G. Costamagna, La tachigrafia dei papiri latini medioevali italiani, in : Bullett. dell'Arch. Pal. Ital., N. S. 2/3 (1956-1957), S. 213-220.

214) G. Costamagna, Il sistema tachigrafico sillabico usato dai notai medioevali italiani(sec. VIII-XI), Regole fondamentali(Genua 1953).

215) A. Mentz, Zwei Stenographiesysteme des späteren Mittelalters(Sonderabdr. aus dem Korrespondenzblatt 57, Dresden 1912) ; Johnen, Geschichte(註203), S. 247 ff. 本書241頁も参照。

第 II 章　中世のラテン語書体

1. アイルランドのラテン語書体

　島嶼書体[1]——この表現はアイルランド書体およびそれ以外のケルト語書体と，アングロ・サクソン書体を包括している——の歴史は，5 世紀にアイルランド人がキリスト教へ改宗し，彼らが後期教父時代の教会に受け入れられたことをもって始まったとしなくてはならない。ラテン文字体系はキリスト教徒に担われてアイルランドの地に足を踏み入れ，かくして初めて「ローマ帝国 Imperium Romanum」の境界を踏み越えたのであった。パッラディウスやパトリック，その他のキリスト者がアイルランドに持ち込んだのは，簡素な書体であった。

　確実にアイルランド人の手になると伝えられている，またアイルランドでの初期の発展が加わった一連のラテン語書体の痕跡は，6 世紀の末，すなわちパトリックの死後半世紀以前には遡らない[2]。アイルランドの泥炭地から出土した詩篇のテクストを刻んだ蠟板や[3]，これに近い時代に使われた[4]「アッシャ

---

[1] L. Bieler, Insular Palaeography, Present State and Problems, in : Scriptorium 3(1949), S. 267-294 ; Cencetti, Lineamenti, S. 86-93 ; ders., Compendio, S. 42-45 ; John, Lat. Pal., S. 13-16 ; T. J. Brown, The Irish Element in the Insular System of Scripts to circa A. D. 850, in : Die Iren und Europa im früheren Mittelalter, Teilband 1(Stuttgart 1982), S. 101-119. Lowe, CLA II², S. XV-XX も参照。

[2] L. Schiaparelli, in : Arch. stor. ital. 74, 2(1916), S. 21 で引き合いに出されている 6 世紀の碑文による年代決定は非常に疑問である。D. H. Wright により，およそ 7 世紀の第 3 四半期までの一連の写本の時系列は，A. Dold / L. Eizenhöfer, Das irische Palimpsestsakramentar im Clm 14429 der Staatsbibliothek München(Texte und Arbeiten 53/54, Beuron 1964), S. 35* f. において，書物の装飾により確定されている。それらはワシントンにあるフォルガー・シェイクスピア図書館で見つかった「ルフィヌス断片」(CLA Addenda 1864, 現在はダブリンのトリニティ・カレッジ所蔵)により非常に充実したものとなった。J.-O. Tjäder, in : Eranos 78(1980), S. 74 および T. J. Brown, The Irish Element(註 1), S. 102 f. は，ローマ地方独特の影響を思い起こさせる。

[3] CLA S 1684 ; D. Wright, The Tablets from Springmount Bog : a Key to Early Irish Palaeography, in : American Journal of Archaeology 67(1963), S. 219.

[4] これらの写本をアイルランドでの写本制作の開始期に設定するのが妥当であろうか。ミラノの「プラウトゥスのパリンプセスト写本」(Libri Regum)の奇妙な複本の年代決定の問題は，

ー・コーデクス I」(Usserianus codex I)(ラテン語福音書の古いバージョン)[5]，おそらくボッビオで筆写された(したがって 614 年以降)オロシウス[6]，聖コルンバの『カタック』[7]，ザンクト・ガレンのイシドルス断片[8]，ダラムの福音書断片 A. II. 10 その他[9]，ミュンヘンのパリンプセスト形式のガリア典礼秘蹟書などが，それである[10]。これら一連の書体の段階は，4 分の 3 世紀の経過のなかで，e の連綴文字や tI の表記を伴ったイタリアの半アンシアル書体に酷似した書体から，徐々に半アンシアル書体のもうひとつの形式(アンシアル書体の D, R, S と小文字書体の n)を受容し，篦型セリフの書き出しの発達を伴った角張った筆致の書体を経て，草書体起源の連綴文字のない，ほとんど完全に丸みを帯びた半アンシアル書体に到達した(図 13)[11]。アングロ・サクソン人は，この書体技術をノーサンブリアのアイルランド人宣教師(634 年以降)からだけでなく，多くのアングロ・サクソン人の何年にもおよぶアイルランド滞在でも学び取った。そうしてアイルランド・ノーサンブリアの書法と書物制作の流儀が発展したが，どちらの寄与がどこまでかの境界は定かではない[12]。

　先に列挙したコーデクスが筆写されていた時代，アイルランド教会の組織化は，ウェールズの修道院文化の影響のもと，夥しい修道院の創建によりその特徴的な姿をあらわした。7 世紀における修道院学校の開花は写本制作から証明されるし，またおそらく写本の著しい増加と，その結果としてのアイルランド小文字書体の発展[13]という書体の変化も，これと関連していた。

　　Lowe が CLA III. 344a で「6 世紀後半」と推定し，Pal. Papers 2, S. 485 で「7 世紀」と訂正しているが，最終的には解決されていないと私は考える。
5) CLA II. 271.
6) CLA III. 328. ボッビオ修道院については本書 261 頁以下参照。
7) CLA II². 266.
8) CLA VII. 995.
9) CLA II². 149；C. Nordenfalk, Before the Book of Durrow, in : Acta Archaeologica 18 (1947), S. 159-172 参照。
10) CLA IX. 1298. 註 2 参照。
11) この書体を「島嶼大文字」と形容することについては E. A. Lowe, CLA II², S. XV f. 参照。
12) エヒテルナハ修道院の開始に関する歴史の問題については，本書 125 頁註 76 参照。
13) F. Masai, Essai sur les origins de la miniature dite irlandaise (Brüssel / Antwerpen 1947) の所説，すなわち島嶼型の小文字書体だけがアイルランド起源であり，これに対して半アンシアル書体や写本装飾はアングロ・サクソン起源であるという考えは，明らかに成り立たない。L. Bieler (註 1), S. 273 f. はアイルランド小文字を，半アンシアル書体の採用ではなく，草書体の

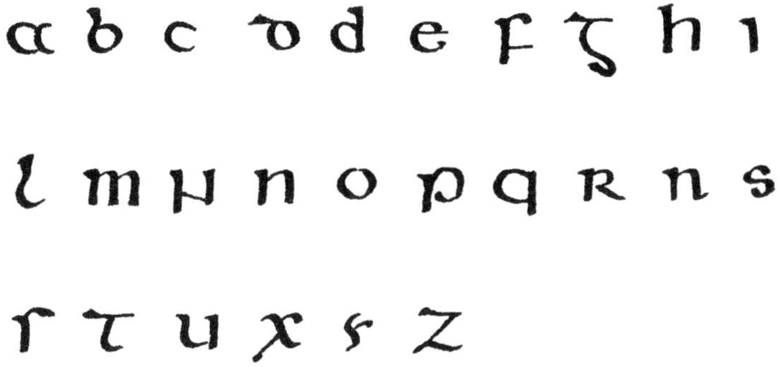

第 II 章　中世のラテン語書体　| 113

図 13　島嶼半アンシアル書体

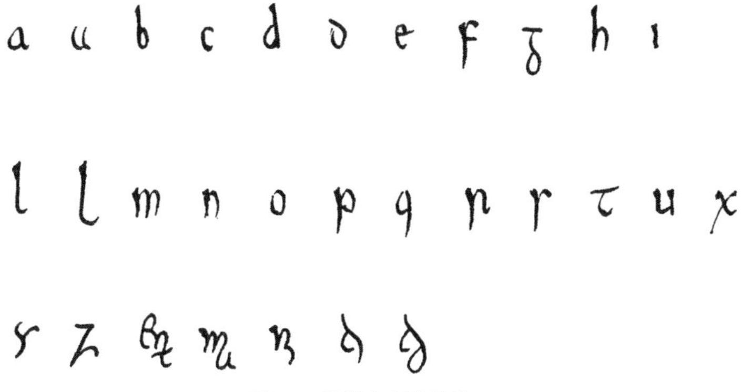

図 14　島嶼小文字書体

図 15　島嶼草書体

680 年と 692 年の間にバンガー（バンゴール，北アイルランド）で成立した「交唱聖歌集」(Milano, Ambros. C 5 inf.)[14] と，713 年以前にアイオナで筆写された「アダムナーン・コーデクス」(Schaffhausen, Ms. gen. 1)[15]のように，例外的に年代比定が可能な 2 つの写本では，中字径の文字は狭く軽やかな筆致で書かれ，上部の開きが狭い a や，基線の下まで突き抜ける s，2 種類の書体の併用を控えるといった特徴を伴っていた。縦線の下端は丸みを帯びるか，狭い。この 2 つの観察は次のことを示唆している。すなわちこの（変化した）書体は小文字書体への発展の過程にはないというだけでなく，むしろすでに完成した小文字書体の独自性の影響を受けているということである[16]。「交唱聖歌集」では最後の行のいくつかの文字は，すでに鋭く引き伸ばされ角張っており，m はすでに直立している場合がある。「アダムナーン・コーデクス」には，小文字書体を記すアイルランド流の短縮文字のレパートリーの主要なものが出現している[17]。アイルランド小文字書体は完成形に達し，柔軟で多くが角張っており，しばしば鋭い篦型の書き出し線を示し，鉤爪を思わせる運筆を見せる。それはペンの特殊な持ち方が可能にしたものである。しばしばこの持ち方で小字径の文字を書いたわけだが，それはとりわけアイルランド人が好んだラテン語とアイルランド語の語彙註解に適していた。先端が閉じた a と並んで 2 つの角状の突起が開いた a が，また幅が狭い d と並んで丸みを帯びた d が，用いられた。r は時に基線の下まで伸びる。この書体に特有なのは，-a, -i(-is, -io), -o, -u(-um), -s, -t など，連綴文字のなかで最初の字に続く字が，基線の下に書かれることである。er, es, et などの e の連綴文字では，e はしばしば傾いたアラビア数字の 8 か，あ

半アンシアル書体（「4 分の 1 アンシアル書体」，S. 98 参照）への方向づけの過程での新たな創造と見ている。
[14] CLA III. 311. ファクシミリ版は F. E. Warren, The Antiphonary of Bangor (London 1893) 参照。この書体の見本と次の写本はともに CLA II², S. XVII.
[15] CLA VII. 998.
[16] Durham A. II. 10 のある欄の最後の 11 行に，最古の渦巻文様状に変化した（短い s を伴った）小文字書体を示している。図版（縮小版）は Nordenfalk（註 9），S. 161. 後代の島嶼地方で制作された写本では，気まぐれに渦巻文様状にされた文字列に出会う。たとえば「アーマーの書 Book of Armagh」fol. 103.
[17] 主要な短縮文字は，アングロ・サクソン人がアイルランド人から 664 年以前に受容した小文字に酷似している。W. M. Lindsay, Early Irish Minuscule (Oxford 1910), S. 3 f. (CLA VII. 998) m. dess. Notae latinae, S. 498–500.

るいは扁平なsのように書かれた[18]。stはほとんどの場合，連綴文字を構成しなかった（図14, 15・巻末図版8）。

この書体による紙面の節約の度合いは，著しい短縮文字のシステム[19]によってなおさら高められた。それには「古短縮記号」（後部省略による短縮），すなわちアイルランド人によって合理的に発展させられた省略による短縮記号と，以下の省略記号が含まれていた。すなわち ℏ =autem ; ɔ=con- ; ⁊, ɔɔ=contra ; ꝫ =eius ; ⱨ =enim ; ÷ =est ; ⁊ =et などである。おそらくアイルランド人は何らかの省略記号のリストを知っていて，ɔ はそこから由来しているのではないかと思われる。これはまたティロー式速記記号にもあり，et や h の形態に類似の a（autem から）も同じである。上記の eius, enim, est が速記記号に由来するのかは不確かである[20]。eius はティロー式速記記号から派生したというより，むしろ倒置された e からできた。ⱨ は島嶼装飾大文字体のまるで柵の形のような M との類比からできた可能性がある。ℏ（autem）で弧線が加えられたように，ꝑ =per にもこの弧線が加えられて作られた。

小字径のアイルランド小文字書体による最古の作品は，いくつかの携帯用福音書である[21]。扁平な角張ったタイプの R（r に代えて）は，800年頃のアイルランドのもっぱら地方的な事例であったようである[22]。

半アンシアル書体であろうと小文字書体であろうと，すべての島嶼書体に最も顕著な書体上の特徴は，先端部が三角形をしたアセンダ，i, u, f, p, r の縦線，m や n の最初の縦線，N や R の縦線で繰り返し見られる装飾的要素，そして丸みを帯びた d，半アンシアル書体の g と t の横線の先端に好んで施された三角形の装飾的特徴である。半アンシアル書体の l や b では，短いアセンダはほとんど水平の線で終わるか，内側に湾曲している。文字列は立て込んだ印象を

---

18) 例として CLA II. 270, 275, 277 ; Lindsay, Early Irish Minuscule ; ders., Irish Cursive Script, in : Zs. für celtische Philologie 9 (1913), S. 301-308 m. Taf.
19) Lindsay, Notae Latinae, S. 498-500.
20) Lindsay in Zbl. f. Bw. 29 (1912), S. 58 は，これらもまたアイルランド人の創案と見るべきと強調している。
21) CLA II². 267, 275-277 ; VIII. 1196 ; P. McGurk, The Irish Pocket Gospel Book, in : Sacris Erudiri 8 (1956), S. 249-270.
22) CLA II². 268 ; VIII. 1118 (これについては G. MacNiocaill, in : Scriptorium 15, 1961, S. 228 ff.).

与え，中字高の縦線上端部の先端は，ほとんどみな扁平な三角形を呈している。こうした特徴から，この書体はアイルランド人のもとで，正当にも litterae tunsae すなわち「刈込み書体」の名称で呼ばれることもあった[23]。アセンダの三角形をした先端部は，短い上向きの動きで始まる書き出し線に由来しており，蠟板や「アッシャー・コーデクス I」(Usserianus codex I)において明瞭に見てとれる。こうした資料と同じように，しばしば書き出し線はペンを，1度わずかに字を書く方向と反対に動かした後に元に戻して，書かれた(左方向に，ついで右方向に戻して縦に引くのである)。丸みを帯びた d, g, t では左方向に軽く上向線を引き，ついで斜め下方に引いた後で水平方向に移った。とはいうものの，多くの写本では，垂直や水平の線に，単独の角張った線を後で加えるというより簡便な方法が好まれた[24]。

アイルランド人は習慣として，アンシアル書体とキャピタル書体を使用しなかった。しかし彼らのギリシア語への関心は数世紀にわたって持続し，ギリシア語的な特徴が書写のうちに現れた。すなわち単語や定型表現の転写，ps に代えての ψ の採用，h に代えての有音気息記号 ⊦ の使用，x̄p̄c や iH̄c などの神聖な名前をギリシア語で綴ることの復活などである[25]。

アイルランド人が，おそらく遅くとも 7 世紀までに創造し，すべての島嶼住民に伝えたものは，ひとつの共通の遺産といってよいように思われる。書体の 2 段階システムはそのひとつであり(代替可能な書体をそなえた半アンシアル書体と小文字書体)，三角形をした特徴的な篦型の書き出しスタイル，独特なスタイルの装飾キャピタル書体[26]，写本制作の独自性，ヴェラム(仔牛皮紙)の

---

[23] Bischoff, Ma. Studien 1, S. 2 f. 参照。ヒエロニュムスの『ヨブ記講解序言』のアイルランド人による註解には，半アンシアル書体について「そしてこれらはアフリカ文字であり「刈込み書体」と称されている。われわれもこの表現を使うのを慣わしにしている Sunt et Africanae, quae tunsae appellantur. Quas in usu frequenti habemus」とある。

[24] T. J. Brown, in : Codex Lindisfarnensis(註 53), S. 68 f. m. Taf. 15a において，しばしば確定が困難な実態が議論されている。

[25] Lindsay, Early Irish Minuscule(註 17), S. 4, 23, 29 f. ; Bischoff, Ma. Studien 2, S. 256.

[26] この大型化された文字は文頭文字とともに，キャピタル書体，アンシアル書体，半アンシアル書体から作られた。多くの場合その字体は狭く，角張っている。だがそれらは場合によってはより大きく変化しうる。たとえば g(Zimmermann, Taf. 179, 181)，l(ebd., 246, 255；CLA II. 277)，V(Zimmermann, 218, 221, 246)，O(並行に置かれた括弧のなかの菱形。Zimmermann, 217 f., 223, 258)，そしてとりわけ，3 本の垂線と 1 本ないし 2 本の交差線から作られた

使用[27]）、黒インクの使用、独特の紙面レイアウト法、短縮文字の基本型の保持、ページの終わりに近づくにつれて質の低い書体に移行する傾向、文章の始まりで大振りに書かれた文字が急速に小さな文字に変化する現象、文頭文字グループが三角形の構図として構成されること、文頭装飾大文字が赤点で囲繞されること、などである。また島嶼システムに共通するのは、s と ss とが頻繁に代置されることである。常にそうとは限らないが、以下の正書法上の特徴もアイルランド人に特徴的である。すなわち誤った気息音の用法（ことに h に代えての ch）、iis の -ís による代替、i あるいは e の y による代替、アイルランド人に固有の -ens の -iens による代替などである。アイルランド人には限らないが、綴字のまとまりを無頓着に分断する（たとえば diceba-nt や M-artha）のも特徴である。

　成熟し丸みを帯びた島嶼半アンシアル書体は、700 年頃にアングロ・サクソン人の「リンディスファーンの書」や、これと類縁関係にある豪華写本で用いられ、成功の度合いは異なるものの、アイルランドでは時として小文字書体と組み合わされて、典礼や聖書写本でも用いられた[28]。おおよそ 8 世紀後半——アイルランドの装飾レパートリーが新たな可能性を切り開いた頃——に、アイルランドの書字芸術、挿画芸術の紛れもない絶大な技量が「ケルズの書」として出現した。これはかなり時代が下るものの、アングロ・サクソン人の写本挿画の最も偉大な達成に比肩することができ、それ自体がリンディスファーンの伝統がつたえるノーサンブリアの影響を受けている[29]。ここには写本装飾と非

　　門のような形状の M（Zimmermann, 179 etc., 223 etc.）。P についてはギリシア文字 π で代替され得た（ebd., 201, 218, 221, 259. それどころか π は X$\overline{\pi}$I のように Rho さえ代替している。ebd., 219 u. 254c）。
27)　厚手のヴェラムに書かれた、製本時に裁ち揃えをしていない「バーゼル・コーデクス」F III 15 d（CLA VII. 847, 8 世紀）において、上部の外側角は丸みをおび、下部は丸みをおびるか、舌状に切られている（CLA の図版参照）。
28)　たとえばトリノの福音書パリンプセスト（CLA IV. 466. 加えて新たに発見された断片として CLA Addenda, S. 359 参照）とコルマール（VI. 757, 文頭装飾文字）、ミュンヘン（S. 1797, 現在では Clm 29300/2）およびザンクト・ガレン（VII. 980, 988, 991）の断片参照。J. Duft / P. Meyer, Die irischen Miniaturen der Stiftsbibliothek St. Gallen（Olten 1953）参照。
29)　CLA II². 274. ファクシミリ版は E. H. Alton / P. Meyer, Evangeliorum quattuor codex Cennanensis, 3 Bde.（Bern 1951）. T. J. Brown, Northumbria and the Book of Kells, in : Anglo-Saxon England 1 (1972), S. 219–246.

常に緊密に一体化した，丸みを帯びた半アンシアル書体が壮麗な姿で書写され，行末が自在な変容を見せることが稀ではない[30]。装飾ページ(カーペット・ページ)にはアイルランド装飾キャピタル書体が登場している。

アイルランドでは，最初は半アンシアル書体と小文字書体が並行して使用された。前者は主に福音書と詩篇の写本を作るために用いられた[31]。また比較的古い「賛美歌の書 Liber Hymnorum」ではラテン語の賛美歌のために使われたが[32]，ルアンの「二重詩篇」(10世紀)では，小文字書体に近い書体と対照して使用されている。12世紀からは，極端に角張った小文字書体だけが使われ続けた[33]。

アイルランド書体にはポスト・カロリング朝期に，さらにいくつかの新機軸が導入された。そのひとつは for の短縮形の f̄ である。またいくつかのラテン語短縮形が，アイルランド語の文脈でゲール語の同義語を表現するために持ち込まれた。そうした例として ꝛ を ocus[ラテン語の et]として用い，またとくに注目されるのは十字の印を伴った q(ラテン語の quia)を前置詞 ar(「〜のために」「〜の理由で」)として，また ar の組み合わせの文字ペアがあれば文章のどこでも代置したことである[34]。

この角張った小文字書体は，一部がゴシック書体でも記された[35]ゲール語を書くために，近代にいたるまで使用され続けた[36]。それはまた，ゲール語を印刷するために用いる印刷活字のモデルとなった。

アイルランド人は6世紀以来，アイオナ島(スコットランド西海岸沖のハイ Hy)の修道院から出発してピクト人への宣教活動を行い，そして7世紀前半か

---

30) Ev. cod. Cennanensis, Einleitung, Taf. 5.
31) CLA II², 231, 272 ; Zimmermann, Taf. 210, 212.
32) L. Bieler, The Irish Book of Hymns, in : Scriptorium 2(1948), S. 177 ff. u. Taf. 24.
33) 1138年にアーマーでメールブライトにより筆写された福音書参照。Steffens², Taf. 83a ; Zimmermann, Taf. 216b.
34) Bieler(註1), S. 187.
35) 非常に教えられることが多いのは，1100年頃から1321年までの『イニスファレン年代記』の，連綿と続く39の手である(ファクシミリ版 R. I. Best / E. Mac-Neill, Dublin 1933). 13世紀にゴシック草書体で書写した写字生でさえ，ar の記号を用いている。
36) それらの段階を L. Bieler in Scriptorium 3(1949), S. 283 ff. は「形成期」(11-12世紀)，「規格化」(13-16世紀)，「化石化」(17世紀以降)と名付けている。

らは北部のアングロ・サクソン人への布教を実施した。多くの者が故郷を棄てることに神への敬虔な奉仕を見いだし、また他の者たちは教師として大陸の地を踏み、何よりもまず自分たちが持ち込んだ書体により、中世の教育者となった。聖コルンバヌス(615 年歿)はブルゴーニュ地方ではリュクスーユに、ランゴバルド王国ではピアチェンツァ近くのボッビオにそれぞれ修道院を創建し、彼の弟子であったガッルスは自らの草庵を後にザンクト・ガレン修道院として拡張し、フルセウス(649 年頃歿)の記憶は、ピカルディー地方の「アイルランド人のペロンヌ Perrona Scottorum」で生き続けた。他の者たちは聖人となった同国人の墓地を訪ね歩き、時としてその地に永住した。ボッビオでは、アイルランド人は創建直後の世代はまだ少数の集団でしかなかった。7 世紀と 8 世紀にアイルランド書体で写本が筆写されたが、多くが書体への意識を衰弱させていたように見える[37]。北イタリア書体で筆写されたいくつかのボッビオ写本は、それでも短縮形の面でアイルランドのそれに近い要素を知覚させてくれる[38]。

アイルランド知識人のカロリング朝文化への関与は、ドゥンガル、セドゥリウス・スコットゥス、ヨハンネス・スコットゥス、ランのマルティヌスらの筆跡が証明している。もっともランのマルティヌスは、カロリング朝の教師としては、凡庸なカロリング小文字書体を使用しただけであった[39]。10 世紀や 11 世紀になっても、アイルランド人の大陸渡航は完全にやむことはなかった。それというのも、新来者たちの大部分はその書体を環境に適応させていったので、アイルランド人の手によるとはまだ確実視はできない多くの写本が存在しているからである。とはいえ、たとえば Verdun 51 の写本や、レーゲンスブルクのスコットランド人修道院(1076 年)の創建者マリアヌスは、もっぱらアイルランド人の証しとして故郷の書体を用いており、そのアイルランド的基層は見紛い

---

37) CLA III. 350, 361 ; IV. 441, 444 を見よ。P. Collura, La precarolina e la carolina a Bobbio(Mailand 1943 ; 複製版 Florenz 1965), S. 87 ff. ; A. R. Natale, Arte e imitazione della scrittura insulare in codici Bobbiensi(Mailand 1950). 強調のためのアイルランド・スタイルが CLA III. 365 で模倣されている。

38) CLA III. 353, 388, 403 ; IV. 439.

39) Bischoff, Ma. Studien 3, S. 39-54. J. J. Contreni, Codex Laudunensis 468 (Armarium codicum insignium 3, Turnhout 1984), S. 19 f. ; Paläographie 1981, Taf. 6(Laon 444, fol. 299^v, ラン以外からでは Laon 468)参照。アイルランドの書写慣習の普及におけるザンクト・ガレン修道院の役割については、本書 163, 291 頁参照。

ようがない[40]。

　ウェールズやコーンウォールなどのケルト世界の書体は，明らかにアイルランドの影響のもとにあり，10世紀まで島嶼書体で書写しており，その書写実践とブルターニュのカロリング朝以前の書写活動とは深く結びついていた。末期ローマの書体については，ブリテン島に住むケルト人が大挙して西方に向かい，海を越えてブルターニュ半島に移住した5世紀に使用したと想定されているが，その痕跡は全く残っていない。むしろ関連づけられる最も古い証拠は，625年頃のグウィネッズの王カタマヌスの墓碑である[41]。そこにはaとmの字体がしめす半アンシアル書体との，書体の混交が見られ，これはアイルランド・ノーサンブリア型の装飾大文字に繰り返し見られる現象である。大型福音書の形式で筆写された「聖チャドの福音書」[42]と，不規則な半アンシアル書体で写された「ヘレフォード大聖堂の福音書」[43]の起源は，おそらくともにウェールズであり，8世紀に制作された。9世紀と10世紀のウェールズやコーンウォールの書写室で制作された現存する写本——そのなかにはウェールズ語やコーンウォール語のテクストや註釈が見られる——から判断して，ケルト・ブリトン人は当時，アイルランドのそれに類似した半アンシアル書体と，角張った小文字書体と丸みを帯びた小文字書体を使用していた[44]。後者のタイプは11世紀後半にもセント・デヴィッズ大聖堂の書写室で実践されていた。

　5世紀と6世紀にブルターニュ地方を占領したケルト人は，海を越えてのゲルマン人による征服の圧迫を逃れて到来した，ブリテン島のケルト住民の一部であった。9世紀にブルターニュの書写室が完全にカロリング小文字書体に移行する前に，その書体の島嶼的基盤は，島嶼スタイルの半アンシアル書体と角張った小文字書体を用いた8世紀と9世紀の何点かの写本に，記録されてい

---

40) Chroust I, 10, 1 参照。隠修士マリアヌス・スコトゥスによる世界年代記のオリジナルにおけるアイルランド書体については，Ehrle / Liebaert, Taf. 23. さらに P. Lehmann in MSB 1929, H. 1, S. 13 f.

41) V. E. Nash-Williams, The Early Christian Monuments of Wales (Cardiff 1950), S. 55 u. 57, Abb. 21 u. Taf. VII 参照。

42) CLA II². 159. 装飾キャピタル書体を伴っている。

43) CLA II². 157.

44) W. M. Lindsay, Early Welsh Script (St. Andrews University Publications 10, Oxford 1912). S. 40 に若干の「ウェールズ的兆候」が示されている。

る[45]。またブルターニュの基層は，おそらくフルーリ修道院写本（とくに Bern 207)[46]における大陸とケルトの混成書体の形成に寄与した。

2. アングロ・サクソン書体

イングランド書体の発展[47]においては，北部のアングロ・サクソン人をキリスト教に改宗させたアイルランド人宣教師たちによって，方向づけが与えられた。この宣教師のなかに，634 年にノーサンブリア海岸の沖に浮かぶ小島にリンディスファーン修道院を創建したエイダンがいた。664 年のウィトビー教会会議の後にアイルランド人が撤退するまでの，まるまる 1 世代にわたって，北イングランドはアイルランド教会の刻印を押されていた。そしてこの時代にアングロ・サクソン人もまた，半アンシアル書体と小文字書体という 2 つの形態のもとに，独自な仕方で発展することになった共通の島嶼書体の遺産を獲得した。彼らはまたアイルランド流のやり方で写本を準備し，装飾を施すのにも慣れ親しんだ[48]。アングロ・サクソン人は半アンシアル書体を，初期アイルランド・アンシアル書体の角張った特徴が消え去った状態で[49]，そしてすでに十分丸みを帯び，完全に安定した 4 文字をともなった二重の書体として，受容した（アンシアル書体では d, R, S，小文字では -n）。小文字書体には 2 つの形態があ

---

[45] 半アンシアル書体については，装飾キャピタル書体を伴った「サン・ガティアンの福音書」(CLA V. 684, 8 世紀)とセドゥリウス(Orléans 302, 9 世紀)，小文字書体については，ライデンのラテン語・ブルトン語併用テクスト(9 世紀，図版は L. Fleuriot, Dictionnaire des gloses en Vieux Breton, Paris 1964, Taf. 2)参照。10 世紀まで，ケルト的な短縮文字システムは顕著なグループを構成していた。W. M. Lindsay, Breton Scriptoria : Their Latin Abbreviation-Symbols, in : Zbl. f. Bw. 29(1912), S. 264–272 参照。イングランドとの結びつきは双方向的な痕跡を残しているように思われる。遅くとも 10 世紀半ばまで，ブルトン人が筆写したエウテュケス Eutyches(Oxford, Bodl. Auct. F.3.32, f. 1–9)はグラストンベリにあった(R. W. Hunt, Saint Dunstan's Classbook from Gl., Amsterdam 1961, S. Vf.)。『ルドン年代記』(919 年頃)には島嶼的な g の他に，w 音を有するルーン文字や，線が交叉し弧線状のソーン記号 d が使われている(B. Bischoff, Anecdota novissima, Stuttgart 1984, S. 104)。
[46] CLA V. 568 また IX. 1380 も参照。
[47] 註 1 の文献参照。さらには T. J. Brown, Late Antique and Early Anglo-Saxon Books, in : Manuscripts at Oxford : R. W. Hunt memorial exhibition(Oxford 1980), S. 9–14.
[48] 本書 116 頁参照。
[49] 唯一「ダロウの書」においてのみ，こうした特徴をまだ幾分か認めることができる。CLA II². 273. ファクシミリ版は A. A. Luce / G. O. Simms / P. Meyer / L. Bieler, Evangeliorum quattuor codex Durmachanus, 2 Bde.(Olten / Lausanne 1960)。

り，ひとつは鈍重で基線の下に突き出る s を持つ。もうひとつは縦線が基線の上にとどまるか，あるいは基線の下まで突き出る（f，語末の m, p, q, r, s の最後の縦線のように，鋭い点で終わる）。さらにアングロ・サクソン人は，ほどほどの数の短縮文字を採用し，これにわずかに修正を加えて使用した[50]。新しい短縮文字のなかで最も重要であったのは，十字架状の水平の線を引いた t で，-tur を表す。アングロ・サクソン語の書字のために，ルーン文字の ᚹ（ウィン，古英語 w に代えて）と ᚦ（ソーン）がアルファベットに加えられた。後者は丸みを帯びた d の上部に斜めの線が入った文字に対応し，有声または無声の摩擦音を表現する。

　写本制作の伝統の劈頭に，アングロ・サクソン人の写本挿画の最も重要な作品となる 4 つの福音書写本がある。それらの装飾が体現するアイルランド・ノーサンブリア様式のなかには，アイルランド人が与えた刺激とアングロ・サクソン人の美術経験とが融合している。最古のノーサンブリア聖福音集（670 年頃）[51]である「ダロウの書」は，依然としてやや角張った半アンシアル書体で筆写され，116 葉表に書かれている「解説 interpretationes」は，部分的に小文字に近い書体で筆写されている[52]。700 年頃に制作された残る 3 点の作品すなわち，その制作地の名前を取って「リンディスファーンの書」[53] と呼ばれる作品，断片になった「ダラム・コーデクス A. II. 17」(f. 2-102)[54]，そしてパリにある「エヒテルナハ・コーデクス」[55]のうち，最初の 2 作品は荘重な半アンシアル書体で筆写され，これに対して「エヒテルナハ」は，明らかに「ダラム A. II. 17」と同じ手で書かれ，同じ書体で始まっているが，大部分が非常に鈍重

---

50) 本書 115 頁を見よ。Lindsay, Notae Latinae, S. 498–500.
51) 註 49 を見よ。
52) このページの図版もまた CLA II^2. 273.
53) CLA II^2. 187. ファクシミリ版は T. D. Kendrick, T. J. Brown u. a., Evangeliorum quattuor codex Lindisfarnensis, 2 Bde.（Olten / Lausanne 1960）.
54) CLA II^2. 149；Chr. D. Verey u. a., The Durham Gospels, together with Fragments of a Gospel Book in Uncial, Durham Cathedral Library Ms. A. II. 17（Early English Manuscripts in Facs. 20, Kopenhagen 1980）. T. J. Brown, in：Evang. qu. cod. Lindisfarn.（前註を見よ），S. 89 ff. 参照。
55) CLA V. 578. T. J. Brown, ebd. を見よ。

な小文字書体で筆写されている[56]。エヒテルナハ写本の奥書に見え[57]，またほぼ同時代のケルンの教会法写本213[58]の何ページかに見える最終行の尖った小文字書体は，これら3書体が完全に発展した形で同時に存在したことを示している[59]。アングロ・サクソン書体の8世紀における進化は，根本的にはこれら3つの水準(半アンシアル書体，鈍重な小文字書体，草書体に近い角張った小文字書体)[60]で展開する。その際多様な混交(a, d, n, r, s, tの諸形態)によって無数の過渡的な書体が生まれ，そのつど様々な書法が全体的な印象を決定している(巻末図版7)。半アンシアル書体の特殊イングランド的ヴァリアントは，より狭い，時としてほとんど半分の字幅しかない[61]。ノーサンブリア小文字書体は，たとえば737年と746年の間に作られたベーダの『イングランド教会史』の写本が体現している[62]。

アングロ・サクソン書体は北から，そしておそらく南西イングランドからも，ローマから派遣された宣教師たちによってイングランドに根づかせられ，ノーサンブリアにおいても，ウィアマス゠ジャロウの男女複合修道院を重要な拠点としていたアンシアル書体を，8世紀のうちに駆逐した[63]。イングランド南部の諸王国で，証書用の書体としても用いられた証拠が数多く残されている[64]。半アンシアル書体と小文字書体は，このとき新しいスタイルを受容した。一般に次のように言うことができるであろう。すなわち(ケント王国やマーシア王国のような)南部の諸王国の書体は，勢いが弱く，概して8世紀のうちに衰退し，それに代わってしばしば奇妙で作為的な傾向が出現すると。

---

56) 半アンシアル書体のそれ以外の聖福音集の断片は CLA II^2 u. IX. 1335. 他のノーサンブリア・グループの一覧は Brown, ebd., S. 90 ff.
57) Evang. qu. cod. Lindisfarn., Taf. 12 u. 14 参照。
58) CLA VIII. 1163 の図版を見よ。
59) 上に挙げたイングランド写本およびその他の写本には，アイルランド的な装飾キャピタル書体が現れている(註26参照)。Brown, ebd., S. 75 ff. 参照。
60) とりわけ草書体は CLA II^2. 184; Kirchner, Script. Lat. libr.^{2}, Taf. 20. 南西イングランド・グループについては本書図15参照。
61) CLA II^2. 138. さらに同194bと他の「扁平な大文字書体」。
62) CLA II^2. 139 あるいは XI. 1621. 両方とも完全に復刻されている。Early English Mss. 2 (Kopenhagen 1952) u. 9 (1959).
63) 本書94頁以下を見よ。
64) ChLA III u. IV.

南西イングランドから，草書体的特徴を具えた非常に躍動的な小文字書体が現れ，とくに扁平な s のような形態の e（図 15）[65]は，ボニファティウスの周辺でも見てとれる。8 世紀のアングロ・サクソン書体の発展史は，アングロ・サクソン人が大陸に建設した修道院で筆写した成果によって，完結することになるであろう[66]。

アングロ・サクソン人の半アンシアル書体は，10 世紀以降も使われ続けたにもかかわらず，イングランドでは 8 世紀以降は例外的にしかその成果が証明されない[67]。小文字書体はまた写本の筆写と証書作成にも使用された。そしてこの書体が経験したスタイルの洗練により[68]，非常に重々しい直立の角張った書体（「スクエア小文字書体」）が生まれ，この書体は 11 世紀にいたるまで多くの書写室で練り上げられた[69]。しかしながら 10 世紀以降，フランスからカロリング小文字書体が浸透してくると，書字体系は二重の相貌を呈することになる。すなわちラテン語は島嶼的な筆致の普通の小文字書体で書き，たとえば証書のなかの名辞などをアングロ・サクソン語で書く時は，即座に民族書体に移るのである[70]。その反映は，オットー朝期とザリエル朝期にイングランドで書かれた写本である「ケンブリッジ詩歌集」の古高ドイツ語部分に見てとれる[71]。ア

---

65) 本書 114 頁以下を見よ。W. M. Lindsay, Early Irish Minuscule, S. 10 f. ボニファティウスの写本は CLA VIII. 1196 u. S 1806. おそらくこの書体はアイルランドとの結びつきを説明しているであろう。

66) 本書 125 頁以下参照。

67) 「ダラム教会祈念禱名簿」(840 年頃). ファクシミリ版は Surtees Society 1923 ; Pal. Soc. I, Taf. 238 ; T. J. Brown, The Durham Ritual (Early English Mss. in Facsimile 16, Kopenhagen 1969) (10 世紀前半)。

68) F. Wormald, The Insular Script in Late Tenth Century English Latin Manuscripts, in : Atti del X Congresso Internazionale di Scienze Storiche (Rom 1955), S. 160–164.

69) たとえば Pal. Soc. I, Taf. 71, 72, 188, 189 ; New Pal. Soc. I, Taf. 164 ; Steffens², Taf. 71a. ; T. A. M. Bishop, English Caroline Minuscule (Oxford 1971), Taf. 3, Abb. 5. 書体については Bishop, in : Transactions of the Cambridge Bibliographical Society 4, 3 (1966), S. 246 f. 参照。

70) 10 世紀後半と 11 世紀にラテン語とアングロ・サクソン語の書字が，そのつど同じ手で書かれたことは Ker, Katal. of Mss., Taf. 2–4 (S. XXV ff. 参照)。また Bishop, English Caroline Minuscule, Taf. 20 u. 24. 名辞については W. Keller, Angelsächsische Paläographie (Berlin 1906), Taf. 10 ; Bishop, ebd., Taf. 15.

71) ファクシミリ版は K. Breul, The Cambridge Songs (Cambridge 1915) ; K. Strecker, Die Cambridger Lieder (Berlin 1926) m. Abb.

ングロ・サクソン書体は 12 世紀中葉を越えて使用された[72]。英語を表記するうえで共通小文字書体を使用するのが習慣になった時代でも，アングロ・サクソン語の付加文字 ð は 12 世紀まで生き続け，ルーン文字の ƿ や þ は 14 世紀や 15 世紀までそれぞれ保持された[73]。アングロ・サクソン文字の ȝ から，いまや様々な摩擦音(ヨッホ yogh)を表記するための新しい ȝ 型の文字が発展し，他方カロリング・ゴシック書体の g が閉鎖音を表記するために成立した[74]。

　古英語の書体史の資料は，ドイツでの写本伝来によって著しく豊かにされる。8 世紀イングランドにおけるアングロ・サクソン書体内部における書体面での大きな多様性は，アングロ・サクソン人がドイツに創建した諸修道院でも，またその影響圏でも認めることができる。698 年にノーサンブリア人ウィリブロードによって建設されたエヒテルナハ修道院では，8 世紀を通じて，島嶼的書字芸術をドイツの国土で生き続けさせた。この世紀の中頃まで，この修道院では半アンシアル書体を，ついで小文字書体を使用した[75]。創建者ウィリブロードは，第 2 の故郷がアイルランドであったエグベルト周辺のアングロ・サクソン人修道士グループに属していたところから，この修道院の創建期にはおそらくアイルランド人修道士が混じっていたと考えられる[76]。ノーサンブリア書体の特徴が消え去るのは，エヒテルナハで最も後に制作されたアングロ・サクソン写本においてである[77]。

---

[72] 「パーカー年代記」は，およそ 900 年から 1070 年までの一連のアングロ・サクソンの手の系譜を示している。ファクシミリ版は R. Flower / H. Smith, The Parker Chronicle and Laws (London 1941).

[73] これら 3 文字は，イングランドの圧倒的な影響下に形成されたノルウェーやアイスランドの古い書体にも入り込んだ。H. Spehr, Der Ursprung der isländischen Schrift und ihre Weiterbildung bis zur Mitte des XIII. Jahrhunderts (Halle / S. 1929)；D. A. Seip, Palaeografi B, Norge og Island (Nordisk Kultur 28, Stockholm / Oslo / Kopenhagen 1954). Hr. Benediktsson, Early Icelandic Script as illustrated in vernacular texts from the twelfth and thirteenth centuries (Reykjavik 1965), S. 18–54 参照。

[74] この文字についての情報に関して，Helmut Gneuss に感謝する。

[75] 半アンシアル体については T. J. Brown, in：Evang. qu. cod. Lindisfarn. (註 53), S. 90 f. 小文字体に関しては CLA V. 584 (=Paris, B. N. F., Lat. 9526), 588, 605, 606b 参照。

[76] D. Ó. Cróinín, Rath Melsigi, Willibrod and the Earliest Echternach Manuscripts, in：Peritia 3 (1984), S. 17–42, 3 Taf. 参照。

[77] Paris, B. N. F., Lat. 9525：Zimmermann, Vorkarol. Min., Taf. 262, u. Lat. 9565. 双方ともに 9 世紀初頭の制作。

アングロ・サクソン人の影響と，アングロ・サクソン書体のほとんど緊密な圏域を，ドイツでボニファティウスと彼の弟子たち，彼らにつき従った修道士や尼僧の活動が基礎づけた。その地域はマイン・フランケンからヘッセンを経てヴェストファーレンに及んでいる。ボニファティウスとルルが南イングランド出身者であったように，これらの地域に根づいた書字システムは，南イングランドの刻印を帯びていた。事実，744年に創建されたフルダ修道院からも，様々な地域で作られた数多くのイングランド写本や[78]，古くからイングランドにもたらされていた非常に古いイタリア写本などが出ている。その中にはタティアノスの総合福音書を含むカープア司教ウィクトリウスの写本が見えるが，そのアングロ・サクソン小文字草書体で書かれた註釈の一部はボニファティウス自身の手になるものであったかもしれない[79]。そしてボニファティウスの文法論の現存最古の写本は[80]，すでにフルダで筆写されていた可能性がある。

写本伝来状況がより詳しく概観されていて，そのアングロ・サクソン書体がフルダと同じ源泉に発するヴュルツブルクの圏域では，おそらくドイツ人の弟子たちが，いかに創建者たちの書体を真似て不器用な半アンシアル書体や小文字書体を筆写したか，また9世紀初めに島嶼書体で訓練された写字生の最後の世代が，その拙ない書体を整えたかを教えてくれる[81]。ここでは女性も筆写作業を実践した。

8世紀末と，8世紀と9世紀の転換期にヘルスフェルト[82]，フリッツラー[83]，アモルバッハ[84]，マインツ[85]そしてヴェルデン[86]などから伝来しているアング

---

78) 図版は G. Baesecke, Der Vocabularius Sti. Galli in der angelsächsischen Mission (Halle 1933), Taf. 13–15 ; CLA VII. 844 u. 848 ; VIII. 1134, 1138, 1140, 1143.
79) CLA VIII. 1196 ; Steffens², Taf. 21a ; H. Köllner, Die illuminierten Hss. der Hessischen Landesbibliothek Fulda, 1, Bildband (Stuttgart 1976), Abb. 3. これについては M. B. Parkes, The Handwriting of St. Boniface : a reassessment of the problems, in : Beiträge zur Geschichte der deutschen Sprache und Literatur 98 (Tübingen 1976), S. 161–179 m. Abb. 参照。
80) CLA S 1803.
81) B. Bischoff / J. Hofmann, Libri Sancti Kyliani (Würzburg 1952), S. 6 ff.
82) CLA VIII. 1225 f.
83) CLA VIII. 1133.
84) Arndt / Tangl⁴, Taf. 41.
85) W. M. Lindsay, in : Palaeographia Latina 4 (1925), Taf. 4 ; CLA IX. 1400.
86) Chroust II, 22, Taf. 6–8 (大陸風の草書体と組み合された 8b)。R. Drögereit, Werden und der

ロ・サクソン書体は，すべてこの伝道圏域が南イングランドのものであることを示している。またレーゲンスブルク[87]，フライジング[88]，ザルツブルク[89]，ロルシュ[90]，ザンクト・ガレン[91]の諸修道院では，8世紀末または9世紀初めにアングロ・サクソン的様相を完全には呈していなかったこれらの書写室で，アングロ・サクソン人に訓練を受けた写字生が活動していた。イングランドからの新来者が途絶えた時代の，ヘッセンやマイン地方でのアングロ・サクソン書体の最終段階は，比較的明瞭に見てとれる。800年直前または800年頃に，書体は多くが直立し，しばしば生気を欠いた長いディセンダが特徴となる[92]。ともにフルダから出た「ザクセンの洗礼誓願」と，「バーゼルの処方箋」はこの書体で書写されている[93]。およそ820年以降，フルダ修道院はドイツにおけるアングロ・サクソン書体の唯一の拠点となった。半アンシアル書体による最後の作品として，「フランクフルトの詩篇」[94]，ラバヌスの『マタイによる福音書註解』の巨大な写本(822年頃)[95]，「フランケン方言による洗礼誓願」の何行かなどが残されている[96]。小文字書体は最終的に，しばしば釘の形に似た硬直し

Heliand (Essen 1951), Taf. 1–10, 16a.b ; ヴェルデンからはおそらく Köln, Dombibl. 106 も。Arndt / Tangl⁴, Taf. 39/40 および L. W. Jones, The Script of Cologne from Hildebald to Hermann (Cambridge Mass. 1932), Taf. 40–42 (M. Coens, Recueil d'études bollandiennes, Brüssel 1963, S. 139 ff. 参照)。

87) CLA IX. 1289a, 1307. Bischoff, Kalligraphie, Nr. 1.
88) CLA IX. 1253, 1263, 1283. Bischoff, ebd., Nr. 6.
89) CLA X. 1500.
90) CLA I. 79 ; S. 1749. 多くのコーデクスで冒頭の数行はアングロ・サクソン風の半アンシアル書体で筆写されている。B. Bischoff, Lorsch im Spiegel seiner Handschriften (München 1974), S. 25 u. Taf. 6 参照。
91) CLA VII. 910.
92) たとえば CLA I. 90, 97 ; II. 146 ; Chroust II, 22, Taf. 6 (半アンシアル書体も含む) u. 7. これに続き Herrad Spilling, Angelsächsische Schrift in Fulda, in : A. Brall (Hrsg.), Von der Klosterbibliothek zur Landesbibliothek (Stuttgart 1978), S. 47–98.
93) 洗礼誓願については J. H. Gallée, Altsächsische Sprachdenkmäler (Leiden 1895), Taf. 11 ; Koennecke, Bilderatlas, S. 8. 処方箋については Enneccerus, Die ältesten deutschen Sprachdenkmäler (Frankfurt/M. 1897), Taf. 17.
94) G. Swarzenski / Rosy Schilling, Die illuminierten Handschriften und Einzelminiaturen des Mittelalters und der Renaissance in Frankfurter Besitz (Frankfurt/M. 1929), Taf. 2.
95) ハン・ミュンデン市文書館 (ニーダーザクセン) にある断片。その知見にかんして Ludwig Denecke に感謝する。
96) Fischer, Schrifttafeln, Taf. 8.

た姿をとった[97]。フルダ修道院の謄本記録集では、828 年頃に書体がカロリング小文字書体に変化している[98]。「ゲッリウス写本」(838 年)とラバヌスの『エゼキエル書註解』(842 年頃)からなる Cod. Weissenb. 84 と 92 には、依然としてアングロ・サクソン人の写字生が関与している[99]。自身がやや弛緩したアングロ・サクソン書体の書き手であったラバヌスの後の時代(856 年歿)に[100]、この書体はフルダでもほどなく死滅した。しかし、アングロ・サクソンの写本制作の伝統とその規律化された書字技術は、10 世紀ドイツにも、10 世紀と 11 世紀のイングランドでも、それに取って代わったカロリング小文字書体に顕著な影響を残している[101]。

　一部はアングロ・サクソン人宣教師たちによるドイツ語の初発の記録によって、また一部はアングロ・サクソン文字の意識的な借用によって、アングロ・サクソン語の発音表記がドイツ語の書字システムに入り込み、いくつかの作品で使用された。『ヒルデブラントの歌』[102]の w に代えての ꝑ の使用(フルダ写本)、サリカ法典[103]とライプツィヒ註解書[104]における w に代えての ƿ (マインツ写本)、最後にサリカ法典と、コットン(ロンドン)、ヴァチカン、シュトラウビング、そして以前プラハにあり現在はベルリンに所在する『ヘリアンド』の đ の使用などである[105]。コットン、ヴァチカン、シュトラウビングの『ヘリア

---

97) たとえば Chroust I, 5, Taf. 6 ; Steffens², Taf. 54b.
98) Steffens², Taf. 54a ; E. Heydenreich, Das älteste Fuldaer Cartular (Leipzig 1899), Taf. 2.
99) G. I. Lieftinck, Le Ms. d'Aulu-Gelle à Leeuwarden exécuté à Fulda en 836, in : Bullett. dell'Arch. Pal. Ital., N. S. 1 (1955), S. 11–17 m. Taf. 1–4. H. Butzmann, Der Ezechiel-Kommentar des Hrabanus Maurus und seine älteste Handschrift, in : Bibliothek und Wissenschaft 1 (1964), S. 1–22 u. Taf. 1. 9 世紀の中頃以降にも、アングロ・サクソン書体の訓練を受けた写字生が Basel F III 15e, fol. 7ᵛ の数行に関して書写活動を行っている。
100) 図版は Butzmann (前註を見よ), S. 20 f. u. Taf. 9/10 (x 印の訂正)。ヴァチカン写本『聖十字架を讃えて De laudibus sanctae crucis』(Ms. Reg. Lat. 124)へのラバヌスの自筆書き込みがある。彼の手はまた「ミサ用交唱聖歌集 Antiphonarius missae」の失われた断片(かつてカッセル Kassel にあった)にも関与していた (Kl. Gamber, Codices Liturgici Latini Antiquiores, Nr. 1323)。
101) 本書 160 頁を見よ。
102) Enneccerus (註 93), Taf. 1–4 ; Fischer, Schrifttafeln, Taf. 12 f.
103) Koennecke, Bilderatlas, S. 9 ; Karl der Große, Werk und Wirkung (Ausstellungskatal. Aachen 1965), Taf. 34.
104) Arndt / Tangl⁴, Taf. 49.
105) Burkhard Taeger, Der Heliand, Ausgewählte Abbildungen zur Überlieferung (Litterae 103, Göppingen 1985)は、すべての写本の豊富な見本を提供してくれる。R. Priebsch, The Heliand Ms.

ンド』では，d は b に横線を引いて作られた。アングロ・サクソン語の資料から，enti に代えて ꝥ (ラテン語の et, アングロ・サクソン語の ond) を使用することや，「ヴェッソブルンの祈禱書」(アウクスブルク司教座，おそらくはシュタッフェルゼー修道院から出た)[106]におけるルーン文字の横線を引いた X を ga に代えて書写するやり方などが，由来した。この最後の方法はロンドンの B. L., Arundel 393[107]に分類されている註解書でも採用されている。最後に指摘したいのは，古高ドイツ語アクセント・システム形成の最初の試みは，長母音を鋭アクセントで示す島嶼地方の慣習に起源を発しているということである[108]。

Cotton Caligula A. VII in the British Museum (Oxford 1925) ; Gallée (註 93), Taf. 1b, 1c, 10b, 17a.
106) Enneccerus, Taf. 9/10 ; Petzet / Glauning, Taf. 1 ; Fischer, Schrifttafeln, Taf. 14 ; Vollfaks. der Handschrift von C. v. Kraus (München 1922) ; Ute Schwab, Die Sternrune im Wessobrunner Gebet (Amsterdam 1974), Abb. 4.
107) Schwab (前註を見よ), Abb. 6, 7A, 7B.
108) レーゲンスブルク地方に由来する「アブロガンス」の Pa 写本の書字のなかに既に見られる。Baesecke, Lichtdr., Taf. 1–20. この写本については B. Bischoff, in : Frühmittelalterliche Studien 5 (1971), S. 120 f. 参照。

3. 西ゴート（モサラベ）書体とシナイ書体

アリウス派の西ゴート人たちが589年にカトリックに改宗したことで，宗教上の争いから解放されていた7世紀のスペイン[1]では，依然として文学の領域では後期教父学の特徴を帯びたローマとゲルマンの要素を基礎にした文化が存続していた。アンシアル書体と半アンシアル書体とならんで[2]，いまだこの地域ではキャピタル書体が使用されていた[3]。中世初期の新ローマ草書体が，6世紀と7世紀のスレート板に書かれた多くの証書[4]や，鞣皮紙に記された国王文書のいくつかの断片[5]に姿をとどめている。711年から続いたアラブ人による征服によって，スペインの国土は，相互に意思疎通はできたものの，2つの地帯に分裂したまま文化的な発展をとげた。アラブ人の統治のもとで生活していたキリスト教徒は，「モサラベ」と称され，彼らの使用した西ゴート書体もまたモサラベ書体と呼ばれる。

新規の西ゴート小文字書体が8世紀の初頭から出現し，スペインの写本においてカタルーニャ地方をのぞいて，12世紀の初めまでこの地の典型的な書体として存続し，13世紀にもいたるところで使用された[6]。これは以前に使われ

---

1) 以下については次を参照。Z. García Villada, Paleografía española (Madrid 1923); A. Millares Carlo, Tratado de paleografía española³ 1–3 (Madrid 1983)（西ゴート書体の一覧は Bd.1, S. 323–342）; A. C. Floriano Cumbreño, Paleografía y diplomática españolas (Oviedo 1946); Cencetti, Lineamenti, S. 134–158; ders., Compendio, S. 60–63; John, Lat. Pal., S. 16 f. 図版は P. Ewald / G. Loewe, Exempla scripturae visigoticae (Heidelberg 1883); Ch. U. Clark, Collectanea Hispanica (Paris 1920); A. Canellas, Exempla scripturarum Latinarum, 2 (Saragossa 1966); Anscari M. Mundó, Para una historia de la escritura visigotica, in: Bivium, Homenaje a Manuel Cecilio Díaz y Díaz (Madrid 1983), S. 175–196, Abb.
2) スペインの半アンシアル書体は多くの場合，小文字gの半アンシアル書体を用いている。CLA I. 111（7世紀）; V. 587（6世紀）, 592（7世紀）; VI. 727a（7世紀末）, 729（6–7世紀）; XI. 1636（7世紀）．この最後の場合は，アンシアル書体のGも用いられている。
3) スペイン南部に由来するイシドルスの『事物の本性について De natura rerum』(El Escorial R.II.18, 7世紀前半; CLA XI. 1631) では，とくに詩はキャピタル書体で書写されている (Millares Carlo, Tratado, Abb. 4).
4) 本書18頁以下に掲げた文献参照。
5) A. M. Mundó, Los diplomas visigodos originales en pergamino (Masch. Tesis, Barcelona 1970).
6) A. Mundó, La datación de los códices litúrgicos visigóticos toledanos, in: Hispania Sacra 18 (1965), S. 1–25; J. Janini / J. Serrano, Manuscritos litúrgicos de la Biblioteca Nacional (Madrid 1969), S. 133 ff. u. Taf. 14 は MS. 10110 を13–14世紀のものとみなす。

ていた草書体のたんなる楷書化と捉えることはできず[7]，別の関連で捉えるべき現象であると推測される。この書体の最古の遺産は，732年以前にタラゴナで書かれた西ゴート祈念書（ヴェローナ，Biblioteca Capitolare, LXXXIX (84)）[8]と，おそらくこれより古いオータン写本（Bibliothèque municipale, 27 (S. 29), f. 63-76）である[9]。この書体は，以下のような特徴をそなえていて，それはその特殊な形態が消滅するまで生き続けた。すなわちこの書体は左に傾いている（あるいは直立している）。特徴的な文字は以下のとおりである。上が開いたaは2本の類似した弧線で構成され（uに類似），直立したdとアンシアル書体の細長のdとが併用される。アンシアル書体の細長のgは，通例よりも長いディセンダをもつ。短いiと長いIがあり（使い方が決められていた），語末のrは肩の線が上向きに伸びている。tの横線は基線まで降りた弧線で始まる（後になると，ラエティア書体やベネヴェント書体におけるように縦線の上端部にしっかりと繋がる）。uと並んで用いられた鋭角のvは，その前後の字の上に書かれることがある。しばしば連綴するが，とくに頻繁に見られるのがe, f, r，そして草書体のtとの連綴である（またたとえばeG, rGのような連綴もある）。この書体に固有なのはitの連綴である（Tは高く，その横線の左端は弧線となって下っている）[10]。特殊な記号で表現される短縮形のなかに，上にsが付された-b, -qがある（-busや-queに代えて。あるいは-b, -qにセミコロン（;）が続く形もある）。通例proを表現する記号［ꝑ］が，pの弧線を左に向けた形にしてperを示すためにも用いられる（並行して通例の短縮形［ꝑ］も使われた）。語の短縮にあたっては，n̄s̄r, n̄s̄i（そしてn̄r̄iなど）の系列と，ihr̄slm (Ierusalem), sr̄hlあるいはsr̄l (Israel), nm̄n (nomen), pp̄tr (propter)などの子音を偏重する形式（「ヘブライ式」）が特徴的である。mを指示する横線［ティルダ］の上に，多くの場合点が付

---

7) 新書体の導入後に書かれた最も新しいスレート板（M. Gómez-Moreno, Documentación goda en pizarra, R. Academia de la Historia, Madrid 1966, S. 95 ff. u. Abb. 53）のみが，アンシアル書体のGの草書体を示している。

8) CLA IV. 515 ; R. P. Robinson, Manuscripts 27 (S. 29) and 107 (S. 129) of the Municipal Library of Autun, in : Memoirs of the American Academy in Rome 16 (1939), S. 74 ff. u. Taf. 63-67.

9) CLA VI. 728 ; Robinson, ebd., S. 23 ff. u. Taf. 28-39.

10) 長いIが用いられるのは，ふつう（アセンダのある文字の前を除いて）語頭の場合であるか，または半母音を指示するためである。10世紀末からtiはtjに歯擦音化する（本書図16の連綴文字の最後から2番目参照）。Lowe, Pal. Papers, I, S. 9 f., 59 ff. 参照。

される(この慣習は後に他の短縮形にも広がる)[11](図16・巻末図版6)。

　これらの特徴ほとんどすべて(上が閉じたa, 連綴形のtでは, 鶏のとさか状の線がない場合[ᴎ(ti)], ある場合の例は[ᴆ(tr)], ティルダが付され, 上または下に点が打たれている, あるいは打たれていないm[m̃ m̃ m̃]の場合は別として)が, おそらく9世紀末か, あるいは10世紀にかけて書写された, わずか10年前[1950年]にシナイ半島の聖カタリナ修道院で発見された3つの典礼写本のなかの2つで, 書体の基本を成しているとしても, 偶然ではありえない[12](図17)。3番目のシナイ写本[13]は, 同じような要素をそなえているものの, 極めて傾斜した草書体を用いて書かれている。これらの写本は, 他の細かな点ではギリシアおよびおそらくはシリアの写本制作の特徴を見せているところから, その成立の背景にはパレスチナの国際色豊かなキリスト教世界を考慮に入れなければならない[14]。とはいうものの, 「シナイ詩篇集」の暦が, アラブ人による征服の少し前に北アフリカで実践されていた祝日暦を復活させたものであるだけに, シナイ半島における地方的なラテン的伝統の存続が, 北アフリカのキリスト教文化[15]の名残りである可能性は棄てきれない[16]。この征服によりスペインの文化状況にも変化が生まれた。それというのも, 7世紀中に北アフリカからスペインに大量の人口移動があったに違いなく[17], おそらくこの世紀の前半

---

11) スペインでの正字法の特殊性をこれにつけ加えなくてはならない。すなわちbとv, bとf, vとfの交替や, cの代わりのqu, またIsraelがSraelとなるような語頭音消失などである。

12) Lowe, Pal. Papers 2, S. 427-440, 520-574 u. Taf. 89-94, 120, 124-127. A. Février, Évolution de formes de l'écriture en Afrique du Nord à la fin de l'Antiquité et durant le Haut Moyen Age, in : Accademia dei Lincei, Quaderno 105(Rom 1968)参照。ファクシミリ版はM. Altbauer, Psalterium Latinum Hierosolymitanum. Eine frühmittelalterliche lateinische Handschrift Sin. Ms. no. 5(Köln / Wien 1978). さらにラテン語書体のいくつかの史料が1975年にシナイ半島の修道院で発見されている(L. Politis, in : Scriptorium 34, 1980, S. 7)。これについてのより詳細な報告はまだなされていない。

13) Lowe, ebd. 2, S. 520 ff. u. Taf. 121-123, 126.

14) Lowe, ebd. 2, S. 428 ff.

15) 半アンシアル書体で筆写されたキリスト受難の書(CLA VI. 825)の北アフリカ起源という私の仮説は, K. Gamber, Codices liturgici Latini antiquiores, 1^2(Freiburg / Schw. 1968), S. 54 で示したものだが, 確証はないままである。

16) J. Gribomont, in : Analecta Bollandiana 75(1957), S. 132.

17) すでに570年頃にアフリカの修道士たちがセルウィタヌム[現在地不明。スペインのバレンシア地方に位置するとされている]に定住したことがこれを示している。P. Riché, Éducation et culture dans l'occident barbare^3(Paris 1973), S. 345 f. 参照。

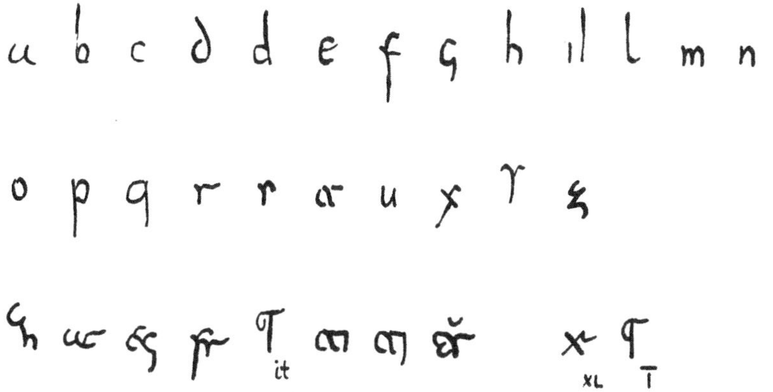

第Ⅱ章　中世のラテン語書体　| 133

図16　スペイン(西ゴート)小文字書体

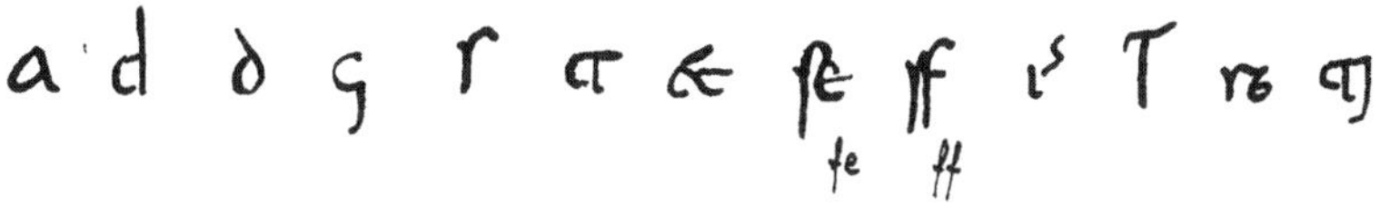

図17　シナイ小文字書体

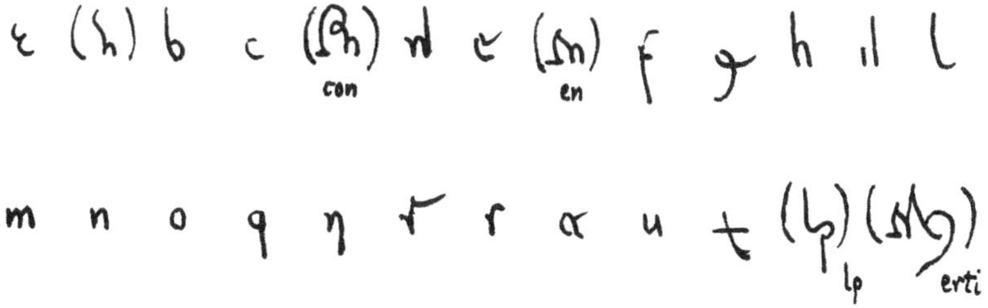

図18　スペイン(西ゴート)草書体

に，北アフリカの住民が完成していた小文字書体を携えてやってきたことは，あり得ることである。スペインの小文字書体の成立の問題を，シナイ半島の小文字書体[18]とスペインの小文字書体とのあいだの異論の余地のない類縁関係によって説明するのが，問題の置き換えでしかないとしても，スペイン小文字書体がスペインの内部から生み出されたとする説明にもはや説得力はない[19]。

このように，早くも7世紀や8世紀の初頭までに，小文字草書体の様々な西ゴート的類型が成立したにちがいなく[20]，そうしたひとつは11世紀まで多くの写本で欄外註解や短いテクストを筆写するのに用いられ，散発的にはさらに後まで，時としてアラビア語の欄外註解とともに使用された[21]。この典型的な西ゴート・モサラベ的な草書体は，著しく左側に傾斜しており，連綴文字も豊富である。連綴しない形としてとくに目立つのは以下のとおりである。すなわちεの形をしたaであり，しばしば基線，あるいはその上部に置かれる左側の書き始めの線（セリフ）から始まる4文字c, d, e, q，弧線がしばしば縦線の左側にくるp，しばしば直立したsのように書かれるu，2本目の線が水平なxなどである[22]（図18）。

草書体の連綴現象として，スペインでは数字の40(XL)は，Xの右の上部に小さく角度を付けて示す。1000を表わすMに代えて，Tの横線の左側が弧を描きながら下降し，縦線に接触する形がしばしば用いられた（図16）。強調用の

---

18) これは東ローマ世界においてもこの書体が長く残ったことをも証明する。
19) L. Schiaparelli, Intorno all'origine della scrittura visigotica, in : Arch. stor. ital., Ser. 7, 12(1930), S. 165-207 が試みたような。
20) A. Millares Carlo, Consideraciónes sobre la escritura visigótica cursiva (León 1973). きわめて力強い一書体が Autun 27, f. 63^R u. 63^V に見える。CLA VI. 728 ; Robinson（註8），S. 9 f., 51 f. u. Taf. 27 / 28 ; Mundó（註5），S. 94 によって700年頃のものとされた。
21) Veronensis, f. 1^R, 2^R, 2^V（Robinson, S. 38 u. Taf. 63-65）においては，まだ形成途上のように思われる。
22) Schiaparelli（註19），S. 18 ff. は，これらの書体がアラビア語の書体の影響のもとに成立したと仮定している。Robinson（註8）は欄外註解のついた写本のリストを示している（S. 39 f. u. Taf. 68 ff. ; CLA III. 372 f. ; XI. 1638 など）。西ゴート書体（カタルーニャ書体をも含む）の証書用の草書体とは様式上の親近性はうかがえない。図版は Robinson, Taf. 71-73（テクストは S. 40, 80 f.）; Millares Carlo, Tratado, Abb. 108-130. 標題や奥書標記に用いられる気まぐれな「糸のように細い書体 scriptura filiformis」がそれに近い（たとえば Ewald / Loewe, Taf. 35）。J. Domínguez-Bordona, Die spanische Buchmalerei vom 7. bis zum 17. Jahrhundert (München / Florenz 1930), 1, Taf. 75 にあるオビエドの「遺言の書 Libro de los testamentos」(1126年頃) の書体参照。

書体は，ほとんど拡大された，縦長の，しばしば独特な書き方をしたキャピタル書体である[23]。3欄構成の「ラ・カーヴァ聖書」の書き手であったダニラは9世紀に，キャピタル書体，アンシアル書体，半アンシアル書体を等しく洗練された書体で書き分け，斜体の半アンシアル書体および小文字書体をアンシアル書体と混在させる技術をマスターしている[24]。

西ゴート小文字書体は北部の諸王国だけでなく，アラブ人の支配下のキリスト教徒である「モサラベ」の書体でもあり続けた[25]。とくにレオン王国の諸修道院（アルバレス，アルベルダ，カルデーニャ，サン・ミジャン・デ・ラ・コゴジャ，シロス，バレラニカなど）では，900年頃から少なからぬ写本が，制作地と制作年代や，写字生その他の関与した人々の名を書き留めている[26]。その際，年代はキリスト教の年代計算より38年早い「スペイン紀元 aera Hispanica」によっている。南部では，聖パウロ書簡[27]や「ラテン語・アラビア語語彙集」のような2言語用語註解のコーデクスも書写された[28]。

すでに言及した一群の所見を除けば，出所と成立年代を語る記載，その他の明示的な証拠をもつものは稀である[29]。だが書体の様式を欄外註解や写本装飾[30]などと関連させることが，制作地同定のための確かな根拠を与えてくれる[31]。概して南部の書体のほうが，字径がより大きく，字高がより低く，最初

---

23) Millares Carlo, Tratado 1, S. 78, Abb. 49, 87.
24) Lowe, Pal. Papers 1, S. 335–341 u. Taf. 55–57.
25) 2つの地域の関係については M. C. Díaz y Díaz, La circulation des manuscrits dans la Péninsule Ibérique du VIIIe au XIe siècle, in : Cahiers de civilisation médiévale 12(1969), S. 219–241, 383–392 参照。
26) そのリストについては以下を参照。Ch. U. Clark, Collectanea（註1），S. 66 ff. M. C. Díaz y Díaz, Libros y librerias en la Rioja altomedieval(Logroño 1979) ; ders., Códices visigóticos en la monarquía leonesa(Léon 1983)。
27) Ehrle / Liebaert, Taf. 25.
28) 図版は P. Sj. van Koningsveld, The Latin-Arabic Glossary of the Leiden University Library(Leiden 1977)。
29) 1910年に E. A. Lowe は Studia palaeographica(Pal. Papers 1, S. 2–65 に再録)において，年代決定の基準として連綴文字 ti- を提示したが，この基準は一般的すぎることが証明された。
30) とくに大きな組紐文様の結び目をもつイニシアルや半人半獣の奇妙な表象による。
31) A. M. Mundó, El Commicus palimsest Paris Lat. 2269, in : Liturgica I Cardinal I. A. Schuster in memoriam(Montserrat 1956), S. 173 ff. のリスト参照。

の数世紀にはしなやかで柔軟である[32]。しかし12世紀になると、ずんぐりした書体になり[33]、固く硬直した感じになる[34]。北部の書体は一般によりほっそりしていて、長めのアセンダを示す。時代を経るにつれて、筆圧は減少し、アセンダは小さな棒の形になる。M. ゴメス・モレノ（M. Gómez-Moreno）[35]は、9世紀から11世紀の写本を、写本装飾をもとにアンダルシア、トレド、レオン、カスティーリャという主要な4地域に分類した。

9世紀の初めまでは、依然としてピレネー山脈の北でも西ゴート書体が使用されていた[36]。とはいえこの世紀にカロリング小文字書体がカタルーニャに進出し、とくにリポル修道院で奨励された[37]。「レコンキスタ」はすでに開始され、クリュニー修道院の影響と、古いモサラベの典礼を駆逐した教皇グレゴリウス7世のもとで、ローマ典礼徹底の時代になり、その頃すでに弱体化していた西ゴート書体の生存圏は[38]いっそう狭められた。1090年にレオンに参集した公会議では、典礼書の筆写のために西ゴート書体を使用することが禁止された[39]。その一般的な使用は12世紀に終わった[40]。

4. イタリアとフランスにおける小文字書体への発展

古代後期にローマ帝国の領土に建国されたゲルマン諸国家が継承したアンシアル書体、半アンシアル書体、草書体は、生命力に溢れた書体として残り続けた。最初の2書体は書物の筆写のため、3番目の書体はとりわけ尚書局[41]や日

---

32) スペインでは一部で葦筆でも書かれた。
33) コルドバの写本では、たとえばLeón, Cat. 22 ; Díaz y Díaz（註25）, Taf. 1. またおそらくトレドの写本では、3欄構成の大型写本においてEscorial & I 14など（CLA XI. 1635を見よ）。
34) Mundó, La datación（註6）参照。
35) Iglesias mozárabes 1（Madrid 1919）, S. 355–364. Cencetti, Lineamenti, S. 149 ff. 参照。
36) CLA XI. 1630 ; Montpellier, Bibl. de la Ville 5 u. 6（西ゴート書体の影響がみとめられる）. リヨンにおける西ゴート書体については S. Tafel, The Lyons Scriptorium, in : Palaeographia Latina 4（1925）, S. 64 ; CLA VI. 774c. ルッカについては本書140頁参照。
37) 半アンシアル書体のa と、2つの形態のd をもつ11世紀初頭カタルーニャの細い小文字書体については J. Domínguez-Bordona, Die spanische Buchmalerei（註22）,1, Taf. 40, 43A u. B 参照。
38) 何人かの写生生は、カロリング小文字書体の文字をいくつか採用している（本書173頁参照）。
39) 本書173頁を見よ。
40) S. Mundó, La datación.
41) （国王尚書局）草書体としてカロリング朝期からは、「ギリシア語でシルマタと称される縦

第 II 章　中世のラテン語書体　| 137

常の書体としてであった。とうの昔に自発性を失っていたアンシアル書体や半アンシアル書体は，一部は楷書体で伝えられ，一部はその優れた特質を失い，そのため時としてあからさまに歪曲して用いられたりした[42]。

　今や西洋において草書体の豊かな可能性が明らかとなり，その形態を多くの方面に展開させることとなった。

　われわれはまずイタリアを考察しよう。ラヴェンナ・パピルスは，ローマの縦長で斜体の新草書体が，700 年まで連続していることを認識させてくれる[43]。だが 7 世紀中葉にラヴェンナ大司教尚書局で書かれた文書類は，直立して丸みを帯びた，美しい弧を描く洗練された曲線をもっており[44]，それは明らかにビザンティン帝国の皇帝文書の書体の形式を模倣している[45]。イタリアの最も高位の教会官庁のひとつで用いられたこの書体の様式化された特徴から，次のような結論を引き出すことができる。すなわち皇帝文書書体と親縁関係にあるローマ教皇庁尚書局に特有の書体である教皇庁書体も，最初に登場する——最初の事例は St. Gallen 1394（731-741 年），ついで教皇ハドリアヌス 1 世のある書簡（788 年）——より遥か以前の 7 世紀に，その膨らみのある丸みを帯びた形態を完成させていたということである[46]。それはわけても，ω 型の広い a，繋ぎの中空線を現実に記したことにより，全面的に閉じた形になった e と t，高く伸びた q[47]，そしていくつかの連綴文字により特徴づけられる。この書体は 10 世

　長の（文字）（litterae）longariae, quae Graece sirmata dicuntur」とか，「書簡用の epistularis」とか，意味不明の「イアクティアカ Iactiaca」などの名称が伝えられている（これについては本書 290 頁註 68 の当該文献参照）。litt. longariae に関しては O. Kresten, in : Scriptorium 24 (1970), S. 312 参照。

42)　アンシアル書体は CLA II. 203 ; III. 314, 369 ; IV. 470, 483, 503 ; VIII. 1061. 半アンシアル書体は CLA IV. 502 ; V. 653（アンシアル書体が混じったボッビオのミサ典書）。

43)　Tjäder, Nichtlier. lat. Pap.

44)　Tjäder, ebd., Nr. 44 ; Taf. 142-147.

45)　K. Brandi, Der byzantinische Kaiserbrief aus St. Denis und die Schrift der frühmittelalterlichen Kanzleien, in : Arch. f. Urk. 1 (1908), S. 65 ff.

46)　P. Rabikauskas, Die römische Kuriale in der päpstlichen Kanzlei (Miscellanea Historiae Pontificiae 20, Rom 1958). 同書 S. 44 にはザンクト・ガレン写本のテキストがある。Cencetti, Lineamenti, S. 110-114 ; ders., Compendio, S. 53 f. さらに J.-O. Tjäder, Le origini della scrittura curiale romana, in : Bullett. dell'Arch. Pal. Ital., 3 Ser., 2/3 (1963-1964), S. 8-54. 図版はたとえば Steffens², Taf. 58.

47)　Tjäder（前註参照），S. 11-32 によれば，この形は q と連綴文字として上に書かれた u から生じたものだが，その qu のうちで q のみの価値しかもたなくなったのである。

紀遅くまで，それほど変化することなく存続した。都市ローマの公証人たちもまた，似たような草書体で書いている。1000年の直前に第2の様式段階が始まる。教皇庁書体に小文字書体の要素が浸透するのである。連綴文字はその柔軟さを失い，全体的な印象はより硬直しこわばったものとなる。この「新教皇庁書体」による最後の文書は1121年から1123年のものである。ラヴェンナやローマの教皇庁書体と対比させることができるのは，中世初期のナポリ大司教座尚書局の，直立し，長い尾を引く書体である[48]。

ついでにいうならば，イタリア草書体[49]の分野は，それが8世紀初頭から継続的にたどられるランゴバルド諸王の国王証書であれ[50]，都市公証人の文書においてであれ，完全に自由な創意と，個性豊かで，しばしば活力溢れる様相を呈している[巻末図版9]。この草書体は簡潔で，左に傾斜したものもあれば右に傾斜したものもあり[51]，ときに極度に角張っていたかと思うと，他の面から見るとおそろしく柔軟でもあり[52]，揺れ動いている。ルッカから出た諸文書(8-9世紀前半)を分析すると，地域的な教育の伝統が存在したことがわかる。さらに中・上流身分の俗人たちの非常に多くが，文字を書くことができたこともわかる。彼らの書字習得は，普通の写本書体から，練達の草書体の続き文字まで，明白な広がりをもっている[53]。書体に対するランゴバルド人の影響の痕跡

---

48) A. Gallo, La scrittura curiale napoletana, in : Bullett. dell'Ist. Stor. Ital., n. 45(1929), S. 17-112 ; Iole Mazzoleni, Esempi di scritture cancelleresche, curiali e minuscole(Neapel 1957), Taf. 4/5 ; V. Federici, La scrittura delle cancellerie italiane dal secolo XII al XVII(Rom 1934), Taf. 22 ; A. Petrucci, Notarii, Documenti per la storia del notariato italiano(Mailand 1958), Taf. 10. ローマの教皇庁書体はテッラチーナにおいて模倣された。Attilio de Luca, La scrittura curiale di Terracina, in : Scritt. e civ. 6 (1982), S. 117-188, Taf. 参照。

49) Cencetti, Lineamenti, S. 107 ff. ; ders., Compendio, S. 52 ff. この書体のいくつかの例は次を参照(より新しい書体と一緒になっている)。F. Bartoloni, La nomenclatura delle scritture documentarie, in X Congresso Internazionale di Scienze Storiche, Roma 1955, Relazioni 1, S. 434-443.

50) G. Bonelli, Codice paleografico lombardo(Mailand 1908) ; Arch. Pal. Ital. 3 u. 12. Fasz. 56 ; A. R. Natale, Il Museo diplomatico dell'Archivio di Stato di Milano1, 1/2(Mailand 1971).

51) たとえば Arch. Pal. Ital. 3, Taf. 8(920年).

52) 一例をあげると Bonelli, Taf. 16(774年).

53) A. Petrucci, Scrittura e libro nella Tuscia altomedievale(secoli VIII-IX), in : Atti del 5° Congresso internazionale di studi sull'alto medioevo(Spoleto 1973), S. 627-643 m. 12 Taf. ; ders., Libro, scrittura e scuola, in : La scuola nell'occidente latino dell'alto medioevo(Settimane 19, Spoleto 1972) 1, S. 313-337 m. 6 Taf. また dens., Il codice no. 490(本書140頁註64)参照。

は，おそらく北イタリア草書体における連綴文字 tz の創案であろう[54]。この公証人草書体の根本的な変化は，漸進的に起こった。すなわち草書体の本質である続き字が消滅し，書体は大きく変化した個々の字形と，書体にグロテスクな容貌を与え，判読不能にする小分けにされた連綴文字に分解した。この書体は，1231 年フリードリヒ 2 世がその使用を禁止するまで，ナポリ，アマルフィ，ソレントではそのままの状態で存続した[55]。

7 世紀と 8 世紀初頭に，イタリアで草書体が書物の筆写に取り入れられた——数少ない事例によれば——とき[56]，この草書体が，一般に文書類におけるよりも，より穏やかで安定した形態を取ったことは特徴的である。この種の書体の例がボッビオ[57]とヴェルチェッリ[58]で証明されている。ボッビオでは，同じ写本の中でアイルランド書体と草書体[59]とが用いられているが，アイルランドの影響は，草書体にある種の抑制的作用を及ぼしたようであり，それは短縮文字にも表われている[60]。ボッビオではまた，おそらくリュクスーユから発したメロヴィング朝書体が作用した[61]。8 世紀にはイタリアの写字生たちが，様式化された半草書体[62]や，いくらか作為的な性格をそなえた[63]連綴文字が豊富

---

54) L. Schiaparelli, Note paleografiche e diplomatiche, in : Arch. stor. ital. 87(1927), 7. Ser. 11, S. 3 ff. またランゴバルド写本の綴り字では，有声化したか硬口蓋化していた z が，ときにその尖った音を再現するために tz と書かれる("Eliphatz" : CLA I. 55 ; "Tzeno" など)。

55) Steffens[2], S. IX 参照。

56) ミラノにある 6 世紀のフラウィウス・ヨセフスのパピルス写本は，新ローマ草書体で書かれている。CLA III. 304 ; Seider 2, 1, Nr. 67 ; Steffens[2], Taf. 23a.b.

57) CLA III. 323b, 334, 353, 388, 403 ; IV. 439, 444.

58) CLA III. 322.

59) CLA III. 334, 350 ; IV. 444.

60) L. Schiaparelli, Influenze straniere nella scrittura italiana dei secoli VIII e IX (Studi e Testi 47, Rom 1927), S. 15 ff.

61) Schiaparelli, ebd., S. 30 ff. ; CLA III. 323b ; IV. 444 ; I. 39 u. IX. 1386 ; A. R. Natale, Influenze merovingiche e studi calligrafici nello scriptorium di Bobbio, in : Miscellanea G. Galbiati 2 (Fontes Ambrosiani 26, Mailand 1951), S. 1 ff. u. Taf. 1.

62) たとえば CLA IV. 512 (島嶼書体の影響によるか), 492 u. 508 (2 つともリュクスーユの影響がある)。これら 3 つはすべてヴェローナから出たものであろう。Schiaparelli, ebd., S. 17 ff. u. Taf. 2 あるいは S. 25 ff. u. Taf. 3/4 参照。

63) ノヴァーラからは CLA III. 406 ; VIII. 1110. E. Cau, Scrittura e cultura a Novara (secoli VIII-X), in : Ricerche Medievali 6/9 (1971-1974), S. 12 ff. u. Taf. 5 f. 参照。ヴェルチェッリからは CLA IV. 469.

な小文字書体を様々な場所で創造する。発展のリズムがどれほど千差万別であり得るかを，ルッカの聖堂参事会図書室写本490(800年頃)に見える書体のカオス的な姿が示している。ここにはアンシアル書体，半アンシアル書体，西ゴートの影響を受けた書体，その他の混交状態が見てとれる[64]。北イタリアや中部イタリアでは，こうした書体はすべて後にカロリング小文字書体に屈服する一方で[65]，丸みを帯びたこの種の早期小文字書体は，ベネヴェント書体という独立した書体の生成を導いた[66]。

フランク国家では[67]，メロヴィング朝とカロリング朝の国王証書(625年から伝来)[68]の書体が，草書体のとどまることのない発展過程を体現しているが，それはフランスでは10世紀に，ドイツにおいてはすでに9世紀中葉に終わりを告げる。新ローマ草書体を踏襲したメロヴィング朝の国王尚書局草書体は，縦長の急斜体で稠密な容貌を呈し，渦巻状の装飾文字や，判読が容易でない連綴文字をともなっている。とくに最初の行に見られるような，個々の部分の字形の引き延ばしや拡大が，次第に既定の慣行となってゆき，この国王尚書局の書体は，多くのより新しい証書書体へと推移していった。7世紀の他の非文学資料として挙げられるのは，「バルベリーニ象牙折板」[69]の人名リストと，その世紀の後半に作成されたトゥールのサン・マルタンの貢租賦課リストである[巻末図版10][70]。また，部分的にロマンス語的な色彩の強いいくつかの記載が，写本の欄外や見返しページに書かれているが，それらは当時の常用の書体であ

---

64) CLA III. 303a-f；L. Schiaparelli, Il codice 490 della biblioteca capitolare di Lucca e la scuola scrittoria Lucchese (secoli VIII-IX) (Studi e Testi 36, Rom 1924). A. Petrucci, Il codice n. 490 della Biblioteca capitolare di Lucca : un problema di storia della cultura medievale ancora da risolvere, in : Actum Luce 2 (1973), S. 159-175 参照。

65) B. Pagnin, Formazione della scrittura carolina italiana, in : Atti del Congresso internazionale di diritto romano e di storia del diritto 1 (Mailand 1951), S. 245-266 も参照。

66) CLA IV. 420 b とともに CLA III. 381 を参照。

67) Cencetti, Lineamenti, S. 93-106；ders., Compendio, S. 47 ff.

68) Ph. Lauer / Ch. Samaran, Les diplômes originaux des Mérovingiens (Paris 1908)；ChLA XIII-XIV.

69) J. Vezin, Une nouvelle lecture de la liste de noms copiée au dos de l'ivoire Barberini, in : Bulletin archéologique du Comité des travaux historiques et scientifiques, N. S. 7 (1971), S. 19-53.

70) P. Gasnault / J. Vezin, Documents comptables de Saint-Martin de Tours à l'époque mérovingienne (Collection de documents inédits sur l'histoire de France, Paris 1975) (完全なファクシミリ版つき)；ChLA XVIII. 659. この史料の古書体学については J. Vezin, Documents, S. 159 ff. J.-O. Tjäder, in : Eranos 75 (1977), S. 149 f. 参照。

り，写本筆写用の書体ではない[71]。メロヴィング草書体をほとんど一貫して特徴づけるのはbであり，それは次の文字と連綴するかのように線が右側に伸びている[72]。第2の頻繁にあらわれる特徴は，exの連綴文字である。eの「舌」は基線に降りて，そこから鋭い角度で上昇し，xの右下側の書き線に続くのである［巻末図版10][73]。

　フランク国家においても，草書体は書物を筆写するために利用された。最初の例は6世紀にさかのぼるパピルス紙のコーデクスで，ヴィエンヌ司教アウィトゥスの福音書についての説教であった[74]。ここでも，再度次のことが観察される。すなわち一般に書物用の書体は，証書用の書体よりも安定しており，かつより修練を積んだ書体(半草書体)であるということである[75]。以下の2つの繰り返したちあらわれる現象は，特徴的な意味を持っている。つまり書体というものは，通例，連綴文字のストックがより多くなることにより意識的に様式化されるか，あるいは書体がその躍動感と滑らかさを失うときには，しだいに分解して個別の文字へ戻ってしまうかする，ということである。

　イタリアとフランスでは，草書体からより小さい字径の写本筆写用の書体が成立するだけではない。変化の一般的傾向に対応する形で，新たな書体もまた成立する。その際，類似の要素が作用することもあれば，新たな分化作用が姿を現すこともある。連綴文字ではgあるいはtの(もともと水平に引かれていた)上の線は，縦線の先端についていたのが，ループを作るか，鶏のとさか状の湾曲を描きながら，次の字の方向である右に向かう[76]。他方では，gの横線

---

71) Theodosiani libri XVI edd. Th. Mommsen / P. M. Meyer, Tabulae (Berlin 1905), Taf. 5 ; E. A. Lowe, Codices Lugdunenses Antiquissimi (Lyon 1924), Taf. 5, 11, 17, 19 ; Robinson, Mss. 27 (S. 29) und 107 (S. 129) (註8), Taf. 42 (1), 55 (2).

72) J. Vezin, Le *b* en ligature à droite dans les écritures du VIIe et du VIIIe siècles, in : Journal des Savants 1971, S. 261–286 ; J.-O. Tjäder, L'origine della *b* merovingica, in : Miscellanea in memoria di Giorgio Cencetti (Turin 1973), S. 47–79 m. Abb.

73) すでにアウィトゥスのパピルス文書(6世紀)において見られる。Steffens², Taf. 24 の3行目。J. Vezin, in : Gasnault / Vezin, Documents(註70), S. 183(第1の形態)。ボッビオの写字生については CLA III. 324(パリンプセスト上部に記された書体)。

74) CLA V. 573. 前註も参照。

75) しかしながら，新約聖書を全く修練を積んでいない草書体で書いた例もある(CLA V. 679)。

76) これらの書体と次の書体について，同じ連綴文字における様々な形成のしかたは，

(孤立して書かれる場合，あるいは左側で連綴文字となる場合でも)を分けて書くことがあり，その場合は，左半分が字の書き始めとなって2段の弧線を描きつつ基線の下まで伸びて，そして右側には頭頂部分のみが残り，次の文字とまた連綴することもできる[77]。これにより頭が丸いgという，最新の小文字写本用書体がもたらされる[78]。

固定した書体の型が完成すると，その型は書写室という組織の連続性と水準に，直接に結びつく。だから活発な活動をしている書写室では，最終的に，芸術的才能をもったひとりの写字生が特別に磨きをかけた楷書体が，何世代にもわたって通用するようになる。このように様式化された半草書体のひとつが，細身でわずかに左に傾いたいわゆる「リュクスーユ型」で，590年頃以降にアイルランド人修道士コルンバヌスにより南ヴォージュ地方に創建された修道院の名前にちなんでそう呼ばれている[79] (図19・巻末図版11)。この書体のもっとも注目すべき要素は，鶏のとさか状の線がついた連綴文字のg-とt-である[gi(𝒈), ta(𝒕𝒂)]。この書体の存在は，700年以前からボニファティウスの時代まで証明されている。この書体の最もよく知られた代表格である「リュクスーユ読誦集」[80]には，比較的に長い欄外の追記があり，それは本文と密接な親縁関係はあるものの正規ではない草書体で書かれていて，まさしくその欄外追記の書体の元が何であったか窺わせている。リュクスーユでは，強調用書体としてアンシアル書体(ときには半アンシアル書体)と，非常に細身の装飾キャピタル書体(菱形のOのような)とが使用されている[81]。リュクスーユの筆写芸術が

Gasnault / Vezin, Documents (註70), S. 184 f. (ge, gi, gn, go) u. 188 (te, ti, tr, tu) 参照。上部にとさか状の上向きループのある形は，パピルス紙によるアウィトゥスの説教集(註74参照)にも見られる。

77) Tjäder, Nichtliter. lat. Pap. 1, S. 105 (G 2-4) も参照。

78) 西ゴート，ラエティア，ベネヴェント書体のtは，文字の上部の横線の左側が大きな弧線をえがいている。

79) CLA VI, S. XV ff. ; Lowe, Pal. Papers 2, S. 389-398 u. Taf. 74 ff. 他の図版は Zimmermann, Vorkarol. Min., Taf. 45, 48 ff. ; P. Salmon, Le lectionnaire de Luxeuil (Collectanea biblica Latina 9, Vatic. 1952) 2 ; Steffens², Taf. 25 (1)。

80) CLA V. 579 ; E. K. Rand, Studies in the Script of Tours 2 (Cambridge Mass. 1934), Taf. 34 ; Salmon (前註参照), Taf. 21a.

81) テクストの一部を強調するために古い書体を利用するという様式は，カロリング小文字書体がそこに定着する時期までリュクスーユ(イスラム勢力により732年に破壊された)に

重用された多数の娘修道院により[82]、この書体はそれ以外の修道院にも次々に伝播するか、あるいは似たような書体形成を促進した。コルビィ修道院書写室で制作された最古の写本のひとつであるフランス国立図書館ラテン語写本 (B. N. F., Lat. 17655)[83] は、リュクスーユ型の手で始まっており、また Bern 199 (福音書)[84] や、ハノーファーのケストナー美術館 Cul. I. 48 (偽ヒエロニュムス)[85] が示すような字形の特徴を見れば、この「型」の影響が否定しえないものであることがわかる。それはまたボッビオにおいても、そしておそらくヴェローナの多くの手でも再認されよう[86]。8世紀後半にランの、おそらくはサント・マリーとサン・ジャン尼僧院で育成された粗野な書体の創成に際して、リュクスーユ型がモデルとされたのは疑う余地がない。2つの特徴的な字形にちなんで、これは「az型」と称されている[87](図21)。

ソンム川沿いに660年頃に創建されたコルビィ修道院の写本制作は、700年頃あるいはさらに早い時期にさかのぼるが、この修道院の写本資料から、母修道院のリュクスーユとは異なり、ここでは初期半草書体から完成したカロリング小文字書体への道のりが、明瞭に識別できない一連の書体グループによって導かれたという印象を受ける。コルビィの最初期の写本は半草書体で書かれている[88]。8世紀に、ここにはアンシアル書体のGとともにいわゆる「レウトカリウス型」(「765年頃」)[89] とされる後期半アンシアル書体があり、さらにまだほとんど半アンシアル書体と言ってよい小文字書体があった。そこでは時としてより古い半草書体が前面に躍進するとか[90]、あるいは島嶼書体の筆運びに近い

存続した。CLA I. 10 ; V. 702 参照。
82) 聖グレゴリウスの作品のコーデクス (7世紀末頃) が、イヴレーアの司教デシデリウスのために筆写された。CLA III. 300 参照。
83) CLA V. 671 ; Lowe, Pal. Papers 2, S. 381–388 u. Taf. 71.
84) CLA VII. 859.
85) CLA S 1700.
86) 本書139頁以下参照。この指摘は純正な書体で書かれた Verona, cap. XL(38) のパリンプセストのコーデクスにはあてはまらない。CLA IV. 497.
87) CLA VI, S. XVIII. 図版は Zimmermann, Vorkarol. Min., Taf. 144 ff.
88) CLA V. 624 ff., 671.
89) CLA VI, S. XXIII f.
90) たとえば CLA V. 556.

小文字書体があった(「eN 型」)[91]。

　コルビィは創建以来国王宮廷と緊密な関係をもち、カロリング朝期の改革の前史において、奇妙に時代錯誤的な運動の主要な舞台ともなった。すなわち写本筆写のために、純粋に文書用であった書体に脚色を加えたものの、その使用はごく少数の字形に限定したものだったのである。この書体は 8 世紀の中頃に初めて現れる[92]。国王尚書局の書体を模倣して成ったこの書体は、コルビィでは「ab 型」となり、そこでは 800 年以降もなお、初期カロリング朝の「マウルドラムヌスの小文字書体」と並んで奨励されている[93](図20)。とくに cc 型の a の使用で区別される類似書体の「b 型」は、一時期 8 世紀末にカール大帝の妹ギスラが院長を務めたシェル尼僧院で使われた[94]。シェルではこの書体が、とりわけ台形の N によって特徴づけられるアンシアル書体と、尼僧ギルバルダ、ギスリルディスやその同僚尼僧たちの小文字書体と並んで用いられている。

　これらの「型」と様式化された半草書体は、その字径と、g および n の形態によって半アンシアル書体と最終的に区別されることになる小文字書体の生成期とともに歩む。半草書体と小文字書体は着実に発展を続けるものの、やがてその保守的傾向によって、枯れかかった小枝のように朽ちていく。小文字書体の将来の統一化——個々の多様な形成を遂げたアルファベットの枠組となる——の地ならしがなされ、書字の熟達度がより低くなり、字形は生気を失い、おそらくいっそう用心深くなり、書体が簡略化され、連綴文字を作る習慣が弱まった時であった。こうした事態は、この時代の識字活動が沈滞しただけに、

---

91) CLA VI, S. XXV. また CLA V. 648 も参照。
92) フランス北東部起源の St. Gallen 214 において。CLA VII. 924 ; Steffens², Taf. 29(2).
93) CLA VI, S. XXV f. 最も新しい例は 830 年頃のジュネーヴの Lat. 139 であり、おそらくはコルビィ自体のなかで書写されたものではない。この ab 型はコルビィのサン・ピエール修道院ではなく、近隣の尼僧院で書かれたものという仮説が提起されている。H. Vanderhoven / F. Masai / P. B. Corbett, Regula Magistri(Les publications de Scriptorium 3, Brüssel etc. 1953), S. 37 ; J. Vezin, La réalisation matérielle des manuscrits latins pendant le haut Moyen Age, in : Codicologica 2 (Litterae textuales, Leiden 1978), S. 27, Anm. 72 ; T. A. M. Bishop, The prototype of Liber glossarum, in : Medieval Scribes, Manuscripts & Libraries. Essays presented to N. R. Ker(London 1978), S. 69 ff. この問題はさらなる研究が必要である。
94) Bischoff, Ma. Studien 1, S. 31 ; CLA VI, S. XXI f. たとえば CLA VI. 791, 792 参照。シェルのサン・タンドレ教会で発見された聖遺物のラベル(オータンティック)における、「b 型」で記された数多くの真正の書体は注目に値する。ChLA XVIII. 669.

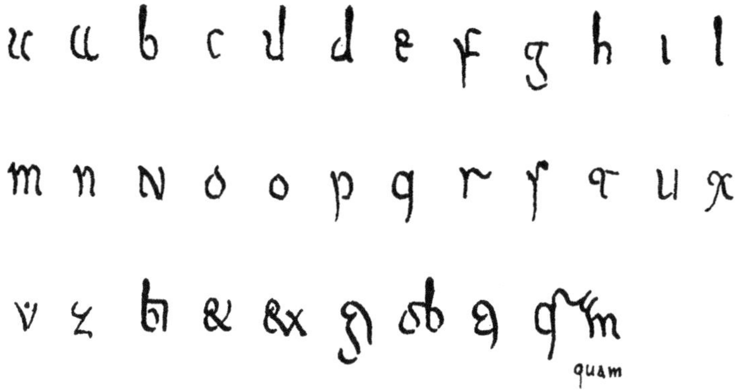

第Ⅱ章　中世のラテン語書体　| 145

図19　リュクスーユ型

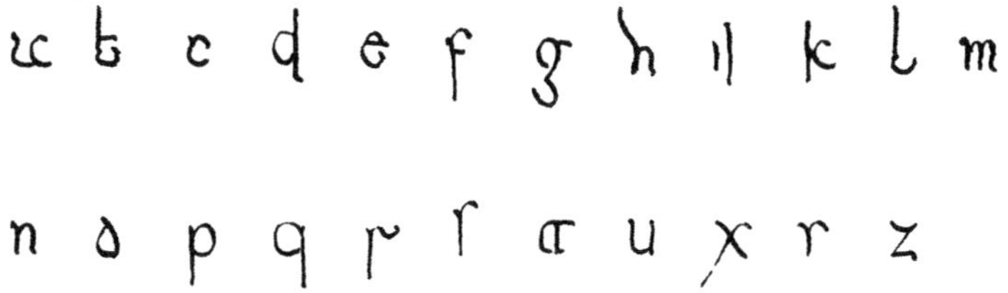

図20　ab 型（コルビィ）

図21　az 型（ラン）

なおのこと進展したのであった。8世紀の最後の三半期まで，写本の伝来にあまりにも欠落が多く，当時用いられていたすべての多様な書体[95]についても，また同時期の草書体から分離していった小文字書体の漸進的な普及についても，十分な見取図を提示できない[96]。トゥールとザンクト・ガレンのみが豊富な資料を保持しており，文字の濃密化と簡略化によって，半草書体からカロリング小文字書体への発展が有機的に展開したことの実例を示している。その発展のコースは固定した「型」で自分を縛ることも，またその場限りの実験的試みにより中断することもなかった[97]。だが小文字書体の普及は，754年の「グンドヒヌスの聖福音集 Gundohinus-Evangeliar」(ヴォセヴィオ Vosevio において書写)[98]や Bern 611[99] の一部のように，他の初期の写本でも紛れもなく発展したことが証明されている。

書体の漸進的な変化を追跡することができるトゥールでは，8世紀の中頃にすでに，カロリング小文字書体に特徴的なアンシアル書体のaが，アンシアル書体のdやGと並んで出現している[100]。このaは，その(cc型のaとは違って)曖昧さのない字形から，使用が推奨されたようである。

フランク領域とイタリア領域との間に位置した，重要なアレマニエン回廊地帯に在ったザンクト・ガレンとブライスガウの文書は，750年と760年の間に，すでに生成途上にあった小文字書体で書かれている[101]。760年頃に複数の写本

---

95) 本書 142 頁以下参照。
96) 写本筆写用の別の小文字書体がその形態を確立しえたのは，遅くとも7世紀，おそらく北アフリカにおいてであった。本書 132 頁参照。
97) この変化の最後の段階は，ノヴァーラでも8世紀末におそらく観察することができよう。E. Cau, Scrittura (註 63), Taf. 4–7 参照。
98) CLA VI. 716；Steffens[2], Taf. 37. ヴォセヴィオは，B. Merlette, Écoles et bibliothèques, à Laon, du déclin de l'antiquité au développement de l'université, in : Actes du 95e Congrès National des Sociétés Savantes, Section de philologie et d'histoire jusqu'à 1610, 1(Paris 1975), S. 26 f. によれば，ランの近郊に在った。769年の宮廷尚書局長マギナリウスの署名における小文字書体(ファクシミリ版は L. Schiaparelli, in : Arch. stor. ital., Ser. 7, 5(1926), S. 17–19 の見開きにある。さらに Cencetti, Lineamenti, S. 181 も参照)は，したがってひとつの大きな発展のなかに組み込まれるものである。
99) CLA V. 604 u. VII, S. 9 f.
100) E. K. Rand, Studies in the Script of Tours 2(Cambridge Mass. 1934)；CLA VI, S. XXVII ff. アンシアル書体のaについては Bischoff, Ma. Studien 1, S. 13 f.(CLA VIII. 1157；X. 1571)参照。
101) ChLA I. 46, 48, 50 ff. 参照。

第 II 章　中世のラテン語書体 | 147

やある証書で，やや荒っぽいが几帳面な写字生ウィニタールの手が現れ始める[102]。758 年のある証書において[103]，丸みを帯びた「アレマニエン小文字書体」の形態的特徴がすでに予示されており，それはその数年後に St. Gallen 44[104] で改良されたように見える。この小文字書体が，再び草書体に回帰する可能性があったのは明らかである[105]。だが全体として見ると，初期アレマニエン小文字書体はすでに十分に発達していたので，カロリング小文字書体との競合にもかかわらず，大きな変化のないまま 830 年前後まで維持されたと思われる[106]。バイエルン地方では，写本伝来は 770 年頃から始まるが，その小文字書体は非常に完璧なために，濃厚に草書体の色合いを帯びた先駆形態が存在したとはとうてい想定できないし，またほぼ同時期に，純粋にイタリア的な(おそらくヴェローナの)小文字書体がレーゲンスブルクに作用を及ぼしている[107]。

初期小文字書体が地歩を固めたのは，半アンシアル書体を犠牲にしてなのであり，アンシアル書体に固執していなかったところでは，半アンシアル書体の使用はさらにいっそう低下した。草書体，あるいは小文字書体の要素が半アンシアル書体のうちに受容されるというジャンルの混淆は，8 世紀には稀にしか見られなかったようである。その実例はヴェローナやトゥールから出ている[108]。草書体から独立した写本用書体を得ようという目的意識は，多くの場所で生まれ[109]，ありとあらゆる雑多な草書体の存在にもかかわらず，前カロリング朝期に書体システムの均一化を準備し，それはカロリング帝国の統一によって最高潮に達した。個々の修道院から娘修道院を通じて，また修道士同士の交流により，地方の書体が伝播していった。教会参事会会則や修道院戒律の統一

---

102) 761 年の証書は ChLA I. 57 ; Steffens², Taf. 43a ; Chroust I, 14, Taf. 1 f. ; CLA VII. 893a ; Bruckner, Scriptoria 2, Taf. 2a ; Kirchner, Script. Lat. libr.², Taf. 35b. ウィニタールの書体にもまたアンシアル書体の a と d が頻出する。
103) ChLA I. 51.
104) Chroust I, 14, Taf. 3 ; Bruckner, Scriptoria 2, Taf. 1.
105) たとえば Bruckner, Scriptoria 2, Taf. 10a 参照。
106) Ebd., passim.
107) Bischoff, Schreibschulen 1, S. 60 ff. u. 172 ff.
108) ヴェローナは CLA IV. 502. トゥールは Rand, Studies 2(註 100), Taf. 23 ff. ; CLA V. 682.
109) H. Steinacker, Zum Liber Diurnus und zur Frage nach dem Ursprung der Frühminuskel, in : Miscellanea Francesco Ehrle 4(Studi e Testi 40, Rom 1924), S. 105–176.

化，司教の召命意識の深化，宮廷学校の整備，カロリング朝草創期のコミュニケーションの増大などが，それを仕上げる要因となった。

　カロリング小文字書体は何よりも，関係する様々な傾向と，形態の変化の産物につけられた総称である。その起源を説明するために，「半アンシアル書体からの直接の発生」という考えも[110]，あるいは，もっぱら東ローマや北アフリカで5-6世紀に存在したことが証明されているものの，西方の図書館ではほとんど痕跡も残さず消滅してしまった古半アンシアル書体や新アンシアル書体の復活であるという考えも，持ち出す必要はない[111]。

5. ベネヴェント書体

　カロリング朝以前の丸みを帯びた，連綴文字の豊富なイタリアの小文字書体から南イタリアのベネヴェント書体が生まれ，8世紀後半から13世紀にいたるほぼ5世紀にわたって活躍することになる[112]。その中心はモンテカッシーノ，さらにベネヴェント，バーリであった。モンテカッシーノ修道院はランゴバルド人によって破壊されたのち，717年か718年に修復されたが，修道士たちはイスラームによる2度目の破壊を受けて駆逐され，まず883年テアーノに，ついでその後にカープアに落ちのびた。帰還したのは949年になってからである。

---

110) E. A. Lowe, in : CLA VI, S. XII.「マウルドラムヌス型」はカロリング小文字書体の最初期のものであり，とくに重要な文字を交換することで半アンシアル書体から変形したとする，この個所(そしてまた Bischoff, Paläographie, Sp. 413 ; Sonderdruck, Sp. 35)で表明された考えは保持すべきではない。Berlin, Theol. Lat., fol. 354(CLA VIII. 1067a.b)では，むしろマウルドラムヌス型小文字書体で書写した写字生が，半アンシアル書体で書かれた写本を様式にかなったものとして補完しようと苦心しているのである。半アンシアル書体にカロリング小文字書体の起源をみようという説は，LoweによりCLA VIII, S. 10に関して再び主張された。

111) これは G. Cencetti, Postilla nuova a un problema paleografico vecchio : l'origine della minuscola "carolina", in : Nova Historia 7(1955), S. 1-24 の理論であった。とりわけ S. 15 ff. ; ders., Lineamenti, S. 183-189 ; ders., Compendio, S. 67 f.

112) E. A. Lowe, The Beneventan Script(Oxford 1914) ; dass., Second ed. prepared and enlarged by Virginia Brown 1.2(Sussidi eruditi 33, Rom 1980) ; E. A. Lowe, Scriptura Beneventana 1/2(Oxford 1929) ; Cencetti, Lineamenti, S. 126-134 ; ders., Compendio, S. 58-60 ; G. Cavallo, Struttura e articolazione della minuscola beneventana libraria tra i secoli X-XII, in : Studi Med., 3. Ser., 11(1970), S. 343-368 ; ders., Aspetti della produzione libraria nell'Italia meridionale longobarda, in : Cavallo, Libri, S. 99-129, 270-284 ; F. Newton, Beneventan Scribes and Subscriptions, in : The Bookmark 43(Chapel Hill 1973).

8世紀の大部分に関して、南イタリアの書体状況については、ほとんど知られていない。しかし、特有の丸みを帯びた連綴文字が多い書体として、9世紀にいたるまで習得され続けたノナントラ（モーデナ近郊）の初期の書体と、モンテカッシーノの小文字書体には、極めて大きな類似性が見られ、両者にはある従属関係が成り立つ。ノナントラ書体は、とりわけ丸みを帯びた8世紀から9世紀にかけての北イタリアの書体であるところから、この書体の伝播はこの地からモンテカッシーノに起こったに違いないのである[113]。

南イタリアで特徴的な輪郭を形成したこの書体は、カンパーニア地方でも発達した。おそらくはナポリを例外として[114]、すでに9世紀には完成したベネヴェント書体が用いられていたことが、この地の伝来写本からうかがえる。この書体の使用地域は、最終的におおむねキエーティからガエータ湾にいたる南北線の地点に限定された。草書体の色合いがより強い異体は、ここでは証書用書体としても普及した[115]。

そもそもの最初から、この書体は柔らかで適度に太いタッチをもち、丸みを帯びた流麗な輪郭を示す。書体の下部では、縦線がわずかに右に膨らむ。10世紀から、この書体は完全な独自性をわがものとする。cc型のaは閉じて、ocに近くなってくる。cはしばしば2階建てである。eはその大きな弧線が、2つの弧線で規則的に置きかえられる。tの横線は2つに分割され、左側では下の基線の上で大きく弧を描き、その上部の先端は垂直の縦線につながり、右側のほうは別に水平に引かれる。アラビア数字の3の形をしたgは、その上半分と下半分がほとんど同じ大きさである。長いIの使用と連綴は通例となる。すなわち長いIは語頭（アセンダのある字の前をのぞく）に置かれるか、半母音と

---

[113]　G. Cencetti, Scriptoria e scritture nel monachesimo benedettino, in : Il monachesimo nell'alto medioevo e la formazione della civiltà occidentale (Settimane 4, Spoleto 1957), S. 206–211. ここでもまた歴史的な議論がある。G. Cavallo（前註参照), S. 344, Anm. 5 は、逆の方向の影響もありえないことではないとしている。M. Palma, Nonantola e il Sud, Contributo alla storia della scrittura libraria nell'Italia dell'ottavo secolo, in : Scritt. e civ. 3 (1979), S. 77–88, 9 Taf. ; ders., Alle origini del "tipo di Nonantola" : nuove testimonianze meridionali, ebd. 7 (1983), S. 141–149, 8 Taf.

[114]　この地域より由来すると思われるのが次の、ともにカロリング小文字書体による2写本である。すなわち Neapel, Bibl. Naz., Lat. 4（旧 Wien 750）と XVI.A.9.

[115]　図版は Arch. Pal. Ital. 13, Fasc. 58. A. Gallo, Contributo allo studio delle scritture meridionali nell'alto medio evo, in : Bullett. dell'Istituto Storico Italiano 47 (1931), S. 333–350 参照。

して置かれる。通常の連綴文字 ti は，必ず i が基線の下に伸びる形の ti にならなければならない。これに対して擦音化した ti に関しては，8 の字型の連綴となる[116]。(eius に代わる) ej のようないくつかの短縮形が，十字架状に j を横切る水平の線をもつことと，特殊な丸い疑問符をもつ句読点法のシステム[117]を指摘すれば，この書体の標識を網羅したことになろう(図22・巻末図版13)。

　書物用のベネヴェント書体のなかで，さらに多くの地方的な様式が形成される[118]。最も良く知られているのは，モンテカッシーノ書体である。それは先ずもって繊細で厚みもほとんど目立たない素直な縦線と，短かな細い洗練された動きを見せる弧線によって構成される。その際，i, n, u, m の縦線は，線として引かれるのではなく，湾曲した2つの別個の矩形としてつねに表され，そのとき i, n, m では上部の矩形が，u においては下部の矩形がわずかに長い。対角線状に非常に高い筆圧で引かれる弧線は，角張った様相を呈する。だから互いに向き合う弧線は，微かに接触しているだけでも(ゴシック書体とは異なって)，密に癒着しているように見える。この書体の連なりが醸す厳しい張りつめた印象は，e, f, g, r, t の水平の線が，それぞれの字を結ぶように見えることにより，さらに強まる。この「成熟した」様式は，11世紀初頭にモンテカッシーノにおいて予示され，修道院長デシデリウス(在位1058-1087年)とオデリシウス(在位1087-1108年)の在職期に最盛期に達する。12世紀にはこの形態が過度に硬直化するようになる。モンテカッシーノ修道院の影響力を通じて，この様式は地域全体で模倣された。

　おそらくはすでに10世紀末に，基礎を同じくするより丸みを帯びた，アプリア地方で支配的になる書体がバーリで創出された(「バーリ型」)。この書体では，縦線は折れることなく，線の厚みはモンテカッシーノのものより規則的である。文字のなかでは，かなり短い f と s とは離され，連綴文字 fi では，i が一種の半円形をなす。2階建ての c が，まだかなり頻繁に用いられている。この字形には水平の横棒が欠けている。短縮形を示す線の上にはしばしば点が打

---

116) Lowe, Beneventan Script (註112), S. 148；Lowe, Pal. Papers 1, S. 20 f. 参照。
117) 本書231頁を見よ。
118) 私はここでは G. Cavallo (註112) に従う。

たれている。ギリシア語の丸い書体[119]と形態の上で少し似ているのは，871年以来バーリにおいて再びビザンティンの支配があったことによって説明できるかもしれない。

ベネヴェント地方の独自性のひとつに典礼用の巻子本があり[120]，とくに復活祭前夜の式典のためのもの(「エクスルテト巻子本 Exultet-Rotuli」)が挙げられる。説教台から典礼歌を歌うさいに使われ，テクストに挿入された図柄は，上下逆に配置され，聴衆は助祭がこの巻物を順に広げていくにしたがい，それを見ることができたのであった[121]。

モンテカッシーノ修道院は，イタリア南部と商業上の関係を結んでいたダルマティア地方でラテン西方の修道制を支援し，バーリ教会はアドリア海を挟んで対岸にある司教諸権を掌握していた。かくして10世紀から13世紀まで，ベネヴェント書体はラグーザ[ドゥブロヴニク]，スプリト，トロギル，ザダル[いずれもクロアチア]において土着化し，この地に伝来する記録は，モンテカッシーノ型かバーリ型かのいずれかによって記されている[122]。

イタリアで支配的だったベネヴェント書体は，13世紀にはおおむねゴシック書体に地位を譲る。しかし14世紀から16世紀までなお，ベネヴェント書体を使う写字生が存在していた[123]。

モンテカッシーノ修道院の牽引力とベネディクト戒律に従う世界全体におけるその威光は，幾重もの連関を織り上げた。それは写本の伝来や，またいくつ

---

119) Cavallo, Struttura(註112), S. 355 は，A. Petrucci, Note ed ipotesi sulla origine della scrittura barese, in : Bullett. dell'Arch. Pal. Ital., N. S. 4/5(1958–1959), S. 111 f. および A. Pratesi, Influenze della scrittura greca nella formazione della beneventana del tipo di Bari, in : La Chiesa Greca in Italia dall'VIII al XIV secolo(Padua 1973), S. 1095–1109 において主張された理論にかなりの留保を付している。

120) 本書42頁を見よ。

121) Myrtilla Avery, The Exultet Rolls of South Italy(Princeton / London / Den Haag 1936) ; H. Belting, Studien zur beneventanischen Malerei(Forschungen z. Kunstgeschichte und christl. Archäologie 7, Wiesbaden 1968), Abb. 201 ff., 246 ; G. Cavallo, Rotoli di Exultet dell'Italia Meridionale(Bari 1973).

122) V. Novak, Latinska paleografija(Belgrad 1952), S. 141–165.

123) M. Inguanez, La scrittura Benevenana in codici e documenti dei secoli XIV e XV, in : Scritti di paleografia e diplomatica in onore di Vincenzo Federici(Florenz 1945), S. 309–314 u. 8 Taf. ; V. Brown, The Survival of Beneventan Script : sixteenth Century Liturgical Codices from Benedictine Monasteries in Naples, in : Monastica 1(Scritti raccolti in memoria del XV centenario di S. Benedetto (480–1980), Miscellanea Cassinese 44, Montecassino 1981), S. 237–355, Abb.

かの場合には書体のうちに表現されているのである[124]。

---

[124]　10-11世紀にフルーリで，次第にその運筆の特徴が書体から失われてゆくひとりのベネディクト派修道士の写字生が確認できる。11世紀の北フランスでももうひとり見つかる。Lowe, Pal. Papers 2, S. 479 参照。Clm 15826 写本 (f. 45 ff., 11 世紀) では，ベネヴェント書体に通暁した写字生がきわめて個性的な混成の小文字書体で書いている。Lowe, Beneventan Script, S. 262 参照。Codex Montecassino 580 写本は，ベネヴェント書体とカロリング小文字書体双方に慣れた写字生により筆写された。H. M. Willard, Cod. Casin. 580 T, Lexicon prosodiacum saec. XI, in : Casinensia 1 (Montecassino 1929), S. 297–304 m. Taf. 参照。これにたいして年代記作者ペトルス・ディアコヌスは，かつて主張されたような優美で端正なベネヴェント書体ではなく，粗略で様式を欠いた小文字書体で書いただけであった。P. Meyvaert, The autographs of Peter the Deacon, in : Bulletin of the John Rylands Library 38 (1955), S. 114 ff. m. Taf. これら2つの書体の近さを示すさらなる事例として S. Tristano, Scrittura beneventana e scrittura carolina in manoscritti dell'Italia meridionale, in : Scritt. e civ. 3 (1979), S. 89–150, 4 Taf. 参照。たまたまベネヴェント書体の疑問符が現れるのは，ベネヴェント書体を手本にして書写されたことを推定させる。Lowe, Beneventan Script, S. 63 ff. および本書 231 頁参照。

6. カロリング小文字書体の完成と勝利

　カール大帝が支配を開始したとき，フランク国家の様々な地域と，774年に征服されたランゴバルド国家では，多種多様な半草書体とならんで，十分に発達した小文字書体が存在していた。マウルドラムヌス型をそなえたコルビィ修道院のような少数の個別の書写室が，書写技術の面で他に先行している。荒廃したラテン語に染まっていた教会ラテン文化のカールによる改革が，すでに書体に内在していた規律と秩序と調和への指向を強めたのは，疑問の余地がない。いっそう明瞭で均整のとれた書体を探求する努力のなかで，なかんずくある特定の書写室のより進歩した様式と適切な問題解決のやり方が手本とされたのは，あらゆる点から見て間違いないところである。学問と芸術を愛好する国王の宮廷では，国家の指導的人物どうしが交流した。そうしたなかでカールのために書籍が蒐集され，美麗な書体と練達の能書家が，賞賛と激励を受けなかったとは考えられない。他方，ゴデスカルクや，弟子のデオダトゥスが賞賛する[1]ダグルフが，カールの面前において豪華写本に書いた韻文の献辞は，国王への完全な心服と共に，芸術家の自意識を物語っている。

　ゴデスカルクはその典礼用福音書抄本を781年と783年の間に書いた。そしてゴデスカルクが，その韻文の献辞を筆写するのに使用した美しい調和のとれた書体を学んだ学校では，カロリング朝初期のロルシュやメスの写字生集団の教師もまた養成された可能性がある[2]。カロリング朝期の書体の展開，その第1段階の特徴は，地方の書写室での書体形成の自由さである[3]。古典期の文字にとってほとんど自明であった，アルファベットの均一性原理は，稀にしか守られない。守っているのはマウルドラムヌス型を使用する少なからぬ写字生，

---

1)　MGH, Poetae 1, S. 91-95.「ゴデスカルクの典礼用福音書抄本」(781-783年)についてはKoehler, Karol. Min. 2, Text, S. 22 ff., Taf. 1 ff.; Steffens², Taf. 45a.「ダグルフの詩篇」(795年以前)についてはKoehler, ebd., Text, S. 42 ff., Taf. 31 ff.; R. Beer, Monumenta palaeographica Vindobonensia 1 (Leipzig 1910), Taf. 17 ff.

2)　B. Bischoff, Lorsch im Spiegel seiner Handschriften (Münchener Beiträge, Beiheft, München 1974), S. 26 f.

3)　B. Bischoff, Die karolingische Minuskel, in: Karl der Große, Werk und Wirkung (展覧会目録, Aachen 1965), S. 207-210 (Ma. Studien 3, S. 1-4 に再録). 概要としてはまた Cencetti, Lineamenti, S. 166 ff.; ders., Compendio, S. 66 ff. 参照。

「テオドゥルフの聖書」[4]，「ダグルフの詩篇」[5] のいくつかの部分を筆写した写字生である。二種の字体の使用や，文字を連綴させるか否かの選択が許されていること，あるいはそれを要請されたことなどは，むしろたいていの場合その書写室を示す証しといってもよい。それらは書体の明瞭化に役立った一方，一定の改良も実現した。すなわちアンシアル書体の小文字 a の大量の導入，短縮形 -ur と -us の採用，また -t² (-tur) と -t' (-tus) の明確な区別，-ur を意味する記号などが，800 年の少し前に宮廷周辺で見られるようになった。すぐさま極めて多様な展開を見せることになった疑問符の使用習慣も，この時初めて広まった[6]（図23・巻末図版12）。

　カールの時代には，書体の地域的特性は依然として極めて不均一な像を示すが[7]，それはことに著しく「前カロリング朝」的な地方様式，すなわちボーデン湖，クール゠ラエティアそしてイタリアの一部のそれが，なお存続しているからである[8]。ザンクト・ガレンやライヒェナウで豊富に証明され，おそらくコンスタンツ・スタイルもこれに属していたアレマニエン・スタイルが，太くて丸みを帯びた文字列，（単語のなかでの）頻繁な nt の連綴化，何人かの写字生が保持した f の気取った連綴 (fr, fu) により，確認される[9]。このスタイルはライヒェナウの図書室司書であったレギンベルト (846 年歿) により，卓越した技量をもって書かれた。

　美しく仕上げられたラエティア書体は，折れ線の強調や，西ゴート書体とベ

---

4) CLA V. 576 ; VI. 768.
5) CLA X. 1504.
6) 本書 201 頁（図 32），231 頁参照。
7) B. Bischoff, Panorama der Handschriftenüberlieferung aus der Zeit Karls des Großen, in : Karl der Große, Lebenswerk und Nachleben 2 (Düsseldorf 1965), S. 233–254 (Ma. Studien 3, S. 39–54 に再録。イタリア語訳は Cavallo, Libri, S. 47–72, 243–264）。これについては Scriptorium 22 (1968), S. 306–314 参照。
8) イタリアについては本書 139 頁以下を見よ。8 世紀と 8/9 世紀の交にかけての他の書体は，Battelli, Lezioni³, S. 164 ff. が「型」として列挙しているのだが，はっきりとは定義されていない。ブルゴーニュの書体に由来するが，すべてがそこからではないこの時代の書体は，h のアセンダの縦線を左に湾曲させたり突出させたりすることが多い（たとえば CLA VI. 717b, 721 参照。しかしまた CLA VII. 884, 931 ; IX. 1360 も参照）。
9) ザンクト・ガレンは Bruckner, Scriptoria 2 ; Chroust I, 19. ライヒェナウは Chroust II, 10, 4 f. u. 8 f. ; Baesecke, Lichtdrucke, Taf. 31–33. コンスタンツは K. Löffler, Zur Frage einer Konstanzer Schreibschule in karolingischer Zeit, in : Palaeographia Latina 5 (1927), S. 5–27 u. Taf. 1/2.

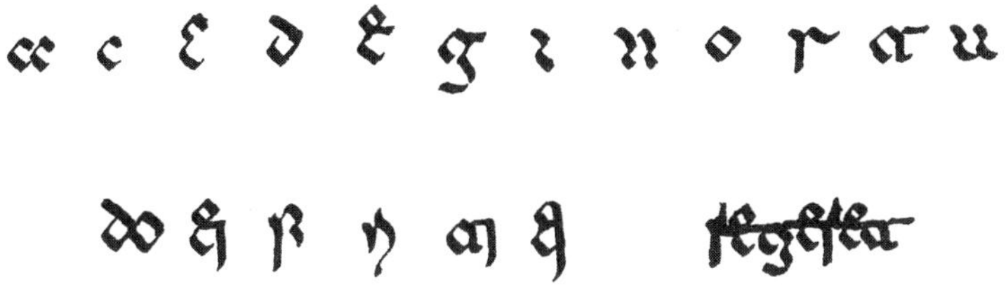

第Ⅱ章　中世のラテン語書体

図22　ベネヴェント書体

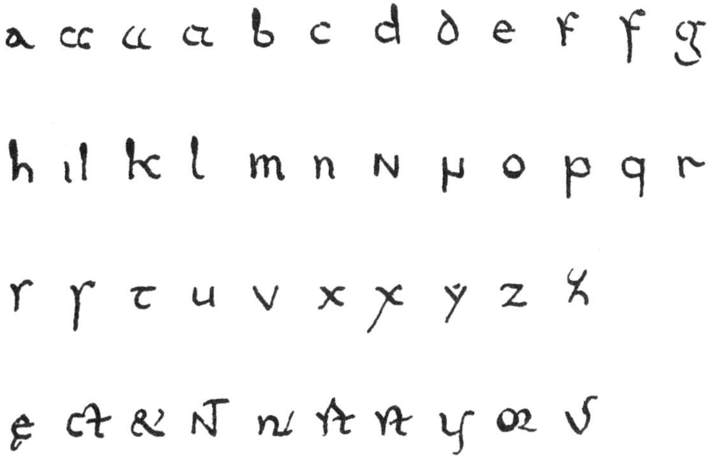

図23　カロリング小文字書体

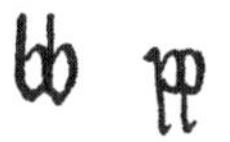

図24　初期ゴシック書体

ネヴェント書体に見られる(水平の線が2つに分かれている)tの特徴をともなっている。精妙な文頭装飾文字で飾られた，クール司教レメディウス(800年頃)のために書写された秘蹟書において，その頂点に達する[10]。

カロリング小文字書体が定着をみたこの段階で，地方的な様式を保持しながら，一方で簡素化された規則的な書体の完成を成し遂げたのは，一部の書写室だけにとどまる。残る大部分の書写室は，原則として丸みを帯び，より鈍重で連綴文字の多い書体を，抑制された形でありながら，書き続けるのである。さらにフルーリの活気のある書写室では，800年より少し前にブルターニュからの刺激を得て，小文字書体とケルト島嶼書体の雑種ともいうべき，新しい均整のとれた一群の書体が成立したように思われる[11]。

810-820年頃にあたる第2期の始まりとともに，地方的な様式を維持していた大部分の書写室が，より無味乾燥書体への決定的な転換を果たす。このような書体がルートヴィヒ敬虔帝の治世に，宮廷で機能する書写工房や書写室で書かれるようになる[12]。従来に比して細身の，右に傾斜した書体が支配的になる。おそらくこれについては，9世紀に帝国内の多くの修道院や教会に，トゥールが美麗な文字で書かれた聖書その他の写本を送ったことの影響を過小評価してはならない[13]。

北イタリア[14]では，ヴェローナがすでに800年以前から，明瞭で落ち着いた書体を採用し[15]，聖堂参事会図書室のために218冊の写本を筆写させた助祭長パキフィクス(846年歿)の時代を通じて，この書体が奨励された[16]。他の土地では800年頃，あるいはその後になっても，倒立した肩線をそなえたrのような

---

[10]　CLA VII. 936 ; Chroust I, 17, Taf. 7 ; Bruckner, Scriptoria 1, Taf. 6 f.

[11]　CLA V. 568 u. VII, S. 6 ; O. Homburger, Die illustrierten Handschriften der Burgerbibliothek Bern (Bern 1962), Taf. 9–12 u. Farbtaf. 2. さらに CLA IX. 1380 u. Bern A 91/7 + Paris, B. N. F., Lat. 9332 (Homburger, S. 40 も参照)。

[12]　B. Bischoff, Die Hofbibliothek unter Ludwig dem Frommen, in : Medieval Learning and Literature, Essays presented to Richard William Hunt (Oxford 1976), S. 3–22 u. Taf. 1/2 (Ma. Studien 3, S. 170–186 に再録)参照。

[13]　E. Lesne, Livres, S. 159 ff. 本書285頁参照。

[14]　Pagnin, Formazione も参照(本書140頁註65)。

[15]　CLA VIII. 1057 u. 1076.

[16]　Teresa Venturini, Ricerche paleografiche intorno all'archidiacono Pacifico di Verona (Verona 1929) ; G. Turrini, Millennium scriptorii Veronensis dal IVº al XVº secolo (Verona 1967), Taf. 15–17.

個別の字形をともなった[17]，丸みを帯びた連綴文字の豊富な書体が支配的であったものの，全体として見れば，9世紀の第2四半期には，簡素化された小文字書体が浸透していった。ただし，8世紀にその丸みを帯びた書体がおそらくベネヴェント書体の原型となったノナントラでは[18]，字高の高いeやrと他の文字との連綴が強調される地方的な書体を，さらに長く保持してさえいる[19]。都市ローマでも9世紀になお，非典礼用写本はアンシアル書体で筆写されている[20]。そこでは同じ世紀の中頃になって，教会法の写本が，おそらくは教皇庁の周辺で小文字書体を用いて作られるようになった[21]。

　イタリアにおいてカロリング小文字書体が定着するにあたって，おそらくイタリア人以外の活動がもたらした作用を過小評価してはならない。たとえばわれわれは，825年のドゥンガルの[22]，また840年頃のヒルデマールの[23]果たした役割について知っている。特筆すべきは，トゥールのある写字生による北イタリアの写本（Vercelli, Bibl. Cap. CIV (47)）[24]の筆写や，ローマで成立したヴァリチェッリアーナ図書館（ローマ）所蔵のコーデクス（Bibl. Vallicell. A 5）[25]へのあるフ

---

[17] Ehrle / Liebaert, Taf. 10 ; Chatelain, Pal. class. lat., Taf. 168. また Bischoff, Panorama（註7）, S. 251 参照。

[18] 本書149頁を見よ。

[19] G. Cencetti, Scriptoria e scritture nel monachesimo benedettino, in : Settimane 4 (Spoleto 1957), S. 206 ff. m. Taf.（また in : Cavallo, Libri, S. 73 ff., 264 ff.）; Catal. manoscr. datati 1, Taf. 1–3.

[20] Rom, Bibl. Vallic. B 25². Vatic., Reg. Lat. 1040 (CLA I. 112) におけるアンシアル書体による訂正も参照。

[21] Paola Supino Martini, Carolina romana e minuscola romanesca, in : Studi Med., 3. Ser., 15 (1974), S. 772 ff., 781 ; Fl. Mütherich, Manoscritti romani e miniatura carolingia, in : Roma e l'età carolingia (Rom 1976), S. 79–86 m. Abb. また Cl. Leonardi, Anastasio Bibliotecario e l'ottavo concilio ecumenico, in : Studi Med., 3. Ser., 8 (1967), S. 59 ff. とりわけ S. 102 ff., m. Taf. 参照。

[22] Mirella Ferrari, In Papia conveniant ad Dungalum, in : It. Med. e Um. 15 (1972), S. 1 ff. ; B. Bischoff, Die Bibliothek im Dienst der Schule, in : Settimane 19 (Spoleto 1972), S. 410 ff. (Ma. Studien 3, S. 230 f. に再録); J. Vezin, Observations sur l'origine des manuscrits légués par Dungal à Bobbio, in : Paläographie 1981, S. 125–144.

[23] L. Traube, Textgeschichte der Regula S. Benedicti (Abh. d. K. Bayer. Akad. d. Wiss., 3. Kl., 21, 3, 1898), S. 640 ff.

[24] A. Wilmart, Manuscrits de Tours identifiés ou proposés, in : Rev. Bénéd. 45 (1933), S. 162 の見解によれば，最初の（トゥールの）クアテルニオがトゥールから送られたのは，書体の模範として使ってもらうためであったらしい（Lesne, Livres, S. 164 u. 341 f. がこれに従う）。インクの色はしかし，生産の一貫性を証言している。

[25] Fl. Mütherich（註21），S. 82.

ランク人の協力である。

　様式の変化とともに，少しずつ cc 型の a や連綴文字 nt は消滅し，後者は NT によって代置されるようになる。多くの場所で，たとえばトゥールの書写室で制作された数多くの写本で，今や二種の字体の混用がない新しいアルファベットが理想と見なされるようになる。これ以外の多くの書写室でも，暫くのあいだにこの理念に近づいている。これに対し，重複字体を保持する書写室も残っていて，すなわち 2 つの鋭い先端をもつ開いた a (おそらくアングロ・サクソン書体から受容)やアンシアル書体の d と N は，決して小文字書体から排除されない。フランスの書写室(たとえばフルーリ，オセール)は，小文字書体のなかで半アンシアル書体の a を好む。また大文字書体の s と v は 9 世紀になると，再び定着する。語尾では大文字書体の s となり，u の代わりに語尾では大文字書体の v がくるが，これは語頭では稀である。

　カロリング小文字書体の完成と時を同じくして，カロリング朝初期には部分的に雑多で著しく歪曲された様相を示していた大文字書体もまた，古き良き雛形にしたがって改革される。トゥールほか 2, 3 の書写室では，半アンシアル書体を特定の行を強調するための書体として使用している[26]。

　初期および中期カロリング朝は，書字文化と能筆趣味の開花期であり[27]，9 世紀の第 3 四半期まで，また伝来資料が恵まれているならばもっと後まで，多くの地方的様式を識別し，描写できるはずであり，装飾に注意を向けるならばなおのことである。自らの書体様式をほとんど変化させずに保持したトゥール[28]は，例外に属する。フランスの多数の周知の書写室は，9 世紀のうちにその様式を変化させている。そうした例としてコルビィ[29]，ランス[30]，リヨ

---

26)　本書 103 頁参照。
27)　Lesne, Livres, passim.
28)　E. K. Rand, Studies in the Script of Tours 1/2 (Cambridge Mass. 1929–1934)；Köhler, Karol. Min. 1；B. Fischer / A. Bruckner, in : Die Bibel von Moutier-Grandval (Bern 1971), S. 50 ff., 99 ff.
29)　CLA VI, S. XXIV ff.；Bischoff, Ma. Studien 1, S. 49–63；T. A. M. Bishop, The Script of Corbie : a Criterion, in : Essays presented to G. I. Lieftinck 1 (Amsterdam 1972), S. 9 ff.
30)　Catal. mss. datés 5, Taf. 211 (u. Taf. 2 オーヴィレール)；F. M. Carey, The Scriptorium of Reims during the Archbishopric of Hincmar, in : Classical and Mediaeval Studies in honor of Edward Kennard Rand (New York 1938), S. 41–60 m. Taf. 奇妙なことに，この世紀の後半に非常に豊富に確認されているランスの書体は，アセンダの縦線の強調を放棄する(あるいは消失するにまか

ン[31]，サン・ドニ[32]，サン・ジェルマン・デ・プレ[33]などが挙げられる。フルーリ[34]とオセール(サン・ジェルマン修道院)は，見たところ9世紀の第2三半期に盛んな交流があり，2つの書写室の様式を常に明瞭に識別できるとは限らない。アルンがサン・タマン修道院を出てザルツブルク司教になったとき(在位785-821年)，そこから写字生たちを呼びよせたが[35]，この修道院は9世紀の中頃以降，フランコ・サクソン様式の中心となった。これにサン・ベルタンやアラスも加わる。この書体はまさしく活字のような規則性をそなえている[36]。これに対して，サン・リキエのようなかつて豊かな図書室を擁していた別の拠点の写本は，完全にか，あるいはほぼすべてが失われた。

9世紀と10世紀初頭のカロリング小文字書体で筆写されたブルターニュ写本のなかで[37]，Orléans 221(193)(写字生のひとりはユノブルスと称している)だけが，まだ島嶼書体のgの名残りを示している。ブルターニュ書体はしばしば角張った形態か，とくに熟達した弧線により目を引く。ブルターニュ書体の写本は島嶼型の短縮文字や，時おり見られるブルトン語の用語註釈によって正体を明かすのである。ブルターニュ写本のその他の特徴として比較的多く見うけられるのは，ヒスペリク・ラテン語による下署であり，この類いの証拠資料も，主としてブルターニュからわれわれのもとに伝来している。

せる)。一方でこの書体は，aの縦線を垂直に記す。同様の現象が，「サン・パオロ・フオーリ・レ・ムーラの聖書 Bibel von S. Paolo fuori le mura」を生み出した傍流の系統にも見られる。

31) Catal. mss. datés 5, Taf. 3 ; 6, Taf. 3b, 4, 6-8 ; CLA VI, S. XIV.
32) CLA VI, S. XXVI.
33) B. Bischoff, in : Der Stuttgarter Bilderpsalter 2(Stuttgart 1968), S. 21 ff.
34) CLA VI, S. XVIII ff.
35) CLA X, S. VIII ff. ; Bischoff, Schreibschulen 2, S. 61 ff.
36) L. Delisle, Mémoires sur d'anciens sacramentaires(Paris 1886), Planches, 6 u. 11 ; Écr. lat., Nr. 82. J. Deshusses, Chronologie des grands sacramentaires de Saint-Amand, in : Rev. Bén. 87 (1977), S. 230-237.
37) 若干の例を W. M. Lindsay, Breton scriptoria : their Latin abbreviation symbols, in : Zbl. f. Bw. 29 (1912), S. 264-272 ; L. Fleuriot, Dictionnaire des gloses en Vieux Breton(Paris 1964), S. 4 ff. u. Taf. 3-8 が挙げている。

北イタリアでは，ボッビオ修道院[38]，ノナントラ修道院[39]，ヴェローナ[40]，ノヴァーラ[41]その他のいくつかの司教座都市のカロリング朝書写室が，とくに活発であった。

ドイツでは，ドイツ＝アングロ・サクソン領域の流れをくむフルダ[42]，マインツ[43]，ヴュルツブルク[44]などが特別の地位を占めている。これらの書写室には，カロリング小文字書体が9世紀への転換期に進出を果たした。ヴュルツブルクでは820年前後に島嶼書体が死滅する。時としてアングロ・サクソン書体を書く手とカロリング小文字書体を書く手とが同一の写本に混じっており[45]，また院長ラバヌス自身がカロリング小文字書体よりもアングロ・サクソン書体を書いたフルダでは，850年以降ようやく消滅する[46]。アングロ・サクソン人から受けた教育が後々まで強く残ったので，彼らのペンの削り方から持ち方まで，フルダ，マインツ，ときにはヴュルツブルクにおいても，そのカロリング小文字書体に，見紛う余地のない刻印を残している[47]。この影響のもとで，書体はより直立的になり，ときに左に傾きさえして，より角張り，通常の小文字

---

38) P. Collura, La Precarolina e la Carolina a Bobbio (Fontes Ambrosiani 22 ; Repr. Florenz 1965) ; C. Cipolla, Collezione paleografica bobbiese 1, Text, Taf. (Mailand 1907).

39) 本書149頁を見よ。

40) 本書156頁を見よ。

41) E. Cau, Scrittura e cultura a Novara (secoli VIII–X), in : Ricerche Medievali 6/9 (1971–1974), S. 1–87 u. Taf.

42) Lehmann, Erforschung 1, S. 213 ff.

43) W. M. Lindsay / P. Lehmann, The (Early) Mayence Scriptorium, in : Palaeographia Latina 4 (1925), S. 5 ff.

44) B. Bischoff / J. Hofmann, Libri Sancti Kyliani (Würzburg 1952).

45) たとえば G. I. Lieftinck, Le ms. d'Aulu-Gelle à Leeuwarden exécuté à Fulda en 836, in : Bullett. dell'Arch. Pal. Ital., N. S. 1 (1955), S. 11–17 m. Taf. 参照。

46) H. Butzmann, Der Ezechiel-Kommentar des Hrabanus Maurus und seine älteste Handschrift, in : Bibliothek und Wissenschaft 1 (1964), S. 20 f. u. Taf. 10 u. 11 (「X印による訂正」) ; Herrad Spilling, Das Fuldaer Skriptorium zur Zeit des Hrabanus Maurus, in : R. Kottje / H. Zimmermann (Hrsg.), Hrabanus Maurus (Akad. d. Wiss. u. d. Lit. Mainz, Abh. d. geistes- u. sozialwiss. Kl., Einzelveröffentlichung 4, Wiesbaden 1982), S. 165–191.

47) そうした例として，S. Bonifatii et Lulli Epistolae, hrsg. v. M. Tangl (MGH, Epp. sel. 1, Berlin 1916), Taf. 1 (おそらくフルダの例) u. 3 (マインツの例) ; B. Bischoff / J. Hofmann, Libri Sancti Kyliani, Abb. 5 f. (ヴュルツブルクの例). 993年以降に書写されバンベルクに残る「フルダの秘蹟書」は，明らかに島嶼書体の伝統を反映した特徴を示す (Chroust I, 22, Taf. 10)。Ebd. II, 4, Taf. 6b (エヒテルナハの例) も参照。

書体よりも先端は尖り，弧線は著しく丸みを帯び強調されている。上に突き出たアセンダは楔形になる。マインツではアセンダはまさに縦長の細い三角形を形成し，基線で終わる縦線は多くの筆跡で右に折り曲げられているのが特徴である。

　また，より多くのドイツの他のカロリング朝書写室にあっては，豊富な伝来写本が，書体様式の変遷を考えるうえでの多くの示唆を提供し，また書写室の振興のために幾人かの人物が決定的役割を演じたことが，繰り返し明瞭に浮かび上がる。たとえばケルン[48]の大司教ヒルデバルド（在位 785-819 年），ライヒェナウ修道院の図書室司書レギンベルト[49]，ザンクト・ガレン修道院では，なかんずくグリマルト（872 年歿）とハルトムート（在位 872-883 年）[50]の両修道院長がその例である。非常に大規模な写本生産をおこなったロルシュは，アラスのサン・ヴァ（Saint-Vaast）修道院長も兼任していたアダルンク（在位 804-837 年）の時代が最も活発であった[51]。ヴァイセンブルクでは，聖書註釈の集成を筆写する仕事を指揮したのは，自身で多くの書籍についてその欄外註解を補ってもいる，ラバヌスの弟子のオトフリートであったようである[52]。

　南東ドイツでは，フライジングの書写室出身の司教アルベオ（在位 764-784 年），ヒットー（在位 811 / 812-836 年），アンノ（在位 854-875 年）[53]，ザンクト・エンメラム修道院長でレーゲンスブルク司教のバトゥリヒ（在位 817-847 年）[54]，ザルツブルク大司教アルン（在位 785-821 年），同じくアダルラム（在位 821-836 年），同じくリウフラム（在位 836-859 年）[55]が，それぞれの書写室に大きな実績を挙げるよう督励した。またベネディクトボイエルン修道院の書写室を挙げておいて

---

48) L. W. Jones, The Script of Cologne from Hildebald to Hermann (Cambridge Mass. 1932). シェルの「尼僧の写本 Nonnen-Handschriften」については，しかし Bischoff, Ma. Studien 1, S. 16-34 参照。

49) 註 9 および K. Preisendanz, Reginbert von der Reichenau, in : Heidelberger Jahrbücher 1952/3, S. 1 ff. 参照。

50) Bruckner, Scriptoria 3, S. 24 ff. ; Chroust I, 14 ff.

51) Bischoff, Lorsch（註 2），S. 27 ff.

52) W. Kleiber, Otfrid von Weißenburg (Bern / München 1971), S. 136 ff., Farbtaf. 2 u. Taf. 30 ff.

53) Bischoff, Schreibschulen 1, S. 58 ff.

54) Bischoff, ebd., S. 172 ff.

55) Chroust I, 7 ; Bischoff, Schreibschulen 2, S. 53-161.

もよい[56]｡ ザルツブルク書写室は，アルンの時代以前にすでにフランスの写字生(サン・ドニ出身)により[57]，また他方ではサン・タマンから大司教が呼び寄せた写字生たちのおかげで[58]，西フランク王国で使用された書体の育成地となったことで際立っている｡これとならんで，カロリング小文字書体の使用が浸透した書写室として地名比定が可能なグループと，それが不可能なグループが数多く確認される｡

7. 9世紀後半から12世紀にかけての書体の発展

ドイツとブルターニュで「島嶼」書体が消滅したあと，写本用書体，そしてたびたび観察される証書書体としてカロリング小文字書体が支配的となった領域は，カタルーニャから東ザクセン，ダルマティアまで，デンマークから都市ローマの東部にまで及ぶ｡これに対して，南イタリアでは新書体，すなわちベネヴェント書体の規範が形成された｡一方では受けた刺激の大きさと文化的一体性が，他方では書体にそなわる内的生命力が，帝国分割後の書字文化の崩壊を阻止した｡続く数世紀に，カロリング小文字書体はその中核領域から発して，イングランドやスペインを征服し，それらの地で征服された書体は，最終的に排除されてしまった｡カロリング小文字書体はドイツでは，ザルツブルク，レーゲンスブルク，パッサウ，そしてブレーメン＝ハンブルク，マクデブルク，グニエズノ(グネーゼン)などを通してキリスト教が布教された広大な地域に普及した｡

ドイツのカロリング小文字書体では，早くも9世紀後半には書体の重大な変化の兆候が見てとれる｡カロリング小文字書体は，意識的な書字美学上の様式化がなされたにもかかわらず，自由で内発的な字作りのもとで，それまでは生き生きした構造を保持していた｡この書体の文字，各文字の構成要素は自然の機能にしたがって，全体と調和するように組織されていたのである｡この調和

---

56) Bischoff, ebd., 1, S. 22 ff.
57) K. Forstner, Das Verbrüderungsbuch von St. Peter in Salzburg, Vollst. Faksimile-Ausgabe (Codices selecti 51, Graz 1974), S. 21 f.
58) CLA X, S. VIII ff.

的な形態がいまや崩れていくのである59)。筆勢は撓められ，抑制され，文字の諸要素が不自然に，生硬に組み立てられ，部分的に誤った類推に即して改変された。弧線は鉤爪状になり（たとえば h や m），その他の丸みを帯びた線は誇張され60)，水平に波打つ線は折れ曲がり（r において），ペンによる文字の書き始めと書き終わりの軽いタッチに代わって，角度をつけた書き始めの細線（セリフ）が目立つようになる（たとえば i や m において）。語末では，書き終わりの線が中空に水平に引かれたままになりさえする。いくらか残っている古い草書体の連綴文字は，流れるようには運ばず，停滞した。それどころか，とくに rt の連綴［◯］が，角を生やした st［◯］と間違って理解され，模倣されさえした。連綴文字 ct は，その 2 文字が再び分離し，外見だけがなぞって模倣された61)。書体の貧困化は，同時期にドイツの国王尚書局で，意識的に草書体が放棄されたことに表れている62)。

　南ドイツでは，ザンクト・ガレン修道院がこの発展を先導したように見える。豊富な伝来記録のおかげで，この修道院は書体発展の個々の過程の解明のモデルとして役立ちうる63)。またその影響力のおかげで，とりわけ 955 年以降の南ドイツにおける書写活動復興の時代において書体の規範と形態を提供しただけに，なおさらである64)。ザンクト・ガレンの書写室では，多様な水準の書体様式が観察されるが，それは以下の 3 段階に規定することが許されよう。すなわち楷書の写本用書体，（図書室用写本のための）常用書体，学校の書体である65)。このような書体の等級化は，8 世紀にアイルランドですでに達成されていたことを想起させる。後者 2 つの段階がアイルランドからの影響によることは，大量の短縮形の使用とその構成，i と開いた a が基線の下で結びつく連綴文字の導入などから，疑問の余地がない。その可能性は，9 世紀後半にアイルランド

---

59)　たとえば Bruckner, Scriptoria 3, Taf. 19a, 26a, 30a 参照。
60)　Natalia Daniel, Handschriften des zehnten Jahrhunderts aus der Freisinger Dombibliothek（Münchener Beiträge 11, 1973）, S. 30.
61)　Bischoff, Lorsch（註 2），S. 47 f.
62)　本書 173 頁以下を見よ。
63)　Bruckner, Scriptoria 3 ; Daniel（註 60），S. 11 ff.
64)　Daniel, S. 39 ff.
65)　Daniel, S. 4 ff.（ザンクト・ガレン），45 f.（フライジング）．

人教師メンガルの活動によってザンクト・ガレンにもたらされたのである[66]。こうした形態も広く普及した[67]。

　この9世紀に始まった様式面での重大な変化は10世紀にも継続し，その際一般に書体の生硬さ，あるいは少なくとも不均整を増大させる。10世紀末に，オットー朝の偉大な挿画生集団が活動を開始したとき，概してそれに十分見合うような書体は存在しなかった。だが『大グレゴリウス書簡控 Registrum Gregorii』を筆写した教師グループから出た書体は，その高い品質により早くから傑出していたようである[68]。10世紀末および11世紀においても，いくつかの書体にあっては，i, n, u, m と長い s, f, r, p の書き始めの，荒削りで力強い誇張が，書体全体が醸す印象を決定している。たとえばテゲルンゼー[69]のフロウムントの字形やライヒェナウから出てバンベルクで所蔵されている「黙示録」などがそうした事例である[70]。

　それまで程度の差こそあれ，分離する傾向をもっていた諸要素が調和し，どっしりした滑らかな書体にまとまるようになったのは，おおむね1000年かその直後である[71]。今や書字技術の面で書体に完全に習熟し，極端に貧相になることも過剰にわたることも避けて，伸びやかな姿を通して緊張感を漲らせている。傾いた楕円体が本質的な形式である。11世紀前半および中頃に，「楕円斜体 Schrägovaler Stil」様式がドイツの多くの地方に広まった。南ドイツでハインリヒ2世治下に成長し，11世紀中葉以降まで活動した写字生の世代によって，

---

66) Bruckner, Scriptoria 3, S. 27 ff.; J. Duft, in : J. Duft / P. Meyer, Die irischen Miniaturen der Stiftsbibliothek St. Gallen (Olten 1953), S. 35 ff.; Daniel, S. 31.
67) Daniel, とくに S. 55–72（フライジング）.
68) Steffens², Taf. 70a（「コーデクス・エグベルティ」); Chroust II, 4, Taf. 2（「トリーアの書簡集成」); Lowe, Pal. Papers 2, Taf. 85, 87 参照.
69) Christine Elisabeth Eder, Die Schule des Klosters Tegernsee im frühen Mittelalter, in : StMOSB 83 (1972, また Beiheft der Münchener Beiträge にも収録), S. 36 ff.; Chroust II, 1, Taf. 6a u. c.
70) Chroust I, 20, Taf. 6. 同じ書体はザンクト・ガレンにもある. Ebd. I, 16, Taf. 10（11世紀後半).
71) テゲルンゼーのエリンガーの書体については Chroust II, 1, Taf. 7 参照。この点については Eder（註69), S. 55 f., 75 ff. も参照。レーゲンスブルクの同種の書体は Chroust I, 3, Taf. 6. きわめて個性的で厳格な書体が，11世紀に明らかにドイツの写字生による写本 Clm 19453, f. 118^v–201^v で試みられた。それは垂直で小さくまとまっており，語末の長い s や，a あるいは i の（とくに) m との連綴，NeS, NS, pS, vS, vv の連綴文字が特徴的である（この写本には朱書きがない。文頭装飾文字と文頭のキャピタル書体は12世紀以前のものではない).

第 II 章　中世のラテン語書体　｜　165

その様式は優美の極にまで到達した[72]。

　この世代から、書写技術の卓越により特別に高い評価を受けたレーゲンスブルクの勤勉な写字生オトゥロが出た。その評価は、自らの修道院ザンクト・エンメラムのためだけではなく、数多くの外部の高位聖職者や修道院のために筆写を行ったからであった[73]。この様式は、傑出したテゲルンゼーの写字生集団[74]が、11 世紀と 12 世紀の南東ドイツの偉大な挿画生たち、すなわち「バイエルン地方修道院書写室」のために数多くのテクストを書写したときの書体であり、ザルツブルクのそれであった[75]。カロリング小文字書体のこの「楕円斜体」は、個々にはより鋭い形態であったり、より鈍重であったりと変化を見せながら、南ドイツやオーストリアでは 1200 年ぐらいまで存続し、西方からこの地に浸透してきたゴシック書体の流行の影響を受けずに、散発的にそれ以降も生き残った[76]。一方、西および北西ドイツの書写室では、「楕円斜体」がこれらの地域にも概ね広まっていたにもかかわらず、11 世紀の時点で均等には普及しなかったように思われる[77]。疑いなく、これと類似しているものの因果関係は認められないことがほぼ確実である「楕円斜体」が、スタヴロ修道院の写字生ゴデランヌスやロッブ修道院(1100 年頃)の書体のもとで成立している[78]。

72)　Bischoff, Kalligraphie, S. 34 f.「レーゲンスブルクのウタによる典礼用福音書抄本 Uta-Evangelistar aus Regensburg」: Chroust I, 3, Taf. 4 ; Baltimore, Walters Art Gallery MS. 71 : (Jacques Rosenthal), Bibliotheca manuscripta 1(München 1925), Taf. 9(Nr. 40)参照。

73)　オトゥロの自筆の註について MBK 4, I, S. 149-151 参照。オトゥロの書物用書体の見本として Chroust I, 3, Taf. 7 ; Arndt / Tangl⁴, Taf. 19 ; Petzet / Glauning, Taf. 3 ; Helga Schauwecker, Otloh von St. Emmeram(図版入りの抜刷 StMOSB 74), Taf. hinter S. 48, 96, 112. Bischoff, Kalligraphie, S. 35 u. Nr. 25.

74)　Eder(註 69), S. 57 f., 65, 92 ff. 図版は E. F. Bange, Eine bayerische Malerschule des XI. und XII. Jahrhunderts(München 1923)のたとえば Taf. 6, 8, 12, 17 f., 38, 46 ; Chroust II, 2, Taf. 1 f., 4 f.

75)　G. Swarzenski, Die Salzburger Malerei von den ersten Anfängen bis zur Blütezeit des romanischen Stils(Leipzig 1912).

76)　Chroust II, 13, Taf. 9(1240 年頃のメルク) ; II, 3, Taf. 6(1260 年頃のテゲルンゼー)。

77)　ユトレヒトのある書体(1138 年以降)は、より大きく垂直的ではあるが似通っている。Mss. datés, Pays-Bas 1, Taf. 69-72. ケルンについては、各写本の書体図版つきの P. Bloch / H. Schnitzler, Die ottonische Kölner Malerschule 1(Düsseldorf 1967). Nr. XIV からは統一された書体と認められる。エヒテルナハに関しての書体の例は C. Nordenfalk, Codex Caesareus Upsaliensis (Stockholm 1971), Fig. 11 f. u. 22. これらには Fig. 17-21 u. Chroust II, 5, Taf. 1/2 u. 7 を対比のこと。

78)　Mss. datés, Belgique 1, Nr. 2(Taf. 3-7) ; L. Gilissen, L'Expertise des écritures médiévales(Gent

だがこの数世紀の書体の様相を，もっぱら豪華なコーデクスや図書室用写本をもとに描きだしてはならない。学校制度が復活し，聖書や教会著作家を読解して解説するようになると，行の間隔を狭めたり，註釈などで以前より小さな字径の書体を採用したりするなどの，様々な経済的な書き方が求められた。数多くの古高ドイツ語による註釈を書くのに使われたこうした書体は，しだいに単にテクスト書体を小型化するところから，ある種の逸脱した書体へと展開していく。たとえば直立の長い線のaや，さらに縦長のsやf(この2つの文字は本文用の書体では基線より下の部分はわずかである)，またとくに，基線より明らかに下にまで達するrである[79]。

ここで9世紀後半から12世紀の間に，ゴシック書体に移行する前のカロリング小文字書体が蒙った変化——部分的にフランス，ドイツ，イタリアにあてはまる——について，別の考察も追加しておきたい[80]。kとzは多様な形をとり，字径もしばしば大きい。個々の書体の時代と地域を特定しようとする企ては，絶望的のように見える[81]。すでに9世紀に弧線部がほとんど鉤爪型になっていたhは，12世紀以降に基線より下に鉤爪部をおくのが普通となる。Nは小文字書体からまもなく消える一方，2つの先端のある開いたaは次第に衰退し，丸みを帯びたdと(11世紀以降に語の綴りによく現れる)vとは，いまや着実な構成要素となる。語末では多くの場合上に書かれた丸みを帯びたSが，すでに10世紀にはしばしばvと連綴文字を形成するのが見られる。丸みを帯び

1973), Taf. 2-8 ; Catal. of Dated and Datable mss. 1, Abb. 52.

79) 例として Chroust I, 3, Taf. 8(オトゥロの筆跡。I, 3, Taf. 7 と比較せよ)。Chatelain, Pal. class. lat., Taf. 157(= Nomenclature, Abb. 2) ; Bischoff, Paläographie, Abb. 3. この書体はすでに830年ころにその萌芽があらわれている(Bischoff, Schreibschulen 1, Taf. 6d)。

80) 経験的に言えることであるが，年代を決定するために伝統的に用いられてきた基準のいくつか，たとえばaの縦線が徐々にもち上がることとか，gの2つの輪が閉じることなどは，それほど適切ではない。この種の基準を列挙したものとして，たとえば K. Löffler, Einführung in die Handschriftenkunde(Leipzig 1929), S. 127 ff. ; Foerster, Abriß², S. 193 ff. があり，それに対して Johanne Autenrieth, Probleme der Lokalisierung und Datierung von spätkarolingischen Schriften (10. und 11. Jh.), in : Codicologica 4(Litterae textuales, Leiden 1978), S. 67 ff. は，系統だった的確な指示を与えてくれる。一般的な考察は G. Powitz, Datieren und Lokalisieren nach der Schrift, in : Bibliothek und Wissenschaft 10(1976), S. 124 ff.

81) Margarete Ziemer, Datierung und Lokalisierung nach den Schreibformen von k und z im Althochdeutschen(Diss. Halle 1933).

第II章　中世のラテン語書体　│　167

たdの上部の書き始めには，12世紀にはeの小頭部が接続するようになる(de)[82]。wの音を表わすために，古くからuの文字を2つ重ねて用いてきた(uu, uv など)が，11世紀になると一体化したwの形があらわれる[83]。草書体の名残りとして，アセンダを肉太の杵状にすることは，10世紀以降には概して全く流行遅れになり[84]，かくしてアセンダは以前からしばしばなされていたようにボタン状に圧縮されるか，あるいは島嶼方式のように篦型の書き線で強調されるようになった。そこから，開いたフォークの形をした上部先端が，フランスではすでに1050年以前から[85]，ドイツ西部の書体では1100年頃には[86]発展する。

　すでにカロリング朝期以前に，二重母音 ae の代わりにしばしば用いられていたセディーユ(尻尾)のついた e(ę) は，10世紀と11世紀にますます使われるようになった。その結果，ae をどこで使用するかしないかが曖昧になってしまった(しばしば ęcla [ecclesia] などが出現)。12世紀になると ę は，単なる e にその席を譲った。ドイツ語の二重母音 uo に関しては，早くも9世紀から，o の上に上に向かって開いた弓形を付すようになり[87]，それが10世紀になると，とくに語頭(名辞での)において安定した連綴文字の ŏ になる[88]。12世紀になると，逆に u の上に o が乗った形 ů の方が頻繁になる(時として二重母音 ou の代わりにも)[89]。1100年頃から(イタリアでは11世紀末から)，2つの隣接する i の線(ii)と u とを区別するために，i の上にアクセント記号をつけて並べて書くようになった(íí)(西方の写本では，その代わりに ij とすることも多い)。このアクセント記号を付した i は，12世紀から単独の i でも見られるようになっ

---

82)　たとえば Petzet / Glauning, Taf. 20.
83)　この形は「ベーダの説教集 Homilie Bedas」(10世紀)のなかで，ほぼ完成されている。J. H. Gallée, Altsächsische Sprachdenkmäler, Faks. (Leiden 1895), Taf. 3.
84)　アンジェでは，この古い書体が1000年頃になお散発的に使用され，あるいはその後まで用いられていた。J. Vezin, Les scriptoria d'Angers au XIe siècle (Paris 1974), S. 134 u. Taf. 1 f., 28 ff.
85)　Catal. mss. datés 3, Taf. 18a (ディジョン) ; 5, Taf. 7a.
86)　たとえば Chroust II, 4, Taf. 10a, 2. Abb. ; 5, Taf. 5 ; 8, Taf. 6b.
87)　Petzet / Glauning, Taf. 4.
88)　ギリシア語の[ου の]連綴文字 ૪ に触発されたのかもしれない。
89)　Petzet / Glauning, Taf. 20.

た[90]。

　ザンクト・ガレン修道院から伝播したことが明らかなアイルランドの形式については，すでに述べた。これはおそらくアイルランド人教師がカロリング朝の教育において重要な地位を占めたことに起因するが，その影響力が一般にも広く及んだことは，写本での訂正だけでなく，親本自体(たとえば『ストラスブールの誓約』)でも[91]，h に代えて気息音(spiritus asper)を圧倒的に頻繁に使用していることからうかがえる。この記号は，基線のすぐ上に書かれることさえあった[92]。無気息音(spiritus lenis)の方は，母音の語頭音または h の省略を指示するために使われるのは比較的稀であった[93]。quod や quidem などのために，省略形であることをしめす横線を付した qd のような短縮形で用いられる組文字(モノグラム)風の連綴文字も，そこに由来する。

　9世紀の終わりから，フランスでもやはり書体の内発力が衰滅し，一種の様式喪失へと向かうのであるが，それはドイツに比べれば遥かに低い程度である。フランスでも杵型のアセンダは同じように，短い三角形あるいは二又のフォーク状のセリフにとって代わられる。10世紀に有力な大書写室で夥しい写本が制作されたが，その書体のうちでわずかに角張っていたり[94]，あるいは堅苦しかったり[95]，また安定性に欠ける[96]などの特徴があれば，カロリング朝期以降の成立であることが認められる。11世紀になると，書体はさらに一段とカロリング朝期の調和と熟達した筆運びから離れてしまうが，個々の字形の点ではほとんど変化がなかった[97]。11世紀にアンジェの非常に活発な書写室が，トゥ

---

90) Ebd., Taf. 20

91) M. Enneccerus, Die ältesten deutschen Sprachdenkmäler in Lichtdrucken (Frankfurt / M. 1897), Taf. 34–36 ; Steffens², Taf. 69.

92) Clm 14070c, f. 54 ; 14792, f. 60.

93) F. J. H. Jenkinson, The Hisperica Famina (Cambridge 1908), S. XXV. ギリシア語の影響を受けた省略形の形については，本書 209 頁以下参照。

94) たとえば Laon 274 写本は，ニーダー・ロートリンゲンのラテリウスの周辺に属するものである。

95) たとえば Pal. Soc., II Ser., Taf. 109/110.

96) Catalogue des mss. datés の各巻と Danielle Gaborit-Chopin, La décoration des mss. à Saint-Martial de Limoges et en Limousin du IXe au XIIe siècle (Paris / Genf 1969) ; J. Dufour, La bibliothèque et le scriptorium de Moissac (Genf / Paris 1972) 参照。

97) たとえばサン・ジェルマン・デ・プレ (Catal. mss. datés 3, Taf. 16b)，クリュニー (ebd. 3, Taf.

第 II 章　中世のラテン語書体　｜　169

ールのサン・マルタン修道院のカロリング様式ときわめて密接で、しばしば実り豊かな関係を持ったのは、おそらく他に類例のない現象である。模範となったトゥールに対して、もっとも注目すべき斬新さ——これはアンジェに限ったことではない——は、二重母音の ae と oe の区別をつけたことで、セディーユ付きの e と、強度の弱い、あるいは中位の強さの休止符（プンクトゥス・キルクムフレクスス punctus circumflexus）[98]を導入して区別した。しかしより現代的な様式化も存在した。そうしたものとして、フルーリ修道院のアボン（1004年歿）[99]の周辺で使われた、縦長で直立し、わけても尖った線をもつ書体と、ランスのサン・ティエリ修道院の書写室で 11 世紀に用いられていた洗練された斜体がある[100]。10 世紀と 11 世紀初頭の多くの教育用のフランス写本には、アイルランド書体を模範にするか、外国人であるアイルランド人と接触することにより、文字の連綴や短縮の面で著しくアイルランド的要素が浸透していた[101]。これにより、9 世紀の註釈作業においてすでに観察された、学校現場での書写実践の経済的な傾向が助長されることになった[102]。ゴシック期の開始にあたって、古い世代と新しい世代の 2 つの様式の共存するさまが、時として観

18b u. 234)、リモージュ（ebd. 2, Taf. 18）の例を参照。ただしクリュニーでは様々の様式が見られる。Monique-Cécile Garand, Copistes de Cluny au temps de Saint Maïeul（948–994）, in : Bibl. Éc. Chartes 136（1978）, S. 5–36, 6 Taf. ; dies., Le scriptorium de Cluny carrefour d'influences au XIe siècle : le ms. Paris B. N. F. Nouv. Acq. Lat. 1548, in : Journal des Savants 1977, S. 257–283.

98) J. Vezin, Les scriptoria d'Angers（註 84）参照。同書 S. 138 ff. は、セディーユつきの e（ae の代わり）と下に 6 の字のついた e（oe の代わり）の研究であり、S. 151 は、シトー会の句読点法の特色となった punctus circumflexus についてである。また Paris, B. N. F., Lat. 9431（1096 年以降）のなかでも 9 世紀のある書体が見事な技量で模倣されている。Catal. mss. datés 3, Taf. 25a 参照。

99) 字径の小さい例は J. Kirchner, Die Phillipps-Handschriften（Beschreibendes Verzeichnis der Miniaturen-Hss. der Preuß. Staatsbibliothek zu Berlin 1, Leipzig 1926）, S. 22. Élisabeth Pellegrin, Membra disiecta Floriacensia, in : Bibl. Éc. Chartes 117（1959）, S. 14 f. 参照。特徴的な例としてもうひとつ、Chatelain, Pal. class. lat., Taf. 22, 1 がある。

100) たとえば Vatic. Regin. Lat. 1504 ; Kopenhagen, Fragm. 19, m. 3.

101) Paris, B. N. F., Lat. 1535, f. 151ᵛ f. にある 9 世紀のカロリング朝期の付加において、紙面を効率的に利用する手段がすべて動員されている。

102) Vatic. Rossian. 247（おそらくフランス西部で 10 世紀に書かれた）の、たとえば f. 199ᴿⱽ ; Metz 227（11 世紀前半）参照。短縮形（たとえば、est の代わりに ⁓ と記す）が満載の 10–11 世紀の弁証論のテキストは Paris, B. N. F., Lat. 12958, f. 1–43.

察される[103]。

　プロヴァンス地方では，俗語のテクストの筆写に際して，zの音を綴り字において区別して示すという問題が提起される。この問題は12世紀に解決されて，tzあるいはdzを示すには，tあるいは（丸みを帯びた）dに鎌形のセディーユを付すことになった[104]。

　カロリング小文字書体は，10世紀にイングランドに移植された。イングランドは大陸と様々な結びつきをもっていた。王朝の姻戚関係，ブルターニュとの接触，そして最後にベネディクト修道会の強力な改革があげられる。改革の動きはカンタベリー大司教ダンスタン，アビンドンの修道院長にして後のウィンチェスター司教エセルウォルドらが指導したが，この最後の要素が後世に最も大きな持続力を持った。彼らの戒律はフルーリ修道院とヘントのシント・ピーテル修道院の影響下に成立したが，ことイングランドのカロリング朝書体については，コルビィ，サン・タマン修道院などの他のフランスの書写室が制作した写本も手本となった[105]。その際に，書体はイングランドの厳格な書記伝統に服さなければならなかった。同じ手でカロリング小文字書体とアングロ・サクソン小文字書体が書かれている場合には，写本筆写用として共通の字体はアングロ・サクソン書体に近い形が採用されている[106]。アングロ・サクソン書体と並んで，カロリング小文字書体は，証書を作成するのにも用いられた。

　様々な書体が明瞭に浮かび上がる。たとえば「聖エセルウォルドの司教定式書」は，幅広の丸みを帯びた大字径の書体で書かれており，これはとくに貴重な写本を筆写するのに相応しかった[107]。同じ書体の最も古い例としては，ウィンチェスターとアビンドンに由来するものがある。カンタベリーのセント・オーガスティン修道院の書体は，縦長でディセンダやrの先端が尖っていて，他

---

103) たとえば Catal. mss. datés V, Taf. 11b（1148年に死去したギヨーム・ド・サン・ティエリの古風で立派な書体とともに）u. 234b（シニー Signy のもの）。
104) Cl. Brunel, Remarques sur la paléographie des chartes provençales du XIIe siècle, in : Bibl. Éc. Chartes 87 (1926), S. 347 ff.
105) 書体の模倣がときに完璧に近かったため，「ケンブリッジ詩篇」（Corpus Christi Coll. 411）がフランスのものと見なされたほどであった。
106) Ker, Catal. of Mss, Taf. 2-5 参照。
107) T. A. M. Bishop, English Caroline Minuscule (Oxford 1971), Taf. X.

第 II 章　中世のラテン語書体　｜　171

の要素についてはアングロ・サクソン小文字書体から自由に多くの借用をしているのが特色である[108]。一方，クライスト・チャーチに関しては，その書体はより確固たる安定した書体として特徴づけられる[109]。第 2 の例として，クライスト・チャーチのほとんど同時代(11 世紀前半)の丸みを帯びて高く伸びた書体は，最古のアングロ・ノルマン書体に近くなるものの，その堅固さをそなえていない[110]。11 世紀末と 12 世紀初頭には，明らかにノルマン人写字生とイングランド人写字生の共同作業によって制作されたイングランドの写本も存在した[111]。

ノルウェーとアイスランドでは，最初のめまぐるしく交替する影響のうちでも，イングランドのそれが最も大きかった[112]。これらの地域では，カロリング小文字書体とゴシックの小文字書体によってイングランドのルーン文字が保存されたのである。アイスランドでは，新しい音声記号を用いて書体を補完しなければならなかった[113]。同じように，スウェーデンでも þ と ð が採用された。これらの記号のうち前者はデンマークでもやはり用いられた。母音変容(ウムラウト)ae と oe を表わすために，2 つの記号(前者について ǣ，後者について ø とそれに類する形)が追加され，母音字は増加した[114]。

イタリアの書物筆写用書体に関しては，概してカロリング朝以降の移行期を特徴づける様式上の不安定さが，ドイツやフランスなどに比べてさほど痕跡を残していない[115]。多くの書体が比較的ずんぐりしており，あまり丈が高くないままである。斜体の角度もそれほど目立たず，縦線が総じて垂直に書かれる傾

---

108)　Ebd., Taf. IV, V, VII.
109)　Ebd., Taf. VI.
110)　Ebd., Taf. XXII.
111)　Ker, Engl. Mss., Taf. 1b, 2–3. また，フランドル女伯ユーディットに仕えたある写字生については Bishop, English Caroline Minuscule, S. XVI f. 参照。
112)　本書 125 頁註 73 で引用した文献参照。
113)　D. A. Seip, Palaeografi B, Norge og Island(Nordisk Kultur 28, Stockholm / Oslo / Kopenhagen 1954), S. 36 で図示され，増補されたアルファベット参照。
114)　J. Brøndum-Nielsen(Hrsg.), Palaeografi A, Danmark og Sverige(Nordisk Kultur 28, Stockholm / Oslo / Kopenhagen 1943). 北欧の書体の例は Kirchner, Script. Goth. libr., Taf. 15, 46a, 61a；Katal. d. dat. Hss., Schweden, 1, Abb. 36, 42, 57 usw.
115)　A. Petrucci, in : Studi Med., 3. Ser., 9(1968), S. 1115–1126 が，9 世紀から 12 世紀にいたる書体がしめす徴候の変化を詳述している。

向が強まるのがわかる。こうして「ロトゥンダ書体」を導く発展の進路がきまる。多くの書体では，12世紀まで連綴文字のriと2階建て草書体のtiが保持される。

　11世紀と12世紀初頭に，ローマとその周辺で斜体の書体が登場するのは，それだけにいっそうの驚きである。この書体もまた，丸みを帯びた写本筆写用書体を繰り返し強調している（o，きわめて頻出する丸みを帯びたd，そして弧線がふっくらとして閉じているg）。まさに一般的といえる現象としては，縦線（しばしば基線のやや下まで伸びるrのそれも含め）にセリフが付加されること，iとmおよびnの終わりの線が，水平の線をそなえていることなどである[116]。この書体には様々な呼称が与えられている。たとえば，「ファルファ書体」というのは，サビーナ丘陵に所在するこの帝国修道院で，この書体が豊富にまた典型的に確認されるからであり，また「ローマ小文字書体（ロマネスカ）」[117]ともいわれるのは，それがローマ，それも教皇庁周辺[118]，スビアコ，ティヴォリその他のイタリア中部地方で用いられたからである。この「ロマネスカ」については，明らかに極めて散発的な資料しか残されていない，ローマのカロリング小文字書体にさかのぼるものだとする議論がある[119]。ドイツの書体発展の立場から考えるならば，この書体はむしろ，「在地の小文字書体に南ドイツの書体が強く被さった」[120] ことの結果として，説明されなければならないものの，なぜこのような重層化が生じたのか，その理由はまだ突止められていない。これはおそらく，アレマニエンの文頭装飾文字の様式が広く作用し

---

116)　W. M. Lindsay, The Farfa type, in : Palaeographia Latina 3 (Oxford 1924), S. 49-51 m. 3 Taf. (E. Carusi, ebd., S. 58 f. はその写本リスト) ; Arch. Pal. Ital. 2, Taf. 4 f., 33-43 ; 6, Taf. 93-100 ; Catal. manoscr. datati 1, Taf. 16-26, 29-32 (興味深いヴァリアントつき) ; Paola Supino Martini (註21), in : Studi Med., 3. Ser., 15 (1974), S. 790 ff. m. Taf. 9-11.

117)　Battelli, Lezioni³, S. 193.

118)　たとえば，1099年から1118年のあいだに筆写されたデウスデーディトの教会法集成（Ehrle / Liebaert, Taf. 35）参照。

119)　P. Supino Martini (註21), S. 790 ff. ; dies., La produzione libraria negli 'scriptoria' di Farfa e di S. Eutizio, in : Congresso Internazionale "Il ducato de Spoleto" (Spoleto 1983), S. 581-607.

120)　Daniel (註60), S. 41. P. Supino Martini, Taf. IX と Bruckner, Scriptoria 3, Taf. 26a, 27b.c, 32a-c, 46a.b における9世紀末から11世紀にかけてのザンクト・ガレンの書体選とを比較できる。しかしながら，この仮説の証明が不可能なことはB. Bischoff, Paläographie 1981, S. 102 f. のなかで述べられている。

第II章　中世のラテン語書体　｜　173

たこととの関連を見るべきであろう。ローマもまた12世紀には，北イタリアと中部イタリアに普及した，直立の「改革された」小文字書体による巨大聖書の制作に参加している[121]。

スペインではカロリング小文字書体が導入されるにあたって，多くの要因が絡み合っていた。なかでもピレネー山脈を越えてのクリュニー修道会の浸透と，教皇グレゴリウス7世のもとでのローマ典礼の受容が挙げられる。これに，教会の典籍には「トレド書体」を使用することを禁ずる1090年のレオン教会会議の決議が続いた[122]。また後期西ゴートの写本も存在し，そこにはカロリング小文字の写本書体 (a, g, t) が精気を失った弱々しい姿で散見される[123]。ルカヌスの1写本 (11-12世紀頃) が存在するが，これは2人の手になるもので，ひとりは西ゴート書体の小文字で，もうひとりはスペインの影響が明瞭なカロリング小文字書体で筆写している[124]。

12世紀までの証書書体に関連して，イタリア[125]，スペイン[126]，イングランド[127]に関して，すでに若干の指摘をしておいた。フランク国家において，初期カロリング朝の尚書局書体は，密につまった細長いメロヴィング朝の尚書局書体を引き続き用いたが[128]，それはより均整の取れた，より闊達で，宮廷に相応しい典雅な書体となった[129]。フランスの国王尚書局は10世紀まで，この書体を保持した[130]。だが王ルートヴィヒ2世が支配する東フランク国家の国王尚

---

121) この書体の多数の例として E. B. Garrison, Studies in the History of Mediaeval Italian Painting 1-4 (Florenz 1953-1956).
122) A. Hessel, Studien zur Ausbreitung der karolingischen Minuskel I, in: Arch. f. Urk. 7 (1921), S. 197-202; A. Millares Carlo, Tratado, 1, S. 140-143. しかし，本書136頁を見よ。
123) Ewald / Loewe, Taf. 38 (1105年); Arndt / Tangl 2⁴, Taf. 37 (下署は1109年).
124) H. Foerster, Mittelalterliche Buch- und Urkundenschriften (Bern 1946), Taf. 22a.b; New Pal. Soc., 2. Ser., Taf. 144.
125) 本書138頁。
126) 本書134頁註22。
127) 本書124頁。
128) 王名を標記するさいの細長い「エロンガータ書体 litterae elongatae」の使用が，カール大帝以来証書の最初の数行全体に敷衍された。
129) 「ハンメルブルク王領地四至確定文書 Hammelburger Markbeschreibung」の写字生がこの書体の特徴を模倣しようと試みた。Chroust I, 5, Taf. 7; Arndt / Tangl 3⁴, Taf. 73; ChLA XII. 542.
130) F. Lot / Ph. Lauer, Diplomata Karolinorum, 1-9 (Toulouse / Paris 1936-1949). 10世紀については同書第6-8巻を見よ。

書局では、写本用書体の変動と並行して、草書体の伝統全体との決定的な断絶が起こった[131]。この変化は、859年以来尚書局での活動が証明されている書記ヘバルハルトにさかのぼる。新たに創出された「証書用小文字書体」は、概して通例の書物用小文字書体という写本用書体を継承した。それは長い波打つアセンダ、開いたa、長いr、渦巻型のセリフをそなえたc, e, pや、これと似た変化を見せる縦長の字形と若干の連綴文字や渦巻型の短縮記号などにより、独特の合成的な外見を呈している。11世紀と12世紀には、尚書局の証書書体は、峻厳な荘重さを帯びる。この書体は、ひろくドイツ周辺一帯で国王[132]ならびに多くの聖俗高位役職者の証書で模倣され[133]、12世紀には「教皇庁小文字書体」[134]の様式化にさえ影響を与えた。この書体はフリードリヒ2世のもとで廃された。ザリエル朝のもとでは、文書のなかで個人の名前を際立たせるために大文字の写本書体を用いるのが慣行になっていて、これは以前からすでに個別には行われていたのだが、証書や聖人の名前を強調する多くの聖人伝記集の写本にも共通している。私文書には、もともと全くの書物筆写用書体が用いられていたが、部分的に渦巻型の文字が混じり、後になると次第に縦長の字形となり、しばしば長いアセンダとディセンダをともなう書体で書かれた。

---

131) 本書162頁以下。
132) これはある程度フランスについても言えることである。Françoise Gasparri, L'Écriture des actes de Louis VI, Louis VII et Philippe Auguste (Genf / Paris 1973) 参照。
133) 多数の写字生がsの上部を格子状の飾り文字にしたり、gを細長くして§の形として装飾を誇張することにより、写本を立派に見せようとした。その豊富な例はJ. Stiennon, L'Écriture diplomatique dans le diocèse de Liège du XIe au milieu du XIIIe siècle (Paris 1960) ; ders., Pal., S. 104-107 ; ders., Le rôle pédagogique du 'treillis', in : Miscellanea codicologica F. Masai dicata MCMLXXIX 1 (Gent 1979), S. 185-188 を見よ。
134) この書体自体がただちに国際的に手本となった。

8. ゴシックのテクストゥラ（テクストゥアリス）書体

書物筆写用の新しい書体[1]が，11世紀のベルギーと北フランスで準備される。10世紀にはまだ，この地域では根本的にカロリング的形態を保っていたが，それはより硬直するか角張ったものになって，調和のとれた性質を失っていた。11世紀にはこの変化がさらに明瞭になり，引き伸ばされるか，あるいは圧縮されるか，あるいは角張った書体が優勢となる。細いセリフが文字の書き出しと書き終わりに加えられ，アセンダは篦状に強調され，aの縦線は決然と直立している。11世紀前半にすでに，司教座聖堂首席司祭で修道院長のウィカルトの時代（1034/35-1058年）のヘントのシント・ピーテル修道院や，ほぼ同時代の北フランスでは，ひとつの現象が根を下ろしていた。それは，8世紀および9世紀の島嶼書体とその影響を受けた書体とともに，より新しいイングランド書体にも広く普及した現象であった。折れ線という現象である[2]。この折れ線書体のヘント型は，各線が短く，nやuがほとんど正方形で，短期間しか生き長らえなかった[3]。これに対して北フランスの縦長の折れ線書体は，未来への豊かな可能性をはらんでいた[4]。イングランドでは，ノルマン人のこの書体は，

---

1) J. Kirchner, in : Crous / Kirchner, Schriftarten, S. 7–25 ; ders., Script. Goth. libr. ; Mazal, Gotik ; Thomson, Bookhands ; Cencetti, Lineamenti, S. 205 ff. ; ders., Compendio, S. 71–79 ; V. L. Romanova, Rukopisnaja kniga i gotičeskoe pismo v Francii v XIII–XIV vv. (Moskau 1975). ゴシック書体の分類については G. I. Lieftinck, in : Nomenclature, S. 15–32 ; ders. in : Mss. datés, Pays-Bas 1, Texte, S. XIV ff.（新しい名称が一部にある）。この分類はとくに14-15世紀のオランダの写本を基礎にしている。より単純化された新しい形での提案は Gumbert, Utrechter Kartäuser, S. 204 f. さらに新しい強力な主張として J. P. Gumbert, A Proposal for a Cartesian Nomenclature, in : Litterae textuales. Miniatures, Scripts, Collections, Essays presented to G. I. Lieftinck 4 (Amsterdam 1975), S. 45–52（ゴシック体を，aと長いsあるいはfの形から，そして弧線部のあるなしから定義しようとする提案）がある。Ders., Nomenklatur als Gradnetz. Ein Versuch an spätmittelalterlichen Schriftformen, in : Codices manuscripti 1 (1975), S. 122–125（前掲書と同じ主張）。
2) これが「島嶼書体の影響」(J. Boussard) であるのか，それとも技術と様式の面で類似する書体の影響によるのか，まだ十分には解明されていない。J. Boussard, Influences insulaires dans la formation de l'écriture gothique, in : Scriptorium 5 (1951), S. 238–264 参照。ベネヴェント書体の折れ線は種類も機能も根本から異なるが，それについては本書150頁を見よ。
3) A. Verhulst, L'activité et la calligraphie du scriptorium de Saint-Pierre-au-Mont-Blandin, in : Scriptorium 11 (1957), S. 37–49 u. Taf. 5–10 ; Mss. datés, Pays-Bas 1, S. 88 u. Taf. 44–48 参照。
4) モン・サン・ミシェルにおける11世紀のこの書体の例は，J. J. G. Alexander, Norman Illumination at Mont St. Michel 966–1100 (Oxford 1970), Taf. 2–6 ; Catal. mss. datés VII, Taf. XXIII 参照。

イングランドの書写芸術と融合したカロリング小文字書体として出現した。ノルマン書体はこの地で調和的な威厳と厚みを獲得したが，この現象がはっきり見てとれる事例は，大司教管区首座であるカンタベリーのクライスト・チャーチで 1100 年直前に記された写本群のなかにある[5]。12 世紀の西方の初期ゴシック書体に，濃密なある種の豊満さと柔和さが見える場合，そこにはイングランドの要素が働いているのである[6]。

　北フランス書体とその後のあらゆるゴシックのテクストゥラ書体[7]の最も目立った特徴——カロリング小文字書体と 11 世紀にドイツで優勢であった書体に対比しての——は，a の縦線も含めて，縦の線すべてが長くなり，かつ直立することである。だがこれと並んでゴシックの書物筆写用書体の最終形態の本質的な特徴は，先端が基線に接するかまたはそれを越える g, j, p, q, y，および h の弧線を例外として，f や長い s などのすべての文字が基線上に位置することである。ゴシック体化の原則は，基線にたいして直立の線がすべて同じように扱われること，すなわち折り曲げられるか，連結線が付されるかである。線の引き方は，西方の初期ゴシックでは概して明確な規範に従っている。すなわち i, u, r, p の縦線，m と n の書き始めの線では，その上部の先端のアセンダが二又のフォーク状に書かれ，しばしば際立っている。m と n の続く縦線は，その前の線にヘアラインで接続し，非常にしばしば上から 3 分の 1 のところで折れ曲がっている。細線と太線が角度を作って結合するときは，建築のオジーヴ[尖頭アーチ]に喩えられる折れたアーチ状になる。ドイツでもゴシック書体化に向かう過程のなかで，基線域にある(書き始めの)二又フォーク線が，たと

　　ダラムにおける「「ギヨーム・ド・サンカレ」の聖書(Carilef Bibel)」も参照。R. A. B. Mynors, Durham Cathedral Manuscripts to the end of the twelfth century (Oxford 1939), Taf. 16 f. (二又のある縦線の基部を伴う)。

5) Ker, Engl. Mss., S. 27 ff.
6) このことは 1122/23 年のサヴィニ修道院長ヴィタルの死者回状におけるフランスの書体とイングランドの書体を比較すれば明らかである。ファクシミリ版として L. Delisle, Rouleau mortuaire du B. Vital, abbé de Savigni (Paris 1909).
7) 書体の名称については C. Wehmer, Die Namen der gotischen Buchschriften, in : Zbl. f. Bw. 49 (1932), S. 11–34. 様式については Fichtenau, Mensch und Schrift, S. 186 ff. ; R. Marichal, in : L'Écriture et la psychologie des peuples (27e Semaine de synthèse, Paris 1963), S. 225 ff.

えば1181年の「トリーアのルフィヌス写本」におけるように採用され[8]，1238年のブレデラーの豪華聖書[9]にもなお明らかに見て取れる。13世紀の中頃に，これらの二又フォーク線は，すでに12世紀に始まっていた縦線にセリフをいれる別の線引きによって，最終的にとって代わられた。二又フォーク状のアセンダ——これは後にしばしば小さな装飾用の線にすぎなくなる——とは対照的に，12世紀にはすでに基線域の縦線の場合には二又フォークを菱形に補強して縮める傾向が出現する[10]。ゴシック期の設計感覚は，優越する直線と折れ線部分の関係について，これ以上ない明瞭な解決策が見つかるまで手を休めることはなかった。折れ線部分は下端部分では菱形となるか，あるいは線がそれらに結合する場合は，長方形あるいは正方形になる。というのも一連の均一の長さの縦線を書くためには，ヘアラインをしばしば省略し，こうして「四角形」が先端と接触するようにしたからである[11]。線が上と下で折れるか，あるいは上で折れるだけかによって，写字生の親方たちは，「折れ字体」（「正方形書体」），あるいは「半折れ字体」（「半正方形書体」）と称する（図25）。これと並んで，最初の線を短いヘアラインによる単純なセリフを書き出し線とする書き方も存続している。折れ線のないこのテクストゥラ書体は，オランダやドイツの写字生の親方たちにより，「円形書体」と呼ばれた[12]。書き始めと書き終わりのセリフは，多くが急角度である[13]。初期ゴシック書体にのみ，書き終わりの線を基線に水平に揃える試みが，個々に見られる。遥かに多いのは，i, n, m, r などの文字が，基線の上まできれいに切断されている例である。この字形は後に「切断書体」の名前で知られるようになる。この書体はとくにイングランドで愛好されたが，ときとしてドイツでも使用されることがあった[14]。後の弧線による

---

[8]　Steffens², Taf. 86 ; Chroust II, 6, Taf. 2.

[9]　Chroust II, 24, Taf. 2.

[10]　この発展は，1138年から1180年までのイングランド司教の服従の誓いの書式に見られる。Ker, Engl. Mss., Taf. 18 f.

[11]　たとえば Petzet / Glauning, Taf. 48.

[12]　混交して現れることもあるこの種の書体については，W. Oeser, Das *a* als Grundlage für Schriftvarianten in der gotischen Buchschrift, in : Scriptorium 25 (1971), S. 25–45 m. Taf. 10–12 ; S. 303 参照。

[13]　たとえば1181年のルフィヌス写本。

[14]　たとえば1280–1290年ころの「レウブスの交唱聖歌集」のなかにある。E. Kloos, Die schlesische Buchmalerei des Mittelalters (Berlin 1942), Abb. 29 ff. 参照。

結合の独自の先駆として，bb と pp が非常にしばしば一緒に書かれるために，2 本目の縦線は最初の弧線を切断する[15]（図 24）。

　折れ，伸展，基線の上のすべての縦線が類似の構成であることなどが，すでに 11 世紀からゴシック書体化の兆候として登場し，これらの要素が一緒に作動するとき，カロリング小文字書体に対して「初期ゴシック」書体を，正式の識別表現として用いることが許される[16]。

　イタリアにおけるゴシック書体化はこれとは別の道をたどり，異なる書体が導かれた。多くのイタリアの書体は直立しているが，高さがなかった（nやuは正方形のような印象を与える）。より重々しく，直立の丸みを帯びた書体を書く傾向は，おそらくペンを削る方法の変化と関係しているのであろうが，12世紀初めにトスカーナ地方で，ついでローマに広まり，いまやそこで普及し，大きな影響力をもつ巨大聖書の書体を決定づける[17]。こうした巨大聖書を筆写するにあたり，（iやuと並んで）nとmの最後の線だけが右に折り曲げられ[18]，これに対して他の縦線は，hとrに見られるように，基線上にぴったり乗るのが通例である。fとs（これらはしばしば基線の下に突き抜ける），およびディセンダは折れずに終わる。この規則は保持される。明らかにいくらか肉厚になることもある縦線のセリフには，二又フォーク状の線がない。これら 2 つの理由により，中字高の文字の縦線の上端と下端に四角形が形成されない。nとmの書き始めのセリフで生ずる角度は，さらに広がる。丸みを帯びたdと（語末の）sが普及する。oの後にくるrが丸みを帯びるのが規則的になる。イタリアでも必ずしも基線域のなかにうまく収まらないzは，cにセディーユが付された新しい形態をとるが，それはイタリアではいかなる特別の音価ももたない[19]。波線形のティロー式速記記号 et が，連綴文字に取って代わる。このようにして，数世紀にわたって効力をもつ書体「ロトゥンダ（円形書体）」の基本形に到達するが，ゴシック書体特有の弧線連結がまだ欠けていた[20]。

---

15) たとえば Chroust I, 22, Taf. 2a u. 3.
16) B. Bischoff, in : Nomenclature, S. 7-14.
17) 本書 171 頁参照。
18) B. Pagnin, Le origini della scrittura gotica padovana (Padua 1933), Taf. 2-4.
19) Lehmann, Erforschung 4, S. 4 ff. 参照。
20) A. Petrucci, in : Studi Med., 3. Ser., 9 (1968), S. 1123 f.

第 II 章　中世のラテン語書体　　179

　　図 25　ゴシック・折れ字体の生成過程。g, i, s.

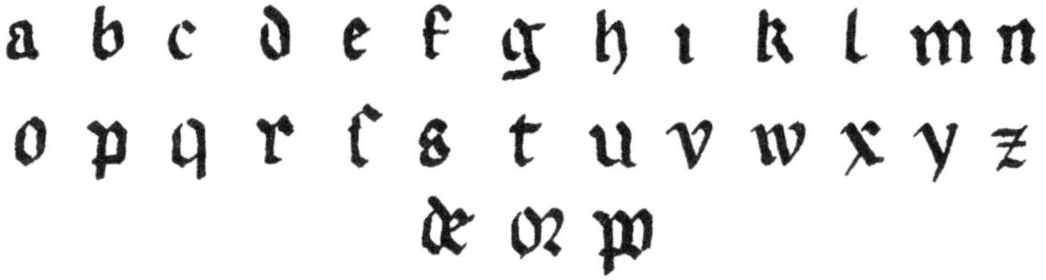

　　図 26　ゴシック・テクストゥラ書体

　　図 27　箱型の a 　　　　　　　　　図 28　背中の s

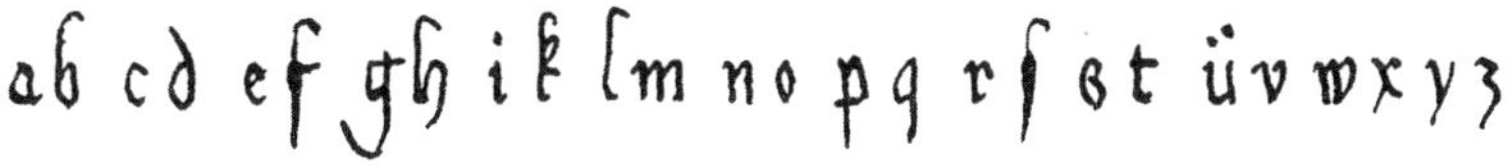

　　図 29　折衷書体(ドイツ語)

後に現れる弧線の連結をともなった，（完璧な）ゴシックのテクストゥラ書体の特徴的な形態は，ヴィルヘルム・マイヤーにより発見された規則に従って構築された[21]。その規則とは，(1) 2つの文字が互いに向き合って弧線部を持っている場合(たとえば be, oc, po)は，互いの弧線は近づき一部は重なってしまう。しかしテクストゥラ書体の場合は弧線が角張り，折れ曲るようになるので，2つの文字はその変形した弧線の垂直部分を共有する。(2)弧線と直線とが重なり合うのをできるだけ回避するために，古い連綴文字 or に由来する「丸みを帯びた」r を，弧線部をもつ b や，丸みを帯びた d とそれに h, p, v, y に繋ぐ。この原則は，13世紀初頭にゴシックの「テクストゥラ書体」に刻印され，フランスでもイングランドでも，ドイツでもイタリアでも適用された。その起源と目的は，ゴシック書体の美学に呼応するものであるが，可能なかぎり稠密な書体を作りださねばならなかったからでもある。連結の利用と適用に関しては，写字生の対応は多様であった。しかしながら，この原則を適用することで，いくつかの字形の選択，すなわち長い d か丸みを帯びた d かとか，u と v のいずれを使用するかなど，また「イエナ詩歌集」[22]に見えるように i にするか y にするかの選択すら，影響を受けた。この規則は活版印刷術の初期まで生き続けたのである[23]（図26および巻末図版16・19）。

　イタリア以外のテクストゥラ書体では，そのもっとも厳格な形式を守った場合[24]，いかなる弧線も許されず，弧線部分はおのずから角張ったいくつもの折れ線に分解される。

　フランスとイングランドで形成され，イタリア[25]と南フランスを除いて西方ラテン世界全体に普及した，細身のゴシックのテクストゥラ書体に対して，イ

---

21) W. Meyer, Die Buchstabenverbindungen der sogenannten gotischen Schrift (Abh. d. Kgl. Ges. d. Wiss. zu Göttingen, Phil.-hist. Kl., N. F. 1, 6, 1897). この現象を指すのにニュアンスに富む英語の表現は，biting（嚙みつくこと，嚙み合うこと）である。
22) Meyer, S. 93 ff. を見よ。
23) R. Juchoff, Das Fortleben mittelalterlicher Schreibgewohnheiten in den Druckschriften des XV. Jhs., 1, in: Beiträge zur Inkunabelkunde, N. F. 1 (Leipzig 1935), S. 65–77.
24) たとえば Degering, Schrift, Taf. 95.
25) ノルマン人が支配した南イタリアでは，12世紀には北方のテクストゥラ書体が書かれていた。H. Buchthal, A School of Miniature Painting in Norman Sicily, in: Late Classical and Mediaeval Studies in Honor of Albert Mathias Friend Jr. (Princeton 1955), S. 312–339 m. Abb. を見よ。

第Ⅱ章　中世のラテン語書体　│　181

タリアのテクストゥラ書体は幅広で、落ち着きのある特徴をそなえていて、弧線を連結させる方法に由来する「ロトゥンダ」という名称を正当化している[26]。「ボローニャ書体」もまたロトゥンダの一種である。ボローニャでローマ法や教会法の大学用書籍が職業的写字生により筆写された。この書籍の行間は狭く、短縮形が多用され、非常に経済的でありながら、また非常に明瞭である[27]。ロトゥンダに近い種類の書体は、13世紀と14世紀に南フランスでも書かれた[28]。スペインでも類似の書体が確認されている[29]。ユマニスト書体の出現の後に、ロトゥンダは次第にその効力を失うが、イタリアでは法学文献と典礼書の書体として、さらに長く使われた[30]（巻末図版15）。

　ドイツにおけるゴシック書体の受容は、ドイツの学生たちがフランスを高度な学問の故郷であるとみなし、この地の学校に集まるのが習慣になっていたことにより、促進される。このようにして、おそらくすでに西の書体関連の特徴がドイツに入り込んでいたのである（たとえば短縮形を示す弧線など）[31]。フランスの学校の求心力は、パリ大学に受け継がれ、そこが担った。フランスにお

---

26)　たとえば Steffens², Taf. 101 ; Kirchner, Script. Goth. libr., Taf. 23 ; Thomson, Bookhands, Taf. 75 ; Arch. Pal. Ital. II, Taf. 54 (A. Petrucci, La Scrittura di Francesco Petrarca, Taf. 19) 参照。

27)　B. Pagnin, La "littera bononiensis", in : Atti del R. Istituto Veneto di Scienze, Lettere e Arti 93, 2 (Venedig 1934), S. 1593-1665 (Ricerche Medievali 10-12, Pavia 1975-1977, S. 93-168 m. Taf. に再録)．図版はたとえば J. Destrez, La Pecia dans les manuscrits universitaires du XIIIe et du XIVe siècle (Paris 1935), Taf. 22-26 ; Steffens², Taf. 106 ; Ehrle / Liebaert, Taf. 43 f. 参照。書体の地域的および地方的スタイルについての知識は、世故に長けた枢機卿グアラ・ビキエリ（1227年歿）が遺言状に記録した蔵書目録において各項目を記述し識別するのに役立った。「ボローニャ文字」の他に、「パリ（の美麗な）文字」「イングランド文字」「アレッツォの美麗な古文字」に出会うのである。A. Hessel / W. Bulst, "Kardinal Guala Bichieri und seine Bibliothek", in : Hist. Vierteljahrschrift 27 (1932), S. 781 ff. 参照。

28)　E. Monaci, Facsimili di antichi manoscritti (Rom 1881), Taf. 1 f. ; Musée des Archives Départementales, Recueil de fac-similé (Paris 1878), Nr. 90, 108, 112 ; Catalog. mss. datés 6, Taf. 26 ff., 42a ; Stiennon, Pal., S. 257 ; Kirchner, Script. Lat. libr.², Taf. 42 参照。

29)　Thomson, Bookhands, Taf. 128 (1416年).

30)　歴代のミラノ公の図書室では、ロトゥンダからユマニスト書体への緩やかな移行が観察できる。Elisabeth Pellegrin, La bibliothèque des Visconti et des Sforza ducs de Milan, Supplément (Florenz / Paris 1969) 参照。ナポリのフェルディナンド王のために仕事をした写字生のなかで、ボヘミア人のヴェンチェスラス・クリスプスのみがロトゥンダ書体を、とくにトマス・アクィナスのテクストを筆写する際に用いている。T. De Marinis, La Biblioteca Napoletana dei re d'Aragona 1 (Mailand 1947), S. 63 f.

31)　たとえば Chroust II, 20, 5 (Hildesheim 1103 写本から)．

いては、書体と装飾の点で極めて統一的な写本制作で際立っていた、厳しく中央集権的な組織であるシトー派が普及したことも、ゴシック書体への移行に有利に働いた。だが典型的な「シトー派書体」については、ドイツにおいては留保をつけてしか語れない。それというのも、南ドイツやオーストリアの数多くのシトー派修道院は、何よりもこれらの地方の楕円斜体を保持するのが一般的だからである[32]。ドイツにおける書写技術の西方指向に対して、丸みを帯びたイタリアのゴシック書体の影響は、ドイツでは例外的に感じとれるにすぎない[33]。

　ドイツ西部地方では、その地の書体がもともと角張っていたおかげで、ゴシック書体化が容易であった。例としてトリーアのザンクト・マティアス修道院書写室を一瞥してみるならば、すでに明らかに縦の伸展傾向を示しているものの、いまだ不安定な線で書かれていた12世紀前半の書体が[34]、どのようにして峻厳で、直線的で、直立した書体となったか、そして結果的にfや長いsにおいてさえ一貫して直立的な書き始めと書き終わりのセリフを伴うようになったかを、教えてくれる[35]。1244年のある書体においては[36]、線の折れと弧線連結が完璧に実現している。こうして段階的に、ゴシック書体化の徴候が現われてくる。バンベルクの書写室では、1150年以降ためらいがちに新しい書体に接近していく[37]。前ゴシック的な書体の発展という基点を持たなかった他の地域、ことに南バイエルン地方やオーストリアでは、ゴシック書体の受容は、概して多くの場合伝統との鋭い断絶を経なければならなかった。だがここでも12世紀後半と13世紀初頭には、生硬で、そのうえ時として尖った形の移行期の書体が存在した[38]。13世紀中に、テクストゥラ書体はより自然で、より柔軟なも

---

[32] たとえばハイリゲンクロイツのようなきわめて典型的なシトー派書写室。Chroust II, 14 u. 15 参照。

[33] Chroust I, 21, Taf. 4（バンベルク）; II, 14, Taf. 9b（ハイリゲンクロイツ、1230年頃）; E. Kloos, Die schlesische Buchmalerei（註14）, Taf. 49 f., 52 ff.（シュレージエン、1320年頃）参照。より多く見られるのは15世紀の南ドイツである。Kirchner, Script. Goth. libr., Taf. 36（1472年）参照。

[34] Chroust II, 5, Taf. 8a（1126年）; 5, Taf. 9（1131年以降）.

[35] Ebd. II, 6, Taf. 2（1181年）.

[36] Ebd. II, 6, Taf. 6a.

[37] Ebd. I, 21 / 22.

[38] たとえば Chroust I, 17, Taf. 10（ザンクト・ガレン）; II, 3, Taf. 2 u. 5a（テゲルンゼー）; III, 4,

のになっていく[39)]。

　線の伸展と緊密化のため，弧線が互いに連結して太くなるというのが，北方ゴシック書体の一般的特徴であるが，そこでは個々の文字が互いに繋がっている様相を呈していて，単語がまるで稠密なブロックのような印象を与える。これに対して，この稠密志向が13世紀と14世紀初頭の多くのドイツ語テクストには，まったく欠けている。なかでも小字径の書体は，数字の3の形をした大きなzや，語頭でも語中でも書き出しが波打つ線となっているvの使用を伴いながら[40)]，非常に弛緩した文字配列を結びつけている。それに対してそれ以外のドイツ語書体は，テクストゥラ書体の通常の様相と全く異なるところがない[41)]。この区別はおそらく，一部の写字生ではすでにドイツ語テクストへの習熟が優越し，それ以外の写字生(主として修道院写字生か)ではラテン語テクストへの習熟が優越していたところに，根本的な原因が帰せられるであろう[42)]。

　ドイツにおけるテクストゥラ書体の全盛期は13世紀と14世紀であるが，14世紀の書体は過度に装飾的か，ゴツゴツと節くれ立った様相を呈している。たとえば語末のtには締め括りの飾りの線が付され，隣接するアセンダとはヘアラインで結ばれる。頭頂の四角形が小さな炎のように細かく震える特徴をもつ，テクストゥラ書体の特殊なヴァリエーションは，主に南東ドイツ地方が生まれ故郷であったようである。オーストリアの書体も，1300年頃にすでに個別的にこうした現象を示している[43)]。この小さな炎状の四角形は，カール4世とヴェンツェル(ヴァーツラフ)治下のボヘミア，シュレージエン，ポーランドにおいて，地方的な様式の指標となっただけでなく，また15世紀まで使用された[44)]。

Taf. 3/4(ヴァインガルテン). 類似した書体として Petzet / Glauning, Taf. 21(アウクスブルクか)。

[39)] その一例は『カルミナ・ブラーナ』(13世紀中葉以前)。Faksimile-Ausgabe hrsg. von B. Bischoff(München 1967).

[40)] たとえば Petzet / Glauning, Taf. 26b u. 36.

[41)] Ebd., Taf. 26a.

[42)] Crous / Kirchner, Schriftarten, Abb. 12 u. 13 における対照を参照。

[43)] Chroust II, 12, Taf. 7b ; 13, Taf. 4.

[44)] 図版は J. v. Schlosser, Die Bilderhss. König Wenzels I., in : Jahrb. der Kunsthistorischen Sammlungen d. Allerh. Kaiserhauses 14(1893), S. 214–317 ; J. Krasa, Rukopisy Václava IV(Prag

こうした技法と対照的に，神聖ローマ帝国の北西にあるオランダや低地ドイツ地方では，14世紀の最後の四半期以来，抜群の活発な書写活動を展開させて来た共同生活兄弟団や，ヴィンデスハイムのアウグスチノ会士たちが，地味で重々しい2段階のテクストゥラ書体を用いた。すなわち「正方形書体 textus quadratus」(縦線の上下の先端が四角形となるもの)と「円形書体 textus rotundus」(先端が方形にならないもの)であり，この2つは好んで典礼書の筆写に用いられた。数多いミサ典書のなかでも，ミサ典文だけは，正方形書体の拡大された書体で筆写された[45]。第3の書体として，1425年頃に「折衷書体」が加わる。

　15世紀には，今やしばしば簡素で，四角形で字径の大きなテクストゥラ書体は，ますます大判の典礼書や初等教科書への使用に特化した。この2つとも、初期の印刷術が書写の伝統を継承している領域である。テクストゥラ書体を衰退に導いた要因としては，折衷書体の出現のほかにおそらく，テクストゥラ書体を書くにはあまり適していない紙の使用が拡大したことが挙げられるであろう。紙の写本では，テクストゥラ書体は，しばしば始まりの数語を筆写するためだけに限定される。際立って四角形をなすテクストゥラ書体は，しかしながら初期印刷術時代の活字職工の腕の見せどころとなる最初の書体である。

　テクストゥラ書体の歴史を以上のように素描してきたが，その大本の正式のテクストゥラ書体，すなわち「フォーマルなテクストゥアリス書体」[46]の形成とは別に，このテクストゥアリス書体(「ゴシック草書体」やその誇張された変種とは対照的なものとしての)には広範な変種が含まれている。それは，13世紀以降それほどフォーマルではなく，多くが小字径で，証書や書簡の書体(た

1971). ザーツのヨハンネスによるヒエロニュムスの聖務日課の豪華写本(1404年)については，Chroust III, 16, Taf. 9/10. シュレージエン地方については，E. Kloos, Die schlesische Buchmalerei(註14), Abb. 89 f., 93 ff., 144 f., 203 など。Mazal, Gotik, Abb. 8–13 も参照。

45) W. Oeser, Die Brüder des gemeinsamen Lebens in Münster als Bücherschreiber, in : Arch. für Geschichte des Buchwesens 5(1964), Sp. 255 f.

46) G. I. Lieftinck, in : Nomenclature, S. 32 参照。彼の学説のなかでは，14-15世紀における「テクストゥアリス」が陰影をつけて次のように区別されている。すなわち「フォーマルなテクストゥアリス書体 textualis formata」「書物用テクストゥアリス書体 textualis libraria」「走り書きテクストゥアリス書体 textualis currens」(Gumbert, Utrechter Kartäuser, S. 204 f. 参照)。

とえば『トリスタン』のミュンヘン本の書体や『パルツィファル』の写本Gの書体)にまで近接するものである[47]。これらの書体で記された写本の数はきわめて多い。イングランドでは12世紀の終わり頃に，テクスト本文に使用される書体の等級は，単に小字径でやや修飾を加えられた註解用の書体と区別されただけでなく，これら二つの書体そのものの性格もより厳しく区別立てされた。さらにまた小字径の註解書体がテクスト本文の書体に昇格することもあった[48]。様式の格差はまた，中字径の本文書体とそれに付された註解や註釈との間に非常に頻繁に見られた。小字径のグレードにあっては，弧線や折れ線が結びつけられ，後者については角を丸くされることもある。この書体ではcとtはしばしば混同される。たとえば簡素化されたテクトゥラ書体は，13世紀と14世紀のパリ大学やオクスフォード大学[49]の短縮文字の多い大学書体において一般的であり，さらに加えて，その簡略化された一変種，すなわち極小字径でありながら明瞭で読み易い「真珠書体」が，13世紀にウルガタ聖書や新約聖書の袖珍本を筆写するために作られた[50]。

　テクストゥラ書体の字形には[51]，ごくわずかな変化しか見られない。そのいくつかはすでに指摘した。13世紀の終わりになると，aの縦線が再び丸くなり，その結果として丸い部分の2つある形になるが，これは草書体では多くの場合に起こる。この形はとりわけ14世紀に顕著である。その一方で，左側の弧線は，しばしば直線で引かれて，aの字は2つの要素にきっちりと分かれることもある(「箱型のa」)[52](図27)。iの上にある線は，14世紀から点に代わる。12世紀の終わりから，rには飾りの線がつくようになり，また12世紀と13世紀にはその肩線は，ときに縦線から分離する。zはドイツ語写本では様々な奇妙

---

47)　Petzet / Glauning, Taf. 32 f. ファクシミリ版は Wolfram von Eschenbach, Parzival, Titurel, Tagelieder, Cgm 19(転写版 H. Engels, Fr. Dreßler, Stuttgart 1970).
48)　Ker, Engl. Mss., S. 2 f.
49)　「パリ書体 scriptura Parisiensis」と「オクスフォード書体 scriptura Oxoniensis」の差異(Cencetti, Lineamenti, S. 220 f., u. Compendio, S. 76 f. 参照)については，研究をさらに深める必要がある。
50)　4つの事例による図版 New Pal. Soc., I. Ser., 2, Taf. 217. すなわち Crous / Kirchner, Schriftarten, Abb. 9 ; Degering, Schrift, Taf. 81 ; Exempla scripturarum 1, Taf. 11 ; Mazal, Gotik, Abb. 4.
51)　Gumbert, Utrechter Kartäuser, S. 215 ff. 参照。
52)　たとえば Crous / Kirchner, Schriftarten, Abb. 49. Gumbert, S. 226 参照。

な形をとる。たとえば3つの弧線をもったり[53]，『カルミナ・ブラーナ』では一部セディーユのついた c の形となったりするが，これはロマンス語圏南部ではあたりまえとなる[54]。vu のグループは，たとえば wlt のように，しばしば w と書かれる。母音変容（ウムラウト）や二重母音に際して，母音 o と e は上部に書かれるが，それは 14 世紀には単なる線に変化し，最後には上付きの v や一群の点に代わるが，これらは元来，弓形の小さな弧線であり，また母音変容を指示する2つの点であった[55]。

写本用の大きな書体（文頭装飾大文字体（ヴェアザーリエン）のことで，彩色されたロンバルド書体のことではない）は，もともとの単純な大文字形を捨てて，二重線，飾り葉脈文様の使用，鋸歯状の装飾付加[56]などにより，証書書体や草書体のそれと同じ原理に従って変容する。多くの写字生が複数の小文字書体に習熟しており，彼らが他の書体にも熟達していることは，しばしばその下署により示されている[57]。

15 世紀以前のドイツ中世において，恒常的な書籍取引とそれによる書体形成が存在しなかったにもかかわらず，目的と用途に応じて，書体と書籍の種類，および内容とのある種の結びつきが成立し，それは数世紀にわたって持続した。大きな字体のテクストゥラ書体は，フォリオ判のミサ典書とか豪華な詩篇集に使われただけでなく，必ずしも大きくない司教用定式書，ミサ典文[58]，聖務日課書といった書物の荘重さを増すためにも用いられた。またそれ以外にも聖書，説教集，修道院食堂での朗読用の書物[59]，聖人祝日暦，物故者記念書などを筆

---

53) 例として Koennecke, Bilderatlas, S. 37；Petzet / Glauning, Taf. 42b u. 48.
54) 註 19 を見よ。
55) Petzet / Glauning, Taf. 37, 39 usw. u. Bd. 5, Reg.
56) これについては本書 194 頁を見よ。
57) 例として Catal. mss. datés 1, Taf. 174（自意識過剰気味のイングランドの写字生マネリウスによる 12 世紀末の証書書体での下署）；ebd. 2, Taf. 44a（公証人書体，1321 年），52b（公証人書体，1342-1352 年あるいはそれ以前から），55b（技巧的な公証人書体，1356 年）；ebd. 3, Taf. 101a（ほぼ折衷書体，1332 年）；Mss. datés, Belgique 1, Taf. 30（装飾的書体，1236 年）；Katal. d. dat. Hss., Österreich 1, Abb. 46（1247 年あるいはそれ以前から，装飾的書体）；Mazal, Gotik, Abb. 6（装飾的書体，1300 年頃あるいはそれ以前から）.
58) Bruckner, Scriptoria 1, Taf. 38b；Degering, Schrift, Taf. 95 参照。双方とも 1 頁につき 12 行しかない。
59) たとえば Arndt / Tangl⁴, Taf. 62（『黄金聖人伝記集（Legenda aurea）』）；Petzet / Glauning, Taf.

写するのに利用された。法書や規約書の写本では，判型の大きさとテクストゥラ書体が，法令の厳粛性を表現している[60]。だからこそ，ブレスラウ（ヴロツワフ）へのマクデブルク法確認に関する豪華な証書（1283年9月12日付）[61]が，テクストゥラ書体で書かれたのである。ドイツ語の詩歌を収録した写本は，そのかなり多くが大きな判型で作られ，大きなテクストゥラ書体で書かれている[62]。注文した人々がこれらの書物に認めていた重要性が，これではっきりと理解できる。15世紀までこれとまったく異なる分野において通常のテクストゥラ書体を重用したのは，判型は小さくはあっても（八つ折判かそれ以下），聖務日課書，時禱書，個人用の教化本，つまりドイツ語の神秘主義写本である[63]。大きなテクストゥラ書体は，子供たちの講読やラテン語の教育にも役立ったことを最後にあげておこう。子供たちの教本タブラやドナトゥスの文法書（四つ折判）は実際，この書体で筆写されている。

9. ゴシック草書体と折衷書体

ゴシック期の書物筆写用書体のうち，第2の大きなジャンルは（書物用の）草書体である[64]。草書体という名称は書体史のより古い時代の類例を想起させるが，この類似を技術的な意味で過度に厳密にとらえてはならない。この新しい書体の創始期には，明らかに草書体とテクストゥラ書体の区別はなかった。両者の区別はまだ確定しておらず，その境界は流動的で，中世末期には多種多様な移行現象が見られた[65]。「草書体」という表現で理解されるのは，より単純な

55（『黄金聖人伝記集（Legenda aurea）』，ドイツ語）；Arndt / Tangl⁴, Taf. 64（グレゴリウス『対話』）。

60) Arndt / Tangl⁴, Taf. 28（『金印勅書』）および『ザクセンシュピーゲル』と東部ドイツ諸法の写本。

61) Chroust III, 12, Taf. 7 / 8.

62) たとえばイエナの詩歌集，マネッセ写本，Petzet / Glauning, Taf. 39, 40 など。

63) たとえば Petzet / Glauning, Taf. 49b, 50；Bruckner, Scriptoria 4, Taf. 38d；Deutsche Texte des Mittelalters 18 (Berlin 1910), Taf. ; Mss. datés, Belgique, 1, Nr. 58.

64) 文献については本書175頁以下，Mazal, Gotik, S. 40 f. を見よ。

65) この書体を私は以前に，中世後期ラテン語の用語により「ノトゥラ書体 Notula」と命名した（Paläographie, Sp. 428 ff., 抜刷では Sp. 50 ff.）。15世紀の書字親方たちの宣伝文から，この「ノトゥラ書体」で書かれたテクストが書簡用の書体の教育に使われたらしいことがわかる。この用語の意味は狭すぎるように思われる。

形態に縮小した書物用および証書用書体から発展した，新しい書体ということである。12世紀の終わりから，この種の草書体の存在を指摘することができ，きわめてぞんざいに書かれた下書きをはじめとして，そこには書物用書体と称され得る書体よりも劣った書体，書物用書体に近い筆運びで書かれてはいるが正式の証書書体以下のもの，加えて長いsとfがディセンダまで伸びる書体など，こうしたすべてが含まれた。書物筆写用としてのこの草書体は，証書書体に多くを負っている。より新しい証書書体の歴史は，300年間にわたり，書物筆写用書体と並行して発展して行く。そこでまずこの証書書体の歴史に，一瞥を与えなければならない。

　教皇庁尚書局が，ホノリウス2世下の移行期をへて(新しい)教皇庁書体を放棄した際，尚書局は神聖ローマ皇帝文書の証書用小文字書体を手本として教皇庁小文字書体を創案した。この書体は当然のことながら一定の様式上の改変を受けながら，作成にあたって文書の種類に応じて，確立した規則による等級づけがなされ，15世紀まで教皇庁書体として存続した[66]。テクスト内部では，中字高の線は手本となった書体よりも優雅であり，アセンダは部分的に渦巻型がなくなっている。この点で皇帝尚書局や他の尚書局は，次第に教皇庁尚書局に追随し，13世紀にそれらが生み出した記録には，簡素で草書体の色合いがより濃厚な書簡書体や帳簿書体が浸透している[67]。

　この分野でも，新しい傾向はまずドイツ以外の土地で明らかになる。イングランドのノルマン諸王の証書は，簡素な小文字書体で書かれたが，それらは12世紀中頃にすでに，多忙を極めた書記の手によって草書体の度合いが——たとえば上部の閉じた丸みを帯びたdのように——極端にまで推し進められた書体に到達している[68]。「国王書記 scriptores regis」のもとで顕著に表れる現

---

66) A. Brackmann, Papsturkunden (Leipzig / Berlin 1914) ; Exempla scripturarum III. この2つの集成は，「ボッラティカ書体(教皇印璽書体)Scrittura bollatica」(聖ペテロの文字 Littera Sancti Petri)の例を収録している。これは16世紀末から1878年まで教皇庁で用いられた書体のカリカチュアである。これについては Steffens², Taf. 125 ; Th. Frenz, Littera Sancti Petri, zur Schrift der neuzeitlichen Papsturkunden 1550–1878, in : Arch. f. Dipl. 24 (1978), S. 463–515 参照。

67) フリードリヒ2世が発給した同一の証書の，2つの異なる複本での2書体(Arndt / Tangl⁴, Taf. 88)参照。フランスについては Françoise Gasparri, L'Écriture des actes de Louis VI, Louis VII et Philippe Auguste (Genf / Paris 1973), S. 116.

68) T. A. M. Bishop, Scriptores regis (Oxford 1961)の一例を挙げるならば Taf. 19b. 拡大複写版は

象は，12世紀の終わりから公証人の使用する通常の書体の多くに，より一般的に観察することができる。すなわち一様に左に傾斜した書体は，あたかも花綱のような様相を呈し，そこでは再び u, n, m といった文字をひと筆で書くことが可能な状態に立ち戻っている[69]。さらに——より古い証書書体や註釈書体におけるように——ディセンダにまで達する長い s や f，また部分的には r，丸みを帯びた s の使用，および時としてループ形態をとるディセンダの折れ線などが出現する[70]。これに加えて，単語の語尾は下方に向けてアーチ状に曲がり（m や n の場合でも同じ），最終的にアセンダの二又は放棄され，概して文字の形態が単純化される。この基本的な趨勢のもとで，12世紀の終わりと13世紀に知識人の書体[71]，帳簿書体[72]や多数の書簡書体が互いに密接に結びついて用いられている。文学テクストの書体も，散発的にすでにこうした性格に近づいている[73]。ループ形態へのもうひとつの可能性が，b，丸い d, h, l のアセンダで生じたが，これらの字は証書書体において右側の弧線から書き始められた。ここで見られる一般的な傾向は，下から上までアセンダの上部にいたる弧線を

Ch. Johnson / H. Jenkinson, English Court Hand A. D. 1066 to 1500 (Oxford 1915) の扉口絵参照。

69) V. Federici, La scrittura delle cancellerie italiane dal secolo XI al XVII (Rom 1934), Taf. 33 の 1154–1164 年のジェノヴァ市登録簿も参照。

70) その初期の例は Exempla scripturarum I, Taf. 6 u. 8 ; II, Taf. 7 (1209 年) u. 34.

71) たとえばロバート・グロステスト (Thomson, Bookhands, Taf. 89)；アルベルトゥス・マグヌス (Thomson, Taf. 38 ; Kirchner, Script. Lat. libr.², Taf. 44b ; H. van Thiel, Mittellateinische Texte, Göttingen 1972, Nr. 26 ; H. Ostlender, Die Autographe Alberts des Großen, in : Studia Albertina, Festschrift für Bernhard Geyer, Münster 1952, S. 1–21 m. 4 Taf.)；Petrus von (Pierre de) Limoges (1306 年歿) (Madeleine Mabille, in : Scriptorium 24, 1970, S. 45–47 u. Taf. 10–13). このリモージュのペトルスの場合のように，インクや鉛筆で書かれた註記は，しばしばぎこちない書体で，大学用写本の欄外に記されている。トマス・アクィナスによる草書の書体はさらにその先を行くもので，その草稿のなかでは，不連続な，あるいは単語の区切りを無視した描線に埋没している (Steffens², Taf. 98 ; Thomson, Taf. 64 ; Exempla scripturarum I, Taf. 14 ; A. Dondaine, Secrétaires de Saint Thomas, Rom 1956, Planches, 1 f., 9, 11, 30 ff., 36 ff. ; P.-M. Gils, in : Scriptorium 24, 1970, S. 44 f. u. Taf. 9). きわめて草書の度合いの高いもうひとつの例は，Paris, B. N. F., Lat. 15652 のなかに見られる (図版は M.-D. Chenu, Maîtres et bacheliers de l'université de Paris vers 1240, in : Études d'historie littéraire et doctrinale du XIIIe siècle, I. sér. (Paris / Ottawa 1932), S. 11–39. 本書図17を見よ)。

72) Steffens², Taf. 90 (ユーグ・ドワーズ) u. 92 (初期的なループ状をなすフリードリヒ2世の書体)；Arndt / Tangl⁴, Taf. 26 (アルベルト・ベハム) u. Chroust I, 1, Taf. 7 u. 2, Taf. 8 (同). 註69も見よ。

73) すでに言及した『トリスタン』のミュンヘン本と『パルツィファル』のG写本の一部の書体。Petzet / Glauning, Taf. 32 u. 33 参照。

書くという動きである。草書体の色合いがより強い書体では、この弧線は閉じることもあった。この種の書体は、むろんいつも同じように利用されたわけではなかった。しばしば同じ手が、ペンを挙げることなく一気に文字列を書くこともあれば、1文字ずつ丹念に書くこともあった[74]。まさしく同じひとつの記録で、同じ文字が時として草書体で、時として合成された書体で書かれることもあった[75]。

13世紀に作成された大陸の証書書体は大部分がヨーロッパ方式であり、一部は威厳に満ちた優美な教皇庁尚書局を手本にし、一部はフランスに由来する。ハンガリーやポーランド、スウェーデンなどに、フランスと同じ書体が存在したことは、おそらく公証人が口述筆記の訓練を受けたのが、オルレアンやボローニャのような場所であったという事実により説明できる[76]。「公証技能 Ars notaria」に関して、13世紀のボローニャの著名な教師であったロランディヌスやザラティールについての文書も保存されている[77]。

テクストゥラ書体に類似した力強い書体で書かれ、また長く伸びた s や f をともなうなどの証書書体の若干の特徴をそなえた、多数派とは異なる証書も見られる[78]。だがこうした証書書体は14世紀には後退する。ドイツの証書書体に関しては、夥しい数の文書局が地方的伝統により大きな相違を見せているが、時代的な変遷をともないながら、いくつかの形態が優位を占めた。だが部分的にせよ基調をなしていたのは皇帝尚書局である。13世紀後半には、際だって平板な書体が支配的傾向である。この優美な書体は、丈が低く横幅がある。この世紀の終わりになると、すでにこの水平状態への執着は消滅し、14世紀には細いディセンダがしばしば糸状にぶら下がっている。皇帝尚書局では、書体

---

74) たとえば Arndt / Tangl⁴, Taf. 92(1288年)における u や n / m 参照。
75) Chroust II, 17, Taf. 7a u. 7b(1287年および1282年)。
76) とくにこの現象を指摘した St. Hajnal の説によれば、大学における特別の写字教育がこの現象の原因であるが、パリに関してはこの説では説明がつかない。St. Hajnal, Vergleichende Schriftproben zur Entwicklung und Verbreitung der Schrift im 12.–13. Jahrhundert(Budapest / Leipzig / Mailand 1943); ders., in: Scriptorium 6(1952), S. 177–195; ders., L'Enseignement de l'écriture aux universités médiévales²(hrsg. von L. Mezey, Budapest 1959)参照。
77) G. Orlandelli, Ricerche sulla origine della "littera Bononiensis": scritture documentarie bolognesi del sec. XII, in: Bulletino dell'Arch. Pal. Ital., N. S. 2/3(1956–1957), Taf. 6.
78) たとえば Steffens², Taf. 93 参照。

第 II 章　中世のラテン語書体　｜　191

の発展はさらに装飾過剰で作為的な状態にまで進む。こうした展開はルートヴィヒ4世のもとで頂点に達し[79]、アセンダの弧線は鋭角に折れ、過度に陰影をつけられている。この書体は皇帝カール4世のもとでより単純になり、またアヴィニョン教皇庁尚書局の書体が手本として影響力を発揮する。15世紀になると証書書体の特性は弱まるが、それはわけても証書作成や写本制作において、指導役の写字生の書体が普及した結果である。平板で弧線の多い尚書局の草稿書体は、草書書体の極限に達するが、それはすでにジギスムントのもとで準備され[80]、15世紀の第2三半期に急速に普及するものである[81]。ここに後のドイツ語の(通常の)書体の形式(たとえば d, e, x 字形)が予示されている[82]。

　中世後期の皇帝尚書局の懐で覚醒した最後の創造物は、フラクトゥール書体である。それは縦長の尚書局書体で、その書き線はやや火炎の形をした方形をしており、s や f は紡錘形で、大文字はとくに「象の鼻 Elefantenrüssel」で飾られている[83]。フリードリヒ3世の尚書局から発給された証書における強調書体

---

79) Christa Wrede, Leonhard von München, der Meister der Prunkurkunden Kaiser Ludwigs des Bayern (Kallmünz 1980), m. Taf.; Arndt / Tangl⁴, Taf. 94. 似たような書体は、ebd., Taf. 27 またさらにエニケル(ヤンス)のテクストゥラ書体 (Petzet / Glauning, Taf. 40) をも参照。1331年のイングランドのエドワード3世の証書における様式化もこれに比すべきものである。New Pal. Soc. I, Ser. II, Taf. 198 参照。

80) Chroust I, 13, Taf. 3.

81) Chroust I, 24, Taf. 7 (ニュルンベルク、1449年).

82) フランスについては L. I. Kiseleva, Gotičeskij kursiv XIII–XV vv. (Leningrad 1974); E. Poulle, Paléographie des écritures cursives en France du XVe au XVIIe siècle (Genf 1966), m. 32 Tafeln; V. N. Malov, Proischoždenie sovremennogo pisma (Moskau 1975). 高等法院の裁決書における、極度に草書性の強い書体は M. Prou, Manuel de paléographie, Facs. (Paris 1904), Taf. 32/2 (1367年), 35 (1401年). 示唆に富む完全なファクシミリ版は R. Marichal (Hrsg.), Registrum autographum priorum collegii Sorbonae (Umbrae codicum occidentalium 3, Amsterdam 1960) (1431–1485年). イタリアでは14–15世紀に「メルカンテスカ Mercantesca」型という特別な発展をみた(公証人書体を起源とする)草書書体が生じていて、商業用の帳簿や書簡にとくに多く見られる。たとえば Arch. Pal. Ital. 1, Taf. 22–26 参照。Cencetti, Lineamenti, S. 232 f.; G. Orlandelli, Osservazioni sulla scrittura mercantesca nei secoli XIV e XV, in : Studi Filangieri 1 (1959), S. 445–460; R. Marichal, in : Storia d'Italia 5 (I documenti), 2 (Turin 1973), S. 1288. 15世紀にすでに渦巻装飾過多になっていたスペインの草書体(「宮廷風草書体 cursiva cortesana」と「訴訟文書用草書体 cursiva procesal」)の例は、たとえば Millares Carlo, Tratado, Taf. 290, 315 f., 319 ff. u. a.; A. Canellas, Exempla scripturarum Latinarum 2 (Saragossa 1966), Taf. 67 u. a.

83) A. Hessel, Die Schrift der Reichskanzlei seit dem Interregnum und die Entstehung der Fraktur, in : Nachr. d. Göttinger Ges. d. Wiss., Phil.-hist. Kl. 1937, S. 43–59. フラクトゥール書体の上部が半分の字径の a は、すでに多くの草書体や折衷書体に存在していた。本書193頁を見よ。また P.

と本文書体は、すでにこの書体の諸要素を示しており、また尚書局書記のヴォルフガング・シュピッツヴェークは、皇太子マクシミリアンのために、2冊の教本を「前フラクトゥール書体」とテクストゥラ書体で書いた[84]。後に皇太子マクシミリアンは、完成された真のフラクトゥール書体への偏愛を誇示することになった。フラクトゥール書体は、1500年頃には彼の尚書局で使用されていた[85]。そして皇帝の活版印刷愛好によって、1513年の祈禱書や[86]、1517年の「トイエルダンク Teuerdank」[87]の印刷にも用いられた。後者の活字の「見本 Prob」は皇帝秘書官であったヴィンツェンツ・ロックネルのデザインによるもので、この書体は一気に人気を博した。

　速く書くことができてループ状の弧線に富む草書体は、証書書体に似ているものの、アセンダも弧線もあまり目立たず、またしばしば非常に狭い行間隔で書かれたので、すでに13世紀後期から学校や大学、文学の書体として用いられた[88]。草書体の特徴をそなえた事例は、初期にはまだ限られていて、1273年(ロートリンゲン)[89]、1277年(ドイツで「ヴェルンヘルスが書いた Wernherus scripsit」)[90]、1281年以前(アルデンヌ地方のベルヴァル)[91]、1282年(オクスフォードか)[92]、1289年(パリか)[93]などである。より単純で、程度の差はあれ草書的な書体が、書物筆写用書体の分野に急速に浸透した理由として、大学や都市の学校による

Zahn, Nürnberger kalligraphische Fraktur 1493–1513 in Handschriften aus dem Besitz des Kirchenmeisters Sebald Schreyer, in : Festschrift für Peter Acht(Kallmünz 1976), S. 295–304 m. Taf. 参照。

84) H. Fichtenau, Die Lehrbücher Maximilians I. und die Anfänge der Frakturschrift(Hamburg 1961). とくに S. 34 ff. u. Taf. 12–16, 31–37 ; Mazal, Gotik, Abb. 38 参照。

85) C. Wehmer, Augsburger Schreiber aus der Frühzeit des Buchdrucks, in : Beiträge zur Inkunabelkunde, N. F. 2(1938), S. 164 の図版。

86) Crous / Kirchner, Schriftarten, Abb. 81.

87) Ebd., Abb. 82.

88) Lieftinck の体系(Gumbert, Utrechter Kartäuser, S. 204 f. による)における「草書体」の序列階梯は、「フォーマルな草書体」「書物用草書体」「走り書き草書体」である。

89) Catal. mss. datés 5, Taf. 25a.

90) H. Grauert, Magister Heinrich der Poet in Würzburg und die römische Kurie(Abh. d. K. Bayer. Akad. d. Wiss., Phil.-hist. Kl. 27, 1/2, 1912), Taf. 2(部分的に Bischoff, Paläographie, Sp. 449/450 に引用。抜刷では Sp. 71 f.)。

91) Catal. mss. datés 5, Taf. 29a.

92) Thomson, Bookhands, Taf. 94.

93) Ebd., Taf. 13. Taf. 67(欄外註解)は、ほとんど同時期のイタリアの例である。Taf. 72 参照。

教育方法が変化したことや，新興の修道会や在俗聖職者層による人々の信仰心の監督が密度の濃いものとなったこと，そして俗語文学が市民層にも読者大衆を見いだし発展したことなどが，挙げられる(巻末図版17)。

14世紀になると，書物を書くという行為は，いっそう草書体に移行する。すなわちこの時代に，紙と草書体とが一体のものとなるのである[94]。巻きつくような弧線が草書体で書かれた書物でも広がり，その変化は証書書体でも同様であったが，書体は尚書局のそれに比べればより控えめで，形態上の差異はより不確かである。14世紀から15世紀への転換期には，ドイツで書物用草書体が崩壊する[95]。いまや丸みを帯びた巻きつくような弧線でのみ書かれることとなり，その結果bとv，lbとwとの混同の可能性が起こる。15世紀にも，控えめな書物用草書体が存続し[96]，折衷書体をマスターしている書き手の必要に応じて使用される[97]。都市の行政文書[98]や市民の帳簿記録[99]に用いる書体は，簡素な草書体である(巻末図版20)。

この書体の広汎な普及や，絶えず増大する書簡のやり取り，登録文書の増加，大学や修道会における膨大な書字行為といった状況にあって，書字教育の仕方の面でも，紙からペンを離さないとか，より労苦の少ない方法を探るといった変化が必然的に生じた[100]。環状およびループ状の字体の他にも，2, 3の例が挙げられる。そのうちのいくつかはテクストゥラ書体に遡及的な影響を及ぼす。たとえば，13世紀の躍動的な草書体に広まった上部が2本の弧線となり，そ

---

94) 実例としてはたとえば Schum, Exempla codicum Amplonianorum Erfurtensium ; Petzet / Glauning, Taf. 5 f.
95) 証書に関しては早くも Chroust II, 17, Taf. 10b(1362年) u. 18, Taf. 1a(1360年)に現れている。
96) たとえば Crous / Kirchner, Schriftarten, Abb. 33, 37, 42 u. a. ; Th. Frenz, Gotische Gebrauchsschriften des 15. Jahrhunderts : Untersuchungen zur Schrift lateinisch-deutscher Glossare am Beispiel des 'Vocabularius Ex quo', in : Cod. mss. 7(1981), S. 14–30, Taf. 参照。
97) 年代記作者レーゲンスブルクのアンドレアスの2つの書体を参照。Chroust I, 6, Taf. 6.
98) R. Thommen, Schriftproben aus Basler Handschriften des XIV.–XVI. Jahrhunderts, 2. verm. Aufl. (Berlin 1908) ; A. Largiadèr, Handschriftenproben aus den Zürcher Steuerbüchern des XIV. und XV. Jahrhunderts(Zürich 1952). 帳簿の書体見本の豊富な例として Bruckner, Scriptoria, Bd. 1, 7, 10–12参照。
99) 図版として Fr. Bastian, Das Runtingerbuch 1383–1407, 1(München 1944), S. 240, 256, 264, 328 usw. ; C. Wehmer, Mainzer Probedrucke in der Type des sogenannten astronomischen Kalenders für 1448(München 1948), Taf. 6, 10–12(14世紀末マインツのある仕立屋の貸方帳)。
100) Gumbert, Utrechter Kartäuser, S. 242 参照。

れが閉じたことによって生まれた「2階建ての」a であるが，これは 14 世紀にもしばしば見られる。これはやがて，頂点がほどよく閉じるか，しばしば右の軸が四角形に屈曲して緩やかに閉じた a にとって代わられる。g では様々の線引き方向の変化が観察される。修道院長ヨハンネス・フォン・ヴィクトリング[101]の下書きの草書体では，g の右半分上部と左半分下部がひと筆で書かれている。15 世紀には，ディセンダの終筆部はしばしば勢いよく上に反転するために，文字の上部を平坦に閉じ，そのことにより文字の頭部を作る[102]。同じ 15 世紀に線引きの方向変化が，丸みを帯びた s に起こる。この s の字は，左には 1 本の線あるいは弧線を書き右には平板な 3(背中の s)[103]を書いて構成するか(図 28)，あるいは下から上に向けて書く[104]。sz には新しい連綴形が成立する。文頭装飾大文字体(ヴェアザーリエン)は，古い大文字書体と小文字書体の変異体であるが，13 世紀から葉脈状の装飾線，二重線，ループの形成などにより大きく変化し，時として文字を識別するのが不可能になるほどである[105]。14 世紀後半からは，当時の流行であった角笛や「象の鼻」様のセリフが出現する。

　イングランドでは，この国の尚書局書体の伝統的な要素である書物用書体への移行に際して，長く大きく引き伸ばされた r を採用した。その r の右の線は，次の文字と中間を媒介する線なしに連結するのが普通であった。「2 階建て」の a は，この「イングランド書体 Anglicana」[106]に属する。e の好まれた形態はループ状で，そのなかに渦巻が垂れ下っている。この書体を用いた初期にお

---

101) Arndt / Tangl⁴, Taf. 27. 他にも 14 世紀からすでに確認されていることは，Petzet / Glauning, Taf. 35, Sp. 1, 9 ; 44 ; 52 ; 53 参照。
102) たとえば Crous / Kirchner, Schriftarten, Abb. 42.
103) Gumbert, S. 227.
104) Gumbert, Abb. 33.
105) F. Uhlhorn, Die Großbuchstaben der sog. gotischen Schrift mit besonderer Berücksichtigung der Hildesheimer Stadtschreiber(Leipzig 1924 ; Zs. für Buchkunde からの抜刷) ; W. Heinemeyer, Studien zur Geschichte der gotischen Urkundenschrift, Beih. z. Arch. f. Dipl., H. 4, 2. erw. Aufl. 1982) ; Peter Langhof, Triebkräfte und Entwicklungstendenzen der gotischen kursiven Urkundenschriften im Gebiet der deutschen Ostexpansion im Spätmittelalter, in : Jahrbuch f. Geschichte des Feudalismus 3 (1979), S. 87–109, Abb.
106) M. B. Parkes, English Cursive Book Hands 1250–1500(Oxford 1969), S. XIV ff. 北部ドイツ起源の e の字体の例は，Chroust III, 6, 6(1319 年，ブランデンブルク尚書局) ; III. 20, 5a(1345 年，リューベック)参照。

いては，アセンダが右側にループを作る b, h, k, l は，しばしば左側にも弧線がついて二又をつくる[107]。この書体が楷書で記される場合（「フォーマルなイングランド書体 Anglicana formata」）は，折衷書体に近づく[108]。15世紀には大陸の影響のもとに，より簡素で引き締まった草書体が，単純な構成のaとともに出現し[109]，これは鋭角的に細線と太線とを結びつける「秘書官書体」であり，おなじく高度な様式化を示している[110]。

スペインでは，13世紀に様式化された証書書体である「特権状書体 letra de privilegios」が，この世紀の終わりにもほとんど変化を見せず，書物用書体である「書物用ロトゥンダ」として継承された[111]。これは先端が幅広のペンで書かれた直立した書体であり，アセンダは二重に書かれ，普通アンシアル書体のdで用いられる杵型の左に傾いた長い幹のように見せている，そして著しく長い短縮記号の線を強調している[112]。

草書体とテクストゥラ書体との架橋は，なによりも折衷書体[113]により達成された。「折衷」という名称は，実際の外見上のあらゆる相違にもかかわらず，2つの書体範疇の特性を統一して表現しうるという利点がある[114]。この歴史的呼称の使用は，こうした定義によりながら，行えば良いのである[115]。

さまざまの理由から，テクストゥラ書体と草書体——もともと違いを表現す

---

107) Parkes, S. XV.
108) 本書196頁以下参照。
109) Parkes, S. XVII f.
110) 本書197頁参照。
111) Cencetti, Lineamenti, S. 244 u. 253 f.
112) 例としては Kirchner, Script. Goth. libr., Taf. 53 ; Millares Carlo, Tratado, Abb. 273 ; E. Monaci, Facsimili di antichi manoscritti, Taf. 6, 97.
113) Lieftinck はその Nomenclature, S. 32 で折衷書体としていたのだが，今は「混成（書体）(littera) Hybrida」と称している（Mss. datés, Pays-Bas 1, Texte, S. XV ff.）。この「混成書体」には，「フォーマルな混成書体 Hybrida formata」「書物用混成書体 Hybrida libraria」「走り書き混成書体 Hybrida currens」という3段階の区別が可能である（Gumbert, Utrechter Kartäuser, S. 204 f.）。イタリアでは，書物筆写用の書体の分野以外で，証書作成用の草書体を示すために「折衷書体」という表現が使われている。
114) 「折衷書体」の原則から，既に言及した（註78）13世紀の力強い証書用書体が派生する。書物筆写用にその種の気取った書体が13世紀後半に用いられた。Bruckner, Scriptoria 5, Taf. 41b（Einsiedeln 355 マルティヌス・ポロヌス）参照。
115) C. Wehmer, Die Namen der gotischen Buchschriften, in : Zbl. f. Bw. 49 (1932), S. 230 ff.

る呼称であった——との間の懸隔は 14 世紀と 15 世紀に，様々な仕方で埋められた。イタリアでは，きわめて様式化された公証人書体が，文学作品の筆写において人気を博した。これを証明するのは，「ダンテ・デル・チェント Dante del Cento」の写本群に属する『神曲』の写本である[116]。ドイツでも，14 世紀に事例が全く存在しないわけではない。列挙するならば，ヨハンネス・フォン・ヴィクトリングの清書本(1342 年頃)[117]，Pal. germ. 146 写本におけるルドルフ・フォン・エムス[118]，ベルリンの『パルツィファル』断片[119]，ミュンヘンのアンソロジー写本 Cgm 717[120] などがある。草書体そのものも，なんらかの目的で意識的に豪華な印象を与えたいという必要に迫られたとき，線引きを堅くしたり，基線域の線を引き伸ばすなどしたりする手段で，テクストゥラ書体に近づいた[121]。先に挙げたイングランドの最も完成した 2 つの書体では，縦線も最後には折れてしまう場合があった。折衷書体の大部分は，草書体の単純な a を使用している。

最もよく知られた折衷書体は，15 世紀にフランス国王尚書局の書体を不自然に様式化したもので，大部分の文字が軽く右に傾き，弧線をともなうこともあれば，そうならないこともあり，n と m の縦線をそれぞれ別々に書き始めることで，太線と細線のコントラストが際立つ。n と m の最後の線は，その大部分が語末以外のところでは折れるか，軽く内側に湾曲する。その尖ったディセンダと，t と st の形態，e, g, s の上にある小さな先端などにより，この書体は優美で取り澄ました特徴を保持している(「ブルゴーニュ折衷書体」)。わけてもフランス語のテクストを筆写するのに使用されたため，この書体はフィリップ善良公やシャルル豪胆公の支配領域で宮廷書体として際だち，またフラン

---

116) たとえば Steffens², Taf. 103 ; Kirchner, Script. Goth. libr., Taf. 39. 他の例として Arch. Pal. Ital. 10, Fasz. 69. Cencetti, Lineamenti, S. 247 f. 参照。
117) Arndt / Tangl⁴, Taf. 27.
118) Deutsche Texte des Mittelalters 20 (Berlin 1915), Taf.
119) Degering, Schrift, Taf. 92.
120) Petzet / Glauning, Taf. 56.
121) 逆に，1308 年のイングランド王エドワード 2 世の戴冠儀式書のために，「切断書体のテクスト Textus praecisus」が弧線らしいもので飾られることもあった。Pal. Soc., Ser. II, Taf. 196 参照。

ス王国全体でも16世紀まで数多く使用された[122]（巻末図版21）。これはイングランドとネーデルラントにまで影響を及ぼす。イングランドの2種類の折衷書体のうちで，「イングランド折衷書体 Bastard Anglicana」は，14世紀中葉になるとすぐに出現し[123]，1500年頃になお「2階建てのa」を保持する一方，より新しい「秘書官折衷書体 Bastard Secretary」は，フランスの「折衷書体 lettre bâtarde」の強い影響を受けることになった[124]。

オランダおよび低地ドイツの折衷書体は，ヴィンデスハイムのアウグスチノ修道会と共同生活兄弟団でも書かれ，折衷書体の名前で呼ばれたものの，ループ状の書き線を欠いており，その多くはこの地のすべての書体のように，より重々しく，生彩に乏しい。それは1425年頃に創案された[125]。ドイツの他の地域の数多くの書体が，研究文献では折衷書体と称されているものの[126]，それぞれ非常に異なっており，多くがループをもつ字体を有する一方でこれを欠くものがあり，多くがアセンダに規則的にセリフをつけているかと思えば一方で大幅に書き始め線なしに一気に書かれるものもある。いずれにせよ，初期の印刷業者がドイツ語テクストのために折衷書体を導入したとき，字体の手本を多くの地方書体を元に作らせようとしたのである（図29）。

チェコの折衷書体は，直立するか，あるいはほぼ直立に近く，やや幅広の書き始め線をもち，多くがループ状の書き線をそなえており，相対的に変動の幅は狭い。その起源は14世紀にあり[127]，やや新しいポーランドの折衷書体と比

---

122) たとえば Lieftinck, Nomenclature, Fig. 25 ; Catal. mss. datés 1（1426年の多数の例が Taf. 88b にあり，1543年までの例は Taf. 166a）; Mss. datés, Pays-Bas 1, Taf. 269 ff. ; Fr. Winkler, Die flämische Buchmalerei des XV. und XVI. Jahrhunderts（Leipzig 1925）; O. Pächt / Dagmar Thoss, Französische Schule 1（Österr. Akad. d. Wiss., Phil.-hist. Kl., Denkschriften 118, Wien 1974）; Mazal, Gotik, Abb. 24 参照。前段階については Kirchner, Script. Goth. libr., Taf. 49（1406年）参照。
123) Parkes（註 106），S. XVII f., XXIII f. u. Taf. 7/8.
124) Ebd., S. XXI f. u. Taf. 14/15.
125) Lieftinck, Nomenclature, Abb. 26 ; Gumbert, Utrechter Kartäuser, S. 204 u. Abb. 142-150 ; Crous / Kirchner, Schriftarten, Abb. 45 f., 48（ヴァステーナ（スウェーデン）で書かれたもの），49-51, 59 ; Kirchner, Script. Goth. libr., Taf. 60a, 62.
126) J. Kirchner, in : Crous / Kirchner, Schriftarten, S. 19 ff. u. Abb. 31-44 ; Mazal, Gotik, S. 42 f. u. Abb. 25-32.
127) P. Spunar, Genese české bastardy a její vztah k českým prvotiskům, in : Listy filológické 3（78, 1955），S. 34-51 m. Abb. ; ders., L'Évolution et la fonction de la bâtarde en Bohême et en Pologne, in : Studia źródłoznawcze 6（1961），S. 1-19 m. Abb. ; J. Pražák, Puvod české bastardy, in : Studie o ruko-

較可能である。厳格に楷書の形態を保持しながら目立った折れ線のつくこの書体は，印刷業者の活字見本となり，また典礼書の写本の筆写のために 16 世紀まで大切に使われた。ヤン・フスの論文『ボヘミア語正字法 Orthographia Bohemica』により，補助記号を使って，チェコ語の音声を統一的に簡便に書き記すための方法が示された[128]。

　15 世紀中葉，ドイツ語の書体に「古ゴシック書体 Gotico-Antiqua」[129] と称される形態が登場する。その半世紀後には印刷術が，中世の書物筆写用書体の生き生きした伝統に終止符を打ったのである[130]。

　15 世紀の書体を 14 世紀の書体と比較すると，形態と型が当惑するほど多いのに気づく。テクストゥラ書体がそれとわかるのは，書き線の折れの度合いである。それより下級の書体は，線の伸展や太さ，ループの省略，折れ線や弧線の様式化などにより，また他にも多種多様な方法によって，変化した。このような多様性は，たとえ職業的な書字親方たちがつくりだしたのではないとしても，彼らにより増大し，彼らがそれらの専門的な名称を考案したのであった。それについて，16 世紀に彼らの同業組合の一員であったヴォルフガング・フッガーは，こう悪口を並べ立てる。自分たちは書体を「曲げたり，捻ったり，車責めにしたり，吊るしたり，その頭をはねたり，さらに竹馬に乗って歩かせたり」するのだと[131]。1400 年頃からドイツやフランスで，書体組見本や書体名称を付した書字親方や書字教師による宣伝文が伝わっている[132]。たとえばニー

---

　　　pisech 20(1981), S. 93–118 ; Fr. Muzika, Die schöne Schrift in der Entwicklung des lateinischen Alphabets 1(Hanau 1965), Taf. 104–110 ; A. Gieysztor, Zarys dziejów pisma łacińskiego(Warschau 1973), Taf. 27 u. 29 ; Wł. Semkowicz, Paleografia Łacińska(Krakau 1951), Abb. 125, 127, 129. Katal. der dat. Hss., Österreich 4, Abb. 94, 206, 297.

128)　J. Schröpfer, Hussens Traktat "Orthographia Bohemica"(Wiesbaden 1968).
129)　本書 203 頁以下参照。
130)　ウルムの尼僧による，1496 年の奇妙な人工的な折衷書体を参照。Crous / Kirchner, Schriftarten, Abb. 36.
131)　Ein nutzlich und wolgegründt Formular(Nürnberg 1553 ; Neudr. München / Pullach 1967), Bl. k IVᵛ.
132)　B. Kruitwagen, Laatmiddeleeuwsche Palaeographica, Palaeotypica, Liturgica, Kalendalia, Grammaticalia(Den Haag 1942), S. 1–116. 写字生の親方ヘルマン・シュトレペルの 1447 年の書体見本はまた Mss. datés, Pays-Bas 1, Taf. 366/367 にもある。C. Wehmer, Die Schreibmeisterblätter des späten Mittelalters, in : Miscellanea Giovanni Mercati 6(Studi e Testi 126, Vatic. 1946), S. 147–161 ; S. H. Steinberg, Medieval Writing-masters, in : The Library, Ser. 2, 22(1942), S. 1 ff. m. Abb. ; M. Stein-

ダーザクセンの書字親方ヨハンネス・ハーゲンの宣伝文には,「単純なノトゥラ Notula simplex」,「尖ったノトゥラ Notula acuta」,「フラクトゥーラのノトゥラ Notula fracturarum」,「釘を打ったノトゥラ Notula conclavata」といった4種類のテクストゥラ書体以外に,「分離ノトゥラ Notula separatus」「折衷ノトゥラ Notula bastardus」などの別の変種や,移行期の書体がひとつ含まれている[133]。同時代のどの書字親方よりも卓越していたアウクスブルクのベネディクト会修道士レオンハルト・ヴァグナーは,皇帝マクシミリアンに,古い書体と合わせて当時の創意工夫をこらした書体の見本100種類のコレクションを献呈したのであるが,それには一部奇妙奇天烈な名称が与えられている[134]。

---

mann, Ein mittelalterliches Schriftmusterblatt, in : Arch. f. Dipl. 21(1975), S. 450–458 m. Taf. ; Herrad Spilling, Schreibkünste des späten Mittelalters, in : Cod. mss. 4(1978), S. 97–119, Abb. ; Françoise Gasparri, Note sur l'enseignement de l'écriture aux XVe–XVIe siècles, in : Scritt. e civ. 2 (1978), S. 245–261 参照。楽譜つき典礼写本筆写のためのテクストゥラ書体による英語書体見本の断片については, S. J. P. Van Dijk, An advertisement sheet of an early fourteenth-century writing master at Oxford, in : Scriptorium 10(1956), S. 47–64 m. Taf. 8–11. 本書巻末図版18参照。

133) Crous / Kirchner, Schriftarten, Abb. 30.
134) C. Wehmer(Hrsg.), Leonhard Wagner, Proba centum scripturarum, Faksimile-Ausgabe(Leipzig 1963).

10. ユマニスト書体

　コルッチョ・サルターティと，より大がかりにポッジョ・ブラッチョリーニが，15世紀への転換期に，中世初期の小文字書体を模倣しながら書体の新たな歴史を開いた。それは，ペトラルカに遡るひとつの提案が実現を見たものであった[1]。一部が尚書局の書体や実務記録の書体で，一部がゴシック写本書体や，とくにしばしばその等級が劣る註釈書体で記されているペトラルカの多数の自筆原稿は，厳しいゴシック書体の規範から離れて[2]，この書体の本性と柔らかさを指向する努力を示している。ペトラルカ自身が，「スコラ書体 litterae scholasticae」への不快の念を語り，同時に他方ではより威厳のある，より簡素で好ましい明快な書体への期待を宣言した。ペトラルカの個人的な書体の諸特徴は，ボッカチョやコルッチョ・サルターティにおいて繰り返される。サルターティ(1406年歿)は尚書局書体や，書物筆写用の「半ゴシック」書体を常用していたが，年を経るにしたがって，それらの書体の多くを変化させていった[3]。サルターティは，自身が小プリニウスの書簡[4]の多くを所有し，その書体に馴染み，おそらく1400年直後にこの古い写本を補筆するために，中世初期の写本から語末に丈長の s，忘れ去られていた連綴文字 ae, ę, & などを再び導入したのである。このような実験とともにユマニスト書体の歴史が始まる。

　サルターティの弟子である17歳のポッジョ・ブラッチョリーニが，1397年

---

1) Battelli, Lezioni³, S. 245 ff.; ders., in: Nomenclature, S. 35-44; Cencetti, Lineamenti, S. 258 ff.; ders., Compendio, S. 79 ff.; B. L. Ullman, The Origin and Development of Humanistic Script(Rom 1960); The Handwriting of Italian Humanists 1, Fasz.1(A. C. De la Mare)(Oxford 1973); A. J. Fairbank / R. W. Hunt, Humanistic Script of the fifteenth and sixteenth centuries(Bodleian Picture Book 12, Oxford 1960); John, Lat. Pal., S. 33-36. 最近の研究は，ユマニスト書体の成立を14世紀末(遅くとも1397年)にまでさかのぼらせている。また書体の発展へのニッコロ・ニッコリのより大きな関与をみるのが，おそらく妥当であろう。Albinia C. de la Mare, Humanistic Script: the first ten years, in: F. Kraft / D. Wuttke(Hrsg.), Das Verhältnis der Humanisten zum Buch (Deutsche Forschungsgemeinschaft, Kommission für Humanismusforschung, Mitteilung 4), S. 89-110 m. Abb. 参照。
2) A. Petrucci, La scrittura di Francesco Petrarca(Studi e Testi 248, Vatic. 1967).
3) A. Petrucci, Il protocollo notarile di Coluccio Salutati(1371-1373)(Mailand 1963). とくに S. 21 ff.; Br. Ross, Salutati's Defeated Candidate for Humanistic Script, in: Scritt. e civ. 5 (1981), S. 187-198 参照。
4) Ullman(註1), S. 16 ff. u. Taf. 8/9; Handwriting(註1), S. 37 u. Taf. 8h.

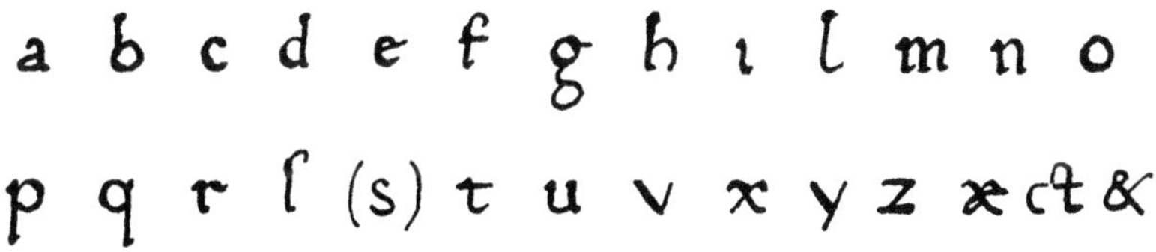

a b c d e f g h i l m n o
p q r ſ (s) t u v x y z æ ct &

図30　ユマニスト小文字書体

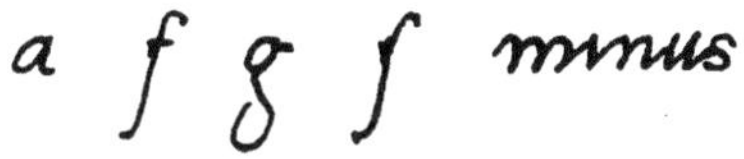

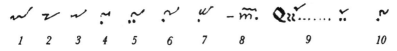

図31　ユマニスト草書体

図32　様々な疑問符の型
1. カール大帝宮廷学校　2. コルビィ修道院(マウルドラムヌス時代)　3. コルビィ修道院(ハドアルド時代)　4. サン・タマン修道院(8-9世紀)　5. サン・ドニ修道院(9世紀)　6. シャルル禿頭王宮廷学校　7. バイエルン地方(10世紀)　8. ベネディクトボイエルン修道院(9世紀)　9. モンテカッシーノ修道院(9世紀末以降)　10. 最も普及した型

図33　アラビア数字

に記したある写本は，ęや連綴文字のct, st, &の受容がいまだ首尾一貫していないことを示すが，1400年と1402年の間に生まれた別の写本は，彼が新しい書体を確実に使用していることを示している。その新しい書体の模範となったのは10世紀と11世紀頃の小文字書体であって，まだ少々ぎこちないところはあるが，運筆は滑らかである[5]。弧線の連結は放棄され，丸みを帯びたdと，丸みを帯びたs(後者は基線域内にある)は追放され，連綴文字&が復活し，aeの連綴は部分的に復活している(図30・巻末図版22)。

ポッジョは様々な役職で秘書官として活動したが，最も長かったのはローマ教皇庁での勤務であった。彼は教皇庁秘書官として，より形式張った，あるいはより草書体の伝統に忠実な教皇庁尚書局書体を書いている。また，自分が発見した古代のテクストの最初の模本を制作するのに，この書体を使用している。だがこれと並んで彼が用いたユマニスト書体は，より大きな自由と調和を達成し，ローマ滞在中は自身で助手たちを新しい書体で教育した[6]。イタリアの人文主義者サークルのなかで，この書体様式は新たな思想傾向を表現するのに役だった。顕彰用の書体として，多くはユマニスト書体とあわせてキャピタル書体が使用されたが，これは古代の碑文をモデルに，1454年頃にマンテーニャにより，その最終的な形態が固まった[7]。だが古典を理想とすることとはまったく反対に，いくつかの人文主義者サークルにおいて，変化に前向きな大文字書体が人気を博し，一部ギリシア語の書体を手本に，二つの重ねた丸い弧線をもつE，横線が膨らんだH，幅広のHの形をして中の縦線が半分の高さしかないMが，取り入れられた[8]。まさにこの書体は初期人文主義者たちの気運を

---

[5] Giuseppe Billanovich, Alle origini della scrittura umanistica : Padova 1261 e Firenze 1397, in : Miscellanea Augusto Campana 1(Padua 1981), S. 125–140, Taf. ; A. C. de la Mare / D. F. S. Thomson, Poggio's earliest manuscript, in : It. Med. e Um. 16(1973), S. 179–198(1400–1402年か) ; Ullman(註1), S. 21–57, Taf. 13/14(1402–1403年) ; Handwriting(註1), S. 62–84, Taf. 14–16.

[6] これらの書体の特徴を詳細に列挙したものは Th. Frenz, Das Eindringen humanistischer Schriftformen in die Urkunden und Akten der päpstlichen Kurie im XV. Jahrhundert, in : Arch. f. Dipl. 19 (1973), S. 334 ff.

[7] M. Meiss, Toward a more comprehensive Renaissance Palaeography, in : The Art Bulletin 42(1960), S. 97–112 m. Abb. 参照．

[8] 書体の見本集として St. Morison, Politics and Script(Oxford 1972), Abb. 174. Ders., Byzantine Elements in Humanistic Script illustrated from the Aulus Gellius of 1445 in the Newberry Library(Chicago 1952). 1419年の使用例は Mss. datés, Belgique 2, Nr. 137. 多くのヴァリアントを含む別の

とらえ，またドイツでも写字生，挿画生，碑銘職人のもとで大人気を博したのである[9]。

　ユマニスト書体は模倣によって生まれたものであるが，個々の書き手により，とくに通常の中世初期の小文字書体の流れから離れた特殊な書体を考慮して，改変されていることもある。したがって，碑文の収集家として功績を挙げたアンコーナのチリアーコの書体は，中世初期の連綴文字や短縮形に依拠した字形を満載し，碑文の大文字書体やギリシア語の要素によって構成されている[10]。そしてヴォルフェンビュッテルのティブッルス写本や，ライデンのタキトゥス写本を筆写したジョヴィアーノ・ポンターノは，緩やかで洗練された書体で記すにあたって，ときにベネヴェント書体を模倣しながら，長くて狭いe，基線の下に伸びるf, r, s，そしていくつかの連綴文字を用いた[11]。他の書き手はロトゥンダの書体を保持し続けたが，部分的にはユマニスト書体の習慣を採用したから，あらゆる水準の書体の混合を引き起こした（「古ゴシック書体 Gotico-Antiqua」）。最終的に，すでに1410年にその活動が確認されているジョヴァンニ・アレティーノ[12]のような著名な能書家により改良されたユマニストの「古代」書体が，ユマニスト草書体とともに，典礼本や法学書の領域を例外として，事実上イタリアのすべての書物制作を征服したのである。

　ユマニスト草書体は，ポッジョの友人で彼の発見の協力者であったニッコロ・ニッコリ（1437年歿）が，書体改革を豊かにしたことに鑑みるならば，個人的貢献の所産である。ポッジョがユマニスト書体への転換を決断してからわずか数年遅れて，ニッコリもまたひとつのユマニスト書体を手に入れていた。だが遅くとも1423年に，60歳間際のニッコリは，さらに改革されたユマニスト

　　アルファベットについて M. Steinmann, Die humanistische Schrift（註17），Abb. 46 参照。
9）　R. M. Kloos, Die Inschriften der Stadt und des Landkreises München（Die Deutschen Inschriften 5, Stuttgart 1958）, S. XXIII.
10）　D. Fava, La scrittura libraria di Ciriaco d'Ancona, in : Scritti di paleografia e diplomatica in onore di Vincenzo Federici（Florenz 1945）, S. 295–305 m. Abb.（チリアーコの模倣者たちについての考察をふくむ）. J. Wardrop, The Script of Humanism（Oxford 1963）, S. 14 f. u. Taf. 8 f.
11）　M. Ihm, Palaeographia Latina 1, Abb. 20 ; Ullman, Pontano's Handwriting and the Leiden Manuscript of Tacitus and Suetonius, in : It. Med. e Um. 2（1959）, S. 328 ff. m. Abb.
12）　Ullman（註1）, S. 91 ff., Abb. 45–50 ; Giovanna Nicolaj Petronio, Per la soluzione di un enigma : Giovanni Aretino copista, notaio e cancelliere, in : Humanisctica Lovanensia 30（1981）, S. 1–12.

書体のアルファベットを，自らのイタリア語草書体を斜体にした細字の草書体の運筆で，紙の料紙に書いている[13]。この書体は，人文主義者サークルで人気を博し，ポンポニオ・レートのような多くの者たちにより好んで採用された[14]。レートのローマのサークルに属するパドヴァのバルトロメオ・サンヴィートによって，この草書斜体は細字で均一に調整された優雅なアルファベット群にまとめられ[15]，印刷業者に提供された。そのひとりであったヴェネツィアの印刷業者アルドゥス・マヌティウスは，これを1501年に用いたのであったが，それは「ユマニスト書体humanistica」が「古代書体antiqua」の見本になってから数十年後のことであった[16]（図31・巻末図版23）。

地域により遅速の差はあるものの，新しい書体——すなわち何よりも古代書体であるが——はイタリアの外でもよく知られ，模倣された。コンスタンツおよびバーゼルの公会議の機会に，イタリア人以外の参加者でポッジョのような人文主義者と知り合いになった人たちは，どうやら個別的にしか新しい書体理念を受け入れなかったようである[17]。より大きな作用をもたらしたのは，おそらくアエネアス・シルウィウスであり，彼はウィーンの宮廷に人文主義の影響を及ぼした使徒のひとりである。だが後にメルク修道院院長に就任するペトルス・フォン・ローゼンハイムが，スビアコでのベネディクト会の改革を実現するため同地に赴き，1418年にここから新しい書体を携えて帰還していた[18]。こ

---

13) Ullman（註1），S. 59 ff. u. Abb. 29-39 ; Handwriting（註1），S. 50 ff. u. Taf. 10/11 ; J. L. Butrica, A New fragment in Niccoli's Formal Hand, in : Scriptorium 35（1981），S. 290-292 u. Taf. 15/16.
14) J. Wardrop, The Script of Humanism, S. 22 f. u. Taf. 15 ; Ehrle / Liebaert, Taf. 50.
15) Wardrop, S. 19-35 u. Taf. 16-38.
16) とくに草書のユマニスト書体の影響により，ときに逆行を見せることはあったものの，ゴシック期の尚書局の書体の大部分は緩やかに変化した。フィレンツェがその手本を示している。フィレンツェ公会議［1439年］以降，教皇庁尚書局の書体は明瞭にユマニスト書体の影響を受け，それ以後この書体は教皇小勅書用の新書体のうちに確認されている。P. Herde, Die Schrift der Florentiner Behörden in der Frührenaissance（ca. 1400-1460），in : Arch. f. Dipl. 17（1971），S. 302-335 ; Th. Frenz（註6），ebd. 19（1973），S. 287-418 u. 20（1974），S. 384-506参照。
17) テゲルンゼー修道院長ヨハンネス・ケックの書体における変化については，Bischoff, Ma. Studien 1, S. 66, Anm. 11参照。模範的な方法論として M. Steinmann, Die humanistische Schrift und die Anfänge des Humanismus in Basel, in : Arch. f. Dipl. 22（1976），S. 376-437 m. Abb. ; ders., Die Lateinische Schrift zwischen Mittelalter und Humanismus, in : Paläographie 1981, S. 193-199 u. Taf. 25-27.
18) Chroust II, 14, Taf. 1.

うして初めて，古典研究のためにイタリアに留学し，自らの書体を多少とも「古代書体」に順応させた多くのドイツ人学生，たとえば書物の大蒐集家ハルトマン・シェーデル[19]や，ヒエロニュムス・ローテンペック[20]といった面々が出現するのである。他の学生はイタリアに残り，古代書体の写字生として糊口をしのいだ[21]。ユマニスト書体はフリードリヒ3世やマクシミリアン1世の治世に，皇帝尚書局でしばしば用いられた[22]。ゴシック書体とユマニスト書体の混合書体も，やはりいくつかドイツに紹介され，折衷書体にとって代わった。人文主義的嗜好がいかに強まっていたのか，その様子はドイツの職業的写字生モリトールの書体のなかに，つぶさに観察することができる[23]。

ポッジョは1419–1422年をイングランドで過ごしたが，彼が紹介した書体はどうやらオクスフォード大学の「守護者」グロスター公ハンフリー(1390–1447年)の人文主義への愛着のおかげで初めて注目を浴びたようである。イングランドでもイタリアでも，グロスター公のためにこの書体で書物が筆写された。その後，イタリアで何年も研鑽を積んだオクスフォード大学やケンブリッジ大学の教師たちが，故国にユマニスト書体と写本をもたらした[24]。フランスでは，ユマニスト書体による写本の最初の所有者のひとりは，リジュー司教(在位1422–1432年)とバイユー司教(在位1432–1459年)を歴任した，グロスター公と繋がりがあったザノーネ・ダ・カスティリオーネである[25]。フラマン人による最

---

19) Ebd. I, 10, Taf. 10.
20) Ebd. I, 10, Taf. 8. チューリヒの医師コンラート・テュルストのラテン語とドイツ語の書体も参照。Bischoff, Paläographie, Sp. 449 f., Abb. 9–10(抜刷では Sp. 71 f.)。
21) P. Liebaert, in : L'Italia e l'Arte straniera(Atti del X Congresso Internazionale di Storia dell'Arte, Roma 1922), S. 200–214. ロッテルダムのエラスムスの父ヘリット(ゲラルドゥス・ヘリエ)は，1457–1458年にファブリアーノで活動していた時，「古ゴシック書体」で書いた。G. Avarucci, Due codici scritti da 'Gerardus Helye' padre di Erasmo, in : It. Med. e Um. 26(1983), S. 215–255, Taf. 参照。
22) Kaiserurkunden in Abbildungen XI, 26, 28, 30. Chroust I, 12, Taf. 8 u. 13, Taf. 1 も参照。
23) 図版は C. Wehmer, Augsburger Schreiber aus der Frühzeit des Buchdrucks, in : Beiträge zur Inkunabelkunde, N. F. 2(1938), S. 116 f.
24) (R. Hunt,) Duke Humphrey and English Humanism in the Fifteenth Century(展覧会目録, Oxford 1970) ; A. C. de la Mare, Humanistic Hands in England, in : Manuscripts in Oxford : R. W. Hunt memorial exhibition(Oxford 1980), S. 93–101 参照。
25) Mss. datés 2, Taf. 99a. フランスにおける人文主義の初期に見られるイタリアの影響は，ジャン・ド・モントルイユ(1418年歿)が，もはやゴシック書体とはいえないがまだユマニス

初のユマニスト書体の例は，1439 年という日付をもっている[26]。スペインのユマニスト書体で書かれた写本は，1467 年と 1469 年に挙げられている[27]。だがすでに 1452 年のあるコーデクスが，ほとんど完璧なこの書体の模倣を示している[28]。

ユマニスト草書体は，ドイツではロイヒリン，ゼバスチアン・ブラント，エラスムスの世代の知識人に親しまれた。それは新たな教養の表象であり，ラテン語を書き記す手段であった。しかしながら世紀が転換した後にも，1471 年に生まれたムティアンのような際だって人文主義的な思想の持ち主は，ラテン語をドイツの学校草書体で書いている[29]。ルターの初期のラテン語書体は，それらが混合したものであった[30]。人文主義に導かれた一派がおこなったのは，書体の分化を完成させたことである。ドイツ語の印刷本の分野では，すでに 80 年代中葉の「古ゴシック書体」の終焉とともに，言語ごとの分化現象が生じた。すなわち，「古ゴシック書体」を引き継いだロトゥンダはラテン語に用いられ，これに対してドイツ語のテクストには，折衷書体あるいはその派生書体が使われた。「古代書体」は宗教改革の文献によって初めて流布したのであった。

ト書体でもない，きわめてイタリア風の書体を意識的な努力により習得したという事実に明々白々にあらわれている。G. Ouy, Jean de Montreuil et l'introduction de l'écriture humanistique en France au début du XVe siècle, in : Miniatures, scripts, collections. Essays presented to G. I. Lieftinck 4(Litt. text. 1976), S. 53–61 ; ders., In Search of the Earliest Traces of French Humanism : the Evidence from Codicology, in : The Library Chronicle, University of Pennsylvania 43(1978), S. 3–38(ニコラ・ド・クラマンジュの様々の書体見本つき)参照。

[26] Mss. datés, Pays-Bas 1, Taf. 462–464.
[27] Millares Carlo, Tratado, 1, S. 218.
[28] Thomson, Bookhands, Taf. 130. Taf. 132 参照。
[29] G. Mentz, Handschriften der Reformationszeit(Bonn 1912), Taf. 2b.
[30] Ebd., Taf. 4b.

第 III 章　補助記号

1. 短縮形──盛期から後期中世における短縮形とその方法を含む

　ラテン語の書字法は大規模に短縮形を用いている[1]。ローマ人のもとでは，キリスト教時代以前から個人名や，暦の日時表示や国家関連の多くの定式文，そしてとくに碑文に見られる法文言やその他が「簡略文字 Litterae singulares」で短縮され，さらには -bus, -que などの音節も短縮文字で表示された。文法家の M. ウァレリウス・プロブス（1 世紀）は，一連の短縮形を集めて註釈をつけた[2]。いずれにせよプロブス以降の時代になると，すでにローマの速記術が広まっていて，日常の書字に新しい短縮形が使用されるようになっていた。なかでもそれは不変化詞，関係代名詞，指示代名詞などの一般的に必要性のある言葉についてであり，これと並んで非常に多くの短縮された法律用語などがある[3]。その使用例として挙げられるのは，「ヴェローナのガイウス写本」「ファビウス書式断片」「ヴァチカン断片 Fragmenta Vaticana」といった古代後期の法写本である[4]。これらの短縮形は，音節や単語のはじめの数文字（大部分は 2 文字）から作った複数の要素で構成され，その後の文字を省略（「中断」）してしまう。これに対して，頻繁に使われる短い単語，各語の最終音節，多数の法律用語の場合は，様々な記号や上付き文字の助けを借りて短縮された。短縮された専門用語のいくつかでは，最終音節も付され，格変化を示すことができた。短縮形は，大部分が文字の上に線を引くことにより，ときには文字の縦線に斜線

---

[1]　以下については Cencetti, Lineamenti, S. 353 ff. ; ders., Compendio, S. 89 ff. 参照。
[2]　M. Valerii Probi De Litteris singularibus fragmentum, ed. Th. Mommsen, in : Grammatici Latini (Keil) 4, S. 271 ff. ; P. F. Girard, Textes de droit romain⁵ (Paris 1923), S. 214-220.
[3]　L. Wenger, Die Quellen des römischen Rechts（本書 98 頁註 147）, S. 114 ff.
[4]　CLA IV. 488 ; VIII. 1042 ; I. 45 ; Steffens², S. XXXIV にそのリストがある。また B. Bischoff / D. Nörr, Eine unbekannte Konstitution Kaiser Julians（Abh. d. Bayer. Akad. d. Wiss., Phil.-hist. Kl., N. F. 58, 1963）も参照。短縮記号 Notae の豊富な手本集（4 世紀か）が，10 世紀に内容を理解しないまま筆写された。

を加えることにより示された。

　単純な中断短縮法による短縮形の例として m', p', t'(-mus, pos / post, -tur)，音節中断の例として q̄q̄(quoque)，最終音節付きの例として hd̄e, hd̄um (herede, heredum)，上付き文字法の例として m̊, p̊, q̊ (modo, pri-, qui)，速記記号の使用による短縮法の例として ⱶ, ꝯ (pro, con-)，横線付き文字短縮法の例として ꞅ, p̄ (ディセンダに横線) (inter, per) がある。enim, nihil, nisi の短縮では，N に I, L, S の文字がそれぞれ織り込まれる。特異な短縮法として eē(esse) がある。多くの短縮形には，かなりの異体形の存在が証明されている。これらの短縮形や，写本で確認できないこの他の短縮形の存在が，8世紀とそれに続く世紀の写本から古代後期の短縮形リストを源泉として伝来しているが，それは部分的にキリスト教徒が改変を加えている[5]。それについては，個々の前カロリング朝期およびカロリング朝期の写しによって，こうした短縮法が非法律写本(モプスエスティアのテオドロスによる詩篇の註解，アウグスティヌスの書簡と『音楽論』，マリウス・ウィクトリヌス『文法論』)[6]にも使用されたことが証明されているし，加えて短縮法が同時代(5-6世紀)の様々の分野で制作された写本の余白に見られるところから[7]，正しくは「法律短縮記号 Notae juris」というより「古短縮記号 Notae antiquae」と呼ばれるべきである。

　だが不安定な短縮記号や非常に多義的な「簡略文字」の使用は，まさに法律テクストにおいて，結果として文面の理解の点で大きな不確実性をつくることになり，そのため438年のテオドシウス法典の公布に際して，公式の写しを作成するにあたって，「法律短縮記号」を用いることの禁令が布告されてい

---

5) これら「短縮記号の一覧表 Laterculi notarum」の最古のものは，7-8世紀の St. Gallen, Stiftsbibl. 194 に見出される (CLA VII. 918)。主要なリストの校訂版は Th. Mommsen (註2), S. 277 ff. にある。多くの特異な点をもつ別のリスト(10世紀後半)は，Durham A. IV.19, f. 85ʳ–86ʳ, s. X² (T. J. Brown, The Durham Ritual, Early English Mss. in Facsimile 16, Kopenhagen 1969, S. 51 を見よ) にある。次の校訂版には記号が収録されていない。Rituale Ecclesiae Dunelmensis (Surtees Society, Publ. 140, 1927)。一般的には P. Lehmann, Sammlungen und Erörterungen lateinischer Abkürzungen in Altertum und Mittelalter (Abh. d. Bayer. Akad. d. Wiss., Phil.-hist. Abt., N. F. 3, 1929), S. 6 ff. および MSB 1933, H. 9, S. 19–27 参照。

6) CLA III. 326; VI. 737; S 1776. Bischoff / Nörr (註4), S. 13 参照。

7) それらのリストは W. M. Lindsay, in : Zbl. f. Bw. 29 (1912), S. 57 および dess., Notae Latinae, S. XIII.

る。さらにそのうえ，「略号による詭略と省略による曖昧さ siglorum captiones et compendiosa aenigmata」の禁止という厳しい禁令までもが，ユスティニアヌス帝のもとで 533 年と 534 年に公布された。その法典の正本は「略号によるいかなる不確実さも含まずに sine ulla signorum dubietate」書かれるべきこととされた[8]。このような禁令は法書とローマ帝国の権力機構に限られた。だが中世まで真に生き残ったのは，「古短縮記号」のうち，少数の代名詞，不変化詞を示す記号と，いくつかの変化語尾や est, sunt, esse といった語を示す記号だけであった。

ラテン語の言語特性にふさわしく，語尾の音 M は出現頻度の高さから，その短縮形が現れる。早くも 167 年に 1 度だけ出現例が知られている。キャピタル書体 A の右側の斜線下部の最後に横線が入っているのである[9]。これに対して，4 世紀に初めて行末に現れる M と N の短縮形は，単語が余白欄にかからないように，ギリシア語の書字習慣を新たに模倣して，たとえば行末の N を横線で代置している[10]。

ラテン語の短縮技術の第 2 の伝統は，その始まりがキリスト教の「聖なる名称 Nomina Sacra」にあり，キリスト教の神観念の中心的な概念である deus, Iesus, Christus, spiritus, dominus (noster), sanctus などの短縮化である。聖書をはじめとする 4 世紀のキリスト教テクストのラテン語写本の伝来の開始とともに，言葉を単語の始まりと終わりの文字に「縮約」する方式で deus, Iesus, Christus, spiritus などが表現される。これらはキリスト教的な意味において，最初と最後の文字をとって D̄S̄, ĪH̄S, X̄P̄S, S̄P̄S となる。単語の最後の文字を入れ替えることにより，以下のような主格以外の格 (斜格) も表現できた。すなわち D̄Ī, X̄P̄O, S̄P̄M である。ほとんど同時期に D̄M̄S, D̄N̄S も現れた (キリストの意味で dominus と表現する場合)。短縮形 ĪH̄S, X̄P̄S は半ばギリシア文字からなっていて，

---

8) これらの禁止措置については Cencetti, Lineamenti, S. 397 ff.; Wenger (註 3), S. 119 f. 参照。
9) ChLA III. 204; Écr. lat., Taf. 26.
10) Lowe, Pal. Papers 1, S. 199 u. 268 ff. Traube, Nomina Sacra, S. 241 によれば，これらが採用されたのは，「聖なる名称」のなかの -n, m が省略されるのと同時期である。M や N の短縮形を示す線は，後に様々な仕方で増えていったが，上か下かに点を加えることにより指示される (ここでは線の下に 2 つの点が打たれている)。

ルートヴィヒ・トラウベは最後の著作『聖なる名称』で[11]，sanctus を除いた 5 つの語彙のすべてが，ギリシア語の縮約形を手本として短縮化され，それらは 15 の聖書的・神学的概念もしくは固有名詞(ダヴィデ David，イスラエル Israel，イエルサレム Ierusalem)に属しており，ギリシア語の綴字のなかで「縮約」されたものだ指摘した(ギリシア語では，他の場合は「中断」による短縮)[12]。トラウベは，まずユダヤ人は口に出せない 4 文字語(ヘブライ語のヤハウェ YHWH)に代えて，旧約聖書のギリシア語版のために神聖性を表現する記号 $\overline{\theta C}$ と $\overline{KC}$ を創出し，その後に他の「聖なる名称」を加えていったとする[13]。短縮形の起源の多くを，ギリシア化したユダヤ人の書字伝統に探る説を唱えたのである。しかしこのテーゼは，トラウベが当時使用可能であったものよりも広範な資料基盤にもとづく，現在の検証に耐えられないのは明らかである。だが，4 文字語を短縮形で表現しようという考えが，アレクサンドリアあたりのユダヤ人キリスト教徒サークルに真っ先に現れたとするのは，あり得るように思われる[14]。ラテン語でそれに直に続く段階は，$\overline{SPS}$[spiritus]が常に sanctus と結合するため，重要な短縮形 $\overline{SCS}$[sanctus]（「音節」中断 $\overline{SC}$ に代えて）を生じさせたことであり，トラウベはいかにして中断型の $\overline{N}$(noster)が，$\overline{DMS}$[dominus]，$\overline{DMI}$[domini]あるいは $\overline{DNS}$[dominus]，$\overline{DNI}$[domini]と組み合わされて用いられたために，$\overline{NR}$[noster]，$\overline{NI}$[nostri]や $\overline{NR}$，$\overline{NRI}$[nostri]という形態になったかを論証することができた[15]。ことに異教とキリスト教との闘いの時代が遠ざかるにつれて，元来の聖なる特徴が曖昧になる[16]。短縮化がルーティン化することで，

---

11) L. Traube, Nomina Sacra. Traube が収集した事例への重要な初期の追加として，CLA XI. 161 u. S 1782. アフリカの古いラテン語による福音書 k 写本には，(キリスト Christus を示す χ と ρ の組文字(モノグラム)とともに)全く異なった一連の記号が現れている(Traube, S. 138 ff.; CLA IV. 465)。
12) 「聖なる名称」の短縮形は，並行してコプト語，ゴート語，アルメニア語においても形成された。Traube, S. 269 ff.
13) 文中でそれが「聖なる名称」であることを明示するため，ギリシア文字にしてもラテン文字にしても，文字を略さずに書いてその上に横線を乗せることもある。Traube, S. 49 ff. および CLA S 1782 を見よ。
14) A. H. R. E. Paap, Nomina sacra in the Greek papyri of the first five centuries A. D. (Papyrologica Lugduno-Batava 8, 1959).
15) Nomina Sacra, S. 195 ff. あるいは 204 ff.
16) Iesus という語をいかに書くかについてのスタヴロのクリスティアヌスによる意見

時折世俗的な場面でもそれが書き手のペン先から出てしまい，最後に dn̄s(dominus あるいは domnus に代えて)のように一般化するのは避けがたいことであった[17]。

遅くとも 5-6 世紀以降に，新しい縮約形が成立した。公会議決議や教会法の写本で使用することのできる教会官職(司教・司祭など)向けの短縮形を作り出す必要が，国家および教会の尚書局に生じたのである。そして「全能 omnipotens」のような「聖なる名称」に近い概念も，すでに 6 世紀から短縮形で書かれた。序列を示す用語と同じく，このとき縮約形による短縮が受け入れられ，そのなかには後に決定的となったものが見られる[18]。

なかでも「古短縮記号」を選択し，いくつかの速記記号[19]も使用したアイルランド人(とその弟子であったアングロ・サクソン人)は，カロリング朝に遥かに先立つ時代から縮約方式での短縮語を増やし，部分的にはすでに 7 世紀から dico, habeo, nomen, omnis などの語や，saeculum, populus などを加え，かなり拡充していた[20]。すでに述べたような発端から，島嶼的要素の影響のもとに中世縮約システムの発展にいたることになるが，それは大陸では 8 世紀以前には始まっていない。いまや gloria, gratia, misericordia および多くの単語のために短縮形が作られたが，それらはもっぱら縮約による短縮形であり，古くからの中断による短縮で作られた f̄f̄ (fratres)も，縮約によるものに代替される。いまや「聖なる名称」のいたるところで見られるモデルの特徴となった簡明な解決法が，このような結果をもたらした[21]。

(Traube, S. 6)は，深い学識そのものである。アイルランド人によるさらに古い解説については Bischoff, Ma. Studien 1, S. 259 u. 267(偽ヒラリウス A. Hamman, Patrologiae cursus completus, Ser. Lat., Supplementum 3, Paris 1963, Sp. 61)参照。

17) Traube が引用する例(6 世紀の「ロマヌス本ウェルギリウス」写本における DS̄ と DŌ については，ders., Vorl. u. Abh. 3, S. 213 ff. 参照)以外には，Lindsay, Notae Latinae, S. 396 ff. 参照。

18) episcopus については，たとえば CLA I. 1b, 26, 107；IV. 490；VIII. 1031, 1162；XI. 1631. presbyter については VI. 724；VIII. 1162. omnipotens については I.1b, 41；III. 263；IV. 438；VI. 836；VII. 949. magister を示す散発的な例(MḠR)はすでに CLA XI. 1613(396/397 年)にある。

19) Lindsay, Early Irish Minuscule Script (Oxford 1910).

20) Lindsay, Notae Latinae, S. 278；CLA II². 152, 177；S 1682.

21) L. Schiaparelli, Avviamento allo studio delle abbreviature latine nel medio evo (Florenz 1926), S. 39-41 および Cencetti, Lineamenti, S. 406, 428 f. において表明された意見に私は与しない。この 2 人によれば，「短縮記号の一覧表」のおかげで知ることのできる「古短縮記号 Notae anti-

短縮形の使用に関しては，島嶼書体，西ゴート書体，イタリア・フランク書体といった主要な広域的書体が，中世初期に多様な伝統を築き上げ，そしてこれらの内部で，さらにより小規模の書体伝統と，かなりの数の個々の書写室がその個性を保持した[22]。発展したアイルランド方式は[23]，短縮形の数が少なく，いくつかの特殊な形態(-tur を表すのに，-t' の他に t の横棒に十字の印しを付すなど)をもつアングロ・サクソン方式と区別され，ことのほか首尾一貫していて，実際的である。

西ゴート書体の短縮形で特徴的なのは，子音が大幅に，あるいはすべて保持されていることである(「ヘブライ化した書記法」)。この方式の相違がわかるようにいくつか例を示そう。autem は島嶼書体では h̄ あるいは aī，スペインでは aūm，他の地域では aū あるいは auī である。nomen は，アイルランドでは nō (属格は noīs[nominis])，スペインでは nm̄n，他の地域では nom̄ となる。propter は，pro- を意味する p 一文字(！)にアイルランドの per を表現する記号が付加されたもの[p̄]，スペインでは pp̄tr，他の地域では pp̄ などと表記される。このように短縮形もまた(正字法のように)，写本の性格づけを補完する。だから写本が通例その地域で使用される短縮形とは別のものを用いているときは，その写本の伝来の前歴を物語る場合がある[24]。

カロリング朝期の改革は，この分野においても統一的に作用した。カロリング小文字書体の使用が及んでいる限り，短縮法にほとんど差異はなかった。

---

quae」の稀な縮約の例(たとえば法律関係の専門用語)，あるいは語幹や語尾を示す記号をもとにしたティロー式速記記号の形成(本書 107 頁以下を見よ)が，カロリング朝期に中世の体系の拡充への刺激を与えたというのである。

22) Lindsay, Notae Latinae が基本書である。同書 S. 495 ff. では，中世初期によく使われた短縮形が書体の地域別に一覧表として明瞭にまとめられている。その地域とは，ブリテン諸島(S. 498 ff. では，さらにアイルランドとアングロ・サクソンの短縮形をも区別している)，スペイン，イタリア，それ以外の大陸諸国である。Doris Bains, A supplement to Notae Latinae (Cambridge 1936)は，850–1050 年の短縮形の的確なイメージを与えるものではない。狭い意味での学校用の写本を無視しているからである。バロック期のいくつかのリストによるスペインの短縮形(初期のものも含む)については，J. López de Toro, Abreviaturas Hispanicas (Madrid 1957)を見よ。

23) 本書 115 頁以下参照。

24) その例として L. Traube, Vorl. u. Abh. 3, S. 114 ; Lowe, Pal. Papers 2, S. 463 f. ; CLA S Nr. 146 (S. 19) u. 1785.

800年頃に新しい短縮形 ꝛ（ur）が創造され，その使用は急速に広まった。どれほど短縮形を使用するかは，いまや各写本の威信によって決まる。最も頻繁に短縮形が現れるのは学校の教本であり，弁証論が最盛期を迎え，文法研究が盛んであった時代（9-12世紀）に，短縮形のストックとその使用が補強された[25]。これに対して豪華写本では，「聖なる名称」を別にして，ほとんど皆無である。この数世紀に，知識人の影響のもとで，おそらくアイルランド人たちにより広められて，ギリシア語の書記法を模した「聖なる名称」が浸透した。それはIHC［Iesus］, XPC［Christus］や短縮形 x̄［Christus］にとどまらず，不適切ながら sp̄c（spiritus）, tp̄c（tempus）, ep̄s に代わる ep̄c（episcopus）, omp̄c（omnipotens）にまで拡張された。また様々な形態の短縮形を示す線から，次第に er, re, r を表す ꝛ という記号が分離した。

1200年頃に専門分野が急速に展開し，その教科教育の方法が大学で新たに組織されるようになった。そこでは，頻繁に使う単語や専門用語を表す新しい短縮形と記号が創案され，またラテン語の文法構造と語形成の活用，語末の音節の上付き文字化なども行われて，きわめて短期間のうちに学問的な書字法に変化をもたらした[26]。短縮システムの柔軟性は高まった。以前ならば写字生の眼前には，全体として固定した習得可能な短縮形のリストがひとつあればよかったのに，いまや自分自身で短縮形を作り出す手段を手にすることになった[27]。ことに m, n, r の短縮と，a をともなった単語において，音声上の要因がより強く現れる。すでに13世紀に，当該文字とその上に乗った短縮記号のあいだの中空の繋ぎ線が，実際に書かれたが，中世後期の草書体はそうした可能性を内

---

25) このような短縮形の増加には，行間・欄外に註釈を加えるのがごく普通になったことも寄与している。

26) ボエティウス写本 Clm. 14516 では，後に挿入された14葉と17葉（私の考えではいまだ9世紀後半）において，弁論術の用語のために，ときには上付き文字によって写字生がきわめて巧妙に新しい短縮形をすでに創造していた。sp[ei]（speciei）, g[a]（genera）, sub[a]（substantia）, d[a]（differentia）など。

27) この柔軟な体系による短縮形の可能性については，本書217頁以下参照。ただし写本を急いで書いた場合とか，写字生の対象分野への知識が不足したままの書写においては，それ以前の厳密な体系ではありえなかったような重大な誤りをひきおこすことがある。A. Dondaine, Un cas majeur d'utilisation d'un argument paléographique en critique textuelle, in : Scriptorium 21 (1967), S. 261-276 m. Abb. u. Taf. 24-27 参照。

在させていた[28]。これはまた一般の短縮形を示す線についても言える。後に(14世紀末期から)、この短縮を示す線は、右から左に折り返す線だけとなった。やはり中世後期には、短縮形のアルファベット順リストと、その読み方をまとめたものが作られたが、それはわけても法学や教会法の研究の負担を軽減するためであった[29]。ラテン語の柔軟な短縮システムにほぼ全面的に依拠し、またそれを規範としてドイツ語テクストで用いられるのは、原則としてもっぱら極めて単純な種類の短縮形である。すなわち -m, -n, -er(後には r も)、-ur や[30]、また r の脱落(p などの後、短縮された母音は上付き文字にして示す)など、他にもいくつかある[31]。ドイツ語の unde、さらに後には und に対して uñ(これと並んで稀には v̄)もまた、ラテン語 unde の短縮形から借用されている。最も特徴的なのは、das/daz, was/waz に対する、dc, wc という短縮形である(マネッセ写本にある。だがこの慣用は、チューリヒ地域に限定されるわけではない)。これをときおり見かけるのは、13世紀には南ドイツの写本[32]においてであり、スイスの文書にしばしば出現する[33]。後には大部分が dz, wz の形である。ラテン語の「聖なる名称」のように、Iesus や Christus のドイツ語の短縮形とその

---

28) Chroust I, 1, Taf. 7a(「アルベルト・ベハムの証書発給控」1246/47 年).
29) 短縮形を解読するための参考資料を以下に挙げる。J. L. Walther, Lexicon diplomaticum (Göttingen 1747 ; Repr.) ; A. Cappelli, Lexicon abbreviaturarum² (Leipzig 1928) ; A. Pelzer, Abréviations latines médiévales²(Löwen / Paris 1966) ; M.-H. Laurent, De abbreviationibus et signis scripturae Gothicae (Rom 1939) ; E. Seckel, Paläographie der juristischen Handschriften des 12. bis 15. und der juristischen Drucke des 15. und 16. Jahrhunderts (Zs. der Savigny-Stiftung für Rechtsgeschichte 45, Romanist. Abt., の別刷 Weimar 1925) ; P. Sella, Sigle di giuristi medievali, in ispecie dello Studio Bolognese, tratte dai codici vaticani, in : L'Archiginnasio, Bullett. della Biblioteca Comunale di Bologna 27(1932), S. 177–203 ; ders., Nuove sigle di giuristi medievali, in : Studi e memorie per la storia dell'università di Bologna 12(1935), S. 159–175. 中世後期のリストとして Lehmann, Sammlungen(註 5), S. 23 ff., 37 ff. がある。新しい参考資料の作成をめぐる問題については、Institut de Recherche et d'Histoire des Textes, Bulletin 14(1966), S. 121–138 における議論参照。
30) ドイツ語最古の記念碑的作品のひとつであるザンクト・ガレンの「アブロガンス Abrogans」写本だけは、ドイツ語の語彙に n(us)-, -p(re)-, -p(ro)-, -q(ue)-, -s(unt) というラテン語短縮形を用いることまでしている。
31) たとえば「フロスとブランシュフロール Flos und Blancheflor」(Koennecke, Bilderatlas, S. 19) 参照。
32) Petzet / Glauning, Taf. 37 u. 46 参照。
33) D. Haacke, Studien zur Orthographie der deutschsprachigen Originalurkunden, in : Beitr. z. Gesch. d. dt. Spr. u. Lit. 84(Tübingen 1962), S. 184–244 ; ebd. 85(1963), S. 147 参照。

派生形を作り出したのはわずか 2, 3 の写字生でしかない。たとえば，セビーリャのイシドルスの古高ドイツ語版テクストの写字生 (ihūses, x p̄ist, x r̄ist など) や，『ストラスブールの誓約』を載せるニタルドゥスの写本を書いたロマンス語系の写字生 (x p̄anes folches)，そしてザクセンの世界年代記の一写本である[34]。

おそらく 15 世紀のドイツ語テクストで，すでに m, n あるいは r が文字として記されているのに，それらに対応する短縮形を必要もないのに書き加えるのは[35]，実際に発音しながら短縮形を書くという原則によるのであろうし，子音を重ねて発音する実際の傾向にもよるのであろう。15 世紀のドイツ語草書体においては，-r- と -e- (たとえば -lln̄) の短縮記号はその前の文字に規則的に繋がるか，あるいは長く引き伸ばされた最後の縦線から，さらに上に向けて線が引き伸ばされる。この世紀の後半には，走り書きの下書きの草書体が，語尾の -en を示す新しい短縮形を生み出すのであるが，そのひとつは下向きの決然とした弧線である[36]。ドイツ語の短縮記号体系の不完全さのゆえに，シュテファン・ロトとゲオルク・ルーラーが，ルターの説教を筆写したときに，大部分を即座にラテン語訳しながら写したというのは示唆的である[37]。頻出する語彙を短縮するにあたって，最初の 1 文字か数文字を用いるというドイツで馴染みの方式は，12 世紀からしばしば確認されている (h. または heil. = heilig; sp. = spricht など)。8–9 世紀にアレマニエン，バイエルン地方で普及したのは一風変わった方式であり，それは各語を語末だけで表すやり方である。たとえば註釈や「ベネディクト戒律」では，部分的に語頭短縮と結合することもあり，tin = truhtin, ke ti = keskrifti, k = keuuisso になった[38]。alleluia を a e u i a と書くような，有名な決まり文句や聖書の詩句を母音のみで筆写するのは，音楽的には理解可能ではあるが，完全にラテン語の短縮形システムの埒外にある。この方式はミュンヘンの Clm 18140 写本にしばしば見られる[39]。

---

34) Degering, Schrift, Taf. 84 (x p̄enheit など).
35) たとえば Chroust I, 1, Taf. 9 (1435 年).
36) たとえば Chroust I, 1, Taf. 10.
37) Chr. Johnen, Geschichte der Stenographie 1 (Berlin 1911), S. 293 ff. m. Abb. 参照。
38) Baesecke, Der deutsche Abrogans und die Herkunft des deutschen Schrifttums (Halle 1930), Taf. 1–5.
39) E. v. Steinmeyer, in : Festschrift der Universität Erlangen zur Feier des 80. Geburtstages des Prinzregenten Luitpold 4, 1 (Erlangen 1901), S. 17 ff. 参照。

付　中世盛期および後期における短縮形とその方法

　中世盛期と後期の短縮形もまた，音節短縮（文字の削除あるいは省略による），中断，縮約，そして特殊な記号で指示される短縮，に分類される。たとえば中断は，法学や教会法写本に見られる語義註解者や註釈者の名前などの場合である（bul.: Bulgarus ; pi. あるいは py.: Pillius ; y: Irnerius など。Seckel（註29），S. 15 f. 参照）。また -en(sis), -an(us)で終わる出自名称は，たとえば Frisingēn のように，どんな格でも等しく中断型の短縮が行われる。語尾が基線域にあり，大部分が上付き線で示される縮約形は，語尾の語形変化を通して，格変化や比較活用に応じて変化したりする。こうした縮約がより頻繁に使用されるものの，数は比較的限られているが，様々なヴァリアントで現れることがある（以下のリストでは / で区別してある）。たとえば第 V 項の ecclesia, elimosina の場合。同じ縮約形が，文脈と主題によって異なる意味を持つ場合。たとえば，decło が declinatio だったり declaratio だったりする。語尾変化を上付き文字で示すやり方は、遥かに自由で恣意的に用いられた。これについては第 VI 項を参照されたい。短縮された語句が，複数の短縮記号を含む場合があり，そのときはそれぞれに妥当な方式で区分して解決されなければならない。たとえば，ī̃utibtr = i (n)(con) v (er) tib (i) l (ite) r, ėnox ˡⁱˢ =e (qu) inox (ia) lis (!), rōcina⁰³=r (aci) ocina-(ci) o (ne) m のようにである。

　以下に掲げる短縮形一覧は，最も重要な例を理解し整理しようとしたもので，以下のように分類される。I. 頻用される文字の変容。II. 基線域に表記される音節や文字の短縮形——(a) 一般形，(b) 語尾が長めの短縮形，(c) 単語のなかの文字を用いた他の短縮形。III. 上付き文字による音節の短縮形。IV. 副詞・代名詞・接続詞・前置詞の頻用短縮形。V. 基線域の短縮形（一部）。VI. 上付き文字による語尾表示の短縮形。VII. 略号と補遺。

I. 短縮形において，-m はしばしば数字の 3 の形をした記号になる。上付き文字の上が開いた -a- は平板に広くなり，折れが二つある線になる。

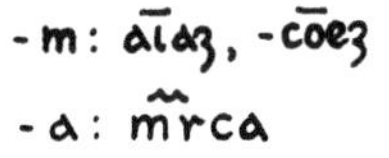

- m： aīaʒ, -cōeʒ   (anima)m, (-cione)m   IV (a)(b) 参照
- a： m̃rca   marca   V の末尾も参照

II. 基線域に表記される音節や文字の短縮形（短縮形の読み方は付さない）

(a) 一般形

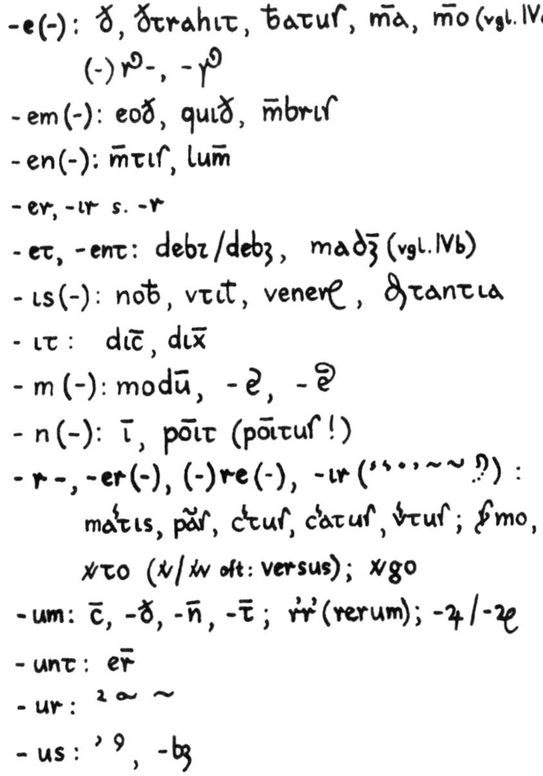

- e(-)：ð, ðtrahιt, baτuſ, mā, mō (vgl. IVa), -n̄, (-) rᵒ-, -rᵒ
- em(-)：eoð, quιð, m̄brιſ
- en(-)：m̄τιſ, lum̄
- er, -ιr s. -r
- et, -ent：debʒ/debʒ, madʒ (vgl. IVb)
- ιs(-)：nob, vtιt, venerᵉ, ðτaητιa
- ιτ：dīc, dīx
- m(-)：modū, -ẽ, -ẽ
- n(-)：ī, pōιt (pōιtuſ !)
- r-, -er(-), (-)re(-), -ιr (‵‵·· ~ ~ ♪)：matιs, pāſ, ctuſ, cátuſ, ɣtuſ; ꝑmo, ⅹtο (ⅹ/ⅹn oft: versus); ⅹgo
- um：c̄, -ð, -n̄, -t̄; rr̀(rerum); -ʒ/-ʒᵉ
- unt：ēr
- ur：ᵌ ~ ~
- us：ˀ ᵑ, -bʒ

(-)con-, (-)com-, (co-, -cun-, cum): c̄do, gſul,
gmunıſ, ggnıtuſ, ſegduſ, g

(b) 語尾が長めの短縮形

-ıter, -bılıter: utıtr, notabtr (vgl. sıtr)

-ıtur: legr̄, lıberatz̄, cotr (vgl. V dr̄, q̄r)

-tıo(-cıo): -t̄o, -c̄o, (Gen.) -c̄oıs, (Akk.) -c̄oem / -c̄om / -c̄ō

-tıvus, -a, -um: relat̄s, -t̄a, -t̄m

(c) 単語のなかの文字を用いた他の短縮形

母音が l に隣接する場合 (-e-, -u-, -u-u-)

flagttıſ, duptx ; ctpa, mtra / mta (!) ; octſ

隣接する 2 つの音節が -i- を含む場合

[-mı-] prox̄ı, sıtr, [-nı-] rem̄ıſcım̄ı, ſīs, [-mın-] hōıſ, lūı, ſēı, [-vı-] d̄ıdımus, d̄ınıtuſ

隣接する 2 つの音節が -o- を含む場合

[-no-] h̄orem (vgl. IV m̄o, V h̄o)

-e-(vor n): ıntn̄dıt (vgl. V ōnſū, dn̄dēſ)

二重線の場合は，2 本目の線が -m を補っている (したがって対格を示す)

c̄a (causa), c̄ā ; r̄oe (ratıone), r̄ōe ; q̄ (quae), q̄̄ (quaedam)

V の verbum, -a 参照

III. 上付き文字による音節の短縮形 (短縮形の読み方は付さない)

(e): nᶜ, pᶜcatum, aſpᶜtuſ

(ı): ſᶜ (vgl. IVb), amᶜto

(u): q̂ etc. (vgl. IVa a'd), cᶦ, alıcᶦ

(n): cogtuſ, cogſco

(r): [-ra(-)] memb^a, g^{a}tur̄, sup^a (vgl. IV ex^a)
　　[-ri-] democ̄tur̄, ṗœ, f'gidur̄, [-ir(-)] v̇,
　　v̇tur̄, ċculur̄, fĭmur̄, [-ru-] cong^{v}um

(qu): êtr(equaliter), ė^{ce}(equivoce)

(b, c, g, m, n, r, τ vor a): p̂^{2}(probatur); vônτ^2;
　　nêτur; ŷgo, stôchi; ôτtur̄; hôr̄;
　　τôlir̄, mûri

IV. 不変化詞・代名詞の頻用短縮形

(a)

a) a̓/aτ̄	autem	g̓/i̇^{2}	igitur
a^b, a^o	aliud, alio	g̊ (vgl. VI)	ergo
a'd	aliquid	ℏ	hec
an̄	ante	h̓	hoc
apᵭ	apud	h^a	hac
a^τ/au̇	aut	h̓^{c}/h'	hic
bn̄	bene	h̄c	hunc
c̄/(g)	cum	h'i	huiusmodi
c̃c̃	circa	i̊	ita, infra
$\overset{a}{9}$	contra	i'	ibi
ē	est (VII 参照)	in̄	inde
ēē/ėė/e^e	esse (VII 参照)	io	ideo
e^i	enim (IV(b) 参照)	ip̄e, ip̄iur̄	ipse, -ius
ex^a	extra	iτ̄	item
ƶ/ᴈ	et	t/ut	vel
ƶ̄	etiam	m̄g	magis

ṁ	michi	q̂/q̂m	quam
ṁ/m̄o (vgl. IIa)	modo	q̂i	quasi
n̄	non	q̂tr	qualiter
n̂ (vgl. VI)	nulla	q̇	quid
nb̄	nobis	qm̄	quoniam
n̄c̄	nunc	qᵐ	quantum
ṅ	nisi	qm̄o	quomodo
nt̄/nᵗ	nichil	q̊q̄/q̊q3/q̊3	quoque
n̄r̄	noster	qt̄	quot
oīſ, ōe, ōa/ō̊,	omnis, -e	qt̄s	quatenus
ō3	-ia, -em	ř	respectu
p̄	prae	ſ/ſm/2ᵐ	secundum
(-)p(-)	per, -par-, -por-	ſʒ/ſt	sed (IV (b) 参照)
p'/p̆ (vgl.VI)	post	ŝ (vgl. VI)	supra
℘	pro	ſat̄	satis
℘̊	prima, praeterea	ſb	sub
pᵐ	primum	ſ'	sibi
p̄p/℘℘	propter	ſīc̄	sicut
q̄	qu(a)e	ſn	sine
q̿	quaedam	ſp	semper
q/q̇	qui	ſr̄	super
q/qđ	quod	ft	sunt
q̄(ſeq̄ſ)	quem (sequens)	ſu	sive
qɿ	quia	ṫ	tibi
-q3	-que	t̄m	tantum
q̇dam	quibusdam	t̄n	tamen

第 III 章 補助記号 | 221

u̇	ut	ūn	unde
u̇	ubi	uτᵐ	utrum

(b) 特殊なグループ

ɑȝ	apparet	oȝ	oportet
ðȝ	debet	pȝ	patet
lȝ	licet	vȝ	videlicet, valet
qlȝ	quodlibet		

説明用語

·ı·	idest	·q·, ·q·d·	quasi, quasi dicat
·n·/·н·	enim	·ſ·	scilicet

2 語以上の語群の短縮形（VIの「動名詞・動形容詞」も参照）

etᶜ	et sic	hᵒᵒ	hoc modo
τᶜⁱⁱˢ	et sic de aliis	ıllo°/ıᵒᵒ	illo modo
ɑᵒᵒ	alio modo	uτȝ	ut patet

V. 基線域の短縮形（一部）

fc̄s, sɑτısfc̄ıo, affc̄s	factus, satisfactio, affectus
lc̄s, detcɑbılıs, ınτττcus	lectus, delectabilis, intellectus
rc̄ɑ	recta
retcɑ	relicta
dc̄s	dictus
ɑc̄c̄ns	accidens
ɑc̄c̄τs	accusativus
ɑīɑ/āɑ	anima

aīns	antecedens
āo	actio
bīti / bī	beati
cā, cātus	causa, causatus
cāualis	casualis
cōis	communis
compto	complexio
concupīa	concupiscentia
g'entia	convenientia
diffa / dīra, dīns	differentia (VI 参照), differens
diffo	diffinitio
dīndēs	descendens
dr̄, dð	dicitur, dicendum
dz̄ſus	diversus
ecc̄e / ecc̄ie	ecclesie
eta	elementa
etia / eta	elimosina
etcm	electuarium
ex̄ns	existens
feīa	femina
fta	falsa, fallacia, fleuma
fr̄	frater, feria
gta	gloria
gr̄a	gratia
hō	homo
hr̄des	heredes

ht, hm̄s, hn̄t, hāt, hr̄e hītat, hūndat, īhīcō	habet, -emus, -ent, -eat, -ere, habitat, habundat, inhibicio
m̄a / m̃a	materia（II(a)参照）
mḡr	magister
m̄ia	misericordia, minima
m̄m	matrimonium
m̄r	mater, martyr
nc̄citas, ncc̊ia	necessitas（!）, necessaria（!）
ōnsū	ostensum
or̄o	oratio
patīa	patientia
pc̄cm	peccatum
ptes / pl'es	plures
pn̄ia	penitentia
pn̄s	praesens
p̄o	positio
p̄r	pater
p̄rare	praestare
priūo	privatio
p̄tate	potestate
q̄o, q̄om, q̄r	quaestio, -nem, quaeritur
r̄o, r̄ois, r̄om / r̄ōe / r̄ō	ratio, -nis, -nem（VI 参照）
℞ndere, rn̄s	respondere, respondens
ſta	substantia（VI 参照）
sp̄es, sp̄aliter	species, specialiter
sp̄s / sp̄c, sp̄ualiter	spiritus, spiritualiter

ff'	sensus
fuggōnes	suggestiones
v̄m, v̄a	verbum, -a
vtıſ	universalis

特殊記号を用いるその他の短縮語

(⁀) gño	generatio
m̃re, d̃eri	monstrare, demonstrari
nũı	numeri
(' ') fi̔	fieri
gṅa	genera
ɩtm̓	iterum
nuꞌſ	numerus
teɩuſ, tım, deteıare	terminus, -um, determinare
(²⁀) nã	natura（VI 参照）
nũſ, nũı	numerus, -i
ṽr	videtur

VI. 上付き文字による語尾表示の短縮形

　mihi, nunc などの短縮形で用いられていたように，語尾(-us, -ur を示す記号も含む)を上付き文字にして，その前の語の中心部は削除するという原則は，中世初期にすでに成立していて，スコラ哲学の時代には大いに実践されていた。名詞・形容詞・動詞の典型的な語尾のほとんどすべて，および屈折や派生によって形成される語尾は，上付き文字にすることができた。各語のその前の部分は，明瞭に読解できる限りにおいて，常にではないが，しばしば削除される。たとえば experi[tus] は experimentatus と読み，igno[te] は igonbilitate と読む(expertus, ignote と読むことはありえないであろう)。使用頻度のきわめて高い語が，好んで短縮形にされたことを念頭におけば，読解作業はより容易になる。以下の一覧はそのような原則にしたがって配列されている。上付き文字による語尾(基本形によるが，ときには斜格も入れる)と，それらの実例，そして(好んで用いられる)当該の方式による短縮語尾とその実例の解読の順である。

名　詞

-a (1) とくに頻用される　(2) -ia, -tia, -entia, -antia　(1) forma; natura (V 末尾参照); persona; regula; substantia (V 参照); ydea　(2) avaritia; circumstantiarum; consequentia; differentia (IV 参照); essentia (VII 参照); omnipotentia; scientia

-us : modus ; sylogismus

-um : exemplum ; exempla

-tum, -mentum : experimentum

-lus, -la, -lum : articulos ; particula

-or : commentator（すなわちアヴェロエスのこと）

-sio, -tio, -atio : conclusiones（あるいは coniunctiones, complexiones, communes）; distinctio ; divisio ; generatio ; incarnationem ; ratio (V 参照); restitutio ; resurrectio

-tudo, -itudo : beatitudine ; fortitudo

-tas, -itas, -litas, -alitas, -ilitas : suavitatem, voluntas（および volubilitas）, ydemptitati (ident.)

-men : regimen

-us : genus ; corporis

-ma : sincategorema

-ies : superfice

形容詞

-us, -a, -um : bonus ; meritoria ; manifestum（および maximum）

-icus, -ficus, -vocus : beatifica ; canonica（および categorica）; dyabolicus（および dyalecticus）; grammatici

-tivus, -sivs : sensitiva

-lis, -alis, -abilis, -ibilis : artificialibus ; carnale ; corporalis ; possibile

-ris : particularis

第 III 章　補助記号　| 227

-tis, -te : celeste

-x : simplex

副　詞

-e : contradictorie

-ice, -fice, -voce : equivoce

-ate : immediate

-sive, -tive : quidditative

-iter, -nter, -liter, -biliter : dupliciter ; materialiter ; probabiliter ; predicamentabiliter ; presentialiter ; similiter

動　詞

-t : potest ; significat

-it : convenit（および contingit）; dicit ; distinguit ; excellit ; ostendit ; restituit

-mus : concedimus

-ant, -ent, -unt : arguunt

-ur : arguitur ; conceditur ; contrariatur ; movetur ; ponitur ; reservantur

分　詞

-ans, -ens : conveniens ; consequentis

-tus, -ta, -tum : oppositum ; restitutus

動名詞（gerundium）・動形容詞（gerundivum）

-dus, -da, -dum ; ostendendum ; satisfaciendo ; sciendum ; modus (etc.) significandi

VII. 略　号

=, =τ, =ᴬ (Tiron. =)	esse（IV（a）参照）, esset, essentia
÷ / ⅓ / ⅔	est（IV（a）参照）
ø/øⁿˢ, øᴬ	instans, instantia[40]
aᵅ ; bᵅ	maior, minor
ff (aus ₰)	digesta

---

40) G. G. Meersseman, Einige Siglen der mittelalterlichen Logik, in : Freiburger Zs. für Philosophie und Theologie 2 (1955), S. 88 f. 参照。

補　遺

ar	Aristoteles
bo' (vgl. VI)	Boethius
crfs	Crisostomus (Chrysostomus)
gg	Gregorius
i°/ioħ	Iohannes
io	Ieronimus (Hieronymus)
l^c	Lucas
li°	libro
m̊	Marcus
m̃	Matthaeus
p̂·l·/p̂e·l·	pecia 4
ph'	philosophus
pie^as/py^as	Periermenias
p̂p, p̂p	papa, pape
p̊s	psalmo
℞	rubrica, responsorium
·s·	sanctus
for·	Sortes
y^as	Ypocras (Hippocrates)
y^ce	yconomice (oeconomice)
x̊/x̊, x̊, xane	Christus, -i, Christiane

2. 句読点法と関連記号

　古代ローマでは，テクストは，本質的に修辞学の観点に従って言語的に構成された[41]。そのために句読点法は，文章が統辞論に従って構成されるのが規範となっている今日よりも，いっそう強く修辞学的統一と区切りを表現した。その手段は多様であった。連続するテクストが，半文字分から 5 文字分の間隔をおいて，分割されることがあった。第 2 の方法は，コロンとコンマによる区切りであり[42]，その都度新しく改行が行われるが，その方法はカロリング朝期に筆写された数点のキケロ写本で伝来している。これにより，ヒエロニュムスがミサ司式の聖書読誦を考慮して，ウルガタ聖書をこの規範に従って構成するという大きな意義をもたらし，最古の写本の多くがこうした区分法を保持している。

　最終的に，中世の夥しい著作家が追随することになるセビーリャのイシドルスにいたる古代の文法家たちは，真の句読点の使用法に関して明瞭で単純な規則を残してくれた。すなわち短い休止にはより低位の点(コンマ comma)，中くらいの休止には中位の点(コロン colon)，文の終わりには高位の点(ペリオドゥス periodus)を付したのである[43]。だが，古代のこの明快な 3 点の句読点法に代えて，中世初期にはピリオド(点)とウィルグラ(virgula)を組み合わせた多数の句読点法が創案され，多様で錯綜した形で使用された。カロリング朝期には「.」と「.ʹ」が小休止を，「.,」あるいは「;」あるいは「·,·」を大休止に用いる

---

41)　R. W. Müller, Rhetorische und syntaktische Interpunktion(Diss. Tübingen 1964). ここには最古の写本から多数の見本が引用されている(これについては J. Moreau-Maréchal, in : Scriptorium 22(1968), S. 56 ff.)。E. Otha Wingo, Latin Punctuation in the Classical Age(Den Haag 1972). 真正の句読点ではないが，1-2 世紀において文学テクストのなかで広く見られるのは，(碑文にも見られるように)個々の語の後に写字生が点を付す習慣である。

42)　Müller, S. 28 ff., 70 ff., 141. この書式によるテクストを訂正するための古い方法については R. Weber, in : Scriptorium 9(1955), S. 57-63 参照。

43)　15 世紀までの，この点に関連するラテン語テクストは M. Hubert, Corpus stigmatologicum minus, in : Arch. Latinitatis medii aevi 37(1970), S. 14-169(索引は ebd., 39(1974), S. 55-84)に集められている。G. Silagi, in : DA 28(1972), S. 275 ; M. Hubert, Le vocabulaire de la "ponctuation" aux temps médiévaux, in : Arch. Latinitatis medii aevi 38 (1972), S. 57-166 ; J. Greidanus, Beginselen en ontwikkeling van de interpunctie, in't biezonder in de Nederlanden(Utrecht 1926)参照。最後のものについては J. Moreau-Maréchal(註 41)参照。

のが優勢であった。9世紀にかなりの書写室(たとえばレーゲンスブルク，フライジング，あるいは西ではサン・タマン)が，単純化されたイシドルスの方式に移行している。つまり小休止には低位の点，大休止には高位の点を付す方式で，これは10世紀と11世紀の典礼書の豪華写本でも盛んに用いられている。

　この方式は疑問符の導入により完成する。疑問符はその出現――管見のかぎりではマウルドラムヌスの小文字書体で筆写された写本や，カール大帝の宮廷学校が最初であった――以来，弧を描くか，あるいは折れ線の記号で示され，音楽的価値をそなえた明瞭な形態であった。その形態は9世紀から12世紀の間に大きく変化している。しかしその形は，中世の音楽理論家たちによって同時代に用いられていた「振動音と上昇音の音響結合」として記述される「ネウマ譜のキリスマ Neume Quilisma」としばしば一致する。これは疑問符を音記号として見る見解を支持するものである(図32)。

　特異な用法が，ベネヴェント書体の領域で発展したが，そこでは何よりもまず文末に疑問符がない。疑問文であることが，数字の2に似た記号を語の上に付すことで指示されるのだが，名辞的疑問[部分疑問]であればその疑問詞の上に，また述語的疑問文[全体疑問文]では文意を決定する字句の上に，書かれる。西ゴート書体の書き手も，疑問文の種類による相違に注意を向けた。アクサン・シルコンフレクスを名辞的疑問文の最後の語の上に付して，普通の疑問符と区別したのである[44]。西ゴート書体と同じくベネヴェント書体にも強調の記号が存在した。それは母音が無気音であることを示す気息記号「'」に似た記号か，あるいは内部に点のある円によって表現された[45]。それぞれ強調したい単語の上に付される。

　中世盛期と中世後期に関しては，ある革新が重要となる。それは西フランスのアンジェで遅くとも11世紀末には確実に観察されるものである。弱いかあ

---

44) J. Vezin, Le point d'interrogation, un élément de datation et de localisation des manuscrits. L'exemple de Saint-Denis au IXe siècle, in : Scriptorium 34(1980), S. 181–196, Taf. 写しで広まっていたベネヴェント書体での方法と，またスペインでの方法については，E. A. Lowe, The Beneventan Script(Oxford 1914), S. 236 ff. を見よ。イングランドにおけるベネヴェント書体の方法の存在については Ker, Engl. Mss., S. 49 参照。

45) Lowe, ebd., S. 270 ff.(「断言記号 assertion sign」) ; Millares Carlo, Tratado, 1, S. 284(「感嘆符 signo de admiración」).

るいは中位の句読点を示すために，ピリオドの上に，アクサン・シルコンフレクスか傾斜アクセント記号（クリウィス clivis）（後には小さな上付き数字の[7]など）を乗せる（プンクトゥス・エレウァトゥス punctus elevatus，プンクトゥス・キルクムフレクスス punctus circumflexus，フレクサ flexa）[46]。この記号は急速に広まって，補完されたシステム（休止の度合いの強くなる順に．．'．.'.あるいは．.'．'.）は，シトー会において食堂での朗読用の本に転用された[「.」は弱い休止，文末の休止ともに用いられた]。これが12世紀と13世紀のシトー会の写本を見分ける重要な補助手段となっている。ドミニコ会もまた典礼用にこれを採用する。中世後期には，このシステムは部分的に「；」あるいは「：」が付加されて，これはカルトゥジオ会でもみとめられる[47]。「デウォチオ・モデルナ（新しい信心）」がこれを受容したのは，カルトゥジオ会からであった。かくして，たとえばオランダ語のテクストではピリオドしか使用していない[48]トマス・ア・ケンピスがこれを用いている。人文主義とともに，イタリアに新しい句読点法が台頭してくる。人文主義の影響を受けた翻訳者のニコラウス・フォン・ヴィレとかシュタインヘーヴェルなどの人たちが，これを意味に即してドイツ語に移植しようと試みる[49]。感嘆符は16世紀になって初めて出現する[50]。

　古代の写本では，アクセント記号は長い音節の上に置かれる。中世にはアクセント記号は――古代の教説に従ってアクサン・シルコンフレクスが鋭アクセントの他に（場合により長い音節にも）現れる――一部は強勢の音節，一部は長い音節を示す[51]。鋭アクセントを単音節語に置いてこれを強調するやり方が島

---

46) J. Vezin, Les scriptoria d'Angers au XIe siècle (Paris 1974), S. 151 ff.; Ker, Engl. Mss., S. 46 ff. イングランドには，同じ価値をになう基線上の記号も存在する。

47) Ker, Engl. Mss., S. 58 f. に掲載されたテクスト参照。Gumbert, Utrechter Kartäuser, S. 161 ff.; Hubert, Corpus stigmatologicum（註43), S. 161 f.

48) L. M. J. Delaissé, Le manuscrit autographe de Thomas a Kempis et "l'Imitation de Jésus-Christ" (Brüssel / Paris 1957); Degering, Schrift, Taf. 101. ほかの図版は M. Pohl の校訂版にある。

49) J. Müller, Quellenschriften zur Geschichte des deutschsprachlichen Unterrichts bis zur Mitte des 16. Jhs. (Gotha 1882), S. 7 ff., 14 ff., 277 ff.

50) M. B. Parkes, The Influence of the Concepts of Ordinatio and Compilatio on the Development of the Book, in : Medieval Learning and Literature. Essays presented to Richard William Hunt (Oxford 1976), S. 115–141 m. Taf. 9–18 は，中世末期の写本が学問的なテクストをいかに適切に配置し提示しようしたか，その進歩の様子を示している。

51) Lowe, The Beneventan Script（註44), S. 274 ff.

嶼地方から導入され，大陸でも慣習となった。島嶼地方のもうひとつの用法は，与格と奪格の語尾の -is (および 1 音節として発音されたと思われる -iis)を -ís と表記することである[52]。遅くとも 9 世紀初頭に，古高ドイツ語アクセントの体系が始まる。これはノートケルにより彫琢されて広まった。その課題は二重である。すなわちアクセントの規則を作り規則どおりのアクセントの位置を示すこと，もうひとつは母音の質を確定することである[53]。

単語が行末で次行にまたがり，音節で切ることになった場合［ハイフネーション］は，当初の 11 世紀からは行末に 1 本の線を，14 世紀以降は二重線を用いて指示するのが一般的な慣行となった[54]。13 世紀末から 15 世紀にかけてのイタリアとフランスの書き手には特異な習慣，すなわちある段落の行揃えをするとき，行末に単語を記すスペースが十分にない場合に抹消線を入れたり，バツ印で埋めたりするやり方がある。それは究極のところヘブライ人の写字習慣にさかのぼる[55]。同じように，テクストの末尾の記号っc(et cetera)も，中世後期には一般に特別の意味をもたない終わりの印しであり，続きが省略されたことを予告するわけではない。

字句を削除するためにより多く用いられたのは，斜線で削除するやり方ではなく，単語全体の場合は削除の印しとしてそこに下線を引いたり，上部に点々を配したりし，また個別の文字の場合はその上部あるいは下部(またはその両方)に点を打つという手法である[56]。オトフリートが自らの詩文に出現した母音接続に際して，1 母音の削除を書字のうえで表現するのに用いたのが，この最後の方法である[57]。中世後期には，削除したい部分がかなり長い場合や，それ

---

52) Steffens, Paläographie², S. XV.
53) P. Sievers, Die Akzente in althochdeutschen und altsächsischen Handschriften (Berlin 1906). Ker, Catal. of Mss., S. XXXV も参照。
54) Lowe, Beneventan Script, S. 277 f.; Ker(註 53), S. XXXV. より古い例として CLA IX. 1302 ; X. 1478 ; Oxford, Bodl. Libr., Marshall 19(9 世紀初め)参照。
55) Colette Jeudy, Signes de fin de ligne et tradition manuscrite, in : Scriptorium 27(1973), S. 252–262 (とくに S. 253 Anm.)および ebd. 28(1974), S. 296–298 参照。ヘブライ人の慣習については M. Beit-Arië, Hebrew Codicology(Paris 1976), S. 88 参照。
56) W. M. Lindsay, in : Palaeographia Latina 3(1924), S. 65 f. 参照。
57) 古アイルランド語において音韻変化は，f, s, n の上に点を打つことで表された。R. Thurneysen, Handbuch des Alt-Irischen 1(Heidelberg 1909), S. 22 を見よ。

を以後は筆写する必要のないことを示す場合には，当該部分の前にva，当該部分の後にcatと書いた(すなわち「削除vacat」である)。

書き落とし部分の訂正には，特別の記号(↓↑)で示すか，あるいはその場所であることを示す特定の文字を挿入し，欄外に記された正しい文章に導かれるようにした[58]。これらの特定の文字が，書写室に固有の特徴的な文字である場合もある(たとえば，hl とあれば，ロルシュとヴァイセンブルクのものである)。註釈や古註などへの参照指示を目的にして，ラテン語やギリシア語のアルファベット，ルーン文字(Codex Bonifatianus 1)[59]，速記記号を導入したり，任意の記号[60]を編み出したりすることもあった。単語の置き換えは，たとえばその語の上に書いた文字(a c b)や横線(− ≡ =)を使って順序を示すこともあったし，最も頻用されるのは，常に一義的で明瞭というわけではないが，前に記号(╱ ╱ など)を付して指示する方法である。古代と中世初期のラテン語書物と，ギリシア語の書物を結びつけているのは，引用文を指示する多様な方法であり，そのなかで最古の写本で頻繁に取られたのは，いっさい記号を用いないで1字から4字分下げて表示する方法である。だがこの方法は欄外に記号を付して表示する方法に取って代わられる。その記号はまず古典的なディプル記号[<]により，後には他の記号で示される。引用文を赤インクで書くとか，書体を変えて書くという方法がとられることもある[61]。ラテン語の文章では，ゲール語の単語は上にアクセント記号を付して強調されることもある[62]。

テクストの段落構成は，古代において既に横線あるいは，直角に交わる2線(⌐)で明示することができた。章段落記号の ❡ や § は，後者の記号が中世を

---

58) Lowe, Pal. Papers 2, S. 349–380.
59) Steffens[2], Taf. 21a.
60) 実際のところ，オトフリートの豊富な知識には比肩するものがない。W. Kleiber, Otfrid von Weißenburg (Berlin / München 1971), S. 391 f. を見よ。
61) P. McGurk, Citaiton-marks in early Latin manuscripts, in : Scriptorium 15 (1961), S. 3–13, Taf. ; Caroline P. Hammond, A Product of a Fifth-Century Scriptorium Preserving Conventions used by Rufinus of Aquileia, in : The Journal of Theological Studies, N. S. 29 (1978), S. 366–391. アウグスティヌス『神の国』の6世紀の写本では，キリスト教徒の著者の引用と異教徒の著者の引用を，別の記号で分けようという意図が認められる (CLA V. 635)。
62) L. Bieler, in : Scriptorium 8 (1954), S. 90 f.

通じて変化したものである[63]。学校用テクストの統辞構造の理解を助けるために，アイルランド人やアングロ・サクソン人は構文分析の仕組みを発展させたが，それは文字行の上下に点や横線のグループを目立たないように付すことによってであった[64]。

テクストへの指示は，中世初期以来好んで「注意すべし Nota」という語が使われ，ここからこの上なく多様な組文字(モノグラム)が作られ[65]，そのいくつかは地方に特有の記号として機能したと言える[66]。もっと稀には D. M.(「記憶すべし dignum memoria」) と書かれた。

極めて長い時間をかけて，語の分かち書きの原則が定着した。1世紀，さらには 2 世紀になっても，多くのローマのテクストは，単語の後に点が付された。その後，点を付さない「連続書き scriptura continua」に転換する。単語を一体として認識する必要性は，まずケルト人とゲルマン人のもとでその徴候が現れた。分かち書きの努力は，島嶼地方の人々のもとで最初に行われたようである。カロリング朝期には，前置詞や他の短い語を，次に来る語に続けて書くのがまだ一般的であった。分かち書きが多くの場合で明瞭になるのは，12 世紀以降のことである。

3. 記譜記号

西洋中世における音符の最古の記録形態は，典礼の読唱の際のイントネーションの指示を目的とするもので[67]，ラテン語のネウマ記号である。この体系のもとで，中部ヨーロッパでは最終的にローマから発した方式だけが権威あるも

---

63) Lehmann, Erforschung 4, S. 9 ff. u. 21.

64) Martje Draak, Construe Marks in Hiberno-Latin Mss.(Mededelingen d. Kon. Nederl. Akademie van Wetenschapen, Afd. Letterkunde, N. S. 20, Nr. 10, 1957)；dies., The Higher Teaching of Latin Grammar in Ireland during the Ninth Century(ebd. 30, Nr. 4, 1967)；Fr. C. Robinson, Syntactical Glosses in Latin Mss. of Anglo-Saxon Provenance, in : Speculum 48(1973), S. 443-475；M. Korhammer, Mittelalterliche Konstruktionshilfen und altenglische Wortstellung, in : Scriptorium 34(1980), S. 18-58. またたとえばベルンのウェルギリウス写本(Ms. 165)のように，大陸の学校用写本のなかにも類似のものがある(Chatelain, Pal. class. lat., Taf. 67)。

65) その小規模な一覧は E. Cau, Scrittura e cultura a Novara(secoli VIII-X), in : Ricerche Medievali 6/9(1971-1974), S. 58 ff.

66) たとえばシャルトルの例として CLA X. 1582 がある。

67) 本書 230 頁以下の句読点法についての個所参照。

のとなった。その背後にはキリスト教的・東方的要素もあるが，主としてラテン語の文法上のアクセントに依拠して様式化され（「アクセント・ネウマ」），ビザンティンの記譜法の影響のもとに仕上げられたものである。この方式に属する 40 以上の記号の大部分は，ギリシア語名である。それらは，その形態に応じて「線ネウマ Strichneumen」と「鉤ネウマ Hakenneumen」に細分される。確実に 9 世紀以前のものとして伝来している例はない。ドイツ語圏では，最古のものは 830 年頃のレーゲンスブルクの例である[68]。古高ドイツ語による『ペトルス・リート』は，おおよそ 10 世紀初頭に属する[69]。

　中世初期には，同一の基盤からそれらの諸要素，および連綴における多様な形態変化と書字法によって，ネウマ記譜法の様々の地方的類型が形成された[70]。最古かつ最重要なのは，数少ない写本にしか見られない古フランク記譜法（「記譜法」1,3）と，ドイツ式記譜法（「記譜法」2）であり，このうちザンクト・ガレン式ネウマ記譜法は 10 世紀，11 世紀の写本が豊富に伝来しているため個別のグループを形成している（「記譜法」4）。そしてメス記譜法（「記譜法」16,17）——これは短い波形の線ひとつで独特の解決法を示している——であり，教会音楽の育成と伝承の中心となったこの地から，ルクセンブルク，ベルギー，北フランスそしてまた南ドイツに伝播した。そして（リモージュのサン・マルシアル修道院を中心とする）アキテーヌの記譜法がある（「記譜法」9,10）。最後の 2 つは，下降旋律をほとんど重なり合うように，急角度で記譜するところから，見分け

---

[68] 図版は Bischoff, Schreibschulen 1, Taf. 6d ; ders., Kalligraphie, Nr. 3 ; Musik in Geschichte und Gegenwart 9(1961), Sp. 1625 f. 参照。
[69] Petzet / Glauning, Taf. 9.
[70] これらの解明には，『音楽古書体学 Paléographie musicale』の標題のもとに 1889 年以来ソレーム（Solesmes）のベネディクト会修道士によって出版されてきたファクシミリ版のシリーズが助けになる。対照表はとくにその第 2・3 巻（1891 年以降）。さらに次の研究参照。(J. Hourlier), La notation musicale des chants liturgiques latins (Solemes 1963) (Notation の項) ; P. Wagner, Neumenkunde^2 (Leipzig 1912) ; J. Wolf, Handbuch der Notationskunde 1 (Leipzig 1913) ; ders., Musikalische Schrifttafeln (1922–1923) ; G. M. Sunyol, Introduction à la paléographie musicale grégorienne (Tournai 1935. カタルーニャ語による先行版は Montserrat 1925) ; Battelli^3, S. 215 ff. ; W. Lipphardt, in : Musik in Geschichte und Gegenwart 9(1961), Sp. 1611–1628 ; B. Stäblein, Schriftbild der einstimmigen Musik, in : Musikgeschichte in Bildern 3 (Leipzig 1975) [『単音楽の記譜法』音楽之友社，1986 年] ; Solange Corbin, Die Neumen (Bd. 1, 3 in : W. Arlt (Hrsg.), Paläographie der Musik, Köln 1977).

第 III 章　補助記号 | 237

ることができる。それ以外の形態はブルターニュ，イングランド，北フランス，スペイン，そしてイタリア各地を故郷としている。

　もともとのネウマの記譜法の最大の難点は，実は旋律の動きを大まかに再現はできるものの，厳密な音の動きを記録できない点にある。この欠陥を克服しようと，種々の方法が試みられた。とくに音楽の理論書においてその努力がなされたが，またメロディーの記録に関しても，たとえばエーベルハルト・ツェルスネの『ミンネの規則』に付された抒情詩のように，各音階を表現する一連のアルファベット文字を使用したのである。一方ではメロディーとリズムの関係をより明瞭にしようと，ネウマの横にアルファベット文字を記すこともあった。吃音者ノートケルはある書簡のなかで，これらの「ローマ風の文字」について報告している[71]。

　ネウマの記譜法のなかで，より厳密に音高を示す(ディアステマティー)ために研究が積み重ねられ，初期の試行錯誤の後に，アレッツォのグイド(11世紀前半)が，最初にこの問題の解決策を発見した。4線譜システムの上にネウマ記号を書き加え，ハ音(c)とヘ音(f)の線に色をつけて目立たせたのである。これらの線を移動することで，音高を変えることができた。元来のネウマの運動的性格が，譜線システムへの順応を促進した。今日でもなお記譜法を原則として支配しているこの実践的発明は，すでに12世紀にライヒェナウなどのドイツの書写室で採用された。しかしこの記譜法がどこでも通用するようになるのは，15世紀まで待たなければならない。とくにザンクト・ガレンは，線のないネウマの記譜法に久しく固執していたが[72]，それは大分前から粗雑なものになっていた[73]。

　古書体学の視点から見ると，中世後期に譜線を用いた聖歌合唱の記譜法が，2つの典型的な形態として発達する。すなわちドイツの大部分や，その影響が及んだ東部の地域で支配的となったゴシックの記譜法と，ロマネスク形式の「ローマ風」角型記譜法である。前者は，ネウマがゴシックのテクストゥラ書

---

71)　註解は P. Wagner, Neumenkunde[2] (Leipzig 1912), S. 233 ff. m. Abb. たとえば Steffens[2], Taf. 70b 参照。
72)　図版は Wagner, S. 220.
73)　「カルミナ・ブラーナ写本」のなかにも例がある。ファクシミリ版参照。

体に合わせて様式化されたもので，単音を示す通常の音符であるウィルガは，強くて直立した符鉤のついた線で書かれ，弧線部は折れている[74]。これが後の15世紀と16世紀の段階になると，「釘型の書体」となり，先の尖ったウィルガには菱形の小さな頭部がつく[75]。非常に複雑な連綴形はしばしば完全に消滅してしまう[76]。

　後者の角型記譜法は，12世紀後半に北フランスで成立する。その形態もやはり線状のネウマのゴシック化したものに影響されているが，ヘアラインの細い直立線と，四角張った量感，あるいは力強く打たれた点との対照を強調している。このブロック状の短線や点は，すでに13世紀には念入りに太いペンで角型で記されていた。これによりこの書体は，中世後期に支配的だったロマネスクの記譜法としての体裁を整え，イングランドや北欧諸国にも広がった。ドイツにそれが導入されたのは，何よりもシトー会，ドミニコ会，フランチェスコ会の典礼書を媒介としている。この地域ではまた，たとえば豪華な「イエナ詩歌集」におけるように，世俗のメロディーの筆写にも使われるのが通例であった[77]。

　ネウマ記譜法のもつ第2の難点は，聖歌合唱の記譜法にも共通しているが，リズムあるいは韻律(拍)を十分に表現できない方式であるという点にある。まずラテン語およびロマンス語で書かれた詩のメロディーとリズムの相関関係の理論的解明に関連して，場当たり的な試みが繰り返された後に，1260年頃に音楽理論家のフランコ・フォン・ケルン[78]により，ドゥプレクスからセミブレウィスまでの厳密に規則だった音価の階層と，休止を指示する記号が発展する[79]。だがネウマのより複雑な形態の模倣である連綴文字と連字(coniunctae)は，まだ完全に除去されていなかった。1300年頃から，黒インクの記譜法と並ん

---

74) 図版は Wagner, S. 337 ff.; O. Hurm, Zusammenhang zwischen gotischer Textur und gotischer Choralschrift, in : Gutenberg-Jahrbuch 1973, S. 37-43.

75) 図版は Wagner, S. 340 ; J. Wolf, Handbuch der Notationskunde 1 (Leipzig 1913), S. 127.

76) たとえばフーゴ・フォン・モンフォールにおいて H. v. M., Gedichte und Lieder (Facsimilia Heidelbergensia 5, Wiesbaden 1985) ; Wolf (註75) 1, S. 177.

77) ファクシミリ版は K. K. Müller, Die Jenaer Liederhandschrift (Jena 1896).

78) H. Besseler, Franco von Köln, in : Musik in Geschichte und Gegenwart 4 (1955), Sp. 688-698［皆川達夫訳「ケルンのフランコ著『計量音楽論』全訳」『音楽学』36巻2号，1990年，126-139頁］.

79) L. Dittmer / M. Ruhnke, ebd. 9 (1961), Sp. 1628-1641.

で赤インクによる記譜法も用いられたが，それはたとえばリズムの変化や最小の音価を指示するためなど，様々の状況の区別を設けるためである[80]。後には簡略にするために「白い」音符，すなわち中が空白の音符を使うようになる。15世紀中頃には，音符が「黒」から「白」に交代したり，逆に「白」から「黒」に変化したりする事態，すなわちそれまで黒で書かれていた非常に強い音価(音符をつなぐ桁，本位記号，菱形音符)の輪郭だけが書かれる一方で，それまで空白だった最小価の音符を示す菱形は黒く塗りつぶされる。『ロハメールの詩歌集』は，この技法を用いた最初の記念碑的写本のひとつである[81]。

　中世の聖歌合唱の記譜法がゆっくりと完成に向かうと，書物制作にも固有の反応が生まれた。音程の明確な記載のおかげで，純粋の記憶のみを頼りに熟達を目ざす代わりに，メロディーを視唱できるようになった。これは教会の聖歌本と楽譜のサイズをあれほど大きくして，多くの人が同時にひとつの同じ写本を利用できるように工夫することの前提になった。こうして13世紀から書物のサイズは大型化し，中世の終わりには合唱団全員でも使える，多数の巨大な交唱聖歌集が生まれるのである。

4. 数　字

　ローマ数字[82]は，古い記録ではそれに対応する文字と区別されておらず，その形態(とくにD, L, V)は，新草書体の枠内においてもしばしば保持されている。これはアンシアル書体のGの形に似た，VIを示すための連綴文字についても言えるのであり，それは古草書体の連綴文字として生まれ，8世紀に入るまで通用していた[83]。西ゴート書体の特殊な形態は，数字の40に関わる。上部かあるいは上部の右先端に上に向かって開いた弧線を伴うXで示され，数字

---

80)　たとえばオスヴァルト・フォン・ヴォルケンシュタインにおいてはKoennecke, Bilderatlas, S. 52.
81)　ファクシミリ版としてK. Ameln, Locheimer Liederbuch und Fundamentum organisandi des Conrad Paumann(Kassel 1972).
82)　この項については以下参照。W. Wattenbach, Anleitung zur lateinischen Paläographie[4](Leipzig 1886), S. 97–105 ; Steffens[3], S. XXXV f., XL ; Battelli, Lezioni[3], S. 218 f. ; Foerster, Abriß[2], S. 242 ff.
83)　古代後期の碑文においては，新草書体で書かれた碑文職人のための書体見本から，これらの形態が生まれたと推定できる。Mallon, Pal. rom., S. 124 ff. 参照。

の1000は,上部横線の左半分が下に向かって弧を描く大きなTで表す。中世初期の写本では,数字はそれを目立たせるために前後に点を置き,稀にはその上に横線が引かれた(意味変化はない)[84]。Mに関しては(その草書体である∞が消滅して後),大文字書体が原則となり,それ以外の数字についても,大文字を使うことが時代を追うごとに増加する。だがカロリング小文字書体では,Vはしばしばuで表記される。基数でも稀にあるが,序数の表記の場合はきわめて頻繁に曲用の語尾が書かれる。中世後期になると,XXやCが上付き文字で記される($vi^{xx}=120$;$iii^{C}=300$ など)。だが前者はロマンス語圏だけに現れる〔20進法〕。古代の分数記号は実用よりも研究の対象であることが多い。一般に中世後期には,VやXの数字を表す文字の最後の縦線にバツ印を付した。それは2で割ることを指示している。

インド・アラビア数字[85]は,10世紀にスペインのラテン語写本のなかに,西アラビアの形態で突然姿を現し,ランスのジェルベールによって計算盤に数字を書くのに用いられたが,零はまだ使われず,桁の意味も知られていなかった。西洋がこれを知るようになるのは,12世紀になって初めてアラビアの計算術教本(数学者フワーリズミーの『アルゴリスムス』)が翻訳されてからである[86]。アラビア数字使用の最古のドイツ語の例は,1143年のザルツブルク復活祭暦法[87]と,12世紀末のレーゲンスブルクの一写本[88]である。また例が少ないが東アラビア形態も,12世紀のものがある[89]。アラビア数字が実用に供されるには時間がかかり,15世紀に入るまで,ここかしこで貨幣制度からは排除されていた。その受容が困難を伴ったことは,MCCC7 というようなローマ数字とアラビア数字との混用や,(12,13の代わりに21,31と書いたり,11の代

---

84) Bruckner, Scriptoria 8, S. 32 によると,12世紀にもなお用いられた。誤読の可能性が生じることについては W. Levison, Das Werden der Ursula-Legende, in : Bonner Jahrbücher 132(1928), S. 39–42 参照。
85) G. F. Hill, The Development of Arabic Numerals in Europe exhibited in 64 tables (Oxford 1915).
86) K. Vogel (Hrsg.), Mohammed ibn Musa Alchwarizmi's Algorismus, das früheste Lehrbuch zum Rechnen mit indischen Ziffern. Nach der einzigen (lateinischen) Hs. (Cambridge Un. Lib. Ms. Ii. 6.5) in Faks. (Aalen 1963).
87) Arndt / Tangl⁴, Taf. 26a ; Mazal, Romanik, Abb. 19.
88) Ebd., Taf. 23b. また Clm 23 511(ヴェッソブルン本のエウクレイデス,12世紀後半)も参照。
89) Schum, Exempla codicum Amplonianorum Erfurtensium (Berlin 1882), Abb.

わりに 101 とするといった) 零とか桁値の引き起こす深刻な誤解によって, 浮き彫りになる. 数字の 4, 5, 7 が一般に今日の形に似たものになるのは, ようやく 15 世紀末葉にいたってからである (図 33).

ドイツでもまた,「ギリシア数字」や「カルデア数字」が知られていたという証言が広く確認できる. そこでは 1 桁から 4 桁の数字が記号で書かれており, 同時にそれは中世と現代の速記術の結びつきを表すものでもある[90]).

5. 暗号文字

中世は暗号文に, 格別に奇妙で遊び半分の親近感を抱いていた[91]). 人々はわざわざ隠す理由のない場合でも, また本気で隠すつもりもない場合でも, 頻繁に暗号文を用いた. ドイツの書字文化にはとくに事例が豊富にある. メルキオル・ゴルダストが, ラバヌス・マウルスの名前を騙って公刊した『言語の発見について De inventione linguarum』(「文字の litterarum」の代わりであろうか) という短い論文[92]) によれば, ボニファティウスが 2 つの暗号文字の伝達者であった. すなわち母音の a, e, i, o, u がそれぞれ 5 つの点∶: , ∷ ∵ あるいは 5 つの子音 b, f, k, p, x で表現されるのである. 後者は古代にさかのぼる. こうした暗号文字のイングランドでの使用例が, この伝統に信憑性を与えている. ドイツでは 9 世紀から, 数えきれないほどの古高ドイツ語の註釈がこの 2 つの方式によって記された[93]). 母音や文字ではなく, アルファベット上の位置を数字で表現する別の暗号文もある. これ以外の暗号文字の源泉として, 外国語のアルファベットがある. 上記の論文で見られるし, また写本中の他のリストでもそれは

---

90) B. Bischoff, Ma. Studien 1, S. 67–73 u. Taf. VI f.; Jacques Sesiano, Un système artificiel de numération du Moyen Age, in : Mathematica, hrsg. v. Menso Folkerts / Uta Lindgren, Festschrift für Helmut Gericke (Wiesbaden 1985), S. 165–196.
91) B. Bischoff, Übersicht über die nichtdiplomatischen Geheimschriften des Mittelalters (Wien 1954). また MIÖG 62, 1954 にも収録. これを発展させたのが Ma. Studien 3, S. 120–148 である. 一覧表は Stiennon, Pal., S. 131 f. にも再録されている). A. Meister, Die Anfänge der diplomatischen Geheimschrift (Paderborn 1902).
92) テクストは R. Derolez, Runica Manuscripta, the English Tradition (Brügge 1954), S. 349 ff. より多くの写本からの図版は Ute Schwab, Die Sternrune im Wessobrunner Gebet (Amsterdam 1973), Abb. 13 (9 世紀後半以前のものではない!), 15 f.
93) たとえば Petzet / Glauning, Taf. 12.

珍しくない。ルーン文字(新しい写本ではしばしば「シリア語」「アラビア語」あるいは「サラセン語」と称される！)[94]，ギリシア文字[95]，ヘブライ文字，通称アエティクス・ヒステルと称される人物のアルファベットなどである。これに自由に創案された記号アルファベットが加わる。これは特定の書き手の私的な使用か，あるいは暗号に供されたのかもしれない。最後に言えば，単語や音節を逆転する換位法も好まれた。また複数の方式を融合させる例も存在する。中世後期になると，なかんずく書き手の署名，薬の処方箋や祈願文，とくに呪文の類いなどに暗号文の使用が見られる。

---

94) たとえば Clm 14436, f. 1 (11 世紀). 図版は Derolez, Taf. 6 ; Schwab, Abb. 12.
95) ギリシア文字の M の形はしばしば)-(となって，N は)- となる。

C. 文化史のなかの写本

装飾文頭文字にペンとナイフをもつ挿画生の自画像が描かれている珍しい例（12世紀末）。上に「ルフィッルス Rufillus」とのサインも見える。アミアン図書館所蔵のアンブロシウス『ヘクサメロン』(Jacques Dalarun, Le Moyen Age en lumière, Paris 2002, S. 373)。

1. 古代・キリスト教ローマ

　キケロやカエサルの時代に古代ローマ文学は黄金期を迎えたが，それとともに都市ローマに書物の生産と流通の組織的な様式が出現した[1]。書籍取引は奴隷の筆写労働により，書物の数を何倍にも増加させた。同じ頃ローマには最初の公設の図書館が現れた。書物の取引による文学の普及とならんで，奴隷を使っての筆写による蔵書の充実も，貴族の邸宅でなされたにちがいない。私的な用途のためにも写本制作が行われたのは確実である。

　79年のヴェスヴィオ火山の噴火で壊滅したヘルクラネウムには，おそらくL. カルプルニウス・ピソ・カエソニヌスが建てたと推測される図書館があって，主にギリシア哲学の作品を所蔵していた。ギリシア語で書かれた約1800点のパピルス巻子本とともに発見されたラテン語巻子本は，わずか30点ほどにすぎなかった。これらの黒く炭化した巻物は，まさしく惨憺たる状態を呈しているが，最近になって成功した写真撮影から，ラテン語テクストの書体に関する情報を得ることができる。それはものによっては規範化されたキャピタル書体を用いていたり，また『アクティウム海戦の歌』のように，より自由なキャピタル書体で書かれているものもある[2]。

　規範キャピタル書体で書かれたこの図書館のパピルス巻子本は，キリスト紀元最初の3世紀の期間に用いられた文学テクストのスタンダードな書体であった。エジプトを出所とする，いくつかの珍しいパピルス本，わけてもサッルスティウスの作品（『歴史』『ユグルタ戦記』）はこうした観察を裏づけてくれる[3]。けれどもラテン文学がもっぱら，あるいはその多くがこの古典的な書体で記録されたのだという仮説は，いまではもう支持しえない。それというのもさまざまの形式の大文字草書体か，新しく定着をみた写本用書体で書かれている文学作品が現存しているからである。そうした作品としてキケロの『セルウィウ

---

[1] C. Wendel / W. Göber, in : Milkau / Leyh, Handbuch 3, 1²(Wiesbaden, 1955), S. 119 ff. ; T. Kleberg, Buchhandel und Verlagswesen in der Antike(Darmstadt 1967) ; G. Cavallo(Hrsg.), Libri, editori e pubblico nel mondo antico(Rom / Bari 1975).
[2] 本書74頁参照。
[3] 本書74頁註23参照。

ス・トゥッリウスについて De Servio Tullio』(カトーの『起源論 Origines』か)，ガイウスや『マケドニア戦記』断片がある。ルクレティウスの『事物の本性について De rerum natura』やティトゥス・リウィウス(『ローマ建国以来の歴史』第 5 デカーデ 41-49 巻 [デカーデは 10 巻単位の写本のこと])をはじめとするこれ以外の写本は，たとえばルクレティウスに見られるような写本の中世的伝統に到達する前段階として，大文字草書体が使用される段階があったのではないかと推測させてくれる[4]。

キリスト紀元初期の数世紀には，狭い意味での文学とならんで，数多くの教育論の選文集が世に問われた。もっともこれも今日まで伝来しているのはエジプトから出ているものばかりであるが。それらのうち 2 言語で記された作品 (寓話作品，ウェルギリウス，キケロ，用語註解集)は，ギリシア語研究が退潮しつつあった帝国の西半分よりも，帝国のギリシア語圏でより切実でありつづけた要求に合わせて作られたものであった[5]。そうした 1 世紀末に書物の分野での革新となる鞣皮紙のコーデクスを描写した最初の人はマルティアリスであり，彼はコーデクスのあつかい易さや旅行の折などの利便性を見誤らなかったものの，それでもなおパピルス巻子本の優位を信じていた。鞣皮紙コーデクスの最古の痕跡は，マルティアリスとほとんど同時代の『マケドニア戦記』断片である。これは他に類を見ない新しい書体の例である。エジプトのキリスト教徒は早くも 2 世紀にコーデクスを広く利用していたが，その料紙はパピルスであった。それでも 4 世紀より前には，非キリスト教徒の著作に対しては，この形式の書物に筆写するのに大きなためらいが見られた[6]。

キリスト教が異教にとって代わった時代に，ローマの市壁内には 28 の図書館があり，書物の生産はすこぶる整った組織をもつ産業部門であって，皇帝ディオクレティアヌスはその「最高価格令」で書体の格に応じて筆写の料金を定めた。「最上質書体 scriptura optima」では 100 行あたり 25 デナリウス，それより少し劣る書体では 20 デナリウス，「常用書体 scriptura libelli vel tabularum」

---

4) 本書 83 頁註 70 参照。
5) R. Cavenaile, Corpus papyrorum Latinarum (Wiesbaden 1958) ; R. Seider, Paläographie der lateinischen Papyri, Bd. 1-2, 2 (Stuttgart 1972 ff.) 参照。
6) C. H. Roberts / T. C. Skeat, The Birth of the Codex (Oxford 1983).

では10デナリウスであった[7]。ウェルギリウスの詩文1行の通常の長さを基準として，これを算定した。写本によっては，書物の分量をこうした単位の合計で末尾に記しているものがあり（行分け法 Stichometrie）[8]，聖書やキュプリアヌスの作品に関して，行分け法のリストが今日まで伝わっている[9]。

おそくとも4世紀には，西ローマで新しい書物の形態と鞣皮紙への移行が決定的になった。これが意味するのは，この時代以降に書写された写本は鞣皮紙のコーデクスであるのが普通で[10]，ことに教父著作家をふくめ新しい作品の写本や，古い文学ではあるものの，まだ有用と思われる作品もコーデクスになったということである[11]。巻子本は図書館から消え，そのことの必然の結果として，この時期に古代文学の作品のなかから，新しい書物形態に移して後世に伝えるべき作品を選別することがおこなわれた。だが鞣皮紙に書写された作品が，すべて完全な形で現在まで伝わっているわけではない[12]。われわれにとって，書物生産のこうした変化とともに，西洋の冊子本書体の時代が幕を開けたのである。4世紀と5世紀ではとくにイタリアと北アフリカから出たコーデクスが，6世紀ではとくにイタリアとガリア起源のものがその代表である[13]。

---

[7] Diokletians Preisedikt, hrsg. von S. Lauffer (Texte und Kommentare 5, Berlin 1971), S. 120 ; R. Marichal, in : L'Écriture et la psychologie des peuples, XXIIe Semaine de Synthèse (Paris 1963), S. 214 f. は，書物で使われる書体の価格情報から書物の値段について論じている。

[8] この種の数字は写本から写本へと書き継がれていった。福音書の写本にはそれがよく見られる。

[9] Hrsg. von Th. Mommsen, Gesammelte Schriften 7 (Berlin 1909), S. 286 ff. 参照。新しい版として E. G. Turner, Studies in Early Church History (Oxford 1918), S. 265 がある。

[10] 西洋中世初期に関しては，断片も含めて破損の程度はまちまちであるが，パピルス冊子本として伝来しているのは，ヨセフス，アウィトゥス，アウグスティヌス，イシドルス，ギリシア・ラテン語彙集，『学説彙纂』，ヒラリウスである。CLA III. 304 (Seider 2, 1, Nr. 67) ; V. 573 (ebd. 2, 2, Nr. 50) ; V. 614 (ebd. 2, 2, Nr. 59) ; VII. 929 (ebd. 2, 2, Nr. 75) ; VIII. 1171 ; IX. 1351 (Seider 2, 2, Nr. 36) ; X. 1507 (ebd. 2, 2, Nr. 57). 作品名不詳の断片 (CLA II². 192) およびレメシアナのニケタスとエウァグリウスの作品を含む2冊の巻子本の不規則な書体で書かれた断片は，おそらくラヴェンナを出所とする。IX. 1349 (Seider 2, 2, Nr. 52) ; 1350 (ebd. 2, 2, Nr. 48). パピルス紙を用いた証書については本書9頁参照。

[11] 法学書については F. Wieacker, Textstufen klassischer Juristen (Abh. d. Akad. d. Wiss. in Göttingen, Phil.-hist. Kl., 3. F., 45, 1960), S. 93 ff. 参照。

[12] サッルスティウス，キケロ，リウィウス（『ローマ建国以来の歴史』第10デカーデ [91-100巻]），フロントーなどの作品を救ったパリンプセストの断片を想起するだけでよい。

[13] 西ローマでは，古代に鞣皮紙に書かれたギリシア語冊子本の作品（技術についての著作やエウリピデス）はもっぱらパリンプセストの形で残っている。Lowe, Pal. Papers 2, S. 518 f. 参照。

この間に書物のための新しい書体が創案されたか，創案されつつあった。西方ではアンシアル書体[14]，東では多分ベイルートの法律学校から，東方一帯に普及した古半アンシアル書体がそれである[15]。古代の書物用書体の最後のものとして，おおよそ5世紀初めに現われ，「アフリカ文字」という独特の名称を与えられているものの，西方でも使用された新半アンシアル書体がつけ加わる[16]。

ウェルギリウス，サッルスティウスのような一部の著作家や，キケロの弁論集などを筆写するのに，おそらくすでに4世紀と5世紀からローマ人の伝統意識と結びついていたと思われる，規範化されたキャピタル書体[17]を使用する傾向が現れた。逆に，この書体はキリスト教著作家の作品を筆写するのに，さほど使われなかったのは明らかである[18]。他方では，おなじ時期にキケロ，リウィウス，オウィディウス，ルカヌス，フロントーらの作品を筆写するのには，アンシアル書体が使われている[19]。もっぱら中世写本に見られる多くの下署は，古代の著作家による作品が中世に先立つ数世紀間にどう変遷したのかを伝えている[20]。これらの書写面下方の余白書き込みは，もともとテクストの校訂者が校閲の後に自筆で記したものであり，4世紀と6世紀のあいだに挟まれた時代にまでさかのぼる。個々の読書人や弁論術教師だけでなく，高級官僚やその書記が，ローマやラヴェンナ，バルセロナ，コンスタンティノープル，そしてシチリアのエンナにあるシュンマクスの領地で，自分たちの本，つまりリウィウス，ウェルギリウス，ペルシウス，マルティアリス，ユウェナリス，アプレイウスらの作品を読み，写本に訂正の書き込みを入れたのである。こうした書き

---

14) 本書87頁以下参照。
15) 本書95頁以下参照。
16) 本書100頁以下参照。
17) この書体はある時期「ウェルギリウスの文字」と名付けられたようである。本書77頁を見よ。
18) 本書77頁参照。
19) 古典作品の筆写に新半アンシアル書体の使用例が稀少(CLA I. 29 ; III. 305)なのは，古典古代の著作家への関心が後退したことも理由と考えられる。
20) O. Jahn, Die Subskriptionen in den Handschriften römischer Classiker (SB der Kgl. Sächs. Ges. der Wiss. 1851, S. 327-372) ; G. Cavallo, La circolazione libraria nell'età di Giustiniano, in : G. G. Archi (Hrsg.), L'imperatore Giustiniano, storia e mito (Mailand 1978), S. 201 ff.

込みには，テオドシウス帝期の異教反動の精神が隠れていた[21]。

　執政官であったトゥルキウス・ルフィウス・アプロニアヌス・アステリウスは，別の下署からセドゥリウスの『司牧の歌 Carmen paschale』の写本を後世に伝えた人物であることが判明しているが，彼はその職に就いた 494 年に「メディチ本ウェルギリウス」を読み，テクストに語の区切り点を入れている（legi et distinxi）[22]。527 年に執政官であったウェッティウス・アゴリウス・バシリウス・マウォルティウスは，自分のホラティウスの写本に訂正を入れたのだが，パリのフランス国立図書館所蔵のプルデンティウスの写本所有者でもあった[23]。教皇ダマススの才能豊かな碑刻職人で，有名な能書家であったフィロカルスは，ウァレンティヌスなる重要人物のために『354 年の祝日暦』を制作した。これはキリスト教と異教の 2 つの伝統が交錯する豊富な挿画で飾られた作品であり，カロリング朝期に作られた写しは 17 世紀まで伝来していた[24]。

　キリスト教関連の著作は，コンスタンティヌス大帝の勅令が出されて以降自由に普及するようになった[25]。そしてすでにディオクレティアヌス帝の時代から，ラテン語聖書は大量に存在していたはずである[26]。1 世紀後には，ヒエロニュムスがキリスト教関連のコーデックスの豪華さに怒りをあらわにしている。彼は古い不正確な翻訳を収録した聖書の写本について，次のように揶揄している。「紫色の鞣皮紙に，あるいは金や銀のインク，あるいは俗にアンシアルと呼ばれる書体で書かれた書物，書かれた書物というよりはむしろ重い荷物 veteres libros vel in membranis purpureis auro argentoque descriptos, vel uncialibus, ut vulgo aiunt, litteris onera magis exarata quam codices」という文章は，高価な材料

---

[21]　H. Bloch, in : The Conflict between paganism and christianity in the fourth century, ed. by A. Momigliano（Oxford 1963）, S. 214 ff.

[22]　CLA III. 296 : Jahn, S. 348 ff.

[23]　CLA V. 571a.

[24]　H. Stern, Le calendrier de 354（Paris 1953）.

[25]　皇帝みずからが新首都［コンスタンティノープル］の教会のためにギリシア語聖書を 50 冊発注している。キリスト教世界において，書物や文字が象徴として，また寓意として意味を持ったことについては，A. Petrucci, La concezione cristiana del libro fra VI e VII secolo, in : Studi Med., 3. Ser., 14（1973）, S. 961-984（および Cavallo, Libri, S. 3-26, 233-238）参照。

[26]　B. Fischer, in : La Bibbia nell'alto medioevo（Settimane di studio 10, Spoleto 1963）, S. 522 f. ディオクレティアヌス帝期のキリスト教徒迫害の報告による。

を使って作られた「1 ウンキア幅」ほどもある高さの文字で書き写された写本のことである[27]。ヒエロニュムスはこうした写本にたいして，自らの理想を対置した。「簡素な造りの，美麗というより，きちんと校訂がなされたコーデクス」がそれであった。これとの関連でここで指摘しておかなければならないのは，ザンクト・ガレン修道院が所蔵する簡素な福音書（Σ）である。これは5世紀に作られていて，テクスト校訂家であったヒエロニュムスの理想に近い写本である[28]。

　行分け法で書かれた聖書やキュプリアヌスの作品の「リスト indiculus」が，ローマ以外の土地，多分カルタゴで造られたキリスト教関連の書物の取引に関して残っている最古の史料である[29]。キリスト教関係の写本に，2度ほど「工房 statio」という言葉が現れる。5世紀または6世紀に造られたある福音書では，ローマ所在の「ガウディオスス」という工房が言及されている[30]。ラウレンツィアーナ図書館所蔵の6世紀中ごろのオロシウス写本は，ラヴェンナのゴート人書籍業者ヴィリアリクの工房で制作された[31]。

　教父文学が最盛期を迎えた4世紀と5世紀は，著者が生きた時代に近い時期に大量の写本制作が始まった初めての時代である。しかし推測されるところでは，それ以降の書物の普及は，取引によるより，また宣伝や著者その人による

---

[27] 『ヨブ記講解序言』。金字や紫色の鞣皮紙については本書21頁以下参照。「リヨン詩篇集」（CLA VI. 722）は「1 ウンキア幅」の文字とされるもののイメージを与えてくれる。テクストがこの書体で書かれているとすれば，私には（中世の解説に準拠して）Uncialis を「アウグステウス本ウェルギリウス」の文頭装飾文字に似た装飾文字と解釈することはできないように思われる（Nordenfalk, Zierbuchstaben, S. 89 ff.）。P. Meyvaert, 'Uncial letters': Jeromes's Meaning of the Term, in: The Journal of Theological Studies, N. S. 34 (1983), S. 185–188.

[28] CLA VII. 984; Seider 2, Nr. 54; P. McGurk, Latin Gospel Books from A.D. 400 to A.D. 800 (Paris 1961), S. 99 f.; Bischoff, Ma. Studien 1, S. 102 ff. ヒエロニュムスはラエタ宛の書簡（Ep. 107, 12）で同じような対比を行って次のように述べている。「バビロニアの皮紙に金字と多彩色の文字がちりばめられたものではなく，正しく校訂され，学識豊かな句読点法の聖なる書冊を…… divinos codices ..., in quibus non auri et pellis Babyloniae vermiculata pictura, sed ad fidem placeat emendata et erudita distinctio」。Nordenfalk, ebd., S. 122 ff. 参照。

[29] 註9参照。

[30] D. De Bruyne, Gaudiosus, un vieux libraire romain, in: Rev. Bénéd. 30 (1913), S. 343–345.

[31] J.-O. Tjäder, Der Codex Argenteus in Uppsala und der Buchmeister Viliaric in Ravenna, in: Studia Gotica (Stockholm 1972), S. 144–164. Paris, B. N. F., Lat. 2235 (CLA V. 543) (Nordenfalk, Zierbuchstaben, S. 167 u. Taf. 66a. b) もこれと同じ工房に帰せられる。

写本制作活動を通してよりも，愛書家たちの努力や個人的ネットワークによってなされたようだ[32]。ポッシディウスはその著『アウグスティヌス伝』のなかで，その主人公の著作は，もし誰かがその写本を制作しようと望むなら，ヒッポ教会の図書室で信頼のおけるテクストが見つかると述べている[33]。

キリスト教関連のテクストもまた，5世紀と6世紀の書き込みを伝えているが[34]，それらはむしろ「読むがよい，キリストのもと幸いなるヤヌアリアーネ」（キュプリアヌス『書簡』）[35]，「持ちゆけ幸いなるドミティアーナ，キリストのもとまで」（オリゲネス『福音書講解』）[36]，「幸いなるアマンティアよ，われらが主イエス・キリストのもとに，汝の朋輩とともに読め」（プリスキリアヌス）[37]などのように，献辞や個人的な祈願が多い。写本のなかには，教会の周辺で教会のために筆写されたものもある。ヴェローナ教会の読師であったウルシキヌスが517年に筆写したスルピキウス・セウェルスの『聖マルティヌス伝』[38]，ラヴェンナ大司教エクレシウス（在位521-534年）のための福音書[39]，581年ナポリが［ランゴバルド人に］包囲されていた間，この町の教会のためにかつてエウギッピウスが編んだアウグスティヌスの抜粋集の写しがそれである[40]。509/510年にカリアリで校訂されたヒラリウスの作品を収めた写本は，ルスペのフルゲンティウス，そして彼と一緒にサルデーニャ島に流された，カトリック司教たちの紛れもない伝記的記録と言えよう[41]。

西方の修道制が開始されたそもそもの当初から，書物は律修生活の一部であ

---

32) H.-I. Marrou, La technique de l'édition à l'époque patristique, in : Vigiliae Christianae 3 (1949), S. 208 ff. ; E. Arns, La technique du livre d'après Saint-Jérôme (Paris 1953), S. 137 ff.
33) 第18章（MPL 32, 49）. Almut Mutzenbecher, Codex Leningrad Q. v. I.3 (Corbie), in : Sacris Eruditi 18 (1967-1968), S. 406-450 によると，旧レニングラード図書館所蔵の Codex Q. v. I.3 が，395/396年のアウグスティヌスの4作品を含んでおり，これがヒッポで制作されたこの種の写本かもしれない可能性を示唆しているが，テクストの欠陥を理由として否定している。
34) A. Reifferscheid, De Latinorum codicum subscriptionibus commentariolum (Breslau 1872). このリストはさらに大きくふやすことができる。
35) Clm 208 (9世紀), f. 2^R.
36) St. Gallen 87 (9世紀), p. 125.
37) CLA IX. 1431.
38) CLA IV. 494.
39) Clm 6212 (9世紀) の手本となった。Bischoff, Schreibschulen 1, S. 131 参照。
40) CSEL 9, 1, S. XXIV ff.
41) CLA I. 1a.b. ; Seider 2, 2, Nr. 62.

り，書物の筆写は義務とみなされたのであった。そのことはトゥールのマルティヌスや，アルルのカエサリウスの尼僧戒律，そして修道士に十分ゆきわたる多くの書物の存在を前提とする定め(とくにその第 48 章)をもうけているベネディクト戒律から確認される。ナポリにあったエウギッピウスの修道院は，6 世紀の修道院書写室の実例を提供してくれる。ここでは写字生が規範化された優美な半アンシアル書体を用いるよう，訓練を受けなければならなかった[42]。ルスペのフルゲンティウスは，この書写室に筆写を懇願することができた。みずからが創建したウィウァリウム修道院に聖書研究の拠点を置いたカッシオドルスからは，写字生たちを褒めそやす言葉が聞こえてくる。彼はこのために著した『綱要 Institutiones』のなかで，写字生たちの仕事のために講じた措置を解説している[43]。カッシオドルスは知られるかぎり最古のユスティニアヌス法典と，1 冊にまとめた聖書を筆写させた。「コーデクス・グランディオル Codex grandior」の挿画や図は，「コーデクス・アミアティヌス」のなかに複写されている[44]。中世盛期まで，書物はわけても修道院のなかで生産されたのである。

　イタリアの東ゴート王国に，ローマ的秩序とゴート人のそれとを一体化しようと望んだテオドリック大王のおかげで，ゴート語文献がイタリアに紹介された[45]。そしてアリウス派教会はゴート人の統治を支持したので，ヴォルフェンビュッテルのパリンプセスト(パウロの「ローマ人への手紙」)[46]や，エジプトで発見され，1945 年に破壊されたギーセン所蔵の断片(ルカによる福音書)[47]のよう

---

[42] この書写室から CLA I. 16(エウギッピウス自身の手になるアウグスティヌスの抜粋集); III. 374a(オリゲネス『諸原理について Peri archon』へ 562 年に司祭ドナトゥスが記した別の下署については Origenes, Werke 5, 1913, S. LX 参照); VIII. 1031. おそらく VI. 810 u. 819 も出ている。ここの図書室については Traube, Vorl. u. Abh. 1, S. 108 f. 参照。また S. 106, Anm. 170 も参照。

[43] Institutiones, lib. 1, cap. 30(ed. Mynors, S. 75 f.). ウィウァリウムの写本と写本伝来の歴史におけるその位置については，P. Courcelle, Les lettres grecques en Occident, de Macrobe à Cassiodore²(Paris 1948), S. 356 ff. 参照。F. Troncarelli, Decora correctio, un codice emendato da Cassiodoro?, in : Scritt. e civ. 9(1985), S. 1–22, 4 Taf. 参照。

[44] B. Fischer, Codex Amiatinus und Cassiodor, in : Biblische Zs., N. F. 6(1962), S. 57–79.

[45] A. Petrucci, Scrittura e libro nell'Italia altomedievale, in : A. Giuseppe Ermini(Spoleto 1970)(= Studi Med., 10/2, 1969), S. 188–191. すべての写本については P. Scardigli, Die Goten, Sprache und Kultur(München 1973)参照。

[46] CLA IX. 1388.

[47] CLA VIII. 1200.

な，ゴート語とラテン語の2言語で書かれた聖書関連の書物を収録した写本が筆写された。福音書を写した「コーデクス・アルゲンテウス Codex Argenteus」は多分テオドリク大王その人のために，紫色の鞣皮紙に銀色のインクで筆写された。まさにこれに比肩するのは，同時代の豪華写本であり，福音書のラテン語テクストが収録されている「コーデクス・ブリクシアヌス Codex Brixianus」である[48]。これらの写本は2言語併用文化の記念碑的作品とみなされるべきである。これら3つのゴート語写本は，特徴的な縦長のゴート書体で書かれている。6世紀のラテン語写本で，唯一ゴート語で余白への書き込みが見られる写本は，斜字体で記されている(Verona, Bibl. Cap. LI, マクシミヌス・アリアヌス)[49]。551年のラヴェンナ教会のある文書に，ゴート人の斜字体での副署が見える。署名人のひとりはフィレンツェのラウレンツィアーナ図書館のオロシウス写本で知られる造本工房の主人である「ウィリアリト・ボカレイス Wiljarith bokareis」(書籍業者ヴィリアリク)であった[50]。ゴート支配の終焉とともに，イタリアではゴート語写本は顧みられなくなった。「コーデクス・アルゲンテウス」をのぞけば，生き残った写本は廃品となってしまい，7世紀と8世紀にボッビオ修道院であらためて筆写されたのであった。

　3世紀以来，東ローマ世界で法学研究の中心はベイルート，ついでビュザンティオン(コンスタンティノープル)にあった。この地域では，6世紀にラテン語書字文化への最後の大きな貢献として，ユスティニアヌス法典写本の非公式の流布が起こった。中世初期に南イタリアにあったフィレンツェの『学説彙纂』の鞣皮紙写本や，ポンメルスフェルデン所蔵の断片(ラヴェンナから出たか)や，その他のパピルス紙の断片はことごとく，アルファベットのBやRに特徴的な非常に丸みを帯びたおなじアンシアル書体で書かれている。これらの写本は，ほとんどもっぱら法学写本に関わるところでは，およそどこでも見られた伝統の最後の証拠である。そこに表われているギリシア的特徴は，それがビュザンティオン起源であるという仮説を支持してくれる[51]。

---

48) CLA III. 281.
49) CLA IV. 504.
50) ファクシミリ版は Tjäder, Nichtliter. lat. Pap., Taf. 120 f. ; ders., Der Codex Argenteus(註31).
51) Lowe, Pal. Papers 2, S. 466–474.

教父時代の教義論争の残響が，古い神学関係の写本の余白に記された論争参加者たる読者による多数の註釈に，おそらく見てとれるであろう．力強い賛成の意見，あるいは異議ありや，時として警告（「注意して読め caute lege」）などの言葉が，ふつうは斜体のアンシアル書体または混合書体で記されている[52]．たとえばウィーンにあるパピルスに記されたヒラリウスの作品において，「言葉では表わせないような inenarrabiliter」とか，「賞賛に値する仕方で admirabiliter」とか，「無敵の invicte」などその他多くの言葉がそれである[53]．異端者の作品は偽の著者名で筆写されるか，逸名のままでなければ破壊をまぬかれなかった[54]．そうした実例として古代キリスト教時代に遡る異端教義の 2 つの写本，すなわちヴェローナ所蔵のマクシミヌス・アリアヌスと，ヴュルツブルク所蔵のプリスキリアヌス（あるいはインスタンティウス）がある[55]．

　挿画の盛行は，書物の筆写にパピルス紙に代えて鞣皮紙を使用することになった結果である[56]．挿画の描かれたパピルス巻子本の歴史は，古代エジプトに遡る．ローマ世界では，この種の巻子本は遅くともウァッローを嚆矢とし，その『著名人の肖像 Imagines』は 700 の図柄を収録している．科学書や技術書なども挿画が必要であった．ギリシアの巻子本は挿画入りの文学テクストがあったことを教えてくれるが，その中には彩色がほどこされているものもある．だ

---

52) 本書 105 頁以下参照．
53) この種の書き込みはカロリング朝期やもっと新しい時代に筆写された写本にも見られるが，これを総合して検討することは写本の系統を研究する上で有益であろう．たとえば W. M. Lindsay, in : Palaeographia Latina 3 (1924), S. 18 ; V. Rose, Die Meermann-Handschriften, S. 15 f. 参照．おなじく，たとえば『カールの書 Libri Carolini』に見えるように，中世の読者または聴衆による類似の判断が写本に残されている．
54) 初期の普遍公会議を描いた図像のなかに，前景にみずからの書物を炎のなかに投じる異端者が見えるのは特徴的である．Chr. Walter, Les dessins carolingiens dans un manuscrit de Verceil, in : Cahiers archéologiques 18 (1968), S. 99 ff. (Abb. 2 f.). また W. Speyer, Büchervernichtung, in : Jahrb. f. Antike und Christentum 13 (1970) のとくに S. 150 f. 参照．
55) CLA IV. 504 ; IX. 1431. アイルランドのペラギウス派については本書 271 頁参照．
56) K. Weitzmann, Ancient Book Illumination (Cambridge Mass. 1959) ; ders., Spätantike und frühchristliche Buchmalerei (München 1977) ; Nordenfalk, Das frühe Mittelalter, S. 87–218 参照．また以下のような概説書も参照せよ．A. Boeckler, Abendländische Miniaturen bis zum Ausgang der romanischen Zeit (Berlin / Leipzig 1930) ; ders., P. Buberl / H. Wegener, "Buchmalerei", in : Reallexikon zur deutschen Kunstgeschichte 2 (Stuttgart / Waldsee 1948), Sp. 1420–1524 ; ders., A. A. Schmid, in : Milkau / Leyh, Handbuch 1² (Wiesbaden 1952), S. 249–387.

が挿画が，その描画の技能の冴えを堪能させ，色彩の魅力を満喫させてくれるにふさわしい料紙を見つけたのは，書物に鞣皮紙を利用するようになってからである。かくして挿画入りの写本を好む愛書家のための本造りの活動は，4世紀末と6世紀初頭の間に最高潮に達した。古代の図像学的要素が，そののち著者の肖像[57]や連続した挿画を描くのに大いに利用された。以下のような書物がこの時代に作られた原本として伝来している。ウェルギリウスの2冊のコーデクスと，ヴォルフェンビュッテル所蔵の『ローマ土地測量士文献 Agrimensores』の写本，そして古いラテン語版による『列王記』のいくつかの断片を収めた，クヴェトリンブルク所蔵の原本である[58]。こうした当時の挿画入り書物についての知識は，テレンティウス[59]やプルデンティウス[60]の一連の挿画，イソップの寓話集[61]，星座配置図[62]，ラヴェンナの年代記[63]などの中世の写しとか，派生的な証拠により増やすことができる。また古代後期の挿画入り技術関連本，たとえば植物学，医学[64]，あるいは建築学[65]の写本は中世に写され，より固有の調子をもった芸術家の個性を出現させえた[66]。『354年の祝日暦』[67]，『官職要覧 Notitia dignitatum』[68]のように，その時代と結びついた作品もまた，

---

[57] マルティアリス『格言詩集』(XIV, 186)がすでに，ウェルギリウス写本の最初の葉に著者の肖像画が載っていることに言及している。

[58] CLA. I. 11 u. 19；IX. 1374b（ファクシミリ版は H. Butzmann, Corpus Agrimensorum Romanorum, Leiden 1970）；VIII. 1069.

[59] L. W. Jones / C. R. Morey, The Miniatures of the Manuscripts of Terence prior to the thirteenth century, 1/2（Princeton 1931）；Koehler / Mütherich, Karol. Min. 4, Text, S. 85 ff., Taf. 28–61.

[60] R. Stettiner, Die illustrierten Prudentius-Handschriften, Textbd., Tafelbd.（Berlin 1905）．

[61] A. Goldschmidt, An early manuscript of the Aesop Fables of Avianus and related manuscripts（Princeton 1947）．

[62] Koehler, Karol. Min. 3, Text, S. 119 ff., Taf. 53–60；ders. Mütherich, dass. 4, Taf. 62–91.

[63] B. Bischoff / W. Köhler, Eine illustrierte Ausgabe der spätantiken Ravennater Annalen, in : Medieval Studies in memory of A. Kingsley Porter（Cambridge Mass. 1939），1, S. 125–138（イタリア語訳は Studi Romagnoli 3, 1952, S. 1–17）．

[64] L. McKinney, Medical Illustrations in Medieval Manuscripts（London 1965）；R. Herrlinger, Geschichte der medizinischen Abbildung 1. Von der Antike bis um 1600（München 1967）．

[65] B. Bischoff, Die Überlieferung der technischen Literatur, in : Artigianato e tecnica nella società dell'alto medioevo occidentale（Settimane 18, 1, Spoleto 1971），S. 275 ff. u. Taf. 1–4（Ma. Studien 3, S. 277–297, Taf. 19–22 に再録）．

[66] 同じことが「世界図」にも当てはまる。

[67] H. Stern, Le calendrier de 354. 本書249頁以下も参照。

[68] J. J. G. Alexander, The illustrated manuscripts of the Notitia Dignitatum, in : Aspects of the Notitia

中世の挿画を豊かにした。原始キリスト教時代の聖書のイメージが，スペインの写本や，カロリング朝期またはアングロ・サクソン期の写本装飾のなかで生き続けた。

　この時代は，西方キリスト教会の書籍装飾芸術の2類型が確立し，その後の装飾が長期にわたり豊かになった。福音書の冒頭には，カエサレアのエウセビオスの「カノン」と呼ばれた聖書対観表がおかれた。この聖書対観表はヒエロニュムスも採用し，またその形式も単なる線枠ではなく，彩色された枠で縁取られていた。この縁取りは様々の意匠のアーチ，あるいはペディメント（破風）を支える列柱で構成されていて，多様な意匠をもち，多くの装飾モティーフで飾られることがあった（聖典対観図）[69]。おなじように福音書記者の肖像もまた，キリストによる福音の証人として，それぞれを象徴する姿で描かれている。おそらくローマ起源の福音書で，6世紀に制作されたケンブリッジのCorpus Christi College 286 は，ひとつの特殊な類型を代表しており，福音書記者の横，またその上にはキリストの生涯の諸場面を表わす絵が描かれている[70]。

　パピルス巻子本から鞣皮紙コーデクスへの交替は，ヨーロッパ全体の書物芸術の決定的転換を画している。パピルス巻子本では著者名や標題は，最も保護が行き届いた巻末の奥書と呼ばれる個所に，より大きなまた装飾的な書体で記されるのが慣わしであった。こうした習慣は初期の冊子本でもまだ生きていた[71]。けれども500年頃からは，装飾的要素の重心は徐々に書物の冒頭に移されてゆく。著者の肖像や，福音書のばあいにはエウセビオスの聖書対観表がおかれる場所が，必然的にこの冒頭部分になった。こうした結果に落ち着くまでには，様々の要因が多様なリズムで作用したのである。特殊キリスト教的な装飾的要素が奥書に結びつけられた。それはギリシア文字のρによる十字架文字で，両側にはαとωが描かれている[72]。そうしたテクストに先立って配置され

　　　Dignitatum（BAR Supplem. Series 15, 1976），S. 11 ff.
69)　C. Nordenfalk, Die spätantiken Kanontafeln 1/2（Göteborg 1938）.
70)　F. Womald, The Miniatures in the Gospels of St. Augustine（Cambridge 1954）（Fr. Wormald, Collected Writings 1, Oxford 1984, S. 13-35 に再録）. 書体については A. Petrucci, L'onciale romana, in: Studi Med., 3 Ser. 12(1971), S. 110 f.
71)　本書 105 頁以下参照。
72)　Nordenfalk, Zierbuchstaben, S. 63 ; Taf. 14 下。

ている例として[73]，すでに「ヨハネによる福音書」の小型写本がある[74]。アーケードに囲われた聖書対観表をモデルとして，彩色されたアーケードの下に目次が記載されるような写本が[75]，6世紀頃に出現した。おなじく，とくに5-6世紀以降「このコーデクスに……が収録されている In hoc corpore (codice) continentur...」という定式文言により，目次が一段と強調されるようになった[76]。

　まだキリスト教古代が終わる前に，並はずれて豊かな未来を約束された新たな要素が萌していた。それは文頭装飾文字(イニシアル)である。カール・ノルデンファルクが証明したように，装飾を豊かにほどこした文字の使用が，古代後期の芸術の多様な領域とキリスト教的象徴世界に普及した。最初期に制作された大部分の鞣皮紙写本に用いられた技術では，ページまたは欄の最初の文字は，大きな字径で書くのが通例であった。書物のなかの特定の文字を装飾化したり，あるいはさらに進んで文頭装飾文字の創案をもたらしたのは，明らかにこの習慣であった。500年頃に筆写された史上名高い豪華本である「アウグステウス本ウェルギリウス」は，碑文体の大文字に似せた書体が使用されているという点で，他の写本とは一線を画しているが，この写本ではそうした習慣にしたがって，全ページの冒頭の文章が図案化され彩色された大文字で始まっている[77]。ラヴェンナのヴィリアリクのオロシウス写本は[78]，異なる様式の文頭装飾文字を合わせそなえている最初の写本である。とくにここで使われているAの装飾文字は，左側の横帯が魚の図柄で表現されているのが重要である。9世紀まで魚(またはイルカ)が，当初は副次的な図柄でしかなかった鳥とともに，

---

73) CLA V. 600 ; Nordenfalk, Taf. 14 上。
74) 7世紀後半から，十字の印が表紙扉のモチーフとして，また島嶼様式の装飾ページの中心的主題として記され，頻繁に用いられるようになる。Bischoff, Ma. Studien 2, S. 288 ff.
75) Zimmermann, Vorkarol. Min., Taf. 1.
76) L. Traube, Enarratio tabularum (これに対して Th. Mommsen / P. M. Meyer, Theodosiani libri XVI, Berlin 1905), S. 2.
77) 「アウグステウス本ウェルギリウス」については，Nordenfalk, Zierbuchstaben, S. 89 ff. カラー・ファクシミリ版は Nordenfalk, Vergilius Augusteus (Graz 1976) 参照。ここで採用した年代比定は (Nordenfalk がダマススやヒエロニュムスの時代を想定するのと異なり)，A. Petrucci, Per la datazione del Virgilio Augusteo, in : Miscellanea in memoria di Giorgio Cencetti (Turin 1973) が提示したそれに対応している。
78) Nordenfalk, Zierbuchstaben, Taf. VIa. 61-65.

文頭装飾文字の最も重要なモティーフであった。こうした文頭装飾文字とならんで，これに続く文字や標題も一段と大きく書かれるようになり，より変化に富むものとなった[79]。

---

79) たとえば Zimmermann, Vorkarol. Min. Taf. 41 参照。

2. 中世初期

　ローマ帝国とその文明の統一性は，西ゴート，ヴァンダル，フランク，東ゴート，ランゴバルドなどの征服ならびに国家の建国により，破壊された[1]。ユスティニアヌス大帝麾下の将軍たちによるイタリア，アフリカそしてスペインへの軍事遠征は，いかなる永続的な成功ももたらさなかった。中部イタリアと北イタリアでは，ローマとその周辺地域およびラヴェンナやナポリなどの，ことに沿岸地方だけがランゴバルド人の支配をまぬかれた。つづく時代には，蛮族の侵入に呑み込まれ，しばしば荒廃に見舞われた地方が，新しくローマのキリスト教を受け入れた地方とおなじく，大きな努力をはらって文化的生活を再興しなければならなかった。征服者たちもまたラテン語を，教会典礼や法律や行政統治に用いたので，古典古代の遺産の名残りは原始キリスト教会の伝統のおかげもあって，遅かれ早かれふたたび豊かになるはずであった。

　教会は統合的な力であった。西方カトリック教会の統一維持にとって，教皇大グレゴリウス（在位590-604年）ほど，外交および教会的諸関係の充実の面で重要な役割を演じた教皇はいなかった。その著作を筆写によって増やす活動がローマで行われ，彼はそれらを王妃テウデリンデやブルンヒルデ，それにスペインの司教たちに向けて送付することができた。少なくとも，入念なアンシアル書体を使って書かれた Troyes 504 として保存されている『司牧者の戒律』の一写本が，彼の書写室から出た原本であるのは確実である[2]。グレゴリウスは，みずからの指令のもとに司教アウグスティヌスが，西方キリスト教にとってすばらしく将来性に富んだアングロ・サクソン人たちのもとへの宣教を企てたおり，アウグスティヌスに「多くの書物」を送ったのであった[3]。

---

1) 本章全体について，K. Christ / A. Kern, in : Milkau / Leyh, Handbuch 3, 1², S. 243-334 の叙述や，P. Riché, Éducation et culture dans l'Occident barbare, VIe–VIIIe siècles³ (Paris 1973) ［岩村清太訳『中世における教育・文化』東洋館出版社，1988 年］参照．

2) CLA VI. 838 ; A. Petrucci, L'onciale romana, in : Studi Med., 3 Ser., 12 (1971), S. 75 ff. m. Taf. 1. Richard W. Clement, Two contemporary Gregorian editions of Pope Gregory the Great's Regula Pastoralis in Troyes Ms. 504, in : Scriptorium 39 (1985), S. 93 によれば，少なくともグレゴリウス自身で 2 ヵ所訂正が行われているのが認められる (Taf. 13a)．

3) Cambridge, Corpus Christi Coll. 286 (CLA II². 126) の「聖アウグスティヌスの福音書」については，Petrucci, S. 110 f. u. Taf. 13. 本書 256 頁も参照．

グレゴリウスの時代以降は，こうした写本生産がもはや見られなくなる。けれども，そこに集積された書物のコレクションのゆえにローマの影響力は持続した。ここでの書物の蓄積のおかげで，教会の使節となったテオドルスやハドリアヌスたちに，かれらの任務に必要な写本を与えることができたし，国外から寄せられた書物需要を満たすためにも，それは利用された[4]。ウィウァリウムのカッシオドルスの図書室からもたらされ，ラテラノ宮に保管されていた書物もまた，こうした目的に利用された[5]。ベネディクト・ビスコプ[6]を筆頭とするアングロ・サクソン人愛書家は，ローマやカンパーニア地方で多くの写本を入手し，それらはイングランドの諸々の図書室で所蔵され，アルクイヌスの時代まで筆写され，研究された。また大陸にふたたび戻った写本もあった。この他にローマを離れたもののなかには，教皇の贈り物としてピピン短軀王やカール大帝に寄贈された写本もあった。ザンクト・ガレン修道院所蔵のなかに，最古のローマ教皇庁書体で書かれた写本があるが，それはローマを出所としていることの証しである[7]。ローマには，ここ数世紀にわたって大規模なギリシア人居留地が庇護されていた。教皇大グレゴリウスの『対話』[8]をギリシア語に翻訳した教皇ザカリアス(在位741-752年)の時代まで，ギリシア人出身の教皇が幾人もいた。9世紀になってもまだ，教会法集成の写本に見られる特徴的な筆跡から，ギリシア人出身の写字生の存在をみとめることができる[9]。イタリアの司教座都市のなかで，原始キリスト教時代から断絶を経験することなく，

---

[4]　Christ / Kern, in : Milkau / Leyh, Handbuch 3, 1², S. 299 f.

[5]　P. Courcelle, Les lettres grecques en occident, de Macrobe à Cassiodore² (Paris 1948), S. 356 ff.

[6]　ベーダ『歴代ウィアマス゠ジャロウ修道院長史』c. 4 u. 6.

[7]　本書137頁参照。またおそらくBamberg, Patr. 87 に現われる註記(図版はLowe, Pal. Papers 1, Taf. 42)もそのように説明される。

[8]　おそらく800年頃ローマで書かれたと思われるこの翻訳写本の図版は，P. Franchi de' Cavalieri / I. Lietzmann, Specimina codicum Graecorum (Bonn 1910), Taf. 6. 全体として G. Cavallo, La produzione di manoscritti greci in Occidente tra età tardoantica e alto medioevo, in : Scrittura e Civiltà 1 (1977), S. 111-131 m. Taf. 参照。

[9]　Düsseldorf E 1 (クレスコニウス『教会法集成』9世紀後半), fol. 40ᵛ-44ᴿ に見られる。800年頃のラテン・アンシアル体で書かれたローマ典礼の祝福文が，「バルベリーニ東方正教会典礼書 Euchologium Barberini」(Vatic. Barb. Gr. 336) の中にギリシア人の筆跡で挿入されている。A. Wilmart, in : Rev. Bénéd. 45 (1933), S. 10-19. G. Cavallo, Interazione tra scrittura greca e scrittura latina a Roma fra VIII e IX secolo, in : Miscellanea codicologica F. Masai dicata MCMLXXIX 1 (Gent 1979), S. 23-29, Taf. 6-8.

写本制作の伝統を保持した証拠があるのはヴェローナだけである[10]。

　カロリング朝以前の時期に，ある修道院が卓越した役割をはたした。それは613年にアイルランド人コルンバヌスによりパヴィーアの南に創建されたボッビオ修道院である[11]。けれどもアイルランド人修道士がこの修道院で多数派を占めたことは一度もなかったし，その数が著しく多かったこともない。コルンバヌスの後を継いで院長になった人物たちは，当初からブルゴーニュ出身であった。それでもアイルランドの影響との絶えざる接触は，いくつかの写本[12]に見られる混交書体に反映していて，この修道院の図書室の蔵書構成に深い痕跡を残している。8世紀にもなおボッビオの大陸書体のなかには，アイルランド風の短縮形が保持されている。そのアイルランド・スタイルはこの修道院のランゴバルド人集団に影響を与えた。典型的なランゴバルド・スタイルで，おそらくパヴィーアで制作されたと推測される『ロタリ王告示』の美しい写本(St. Gallen 730)の文頭装飾文字は，一部アイルランド・モデルに由来している[13]。ボッビオ修道院は，長いあいだアイルランド人巡礼者の目的地であった。680年と692年のあいだに造られた「バンガーの交唱聖歌集」のような生粋のアイルランド写本をこの修道院に運んだのは，おそらくこうした巡礼者であったと思われる。だがこの他にボッビオには，イタリアや北アフリカ，スペインで制作された非常に古い写本ももたらされた。そのうちの多くは，放棄された図書室の廃品から移された可能性がある。そしてそのなかには，わけても古典作家の作品や異端や外典の類，ゴート語やギリシア語，ヘブライ語のテキストが含まれており，それらはこの修道院でパリンプセストとして使用されることになる。ボッビオ修道院は，緊密な関係をもっていたリュクスーユ修道院[14]とおなじ用途に充てるべく，似たような出所の写本を得ようと努めたようである。

　修道院長の名前つきで「アタラヌス(ボブレヌス，ウォルグストゥス)殿の書

---

10) G. Turrini, Millennium scriptorii Veronensis dal IVº al XVº secolo (Verona 1967).
11) G. Mercati, De fatis bibliothecae monasterii S. Columbani Bobiensis, in : M. Tulli Ciceronis De re publica libri e codice rescripto Vaticano Latino 5757 phototypice expressi (Vatic. 1934).
12) 本書139頁を見よ。
13) Zimmermann, Vorkarol. Min., Taf. 13c m. CLA III. 365 参照。また A. Dold, Zur ältesten Handschrift des Edictus Rothari (Stuttgart 1955) の図版6も参照。
14) 本書265頁を見よ。

棚の（書物）（Liber）de arca domno Atalani（Bobuleni, Vorgusti）」[15]と記されている3つの写本のうち，最初のそれは確実にボッビオ修道院で622年以前に，半アンシアル書体を使って書写されている。教皇ホノリウス1世の意向にしたがって，この修道院はランゴバルド人のあいだに瀰漫するアリウス派異端への闘いにとくに熱心であった。おそらくボッビオ修道院の修道士たちが，7世紀にエフェソスやカルケドンの公会議決議録，また部分的に書写しただけで済ませたその他の教義関連の写本を入手したのは，そうした理由からであった[16]。けれどもまたボッビオは，何点かの極めて古い写本によって，珍しい文法書を伝える避難所となっており[17]，アイルランド人が示したこの種の作品への興味を表わしている。8世紀になるとアイルランド人やイタリア人の写字生が，この修道院で文法解説書を写した[18]。早くも700年頃に，ボッビオは品格ある半草書体を創案している。おなじ時期に，この書写室でこの時代にしては一風変わった作品群が書写されている。それはルティリウス・ナマティアヌス，スルピキアの諷刺詩，『ボッビオ格言詩集 Epigrammata Bobiensia』[19]，ユリウス・ウァレリウス[20]，『教皇列伝 Liber Pontificalis』[21]などである。

ボッビオ修道院の図書室は9世紀にも，また10世紀初めにも蔵書を増やした[22]。みずから短期間院長の座に在ったあいだ，ランスのゲルベルトゥス（ジェルベール・ドーリヤック）は幾度も思いがけない発見をし，それを喜んでいる。その後15世紀まで，この図書室はほとんど人目を惹かなかったようである。修道院改革の後の1461年に，大規模な蔵書目録が作成された。1493年に文法家や古代後期の詩人の作品のセンセーショナルな発見がなされている[23]。しか

---

15) CLA III. 365（ヒエロニュムス）; I. 36（アウグスティヌスほか）; IV. 438（ラクタンティウス）.
16) CLA I. 26 ; III. 321, 334, 361 ; IV. 451.
17) CLA III. 397a. 398 ; IV. 462. また「プロブスのコーデックス Probus-Codex」（CLA. I. 117）もボッビオにおいて保存された可能性がある。
18) CLA III. 394 ; 396a. 397b. 400.
19) Mirella Ferrari, Spigolature Bobbiesi, in : It. Med. e Um. 16 (1973), S. 12 f., 15–30 u. Taf. 4.
20) CLA IV. 439.
21) CLA III. 403. ヒエロニュムスやゲンナディウス（CLA III. 391）の作品目録を挙げることもできる。
22) 9世紀の目録については Becker, Catalogi, Nr. 32 参照。
23) Mirella Ferrari, Le scoperte a Bobbio nel 1493 : vicende e fortuna di testi, in : It. Med. e Um. 13 (1970), S. 139–180.

しアンジェロ・マイ（A. Mai）がおこなったパリンプセストの解読によって初めて，その守ってきた写本と，ここでパリンプセストに筆写された作品のおかげで，テクスト伝来におけるボッビオ修道院の幸運が明らかになった。

　西方世界にあって，西ゴート人がカトリックに改宗したのち，スペインは7世紀になってもなおセビーリャのイシドルスや，イルデフォンス，エウゲニウス，ユリアヌスなどの一連のトレド司教が代表する，キリスト教的古代後期の文化的ルネサンスを経験した。この時代に図書室への言及が多い。イシドルスが自分の図書室の様々な部門に関して編んだ目録が伝えられている。

　7世紀のイベリア半島では，書体をめぐる状況が1世紀前のイタリア半島よりももっと多様性に富んでいた。伝来している一握りの写本からは，それが制作された場所についてさしたる情報は得られない[24]。それにもかかわらず，いくつかの残された写本は重要な証人である。事実イシドルスの『事物の本性について』のスペイン最古の写本は[25]，イシドルスの存命中に南スペインで書写された可能性が大きい。それはひょっとするとアンシアル書体と引用部分を筆写するキャピタル書体とを交互に使用していることから，原本ではないかという期待をいだかせる。654年にレッケスヴィントによって発布された『裁判の書 Liber Judiciorum』を含むレオンのパリンプセストは，同王の時代にまでその制作が遡り，西ゴート王国の権力の中枢であるトレドで作られた可能性がある[26]。レオンの2つめのパリンプセストは，7世紀の半アンシアル書体で書かれている。それは断片の形でしか伝来していないが，1冊の書物に聖書全体が入っているパンデクタ本の最古の写本である[27]。これはノーサンブリアを出所とする「コーデクス・アミアティヌス」よりも時代的に先行していて，またそれとほぼ同じ書写面(36.5×28.5 cm)をもちながらも，約44×32 cm の判型，71–76

---

24)　P. Riché, Éducation（註 1），S. 292, 340 の地図参照。
25)　CLA XI. 1631.
26)　CLA XI. 1637. 3点の法書（「ヴァチカン断片 Fragmenta Vaticana」，テオドシウス法典 Codex Theodosianus，ブルグンド・ローマ法典 Lex Romana Burgundionum。CLA I. 45–47）の断片の上に同じようなアンシアル書体でカッシアヌスの一作品が書かれている。このことは，それらがレッケスヴィント王の命令で破棄処分にされた文書に属していたところから説明できる。Lex Visig. 2,1,9（MGH Leges 1, 1, S. 58）参照。
27)　CLA XI. 1636.

行の 2 欄構成という体裁の点で，これをかなり凌駕している。「アッシュバーナムのモーセ五書」は 7 世紀の作で，おそらくこれもスペイン起源と思われる。この書物はページのほぼ全面を使った 19 の一連の挿画を含んでいて，それぞれのページが複数の場面を表現しており，これは文化史にとって魅力的な資料である[28]。

　アラブ人による北アフリカの征服を逃れるために，キリスト教徒はスペインに逃亡し，おそらく西ゴート小文字書体の創出に影響を与えることになる書体をこの地に持ち込んだ[29]。7 世紀からイシドルスの著作の大部分は，ヨーロッパの知的財産の一部となっていた。711 年の破壊［ウマイヤ朝による西ゴート王国の征服］の後，旧ナルボネンシス州を介してリヨンやオータンまで及ぶ南フランスや，サルデーニャ島そしてイタリア半島各地へのスペイン人難民の移動の大波は，西ゴートの写本と書体の伝播に貢献した[30]。

　メロヴィング朝国家に伝えられた最古の写本は，南ガリアに求めるのが妥当であろう。ここでは西ゴート人，ブルグンド人が後のメロヴィング朝の人々と同じく，ローマの行政諸制度に関与し，何よりもローマ法を保持したのであった。ユスティニアヌス大帝のローマ法大全を有しないこの地方から，アンシアル書体や半アンシアル書体で書写されたテオドシウス法典，アラリック抄典の大部分の写本が出ている[31]。Paris, B. N. F., Lat. 12097[32] に分類されている教会法の重要な写本は，523 年頃半アンシアル書体で書写された。同じ 6 世紀に，アンシアル書体，半アンシアル書体，さらに様々な種類の丁寧な草書体で補遺が加えられている。この書物はフランク国家南部の司教座尚書局の伝統を示すも

---

28) CLA V. 693a. 図版として，たとえば Nordenfalk, Das frühe Mittelalter, S. 102 ff.；K. Weitzmann, Spätantike und frühchristliche Buchmalerei（München 1977), Taf. 44–47.
29) 本書 132 頁以下参照。
30) 本書 136 頁註 36 を見よ。
31) CLA I. 110；V. 591；VIII. 1064；IX. 1324；L. Traube, Enarratio tabularum bei Th. Mommsen-P. M. Meyer, Theodosiani libri XVI（Berlin 1905). コルビィで筆写された写本（Paris, Lat. 12161）のなかの多くのテクストも南フランスを出所としていた可能性がある（CLA V. 625 f., 629：アラリック抄典，エウリック王法典，フロントー）。
32) CLA V. 619. 左記の写本や，さらに CLA I. 110（余白部分への註記も含め）および CLA V. 591（前註），そしてさらに後代の教会法写本 CLA VI. 836（アルビにおいて 666–667 年に制作），VIII. 1061, 1162 は，一般に使用された短縮文字の主要な部分がいかにして中世初期に継承されたかを理解させてくれる。

のである。禁欲文献を含むそれほど洗練されていないタイプの一群の写本，すなわちコルビィ修道院から伝えられているエフレム［4世紀前半シリアの聖人］断片や，オータンのカッシアヌス『戒律』は，南フランスの修道院から出ている可能性がある[33]。ガロ・ローマの大都市のなかで，リヨンだけが司教座聖堂図書室の中に写本コレクションを蔵し，その最古のものは5世紀にまでさかのぼる[34]。

　北に上るにつれて，7世紀と8世紀にその数を著しく増やした修道院が新たな文化的連続の創出に果たした役割が，より重要になったように思える[35]。もっとも7世紀まで，メロヴィング朝国家の上層部に属する者たちも，文字を書く能力を身につけ[36]，国王は証書に自署している。新しきクラウディウス帝ともいうべきメロヴィング朝国王キルペリクス（在位561-584年）は，アルファベットの改革に熱心で，ギリシア文字のΘ, Ψ, Z, Δ（写本に従えば，それぞれωの音（長音のo），ae, the, wiを表わしたと思しきルーン文字のwyn（ウィン））を加え，それを採用するように強制した。この問題については，われわれはトゥールのグレゴリウス（『歴史十書』第5書44章）から悪意のある紹介を聞かされている[37]。

　メロヴィング朝期の修道院の中で，アイルランド人によってブルゴーニュ地方に590年に建てられたリュクスーユ修道院と，その多くの娘修道院のひとつでアミアン近くのコルビィ修道院は，その伝統により特別の地位を占めている。一見すると，リュクスーユは急速にアイルランドの影響から解放されたように見える。だが，ボッビオ修道院と緊密な関係を維持し続けた。リュクスーユはおそらくコルンバヌスが最後に創建した修道院から，残存していたイタリアの写本（リウィウス，ウェルギリウス，オウィディウス，大プリニウスなど）を入手したが，それらはボッビオにおけるとおなじく，パリンプセストとして再利

---

33) CLA VI. 708 u. 724.
34) E. A. Lowe, Codices Lugdunenses antiquissimi (Lyon 1924) ; CLA VI, S. XIII f. どれが地元の写本かを見極めるのは困難である。「ベーズ写本」(CLA II². 140, 本書98頁以下参照)は東方起源の写本である。Lyon 478 (CLA VI. 777)については Lowe, Pal. Papers 2, S. 466-474参照。
35) Riché, Éducation (註1), S. 224, 258, 480 の地図参照。
36) Riché, S. 273 f.
37) Riché, S. 269 f. 図版は Br. Krusch, in : Hist. Vierteljahrschrift 27 (1932), S. 747.

用されることになる[38]。リュクスーユ修道院では669年にアウグスティヌスの作品が、また「ゴート・ミサ典書 Missale Gothicum」や、パピルス紙を料紙として文学的な内容をもった最も後代のコーデクス（アウグスティヌスの書簡と説教）が、アンシアル書体および半アンシアル書体で執筆された[39]。われわれの知るかぎり、7世紀にもなお「リュクスーユ型」と言われる書物用の完璧な小文字書体が創案されている。それはほっそりした肉薄の線と連綴文字が多いのが特徴である[40]。このような小文字書体に、おなじようにほっそりした強調用キャピタル書体が組み合わされていた[41]。

リュクスーユ修道院によって建てられたコルビィ修道院は[42]、そもそもの初発（660年頃）からメロヴィング王朝の宮廷との関係で際立っていた。コルビィで書かれたアンシアル書体の確実な例はひとつも確認されていないが、その代わりにここでは初期半アンシアル書体の後に、カール大帝の時代にいたるまでの内実豊かな1世紀間に、奇妙な「ab型」や、手本となるようなカロリング小文字書体で筆写された「マウルドラムヌスの聖書」（772-780年頃）まで、様々な書体が相ついで現れた[43]。ある読み手によって書き込まれた余白への註記は[44]、コルビィ修道院が700年頃に南フランスやイタリアからもたらされたはずの[45]、古い写本を所有していたに違いないことを証言している。

7世紀に創建されたもうひとつのフルーリ修道院もまた、多くの断片的テクストから判断して、相当数の聖書や教父著作の写本をイタリアから入手したはずだが、それらはモンテカッシーノ修道院から聖ベネディクトゥスの聖遺物と

---

38) CLA IV. 498–501 ; IX. 1377, 1420, 1421 ; X. 1455（f.）．
39) CLA XI. 1659 ; I. 106 ; V. 614（Seider 2, 2, Nr. 59）; Lowe, Pal. Papers 2, Taf. 74, 78, 77a-c にも図版が掲載されている。
40) Lowe, ebd. 2, S. 389–398 u. Taf. 75, 76, 77d, 79.
41) この書体の普及と影響については本書142頁以下を見よ。
42) コルビィの写本におけるリュクスーユ型は CLA V. 633 u. 671. 本書143頁参照。
43) 本書144頁参照。
44) CLA VI, S. XXIII の写本リストには『ヒエロニュムス年代記』（Valenciennes 495, CLA VI. 841 ; fol. 134^V 参照）がつけ加えられなければならない。こうした註記の解釈への異論として、F. Masai, in : H. Vanderhoven / F. Masai / P. B. Corbett, Regula Magistri（Brüssel usw. 1953）, S. 37 ff. 参照。
45) 後者については「師父の戒律 Regula Magistri」（CLA V. 633）の主要写本が挙げられる。

一緒にロワール地方に運ばれた[46]。この修道院ではサッルスティウスの『歴史』の最後の写本が、一部は再筆写され、一部は写本の見返し料紙に用いられた。

聖マルティヌスの時代にまで遡る伝統をそなえたトゥール、およびトゥール周辺の書写室に関しては、少なくともサン・マルタン修道院書写室については、8世紀初頭からすべて未熟な書体は校合がなされ、正規の書体に書き直されており、そうした書物で学ぶように配慮された印象が、写本からうかがえる[47]。

ドイツの土地では[48]、アングロ・サクソン人ウィリブロードがエヒテルナハ修道院を創建 (698年) した後に、ボニファティウスとその仲間や弟子たちによって、さらなる修道院建設がヘッセン地方やマイン地方、そして北バイエルン地方で続いた。こうして何よりもまずまとまりあるドイツ版島嶼書体の地域が、ここに成立した[49]。アングロ・サクソン人の影響は、一定の強度をもちながらレーゲンスブルクにまで及んだ[50]。しかしこの都市やフライジング、ベネディクトボイエルンやその他バイエルン公タッシロの時代に創建された修道院では、バイエルンが北イタリアからの影響にも開かれていたことを感じさせる。

また個性的な特徴をそなえた書体の領域が、ライン上流域やボーデン湖やラエティアで形成された[51]。だが、ここではもっぱらザンクト・ガレン修道院がほぼ8世紀中頃から、文書の原本やまもなく写本も保管するようになるが、9冊の写本に関して修道士ウィニタールが写字生であったこと、また他の筆写作業の責任者であったことが明らかになっている。

この時代のフランク国家における書体の多彩な姿は、写本でも、また聖遺物の包みに内容表示のために付けられたオータンティック (Authentiken) と呼ばれる小さな鞣皮紙片のラベルでも、見てとれる。この種のものはたとえばサン・モーリス・ダゴーヌ修道院やシェル尼僧院、そしてサンス大聖堂に大量に保存

---

46) Lowe, CLA VI, S. XX f. 参照。
47) 本書56頁註39参照。さらに CLA X. 1584. 8世紀の蔵書票に関しては P. Gasnault, L'Exlibris du VIIIe s. d'un manuscrit de S. Hilaire, in : Scriptorium 25 (1971), S. 49 ff. m. Taf. 1 参照。
48) Riché, Éducation (註1), S. 486 の地図参照。
49) 本書126頁以下を見よ。
50) B. Bischoff, Schrebschulen 1, S. 172 f.
51) 本書147, 154 頁を見よ。

されている[52]。それらの書体はアンシアル書体，半アンシアル書体，草書体，小文字書体で，その多くがすでに知られている書写室のものか[53]，あるいは島嶼風の特徴を帯びている。

　メロヴィング朝期の特徴をもつ聖人伝著作のうち，『聖ワンドレギシルス伝』[54]はアンシアル書体のみで筆写された孤本として伝来している。様々な由来の聖人伝を合本にした北東フランスの内容豊かな写本にあっては，『聖メダルドゥス伝』(ひとつはウェナンティウス・フォルトゥナトゥス，もうひとつは逸名著者による)の収録が，その成立地を示唆していよう[55]。トゥールのグレゴリウスの『歴史十書』の重要な古い写本の伝来としては，7世紀に2つの写本，7世紀と8世紀の3つの写本があり，それはみずからの民族の歴史への強い関心の表われとみなされている[56]。

　メロヴィング朝においてテクストの言語は，その程度はまちまちであるが，文法システムが等しく揺らいでいたことで知られている。ことに母音組織に見られる綴字の不正確さと混乱が，たとえばボッビオのミサ典書[57]や754年の「グンドヒヌスの聖福音集」[58]のような典礼写本や，聖書写本にまで侵入したのであった。遥か8世紀まで，多くの写本の外形は非常になおざりにされていて，Bern 611[59]のような集合写本の一部や，Aug. CCLIII[60]のパリンプセスト写本がその好例である。ローマの法律関連の写本の無味乾燥で実務的な性格と比較して，サリカ法典最古の，しかし美麗な文字とは言いがたいヴォルフェンビュッテル写本は，パロディー風の刑罰規定が付加されていることもあって，

---

52) サン・モーリスに関してはChLA I, Nr. 14–38. サンスについては M. Prou, Manuel de paléographie, Recueil de fac-similés (Paris 1904), Taf. 5. シェルについては ChLA XVIII. 699.
53) ChLA I. 37 (リュクスーユ)；Prou, Nr. 4 (ラン).「b型」はシェルに数多くある．
54) CLA V. 675.
55) Clm 3514 (8世紀前半もしくは中葉)(CLA IX. 1238).
56) CLA I. 107 (おそらくトゥールのグレゴリウスにきわめて近い時代に属する)；V. 670；VI. 742a(b)；VIII. 1122.
57) CLA V. 653；E. A. Lowe, in : The Bobbio Missal, Notes and Studies (Henry Bradshaw Society 61, London 1924), S. 86 ff.
58) Steffens², Taf. 37；CLA VI. 716.
59) CLA VII. 604–604e.
60) CLA VIII. 1099.

2. 中世初期 | 269

しまりに欠ける[61]。

　トゥールのグレゴリウスとカロリング改革の開始とを隔てる1世紀半の間に観察されるラテン語の文体の衰弱と並んで，筆写訓練に古い書体を再び取り入れたり，あるいはまったく新たな書体を考案するなどの試みがなされた。いまだ詳細な場所の特定がされていない様々な書写センターでは，少なくとも8世紀前半にしっかりとしたアンシアル書体や半アンシアル書体で書き[62]，「ヘブル・ガリカ両詩篇集 Psalterium duplex」(Vaticanus Reg. Lat.11)[63]においては，作為的なキャピタル書体で書いている。推測されるのは，アングロ・サクソン書体を熟知していることが，書体の水準を向上させることを可能にしたということである。最良の作品として「古ガリア典礼ミサ典書 Missale Gallicanum vetus」[64]と「フランク典礼ミサ典書 Missale Francorum」[65]，それにトゥールのグレゴリウスの2写本が数えられる[66]。

　イタリア，スペイン，フランク国家では，6世紀から始まっていた装飾的で多彩色の飾りが，前カロリング朝期に多くの地方の伝統として完全に開花した[67]。今やそれは書物の冒頭や，標題や文頭の文字に集中した[68]。魚と鳥が最も好まれた図柄であり，広く普及したモチーフであった。それらを描くにあたって，1ページ大のリュクスーユの文頭装飾文字に定規が使われたように，円や弧，星形文様を描くためにしばしばコンパスが用いられた。他の場所では，鬱蒼と生える樹木の葉の形や，生い茂る巻蔓が躍動感を作りだした。幾何学的文様，8の字状の文様あるいは綱文様，木の葉，パルメットのモティーフが文頭装飾文字を満たした。8世紀中葉以前には，組紐文様は非常に稀で，おなじように人間の顔や手なども珍しかった。有線七宝焼や宝石の縁取りを真似た図柄

---

61) Bischoff, Ma. Studien 2, S. 67 Anm. 47 参照。
62) CLA V. 541 u. 693b を見よ。
63) CLA I. 101.
64) CLA I. 93.
65) CLA I. 103.
66) CLA V. 670 ; VI. 742b.
67) Zimmermann, Vorkarol. Min., Bd. 1 u. 2. J. Porcher, in : J. Hubert / J. Porcher / W. Fr. Volbach, Frühzeit des Mittelalters (Universum der Kunst, München 1968), S. 103-208, 360-364.
68) Nordenfalk, Zierbuchstaben.

は[69]，7世紀初めの，おそらくバルカン地方のラテン文化から発した古代ラテンの「ウァレリアヌス福音書」が際立っている[70]。十字架を伴った口絵[71]や装飾的な標題は，円弧の枠の中に描かれた。8世紀のガリア典礼秘蹟書の中には，「真にふさわしき vere dignum」を意味する組文字 UD が現れる[72]。古い手本によりながら描かれた玉座のキリストと，福音書記者たちの絵を載せた 754 年の「グンドヒヌスの聖福音集」は，島嶼以外で作られた当時の挿画としては，おそらく 7 世紀のスペインで制作されたと思われる「アッシュバーナムのモーセ五書」とともに例外的な作品である。

　伝道団とともに，5 世紀にアイルランドにラテン文字とラテン語の書物が伝わったのは，オガム文字を刻文に使用していたものの，1 冊の書物もなく口頭でのケルト的伝承が際立っていた文化状態のなかにであった[73]。アイルランドにキリスト教とその信仰・文化が定着するためには，ラテン語とラテン文字による教育が必要であった。5 世紀の改宗事業において，その偉大な中心人物として伝えられているパトリックは，後の伝説では自身で 365 冊あるいはそれ以上の「アベゲトリア abegetoria［冒頭の語が abegetoria で始まる語彙集］」や「アルファベット教本 Abecedare」を書写したとされている。新しい知的財産を受容することの決然たる覚悟と，それとの対決がラテン的教養，いや学問の成立を容易にしたのであった。その母体は大きな修道院であったが，その多くは 6 世紀に創建された。

　アイルランドでラテン語写本が独自の手本として受容されたとき，いくつかの写本は古めかしい特徴をそなえていたようである[74]。どのような書体を選択するかについては，当時もっとも新しい書体であった新半アンシアル書体が選ばれた。アイルランドの写本からは大陸風のキャピタル書体，アンシアル書体，

---

69) Nordenfalk, ebd., S. 50.
70) CLA IX. 1249 ; Nordenfalk, ebd., S. 158 u. passim u. Taf. III, 47–50 ; Zimmermann, Vorkarol. Min. Taf. 4–10.
71) Bischoff, Ma. Studien 2, S. 289.
72) Nordenfalk, Zierbuchstaben, S. 162 ; A. Ebner, Quellen und Forschungen zur Geschichte und Kunstgeschichte des Missale Romanum im Mittelalter (Freiburg i. Br. 1896), S. 430 ff. ここでも中世の神秘主義的かつ寓意的な解釈が見られる。
73) 文献については本書 111 頁註 1 を見よ。
74) 本書 26 頁以下を見よ。

古半アンシアル書体，草書体などは確認されていない。そこではひとつの文字が交換可能な書体をもつことで，アルファベットは拡大し，書体は独特の様式をもつことになった。アイルランドの学問の活況によって，書字文化が進展するにつれて，アイルランド小文字書体と呼ばれる字径の小さい，より経済的な書体と，短縮化をいっそう強めた書記システムが発展した。また新たな草書体の可能性も試された。かくして福音書の重々しく丸みをおびた半アンシアル書体から，中字径書体の図書室用写本，そして「アーマーの書」(807年頃)に見られるパトリックの伝統を引いて守護神像を配置したアイルランド小型福音書の極小とも言える書体まで，様々に段階づけられたアイルランド書体が，すでに前カロリング朝期にわれわれの前に姿を現すのである[75]。アイルランドでは，書写活動は修道士の敬虔な手労働として高く評価された。多くのアイルランド聖人は，写字生として名声を得た[76]。

　初期の頃からローマやガリアと教会上の関係をもち，6世紀からはとくにウェールズと，また古い時代からスペインとも交易面での関係を持っていたが，ことにまず南アイルランドが7世紀からローマとの絆をいっそう強めた。ローマ文明の崩壊の時代に，アイルランドがこのようにして必ずしも不可欠ではない作品を入手したのは，なによりも偶然によるところが多かった[77]。しかし他の場所では忘れ去られるか，あるいは外典，もしくは異端として抑圧された，たとえばヘブライ語の福音書や，ブリトン人のペラギウス派によるパウロ書簡の註釈書のような作品があった。7世紀と8世紀には，聖書註解やローマの文法書の註釈，復活祭暦法などを中心とするアイルランドの知識が生まれ始め，偏りがあるにしても書籍の蒐集は豊かになった。大部の抜粋集も成立した。禁欲の教化を目指したアイルランド教会法集成や[78]，多くのバージョンが作られ

---

75) CLA II². 270.
76) Christ / Kern, in : Milkau / Leyh, Handbuch 3, 1², S. 314 f. を参照。そこには9世紀の写字生の自作の詩「森の中で」が記されている。
77) カルマヌス(またはコルマヌス)なる人物からフェラダッハに宛てた書簡は，新しくより完全で，より優れたテクストを受け取った喜びを語っている。Bischoff, Ma. Studien 1, S. 199 参照。年代が確定されていない断片テクストがイシドルスに言及しているが，これはおそらく7世紀後半のものとみなされる。
78) S. Hellmann, Sedulius Scottus (München 1906), S. 136 ff. 参照。

て広く普及した文法書「ドナトゥス正字法 Donatus ortigraphus」[79] などがそれである。アイルランドでは 7 世紀以来，俗語で註解がつけられ，遅くともこの時代以降にはゲール語テクストが書写された。

　宣教の意志と禁欲的な遍歴への衝動が，アイルランド人をスコットランドやノーサンブリア，ウェセックスや北フランス，ブルゴーニュや北イタリアへと導いた。これらの土地で創建されたアイルランド系修道院は，アイルランドの影響の中心として，アイルランド人がローマに巡礼する旅程の支援拠点になった。大陸に成立したこうした場所，すなわちボッビオ，ザンクト・ガレン，ライヒェナウ，ヴュルツブルクには，わずかな例外をのぞいて[80]，ヴァイキングの侵略以前の時代に在ったアイルランド写本が，今でも伝わっている。その書体は非常に特異と感じられたために，ザンクト・ガレン修道院の司書でさえ「スコットランド（アイルランド）人により筆写された書物 libri Scottice scripti」という独自の分類を設けただけでなく，他の修道院の蔵書目録もアイルランドの――ときおりアングロ・サクソンの――写本として，Scotica とか Scotaica などと表記した[81]。古アイルランドのラテン語文献は，その大部分がカロリング朝期の写しとして伝来している。

　アイルランドの書体と書物は，ウェールズやコーンウォールなどのケルト人の土地やブルターニュで手本となったばかりではない[82]。すでにキリスト教化されたピクト人と境を接するイングランドの北部は，635 年以降リンディスファーン修道院からやって来たアイルランド人によりキリスト教に改宗させられた。それによって，この折りアイルランド書体がノーサンブリアに移植されたことが[83]，アングロ・サクソン・イングランドの文字文化の歴史を大きく規定

---

79)　Donatus Ortigraphus, Ars grammatica, ed. J. Chittenden (Corpus Christianorum, Ser. Lat., Cont. Med. 40D, 1982).
80)　CLA II². 266–277.
81)　J. F. Kenney, The Sources for the Early History of Ireland 1² (New York / Shannon 1966), S. 620 f., Nr. 449 ; Johanne Autenrieth, Insulare Spuren in Handschriften aus dem Bodenseegebiet bis zur Mitte des 9. Jahrhunderts, in : Paläographie 1981, S. 145–157 u. Taf. 16–20.
82)　本書 120 頁以下を見よ。
83)　またその後，664 年にアイルランド修道士がノーサンブリアを離れたのちも，アイルランドの修道院と学派は多くのアングロ・サクソン人の目標であり続けた。アイルランドとアングロ・サクソンの特徴は，「ベリクトフリドゥスの息子エディルベリクト」によって書か

することになった。北方のアイルランドの宣教師たちと，カンタベリーに発する教皇大グレゴリウスが主導した南方のローマ的な伝道師たちとの戦いの付随現象として，書体をめぐる戦いも生まれた。すなわち宣教師の書体としてのアンシアル書体と多くの写本が，ベネディクト・ビスコプのようなアングロ・サクソン人によりローマからもたらされた。そこで8世紀にいたるまでアンシアル書体はケント王国やマーシア王国で多用され，文書にも，果ては聖福音集にまで用いられるようになった[84]。大陸風の半アンシアル書体もまたイングランドでは使われたが[85]，これに対して最新のローマ草書体の使用はイングランドでは証明されていない。アンシアル書体を保護する動きはカンタベリーからノーサンブリアのウィアマス＝ジャロウにも伝播し，かくして716年に，ケオルフリスがローマのサン・ピエトロ大聖堂への奉納物とすることを決めた，アンシアル体で書かれた聖書パンデクタ写本「コーデクス・アミアティヌス」が成立したのであった。ここベーダの修道院［ウィアマス＝ジャロウ］では，彼の『教会史』の最古の写本がアングロ・サクソン小文字書体で書かれているのにたいして，同じくその著作『時の理法について De temporum ratione』があいかわらずアンシアル書体で筆写されている[86]。

　通常の写本テクストの書体に関しては，アングロ・サクソン小文字書体を用いる習慣は，8世紀にはイングランド全体にくまなく広まった。イングランドの尼僧院の住人もまた写字に精通し，書写活動を行った。イングランド最古の蔵書票である「尼僧院長クスウィトの蔵書 Cuthsuuithae boec thaere abbatissan」は，おそらく700年頃に遡る尼僧の自筆によるものである[87]。

　教育のために計画的に拡充されたイングランドの写本収集の規模については，

　　れた Vatic. Palat. Lat. 68 (CLA I. 78) のなかで混じりあっている。
84)　Lowe, Engl. Uncial. Bischoff, Ma. Studien 2, S. 328–339 参照。
85)　CLA II. 237. おそらく VI. 740 もそうである。
86)　『時の理法について』のダルムシュタットの断片 (Ms. 4262, CLA Addenda 1822) は確実に735年以前に書かれている。またビュッケブルク・ミュンスターの断片 (CLA IX. 1233 u. S, S 4 を見よ。J. Petersohn, in : Scriptorium 20, 1966, S. 215–247 u. Taf. 17 f) およびブラウンシュヴァイクの都市記録簿断片 70 (これはキャピタル書体)。『教会史』については Lowe, Pal. Papers 2, S. 441 ff. 参照。
87)　図版は Bischoff / Hofmann, Libri Sancti Kyliani (Würzburg 1952), Abb. 13, S. 88 参照。CLA IX. 1430a を参照。

アルドヘルムやベーダの書物についての知識や，おなじようにアルクイヌスがその賞賛の詩を書いた[88]都市ヨークの司教座聖堂図書室の蔵書目録の著者名の総覧が，ある程度うかがわせてくれる。それでも，かつての蔵書の豊かさを今に伝えているところは少ない。だがイングランドで書かれた写本も，イタリアからイングランドに集められた古い写本も[89]，大陸にアングロ・サクソン人が定着したエヒテルナハやフルダやヴュルツブルクのような場所に届いた。ボニファティウスやルルが故郷に書き送った手紙では，頻繁に書物の要望が主題となっている。

われわれが参照できる島嶼地方の最古の写本芸術の記念碑的作品は[90]，アイルランドから出ていて，アイルランド人が創建したボッビオ修道院（613年）に伝来していた。すでに7世紀初頭に，アイルランド書体に典型的な三角形に構築された文頭文字グループが認められる。コルンバの『カタック』では，「詩篇」の各篇がこうした文頭文字で構成されていて，大きく書かれた文字はケルト的意匠をまとっていたが，大陸的要素を知らずに構成されたというわけでもなかった[91]。島嶼地方の写本芸術家が，文頭装飾文字を書く際に保持したダイナミックな輪郭線が，ここにすでに身についたものとなっている。ダラムのアイルランド写本断片に[92]，アイルランドやノーサンブリアの写本芸術で渦巻く旋回文様，精緻に絡み合う動物などとともに，支配的な装飾要素となる組紐文様が初めて登場した。

アイルランド的な要素と，ノーサンブリア的構成要素とが結びついたスタイルが完全に成熟したことを告げるのは[93]，大まかにいって670年と700年の間に成立したダロウ，エヒテルナハ，ダラムA. II. 17，リンディスファーンの聖福音集であった。それらはアイルランド福音書のモデルに倣って編纂され，ウ

---

88) J. D. A. Ogilvy, Books Known to the English, 597–1066 (Cambridge Mass. 1967) を見よ。
89) CLA II². 251 ; VIII. 1139, 1196(?) ; IX. 1423a.b, 1430a.b.
90) C. Nordenfalk, Insulare Buchmalerei (München 1977).
91) C. Nordenfalk, Before the Book of Durrow, in : Acta Archaeologia 18 (1947), S. 155 ; A. Dold / L. Eizenhöfer, Das irische Palimpsestsakramentar im Clm 14429 (Beuron 1964), S. 37* ff. の D. H. Wright の論考参照。
92) Nordenfalk（前註）および ders., Insulare Buchmalerei, Taf. 1.
93) 福音書記者の紋章のように様式化された動物の姿はまた，ピクト人の影響であることが証明されている。Nordenfalk, Insulare Buchmalerei, S. 24.

ェールズやブルターニュの聖福音集のモデルとしても標準となり、およそ7世紀前半頃に定着した。こうした写本から、装飾意匠だけでまるまる埋め尽くされたページ（「装飾ページ」）や、四福音書記者の象徴が一緒に集められているページ、さらに『マタイによる福音書』1章18節（「さてキリストの誕生の次第は X̄p̄i autem generatio」）の装飾が四福音書の冒頭に等しく掲げられるページなどが、由来する[94]。先に列挙した聖福音集写本のうち、「リンディスファーン写本」以外に、おそらく「エヒテルナハ写本」とダラム A. II. 17 は、リンディスファーンで筆写された[95]。一連の写本の中で最も古い「ダロウ写本」に関しては、スコットランド沿岸にあるアイルランド伝道団の拠点となったアイオナ島が制作地と考えられていたが、このテクストはノーサンブリアで制作されたと見られる。「ダロウ写本」が制作されたのと数十年ほど相前後してアイルランドで作られた福音書のひとつに、少なくとも「装飾ページ」が2ページ含まれるものがある[96]。アングロ・サクソンの写本挿画が、「リンディスファーン写本」により成果の頂点を極めた後、およそ2, 3世代にわたってアイルランド芸術はその生命力を保持し、最後の傑作、すなわち「ケルズの書」を創造することになるはずである。人間の頭や、絡み合う人間の体、まさしく寓話から引き出されたか、あるいは自然の観察のうちにとらえられた動物（猫・鼠・獺(かわうそ)・蛾）が、この作品では文頭装飾文字と書写面を構成し、活気づけている。「ケルズの書」が、著しく様式化された人体像に依然として固執しているのにひきかえ、リンディスファーン福音書の制作者たちにおいては、カッシオドルスの「コーデクス・グランディオル Codex grandior」にある挿画の印象と、それ以外の地中海起源の画想の影響のもとに、ローマ芸術の方を志向していたことはすでに明白であった。

---

94) これは何よりもボッビオから出た CLA III. 350 で証明されている。さらなるアイルランド人の寄与としては、赤い点での縁取りやアイルランド風の装飾的なキャピタル書体が挙げられる。本書 116 頁参照。

95) T. J. Brown, in : Evangeliorum quatuor codex Lindisfarnensis (Hrsg. : T. D. Kendrick u. a. ; Olten 1960), S. 89 f.

96) 現存する少数の作品の評価について、その書体から判断して類似の外見を示しているものの、断片の形でしかないさらに1ダースほどの聖福音集が存在していることを顧慮しないわけにはいかない。

このような古代キリスト教的で，かつイタリア・ビザンティン的な書物芸術とその図像類型が接近する途上で，8世紀にアングロ・サクソン人写本挿画の描き手が進歩を示した。アングロ・サクソン人トマスと，ひとりのフランク人の共同作業としてエヒテルナハ修道院で制作された「トリーアの聖福音集」(Dombibl. 61)は，ノーサンブリア的な着想と，イタリアを模範にした装飾とをひとつに統合している。カンタベリー派の2つの写本，すなわち「ウェスパシアヌス詩篇集」とストックホルムの「コーデクス・アウレウス」の挿画は，教皇大グレゴリウスやアウグスティヌス［カンタベリー大司教］の時代からそのままの場所に伝わっていた，イタリア写本の後を追ったのである。かくしてイングランドの写本挿画の流れが注ぎ込んだところから，カロリング朝の革新が始まる。

3. カロリング朝期

　大きく捉えるならば，カロリング朝期こそが[1]まず古代ローマとラテン教父たちの文学的遺産を，われわれが今日所有している規模で救い出してくれたのである。こうした遺産に発し，12世紀と13世紀の翻訳活動の大波によって新たな方向性が生まれるまで，中世の教養と学識が生き延びたのであるが，そこでは古代の権威が大いに君臨した。このようなテクストを使っての仕事は，中世の文学的創造と密にからみ合っていて，まさしくその一部をなしている。

　中世写本の真の歴史は，過去の遺産のこうした保全とともに始まるのであるから，中世における写本の利用について，以下に予め2, 3のコメントを加えておくのもよいであろう[2]。用途の点で典礼用写本は紛れもない実用書であり，そのため読誦集にはしばしば後から導入句や結句が付け加えられ，説教集や殉教者伝には読誦の単位ごとの分割が施された。カロリング朝期に制作された聖書には，12-13世紀にしきりに章番号が書き加えられ，「継続朗読 lectio continua」の指示が書き添えられたりした。ほとんどの写本で読者による校合[3]や欄外指示，「この個所に注意 Nota」を意味する記号，強調のための線引きなどが見られる[4]。この種の痕跡は，数えきれないほどの教会法や教義論，註釈学，徳義に関するテクストの編纂や名句集に見られるように，往々にして校訂作業[5]の明白な証拠である。熱意ある読み手は読書に際してペンを片手に持ち，熱心に解説を加え，個人的な見解を記した。たとえばザンクト・ガレン修道院長[6]のエッカルト4世や，教会法学者ベルノルト[7]を含む叙任権闘争開始期のコンスタンツの何人かの聖職者たちがその例である。一般に学校の教本や古典

---

1) Christ / Kern, in : Milkau / Leyh, Handbuch 3, 1^2, S. 335 ff. 参照。
2) Christ / Kern, S. 253 ff., 276 ff.
3) 本書282頁を見よ。
4) たとえば Paris, B. N. F., Lat. 12242 ff.
5) アルクイヌスによる写字生への自筆の指示(Bischoff, Ma. Studien 2, S. 12–19 m. Taf. 1)や，リヨン大司教フロルスの記号(Lowe, Pal. Papers 1, S. 323 ff. u. Taf. 46)はその例である。本書282頁も見よ。
6) Bruckner, Scriptoria 3, S. 46, Anm. 239.
7) Johanne Autenrieth, Die Domschule von Konstanz zur Zeit des Investiturstreits (Stuttgart 1956), m. Taf.

教科の書物では，そこに付された註釈や余白への書き込み，ことに俗語における註釈が，最も濃厚にその使用の証拠を示すものである。しかしまた修道院における禁欲実践としての四旬節の朗読や[8]，修道院や教会参事会での食事時の朗読なども[9]，書物利用の通常の機会であった。9世紀以降，単独の形で書物の貸借記録簿が伝来している[10]。目録のなかには中世の司書や学者が，自分たちの手が届く蔵書ばかりでなく，自分たちの図書室以外の蔵書について記述したものも残されており，文献の徹底的利用の様相を知る上でとくに興味深い。それは当該修道院に欠落しているものの，近隣の修道院から借り出し可能な書物の報告や[11]，複数の目録の統合作業[12]，あるいは書物の存在の証拠である蔵書目録などを通じて知られる[13]。

　テクストをめぐる活発な活動に付随してあらわれたのは，蔵書目録の作成と

---

[8] K. Christ, In caput quadragesimae, in : Zbl. f. Bw. 60 (1944), S. 33-59. 同論文 S. 44 にファルファ修道院のものとして引用されている目録は A. Wilmart, Le couvent et la bibliothèque de Cluni vers le milieu du XIe siècle, in : Rev. Mabillon 11 (1921), S. 89-124 によりクリュニー修道院のものであることが確認された。また Clm 6300 (Bischoff, Schreibschulen 1, S. 143) の9世紀の註記を見よ。

[9] 食事時の朗読に関する指摘は Lehmann, Erforschung 1, S. 22 f ; H. Hauke, Die Tischlesung im Kloster Tegernsee im 15. Jh. nach dem Zeugnis seiner Handschriften, in : StMOSB 83 (1972), S. 220-228. いまだに包括的な研究は存在していない。

[10] 最古の登録簿はケルン司教座聖堂図書室 (833年，Becker, Catalogi, Nr. 16)，ヴァイセンブルク (9-10世紀，Becker, Nr. 17)。さらに再びケルン司教座聖堂図書室 (1010年と1027年の間，E. Dümmler, in : Zs. f. dt. Altertum 19, 1876, S. 466 f.) そしてフライジング (11世紀後半と12世紀，Becker, Nr. 64 f.)。

[11] メスではサン・タルヌール教会がサン・サンフォリアン教会とサン・ヴァンサン教会の蔵書目録を記録している (11世紀)。Catalogue général 4° 5 (1879), S. 97.

[12] ソルボンヌはパリの諸修道院の蔵書目録 (13世紀) を所有していた。R. H. Rouse, The early library of the Sorbonne, in : Scriptorium 21 (1967), S. 69 f. レーゲンスブルクでは男子修道院の蔵書目録が集められ一括して写された (1347年)。MBK 4, 1, S. 152 f. 参照。

[13] Lehmann, Erforschung 4, S. 172-183 参照。これについては H. Silvestre, in : Scriptorium 15 (1961), S. 323-327 u. 19 (1965), S. 90-96 参照。最古の蔵書目録はイングランドから伝来している。それはフランチェスコ修道会の「イングランド書籍目録 Registrum librorum Angliae」(13世紀末) と，ベリー・セント・エドモンズのキルクステーデのヘンリクス (ベリーのジョン・ボストンではない) による「教会著作家総覧 Catalogus scriptorium ecclesiae」(14世紀) である。後者は195に及ぶイングランドの図書室を対象としている。R. H. Rouse, Bostonus Buriensis and the author of the "Catalogus scriptorum ecclesiae", in : Speculum 41 (1966), S. 471-499.「イングランド書籍目録」の図版については，R. H. & M. A. Rouse, in : Manuscripts at Oxford : R. W. Hunt memorial exhibition (Oxford 1980), S. 42, 54 f.

同様に[14]、写本の写しが作られると、それを意識的に新たな写本系統として組み込むという現象であった。専門領域別、あるいはテーマ別の集成の構築が、この現象を特徴づけている。様々な専門分野や、中世のすべての時代の例を引き合いに出すことができる[15]。詩文や歴史記述、旅行報告、幻視、予言その他多くの分野の集合写本は、しばしば個人的嗜好の結果であり、多くの専門的な集成が残っている。たとえば、12世紀にヘブライ的また聖書の尚古趣味的な研究のテクストの集成が成立して、フランスやイングランドで広く普及した[16]。周到な準備作業をすることで、個々のテクストに新たな光が当てられるかもしれない[17]。テクスト批判的そして実際的な関心が、すでにカロリング朝期以前に2つあるいは3つあった詩篇の異本を、欄で区切り一括して対照して示すよう導いた[18]。同じようにして、もっと後の時代には翻訳された複数のヴァージョンが、あい並ぶ形で書き写された。たとえばアリストテレスの作品の2つの異本や[19]、偽ディオニシウス・アレオパギタのテクストについては、3つさらには[20] 4つの翻訳文が併記された[21]。

　古いテクストの写本を保存し、新たに書写し直すという大事業は、カール大帝の政治的意志と、大帝にそうするよう示唆した助言を大帝が理解したことにより、実現した。大帝の内には、教育への激しい渇望と、無教養であることへ

---

14) 本書309頁参照。
15) 聖人伝記集については本書297頁、著作家カタログについては282頁、古典学芸の教本については298頁を見よ。この他に重要な例として、オルレアン司教テオドゥルフにさかのぼる、聖書のほぼすべての書を対象に古註を総覧にして1冊にまとめた著作(Paris, B. N. F., Lat. 15679)や、ベーダによる「復活祭暦法 Bedas Computus」(Ch. W. Jones, Bedae Opera de temporibus, Cambridge Mass. 1943, S. 106 f.)などがある。
16) 参照例として Bischoff, Ma. Studien 2, S. 253.
17) いずれも9世紀に属する Laon 273, 279 は、独特な仕方でヘプタテウク[旧約聖書の最初の7書]の各書への註釈とそれにまつわる古キリスト教的聖書詩文(偽ヒラリウス、プロバ、ドラコンティウス、キュプリアヌス・ガッルス、アルキムス・アウィトゥス)とをひとつの写本に合本している。R. Peiper, in : MGH, Auctores Antiquissimi 6, 2 (Berlin 1883), S. LIII ff.
18) 909年にザンクト・ガレン修道院では、最初の「四重詩篇 Psalterium quadruplex」(Bamberg, Bibl. 44)がそれにギリシア語テクストを加えた形で書かれた。
19) M. Grabmann, Forschungen über die lateinischen Aristoteles-Übersetzungen des XIII. Jahrhunderts (Beiträge zur Geschichte der Philosophie des Mittelalters 17, 5/6, Münster / W. 1916), S. 96 f.
20) たとえば London, Lambeth Palace 382 (13世紀)参照。
21) Brüssel, Bibl. Royale, Ms. 903 (15世紀、ヒルドゥインからトラヴェルサーリまで収録している)については、M. Grabmann, Mittelalterliches Geistesleben (1) (München 1926), S. 452 参照。

の嫌悪が息づいていた。この2つともが，彼が支配者としての義務と心得る，より高邁な思想と結びついており，また彼は自らの臣下や聖職者たちの倫理的な向上以上に，教養の水準を向上させることに意を注いだ。父親のピピンが教会の聖歌をローマ典礼に即して統一したように，カールはそれに続いて典礼や教会法や修道院生活を一体的に整備しようと努力した。そうしたところから，彼は規範として役立つ真正のテクストを入手しようと努めた。大帝は誤りを免れた聖書テクストを望んだ。パウルス・ディアコヌスにより編集された教父説教集の朗読が，訓令により推奨された。それ以外にも実用に供する目的で編まれた著作が，この時代に大帝の明示的な承認を得たようである。そうした例として，スマラグドゥスの聖書抜粋句(ペリコーペ)についての註釈や，コルビィ修道院で編まれた「用語註解書 Liber glossarum」が挙げられる。

カールが書物に個人的な関心を寄せたことは，その伝記作者が証言しているだけではなく，聖画像論争に関する公式の意見表明である『カールの書』について，文言の削除や訂正や，1葉まるごとの差替えなどに同意を与えるなどの，原本の所見が明らかにしていることである[22]。書物への配慮は単に必要に迫られてだけに留まらず，古い写本を洩れなく宮廷図書館に収集し，当時伝来していた諸写本がこの図書館と連携するよう心がけた[23]。並べてよく引き合いに出されるのは，カールが自らの宮廷に招聘した異国の学識者がもたらした写本と，カールが図書館の蔵書充実を喜ぶことを知っていた人々が持ち込んだ写本である[24]。そうしたひとつが，パウルス・ディアコヌスがフェストゥスを要約したことで，後代にその大部分が失われることになるテクストの保存に貢献したことである。

宮廷図書館の規模がどれほどであったかは不明である。多くの源泉から書写された写本と，過去500年の書物を擁したこの図書館には，稀覯書が溢れ，おそらく当時にあって最も蔵書数を誇った施設であったことは確かである。この

---

22) Ann Freeman, Further Studies in the Libri Carolini, in : Speculum 40(1965), S. 203–222 m. Taf.
23) B. Bischoff, in : Karl der Große, Lebenswerk und Nachleben 2(Düsseldorf 1965), S. 42–62 m. 6 Abb.(Ma. Studien 3, S. 149–169, Taf. 5–10 に再録)．またこのリストに，Leningrad Q. v. I. 40 のテルトゥッリアヌス『護教論 Apologeticum』を加えたい。これはカロリング朝初期の最も美麗な書体で書かれた写本のひとつである。本書巻末図版 12 を見よ。
24) Bischoff, ebd.

センターから，古いの写本をもとに作られた写本が新たに流布した[25]。そうしたものとして，おそらくアンシアル書体で筆写された「プテアヌス本」のリウィウスの第3デカーデ[第21-30巻]があり，これは800年頃トゥールで書写された（後にコルビィ修道院に収蔵された）。その少し後のルートヴィヒ敬虔帝の治世に，アウグスティヌスの「小品集 Opuscula」のコーデクス（6-7世紀，Vaticanus, Pal. Lat. 210）が宮廷で書写され，Paris, B. N. F., nouv. acq. Lat. 1448 が生まれた[26]。他の図書室からも古い写本が発掘された。たとえばランでは，アウグスティヌスの『神の国』が半アンシアル書体で筆写されたが，それは以前からコルビィ修道院の所有になるものであった[27]。オリゲネスの著作（5-6世紀，Lyon Ms. 483, 司教座聖堂図書室旧蔵）[28]からは――間接的であるが――初期カロリング朝のParis, B. N. F., Lat. 12124 が生まれた。カロリング朝の写本の手本となった原本の大部分が失われてしまったために，一般に写本の伝来は8-9世紀，または9世紀に開始するのである。

　カールの死後，当初の宮廷図書館の蔵書は大幅に散逸してしまったが，ルートヴィヒ敬虔帝のもとで宮廷の書写室が，新たに選りすぐりの蔵書収集に努めた[29]。これと並んで，宮廷に所属しトゥールに類似したスタイルの作業を行った書写室で，公の司法業務で使用するような法典や書式集の写本を大量に生産したようである[30]。それらはサン・マルタン修道院長フリドゥギススが尚書局長の任にあった時代（819-832年）に制作されたにちがいない。ルートヴィヒの時代には，半ば公的な性格をもったと思われる大規模な著作集成の企てが着手された。伝来している教父による聖書解釈集断片は，それがおそらく多くの場所で作業が行われたことを窺わせる。というのも，写本が抜粋集の見通せない

---

25) Bischoff, ebd.
26) B. Bischoff, Lorsch im Spiegel seiner Handschriften（München 1974）, S. 56. また CLA Addenda 1825（フィロン，創世記註解，7世紀）参照。
27) CLA VII. 852 u. V. 635 参照。
28) CLA VI. 799.
29) Bischoff, Die Hofbibliothek unter Ludwig dem Frommen, in : Medieval Learning and Literature, Essays presented to Richard William Hunt（Oxford 1976）, S. 3-22 m. Taf. 1/2（Ma. Studien 3, S. 170-186 に再録）．
30) たとえば Gemelli Berlin, Staatsbibl. Preuß. Kulturbes., Lat. qu. 150 および Warschau 480 ; Vatic. Regin. Lat. 846, 852, 857 など。

ほど夥しい数の断片として拡散しているからである[31]。

　カロリング朝期の書簡から，どのようにして遠近の土地のあいだで，書写や校訂のために写本を互いに交換したかを知ることができる。この点で最も内容豊かなのはフェリエール修道院長ルプスの書簡であり，その宛先はヨークの修道院長アルトジグから教皇ベネディクトゥス3世にまで及んでいる。エインハルドゥスの描くところでは，ルプスは古典作品や教父の著作を，正確で遺漏のないテクストとして収集し，書写するために努力していた。トゥール宛のある依頼状のなかで，一度などはパピルス紙のコーデクスであるキケロの『トピカ』のボエティウスによる註釈を挙げている。彼は体系的に校訂作業を遂行した。彼が校合したいくつかの作品はまた，彼の弟子たちが筆写する写本となった。「ソリヌス・コーデクス」の校訂のためには，3つの異なる原本が参照されている[32]。写本のなかに記されているメモ自体が，他の記録でも確認されているサン・ドニ修道院とライヒェナウ修道院のあいだの書物の交換を明かしたりするのである[33]。テクストの綿密な比較対照は，この種の関係についてのさらに多くの解明をもたらすであろう。

　図書室の蔵書構成は，ラテン教父の作品が基本的に大部分を占めており，有益と思われた蔵書は迅速に補充された。そうした中核部分の蔵書を拡充し，また完備しようと努め，著者の全作品の欠落を埋めようと努力した図書室では，補充作品の確認のために著作集成や著作目録を参照することができた[34]。また，新たに入手できたローマ文学についての写本も作られた。学校での使用のためには限られた数の教本と著者が選ばれたが，それらは正典とされた古代キリスト教の詩作品とともに，文法の授業の補完のために読まれた。学校図書室で

---

[31] B. Bischoff, Die Bibliothek im Dienste der Schule, in : La scuola nell'occidente latino dell'alto medioevo (Settimane 19, Spoleto 1972), 1, S. 413 f. (Ma. Studien 3, S. 231-233 に再録).

[32] B. Bischoff, Paläographie und frühmittelalterliche Klassikerüberlieferung, in : La cultura antica nell'Occidente latino dal VII all'XI secolo (Settimane 22, Spoleto 1975), S. 79 (Ma. Studien 3, S. 68 に再録).

[33] Karlsruhe, Aug. CCXXVI, fol. 1^V, u. Mailand, Ambros. A. 220 inf. またエスコリアル分類番号なしの書物に関する書簡 (CLA XI. 1628b に採録) も参照。

[34] R. A. B. Mynors, in : Cassiodori Senatoris Institutiones (Oxford 1937), S. XXXIX ff.; W. Milde, Der Bibliothekskatalog des Klosters Murbach aus dem IX. Jahrhundert (Euphorion, Beih. 4, Heidelberg 1968), S. 62 ff.; Bischoff, Lorsch (註 26), S. 64.

「学識書 libri scolastici」と名付けられ，わずかな変動しか見ることなく 12 世紀まで存続するこうした厳格な蔵書の統一性は，教養の一体性を反映しているのである[35]。

　カロリング朝初期は，個々の書写室が自由な筆跡を示しはするものの，読み易く，均整のとれた，流麗な形態をもち，連綴文字のヴァリエーションの数が少ない小文字書体を完成させた。エヒテルナハ修道院や聖ボニファティウスの宣教領域，ヴェルデン修道院などでいまだ用いられていたアングロ・サクソン書体は，カロリング小文字書体とほぼ 40 年間にわたって競合し続けたフルダ修道院を最後に，9 世紀前半に徐々に消滅していった[36]。手書き文字を明瞭に構成するために，ほとんどいたるところでカロリング小文字書体と並んで 3 つの歴史的書体，すなわちアンシアル書体，キャピタル書体，記念キャピタル書体[37]が使われた。トゥールやその他の学校では，第 4 の書体として半アンシアル書体が用いられた[38]。ルートヴィヒ敬虔帝の宮廷や[39]，フェリエールのルプスの周辺で用いられたキャピタル書体の際立った正確さは，古代の手本を十分に研究していたことを推測させるものである。加えてこのいずれにおいても，縦径と横径が等しい正方形の書体や書写面の二欄構成，ときとして線状の装飾文様にいたるまで，古代の模倣が行われた[40]。数世代のあいだ，少なくともフランスでは，ティロー記号を書写室での作業の有用な手段として首尾よく活用した。9 世紀からひとつの新しい特徴が典礼用写本のページに登場した。すなわち音符のネウマ記号の創案である。

　カロリング朝期の最大規模の蔵書目録として，ライヒェナウ (822 年)，ロルシュ，ザンクト・ガレン，ボッビオなどの目録が存在していて，その収録冊数はおよそ 400-600 冊であり，ムルバッハは約 300 冊，サン・リキエは 200 冊超であった。そしてこれらの数字は，ことにこれからもいくつかの書写室から多

---

35) G. Glauche, Schullektüre im Mittelalter (Münchener Beiträge 5, München 1970).
36) 本書 160 頁以下を見よ。
37) 本書 78 頁。
38) 本書 102 頁以下。
39) Bischoff, Die Hofbibliothek (註 29).
40) Cl. W. Barlow, Codex Vaticanus Latinus 4929, in : Memoirs of the American Academy in Rome 15 (1938). ことに Taf. 14 u. 17 参照。

数の蔵書の存在が証明される余地があるだけに，決して異例な数字とはいえない。フリアウル辺境伯エーベルハルトや西フランク王国の伯ヘッカルトなどの高級貴族の遺言状からは，書籍収集の事実が知られていて，そのなかには歴史作品とならんで実用書(戦争術や農書)も顔をのぞかせている[41]。

　カロリング朝期の修道院の理想の設計プラン——それはザンクト・ガレン修道院の設計図面の形で現在まで伝わっている——は，「書写の席 sedes scribentium」のための1室を予定している。そして2, 3世代のあいだに多くの場所で書写室の活動が活発となったが[42]，その多くは修道院自身の図書室と学校のためと，自身の典礼上の必要からであった。また小教会は典礼用の写本を司教座教会から供給されていたらしい[43]。カールの時代には，国王の妹ギスラが指導したパリの東に位置するシェル尼僧院で，一定数の尼僧が書写活動に参加した。なかでも彼女たちは，ケルン大司教で宮廷尚書局長であったヒルデバルドの司教座教会のためにアウグスティヌスの『詩篇講解』を筆写している[44]。書写室での筆写作業の背後に，ときおり歴史的に知られている人物のイニシアティヴがあった。ライヒェナウ修道院に関しては司書のレギンベルト，ザルツブルク司教座については大司教アルン，アダルラム，リウフラムが，フライジングについては司教アルベオとヒットー，レーゲンスブルクのバトゥリヒである[45]。9

---

41) エーベルハルトについては Schramm / Mütherich, Denkmale, S. 93 f. ; Becker, Catalogi, Nr. 12. ヘッカルトについては E. Perard, Recueil de plusieures pièces curieuses servant à l'histoire de Bourgogne(Paris 1664), S. 25-27. P. Riché, Les bibliothèques de trois aristocrates carolingiens, in : Le Moyen Age 69(1963), S. 87-104(Instruction et vie religieuse dans le Haut Moyen Age, London 1981, no. VIII に再録)参照。

42) 「書写室における祈り」に関しては Battelli, Lezioni³, S. 116 参照。

43) フライジングやマインツのある書写室から出た大量の典礼写本断片から，このことが推測できる。三位一体についての著作(アルクイヌス)の配布についてと，9世紀の地方教会会議での司祭の贖罪については，W. Hartmann, DA 35(1979), S. 375 参照。「ベネディクト戒律」についてのカロリング朝期の註釈には，「収益記録 causa necessitatis」が記されている。W. Hafner, Der Basiliuskommentar zur Regula S. Benedicti(Beiträge zur Geschichte des alten Mönchtums und des Benediktinerordens 23, Münster / W. 1959), S. 239 f.

44) CLA VI, S. XXI f. ; Bischoff, Ma. Studien 1, S. 16-34. また「用語註解書 Liber glossarum」の ab 型で筆写された最初の写本に関しても，コルビィのサン・ピエール教会近傍の尼僧院の修道女によって作成されたものとされている。T. A. M. Bishop, The prototype of Liber glossarum, in : Medieval Scribes, Manuscripts & Libraries. Essays presented to N. R. Ker(London 1978), S. 69 ff. 参照。また本書 144 頁註 93 も見よ。

45) 本書 161 頁以下。

3. カロリング朝期 | 285

世紀の第3四半期におけるコルビィ修道院の蔵書の増加にあたっては，司書のハドアルドが牽引者となった[46]。

　書体の地方的な多様性のおかげで，8世紀末と9世紀に制作された約7000点におよぶ完本もしくは断片のかたちで伝来している写本に関して，およそ100点がその制作地の同定が可能であり，他に制作地の同定はできないものの，大グループ，小グループ，極小グループなどに区分できるものがある[47]。さらに言えばトゥール（すなわち主としてサン・マルタン修道院）からは約350点の写本が，ザンクト・ガレンからは300点以上が，ランス（ここでは複数の書写室が関与した）からは約300点が，コルビィからは約200点，ロルシュ，ザルツブルク，リヨン，フライジングからはそれぞれ100点以上が出ている。数の上でトゥールは他の書写室を凌駕しているわけだが，それは約45点の明瞭な来歴をもつコーデクスにもよっている。それらは420-450葉からなる，縦横約55×40 cm規格で，2欄がそれぞれ50-52行で書かれた1冊本の旧約・新約聖書（パンデクタ）の写本であり，それらは現存するかかつて存在したことが証明されている[48]。ノーサンブリアの聖書を手本と考えたアルクイヌスの晩年から850年のあいだに，サン・マルタンの書写室は，この種の聖書を毎年2冊，カロリング王家や司教座教会，あるいは修道院のために制作した[49]。こうした大判の聖書は他の土地でも模倣された。たとえばフライジングにおいて，そしてシャルル禿頭王に献呈された2冊の聖書（フランコ・サクソン，パリ，B. N. F., Lat. 2およびローマのサン・パオロ教会の聖書）がそれである。

　カロリング朝期は，大陸の挿画写本が生み出された古代以来最初の偉大な時代である[50]。その装飾的な写本芸術はメロヴィング朝期の類型の継続であると

---

46)　Bischoff, Ma. Studien 1, S. 49–63.
47)　9世紀初頭までに関する概観としては，B. Bischoff, in : Karl der Große, Lebenswerk und Nachleben 2 (Düsseldorf 1965), S. 233–254 (Ma. Studien 3, S. 5–38 に再録).
48)　これに対して，テオドゥルフのグループから出た1冊本の聖書は，彼のテクスト批判の作業を明かすものであるが，明快で訓練された小文字書体のお陰で，持ち運びに便利な嵩張らない姿であった（約350葉，約34×24 cm，2ないし3欄で，大部分が62行構成）。B. Fischer, in : Karl der Große, Lebenswerk und Nachleben 2 (Düsseldorf 1965), S. 175 ff.
49)　B. Fischer, in : Die Bibel von Moutier-Grandval (Bern 1971), S. 64.
50)　Florentine Mütherich / J. Porcher / K. Holter, in : Karl der Große, Lebenswerk und Nachleben 3 (Düsseldorf 1965), S. 9–114 ; J. Porcher, in : J. Hubert / J. Porcher / W. Fr. Volbach, Die Kunst der Ka-

ともに、様々な点で島嶼世界の装飾芸術からの影響を受けていた[51]。その上，古代の装飾モチーフ(蔓，パルメット，アカンサス，ギリシア雷文)を直接援用しようとしたために，その結果として直近の数世紀の装飾が閉め出されるか，スタイルの混淆が生まれることになった。表現形式の面で，それは古典古代および古代キリスト教芸術に接続し，まさしくその研究のなかで自由と独自性を形成することになる。

卓越した技量と想像力の天分をそなえた8世紀後半の写本挿画生が，どれほど豊かな文頭装飾文字の形態とモチーフを自在に使うことができたかを，「ジェローヌの秘蹟書」[52]の作者が証明している。大部分の写本の文頭装飾文字は，非常に限定された数の意匠形態から選ばれたが[53]，そのなかで組紐文様はすぐに必須のモチーフとなった[54]。魚や鳥などの，より古いモチーフは後退した。また多くの写本で，一段とサイズが大きくなったキャピタル書体だけが用いられる。続く時代には，9世紀にザンクト・ガレンやライヒェナウに登場した，より幅広でしばしば絡まりあった蔓をモチーフにした文頭装飾文字の様式が重要となった[55]。イタリアでは装飾はより自由であり，たとえば人間の顔の意匠

---

rolinger(Universum der Kunst, München 1969), S. 69–208, 348–354 ; Fl. Mütherich / J. E. Gaehde, Karolingische Buchmalerei(München 1976) ; Fl. Mütherich, Malerei bis zum Ausgang des XI. Jahrhunderts, in : Propyläen-Kunstgeschichte, Mittelalter 1(Berlin 1969), S. 127–152, Abb. 1–77. さらに Porcher, in : Frühzeit des Mittelalters ; Nordenfalk, in : Das frühe Mittelalter を見よ。加えて本書 254 頁註 56 に掲げた文献も参照。

51) G. L. Micheli, L'Enluminure 参照。

52) CLA V. 618 ; Bastard, Peintures et ornements de manuscrits, Taf. 49–61. さらに小振りの精選図版は Zimmermann, Vorkarol. Min., Taf. 153–159 および E.-A. Van Moë, La lettre ornée dans les manuscrits du VIIIe au XIIe siècle(Paris 1943). 788 年のストラスブール司教ラキオの失われたコーデクス(CLA VI. 835)を比較する必要がある。Bastard, Taf. 46–48 ; O. Homburger, Ein vernichtetes Denkmal merowingischer Buchkunst aus frühkarolingischer Zeit, der "Rachio-Codex" der Bongarsiana, in : Festschrift Hans R. Hahnloser(Basel / Stuttgart 1961), S. 185–206.

53) 代表的な研究は K. Holter, in : Karl der Große(註 50) 3, S. 74–114 m. 12 Taf.

54) 点を網状に配置して組紐文様を描く手法は，準備作業の痕跡が残されたままの，いくつかの挿画や文頭装飾大文字において現在なお観察が可能である。E. J. Thiel, Studien und Thesen zur Initialornamentik des früheren Mittelalters, in : Arch. für Geschichte des Buchwesens 5(1964), Sp. 1249–1330 m. Abb. ; ders., Neue Studien zur ornamentalen Buchmalerei des frühen Mittelalters, ebd. 11(1970), Sp. 1057–1126 m. Abb.

55) A. Merton, Die Buchmalerei in St. Gallen vom neunten bis zum elften Jahrhundert²(Leipzig 1923) 参照。

が用いられる。カロリング朝初期には書物の扉に十字架を描くことが依然としてよく見られた[56]。

　大掛かりな書物装飾について教えてくれる主な証拠は，聖書対観表と福音書記者像をともなった福音書である。また詩篇や黙示録の個々の挿画写本や3つの大型聖書[「グランヴァルの聖書」「ヴィヴィアンの聖書」「サン・パオロの聖書」]の挿画において，一部は古い図像サイクルが革新され，一部は新たな図像モチーフの発見が進行していた。

　カールの時代に宮廷に組織され，ルートヴィヒ敬虔帝の時代まで活動し続けた書写室が，なかでも心血を注いだのが福音書であった[57]。ここでは異なる2つのスタイルが育った。781-783年に制作された「ゴデスカルクの典礼用福音書抄本」が属する古い「宮廷書写室」にとって[58]，極めて華麗な聖書対観表の挿画と，福音書記者の肖像紙面や巻頭文字紙面，そして縁取りが典型的であった。東方の古代キリスト教会的な図像モチーフに加工が施されており，またアングロ・サクソン的な要素も見のがされてはならない。もう一方のやや後に始まった書写室の伝統を示す福音書においては，記者の肖像に関しても，また擬古的なペディメントをかたどった聖書対観表の表現に関しても，古典的な簡素さに到達している。そのなかで最も美しい作例は，紫色の鞣皮紙に筆写されたウィーンの「戴冠式福音書」である[59]。ルートヴィヒの時代に制作された古典文学の3つの挿画写本(アラトス，テレンティウス)は，この宮廷書写室の技術的・芸術的経験によるものである[60]。

　創設間もない宮廷書写室の芸術を継承したのは，エボとヒンクマール時代のランスとオーヴィレールの書写室であり，その震え波打つようなスタイルは，「ユトレヒト詩篇」やエペルネの「エボ・コーデクス」に描かれている福音書記者像のペン画のうちに卓越した表現として現れている。トゥールでは，サ

---

56) Bischoff, Ma. Studien 2, S. 289 ff.
57) Koehler, Karol. Min. 2 (Berlin 1958), Text u. Tafeln.
58) Florentine Mütherich, in : Karl der Große 3, S. 9-59 m. Taf. 最も新しい写本の年代確定については，Bischoff, Die Hofbibliothek (註29), S. 12 ff. を見よ。
59) Ders., dass. 3 (Berlin 1960), Text, S. 9-93 u. Taf. 1-48.
60) Köhler / Mütherich, dass. 4 (Berlin 1971), Text, S. 73-115 u. Taf. 28-95.

ン・マルタン修道院[61]がアルクイヌス時代(804年歿)にもまだ, アングロ・サクソンの影響をとどめているアーチ型の福音書対観表装飾と文頭装飾文字をともないながら, 地方的であり, もともと単色であったスタイルを実践していた。だが, ここでもやがて擬古的な図像スタイルの形成と, 多彩色あるいは金銀で書かれた文頭装飾文字のうちに表現される古代風のモチーフの受容が生じた。その後の発展の道筋を示す親密な雰囲気の芸術が, 大司教ドロゴのためにメスで書写された秘蹟書に描かれた蔓巻文様や葉文様の文頭装飾文字のうちに示されている。そこではこの文字が, それぞれの祝祭日に相応しい人物の極めて小さな像を潜ませている[62]。この世紀後半のほとんど人物像を欠いたスタイルは, イングランド, ことにノーサンブリアの装飾芸術に属するものであったが, その主な中心はサン・タマン修道院と, サン・トメール近くのサン・ベルタン修道院であった。このスタイルは非常に幾何学的な縁取りと, 重々しい文頭装飾文字で際立っており, それは最大限の精密さで描かれた組紐文様で満たされている。こうした「フランコ・サクソン」様式は, 10世紀には古くからの書写室の圏域だけでなく, 低地ドイツやイングランドでも存続し, 発展した。豪華好みのシャルル禿頭王に, サン・マルタン修道院(献呈場面を描いた絵を含んだ挿画入りの「ヴィヴィアンの聖書」)とサン・タマン修道院のフランコ・サクソン派の書写室から, それぞれ1冊の聖書が献呈された。860年代および870年代に, シャルルはおそらくソワソンと思われる自らの宮廷のひとつで豪華な写本を作らせたが, それはランスとトゥールの書写室の達成を, 密かに宮廷スタイルに紛れ込ませたものであった。シャルルのために作られた「サン・パオロ・フオーリ・レ・ムーラの聖書」は, 彼が875年にこのローマの教会でたまたま皇帝戴冠式を行った際, 同教会におそらく寄贈した写本であるが, それはそうした折衷的な宮廷スタイルに近い[63]。ラバヌス・マウルスの『聖十字架を讃えて De laudibus s. crucis』はドイツ書写室の作品で, そこでは図像が文字の書かれたのと同じ面に組み込まれており, 大いに人を驚かせ, またしばしば引

---

61) Köhler, dass. 1 (Berlin 1930–1933), Text 1/2 u. Tafeln.
62) Köhler, dass. 3, Text, S. 143–162 u. Taf. 76–91.
63) シャルル禿頭王の写本は Schramm / Mütherich, Denkmale, Nr. (41), 42 ff., 51 f., 54 ff. 参照。

き写される離れ業的傑作となっている[64]。

　ブルターニュ地方はカロリング朝書体文化の支配圏域に含まれてはいたものの、ここは10世紀まで写本装飾の面で独自の伝統を有していた。ランデヴェネック修道院を中心にまとまった多くの福音書写本において、福音書記者は未熟な筆致の人間の姿で表現されているが、その頭の部分は象徴的な動物(マルコであれば馬に似た姿)で置き代えられている[65]。

　カロリング朝国家以外の諸国では、イングランドはヴァイキングの劫略に曝され[66]、深い沈滞の時代を迎えていた。リンディスファーン修道院は793年に略奪された。同じように、かつて繁栄していたアイルランドの諸修道院は795年以来、北方の民による年ごとの略奪遠征の対象となった。それだけになおのこと、カロリング朝の知的生活にアイルランド人学識者が果たした貢献は重要であった。そうした人々のうちドゥンガル、セドゥリウス、ヨハンネス・スコットゥス、ランのマルティヌスなどが、自筆の写し[67]であることを明示した写本を後世に遺した。わけても、彼らのギリシア語研究は詩篇、福音書、パウロ書簡などの2言語写本と結びついている。9世紀のアイルランド写本における、パリンプセストの写本の数の多さは、アイルランド人が故郷を離れるにあたって、修道院から古い写本を持ち出したという事実をうかがわせる。大陸に到来したアイルランド人は、その地でアイルランドで古く習慣となっていた筆写文字の多様性に出会うことになった。部分的に混乱しているものの重要な情報源ともなる、8世紀末と9世紀に著わされた書体名称の短い目録の作者は、そう

---

64) ラバヌス・マウルス『聖十字架を讃えて』、完全ファクシミリ版…Codex Vindobonensis 652. 註釈は K. Holter (Graz 1973). この写本のリスト(約60点)として、H.-G. Müller, De laudibus sancta (!) crucis (Beih. zum Mittellateinischen Jahrb. 11, Ratingen u. a. 1973), S. 36-39 および R. Kottje, in : Rheinische Vierteljahrsblätter 40 (1976), S. 279 参照。

65) 図版として Micheli, L'Enluminure, Fig. 145 f. ; Porcher, in : Die Kunst der Karolinger (註50), S. 203 ff.

66) 現在ストックホルムにある「コーデクス・アウレウス」は、ヴァイキングから買戻されものである(CLA XI. 1642). Wattenbach, S. 545 f. が挙げた別のケースは、誤った解釈による帰結である。

67) B. Bischoff, Irische Schreiber im Karolingerreich, in : Jean Scot Erigène et l'histoire de la philosophie (Colloques Internationaux du C. N. R. S., Nr. 561, Paris 1977), S. 47-58 (Ma. Studien 3, S. 39-54 に再録).

した人々のなかに求められなければならない[68]。

スペインはこの時期の大部分をアラブ人による支配に服していたが、それでもキリスト教は概して抑圧されることはなかった。聖書や大型の集合写本がモサラベのあいだで制作された。独立を維持した北の一帯が、アストゥリアス王国を中核として再征服を開始した。780年頃、ここでリエバナ修道院の修道士ベアトゥスが、古代キリスト教の手本をもとに、一連の図像サイクルを付した黙示録の註解本を制作し、これが数世紀にわたってスペインの挿画写本の代表作となった[69]。遅くとも10世紀の初めから、多くの写本が、写本の扉にアーチを配してその下に「平安、光、王、法 PAX LVX REX LEX」などの文字を伴った「オビエドの十字架」を飾ったが、その十字架はアストゥリアス諸王が対アラブ戦争で掲げた金色の軍旗に着想を得た意匠であった[70]。

---

68) 最も古い目録は、Sammelhandschrift Diez. B Sant. 66(序論 B. Bischoff, Graz 1973). 註解として S. 32 f. もっと後の目録(セドゥリウス・スコットゥスのものか)は、「アンシアル書体 litterae unciales」(本書250頁)の註解として、「ウェルギリウス風 Virgilianae」、「そしてこれらはアフリカの文字であり「刈り込み書体」と称されている。われわれもこの表現を使うのを慣わしとしている Sunt et Africanae, quae tunsae appellantur. Quas in usu frequenti habemus」、「丈長の書体 longariae」としている。レミギウスはこの quas ... habemus を「アイルランド人が[用いて]いる quas ... Scotti ... habent」と置き換えている。Bischoff, Ma. Studien 1, S. 2 参照。

69) W. Neuss, Die Apokalypse des hl. Johannes in der altspanischen und altchristlichen Bibelillustration 1. 2(Münster / W. 1931); ders., in: J. Marqués Casanova / C. E. Dubler / W. Neuss, Sancti Beati a Liebana in Apocalypsin codex Gerundensis(Olten / Lausanne 1962), S. 44 ff.; A. M. Mundó / M. S. Mariana, El commentário de Beato al Apocalipsis, Catálogo de los códices(Madrid 1976).

70) Bischoff, Ma. Studien 2, S. 297 ff.; M. C. Díaz y Díaz, La circulation des manuscrits dans la Péninsule Ibérique du VIIIe au XIe siècle, in: Cahiers de civilisation médiévale 12(1969), S. 385 f.

4. 10世紀から12世紀まで

　カールの治世に宮廷から拡大した文化的革新の波は，3世代のうちにその果実をカロリング帝国の隅々にまで運んだ。司教座や修道院には図書室が造られ，その多くは数百冊の書物が備えられた。すべての著名な教会には，カロリング朝の名だたる書写室で制作された典礼用の豪華写本が，立派な装丁で用意されていた。だがすでに9世紀中葉から，帝国の安寧はノルマン人[ヴァイキング]やイスラーム教徒により脅かされ，やがて世紀の変わり目には，ほとんど毎年のようにハンガリー人の侵略が繰り返された。トリーアのような都市でさえ火を放たれ(882年)，数多くの修道院が破壊された。その多くから修道士が逃亡する際，修道院の守護聖人の聖遺物とともに，蔵書も救い出された。ハンガリー人危機のもとで，ドイツの広範な地域の文化生活はようやく細々と生き長らえるか，あるいは根本的に停止してしまった。955年のハンガリー人への勝利の後に初めて，緩やかに新たな上昇の機運が始まり，それにはゴルツェ修道院の改革が追い風となった。荒廃したバイエルン地方では，復興はとくに，トリーア出身の優れた修道士たちの支援を受けたレーゲンスブルク司教ヴォルフガングにより着手された。ザンクト・ガレン修道院は無傷のまま残った中枢のひとつであり，この修道院書写室は訪れる者が多く，またマインツ，シュパイヤー，ザルツブルクなどの様々な場所に教師を派遣することができた。そしてここからアイルランド式の連綴文字をともなった小文字書体や，ザンクト・ガレン流の文頭装飾文字の様式やネウマ記譜法が流布したのである。さらにイタリアの影響とロートリンゲンのそれとが相会するフライジングも，こうした機運に触れることになった[1]。

　トリーア出身のハルトヴィヒにより新たに建設されたテゲルンゼー修道院の図書室は，いかにして蔵書の喪失が補充されたかの好個の例を提供している[2]。多くの世代の修道士たちが，教師(フロウムントのような)も弟子も一丸となっ

---

1) Natalia Daniel, Handschriften des zehnten Jahrhunderts aus der Freisinger Dombibliothek (Münchener Beiträge 11, 1973).
2) Christine Elisabeth Eder, Die Schule des Klosters Tegernsee im frühen Mittelalter, in : StMOSB 83 (1972) (Beiheft der Münchener Beiträge も) ; Chroust 2, 1, Taf. 6 ff.

て，フライジングやレーゲンスブルク，そしておそらくはアウクスブルクから手本を借りることで筆写作業を行い，修道士の研究活動にも学校にも有用な信頼できる構成の，堂々たる蔵書群を新たに築き上げた。ベネディクトボイエルンが修道院として復興したとき，そこではテゲルンゼーの写本を書写することができた[3]。後にレーゲンスブルクのザンクト・エンメラムに入り，その写本がバイエルン地方を越えて広く熱望された能書家オトゥロが生まれたのは，テゲルンゼーの書写室からであった[4]。彼の書体は3段階の字高で書き分けられ，傾いた楕円斜体の模範である。バイエルンほどではなかったが，ラインラントでも低地ドイツでも文化的断絶を経験した。ミュンヘンの「ロスヴィータ写本」は，ガンダースハイムのような尼僧院でも，尼僧たちが書写を心得ていたことの証拠となっている。オットー諸帝の植民地化と，新たな司教区の創設や，修道院の建設などにより，教会組織が堅固となったポーランド，ハンガリー，そして北方諸国での宣教活動が，10世紀と11世紀にラテン文字を使用する領域をさらに拡大した。

　同じように非常に苦しんだフランスにおいて——ブルターニュは10世紀初頭に1世代にわたって人口減少に悩まされた——，910年に創建されたクリュニー修道院[5]は，ここを起点として伝播した改革の推進力によって，修道制の力強い再生を実現した。すでにオドンの時代に，似たような改革の中心がフルーリ修道院に興り，10世紀に改革の波はここからイングランドまで伸びることになった。クリュニーの影響それ自体はポー川流域，都市ローマとその周辺領域，モンテカッシーノ，カタルーニャの夥しい数の修道院に及んだ。ドイツではヒルザウ修道院がクリュニー運動に加わった。ベルギーやロートリンゲンではアイルランド修道士たちが，改革運動の新しい刺激をもたらした。彼らの

---

3)　Christ / Kern, in : Milkau / Leyh, Handbuch 3, 1², S. 408.
4)　本書165頁註73を見よ。
5)　10世紀にここで書写された蔵書は，その性格においてカロリング朝的であった。修道院改革の中心となったクリュニーとフルーリでは，遠近を問わず様々な書写室と活発な交流を展開しており，多様な書体と遭遇していた。クリュニーについては Monique-Cécile Garand, Le scriptorium (本書168頁註97). フルーリについては J. Vezin, Leofnoth. Un scribe anglais à Saint-Benoît-sur-Loire, in : Codices Manuscripti 3 (1977), S. 109–120 m. Taf. ベネヴェント書体の訓練を受けた写字生に関しては本書152頁註124参照。

痕跡は書体のうちにも見てとれる[6]。

　11世紀の修道院改革の波の広がりは，蔵書の整備に新しい刺激を与えることになった[7]。改革に熱心な修道院長の指導がどのように作用しえたかは，バンベルク近傍のミヒェルスベルク分院長ブルヒャルトの手になる1112年から1147年[8]までの報告書が示している。そこには，同修道院のひとりひとりの修道士の名を挙げて，その筆写した書名が記録されている。

　イングランドではアルフレッド大王の時代(在位871-899年)に，図書室の新たな整備と拡充とが始まった。自らが命じた作品の書写を含め，翻訳や編纂事業を指示することで，アングロ・サクソン文学を庇護したのは彼の功績である。アルフレッド大王の孫エセルスタン(939年歿)に関しては，その蔵書目録が現存しているが，彼は様々な教会への書物の寄贈者として知られている[9]。10世紀の中頃にイングランドに地歩を固めたベネディクト派の改革運動の結果，ラテン語作品を筆写するのに使っていた民族固有の文字は，次の世代には相当程度カロリング小文字書体によって排除されてしまった。とはいえ，アングロ・サクソン語はイングランドの文字文化において，相変わらず大きな位置を占め，10世紀や11世紀の写本によって，『ベーオウルフ』をはじめとする古い詩歌が伝えられた[10]。

　ノルマン人による征服は，イングランドの図書室にも大きな影響を及ぼした。すべての重要な場所，司教座聖堂や修道院で，図書室はノルマン人の規格に従

---

6)　本書119頁参照。1079年南ドイツで，その最初のささやかな拠点をレーゲンスブルクに整えることができた「スコットランド人修道士」は，アイルランドの影響を受けた小文字書体に親しんでいた。Bischoff, Ma. Studien 1, S. 39 参照。

7)　R. Kottje, Klosterbibliotheken und monastische Kultur in der zweiten Hälfte des XI. Jahrhunderts, in : Zs. f. Kirchengeschichte 2(1969), S. 145-162 参照。

8)　MBK 3, 3(1939), S. 357-365. Karin Dengler-Schreiber, Scriptorium und Bibliothek des Klosters Michelsberg in Bamberg von den Anfängen bis 1150(Studien zur Bibliotheksgeschichte 2, Graz 1978).

9)　Th. Gottlieb, Über mittelalterliche Bibliotheken(Leipzig 1890), S. 278-280 ; J. A. Robinson, The Times of St. Dunstan(Oxford 1923), S. 51 ff. おそらくドイツのザクセン王家との繋がりを通じて，『ヘリアンド』がイングランドに持ち込まれた。R. Priebsch, The Heliand Ms. Cotton Caligula A. VII in the British Museum(Oxford 1925).

10)　Ker, Catal. of Mss.

ってつくり換えられた[11]。蔵書の中核は，職業的写字生[12]の協力のもとに制作された大型聖書，四大教父［アンブロシウス，ヒエロニュムス，アウグスティヌス，教皇大グレゴリウス］の著作，ヨセフスおよびその他の大型本であった。アウグスティヌスの著作は，大陸の写本のイングランドへの進出と，イングランド各地のセンターの交流活動のおかげで，このテクストがさらに内陸部に浸透するさまを跡づける格好の例である[13]。

ドイツやフランスと同じようにイタリアでも，9世紀後半と10世紀にハンガリー人やイスラーム教徒の外敵の脅威のもとで，文化の停滞と部分的な退行が見られた。949年に修道士たちがモンテカッシーノに帰還を果たした。この修道院は次の世紀には院長デシデリウスの統治(1058-1087年)のもとで，その最盛期を迎えた。デシデリウスの先任院長のひとりに，ヒルデスハイムのゴデハルトが院長を務めたニーダーアルタイヒ修道院出身のドイツ人リヒャー(在位1038-1055年)がいた[14]。コルヴァイのヴィドゥキントの写本がモンテカッシーノにあったこと，フロンティヌスの写本がこことヘルスフェルト(あるいはフルダ)の両方にあったこと，タキトゥスの『アグリコラ』[15]をモンテカッシーノの歴史家ペトルス・ディアコヌスが知悉していたことなどは，これらの諸修道院の間に交流があったことで説明がつくように思われる。院長デシデリウスの時代にベネヴェント書体は，そのすばらしく均整のとれた姿に到達した[16]。ここで書写された一連の書物は，古典文学のこれ以上ない稀覯書の数々である。

---

11) Ker, Engl. Mss., S. 10.
12) Ker, ebd., S. 4, 40.
13) Ker, ebd., S. 12 ff., 54-57.
14) K. Hallinger, Gorze-Kluny 1 (Studia Anselmiana 22/23, Rom 1950), S. 174 f.
15) L. Pralle, Die Wiederentdeckung des Tacitus (Fulda 1952), S. 57, Anm. 53 参照。
16) 本書150頁以下参照。デシデリウスが聖ベネディクトゥスにその建物とともに「多くの驚くべき書物」を献呈する姿を表現している細密画がある。「父よ，建物とともに，多くのすばらしい書物を嘉納されよ Cum domibus miros plures, pater, accipe libros」。M. Inguanez / Myrtilla Avery, Miniature Casinesi del secolo XI illustranti la vita di S. Benedetto (Montecassino 1934), Taf. 1 ; A. Pantoni, Le vicende della basilica di Montecassino attraverso la documentazione archeologica (Miscellanea Cassinese 36, 1973), Frontisp. ; A. M. Stickler u. a., Codex Benedictus. Vatic. Lat. 1202 (Codd. e Vaticanis selecti quam simillime expressi iussu Ioannis Pauli pp. II, 1) (Stuttgart / Zürich 1981), fol. 2r. F. Newton, The Desiderian Scriptorium at Monte Cassino, in : Dumbarton Oaks Papers 30 (1976), S. 37-54 m. Taf. も参照。

すなわちウァッロー, セネカの対話篇, タキトゥスの『年代記』や『同時代史』, アプレイウスである[17]。

イタリアでは中世初期に, すでに大型本の集成が見られたはずである。フィレンツェのラウレンツィアーナ図書館の Amiat. III(ラバヌス・マウルスの『創世記註解 In Genesim』などを収録。43×30 cm の 11 世紀の写本で Benzo のモノグラム付き), 同図書館 Conv. Soppr. 364(49×32.5 cm)+Pl. 65.35(約 47.5×32 cm)は, 世俗的・宗教的知識の集成である。11 世紀後半に, 旧約・新約を 1 巻にまとめたより大型の「巨大聖書」の新しいタイプが出現した。そのやや長めの正方形の判型は, 別の大型本(アウグスティヌスの『詩篇講解』や教皇大グレゴリウスの『ヨブ記註解』)や様々の集成(説教集, 殉教者伝)などでも採用された。聖書には挿画が付され, 文頭装飾文字にはトゥールの影響が見てとれる[18]。これらの写本の制作地は北イタリアからローマにかけてである。ローマには依然, 教皇の古いラテラノ宮教皇図書館が存在していた。デウスデーディトは 1087 年頃に, ここで彼が編纂していた教会法集成に役立つ多くの史料を発見した。この図書館は 13 世紀に消滅してしまった。

南イタリアとシチリアでは, ノルマン人がギリシア語圏とアラビア語圏の領域を征服した。ルッジェーロ 2 世により国王支配の基盤が固められたとき, ラテン語使用者と他の 2 つの言語[ギリシア語, アラビア語]使用者を包摂する支配層が成長してきた。縦に並列した欄にそれぞれギリシア語, ラテン語, アラビア語で詩篇集が書かれた写本(1153 年か)[19]には, こうした民族と言語の共同体のありようが具体的に表わされている。シチリアの細密挿画写本では, ビザンティン化された様式が支配的である[20]。

---

17) F. Brunhölzl, Zum Problem der Casinenser Klassikerüberlieferung(Abh. der Marburger Gelehrten Gesellschaft, Jhg. 1971, 3), S. 111 f. は, ウァッローはモンテカッシーノ近郊にヴィラを所有していたが, そのウァッローのモンテカッシーノ蔵書群のなかにある古いウァッロー写本は, その他の珍しい著者の先行伝来写本とともに, この地方で生まれたものであったという説を主張した。
18) E. B. Garrison, Studies in the History of Mediaeval Italian Painting 1-4(Florenz 1953-1962). 1193 年(?)の例。Catal. manoscr. datati 1, Taf. 27/28 参照。
19) London, B. L., Harley Ms. 5786(図版は Pal. Soc., Taf. 132); Catal. of Dated and Datable mss. 1, Abb. 84.
20) H. Buchthal, A School of Miniature Painting in Norman Sicily, in : Late Classical and Mediaeval

11世紀後半以前に，ローマとクリュニーの影響が到来し，西ゴート書体の死滅をもたらしたとき，スペインのキリスト教諸国家における書物の姿は，緩やかにではあるが転換した[21]。現存する写本に照らしてみるならば，書写された作品の広がりは狭く限定されていた。しかしながら，それらの作品には他のどこにも見あたらないような密度で詳しい下署が記され，そこには制作に加わった人物（写字生・挿画生・注文主）と制作時期が示されている。10世紀と11世紀に書写された写本のなかから，ことに印象的な2つのグループは，2欄ないし3欄構成の完全版の聖書，および極端に反自然主義的でオリエント風の印象を与える図像を伴ったベアトゥスの挿画つき黙示録註解である[22]。

十字軍遠征により，ラテン語書体は1世紀半にわたりパレスチナとシリアで実りをむすんだ[23]。写字生や挿画生の写本制作場所は聖墳墓教会（イエルサレム）の近くにあった。写本制作の作業は1187年以降アッコンに移された。写字生はフランスの伝統に重きをおいていた。だがそれは挿画や文頭装飾文字や，ここで筆写された典礼書の強調書体は，『旧き世の歴史 Ancienes estoires』やテュロスのギヨームのフランス語訳などを見ればわかるように，西ヨーロッパ風，ビザンティン風，アルメニア風の驚くべき交錯を表現している[24]。

シトー会，プレモントレ会，カルトゥジオ会などの修道会が誕生するとともに，修道院の書写活動の新たな躍進が始まった。それというのもシトー会とプレモントレ会は，早くも12世紀にドイツやイングランド，スペインに――さらにシトー会はイタリアにも――非常に多数の系列修道院を建立し，たとえばニーダーザクセン，オーストリア，ボヘミアなどの国々に識字文化の決定的な浸透を押し進め，他の諸地方には識字文化の最初の定着地を獲得したからである。カルトゥジオ会の普及は12世紀末以前に緩やかに展開していたが，この会はまさしく未曾有のことに修道士に書写を義務として提示した。第5代カルトゥジオ会総長を務めたグイゴによって編纂された戒律書では，独居室の備品

Studies in Honor of Albert Mathias Friend Jr. (Princeton 1955), S. 312–339 m. 10 Abb.
21) 本書134頁以下を見よ。
22) 本書290頁註69を見よ。
23) 本書312頁も見よ。
24) H. Buchthal, Miniature Painting in the Latin Kingdom of Jerusalem (Oxford 1957); J. Folda, Crusader Manuscript Illumination at Saint-Jean d'Acre 1275–1291 (Princeton 1976).

として写字生の道具まで事細かに指定され[25]，そこで課される義務が次のように定められている。すなわち「実際，われわれが書物を筆写すればするほど，その数だけ真理の呼び出し役を演じるように思われる Quot enim libros scribimus, tot nobis veritatis precones facere videmur」[26]。

　中央集権化された修道会では，テクストの頒布と書写は同じ修道会の内部で繰り返し行われた。12世紀と13世紀に，こうした同じ修道院の書棚を越えて手本を地域間で交換する事例は，レーゲンスブルクやパッサウの司教管区にあるバイエルン地方，オーストリアの諸修道院があり，それらはベネディクト派，シトー会，プレモントレ会に所属していた。ギリシア語とラテン語の会話手引書を伴った巨大コーデクス「ソロモン用語註解 Glossarium Salomonis」はこの地方が故郷であり[27]，またフォリオ判6冊からなる中世最大の聖人伝集成『オーストリア聖人伝記大全 Legendarium magnum Austriacum』の編纂を行い，流布させたのもここであった[28]。しばしば，それぞれの崇敬の中心となっていたところから出た小冊子形式の諸聖人伝を，地方の要請に沿うように祝日暦の順序に即して1冊の大型本に集成し，聖務や食卓での朗読に役立てようとしたこと，これは8世紀および9世紀にこの重要な分野で開始されていた収集と整理作業の要石なのである[29]。

　10世紀後半に教育制度に変化の道が開かれた。カタルーニャでアラビア数学に通暁することに成功した南フランス人ジェルベール・ドーリヤックは，三科（文法・修辞学・論理学）と四科（算術・幾何学・天文学・音楽）の教育プログラムを初めて実現した。彼の弟子であったリシェが述べているように，ジェル

---

[25]　本書23頁を見よ。
[26]　Lehmann, Erforschung 3, S. 121 ff.; Gumbert, Utrechter Karthäuser, S. 308 ff. カルトゥジオ会の独居室の図版に関しては，Stiennon, Pal., S. 142.
[27]　G. Goetz, Corpus glossariorum Latinorum 1 (Leipzig 1923), S. 168.
[28]　A. Kern, Magnum Legendarium, in: Die Österreichische Nationalbibliothek, Festschrift Josef Bick (Wien 1948), S. 429–434. 手本となった諸写本の関係についての概観として，W. Levison, Scriptores rerum Merovingicarum 7 (1920), S. 534. また1260年頃のパッサウ司教オットー・フォン・ロンスドルフの貸出記録簿は，同司教管区内で活発な書物の貸し借りが行われていたことを示唆するものである。MBK 4, 1 (1977), S. 32 f.
[29]　小冊子に関しては Bischoff, Ma. Studien 1, S. 93–100. ザンクト・ガレン修道院で制作された祝日暦に従って編まれた聖人伝のリスト（9-10世紀，MBK 1, S. 91 ff.）の記載は，聖務と食卓での朗読の両方のタイプを考慮している。

ベールは証明と模擬実験で研究を行った[30]。それとともに，ジェルベールがアバクス［算盤］のなかで，9つのアラビア数字を用いていることは，西洋でのアラビア数字の知見の始まりを画している。ジェルベールやシャルトルのフュルベール，そして修道士アンセルムやランのラドルフにいたる後の著名なスコラ学者たちの授業は，パリが高等教育の機関を集中させるはるか以前に，遠い土地からランス，シャルトル，リエージュ，ランその他教育の中心地に多くの学生を引きつけた。こうした場所から，今度は逆に学生たちが，たとえばシャルトルでフュルベールの弟子であったザンクト・エンメラムの修道士ハルトヴィクがそうしたように，故郷に書物を持ち帰った[31]。学校の図書室はいまや新たな支援策で，完備した状態にしなければならなかった[32]。いくつもの学科の教本を合わせた集合写本が作られ[33]，最終的にシャルトルのティエリは，自由七科すべての基本的な教本を『七教科本 Heptateuchon』として1冊にまとめた。

　ジェルベール以後は，学校で定められた正典を読解することに重きを置くようになった。キリスト教著作家は，もはや以前のように強い支配力を持たなくなった。諷刺詩人を含めた古典作家が前面に出てくる[34]。神学の分野では，およそ1100年頃から作品の註解である「標準註解 Glossa ordinaria」が成立し，権威ある解釈との世評をほぼかち得た。それは以前とおなじように，一部はページ余白に書かれたり，一部は行間に書き込まれたりしたが[35]，そこから書写

---

30) 自由学科が再興されたこの時代の弁論術と修辞学の教本の余白には系統樹あるいは小枝状の図式（たとえば Clm 14272, fol.153^R の「討論の場 Loci argumentorum」）が書かれているが，これは，教室でより大規模に繰り返し説明された非常に重要な区別を，おそらく再現している。ゴルツェ修道院は一枚の「表 Pagina」を所有していて，そこには「いかにして哲学から，一種の源泉のように多様な定義が発生するかの表 Pagina (=Tabula), quomodo ex philosophia diversae diffinitiones quasi quidam fontes emanent」(Rev. Bénéd. 22, 1905, S. 10, Z. 192 f.)と記されている。

31) Bischoff, Ma. Studien 2, S. 80 ff.

32) そこで10世紀の最後の四半期に，フライジングは弁証論と修辞学の基本的な著作を，一部はメスから入手した。Daniel, Handschriften（註1), S. 84 ff., 140 ff. A. Van de Vyver, Les étapes du développement philosophique du haut moyen-âge, in : Rev. Belge de philologie et d'histoire 28, S. 425-452 参照。

33) Bischoff, Ma. Studien 2, S. 80 f. もうひとつの例は London, B. L., Burney 275（14世紀，フランス国王シャルル5世の図書室の蔵書）である。

34) G. Glauche, Schullektüre im Mittelalter（Münchener Beiträge 5, 1970), S. 62 ff.

35) Beryl Smalley, The Study of the Bible in the Middle Ages（Oxford 1952), S. 46 ff. u. Taf. 1 参照。

面をどのように構成するかという書物制作上の技術的問題が生じ，書写面のより有効な利用に努力がかたむけられた。

ポスト・カロリング朝期の数世紀にわたって，写本の規格の大きさや外見の立派さ，字径の大きさを短縮文字の分量に応じて，またその目的に即して変える現象が見られるようになった。この規範はテクストの内容によっても変わった。図書室の蔵書や学校で使用する写本に関して言えば，行と行の間隔は以前よりもしばしば目に見えて狭くなった。すでに触れた授業の実践面での革新は，書写実践にも影響を及ぼした。小さな註解用書体が使用され[36]，専門用語が短縮される傾向が強まる[37]。ネウマ譜はいまや典礼用写本の図柄として一般的となった。11世紀には譜線の使用が始まる。

ルネサンスと呼ばれた12世紀は，スコラ学が文献との関係を決定的に転換させる以前に，多くの古典作家や教父の著作の写本伝承にとって，カロリング朝期に続く第2の頂点を極めた時代であった。それは，この世紀に非常に多くの新修道院が創建され，したがって新しい図書室が作られたという事実にのみ関係していただけではない。むしろ一般化して言えるとするならば，その時代の知識人たちが，写本の伝える思想すべてに，前向きで偏見のない，自由で批判的な目で対決できるとする，独自の実践意識に到達したからであった。キリスト教の教説は，教会博士の堅固な土台の上にまどろんでいた。だが，教会博士の教説と並んで，古典作家はその文体の上質さのゆえに教育に不可欠であり，文章の模範と認識され，彼らの格言の内容は賛嘆の的となった。モラリストや哲学者の倫理は，人文主義的な率直さに溢れていると評価された。古典作家は教養の一部とみなされた。それゆえまた写本伝承の増大はこうした態度の表われであり，その印象的な証拠としては，修道院長であり政治家でもあったスタブロのヴィバルド(1158年歿)[38]がキケロの作品の大きな著作集を編纂したこと，

Chr. de Hamel, Glossed Books of the Bible and the origin of the Paris book-trade (Cambridge 1984) は，ペトルス・ロンバルドゥスの若い頃の註釈書を，パリにおける学術書取引の成立と関連づけている。

36) リエージュの「ペルシウス註解」(11世紀末，St. Gallen 868)は12×12 cmの規格で，各ページが最大で111行構成となっている(S. 198B)。
37) 本書213頁以下を見よ。
38) Lehmann, Erforschung 5 (1962), S. 131.

そしてアウグスティヌスの小品がクレルヴォー修道院において全7巻にまとめられた事実が,挙げられる[39]。

写本挿画の面では[40],カロリング朝の経験は失われなかった。技術的な伝統はより確固としたものとなり,図像学的継承はより濃密なものになった。11世紀に,古代の色彩調合法が『ヘラクリウス』や,テオフィルス(・ルゲルス)の教本に新たに書き込まれた[41]。図案集成によって挿画のモチーフや図像要素や構図などが流布し[42],ビザンティンの影響もまたこうしたやり方か,あるいは図像写本などにより浸透した[43]。南フランスを出発点として,真正の,あるいは模倣によるクーフィー書体の帯状装飾字が,西洋美術のなかに地歩を占めた[44]。このようにして挿画生は,枠取りを埋める図案を喜んで受け入れ多用した。11世紀にはすでに挿画を描くのを職業とする俗人が存在していた[45]。

ドイツ,スイス,オランダやフランスの一部,そして北イタリアでポスト・カロリング朝期に最も普及した文頭装飾文字のタイプは[46],蔓巻文字であり,それは組紐デザインの技術と結びつくことがあった。文字の本体は非常に幅の

---

[39] J. de Ghellinck, Une édition ou une collection médiévale des Opera omnia de Saint Augustin, in : Liber Floridus, Mittellateinische Studien Paul Lehmann ... gewidmet (St. Ottilien 1950), S. 63–82.

[40] Florentine Mütherich, in : L. Grodecki u. a., Die Zeit der Ottonen und Salier (Universum der Kunst, München 1973), S. 86–255, 416–421 m. Taf. ; dies., Malerei bis zum Ausgang des XI. Jahrhunderts, und : Malerei des XII. Jahrhunderts, in : Propyläen-Kunstgeschichte, Mittelalter I/II (Berlin 1969/72) ; Nordenfalk, Das frühe Mittelalter ; ders., Die romanische Malerei. 本書 254 頁註 56 に掲げた文献も参照。

[41] こうした調合法を独自に検査して,H. Roosen-Runge は中世初期の挿画生の技術を探った。その Farbgebung und Technik frühmittelalterlicher Buchmalerei, 1/2 (Berlin 1967) 参照。

[42] R. W. Scheller, A Survey of Medieval Model Books (Haarlem 1963).

[43] O. Demus, Byzantine Art and the West (New York 1970).

[44] K. Erdmann, Arabische Schriftzeichen als Ornamente in der abendländischen Kunst des Mittelalters (Akad. d. Wissenschaft und der Literatur, Abh. d. geistes- und sozialwiss. Kl. 1953, Nr. 9). クーフィー文字はすでにアデマール・ド・シャバンヌ (1030 年頃歿) の図案集成に見られる。Leiden, Voss. Lat. 8° 15, fol.210^V.

[45] F. Masai, De la condition des enlumineurs et de l'enluminure à l'époque romane, in : Bullett. dell'Arch. Pal. Ital. N. S. 2/3 (1956/7), Teil 2, S. 135–144. また C. Nordenfalk, Codex Caesareus Upsaliensis (Stockholm 1971), S. 114 および F. Mütherich, in : Die Zeit (註 40), S. 94 の,ひとりの修道士とひとりの俗人のいるエヒテルナハ修道院書写室の挿画も参照。さらに J. J. G. Alexander, Scribes as artists : the arabesque initial in twelfth-century English manuscripts, in : Medieval Scribes, Manuscripts & Libraries. Essays presented to N. R. Ker (London 1978), S. 87 ff. m. Abb. も見よ。

[46] K. Löffler, Romanische Zierbuchstaben und ihre Vorläufer (Stuttgart 1927). カロリング朝の前段階については,本書 269 頁参照。

狭い縁取りから作られ，金属製の留め具を模した図案によってぴったりと結びつけられている2つの部分から構成されている。留め具は文頭装飾文字が金色で描かれている場合は，銀色で図案化されている。その他の地域では細い組紐文様やパルメットと合わせた蔓巻が好まれた[47]。12世紀に，ロマネスク様式のパルメット意匠を伴った，彩色ペンあるいは不透明絵具による彩色文頭装飾文字が入ってくる。動物意匠としてはドラゴンやライオンが人気を博し，11世紀からは人間の姿が装飾として再び導入された。ドラゴンの闘いや，蔓巻をよじ登る人間のデザインは，その典型である。12世紀の終わり頃から，表現力豊かに振動し，余白から立ち上がるように繁茂する輪郭線が現れるのは，後の花形文様の縁飾りの前段階と見なければならない[48]。すでにカロリング朝期に「ジェローヌの秘蹟書」や「ドロゴの秘蹟書」「コルビィの詩篇」でそうであったように，文頭装飾文字が挿画の役割を果たす写本の数も増加した。このようにして聖書や聖人伝記集[49]の場面を飾るという発想が生まれた。大型聖書では，このように小型化された挿画は独立した挿画復活の橋渡しになった。

　10世紀と11世紀の写本挿画は，多様な脈絡でカロリング朝美術と結びついていた。カール大帝やシャルル禿頭王の宮廷書写室の写本挿画は，フルダ修道院やオーバーライン地方やレーゲンスブルクで研究され，書写されるか改変されるかした。フランコ・サクソン様式は，ニーダーザクセンの挿画の開始にとって決定的な意味をもった。イングランド美術は900年以降，フランコ・サクソン様式と北フランス様式の流れから新しい刺激を受けた。

　この2世紀の間は，オットー諸帝とザリエル朝の皇帝や，帝国の名だたる司教たちを注文主としたドイツの書写室が，指導的役割を果たした。とくにオットー3世は書物の友であった[50]。彼は師傅であったランス司教ジェルベール（ジェルベール・ドーリヤック）を通じてフランスの写本を入手し，イタリアからは自身で運び入れた。オットー3世の蔵書の一部はハインリヒ2世が継承し，

---

47) 一例を挙げるならば A.-E. Van Moë, La lettre ornée dans les manuscrits du VIIIe au XIIe siècle (Paris 1943).

48) Bruckner, Scriptoria 8, Taf. 31.

49) たとえば B. A. Boeckler, Das Stuttgarter Passionale (Augsburg 1923) 参照。

50) Schramm / Mütherich, Denkmale, Nr. 80 ff. (bis 109).

彼はそれを自らが創建したバンベルクの司教座聖堂参事会に譲渡した[51]。

　ライヒェナウの書写室は10世紀の最後の30年間に絶頂に達し，次の世紀の前半まで多産な活動を継続した。オットー諸帝期の最も重要な挿画生のひとりであり，オーバーラインやトリーアで活動した『大グレゴリウス書簡控』の画生は，ライヒェナウ修道院に根を下ろしてはいなかったものの，繋がりを持っていた[52]。ライヒェナウの写本は非常に熱望されていて，教皇グレゴリウス5世（在位996-999年）が写本を「貸借の名目で」求めたのに対して，修道院長は院長就任の追認の代償として秘蹟書，使徒書簡集，福音書をそれぞれ1冊ずつローマに送らせた[53]。この工房の最も身分が高い注文主はオットー3世，ハインリヒ2世そしてトリーア大司教エクベルトであった。国王の書物には，国王に忠誠を捧げる地方が人格化された形で表現され，行列を組む様子が3度登場するが，そのなかで古代後期の『官職要覧』から借用したモチーフが時代に合わせて改変されて用いられている[54]。トリーアのエクベルトは詩篇本文に先行させて，トリーアの歴代司教の図像を描かせることで，この司教座が使徒によって建設されたことを強調している[55]。ライヒェナウの様式はスイスや北イタリアまで広まった。ケルンの書写室が写本生産の幅広さでライヒェナウと競い合った。この書写室は「ザンクト・ゲレオンの秘蹟書」や「ヒトゥダ・コーデクス Hitda-Codex」で頂点に達した[56]。

　レーゲンスブルクのザンクト・エンメラム修道院書写室は，ハインリヒ2世が1冊の秘蹟書を作らせたところであるが，10世紀の終わりにシャルル禿頭王の「コーデクス・アウレウス」の修復で活動を始めた。そしてこの作業から学んだモチーフが，この書写室で制作された主要な作品であるニーダーミュンスター尼僧院長ウタの典礼用福音書抄本にもまた再現されている。ハインリヒ

---

51) Ebd., Nr. 110 ff. (bis 141).
52) C. Nordenfalk, The Chronology of the Registrum Master, in : Kunsthistorische Forschungen, Otto Pächt zu seinem 70. Geburtstag (Salzburg 1972), S. 62-76 m. Abb.
53) G. B. De Rossi, in : H. Stevenson, Codices Palatini 1 (1886), S. LXXXVII ; Th. Klauser, in : Jahrbuch für Liturgiewissenschaft 11 (1931), S. 329.
54) Schramm / Mütherich, Denkmale, Nr. 82 u. 108 を見よ。
55) H. V. Sauerland / A. Haseloff, Der Psalter Erzbischof Egberts von Trier (Trier 1901).
56) P. Bloch / H. Schnitzler, Die ottonische Kölner Malerschule 1/2 (Düsseldorf 1967/70). とくに図版 Nr. IV u. V.

3世治下で，エヒテルナハ修道院の書写室は，まさしく宮廷書写室の役割を演じ，皇帝のためにシュパイヤーやゴスラー教会のための聖福音集を制作した[57]。プラハのヴィシェフラトの挿画スタイルは，11世紀バイエルンの挿画に依ったものである[58]。11世紀末にザルツブルクが第一線に登場し，1200年まで南東ドイツの卓越した書写室であり続けた。ここにはとくにビザンティンの影響が，はっきりと現れている[59]。

12世紀になると，ペンとインクを用いた挿画がバイエルン，オーストリア，シュワーベン，アルザスで非常に広まった。アルザスでモン・サント・オディール尼僧院の院長ヘラート・フォン・ランツベルクによって，『悦楽の園 Hortus deliciarum』という巨大な作品が作られ，344点の宗教的・教育的挿画が描かれた[60]。この時期ラインラントでは，ビンゲンのヒルデガルトの『道を知れ Scivias』のコーデクスが制作された（ヴィースバーデンに伝えられていた）。そこには大胆な色使いで，ヒルデガルトが見た幻視が描かれていた。またこの地方では，淡い色彩で描かれた「シュパイヤーの聖福音集[61]」の挿画，『処女たちの鑑 Speculum virginum』の挿画も描かれた[62]。ニーダーザクセンの書写室としては，ハインリヒ獅子公との結びつきで際立っているヘルマルスハウゼンがあり，獅子公はここに，とりわけ豪華な福音書を書写させ，挿画も描かせている。

フランスには[63]，10世紀と11世紀にライヒェナウやケルンに比肩できる拠点はひとつもなかった。とは言うものの，多くの場所で挿画生が活躍しており，また重要な作品が生まれなかったわけではない。「ベアトゥス黙示録」がもたらした大規模な様式上の変化のなかで，輝くような色彩をそなえた，傑出した表現力をもつ作品「サン・スヴェールの黙示録」（11世紀）が生みだされた。著

---

57) Schramm / Mütherich, Denkmale, Nr. 154 u. 155 ; C. Nordenfalk（註45），Kommentar.
58) 本書80頁を見よ。
59) G. Swarzenski, Die Salzburger Malerei von den ersten Anfängen bis zur Blütezeit des romanischen Stils（Leipzig 1913）.
60) A. Straub / G. Keller, Herrade de Landsberg, Hortus deliciarum 1/2（Straßburg 1901）; J. Walter, Herrade de Landsberg, Hortus deliciarum（Straßburg / Paris 1953）; Rosalie Green u. a., Herrad of Hohenburg, Hortus Deliciarum 1. 2（London / Leiden 1979）.
61) K. Preisendanz / O. Homburger, Das Evangelistar des Speyerer Domes（Leipzig 1930）.
62) 彩色図版は A. Boeckler, Deutsche Buchmalerei vorgotischer Zeit（Königstein 1952），S. 51.
63) J. Porcher, Französische Buchmalerei（Recklinghausen 1959）.

名な制作地がリモージュ[64]，アンジェ，パリの修道院，北東フランスなどに存在した。これらの書写室はフランコ・サクソン様式の故郷であり，その厳格で複雑な組紐装飾は 11 世紀でも使用されている。ここでは 10 世紀後半と 11 世紀に，サン・タマン，マルシエンヌ，アラス，そして院長オドベルト（在位 986-1008 年）が挿画生として活動したサン・トメール近傍のサン・ベルタン修道院で，数多くの写本に挿画が描かれ，そこにはイングランド様式の混入が見てとれる。1100 年頃（1120 年まで），教会参事会員サン・トメールのランベルトはみずからが収集した作品を百科事典としてまとめ上げ，『リベル・フロリドゥス（精華の書）Liber Floridus』と名付けて挿画を付した[65]。この地方の写本生産活動は，12 世紀にもまだ持続した。それは東に隣接するマース川地方の写本生産を復活させるよう作用した。12 世紀の成熟した「マース派」にあっては，写本挿画と七宝画とが互いに影響を与えあった。

　イングランドの写本芸術は[66]，9 世紀の断絶の後フランスの手本を研究することで生気を取り戻し，短期間のうちに高い独自性に到達した。「ユトレヒト詩篇」の卓越したペン画スタイルが引き継がれ，イングランドでは 2 度写された。イングランドの挿画生たちはここから，ほとんど極限までつきつめられた，人間の姿をどのように描くかの表現力と，鋭い線による衣類の襞の描き方を学んだ[67]。彼らはこうした挿画を描くうちに，微妙なニュアンスを表現するために様々な色彩を利用した。波立つように描かれた輪郭線は，不透明な水彩絵の具で描かれた「聖エセルウォルドの司教定式書」や関連挿画で支配的であり，その縁取りはフランコ・サクソン様式の手本から借用した繁茂するアカン

---

64) Danielle Gaborit-Chopin, La décoration des manuscrits à Saint-Martial de Limoges et en Limousin du XIe au XIIe siècle (Paris / Genf 1969).

65) ヘントの原本は Ae. I. Strubbe / A. Derolez, Lamberti S. Audomari canonici Liber Floridus (Gent 1968).

66) W. Oakeshott, The Sequence of English Medieval Art, illustrated chiefly from Illuminated Manuscripts 650–1450 (London 1950); F. Wormald, in: L. Grodecki u. a., Die Zeit der Ottonen und Salier (Universum der Kunst, München 1973), S. 226–255 m. Abb.; E. G. Millar, La miniature anglaise du Xme au XIIIme siècle (Paris 1926); O. Elfrida Saunders, Englische Buchmalerei 1 (Florenz / München 1927); Elżbieta Temple, Anglo-Saxon Manuscripts 900–1066 (Survey of the Manuscripts illuminated in the British Isles, 2, London 1976).

67) F. Wormald, English Drawings of the Tenth and Eleventh Century (London 1952).

サスであった。数多くの修道院が，この「ウィンチェスター様式」を採用した。

　文頭文字の装飾として何よりも組紐文様，鳥やドラゴンのモチーフが好まれたが，それらは滑らかで躍動的な古いカンタベリー様式を響かせ，また荒々しく繁茂する蔓やアカンサス文様も伴っていた。人間の姿をした文頭装飾文字が，1066年以前にイングランドにも登場している[68]。12世紀にイングランドの挿画生は聖書写本を，人体像で装飾した文頭装飾文字で描くのを好んだ[69]。

　中世初期のイタリアでは，写本挿画の重心はまず南部のカンパーニア地方や，アプリア地方にあった。これらは10世紀から13世紀まで，挿画を伴った復活祭典礼用巻子本の作られた土地であった[70]。こうした巻子本の大部分にはビザンティンの影響が染み込んでいる。1023年にラバヌス・マウルスの百科事典[71]の最古の挿画写本が作られたモンテカッシーノ修道院では，挿画生は院長デシデリウスの指導のもとにビザンティン・スタイルにできるだけ近づこうと努力していた。

　まさにヨーロッパ規模の運動のなかにいた11世紀，12世紀の写本挿画の最も重要な対象は，大型聖書であった。11世紀初めのローダやリポル（「ファルファ聖書」）のカタルーニャ聖書や[72]，これらよりわずかに後代の「アラスの聖書」などは，まだ孤立した事例であった。11世紀後半に北イタリアや中部イタリア，そしてローマでも，「巨大聖書」の制作が開始された[73]。イタリアの例に刺激を受けて，ザルツブルクの書写室も，12世紀により多くの挿画付き聖書を制作した[74]。1100年の少し前に，フランスでも挿画付き聖書が実現し，その流れはもはや13世紀まで止まることはなかった。これはイングランドの

---

68) Ders., Decorated Initials in English Manuscripts from A. D. 900 to 1100, in : Archaeologia 91 (1945), S. 107 ff.(Collected Writings 1, Oxford 1984, S. 47–75 に再録).
69) C. M. Kauffmann, Romanesque Manuscripts 1066–1190 (Survey, 3, London 1975).
70) 本書151頁を見よ。
71) A. Amelli, Miniature sacre e profane dell'anno 1023 illustranti l'enciclopedia medievale di Rabano Mauro (Montecassino 1896) ; Marianne Reuter, Text und Bild im Codex 132 der Bibliothek von Montecassino, 'Liber Rabani de originibus rerum' (Münchener Beiträge 34, 1984).
72) W. Neuss, Die katalanische Bibelillustration um die Wende des ersten Jahrtausends und die altspanische Buchmalerei (Bonn / Leipzig 1922).
73) Garrison, Studies (註18) 参照。
74) G. Swarzenski, Die Salzburger Malerei (註59).

写本挿画との接触も与って力があった。たとえば、自身もイングランド人であったシトー派修道院の院長スチーヴン・ハーディング(1133年歿)の4巻本聖書の装飾には、イングランド人の手が関わっていた。ベルナール・ド・クレルヴォーは、初期のシトー派美術を支配していた挿画嗜好や文頭文字の装飾モチーフの採用には、明らかに極めて厳しい態度で接していたし、1134年に定めた自らの修道会の規約に、以下のようにはっきり規定している。すなわち、「文字は単一の色彩で書き、彩色してはならない Litterae unius coloris fiant et non depictae」[75]。

キリストの生涯に題材をとった多くの挿画をページ全体にわたって描いた、詩篇という宗教的な絵画写本の新しいジャンルが、おそらくイングランドで生まれた[76]。いずれにしろ1115年頃の最初期の作例であるヒルデスハイムの「アルバニ(セント・オールバンズ)の詩篇集」は、イングランドから出ている[77]。祈りと瞑想のために供されたこの種の高価な写本は、時禱書の出現まで、わけても君侯や貴族の女性のために作られた。

10世紀以降にイングランド、フランス、ドイツ、モンテカッシーノなど非常に多くの場所で、それぞれの守護聖人の図像が、聖人の栄光を輝かせるため、また修道院の誇りの証言としてコーデクスに描かれるようになった[78]。その最も印象的な例は、11世紀と12世紀のオットー諸帝期様式、初期ロマネスク様式、盛期ロマネスク様式で描かれた、『聖アマンドゥス伝』の3種の聖人伝の

---

75) Ch. Oursel, Miniatures cisterciennes (1109–1134) (Mâcon 1960), S. 13 ; Nordenfalk, Die romanische Malerei, S. 182. もうひとつの、「書物の奢り superbia librorum」(13世紀)についての宗教的批判に関しては、L. Delisle, Le cabinet des manuscrits de la Bibliothèque Nationale 3 (Paris 1884), S. 378 f.

76) イングランドの先駆者は London, B. L., Cotton Tib. C VI (1050年頃)の詩篇集であり、まだ図像ページの一連の挿画には統一性が見られない。Fr. Wormald, Collected Writings 1 (Oxford 1984), S. 123–137 u. Abb. 124–154.

77) O. Pächt / C. R. Dodwell / F. Wormald, The St. Albans Psalter (Albani Psalter) (London 1960). この詩篇集のなかのエマオへの道の図像は、挿画生が舞台装置をそなえた宗教劇の場面をもとに描いたことを証明する最も確実なもののひとつである。O. Pächt, The Rise of Pictorial Narrative in twelfth century England (Oxford 1962), S. 33 ff. u. Taf. 7.

78) F. Wormald, Some illustrated manuscripts of the Lives of the Saints, in : Bulletin of the John Rylands Library 35 (1952), S. 248–266. とくに S. 261 f.

一連の写本である[79]。現存する写本の大部分は孤本であり，それ以外の多くが失われてしまったと想定される。

---

79) 図版は Nordenfalk, Die romanische Malerei, S. 185, 187, 194.

5. 中世後期

　ゴシック期に入り，中世の写本制作はその全歴史を通じて最も根本的な変化を経験した[1]。それまでは主に修道院や教会参事会などの宗教組織と結びついていたのが，いまや途方もない書物生産の増加をもたらす新しい諸力が生まれたのである。すなわち，大学によって組織された知識産業，民衆へ説教することに勤しむ意識の高まり[2]，ことに女子修道会に顕著な神秘的観想による修道生活の深化，俗人のもとでの識字文化による教養の普及と[3]，とくに俗語で書かれた文学への関心などが，そうした力であった。かくして，確かに宗教共同体でも依然として筆写は行われたが，産業としての写本生産の大部分が，都市住民である職業的写字生の手に移ることになる[4]。書物や法文書を除いても，文書は行政，商業，手工業など日常生活の手段であり，文字による記録は欠くべからざる方法であった。都市の学校では読み書きや計算が教えられ，手紙の書き方も教育に入っていた[5]。もっとも13世紀，14世紀になっても，教会参事会員や修道士が，裁判の証人として文字が書けないことを弁解する場合が少なからずあった[6]。

　書物はいまやそれ以前より合理的に作られるようになった。より明瞭な構成が，読んだり利用したりするのを容易にした[7]。12世紀から間歇的に現れてい

---

[1] Mazal, Gotik ; Christ / Kern, in : Milkau / Leyh, Handbuch 3, 1², S. 426 ff. 参照。

[2] J. B. Schneyer, Geschichte der katholischen Predigt (Freiburg i. Br. 1969), S. 109 ff., 189 ff.

[3] 教会の外部に成立したカタリ派もまた，儀礼集と教義集を持っていた。13世紀から異端審問によるカタリ派の迫害において異端から教会を守る闘いが遂行されたが，おそらく審問官の手を経て現存する唯一のこの種の写本が Florenz, Bibl. Naz. I. II. 44. である。A. Dondaine, Un traité néomanichéen du XIIIe siècle. Le liber de duobus principiis suivi d'un fragment de rituel cathare (Rom 1939).

[4] ボローニャでは1265-1268年に139人の職業的写字生がおり，そのうちの2人が女性であったことが確認されている。Cencetti, Lineamenti, S. 219.

[5] F. Rörig, Mittelalter und Schriftlichkeit, in : Die Welt als Geschichte 13 (1953), S. 38 ff. ; Helga Hajdu, Lesen und Schreiben im Spätmittelalter (Pécs-Fünfkirchen 1931) ; W. Schmidt, Vom Lesen und Schreiben im späten Mittelalter, in : Festschrift für Ingeborg Schröbler zum 65. Geburtstag (Tübingen 1973), S. 309-327.

[6] F. W. Oediger, Über die Bildung der Geistlichen im späten Mittelalter (Leiden / Köln 1953), S. 135, Anm. 8 ; A. Wendehorst, Monachus scribere nesciens, in : MIÖG 71 (1963), S. 67-75.

[7] M. B. Parkes, The Influence of the Concept of Ordinatio and Compilatio on the Development of the

た葉番号付けは，頻繁に行われるようになり，それよりやや遅れてページ番号付けが実践され，この両方が欄番号付けによりさらに発展し，いずれにしてもテクストの引用が容易になった。13世紀のオクスフォード写本には，それどころか行番号さえ付されている[8]。13世紀からは索引が作られるようになった[9]。索引の主要な方式は，作品を「書」に分割し，それをさらに「章」に分割し，「書」も「章」もアルファベットで表示するものであった。こうした方式を採れば，個々の写本に左右されず索引が統一できる。もうひとつは，葉やページに振った番号で示す方式である[10]。書物の一般社会への普及により，いまやそれは多くの人々にとって個人財産になったが，紙の使用がそれを容易にした。イングランドの大法官でダラム司教であり，かつ自身が大の書籍蒐集家であったリチャード・ド・ベリーは，学術書への親愛の情を自著『書物への愛（フィロビブロン）Philobiblon』のなかでスコラ学者風に語り，学術書をしてそれらへの敵や冷笑者に対して，感動的な言葉で不満を述べさせている[11]。

「中世の第3の権力」であった「学識 Studium」は，その最初の凡庸な始まりの後に，ローマ法の中世的な学問研究が12世紀に生まれたときに[12]，初めて姿を現わした。そしてそのとき教会法研究はグラティアヌスにより，体系的か

Book, in : Medieval Learning and Literature, Essays presented to Richard William Hunt (Oxford 1976), S. 115–141 m. Taf. 9–16 参照。

8) 詳細な典拠は Lehmann, Erforschung 2, S. 1–59.

9) Anna-Dorothee von den Brincken, Tabula alphabetica, in : Festschrift für Hermann Heimpel 2 (Göttingen 1972), S. 900–923. それ以外の参考資料に関して，R. H. Rouse, La diffusion en occident au XIIIe siècle des outils de travail facilitant l'accès aux textes autoritatifs, in : L'Enseignement en Islam et en Occident au Moyen Age (Islam et Occident au Moyen Age 1, Paris 1978), S. 113–147. 13世紀のアルファベット順の百科事典の概要については Clm 29670.

10) とくに注目されるのは，アッブヴィルのヨハンネスの作品 (Brüssel, Bibl. Roy., II 1051) に付された索引であり，そこには葉番号が「カルデア」数字で記されている。図版は Bischoff, Ma. Studien 1, Taf. VII.

11) Richard de Bury, Philobiblon, The text and translation of E. G. Thomas, ed. by M. MacLagan (Oxford 1960)［古田暁訳『書物への愛――フィロビブロン』北洋社，1978年］。『フィロビブロン』を社会批判の書とする解釈は，W. Schmidt, Richard de Bury – ein antihöfischer Höfling, in : Philobiblon 19 (1975), S. 156–188.

12) テクストの真正性に疑問が生じたさいにも，ボローニャの法曹家の代表団が『学説彙纂』の古い「ピサのコーデクス」(1204年から「フィレンツェのコーデクス」と称されていた）を公式に参照したが，これについては P. Classen, Burgundio von Pisa (SB d. Heidelberger Akad. der Wiss., Phil.-hist. Kl. 1974, 4), S. 39 ff. 参照。

つ教育的な方向を定められて、学問の地位に引き上げられた。ことにボローニャをはじめとするイタリアの諸大学では、ローマ法と教会法の両法の教本は註解部分をそなえ、それぞれの特徴的な形態を整えた。こうした写本の多くが、立法行為と関連ある装飾された標題をそなえており、「法規 Decretum」の多くのコーデクスはまた第2書にあたる「訴訟 Causae」に関する図像で飾られていた[13]。これら両法の写本には、とりわけヘブライ語の書き込みが頻繁になされており、それらはユダヤ人の貸金業者に質入れされたときに、なされたものである。

学芸学部や医学部で教えられる諸学の新しい実践は、翻訳文献、すなわちアリストテレスの全著作やギリシア人、アラブ人、ユダヤ人の著作家の作品を必要とした。神学者たちにとっては、命題集註解、討議問答集、自由論題集を通じて文献的知識を増やすことそのものが、アカデミアの階段を登ることに結びついていた。

13世紀に、学部の教本や教授が執筆した註解・語彙解説などと密接に結びついて学識産業が拡大したとき、授業に必須の教本の信頼性を多くの写しにおいても確保する必要性が認識された。このために貸教本業者の制度が創設され、そこに標準的な教本を提供し、教本は筆写のために「ペキア」として職業的写字生に委ねられた[14]。パリ、オクスフォード、ボローニャ、ナポリは、この点で13世紀と14世紀にきわめて似通った方式を守った。貸教本業者のリストに新しい文献が載せられるということは、その文献にとっての公刊の一形式であった。新設の大学はこの方式を採用しなかった。ドイツの大学では、教科書は教授の講述(プロヌンチアチオ pronuntiatio)を学生が筆記することにより作られた。

非常に素早く書ける、短縮文字を多用して作られた柔軟な書体は、受講学生自身に「レポルタチオ reportatio」、すなわち講義の筆記を可能にした[15]。こう

---

[13] A. Melnikas, The Corpus of the Miniatures in the Manuscripts of Decretum Gratiani 1-3 (Studia Gratiana 16-18, Rom 1975).

[14] ペキアに関しては本書55頁を見よ。

[15] 早い例として、サン・ヴィクトールのフーゴの講義に関する Bischoff, Ma. Studien 2, S. 182-187 参照。

したノートもまた，公認されるか否かにかかわらず流布した。

　教授が自身の学問的蔵書を所有していたボローニャ大学を別にして，中世の大部分の大学では，学術書の蔵書は教員による遺贈，あるいは君侯による寄贈により拡充され，それは大学全体か，個々の学部の財産になった。最大で最重要の図書館は，1257年に創設されたソルボンヌのそれであり，1290年には1017冊，1328年には1722冊と急速に拡大した[16]。国際的な広がりをもった寄贈者のなかでも，アッブヴィルのジェラール（1271年頃歿）は約170冊を寄贈し，数の上でもまた寄贈書の価値の面でも抜きん出ていた。それというのも，寄贈書のなかには，アミアン教会の尚書局長フルニヴァルのリシャールが丹念に収集し，その著作『書物の標題（ビブリオノミア）Biblionomia』のなかで庭園のメタファーを使って分類描写した多くの写本が含まれていたからである[17]。ソルボンヌの図書館は，「鎖留め本」と呼ばれる参考図書を擁する「大図書館」と，貸出簿が示すように頻繁に複本の写本が貸出されて利用された「小図書館」に分かれていた。

　その蔵書規模において，ソルボンヌにほとんどひけをとらない学術書を収めた図書館は，アヴィニョンにある教皇庁図書館であった。これは歴代教皇が収集した3番目のコレクションであった。それというのも，ラテラノ宮教皇図書館が消滅して以後[18]，13世紀中にローマにまた，ボニファティウス8世の名前をとって「ボニファティアーナ」と呼ばれることになる図書館が生まれていたからである。その蔵書は教皇庁がアヴィニョンに移ったおりにイタリアに残されたものの，放置され，最後には分散してしまった。しかし，アヴィニョンの蔵書も教会大分裂（シスマ）に巻き込まれ，いささかも羨むべき運命をたどらなかった。それでも（2000冊以上あった蔵書のうち）約700冊の写本が，パリのフランス国立図書館とヴァチカン図書館のボルゲーゼ文庫に，それぞれほぼ均等に所蔵されている[19]。アヴィニョンは同時に，公会議の年にはコンスタンツ

---

16) R. H. Rouse, The early library of the Sorbonne, in : Scriptorium 21 (1967), S. 42–71, 227–251.
17) R. H. Rouse, Manuscripts belonging to Richard de Fournival, in : Revue d'histoire des textes 3 (1973), S. 253–269 m. Taf.
18) 本書295頁を見よ。
19) Christ / Kern, in : Milkau / Leyh, Handbuch 3, 1², S. 467 f.

やバーゼルと並んで一大書籍市場[20]となった[21]。

中世後期にどれほど書物所有が変動するかを最もよく示してくれるのは，現在もなおエルフルトに大部分が伝来しているライン地方の教師アンブロニウス・ラティンク(1435年歿)の蔵書の例である。それはあらゆる学問分野にわたっており，ゲルマン世界とローマ世界の実に様々な地方から，写本がもたらされていた。蔵書には，ケルンの司教座聖堂図書室から出たカロリング朝期の写本(Fol. 42, 64)さえ存在し，また聖地のナザレ教会に由来する写本があった。後者は，約100冊の写本を記載した同教会の蔵書目録を含んでいる(Qu. 102, 12世紀末)。

新しい修道会のなかでも，ドミニコ会は初めから学問を義務づけていた。しかしながら，ドミニコ会士は自らが筆写するよりも，かれらの書物を筆写させるほうを好んだ[22]。彼らは抜粋蒐集者として，中世における最も広範な学問的共同作品を完成させた。すなわちヴァンサン・ド・ボーヴェが編纂した何巻もの『鑑 Specula』と，聖書の最初の包括的な語彙索引である[23]。ドミニコ会士はやがて挿画生としても活動した。13世紀中頃にすでにドミニコ会士とフランチェスコ会士とが，典礼写本に関して揃って角型の記譜記号[24]の使用を指示したことは，この記号が採用されるのに大いに貢献した。

ジャン・ジェルソン(1429年歿)はその論文『写字生礼賛 De laude scriptorum』を，あるカルトゥジオ会士に宛てて書いたが，そこには以下のように12の注

---

20) MBK 4, 1, S. 112 ; I. Hlaváček, Studie k dějinám knihoven v českém statě v době předhusitské, in : Acta Universitatis Carolinae 1965, 6, S. 60 f. ; Th. Gottlieb, Über mittelalterliche Bibliotheken(Leipzig 1890), S. 35 f., Nr. 72 ; M. Dvořák, Die Illuminatoren des Johannes von Neumarkt, in : Jahrb. der Kunstsammlungen des Allerhöchsten Kaiserhauses 22, 1(1901), S. 74 ff.(Gesammelte Aufsätze zur Kunstgeschichte, München 1929, S. 128 ff. に再録)参照。
21) Lehmann, Erforschung 1(1941), S. 253–280.
22) A. Walz, Vom Buchwesen im Predigerorden bis zum Jahre 1280, in : Aus der Geisteswelt des Mittelalters(Beiträge zur Geschichte der Philosophie und Theologie des Mittelalters, Suppl.-Bd. 3, Münster / W. 1935) 1, S. 111–127.
23) Lehmann, Erforschung 4, S. 361 f., 366 f.
24) 本書238頁を見よ。P. Wagner, Neumenkunde^2(Leipzig 1912), S. 313, 328 参照。フランチェスコ会の「聖歌合唱の書を書くための規則 Statutum pro libris choralibus scribendis」については，S. J. P. van Dijk, Sources of the modern Roman liturgy. The Ordinals by Haymo of Faversham and related documents 2(Leiden 1963), S. 362–364.

意(considerationes)が韻文の形で要約されている。

> 写字生よ，福音を伝えそして学べ，施しを行い，祈れ。
> 謙抑に努め，塩を与え，基たれ，光たれ。
> 教会を富まし，武器を与え，護り，敬え[25]。

　カルトゥジオ会は，中世後期を通じて書物を筆写する使命に忠実であり続けた[26]。エルフルト，マインツ，ケルン，バーゼル[27]など様々な修道院の遺産と，それらの蔵書目録は中世で最大のものに数えられる。

　カルトゥジオ会はこうした修道士の使命をもって，オランダと低地ドイツの中世後期における2つの運動のモデルとなった。このうちヴィンデスハイムの改革されたアウグスチノ会修道参事会は，主に学識文献の筆写に献身していて，カルトゥジオ会にいっそう似通っていた。これに対して，「共同生活兄弟団」，別名「ペンの兄弟団 Broeder van de penne」は，書写活動をするものの，それは生活の糧を得るために有益な手仕事をするのが目的であった[28]。彼らの書写実践は，内容に即して細かく段階づけられていた。彼らの手により無数の典礼本と，「デウォチオ・モデルナ(新しい信心)」の俗語テクストが生みだされた。

　南部ドイツ地方では，民間の書籍産業は一段と顕著な現象であり，「椅子掛け写字生 cathedralis」の職業は，しばしば公証人の活動と結びついた。ザンクト・エンメラム[29]，テゲルンゼー，シャイエルン[30]といったバイエルン地方のベネディクト派の修道院は，膨大な量の説法集成，説教集や神学や禁欲修行の文献，百科事典，さらに典礼関連の文献まで幅広い分野の写本の制作を，世俗の職業写字生に発注した。

---

25) Iohannes Gerson, Oeuvres complètes, éd. P. Glorieux, 9 (Paris 1973), S. 423-434.
26) Lehmann, Erforschung 3, S. 121-142 ; Gumbert, Utrechter Kartäuser, S. 311 ff.
27) Bruckner, Scriptoria 10 (1964), S. 81-94 m. Taf. 38 ff.
28) B. Kruitwagen, Laatmiddeleeuwsche Palaeographica, Palaeotypica, Liturgica, Kalendalia, Grammaticalia (Den Haag 1942), S. 25-78 ; W. Oeser, Die Brüder vom gemeinsamen Leben in Münster als Bücherschreiber, in : Arch. f. Geschichte des Buchwesens 5 (1964), Sp. 197-398.
29) MBK 4, 1, S. 117.
30) C. Wehmer, Augsburger Schreiber aus der Frühzeit des Buchdrucks, in : Beiträge zur Inkunabelkunde, N. F. 2 (1938), S. 108-127. とくに S. 123 ff.

南イタリアの特殊性は、ギリシア語詩篇とギリシア語典礼書をラテン語訳を併載して編むという、13世紀と14世紀の2言語コーデックスに見てとれる。これはオトラント近くのバジリオ会の修道院長カーゾレのネクタリオス(1235年歿)の作品に起源をもつものである[31]。

　様々な修道会に属する尼僧院でも多くの写本が筆写され[32]、挿画が描かれた。ことに彼女たちはドイツの神秘思想家の文献を救いだした。挿画写本の制作地として知られているのは、ケルンのザンクト・クララ会尼僧院とフライブルクのシトー派尼僧院のリヒテンタールである。アウクスブルクのクララ・ヘッツレリン(1476年以降歿)は民間の女性職業写字生として知られていて、7冊の写本が現存している[33]。

　写本装飾に関して、ほとんど国際的といってよい新しい流行が出現した[34]。より控えめな文頭文字として、重々しく膨らんだゴシック大文字(ロンバルド書体)が使われた。色彩はほとんど青と赤が交互に用いられ、比較的大きな文頭文字本体の装飾が分割されている場合は、この2色がまた対比的に使われた。そこではわけても花形や線状の細やかな装飾で飾られている。これは13世紀前半にフランスで発展した。そこでは文頭装飾文字の本体の内部は緻密であり、その周囲は華麗なスパイラルか、それ以外の文様あるいは装飾的な縞文様で満たされ、その一方では精妙に震える細い線の束が、余白にはみ出るように自在

---

31)　J. M. Hoeck / R. J. Loenertz, Nikolaos-Nektarios von Otranto, Abt von Casole (Ettal 1965), S. 74 ff., Taf. 1–3.

32)　A. Bruckner, Zum Problem der Frauenhandschriften im Mittelalter, in : Aus Mittelalter und Neuzeit. Festschrift zum 70. Geburtstag von Gerhard Kallen (Berlin 1957), S. 171–183 ; ders., Weibliche Schreibtätigkeit im Spätmittelalter, in : Festschrift Bernhard Bischoff (Stuttgart 1971), S. 441–448. Petzet / Glauning, Taf. 21 にある「哀れなエンギルビルネ」という走り書き(13世紀前半)は、隠修尼僧のことである。

33)　E. Gebele, in : Neue Deutsche Biographie 7 (Berlin 1966), S. 455 f. 参照。

34)　Mazal, Gotik ; H. Köllner / Sigrid v. Borries / H. Knaus, in : Zur Katalogisierung mittelalterlicher und neuerer Handschriften (Z. f. Bw. u. Bibl., Sonderheft 1963), S. 142–154. さらに本書320頁註57に挙げられている文献も参照。ゴシック期とルネサンス期の写本研究の補助科学としての紋章学については、M. Pastoureau, L'héraldique au service de la codicologie, in : Codicologica 4 (Litterae textuales, Leiden 1978), S. 75 ff. ロマネスク後期の文頭装飾文字は、その花飾りと滑稽で諷刺的な文様とともに、アイスランドにまで素朴な形で到達する。H. Hermannsson, Icelandic Illuminated Manuscripts of the Middle Ages (Kopenhagen 1935) (Corpus Codicum Islandicorum Medii Aevi 7).

に流れ出している。ここでも文字本体と装飾は，そのつど2つの色彩が対比的に配されている[35]。大文字を強調するために，主線を二重に書くというペン描画に適したより単純な手法が現れたが，その線は互いに交差することもあった。しばしば人の顔が描き込まれた。それが「カデッラ cadella」（「大文字 capitalis」に由来）であり，写字親方の紛れもない発明である[36]（巻末図版 18）。

13世紀から一般的な装飾として，文頭装飾文字から余白部分に文様を広げてゆく手法が生まれた。これは最初にフランスとイングランドに現れ，ギザギザの線と茨の意匠が配されている。余白は滑稽と諷刺にとっての舞台であり，そこではユーモアとしばしばグロテスクな幻想模様が繰り広げられる[37]。中世後期に余白が広い帯状の蔓巻や，閉じた広い枠線で覆われるようになると，そこに写実的な昆虫や花や果物その他が混じりあう形で描き込まれた。

写本挿画は11世紀と12世紀に，関連性豊かな物語的な装飾をほどこされた文頭装飾文字の創出の点で，確かに非常に大きな自由を獲得する。他方で挿画そのものについては，百科事典，歴史記述，武勲詩といったいくつかの個別の作品の達成を語りうるにすぎない。これらにおいてのみ，教会的・聖書的・聖人伝的主題と，継承されてきた挿画の伝統とを上回る挿画が描かれたのである。

だが13世紀以降，挿画がもたらす喜びはもはや止まることを知らなくなる。挿画写本のなかでも，典礼写本や個人的信仰に奉仕するミサ典文，司教用定式書，聖務日課書，詩篇集，それに詩篇集の役割を果たした時禱書（livres d'heures）[38]などが卓越した地位を占める。聖書や典礼書，聖人伝の諸場面の表現のように，暦にあらわれる月々の労働の光景は，小さな絵画の観を呈する。聖書文献にあっては，他のジャンルと同じように図像の諸類型が固定する。旧

---

35) Ellen J. Beer, Beiträge zur oberrheinischen Buchmalerei in der ersten Hälfte des 14. Jahrhunderts unter besonderer Berücksichtigung der Initialornamentik (Basel / Stuttgart 1959), S. 17 ff., 50 ff.; G. Schmidt, Die Malerschule von St. Florian (Forschungen zur Geschichte Oberösterreichs 7, Linz 1962), S. 173 ff.; Mazal, S. 50 f.
36) 最大のサイズはフィリップ善良公の秘書官ジャン・ミエロのそれである。Brüssel Ms. 9249-50 (1449年)：Mss. datés, Belgique 3, Taf. 517-528.
37) Mazal, S. 51 ff.; Lilian M. C. Randall, Images in the margins of Gothic manuscripts (Berkeley / Los Angeles 1966); Rosy Schilling, in : Reallexikon zur Deutschen Kunstgeschichte 4, Sp. 577 ff.
38) たとえば V. Leroquais が編集した，フランスの図書館に収蔵されているこの種の様々な写本の豊かな挿図付き目録 (Paris 1927-1941) 参照。

約聖書では救済の予型論的反映が，一部は「ビブル・モラリゼ Bible moralisée」の挿画の集成の形で，また部分的には「貧者の聖書 Biblia pauperum」や「人間の救済の鑑 Speculum humanae salvationis」の粗野な図像類型として，規範化された。また法学，占星術，化学，戦争術などの新しい学問の写本にも，挿画が入り込むようになった。狭い意味での文学については，韻文であろうと散文であろうと宗教的および世俗的な作品では，ラテン語写本よりも，俗語写本のほうがいっそう挿画がしつらえられた。挿画は読者の欲求に応えるものであった。

フランス・ゴシックの写本挿画の芸術的豊かさ[39]と，ヨーロッパ諸国へのその影響が，まず第1に想起されねばならない。その最盛期は，フィリップ2世オーギュストの治世が続く1220年頃のことであった。中心となったのはパリであり，挿画師は国王や君侯の夫人たちのために描いた。13世紀の主要作品において，表現手法，構図，モチーフのレパートリーは[40]同時代のガラスに描かれた細密画と極めて似通っている。そのことはたとえば，聖書への挿画つきの予型論的註解の巨大な「ビブル・モラリゼ」[41]や，「ルイ9世の詩篇」，および同国王のために描かれたその他の挿画写本に見てとれる。

13世紀後半からは，パリの多くの写本挿画師の名前が知られるようになる。現存するいくつかの作品と結びつけられているのが，フィリップ端麗王のために聖務日課書に挿画を描いたオノレ師や，1325-1330年に活躍したジャン・ピュセルである。ピュセルはグリザイユ画法を用いた最初のひとりであり，フランスの地ではアヴィニョン[42]で広まっていたイタリア芸術の刺激を受けたのである。自身が豪華本の愛好者であったジャン善良王(1364年歿)の息子であるシャルル5世(在位1364-1380年)，ルイ・ダンジュー(1384年歿)，ブルゴーニュの

---

39) Porcher, Französische Buchmalerei (Recklinghausen 1959) ; Mazal, Gothik, S. 55-66 ; F. Avril, Buchmalerei am Hofe Frankreichs 1310-1380 (München 1978) [L'Enlumineur à la cour de France au XIVe siècle (Paris 1978)].
40) 聖書予型論については，1200年頃に作られたイングランドの教本『歌のなかの絵師 Pictor in carmine』と比較せよ。M. R. James, in : Archaeologia 94 (1951), S. 141-166.
41) Bible moralisée. Faksimile-Ausgabe ... des Codex Vindobonensis 2554. 1/2 (註釈として R. Haussherr, Graz / Paris 1973).
42) ここでシエナのシモーネ・マルティーニが，ペトラルカのためにウェルギリウス写本の標題画を描いた。M. Dvořák (註20)参照。

フィリップ豪胆公(1404年歿)，ベリー公ジャン(1416年歿)とともに，中世において未曾有の愛書家世代が登場した。学識豊かなシャルル5世の図書室は，1000点を超える写本を数えた[43]が，そこにはフランスの叙事詩や物語，また聖書や典礼などの豪華本とならんで，シャルル5世が作らせた古典作家や教父や中世作品のフランス語訳も混じっていた。またシャルルの指示により，遠くの土地や外国から挿画師がパリに招聘されたが，そのなかにフランドル人やイタリア人も含まれていた。ベリー公の名前は彼の時禱書(『美しき時禱書 Belles Heures』『いとも美しき時禱書 Très belles Heures』『小時禱書 Petites Heures』『大時禱書 Grandes Heures』『いとも豪華なる時禱書 Très riches Heures』)などと切り離せないが，そのためにベリー公はランブール兄弟や，おそらくファン・アイク兄弟などの第一級の画家と契約を結んだ[44]。これに続く数十年間に，パリでは『大公たちのテレンティウス Térence des ducs』の制作に加わった「ベッドフォード公のお抱え絵師」や，「ブシコー元帥の絵師」，感動的な死の模様を描いた「ロアン時禱書の絵師」などの逸名画家たちが活躍した。ゴシック最後の卓越したフランス人絵師はジャン・フーケ(1480年頃歿)であった。彼はベリー公のために着手されていた，フラウィウス・ヨセフス[の『ユダヤ古代誌』]を完成させ，貴重な地誌的風景を伴った『フランス大年代記 Grandes Chroniques de France』やエチエンヌ・シュヴァリエの時禱書，ミュンヘンのボッカチョ写本に挿画を描いた。

ブルゴーニュ公のなかでも，すでにファン・アイク兄弟の影響下にあったフランドルの写本挿画に惜しみない援助を与えて，それを全面的に開花させたのはフィリップ善良公(在位1419-1467年)であった[45]。絶頂期は16世紀初頭まで持続した。その最高の芸術家は「マリー・ド・ブルゴーニュの絵師」であった[46]。

---

43) L. Delisle, Recherches sur la librairie de Charles V (Paris 1907) ; La librairie de Charles V (展覧会目録，Paris 1968).

44) M. Meiss, French Painting in the Time of Jean de Berry. The late fourteenth century and the patronage of the Duke. Text, Taf. (London 1969) ; ders., The Limbourgs and their contemporaries 1/2 (London / New York 1974) 参照.

45) Fr. Winkler, Die flämische Buchmalerei des XV. und XVI. Jahrhunderts (Leipzig 1925) ; L. M. J. Delaissé, La miniature flamande, le mécénat de Philippe le Bon (Brüssel 1959).

46) G. I. Lieftinck, Boekverluchters uit de omgeving van Maria van Bourgondie c.1475-c.1485, Text, Taf. (Brüssel 1969) ; J. J. G. Alexander, The Master of Mary of Burgundy (New York 1970).

15世紀北オランダの写本挿画は，フランドルのそれと親縁関係にあったが，そこには宮廷的要素が欠けていた[47]。

　13世紀イングランドの写本芸術[48]は，なお挿画付き聖書や聖務日課書，そして動物誌を生みだしていた。この地と北フランスで14世紀までに育まれた新しいジャンルは，挿画付きの黙示録であった[49]。フランスとの密接な交流によって実現したゴシック芸術への移行は，1220年頃に完了した。セント・オールバンズの書写室は，比較的独立したイングランド様式を代表していたが，この工房の様式を決定づけたのは，書写室の監督者で著名な年代記作者で，おそらく自らの作品の画家であり挿画師でもあったマシュー・パリスであった。イングランドの多くの聖人伝の挿画は，この書写室に由来している[50]。宮廷書写室では，パリ芸術がいっそうはっきりと手本とされた。ここにはイングランド王ヘンリー3世のために制作する芸術家たちが集められ，また俗人の挿画師もここで作業をしたが，その痕跡はカンタベリーのような修道院書写室でも認められる。こうした潮流に属する至宝は，1300年頃に成立した「王妃メアリの詩篇集」である。これには旧約聖書の大型挿画の図像サイクルと詩篇挿画の他に，ページ下部に数百の小型の挿画が配されている[51]。

　「東イングランド派」の書写室は，一方では洗練の極致でありながら，他方で過剰とも言える表現力をそなえていて，1300年から1325年にかけてノーフォークとサフォーク，ことにヤーマス近傍のゴールストン村で繁栄した。余白部分のゴシック風の装飾や滑稽で諷刺的な図像は，驚嘆すべき効果を上げている。ここでも最大の作品は詩篇集写本である。すなわち「オームスビィ詩篇集」，「ゴールストン詩篇集」，「サン・トメール詩篇集」，そしてやや遅れて生まれた「ラットレル詩篇集」などがそれである。15世紀にはパリは長年にわ

---

47) A. W. Byvanck, La miniature dans les Pays-Bas septentrionaux (Paris 1937); L. M. J. Delaissé, A Century of Dutch Manuscript Illumination (Berkeley / Los Angeles 1968).
48) O. Elfrida Saunders, Englische Buchmalerei 2 (Florenz / München 1927); E. G. Millar, La miniature anglaise du Xme au XIIIme siècle (Paris 1927); ders., La miniature anglaise aux XIVe et XVe siècles (Paris / Brüssel 1928).
49) L. Delisle / P. Meyer, L'Apocalypse en français au XIIIe siècle (Paris 1901).
50) R. Vaughan, Matthew Paris (Cambridge 1958).
51) G. Warner, Queen Mary's Psalter, miniatures and drawings by an English artist of the fourteenth century (London 1917).

たりイングランド人によって占領されたが，フランスの写本芸術はイングランドのそれを凌駕している。

イタリア[52]では，伝統およびビザンティン化した潮流と，フランス・ゴシック芸術とが交差し，また重なりあっている。この地では学問的な写本の挿画が，とくに教育・天文学・占星術・医学・植物学関係の豊かな文献のおかげで，その報いられることの多い課題を果たした。ボローニャで写本挿画芸術が継続したのは，大学のための写本生産と結びついていたことによる[53]。多くの場所で開花した宗教画の遺産は，大型の聖歌隊用写本の文頭装飾文字であり，それはしばしば絵画に近いものとなっている。多くの芸術家が，ダンテの『神曲』にある幻想的な場面と，感動的に描写された邂逅場面を描くために苦闘した[54]。

スペインでは，アルフォンソ10世賢王(在位1252-1284年)の宮廷に初めて写本芸術の拠点が形成され，そこでは『聖母マリアのカンティガ集 Cantigas de Santa Maria』，法令集成，『チェスの指南書』，『金石誌』などが同王の指示によりアラビア語や西洋諸国の資料をもとに，豊富な挿画を配して編纂された[55]。お抱えの芸術家たちは俗人であり，フランスのゴシック芸術を学んだ人々であった。のちには，国王や聖俗の貴顕の士，教会や修道院のための広範な写本生産には，フランスの影響とならんで，イタリア，そして遅れてフランドルの影響も与って力があった。

ドイツでは，ゴシック・スタイルへの転換があらためてビザンティンの規範の影響を浸透させることになったが，たとえば，優美でいながら生き生きとした「ゴスラーの聖福音集」の成立は，このことによってうまく説明される[56]。

---

52) P. d'Ancona, La miniature italienne du Xe au XVIe siècle (Paris / Brüssel 1925) ; M. Salmi, La miniatura italiana (Mailand 1956) ; Bernhard Degenhart / Annegret Schmitt, Corpus der italienischen Zeichnungen 1300-1450, Teil 1, 4 Bde. (Berlin 1968) ; Teil 2, 3 Bde. (Berlin 1980).

53) 本書310頁を見よ。

54) P. Brieger / M. Meiss / Ch. S. Singleton, Illuminated Manuscripts of the Divine Comedy 1/2 (Princeton 1969).

55) J. Domínguez-Bordona, Die spanische Buchmalerei vom 7. bis 17. Jahrhundert (München / Florenz 1930), 2, Taf. 81-92.

56) A. Goldschmidt, Das Evangeliar im Rathause zu Goslar (Berlin 1910) ; Demus, Byzantine Art and the West (New York 1970), S. 163 ff. とくに 197 ff.

ドイツのゴシック写本挿画は[57]，フランスに比べて非常に遅れをとっていた。方伯ヘルマン・フォン・テューリンゲン(1217 年歿)のための詩篇集[58]を制作したテューリンゲン・ザクセン挿画派や，13 世紀前半に，なかんずくレーゲンスブルクの手本を使い作業を行ったベネディクト派修道院シャイエルンは，依然として様式のうえでは後期ロマネスクに属していた[59]。修道院の書写室では「貧者の聖書」[60]や「人間の救済の鑑」[61]の単純な予型論的図像サイクルが書写され，そこから前者はさらに南東ドイツに，後者はむしろより広汎に西部ドイツに普及した。

13 世紀後半と 14 世紀に挿画写本生産がとくに盛んであったドイツ語圏の地方は，フランスの影響が最も強く作用したケルンを中核とするラインラント，そしてオーバーライン地方，マイン・フランケン，オーストリアである。南西ドイツとドイツ語圏スイスでは，貴族身分の者たちの関心が写本芸術の発展を促進した。ここではマネッセ家とヴァインガルトナー家の詩歌集写本や，多くのドイツ版「世界年代記」が書かれ，挿画がほどこされた。フランケンやオーストリアでは修道院芸術が優越していた。高位聖職者のパトロンとして名前を挙げるべきは，ルクセンブルク大司教バルドウィン(1354 年歿)と，クーノ・フォン・ファルケンシュタイン(1388 年歿)である。

カール 4 世の治世に，プラハはヨーロッパ芸術の交差路となったが，それはとりわけ，貴重な典礼写本を制作させた大法官ヨハン・フォン・ノイマルクト(1380 年歿)[62]と他の高位聖職者たちの功績であった。このサークルのために活躍した芸術家にヨハン・フォン・トロッパウがいる。1368 年，彼はオーストリアのアルブレヒト 3 世のために，全篇に金文字を用い，驚くべき豪華な挿画

---

57) H. Swarzenski, Die lateinischen illuminierten Handschriften des XIII. Jahrhunderts in den Ländern an Rhein, Main und Donau. Text, Taf.(Berlin 1935)；A. Boeckler, Deutsche Buchmalerei der Gotik (Königstein i. T. 1959).
58) A. Haseloff, Eine thüringisch-sächsische Malerschule des 13. Jahrhunderts(Straßburg 1897).
59) J. Damrich, Ein Künstlerdreiblatt des 13. Jahrhunderts aus Kloster Scheyern(Straßburg 1904).
60) G. Schmidt, Die Armenbibeln des XIV. Jahrhunderts(Graz / Köln 1959).
61) E. Breitenbach, Speculum humanae salvationis(Straßburg 1930).
62) M. Dvořák, Die Illuminatoren des Johannes von Neumarkt(註 20), 22, 1(1901), S. 35-126(Gesammelte Aufsätze zur Kunstgeschichte, München 1929, S. 74-207 に再録).

で飾った福音書を制作した⁶³⁾。ここに根を下ろした伝統は国王ヴェンツェルのもとでも継続し，彼は多くの聖書(そのうちのひとつはドイツ語で書かれ6巻からなる)，法写本，『ヴィレハルム』，天文学写本その他を筆写させ，惜しみなく資金を投じて挿画を描かせた⁶⁴⁾。プラハ様式の挿画の影響領域はオーストリアばかりか南ドイツにまで及んだ。15世紀ドイツの写本挿画師にはシュテファン・ロヒナーも挙げられる。

　中世の最後の世紀に，それまで挿画が付されることがなかった『ニーベルンゲンの歌』のような，中高ドイツ語で書かれた多くの文学作品に挿画を描きたいとする欲求，あるいは傾向が強まった⁶⁵⁾。それらはわけても紙写本(「民衆写本」)であり，単色または軽く着色されたペン使いで描かれていた。1425年から1467年まであとづけられる，ハーゲナウのディーボルト・ラウバーの工房がこうした紙写本生産ではぬきんでた地位を占めた。そこでは多くの自由に編み出された挿画サイクルが生まれたが，そのうち50点の写本と何点もの売り立て目録が現存している⁶⁶⁾。プファルツ宮廷はラウバーから少なからぬ写本を入手している。この世紀の後半に，ヴュルッテンベルク公妃のサヴォワのマルガレーテや，人文主義を鼓吹した伯エーベルハルト⁶⁷⁾が筆写と挿画制作を行わせている。

　ウルリヒ・フォン・リッヘンタールのコンスタンツ公会議の年代記以来，挿画付き地方年代記という形で同時代史を編むことが大いに流行した。剣術や格

---

63)　E. Trenkler, Das Evangeliar des Johann von Troppau (Wien 1948)；G. Schmidt, Johann von Troppau und die vorromanische Buchmalerei, in : Studien zur Buchmalerei und Goldschmiedekunst des Mittelalters. Festschrift für Karl Hermann Usener (Marburg 1967), S. 275-293 m. Abb.；Katal. d. dat. Hss., Österreich I, Abb. 150 f. fol. 9ʳ(キリストが主の祈りを教える)の文頭装飾文字Eにおいて，ヨハンは後に好まれた極小の文字の卓越した技量の一例を示している。キリストがささげもつ形の14×6-7 mmの大きさの鞣皮紙1葉には，「主の祈り」のテクストが19行にわたって，完全に読解可能な形で書かれている。

64)　J. Krasa, Rukopisy Václava IV.(Prag 1971)．ファクシミリ版はDie Goldene Bulle (Codex Vindobonensis 338)．註釈はA. Wolf (Graz 1977)．

65)　Hella Frühmorgen-Voss, Text und Illustration im Mittelalter, hrsg. u. eingel. von N. H. Ott (München 1975), S. 1-56 参照．

66)　R. Kautzsch, Diebold Lauber und seine Werkstatt in Hagenau, in : Zbl. f. Bw. 12 (1895), S. 1 ff., 57 ff. とくに S. 108-111.

67)　W. Hoffmann, in : Graf Eberhard im Bart von Württemberg im geistigen und kulturellen Geschehen seiner Zeit (Stuttgart 1938), S. 45-65.

闘術の指南書，また戦争術や砲術書の出現とともに，実務書の挿画という新しい部門が成立した。これらと密接に結びついて，文化史的に極めて貴重な「中世の家政書」が，「惑星のこどもたち」[7つの惑星が人間の気質を支配しているという考えのもとに成立した図像学的イメージ]の非常に豊富な挿画を含んでいる[68]。同時代の最高の芸術家であるデューラー，クラナハ，バルドゥング・グリエン，アルトドルファーその他が欄外挿画制作に関わった「マクシミリアンの祈禱書」(1513年)は，印刷本であるが，中世の偉大な写本挿画芸術の最後の証言である。

---

[68] H. Th. Bossert / W. F. Storck, Das mittelalterliche Hausbuch, nach dem Original im Besitz der Fürsten von Waldburg-Wolfegg-Waldsee (Leipzig 1912).

6. 人文主義の時代

　13世紀にすでに北イタリアでは，文学に関心のある公証人や司法関係の身分に属する活動的な俗人が，教会や修道院の図書室に収蔵されている稀覯書の著者，あるいは忘れられた著作家に光を当て，その著作を利用していた。たとえばブレシアのアルベルタヌス(1248年頃歿)は，カロリング朝期に作られた「セネカ書簡集」のコーデクスから，その抜粋集を制作し，その余白に註記とメモをほどこした[1]。パドヴァのロヴァート・デイ・ロヴァーティ(1241–1309年)とジェレミア・ディ・モンタニョーネ(1321年歿)と，ヴェローナの聖堂宝物庫管理人であったジョヴァンニ・デ・マトイチスは，本物の発見をする幸運に恵まれた[2]。発見された写本のなかには，カトゥッルス，ティブッルス，プロペルティウス，ウァッローの『農業論 De re rustica』，『ローマ皇帝群像 Historia Augusta』，キケロの書簡集が含まれていた。10世紀にラテリウスが目にしたヴェローナの聖堂図書室の宝物庫が，再発見されたのである。ロヴァートにとって，ポンポーザの図書室はこれに次ぐ第2の源泉であった。そこではのちに彼が利用したセネカの悲劇集の最良の写本が，11世紀に筆写されている。

　こうした発見の効果は，もしペトラルカ[3]が古代ローマの遺産の復興という，若い頃から思い描いてきた大きな構想のために努力を払わなかったならば，長い間地方文学とアンソロジーでの利用の域に限られていたであろう。新しいより優れたテクストを手に入れたいという彼の努力に，新たに好都合な外的状況が訪れた。すなわちアヴィニョン教皇庁に滞在中に，様々な貴重な交遊関係を築くことができたのである。さらなる旅行の途次で，彼自身が様々な発見をしたが，ヴェローナの古い写本も利用した。ペトラルカは多くの写本の筆写をし，校訂を行った。彼の最初の大きな貢献は，リウィウスの3つのデカーデ(30巻)

---

1) Claudia Villa, La tradizione delle "Ad Lucilium" e la cultura di Brescia dall'età carolingia ad Albertano, in : It. Med. e Um. 12(1969), S. 9–51 m. Abb.

2) L. D. Reynolds / N. G. Wilson, Copisti e filologi(Padua 1969), S. 109 ff. ; dies., D'Homère à Erasme (Paris 1984), S. 85 ff［西村賀子・吉武純夫訳『古典の継承者たち――ギリシア・ラテン語テクストの伝承にみる文化史』国文社，1996年］。この時期全体に関しては，A. Petrucci(Hrsg.), Libri, scrittura e pubblico nel Rinascimento. Guida storica e critica(Rom / Bari 1979)。

3) Dies., Copisti, S. 112 ff. ; dies., D'Homère, S. 87 ff.

を1冊にまとめ上げたことであった[4]。

　ペトラルカが生きた時代には，ザノービ・ダ・ストラーダとボッカチョによりモンテカッシーノ修道院が古代テクストの宝庫（アプレイウス，タキトゥス，ウァッロー『ラテン語論 De lingua latina』など）として知られるようになり，そのベネヴェント書体で書かれたコーデクスは後にフィレンツェに移された。フィレンツェではコルッチョ・サルターティがペトラルカ的な意味での蒐集家であり，かつ人文主義者であった。彼は師ペトラルカの理念をより若い世代に広げたが，そうしたなかでこれまで知られていなかった古典のテクストを最も数多く発見した人物として，教皇庁秘書官ポッジョ・ブラッチョリーニがひときわぬきんでている。彼はコンスタンツ公会議に参加し，この地の周辺にあった修道院や，ドイツやフランスに足を伸ばし，豊かな「獲物」を故郷に持ち帰った。

　稀覯書であることや，写本そのものについての情報はまた，ドイツ人から人文主義者に伝えられた。ニコラウス・クザーヌスは中世には知られていなかったプラウトゥスの12篇の喜劇を，ヘルスフェルトの修道士ハインリヒ・フォン・グレーベンシュタインはタキトゥスの小品を，イタリアにもたらした[5]。写本の探索はもはや偶然に委ねられることはない[6]。1431年に教皇特使がドイツに赴く機会があったとき，ポッジョの友人であったニッコロ・ニッコリは，ライヒェナウ，フルダ，ヘルスフェルトの諸修道院や，ケルンの司教座聖堂図

---

[4]　G. Billanovich, Petrarch and the textual tradition of Livy, in : Journal of the Warburg and Courtauld Institutes 14 (1951), S. 137–208 ; ders., La tradizione del testo di Livio e le origini dell'umanesimo 2. Il Livio del Petrarca e del Valla, British Library, Harleian 1492 riprodotto integralmente (Padua 1981).

[5]　L. Pralle, Die Wiederentdeckung des Tacitus (Fulda 1952). このカロリング朝期の写本の断片，すなわちひとつの折丁に書かれたタキトゥスの『アグリコラ』は，人文主義者の書写による「コーデクス・アエシナス Codex Aesinas」(Jesi) にひとつの折丁に書かれてとにかく保存されていた。R. Till, Handschriftliche Untersuchungen zu Tacitus' "Agricola" und "Germania" mit einer Photokopie des Codex Aesinas (1943). 人文主義者によって補完された写本があり，それはFlorenz, Laur. XLVII. 29（プリスキアヌス，9世紀）である。

[6]　古典の古い写本が，ひとたび書写されたならば，関心が失われ，なおざりにされ，破棄されたものも少なくないのは明らかである。それ以外の写本で，16世紀まで残っていた場合でも，古い写本本体は多少とも手直しされた上で直接に印刷業者に引き渡す習慣が残っていたので，散佚してしまったのである。Reynolds / Wilson, Copisti, S. 123 ; dies., D'Homère, S. 95 参照。こうした処置のあまりにも明瞭な痕跡はまたロスヴィータ (Clm 14485) やベーダのコーデクスなどである。Bischoff, Ma. Studien 1, S. 112 ff. 参照。

書室から入手する古典著作家の写本について，その詳細な指示書を，首尾よく特使に渡すことができた[7]。このように，中世初期以降は必要欠くべからざる法学文献のみに関心を向けられていた古い図書室が，再び人々の関心の対象になった。しかしながらまた，リウィウスの失われたデカーデやキケロの『国家について』が発見されたという風聞に，人々の期待が空しく踊らされることもあった[8]。

以前からペトラルカが模索していた書体改革の実現に，現実に成功したのはポッジョの功績である。人文主義者の第2の書体，すなわち草書体はニッコリの個人的書体が基礎となっていた[9]。こうして写字生には新しい道が示され，ジョヴァンニ・アレティーノ，アントニオ・シニバルディ，バルトロメオ・サンヴィートなど一連の人々は，碑文書体に見られる調和を研究していた時代に，新たな書体を芸術として確立しようと考えた。写字生は初期の印刷業者ニコラウス・ジェンソンの「アンティクア」書体(ヴェネツィア，1470年)や，アルドゥス・マヌティウスの草書体(ヴェネツィア，1501年)の偉大な達成の下準備をしたのであった。

イタリアでは，書物芸術の躍進と人文主義の勝利とが結びついた。聖俗の貴顕やメセナたちは蔵書を争って入手しようとした。そうした競争のなかで運よく再発見される古典著作家のテクストの数が増加し，ギリシア語から新しく翻訳された作品，教父や人文主義者の著作，そして一部はギリシア語の写本も集められた。人文主義者の書物芸術は，とりどりの色地に描かれた白い巻蔓(bianchi girari)をもつ小さな文頭装飾文字とともに始まった。それがロマネスク時代のイタリアの写本に由来することは否定すべくもない[10]。だが，やがてすべての装飾がしばしば建築学的な縁取りを施された標題ページに集中した。そしてそれは再び古代趣味の傾向を甦らせ，メセナの標識や紋章，円形肖像牌

---

7) R. P. Robinson, The inventory of Niccolo Niccoli, in : Classical Philology 16(1921), S. 251 ff. ; N. Rubinstein, An unknown letter by Jacopo di Poggio Bracciolini on discoveries of classical texts, in : It. Med. e Um. 1(1958), S. 385-400.
8) Lehmann, Erforschung 1, S. 280-295 ; 4, S. 95-106.
9) 本書 203 頁以下参照。
10) O. Pächt, Notes and Observations on the Origin of Humanistic Book-Decoration, in : Fritz Saxl. A Volume of Memorial Essays(London 1957), S. 189.

（メダイヨン）と並んで，裸体小児像（プット），半身像，その他の古代的なモチーフが描かれた。フィレンツェのメディチ家，フェラーラのエステ家[11]，ウルビーノ公のフェデリコ・ダ・モンテフェルトロ（在位1474-1482年）[12]，チェゼーナのマラテスタ・ノヴェッロ（1465年歿），パヴィーアに在ったヴィスコンティ家のロンバルディア・ゴシックの図書室を相続し，その蔵書を人文主義の方向に前進させたスフォルツァ家[13]，ナポリのアラゴン王[14]その他の人々のもとで，大規模な収集が実現された。フィレンツェの人文主義者サークル出身の教皇ニコラウス5世（在位1447-1455年）によって，4番目の教皇図書館[15]となるヴァチカン図書館が建てられた。いま列挙した人々の多くは，フィレンツェの書籍商で，人文主義者たちの「伝記」の作者でもあったヴェスパシアーノ・ダ・ビスティッチ（1498年歿）の顧客であった。ビスティッチは，写字生と挿画師の共同作業が欠かせない書籍生産を，大規模に組織化した。彼は一時，45人の写本職人を抱えていた。フィレンツェではアッタヴァンテ・デイ・アッタヴァンティやその他の工房で，ハンガリー王マティアス・コルヴィヌス（在位1458-1490年）までもが，自らが所有する最も豪華な写本を書写させ，挿画を描かせていた[16]。

　フェデリコ・ダ・モンテフェルトロについてビスティッチは，彼が自分の選り抜きの図書室に印刷本を1冊入れたのを恥じていたであろうと書き遺している[17]。印刷本はグーテンベルクの「四十二行聖書」（マインツ，1450年と1456年の間）という凌駕し得ない傑作として世界に歩み出したが，これは後期ゴシックおよび人文主義者の写本の機械による継続であった。印刷本と写本とはしばらくのあいだ，互いに並んで進んで行く。そして15世紀には，いまだ多くの写

---

11)　現在はモーデナにある。
12)　現在はヴァチカン図書館にある。
13)　Elisabeth Pellegrin, La bibliothèque des Visconti et des Sforza, ducs de Milan（Paris 1955）．さらにその Supplément（Tafeln；Florenz／Paris 1969）参照。
14)　T. de Marinis, La Biblioteca Napoletana dei re d'Aragona 1-4（Mailand 1947-1952）．とくに Bd. 3 u. 4（図版）．加えて Supplemento, 1/2（Verona 1969）．
15)　本書295, 311頁参照。
16)　Cs. Csapodi／Klara Csapodi-Gárdonyi, Bibliotheca Corviniana（Budapest 1969）．
17)　Bömer／Widmann, in：Milkau／Leyh, Handbuch 3, 1^2, S. 521, Anm. 1.

本が印刷本をそのまま書写するという形で作られた[18]。挿画師もまた，写本の模範に従って作られた印刷本の開始ページや文頭文字の装飾を，実入りをもたらす活動領域と見なした[19]。そして逆に写本(祈禱書)には版画絵を貼付けるようになった。

　だが遅くとも1470年頃には写本時代の暮れ方が始まり，この時点で印刷業は巨大な成長を遂げていたのである。印刷本の勝利は押しとどめようがないのだから，できることと言えば善意の努力だけであった。修道院長ヨハンネス・トリテミウス(1516年歿)は，1494年にマインツで彼が印刷させた『写字生の手仕事礼賛 De laude scriptorum manualium』[20] と題する小冊子のなかで，書物の筆写をいま一度修道士の天職であると賞賛し，書写を実践しない修道士も書物の生産にいかに協力できるか縷々論じたが，最終的にはそれも徒労に終わったのである。

---

18)　C. F. Bühler, The Fifteenth-Century Book : The Scribes, the Printers, the Decorators (Philadelphia 1960), S. 34 ff.; O. Mazal, Paläographie und Paläotypie, Zur Geschichte der Schrift im Zeitalter der Inkunabeln (Stuttgart 1984); T. Brandis, Handschriften- und Buchproduktion im 15. und frühen 16. Jahrhundert, in : L. Grenzmann / K. Stackmann (Hrsg.), Literatur und Laienbildung im Spätmittelalter und in der Reformationszeit, Symposion Wolfenbüttel 1981 (Stuttgart 1981), S. 176–193.

19)　H. J. Hermann, Die Handschriften und Inkunabeln der italienischen Renaissance, 3 Bde. (Beschreibendes Verzeichnis der illuminierten Handschriften in Österreich, 8, Teil 6, Leipzig 1930–1932).

20)　Iohannis Trithemii Spanhemensis Opera pia et spiritualia ed. I. Busaeus (Mainz 1604), S. 742–764 ; Johannes Trithemius, De laude scriptorum. Zum Lobe der Schreiber. Eingel., hrsg., übs. von K. Arnold (Mainfränkische Hefte 60, Würzburg 1973); Johannes Trithemius, In Praise of Scribes, ed. with introd. by K. Arnold, transl. by R. Behrendt (Lawrence, Kansas 1974).

文献一覧

以下，簡潔なかたちで列挙した研究文献リストは，書体の歴史に関する文献を先頭に置いたほかは，主に本書の叙述の順序に従っている。

学術雑誌，書誌，論文集

LEONARD E. BOYLE, Medieval latin palaeography, a bibliographical introduction, Toronto 1984. きわめて重要。

Palaeographia Latina. Ed. by W. M. LINDSAY. 1-6, Oxford 1922-1929.

Scriptorium. Revue Internationale des études relatives aux manuscrits, Brüssel 1946/7 ff.

Bullettino dell'Archivio Paleografico Italiano. 1-5, Perugia 1908-1918. N. S. 1-4/5, Rom 1955-1958/9. 3. Ser., 1 ff., 1962 ff.

Studie o rukopisech, Prag 1962 ff.

Revue d'histoire des textes, Paris 1971 ff.

Codices manuscripti, Wien 1976 ff.

Italia Medioevale e Umanistica, Padua 1958 ff.

Scrittura e civiltà, Turin 1977 ff.

Litterae textuales, Amsterdam 1972 ff., Leiden 1976 ff.

Gazette du livre médiéval, Paris 1982 ff.

BERNHARD BISCHOFF, Paläographie, in : HERMANN HEIMPEL / HERBERT GEUSS (Hrsg.), Dahlmann-Waitz, Quellenkunde der deutschen Geschichte[10], Stuttgart 1967, (Abt. 14).

T. JULIAN BROWN, Palaeography, in : New Cambridge Bibliography of English Literature, 1, Cambridge 1974, Sp. 209 ff.

JAN-OLOF TJÄDER, ‚Latin Palaeography', in : Eranos 75 (1977), S. 131-161 ; 78 (1980), S. 65-97 ; 80 (1982), S. 63-92 ; 82 (1984), S. 66-95.

IRMGARD FISCHER, Die Handbibliothek in Handschriftenlesesälen. Überlegungen zu ihrer Entstehung, Aufgabe und Benutzung, (Arbeiten aus dem Bibliothekar-Lehrinstitut des Landes Nordrhein-Westfalen, H. 44), Köln 1974.

BERNHARD BISCHOFF, Mittelalterliche Studien → 「略号一覧」参照

PAUL LEHMANN, Erforschung des Mittelalters → 「略号一覧」参照

E. A. LOWE, Palaeographical Papers → 「略号一覧」参照

JEAN MALLON, De l'écriture, Recueil d'études, Paris 1982.

JOSEFINA MATEU IBARS / MA. DOLORES MATEU IBARS, Bibliografía paleográfica, Barcelona 1974.

JOAN GIBBS (Hrsg.), University of London Library, The Palaeography Collection 1/2, Boston Mass. 1968.

Bayerische Staatsbibliothek. Handbibliothek der Handschriftenabteilung. System und Katalog. Wiesbaden 1978 ff.

古書体学の本質と方法

LUDWIG TRAUBE, Vorlesungen und Abhandlungen, 1–3, München 1909–1920.

ALFIO ROSARIO NATALE, Ludwig Traube e la nuova metodologia paleografica, Mailand 1957.

GIORGIO PASQUALI, Paleografia quale scienza dello spirito, in : Nuova Antologia, 355 (1931), S. 342 ff. (PASQUALI, Pagine stravaganti, Lanciano 1933, S. 196 ff. に再録).

T. JULIAN BROWN, Latin Palaeography since Traube (Transact. of the Cambridge Bibliographical Society 3, 1959/60) S. 361 ff. (Codicologica I. Théories et principes (Litterae textuales, Amsterdam 1976), S. 27 ff. に再録).

FICHTENAU, Mensch und Schrift → 「略号一覧」参照

PAVEL SPUNAR, Définition de la paléographie, in : Scriptorium 12 (1958), S. 108 ff.

JEAN MALLON, Qu'est ce que la Paléographie?, in : Paläographie 1981, S. 47–52.

ANDRÉ BOUTEMY, Évolution de la paléographie latine, in : Phoibos, Bulletin du Cercle de philologie classique et orientale de l'Université libre de Bruxelles 10–12 (1955–1958, ersch. 1962), S. 25 ff. (Scriptorium 18, 1964, S. 548 参照).

AUGUSTO CAMPANA, Paleografia oggi. Rapporti, problemi e prospettive di una ,coraggiosa disciplina', in : Studi in onore di Arturo Massolo 2 (Studi Urbinati di storia, filosofia e letteratura 41, N. S. B. 1/2, 1967), S. 1013 ff.

HEINRICH FICHTENAU, Paläographie, in : Enzyklopädie der geisteswissenschaftlichen Arbeitsmethoden, München / Wien 1976, S. 125 ff.

WILHELM KÖHLER, (Paläographie und Kunstgeschichte) in : Göttingische Gelehrte Anzeigen 193, 1931, S. 332 ff.

FRANÇOIS MASAI, La paléographie gréco-latine, ses tâches, ses méthodes, in : Codicologica I. Théories et principes (Litterae textuales ; Amsterdam 1976), S. 34 ff.

ALESSANDRO PRATESI, Paleografia greca e paleografia latina o paleografia grecolatina?, in : Studi storici in onore di Gabriele Pepe, Bari 1969, S. 161–172.

LÉON GILISSEN, L'Expertise des écritures médiévales, Gent 1973.

WALDEMAR SCHLÖGL, Die Unterfertigung deutscher Könige von der Karolingerzeit bis zum Interregnum durch Kreuz und Unterschrift (Münchener Historische Studien, Abt. Geschichtl. Hilfswissenschaften 16), Kallmünz 1978.

EKKEHARD KRÜGER, Die Schreib- und Malwerkstatt der Abtei Helmarshausen bis in die Zeit Heinrichs des Löwen, 1–3 (Quellen und Forschungen zur hessischen Geschichte 21), Darmstadt / Marburg 1972.

PAVEL SPUNAR, Palaeographical Difficulties in Defining an Individual Script, in : Miniatures, scripts, collections. Essays presented to G. I. Lieftinck 4 (Litterae textuales), Amsterdam

1976, S. 62 ff.

GUY FINK-ERRERA, Contribution de la macrophotographie à la conception d'une paléographie générale, in : Bulletin de la Societé Internationale pour L'Étude de la Philosophie Médiévale 4 (1962), S. 100 ff.

Les techniques de laboratoire dans l'étude des manuscrits (Colloques internationaux du CNRS, Nr. 548, Paris 1972), Paris 1974.

ALPHONSE DAIN, Les manuscrits², Paris 1964.

FRANÇOIS MASAI, Paléographie et codicologie, in : Scriptorium 4 (1950), S. 273 ff.

L. M. J. DELASISSÉ, Towards a History of the Medieval Book, in : Codicologica I. Théories et principes (Litterae textuales, Amsterdam 1976), S. 75 f.

GERARD ISAAK LIEFTINCK, Paleografie en handschriftenkunde, Amsterdam 1963.

ALBERT GRUIJS, Codicologie of boek-archeologie? Een vals dilemma, Nijmegen 1971.

–, De la ‚Bücherhandschriftenkunde' d'Ebert à la ‚Codicologie' de Masai, in : Codicologica I. Théories et principes (Litterae textuales, Amsterdam 1976), S. 27 ff.

ALBERT DEROLEZ, Codicologie ou archéologie du livre? Quelques observations sur la leçon inaugurale de M. Albert Gruijs à l'Université Catholique de Nimègue, in : Scriptorium 27 (1973), S. 47 ff.

EMMANUELE CASAMASSIMA, Per una storia delle dottrine paleografiche dall'Umanesimo a Jean Mabillon 1, in : Studi Mediev., 3. Ser., 5 (1964), S. 525 ff.

書体の一般史

HUBERT NÉLIS, L'écriture et les scribes, Brüssel 1918.

PAUL SATTLER / GÖTZ VON SELLE, Bibliographie zur Geschichte der Schrift bis in das Jahr 1930 (Archiv für Bibliographie, Beiheft 17), Linz 1935.

ALOIS BÖHMER / WALTER MENN, Die Schrift und ihre Entwicklung, in : MILKAU / LEYH, Handbuch, 1², Wiesbaden 1952, S. 1 ff.

HANS JENSEN, Die Schrift in Vergangenheit und Gegenwart³, Berlin 1969.

CHARLES HIGOUNET, L'Écriture (Que sais-je? 653), Paris 1955 ［シャルル・イグーネ『文字』矢島文夫訳、白水社、文庫クセジュ 203、1956 年］.

MARCEL COHEN, La grande invention de l'écriture et son évolution, 1–3, Paris 1958.

JAMES G. FÉVRIER, Histoire de l'écriture, Paris 1959.

DAVID DIRINGER, The hand-produced book, London 1953 (New York 1954).

DAVID DIRINGER / REINHOLD REGENSBURGER, The Alphabet³, 1.2., London 1968.

JAN TSCHICHOLD, Geschichte der Schrift in Bildern (Hamburger Beiträge zur Buchkunde)⁴, Hamburg 1961.

MATTHIAS MIESES, Die Gesetze der Schriftgeschichte. Konfession und Schrift im Leben der Völker, Wien / Leipzig 1919.

ADOLF PETRAU, Schrift und Schriften im Leben der Völker. Ein kulturgeschichtlicher Beitrag zur vergleichenden Rassen- und Volkstumskunde (Veröfftl. d. Hochschule für Politik, Forschungsabt. Volkstumskunde 2), Berlin 1939.

Alfabetismo e cultura scritta nella storia della società italiana, Perugia 1979.

STANLEY MORISON, Politics and Script. Aspects of authority and freedom in the development of Graeco-Latin script from the sixth century B. C. to the twentieth century A. D., Oxford 1972.

–, Selected Essays on the History of Letter-Forms in Manuscript and Print, ed. D. McKitterick 1/2, Cambridge 1981.

ラテン語書体の概観

EDWARD MAUNDE THOMPSON, An Introduction to Greek and Latin Palaeography, Oxford 1912 (Repr. New York 1965).

BERTHOLD LOUIS ULLMAN, Ancient Writing and Its Influence. Introd. by T. JULIAN BROWN, Cambridge Mass. 1969.

HERBERT HUNGER, Antikes und mittelalterliches Buch- und Schriftwesen, in : Geschichte der Textüberlieferung der antiken und mittelalterlichen Literatur, 1, Zürich 1961, S. 25 ff.

STEFFENS[2] → 「略号一覧」参照

BATTELLI, Lezioni[3] → 「略号一覧」参照

CENCETTI, Lineamenti → 「略号一覧」参照

–, Compendio → 「略号一覧」参照

FOERSTER, Abriß[2] → 「略号一覧」参照

STIENNON, Paléographie → 「略号一覧」参照

BERTHOLD BRETHOLZ, Lateinische Paläographie (Grundriß der Geschichtswissenschaft, hrsg. von A. MEISTER, 1,1)[2], Leipzig 1926.

EDMOND H. J. REUSENS, Éléments de paléographie, Löwen 1899.

MAURICE PROU / ALAIN DE BOÜARD, Manuel de paléographie latine et française[4], Paris 1924.

OL'GA ANTONOVNA DOBIAŠ-ROŽDESTVENSKAJA, Istorija pis'ma v srednie veka. Rukovodstvo k izučeniju paleografii (Geschichte der Schrift im Mittelalter. Anleitung zur Erlernung der Paläographie), Moskau 1936.

WŁADIMIR SEMKOWICZ, Paleografia łacińska, Krakau 1951.

VIKTOR NOWAK, Latinska paleografija, Belgrad 1952.

–, Paleografija i slovensko-latinska symbioza od 7–15 stoletja (m. engl. Zusammenfassung), in : Istoriski časopis 7 (1957), S. 1 ff.

ALEKSANDRA DMITRIEVNA LJUBLINSKAJA, Latinskaja paelografija, Moskau 1969.

ALEKSANDER GIEYSZTOR, Zaryzs dziejów pisma łacińskiego, Warschau 1973.

IVAN HLAVÁČEK, Uvod do latinské kodikologie (Einführung in die lateinische Kodikologie), Prag 1978.

E. A. LOWE, Handwriting, Our medieval Legacy[2], Rom 1969.

JOHN, Latin Paleography → 「略号一覧」参照

ROBERT MARICHAL, De la capitale romaine à la minuscule, in : MARIUS AUDIN (Hrsg.), Somme typographique, 1, Les origines, Paris 1948.

–, L'Écriture latine et la civilisation occidentale du Ier au XVIe siècle, in : MARCEL COHEN (Hrsg.), L'Écriture et la psychologie des peuples, Paris 1963, S. 199 ff.

PAUL LEHMANN, Lateinische Paläographie bis zum Siege der karolingischen Minuskel (Einleitung in die Altertumswissenschaft, hrsg. von ALFRED GERCKE / EDUARD NORDEN, 1, 10), Leipzig 1925.

CHARLES PERRAT, Paléographie médiévale, in : CHARLES SAMARAN (Hrsg.), L'Histoire et ses méthodes (Encydopédie de la Pléiade 11), Paris 1961, S. 585 ff.

JOHS. BRØNDUM-NIELSEN (Hrsg.), Palaeografi A. Danmark og Sverige (Nordisk Kultur 28), Stockholm / Oslo / Kopenhagen 1943.

DIEDRIK ARUP SEIP, Palaeografi B. Norge og Island (dass.), ebd. 1954.

Nomenclature → 「略号一覧」参照

RUDOLF KAUTZSCH, Wandlungen in der Schrift und in der Kunst (Kleine Drucke der Gutenberg-Gesellschaft 10), Mainz 1929.

STANLEY MORISON, Notes on the development of Latin script from early to modern times, Cambridge 1949.

HERMANN DELITSCH, Geschichte der abendländischen Schreibschriftformen, Leipzig 1928.

OTTO HURM, Schriftform und Schreibwerkzeug. Die Handhabung der Schreibwerkzeuge und ihr formbildender Einfluß auf die Antiqua bis zum Einsetzen der Gotik, Wien 1928.

EDWARD JOHNSTON, Writing & Illuminating & Lettering, rev. ed., London 1939.

FRANTISEK MUZIKA, Die schöne Schrift in der Entwicklung des lateinischen Alphabets, 1/2, Hanau 1965.

BÉNÉDICTINS DU BOUVERET (Hrsg.), Colophons de manuscrits occidentaux des origines au XVIe siècle, 6 Bde., Fribourg 1965–1982.

PAUL LEHMANN, Autographe und Originale namhafter lateinischer Schriftsteller des Mittelalters, in : Erforschung 1, S. 359 ff.

古代のラテン語書体

LUIGI SCHIAPARELLI, La scrittura latina nell'età romana, Como 1921.

JEAN MALLON, Paléographie romaine (Scripturae 3), Madrid 1952.

–, Paléographie romaine, in : CHARLES SAMARAN (Hrsg.), L'Histoire et ses méthodes (Encyclopédie de la Pléiade 11), Paris 1961, S. 553 ff.

JAN-OLOF TJÄDER, Die Forschungen Jean Mallons zur römischen Paläographie, in : MIÖG 61 (1953), S. 385 ff.

ROBERT MARICHAL, Paléographie et épigraphie latines, in : Actes du 2e Congrès International d'épigraphie grecque et latine (Paris 1952), Paris 1953, S. 180 ff.

–, L'Écriture latine et l'écriture grecque du 1er au 6e siècle, in : L'Antiquité classique 19 (1950), S. 113 ff.

–, Paléographie précaroline et papyrologie, in : Scriptorium 1 (1946/7), S. 1 ff. ; (1950), S. 127 ff.
CHARLES PERRAT, Paléographie romaine, in : X Congresso Internazionale di Scienze Storiche (Roma 1955), Relazioni 1, Florenz 1955, S. 345 ff.
RICHARD SEIDER, Paläographie der lateinischen Papyri 1, 2/1, 2/2, Stuttgart 1972 ff.
GIORGIO CENCETTI, Note paleografiche sulla scrittura dei papiri latini dal I al III secolo D. C., in : Accad. delle Scienze dell'Istituto di Bologna, Cl. di scienze morali, Memorie, Ser. 5, 1 (1950), S. 3 ff.
ROBERT MARICHAL, L'Écriture latine de la chancellerie impériale, in : Aegyptus 32 (1952), S. 336 ff.
CHRISTIAN COURTOIS / LOUIS LESCHI / CHARLES PERRAT / CHARLES SAUMAGNE, Tablettes Albertini, Actes privés de l'époque vandale (fin du Ve siècle), Paris 1952.
JAN-OLOF TJÄDER, Nichtliter. lateinische Papyri → 「略号一覧」参照
–, Considerazioni e proposte sulla scrittura latina nell'età romana, in : Palaeographica, Diplomatica e Archivistica, Studi in onore di Giulio Battelli 1, Rom 1979, S. 31–62.
–, Some ancient letter-forms in the later Roman cursive and early mediaeval script of the notarii, in : Scrittura e civiltà 6 (1982), S. 5–21.
–, La misteriosa ‚scrittura grande' di alcuni papiri ravennati e il suo posto nella storia della corsiva latina e nella diplomatica romana e bizantina, dall'Egitto a Ravenna, in : Studi Romagnoli 3 (1952), S. 173 ff.
GIOVANNA PETRONIO NICOLAI, Osservazioni sul canone della capitale libraria romana fra I e III secolo, in : Miscellanea in memoria di Giorgio Cencetti, Turin 1973, S. 3 ff.
ALESSANDRO PRATESI, Considerazioni su alcuni codici in capitale della Biblioteca Apostolica Vaticana, in : Mélanges Eugène Tisserant 7 (Studi e Testi 237), Vatic. 1964, S. 243 ff.
JAN-OLOF TJÄDER, Der Ursprung der Unzialschrift, in : Basler Zs. für Geschichte und Altertumskunde 1974, S. 9 ff.
DAVID FORBES BRIGHT, The Origins of the Latin Uncial Script, Diss. Univ. of Cincinnati 1967.
E. A. LOWE / E. K. RAND, A sixth-century fragment of the letters of Pliny the Younger, Washington 1922 (本書の LOWE, ‚The Palaeography of the Morgan Fragment' は LOWE, Pal. Papers 1, S. 103 ff. に再録).
ARMANDO PETRUCCI, L'onciale romana, in : Studi Mediev., 3. Ser., 12 (1971), S. 75 ff.
E. A. Lowe, English Uncial, Oxford 1960.
BERNHARD BISCHOFF, (Rez. von LOWE, English Uncial) in : Ma. Studien 2, S. 328 ff.
DAVID H. WRIGHT, Some notes on English uncial, in : Traditio 17 (1961), S. 441 ff.
ROBERT MARICHAL, L'Écriture du Paul de Leyde, in : G. G. ARCHI u. a., Pauli Sententiarum Fragmentum Leidense (Cod. Leid. B. P. L. 2589), (Studia Gaiana 4), Leiden 1956, S. 25 ff.
BRUNO BREVEGLIERI, Materiali per lo studio della scrittura minuscola latina : i papiri letterari, in : Scrittura e civiltà 7 (1983), S. 5–49.
E. A. LOWE, A hand-list of half-unical manuscripts, in : Miscellanea Francesco Ehrle 4 (Studi e Testi 40), Rom 1924, S. 34 ff.
ALFIO ROSARIO NATALE, Marginalia, La scrittura della glossa dal V al IX secolo, in : Studi in

onore di Carlo Castiglioni (Fontes Ambrosiani 32), Mailand 1957, S. 615 ff.

ARMANDO PETRUCCI, Scrittura e libro nell'Italia altomedievale, in : A. GIUSEPPE ERMINI, Spoleto 1970 (Studi Mediev., 3 Ser., 10,2), S. 157 ff.

BERNHARD BISCHOFF, Die alten Namen der lateinischen Schriftarten, in : Ma. Studien 1, S. 1 ff.

「図録類」の項に挙げた Bassi, Écriture latine [「略号一覧」を見よ], CLA, ChLA, Zangemeister / Wattenbach, Chatelain (Uncialis scr.) も参照。

速記記号とティロー式速記記号

ARTHUR MENTZ / FRITZ HAEGER, Geschichte der Kurzschrift^2, Wolfenbüttel 1974.

CHRISTIAN JOHNEN, Allgemeine Geschichte der Kurzschrift^4, Berlin 1940.

–, Geschichte der Stenographie im Zusammenhang mit der allgemeinen Entwicklung der Schrift und der Schriftkürzung 1. Die Schriftkürzung und Kurzschrift im Altertum, Mittelalter und Reformationszeitalter, Berlin 1911.

HERBERT BOGE, Griechische Tachygraphie und Tironische Noten. Ein Handbuch der antiken und mittelalterlichen Schnellschrift, Berlin 1973.

ARTHUR MENTZ, Die Tironischen Noten. Eine Geschichte der römischen Kurzschrift, in : Arch. f. Urk. 16 (1939), S. 287 ff. ; 17 (1942), S. 155 ff. ; auch Berlin 1944.

EMILE CHATELAIN, Introduction à la lecture des notes tironiennes, Paris 1900 (Repr. New York o. J.).

ULRICUS FRIDERICUS KOPP, Palaeographia critica, 1–4, Mannheim 1817–1829 (Bd. 1.2 Tachygraphia veterum exposita et illustrata. Bd. 2 unt. d. Tit. Lexicon Tironianum hrsg. von BERNHARD BISCHOFF, Osnabrück 1965).

GIORGIO COSTAMAGNA / M. F. BARONI / L. ZAGNI, Notae Tironianae quae in lexicis et in chartis reperiuntur novo discrimine ordinatae (Fonti e Studi del Corpus Membranarum italicarum, 2. Ser. Fonti Medievali 10, Rom 1983).

GUILELMUS SCHMITZ (Hrsg.), Commentarii notarum Tironianarum, Leipzig 1893.

PAUL LEGENDRE, Études tironiennes. Commentaire sur la VIe églogue de Virgile, tiré d'un manuscrit de Chartres (Bibliothèque de l'École des Hautes Études 165), Paris 1907 (S. 50–67 Les manuscrits tironiens).

LUIGI SCHIAPARELLI, Tachigrafia sillabica latina in Italia. Appunti, in : Bollettino della Accademia italiana di stenografia 4 (1928), S. 11 ff., 80 ff., 157 ff.

GIORGIO COSTAMAGNA, Il sistema tachigrafico sillabico usato dai notai medioevali italiani (sec. VIII–XI), Genua 1953.

ARTHUR MENTZ, Gabelsberger und die Tironischen Noten, in : Franz Xaver Gabelsberger, gest. 4. Januar 1849, hrsg. von A. MENTZ, Wolfenbüttel 1948.

島嶼書体

LUDWIG BIELER, Insular Palaeography. Present state and problems, in : Scriptorium 3（1949）, S. 267 ff.

W. M. LINDSAY, Early Irish minuscule script（St. Andrews University Publications 6）, Oxford 1910.

–, Early Welsh Script（dass. 10）, Oxford 1912.

D. H. WRIGHT in : ALBAN DOLD / LEO EINZENHÖFER, Das irische Palimpsestsakramentar im Clm 14429 der Staatsbibliothek München（Texte und Arbeiten 53/54, Beuron 1964）, S. 35* f.

PATRICK McGURK, The Irish pocket Gospel Book, in : Sacris Eruditi 8（1956）, S. 249 ff.

T. JULIAN BROWN, The Lindisfarne Scriptorium, in : T. D. KENDRICK, T. J. BROWN u. a., Evangeliorum quattuor codex Lindisfarnensis, Olten / Lausanne 1960, S. 89 ff.

E. A. LOWE, A key to Bede's scriptorium. Some observations on the Leningrad manuscript of the ‚Historia ecclesiastica gentis Anglorum', in : Scriptorium 12（1958）, S. 182 ff.（Pal. Papers 2, S. 441 ff. に再録）.

WOLFGANG KELLER, Angelsächsische Paläographie. Die Schrift der Angelsachsen mit besonderer Rücksicht auf die Denkmäler in der Volkssprache, 1.2（Palaestra 43）, Berlin / Leipzig 1906.

N. R. KER, Catalogue of Manuscripts containing Anglo-Saxon, Oxford 1957.

FRANCIS WORMALD, The Insular Script in Late Tenth Century English Latin Manuscripts, in : Atti del X Congresso Internazionale di Scienze Storiche, Rom 1955, S. 160 ff.

GEORG BAESECKE, Der Vocabularius Sancti Galli in der angelsächsischen Mission, Halle 1933.

HERRAD SPILLING, Angelsächsische Schrift in Fulda, in : A. BRALL（Hrsg.）, Von der Klosterbibliothek zur Landesbibliothek, Stuttgart 1978, S. 47–98.

「図録類」の Zimmermann, CLA, ChLA, Sanders も参照。

西ゴート書体, シナイ書体

AGUSTÍN MILLARES CARLO, Tratado de paleografía española, con la colaboración de José Manuel Ruiz Asencio 1–3, 3. ed., Madrid 1983.

ZACARÍAS GARCÍA VILLADA, Paleografía española, 1.2, Madrid 1923.

ANTONIO CHRISTIANO FLORIANO CUMBREÑO, Paleografía y diplomática españolas, Oviedo 1945.

CHARLES UPSON CLARK, Collectanea Hispanica（Transactions of the Connecticut Acad. of Arts and Sciences 24）, Paris 1920.

AGUSTÍN MILLARES CARLO, Contribución al ‚Corpus' de códices visigóticos, Madrid 1931.

–, Nuevos estudios de paleografía española, Mexico 1941.

LUIGI SCHIAPARELLI, Note paleografiche intorno all'origine della scrittura visigótica, in : Arch.

stor. ital., Ser. 7, 12 (1929), S. 165-207.

ANSCARI M. MUNDÓ, Para una historia de la escritura visigótica, in : Bivium, Homenaje a Manuel Cecilio Díaz y Díaz, Madrid 1983, S. 175-196.

RODNEY POTTER ROBINSON, Manuscripts 27 (S. 29) and 107 (S. 129) of the Municipal Library of Autun. A Study of Spanish Halfuncial and Early Visigothic Minuscule and Cursive Scripts (Mem. of the Amer. Acad. in Rome 16), New York 1939.

AGUSTÍN MILLARES CARLO, Consideraciónes sobre la escritura visigótica cursiva, León 1973.

MANUEL GÓMEZ-MORENO, Documentación goda en pizarra (R. Acad. de la Historia), Madrid 1966.

MANUEL C. DÍAZ y DÍAZ, Los documentos hispano-visigóticos sobre pizarra, in : Studi Mediev., 3. Ser., 7 (1966), S. 75 ff.

-, Libros y librerias en la Rioja altomedieval, Logroño 1979.

-, Códices visigóticos en la monarquía leonesa, León 1983.

ANSCARI M. MUNDÓ, El commicus palimpsest Paris lat. 2269 amb notes sobre litúrgia i manuscrits visigòtics a Septimània i Catalunya, in : Liturgica 1, Cardinal I. A. Schuster in memoriam, Montserrat 1956, S. 173 ff.

E. A. LOEW (= LOWE), Studia Palaeographica. A contribution to the history of early Latin minuscule and to the dating of Visigothic manuscripts (MSB 1910, Abh. 12) (Lowe, Pal. Papers 1, S. 2 ff. に再録).

ANSCARI M. MUNDÓ, La datación de los códices liturgicos visigóticos toledanos, in : Hispania Sacra 18 (1965), S. 1 ff.

MANUEL C. DÍAZ, La circulation des manuscrits dans la Péninsule Ibérique du VIIIe au XIe siècle, in : Cahiers de civilisation medievale 12 (1969), S. 219 ff., 383 ff.

E. A. LOWE, An unknown Latin Psalter on Mount Sinai, in : Scriptorium 9 (1955), S. 177 ff. (Pal. Papers 2, S. 417 ff. に再録).

-, Two New Latin Liturgical Fragments on Mount Sinai, in : Rev. Bénéd. 74 (1964), S. 252 ff. (Pal. Papers 2, S. 520 ff. に再録).

-, Two Other Unknown Latin Liturgical Fragments on Mount Sinai, in : Scriptorium 19 (1965), S. 3 ff. (Pal. Papers 2, S. 546 ff. に再録).

「図録類」の Burnam, Ewald / Loewe, Canellas も参照。

ベネヴェント書体

E. A. LOEW (= LOWE), The Beneventan Script, second ed. prepared and enlarged by Virginia Brown 1.2, Sussidi eruditi 35, Rom 1980.

VIKTOR NOVAK, Scriptura Beneventana, Zagreb 1920.

GUGLIELMO CAVALLO, Struttura e articolazione della minuscola beneventana libraria tra i secoli X-XII, in : Studi Mediev., 3. Ser., 11 (1970), S. 343 ff.

MYRTILLA AVERY, The Exultet Rolls of South Italy, Princeton / London / Den Haag 1936.

GUGLIELMO CAVALLO, Rotoli di Exultet dell'Italia Meridionale, Bari 1973.

「図録類」の Lowe も参照。

イタリアとフランク国家における前カロリング朝書体

KARL BRANDI, Ein lateinischer Papyrus aus dem Anfang des 6. Jahrhunderts und die Entwicklung der Schrift in den älteren Urkunden, in : Arch. f. Urk. 5 (1914), S. 269 ff.

–, Der byzantinische Kaiserbrief aus St. Denis und die Schrift der frühmittelalterlichen Kanzleien, ebd. 1 (1908), S. 65 ff.

PAUL RABIKAUSKAS, Die römische Kuriale in der päpstlichen Kanzlei (Miscellanea Historiae Pontificiae 20), Rom 1958.

LUIGI SCHIAPARELLI, Note paleografiche. Intorno all'origine della scrittura curiale romana, in : Arch. stor. ital., Ser. 7,6 (1926), S. 165 ff.

JAN-OLAF TJÄDER, Le origini della scrittura curiale romana, in : Bullett. dell'Arch. Pal. Ital., Ser. 3, 2/3 (1963/4), S. 8 ff.

ALFONSO GALLO, La scrittura curiale napoletana nel Medio Evo, in : Bullett. dell'Istituto Storico Italiano 45 (1929), S. 17 ff.

–, Contributo allo studio delle scritture meridionali nell'alto Medioevo, ebd. 47 (1932), S. 333 ff.

FRANCO BARTOLONI, La nomenclatura delle scritture documentarie, in : X Congresso Internazionale di Scienze Storiche, Roma 1955, Relazioni 1 (Florenz 1955), S. 434 ff.

–, Semicorsiva o precarolina?, in : Bullett. dell'Arch. Pal. Ital. 12 (1943), 2.

–, Note paleografiche. Ancora sulle scritture precaroline, in : Bullett. dell'Istituto Storico Italiano per il Medio Evo, 62 (1950), S. 139 ff.

LUIGI SCHIAPARELLI, Influenze straniere nella scrittura italiana dei secoli VIII e IX. Note paleografiche (Studi e Testi 47), Rom 1927.

PAOLO COLLURA, Studi paleografici. La precarolina e la carolina a Bobbio, Mailand 1943 (Repr. Florenz 1965).

PIUS ENGELBERT, Zur Frühgeschichte des Bobbieser Skriptoriums, in : Rev. Bénéd. 78 (1968), S. 220 ff.

ALFIO ROSARIO NATALE, Influenze merovingiche e studi calligrafici nello scriptorium di Bobbio (secoli VII–IX), in : Miscellanea G. Galbiati 2 (Fontes Ambrosiani 26, Mailand 1951), S. 1 ff.

–, Studi paleografici. Arte e imitazione della scrittura insulare in codici bobbiesi, Mailand 1950.

ARMANDO PETRUCCI, Scrittura e libro nella Tuscia altomedievale (secoli VIII–IX), in : Atti del 5° Congresso Internazionale di studi sull'alto medioevo, Spoleto 1973, S. 627 ff.

–, Libro, scrittura e scuola, in : La scuola nell'occidente latino dell'alto medioevo (Settimane 19), Spoleto 1972, 1, S. 313 ff.

LUIGI SCHIAPARELLI, Note paleografiche. Intorno all'origine e ai caratteri della scrittura merovingica, in : Arch. stor. ital., Ser. 7, 16 (1932), S. 169 ff.

PIERRE GASNAULT / JEAN VEZIN, Documents comptables de Saint-Martin de Tours à l'époque mérovingienne (Collection de documents inédits sur l'histoire de France), Paris 1975 (Neue Ausgabe : ChLA XVIII, 659).

E. A. LOWE, The script of Luxeuil. A title vindicated, in : Rev. Bénéd. 63 (1953), S. 132 ff. (Pal. Papers 2, S. 389 ff. に再録).

OL'GA ANTONOVNA DOBIAŠ-ROŽDESTVENSKAJA, Histoire de l'atelier graphique de Corbie de 651 à 830 reflétée dans les Corbeienses Leninopolitani (Acad. des sciences de l'URSS. Travaux de l'Inst. de l'hist. de la science et de la technique, 2. Ser., 3), Leningrad 1934.

LESLIE WEBBER JONES, The Scriptorium at Corbie 1.2, in : Speculum 22 (1947), S. 191 ff., 375 ff.

EDWARD KENNARD RAND, The earliest book of Tours (Studies in the script of Tours 2), Cambridge Mass. 1934.

BERNHARD BISCHOFF, Ein wiedergefundener Papyrus und die ältesten Handschriften der Schule von Tours, in : Ma. Studien 1, S. 6 ff.

MICHAEL HOCIJ, Die westlichen Grundlagen des glagolitischen Alphabets, in : Südostdeutsche Forschungen 4 (1940), S. 509 ff.

「図録類」の CLA, ChLA, Zimmermann, Bonelli, Natale も参照。

カロリング小文字書体(12 世紀まで)

BERNHARD BISCHOFF, La nomenclature des écritures livresques du IXe au XIIIe siècle, in : Nomenclature, S. 7 ff.

–, Die karolingische Minuskel, in : Karl der Große, Werk und Wirkung (Ausstellungskatalog Aachen 1965), S. 207 ff. (フランス語版 La minuscule caroline et le renouveau culturel sous Charlemagne, in : Institut de Recherche et d'Histoire des Textes, Bulletin 15, 1967/8, S. 333 ff.) ; Ma. Studien 3, S. 1–4 に再録。

ALFRED HESSEL, Zur Entstehung der karolingischen Minuskel, in : Arch. f. Urk. 8 (1923), S. 201 ff.

HARALD STEINACKER, Zum liber Diurnus und zur Frage nach dem Ursprung der Frühminuskel, in : Miscellanea Francesco Ehrle 4 (Studi e Testi 40), Rom 1924, S. 105 ff.

GIORGIO CENCETTI, Postilla nuova a un problema vecchio : L'origine della minuscola ,carolina', in : Nova Historia 7 (1955), S. 1 ff.

BERNHARD BISCHOFF, Paläographie und frühmittelalterliche Klassikerüberlieferung, in : La cultura antica nell'occidente latino dal VII all'XI secolo (Settimane 22, Spoleto 1975), 1, S. 59 ff. ; Ma. Studien 3, S. 55 に再録。

–, Panorama der Handschriftenüberlieferung aus der Zeit Karls des Großen, in : Karl der Große, Lebenswerk und Nachleben (Hrsg. WOLFGANG BRAUNFELS), 2, Düsseldorf 1965, S. 233 ff. (次の索引も参照 : Frühkarolingische Handschriften und ihre Heimat, in : Scriptorium 22, 1968, S. 306 ff.) ; Ma. Studien 3, S. 5 ff. に再録。

–, Die Hofbibliothek unter Ludwig dem Frommen, in : Medieval Learning and Literature, Essays presented to Richard William Hunt, Oxford 1976, S. 3 ff. ; Ma. Studien 3, S. 170 ff. に再

録。
-, Lorsch im Spiegel seiner Handschriften (Münchener Beiträge, Beiheft), München 1974.
W. M. LINDSAY / PAUL LEHMANN, The early Mayence scriptorium, in : Palaeographia Latina 4 (1925), S. 15 ff.
LESLIE WEBBER JONES, The script of Cologne from Hildebald to Hermann, Cambridge Mass. 1932.
BERNHARD BISCHOFF / JOSEF HOFMANN, Libri Sancti Kyliani. Die Würzburger Schreibschule und die Dombibliothek im VIII. und IX. Jahrhundert (Quellen und Forschungen zur Geschichte des Bistums und Hochstifts Würzburg 6), Würzburg 1952.
BERNHARD BISCHOFF, Die südostdeutschen Schreibschulen und Bibliotheken in der Karolingerzeit, 1. Die bayrischen Diözesen, Leipzig 1940 (^{3}Wiesbaden 1974) ; 2. Die vorwiegend österreichischen Diözesen, Wiesbaden 1980.
-, Kalligraphie in Bayern. Achtes bis zwölftes Jahrhundert, Wiesbaden 1981.
-, Eine Sammelhandschrift Walahfrid Strabos (Cod. Sangall. 878), in : Ma. Studien 2, S. 34 ff.
HERRAD SPILLING, Das Fuldaer Skriptorium zur Zeit des Hrabanus, in : R. KOTTJE / H. ZIMMERMANN (Hrsg.), Hrabanus Maurus (Akad. d. Wiss. u. d. Lit. Mainz, Abh. d. geistes- und sozialwiss. Kl., Einzelveröffentlichung 4), Wiesbaden 1982, S. 165–191.
KARL FORSTNER, Die karolingischen Handschriften und Fragmente in den Salzburger Bibliotheken (Ende des 8. Jahrhunderts bis Ende des 9. Jahrhunderts) (Mitteilungen der Gesellschaft für Salzburger Landeskunde, Erg.-Bd. 3), Salzburg 1962.
-, Das Verbrüderungsbuch von St. Peter in Salzburg. Vollst. Faksimile-Ausgabe (Codices selecti 51), Graz 1974.
BONIFAZ FISCHER, Die Alkuin-Bibeln ; ALBERT BRUCKNER, Der Codex und die Schrift, 両者とも in : Die Bibel von Moutier-Grandval, British Museum Add. Ms. 10546, Bern 1971, S. 49 ff., S. 99 ff.
EDWARD KENNARD RAND, A Survey of the manuscripts of Tours, 1.2 (Studies in the Script of Tours 1), Cambridge Mass. 1929.
BERNHARD BISCHOFF, Die Kölner Nonnenhandschriften und das Skriptorium von Chelles, in : Ma. Studien 1, S. 16 ff.
T. A. M. BISHOP, The Script of Corbie, A Criterion, in : Essays presented to G. I. Lieftinck 1 (Litterae textuales), Amsterdam 1972, S. 9 ff.
JEAN VEZIN, Les manuscrits copiés à Saint-Denis en France pendant l'époque carolingienne, in : Paris et Ile-de-France, Memoires publiés par la fédération des sociétés historiques de Paris et de l'Ile-de-France ... 32, 1981, S. 273 ff.
BERNHARD BISCHOFF, Hadoardus and the manuscripts of classical authors from Corbie, in : Didascaliae, Studies in honor of Anselm M. Albareda, New York 1961, S. 41 ff. (ドイツ語版 Hadoard und die Klassikerhandschriften aus Corbie, in : Ma. Studien 1, S. 49 ff.).
FREDERICK M. CAREY, The scriptorium of Reims during the archbishopric of Hincmar (845–882 A. D.), in : Classical and mediaeval studies in honor of Edward Kennard Rand, Menasha, Wis. 1938, S. 41 ff.

CHARLES HENRY BEESON, Lupus of Ferrières as scribe and text critic. A study of his autograph copy of Cicero's De oratore, Cambridge Mass. 1930.

ELISABETH PELLEGRIN, Les manuscrits de Loup de Ferrières, in : Bibl. Éc. Chartes 115 (1957), S. 5 ff.

D. GABORIT-CHOPIN, La décoration des manuscrits à Saint-Martial de Limoges et en Limousin du IXe au XIIe siècle, Paris / Genf 1969.

BENIAMINO PAGNIN, Formazione della scrittura carolina italiana, in : Atti del Congresso Internazionale di diritto e di storia del diritto 1 (Mailand 1951), S. 245 ff.

LUIGI SCHIAPARELLI, Il codice 490 della Biblioteca Capitolare di Lucca e la scuola scrittoria lucchese (secolo VIII–IX). Contributi allo studio della minuscola precarolina in Italia (Studi e Testi 36), Rom 1924.

TERESA VENTURINI, Ricerche paleografiche intorno all'arcidiacono Pacifico di Verona, Verona 1929.

GIORGIO CENCETTI, Scriptoria e scritture nel monachesimo benedettino, in : Il monachesimo nell'alto medioevo e la formazione della civiltà occidentale (Settimane 4, Spoleto 1957), S. 206 ff.

PAOLA SUPINO MARTINI, Carolina romana e minuscola romanesca, in : Studi Mediev., 3. Ser., 15 (1974), S. 769 ff.

ETTORE CAU, Scrittura e cultura a Novara (secoli VIII–IX), in : Ricerche Medievali 6–9 (1971–1974), S. 1 ff.

PHILIP LEVINE, Lo ‚scriptorium' Vercellese da S. Eusebio ad Attone (Quaderni dell'Istituto di Belle Arti di Vercelli 1), Vercelli 1958.

ALFRED HESSEL, Studien zur Ausbreitung der karolingischen Minuskel, I. Spanien, in : Arch. f. Urk. 7 (1921), S. 197 ff. ; II. Großbritannien und Italien, ebd. 8 (1923), S. 16 ff.

NATALIA DANIEL, Handschriften des zehnten Jahrhunderts aus der Freisinger Dombibliothek (Münchener Beiträge 11), München 1973.

CHRISTINE ELISABETH EDER, Die Schule des Klosters Tegernsee im frühen Mittelalter im Spiegel der Tegernseer Handschriften, in : StMOSB 83 (1972), S. 1 ff. (また下記の叢書の 1 冊でもある : Münchener Beiträge, Beiheft).

LESLIE WEBBER JONES, The Script of Tours in the tenth century, in : Speculum 14 (1939), S. 179 ff.

–, The Art of Writing at Tours from 1000 to 1200 A. D., in : Speculum 15 (1940), S. 286 ff.

MONIQUE-CECILE GARAND, Manuscrits monastiques et scriptoria aux XIe et XIIe siècles, travail au scriptorium, in : Litterae textuales, Codicologica 3, 1980, S. 9 ff.

–, Le scriptorium de Cluny, carrefour d'influences au XIe siècle, Le ms. Paris, B. N., Nouv. Acq. Lat. 1548, in : Journal des Savants 1977, S. 257 ff.

JEAN DUFOUR, La bibliothèque et le scriptorium de Moissac, Genf / Paris 1972.

JEAN VEZIN, Les scriptoria d'Angers au XIe siècle, Paris 1974.

MEYER SCHAPIRO, The Parma Ildefonsus, a romanesque illuminated manuscript from Cluny and related works, o. O. 1964.

JEAN VEZIN, Une importante contribution à l'étude du ‚scriptorium' de Cluny à la limite des XIe et XIIe siècles, in : Scriptorium 21 (1967), S. 312 ff.

J. J. G. ALEXANDER, Norman Illumination at Mont St. Michel 966–1100, Oxford 1970.

CHRISTIAN DE MÉRINDOL, La production des livres peints à l'abbaye de Corbie au XIIème siècle. Étude historique et archéologique, 1–3, Lille 1976.

JACQUES STIENNON, Le scriptorium et le domaine de l'abbaye de Malmédy du Xe au début du XIIe siècle, d'après les manuscrits de la Bibliothèque Vaticane (Bulletin de l'Institut Historique Belge à Rome 26, 1950/1), S. 5 ff.

ADRIAAN VERHULST, L'Activité et la calligraphie du scriptorium de l'abbaye Saint Pierre-au-Mont-Blandin de Gand à l'époque de l'abbé Wichard († 1058), in : Scriptorium 11 (1957), S. 37 ff.

ARMANDO PETRUCCI, Censimento dei codici dei secoli XI–XII. Istruzioni per la datazione, in : Studi Mediev., 3. Ser., 9 (1968), S. 1115 ff.

MARIA ANTONIETTA MAZZOLI CASAGRANDE, I codici Warmondiani e la cultura a Ivrea fra IX e XI secolo, in : Ricerche Medievali 6–9 (1971–1974), S. 89 ff.

MARIA VENTURINI, Vita ed attività dello ‚scriptorium' veronese nel secolo XI, Verona 1930.

MARIA LUISA GIULIANO, Cultura e attività calligrafica nel secolo XII a Verona, Padua 1933.

T. A. M. BISHOP, English Caroline Minuscule, Oxford 1971.

KARIN DENGLER-SCHREIBER, Scriptorium und Bibliothek des Klosters Michelsberg in Bamberg von den Anfängen bis 1150 (Studien zur Bibliotheksgeschichte 2), Graz 1978.

CARL PFAFF, Scriptorium und Bibliothek des Klosters Mondsee im hohen Mittelalter (Österr. Akad. d. Wiss., Veröffentlichungen der Kommission für Geschichte Österreichs 2), Wien 1967.

MIROSLAW FLODR, Skriptorium olomoucké. K počátkům písařske tvorby v českých zemích (Das Olmützer Scriptorium. Zu den Anfängen der Schriftkultur in den tschechischen Ländern) (Spisy univ. v Brně filos. fakulta 65), Prag 1960.

HREINN BENEDIKTSSON, Early Icelandic Script as Illustrated in Vernacular Texts from the Twelfth and Thirteenth Centuries, Reykjavik 1965.

HARALD SPEHR, Der Ursprung der isländischen Schrift und ihre Weiterbildung bis zur Mitte des XIII. Jahrhunderts, Halle a. S. 1929.

OTTO MAZAL, Buchkunst der Romanik, Graz 1978.

WALTER BERSCHIN, Griechisch-lateinisches Mittelalter. Von Hieronymus zu Nikolaus von Kues, Bern / München 1980.

初期ゴシック書体とゴシック書体

ERNST CROUS / JOACHIM KIRCHNER, Die gotischen Schriftarten, Berlin 1928.

OTTO MAZAL, Buchkunst der Gotik, Graz 1975.

WILHELM MEYER, Die Buchstaben-Verbindungen der sogenannten gothischen Schrift (Abh. der Ges. der Wiss. zu Göttingen, N. F. 1,6), Berlin 1897.

CARL WEHMER, Die Namen der ‚gotischen' Buchschriften. Ein Beitrag zur Geschichte der lateinischen Paläographie, in : Zbl. f. Bw. 49 (1932), S. 11 ff., 169 ff., 222 ff.

G. I. LIEFTINCK, Pour une nomenclature de l'écriture de la période dite gothique. Essai s'appliquant spécialement aux manuscrits originaires des Pays-Bas médiévaux, in : Nomenclature (「略号一覧」参照), S. 15 ff.

J. P. GUMBERT, Utrechter Kartäuser → 「略号一覧」参照

–, Nomenklatur als Gradnetz. Ein Versuch an spätmittelalterlichen Schriftformen, in : Codices manuscripti 1 (1975), S. 122 ff.

–, A Proposal for a Cartesian Nomenclature, in : Miniatures, Scripts, Collections. Essays presented to G. I. Lieftinck 4 (Litterae textuales), Amsterdam 1975, S. 45 ff.

THOMAS FRENZ, Gotische Gebrauchsschriften des 15. Jahrhunderts : Untersuchungen zur Schrift lateinisch-deutscher Glossare am Beispiel des ‚Vocabularius Ex quo', in : Cod. mss. 7, 1981, S. 14 ff.

W. OESER, Das ‚a' als Grundlage für Schriftvarianten in der gotischen Buchschrift, in : Scriptorium 25 (1971), S. 25 ff., 303.

GAINES POST, A general report : Suggestions for future studies in late medieval and Renaissance Latin paleography, in : Relazioni del X° Congresso Internazionale di Scienze Storiche, Roma 1955, 1, Florenz 1955, S. 407 ff.

BRYGIDA KÜRBISÓWNA, Rozwój pisma gotyckiego (Die Entwicklung der gotischen Schrift) (Sprawozdania Poznánskiego Towarzystwa Przyjaciól Nauk 44/45, 1955).

T. V. LUIZOVA, Ob istoričeskich uslovijach voznikovenija tak nazyvaemogo gotičeskogo pis'ma (Über die historischen Voraussetzungen der Entstehung der sogenannten gotischen Schrift), in : Srednie veka 5 (1954), S. 269 ff.

JACQUES BOUSSARD, Influences insulaires dans la formation de l'écriture gothique, in : Scriptorium 5 (1951), S. 238 ff.

N. R. KER, English Manuscripts → 「略号一覧」参照

R. A. B. MYNORS, Durham Cathedral Manuscripts to the end of the twelfth century, Oxford 1939.

LÉOPOLD DELISLE (Hrsg.), Rouleau mortuaire du B. Vital, abbé de Savigni, contenant 207 titres écrits en 1122–1123 dans différentes églises de France et d'Angleterre, éd. phototypique, Paris 1909.

GERARD ISAAC LIEFTINCK, De librijen en scriptoria der westvlaamse cistercienserabdijen Ter Duinen en Ter Doest in de 12e en 13e eeuw en de betrekkingen tot het atelier van de kapittelschool van Sint Donatiaan te Brugge (Mededelingen van de Koninkl. Vlaamse Acad. voor wetenschappen, letteren en schone kunsten van Belgie, Kl. d. letteren, 15, 1953, 2).

VERA LOROVNA ROMANOVA, Rukopisnaja kniga i gotičeskoe pis'mo vo Francii v XIII–XIV vv. (Das handschriftliche Buch und die gotische Schrift in Frankreich im XIII.–XIV. Jahrh.), Moskau 1975.

BENIAMINO PAGNIN, Le origini della scrittura gotica padovana (R. Univ. di Padova, Pubbl. della fac. di lettere e filos. 6), Padua 1933.

–, la ‚Littera bononiensis'. Studio paleografico (Atti del R. Istituto Veneto di scienze, lettere ed arti 93, 1933/34), S. 1593 ff.; Ricerche Medievali 10-12 (Pavia 1975-7), S. 93-168 に再録。

JEAN DESTREZ, La ‚pecia' dans les manuscrits universitaires du XIIIe et du XIVe siècle, Paris 1935.

ANTOINE DONDAINE, Secrétaires de Saint Thomas, 1.2, Rom 1956.

ARMANDO PETRUCCI, La scrittura di Francesco Petrarca (Studi e Testi 248), Vatic. 1967.

T. A. M. BISHOP, Scriptores regis. Facsimiles to identify and illustrate the hands of royal scribes in original charters of Henry I, Stephan, and Henry II, Oxford 1961.

LJUDMILA IL'INIČNA KISELEVA, Gotičeskij kursiv XIII–XV vv., Leningrad 1974.

GIANFRANCO ORLANDELLI, Ricerche sulla origine della ‚littera bononiensis'. Scritture documentarie bolognesi del secolo XII, in : Bullet. dell'Arch. Pal. Ital., N. S. 2/3 (1956/7).

STEPHAN HAJNAL, Vergleichende Schriftproben zur Entwicklung und Verbreitung der Schrift im 12.–13. Jahrhundert, Budapest u. a. 1943.

–, L'Enseignement de l'écriture aux universités medievales² (hrsg. von L. MEZEY), Budapest 1959.

WALTER HEINEMEYER, Studien zur Geschichte der gotischen Urkundenschrift, Beih. z. Arch. f. Dipl., H. 4, 2. erw. Aufl., 1982.

FRIEDRICH UHLHORN, Die Großbuchstaben der sogenannten gotischen Schrift mit besonderer Berücksichtigung der Hildesheimer Stadtschreiber (Zs. für Buchkunde からの抜刷), Leipzig 1924.

N. DENHOLM-YOUNG, Handwriting in England and Wales, Cardiff 1954.

M. B. PARKES, English Cursive Book Hands 1250–1500, Oxford 1969.

C. E. WRIGHT, English Vernacular Hands from the twelfth to the fifteenth centuries, Oxford 1960.

PAVEL SPUNAR, L'Évolution et la fonction de la bâtarde en Bohême et en Pologne, in : Studia zródłoznawcze 6 (1961), S. 1 ff.

–, Genese české bastardy a jeji vztah k českym prvotiskům. (Die Entstehung der tschechischen Bastarda und ihre Beziehung zu den tschechischen Frühdrucken), in : Listy filolologické 3 (78. 1955), S. 34 ff.

BONAVENTURA KRUITWAGEN, Laat-middeleeuwsche paleografica, paleotypica, liturgica, kalendalia, grammaticalia, 's-Gravenhage 1942.

W. OESER, Die Brüder des Gemeinsamen Lebens in Münster als Bücherschreiber, in : Arch. für Geschichte des Buchwesens 5 (1964), Sp. 197 ff.

S. H. STEINBERG, Medieval Writing-masters, in : The Library, Ser. 4, 22 (1942), S. 1 ff.

CARL WEHMER, Die Schreibmeisterblätter des späten Mittelalters, in : Miscellanea Giovanni Mercati 6 (Studi e Testi 126), Vatic. 1946, S. 147 ff.

–, Augsburger Schreiber aus der Frühzeit des Buchdrucks, 1.2, in : Beiträge zur Inkunabelkunde, N. F. 1 (1935), S. 78 ff.; 2 (1938), S. 108 ff.

ALFRED HESSEL, Die Schrift der Reichskanzlei seit dem Interregnum und die Entstehung der Fraktur (Nachr. d. Ges. d. Wiss. in Göttingen, N. F. Fachgruppe 2,2, 1936/9).

H. A. GENZSCH, Kalligraphische Stilmerkmale in der Schrift der luxemburgisch habsburgischen Reichskanzlei. Ein Beitrag zur Vorgeschichte der Fraktur, in : MIÖG 45（1931）, S. 205 ff.

-, Untersuchungen zur Geschichte der Reichskanzlei und ihrer Schriftformen in der Zeit Albrechts II. und Friedrichs III, Diss. Marburg 1930（部分印刷版）.

HEINRICH FICHTENAU, Die Lehrbücher Maximilians I. und die Anfänge der Frakturschrift, Hamburg 1961.

FRITZ RÖRIG, Mittelalter und Schriftlichkeit, in : Welt als Geschichte 13（1953）, S. 29 ff.

HELGA HAJDU, Lesen und Schreiben im Spätmittelalter（Elisabeth-Univ., Pécs, Schriften aus dem Dt. Inst. 1）, Pécs 1931.

FRIEDRICH WILHELM OEDIGER, Über die Bildung der Geistlichen im späten Mittelalter, Leiden / Köln 1953.

WIELAND SCHMIDT, Vom Lesen und Schreiben im späten Mittelalter, in : Festschrift für Ingeborg Schröbler zum 65. Geburtstag, Tübingen 1973, S. 309 ff.

GERHART BURGER, Die südwestdeutschen Stadtschreiber im Mittelalter（Beiträge zur schwäbischen Geschichte 1/5）, Böblingen 1960.

CURT F. BÜHLER, The fifteenth-century book, the scribes, the printers, the decorators, Philadelphia 1960.

OTTO MAZAL, Paläographie und Paläotypie. Zur Geschichte der Schrift im Zeitalter der Inkunabeln, Stuttgart 1984.

STANLEY MORISON, The Art of Printing（Proceedings of the British Academy 23, 1937）（ドイツ語版 ST. MORISON, Schrift, Inschrift, Druck, Hamburg 1948）.

LJUDMILA IŁINIČNA KISELEVA, Zapadnoevropejskaja kniga XIV.–XV vv.（Das westeuropäische Buch des XIV. und XV. Jhs.）, Leningrad 1985.

「図録類」の Kirchner（Script. Goth. libr.）, Thomson も参照。

ユマニスト書体

BERTHOLD LOUIS ULLMANN, The Origin and Development of Humanistic Script, Rom 1960.

ALFRED HESSEL, Die Entstehung der Renaissanceschriften, in : Arch. f. Urk. 13（1933）, S. 1 ff.

GIULIO BATTELLI, Nomenclature des écritures humanistiques, in : Nomenclature（「略号一覧」参照）, S. 35 ff.

ALBINIA C. DE LA MARE, Humanistic Script, in : J. J. G. ALEXANDER / A. C. DE LA MARE, The Italian Manuscripts in the Library of Major J. R. Abbey, London 1969, S. XXII–XXIII.

-, The Handwriting of Italian Humanists 1, Fasz. 1, Oxford 1973.

JAMES WARDROP, The Script of Humanism. Some Aspects of Humanistic Script, 1460–1560, Oxford 1963.

AUGUSTO CAMPANA, Scritture di umanisti, in : Rinascimento 1（1950）, S. 227 ff.

JOHN P. ELDER, Clues for Dating Florentine Humanistic Manuscripts, in : Studies in Philology 44（1947）, S. 127 ff.

MILLARD MEISS, Toward a more comprehensive Renaissance palaeography, in : The Art Bulle-

tin 42 (1960), S. 97 ff.
GIOVANNI MARDERSTEIG (Hrsg.), Felice Feliciano Veronese, Alphabetum Romanum, Verona 1960.
EMANUELE CASAMASSIMA, Trattati di scrittura del Cinquecento italiano, Mailand 1966.
KARL SCHOTTENLOHER, Handschriftenforschung und Buchdruck im 15. und 16. Jahrhundert, in : Gutenberg-Jahrbuch 6 (1931), S. 73 ff.

近代書体，ドイツ語書体

KARL PIVEC, Paläographie des Mittelalters – Handschriftenkunde der Neuzeit?, in : LEO SANTIFALLER (Hrsg.), Festschrift zur Feier des zweihundertjährigen Bestandes des Haus-, Hof und Staatsarchivs 1, Wien 1949, S. 225 ff.
STANISLAV POLÁK, Studium novověkého písma. Problémy paleografie, Příbram 1973.
C. BONACINI, Bibliografia delle arti scrittorie e della calligrafia (Biblioteca bibliografica italica 5), Florenz 1953.
WERNER DOEDE, Bibliographie deutscher Schreibmeisterbücher von Neudörfer bis 1800, Hamburg 1958.
–, Schön schreiben, eine Kunst. Johann Neudörffer und seine Schule im XVI. und XVII. Jahrhundert (Bibliothek des Germ. National-Mus., Nürnberg, zur deutschen Kunst- und Kulturgeschichte 6), Nürnberg 1957.
ALBERT KAPR, Johann Neudörffer der Ältere, der große Schreibmeister der deutschen Renaissance, Leipzig 1956.
KARL BRANDI, Unsere Schrift. Drei Abhandlungen zur Einführung in die Geschichte der Schrift und des Buchdrucks, Göttingen 1911.
HANS HIRSCH, Gotik und Renaissance in der Entwicklung unserer Schrift, Wien 1932 (Aufsätze zur mittelalterlichen Urkundenforschung, Darmstadt 1965, S. 276 ff. に再録).
HERIBERT STURM, Einführung in die Schriftkunde^2, Neustadt a. d. Aisch 1961.
「図録類」の Dülfer-Korn, Santifaller も参照。

短縮記号

LUIGI SCHIAPARELLI, Avviamento allo studio delle abbreviature latine nel medioevo, Florenz 1926.
IOANNES LUDOLFUS WALTHERUS, Lexicon diplomaticum, abbreviationes syllabarum et vocum in diplomatibus et codicibus e saeculo VIII ad XVI usque occurrentes exponens, Göttingen 1747 (Neue Ausg. Ulm 1756. Repr. 1966).
ADRIANO CAPELLI, Lexicon abbreviaturarum, quae in lapidibus, codicibus et chartis praesertim medii aevi occurrunt. Dizionario di abbreviature latine ed italiane^5, Mailand 1954. (ドイツ語版 Lexicon abbreviaturarum. Wörterbuch lateinischer und italienischer Abkürzungen^2, Leipzig 1928).

AUGUSTE PELZER, Abréviations latines médiévales. Supplément au ‚Dizionario di abbreviature latine ed italiane' di Adriano Cappelli, Löwen 1964.

PAUL LEHMANN, Sammlungen und Erörterungen lateinischer Abkürzungen in Altertum und Mittelalter (Abh. d. Bayer. Akad. d. Wiss., Phil.-hist. Abt., N. F. 3, 1929).

LUDWIG TRAUBE, Nomina Sacra → 「略号一覧」参照

C. H. TURNER, The ‚Nomina Sacra' in early Latin manuscripts, in : Miscellanea Francesco Ehrle 4 (Studi e Testi 40), Rom 1924, S. 62 ff.

A. H. R. E. PAAP, Nomina Sacra in the Greek Papyri of the first five centuries A. D. (Papyrologica Lugduno-Batava 8), Leiden 1959.

W. M. LINDSAY, Notae Latinae → 「略号一覧」参照

DORIS BAINS, A Supplement to Notae Latinae (Abbreviations in Latin Mss. of 850 to 1050 A. D.), Cambridge 1936. (Repr. Hildesheim 1965).

JOSÉ LÓPEZ DE TORO (Hrsg.), Abreviatures hispánicas, Madrid 1957.

M.-H. LAURENT, De abbreviationibus et signis scripturae Gothicae, Rom 1939.

EMIL SECKEL, Paläographie der juristischen Handschriften des 12. bis 15. und der juristischen Drucke des 15. und 16. Jahrhunderts, in : Zs. der Savigny-Stiftung für Rechtsgeschichte 45 (1925), Roman. Abt., S. 1 ff. (また抜刷は Weimar 1925).

句読点法

MARTIN HUBERT, Corpus stigmatologicum minus, in : Archivum Latinitatis medii aevi 37 (1970), S. 14 ff. ; 39 (1974), S. 55 ff.

–, Le vocabulaire de la ‚ponctuation' aux temps médiévaux, ebd. 38 (1972), S. 57 ff.

RUDOLF WOLFGANG MÜLLER, Rhetorische und syntaktische Interpunktion. Untersuchungen zur Pausenbezeichnung im antiken Latein, Diss. Tübingen 1964.

E. OTHA WINGO, Latin Punctuation in the Classical Age, Den Haag 1972.

JEANETTE MOREAU-MARÉCHAL, Recherches sur la ponctuation, in : Scriptorium 22 (1968), S. 56 ff.

JEAN VEZIN, Le point d'interrogation, un élément de datation et de localisation des manuscrits. L'exemple de Saint-Denis au IXe siècle, in : Scriptorium 34, 1980, S. 181 ff.

記譜記号

WALTER LIPPHARDT / LUTHER DITTMER / MARTIN RUHNKE, ‚Notation', in : Musik in Geschichte und Gegenwart 9 (Kassel 1961), Sp. 1611 ff.

JOHANNES WOLF, Handbuch der Notationskunde, 1, Leipzig 1913.

–, Musikalische Schrifttafeln. Für den Unterricht in Notationskunde, H. 1–10 (Veröffentlichungen des Fürstl. Inst. für Musikwissenschaftliche Forschung zu Bückeburg, Reihe 2,2), Leipzig 1922/3.

JACQUES HOURLIER (Hrsg.), La notation musicale des chants liturgiques latins. Présentée par les moines de Solesmes, Solesmes 1963.

GREGORI M. SUNYOL, Introducció a la paleografía musical gregoriana, Montserrat 1925（フランス語版 Introduction à la paléographie musicale grégorienne, Tournai 1935).

PETER WAGNER, Neumenkunde² (Einführung in die gregorianischen Melodien 2), Leipzig 1912.

EWALD JAMMERS, Tafeln zur Neumenkunde, Tutzing 1965.

–,　Die paläofränkische Neumenschrift, in : Scriptorium 7 (1953), S. 235 ff.

SOLANGE CORBIN, Répertoire de manuscrits médiévaux contenant des notations musicales, 1–3, Paris 1965 ff.

–,　Die Neumen (Bd. 1, 3 in : W. ARLT (Hrsg.), Paläographie der Musik, Köln 1977).

BRUNO STÄBLEIN, Schriftbild der einstimmigen Musik, in : Musikgeschichte in Bildern 3, Leipzig 1975.

数　字

KARL MENNINGER, Zahlwort und Zahl², Göttingen 1958.

GEORGE FRANCIS HILL, The Development of Arabic Numerals in Europe, Oxford 1915.

GUY BEAUJOUAN, Étude paléographique sur la ‚rotation' des chiffres et l'emploi des apices du 10e au 12e siècle, in : Revue de l'histoire des sciences 1 (1948), S. 301 ff.

MARCEL DESTOMBES, Un astrolabe carolingien et l'origine de nos chiffres arabes, in : Archives Internationales d'Histoire des Sciences, Nr. 58/9 (1962), S. 3 ff.

BERNHARD BISCHOFF, Die sogenannten ‚griechischen' und ‚chaldäischen' Zahlzeichen des abendländischen Mittelalters, in : Ma. Studien 1, 67 ff.

暗号文字

FRANZ STIX, Geheimschriftkunde als historische Hilfswissenschaft, in : MIÖG, Erg.-Bd. 14 (1939), S. 453 ff.

ALOYS MEISTER, Die Anfänge der modernen diplomatischen Geheimschrift, Paderborn 1902.

–,　Die Geheimschrift im Dienste der päpstlichen Kurie von ihren Anfängen bis zum Ende des 16. Jahrhunderts, Paderborn 1906.

BERNHARD BISCHOFF, Übersicht über die nichtdiplomatischen Geheimschriften des Mittelalters, in : MIÖG 62 (1954), S. 1 ff.；加筆のうえ : Ma. Studien 3, 1981, S. 120 ff.

RENÉ DEROLEZ, Runica manuscripta, the English tradition (Rijksuniversiteit te Gent, Werken uitgegeven door de faculteit van de wijsbegeerte en letteren, 118. afl.), Brügge 1954.

写本学(コディコロジー)

ARMANDO PETRUCCI, La descrizione del manoscritto – storia, problemi, modelli, Rom 1984.

FRIEDRICH ADOLF EBERT, Zur Handschriftenkunde 1, Leipzig 1825.

WILHELM WATTENBACH, Das Schriftwesen im Mittelalter³, Leipzig 1896.

I. H. M. HENDRIKS, Pliny, Historia Naturalis XIII, 74–82 and the Manufacture of Papyrus, in : Zs. für Papyrologie und Epigraphik 37, 1980, S. 121 ff.

WILHELM SCHUBART, Einführung in die Papyruskunde, Berlin 1918.

–, Das Buch bei den Griechen und Römern² (Handbücher der Staatlichen Museen zu Berlin), Berlin / Leipzig 1921.

FREDERICK G. KENYON, Books and Readers in Ancient Greece and Rome², Oxford 1951〔F. G. ケニオン『古代の書物——ギリシア・ローマの書物と読者』高津春繁訳，岩波新書，1953 年〕.

GUGLIELMO CAVALLO (Hrsg.), Libri, editori e pubblico nel mondo antico. Guida storica e critica, Rom / Bari 1975.

–, (Hrsg.), Libri e lettori nel medioevo. Guida storica e critica, Rom / Bari 1977.

ARMANDO PETRUCCI (Hrsg.), Libri, scrittura, e pubblico nel Rinascimento, Guida storica e critica, Rom / Bari 1979.

SANTIFALLER, Beiträge → 「略号一覧」参照

C. H. ROBERTS / T. C. SKEAT, The Birth of the Codex, Oxford 1983.

ERIC G. TURNER, The Typology of the Early Codex, Philadelphia 1977.

KARL LÖFFLER, Einführung in die Handschriftenkunde, Leipzig 1929.

KARL LÖFFLER / PAUL RUF, Allgemeine Handschriftenkunde, in : MILKAU / LEYH, Handbuch 1² (1952), S. 106 ff.

L. D. REYNOLDS (Hrsg.), Texts and Transmission, A Survey of the Latin Classics, Oxford 1973.

L. D. REYNOLDS / N. G. WILSON, D'Homère à Erasme. La transmission des classiques grecs et latins. Nuov. éd. augm., Paris 1984〔L. D. レイノルズ / N. G. ウィルソン『古典の継承者たち——ギリシア・ラテン語テクストの伝承にみる文化史』西村賀子・吉武純夫訳，国文社，1996 年．英語の元版 Scribes and Scholars : A Guide to the Transmission of Greek and Latin Literature, 3rd ed., Oxford 1991 からの訳〕.

JOACHIM KIRCHNER, Germanistische Handschriftenpraxis. Ein Lehrbuch für die Studierenden der deutschen Philologie², München 1967.

LESNE, Livres → 「略号一覧」参照

G. S. IVY, The Bibliography of the Manuscript Book, in : F. WORMALD / C. E. WRIGHT, The English Library before 1700, London 1958.

LÉON GILISSEN, Prolégomènes à la codicologie, Gent 1977.

CARLA BOZZOLO / EZIO ORNATO, Pour une histoire du livre manuscrit au moyen âge, Paris 1980.

RONALD REED, Ancient Skins, Parchment and Leathers, London 1973.

–, The Nature and Making of Parchment, Leeds 1975.

ALBAN DOLD, Palimpsesthandschriften, ihre Erschließung einst und jetzt, ihre Bedeutung, in : Gutenberg-Jahrbuch 1950, S. 16 ff.

GILBERT OUY, Histoire ‚visible' et histoire ‚cachée' d'un manuscrit, in : Le Moyen Age 64 (1958), S. 115 ff.

JOHN BENTON, Digital image-processing applied to the photography of manuscripts, in : Scriptorium 33, 1979, S. 40 ff.

E. A. LOWE, Codices Rescripti. A list of the oldest Latin palimpsests with stray observations on their origin, in : Mélanges Eugène Tisserant 5 (Studi e Testi 235), Vatic. 1964, S. 67 ff. (Pal. Papers 2, S. 480 ff. に再録).

BERNHARD BISCHOFF, Der Fronto-Palimpsest der Mauriner (MSB 1958, 2).

FRITZ HOYER / HANS H. BOCKWITZ, Einführung in die Papierkunde, Leipzig 1941.

ARMIN RENKER, Das Buch vom Papier, Leipzig 1934.

HEINZ ROOSEN-RUNGE, Die Tinte des Theophilus, in : Festschrift Luitpold Dussler, Berlin 1972, S. 87 ff.

HELLMUTH HELWIG, Handbuch der Einbandkunde, 1-3, Hamburg 1953-1955.

HANS LOUBIER, Der Bucheinband von seinen Anfängen bis zum Ende des 18. Jahrhunderts[2], Leipzig 1926.

LÉON GILISSEN, La reliure occidentale antérieure à 1400, Turnhout 1983.

ERNST KYRISS, Verzierte gotische Einbände im alten deutschen Sprachgebiet, Text, 3 Tafelbde., Stuttgart 1951-1958.

写本装飾

FRANZ UNTERKIRCHNER, Die Buchmalerei, Entwicklung, Technik, Eigenart, Wien 1974.

D. M. ROBB, The Art of the Illuminated Manuscript, Cranbury N. J. 1973.

MAURICE SMEYERS, La miniature (Typologie des sources du moyen âge occidental, Fasc. 8), Turnhout 1974.

KURT WEITZMANN, Ancient Book Illumination, Cambridge, Mass. 1959.

-, Spätantike und frühchristliche Buchmalerei, München 1977.

CARL NORDENFALK, Insulare Buchmalerei, München 1977.

JOHN WILLIAMS, Frühe spanische Buchmalerei, München 1977.

FLORENTINE MÜTHERICH / JOACHIM GAEHDE, Karolingische Buchmalerei, München 1976.

J. J. G. ALEXANDER, Initialen in großen Handschriften, München 1978.

RICHARD MARKS / NIGEL MORGAN, Englische Buchmalerei der Gotik, München 1980.

FRANÇOIS AVRIL, Buchmalerei am Hofe Frankreichs 1310-1380, München 1978.

MARCEL THOMAS, Buchmalerei aus der Zeit des Jean de Berry, München 1979.

J. J. G. ALEXANDER, Buchmalerei der italienischen Renaissance im 15. Jahrhundert, München 1977.

-, (Hrsg.), A Survey of Manuscripts Illuminated in the British Isles, London / Oxford / New York 1975 ff.

KATHARINA BIERBRAUER, Die Ornamentik frühkarolingischer Handschriften aus Bayern (Bayer. Akad. d. Wiss., Phil.-hist. Kl., Abh., N. F., H. 84, München 1979).

WILHELM KOEHLER, Buchmalerei des frühen Mittelalters. Fragmente und Entwürfe aus dem

Nachlaß, München 1972.

HEINZ ROOSEN-RUNGE, Farbgebung und Technik frühmittelalterlicher Buchmalerei 1.2, Berlin 1967.

ROBERT WALTER SCHELLER, A Survey of Medieval Model Books, Haarlem 1963.

LILIAN M. C. RANDALL, Images in the Margins of Gothic Manuscripts, Berkeley 1966.

これ以外の文献については、「Propyläen-Kunstgeschichte」の以下の第5巻から第7巻に収録された文献リストを参照されたい。

HERMANN FILLITZ (Hrsg.), Das Mittelalter I, Berlin 1969, S. 313 ff.

OTTO VON SIMSON (Hrsg.), Das Mittelalter II, Berlin 1972, S. 440, 442 f., 444, 446 ff., 452 ff.

JAN BIAŁOSTOCKI (Hrsg.), Spätmittelalter und beginnende Neuzeit, Berlin 1972, S. 434 ff.

複製写本, 叢書

HANS ZOTTER, Bibliographie faksimilierter Handschriften, Graz 1976.

Codices Graeci et Latini photographice depicti duce Scatone DE VRIES (et post eum G. I. LIEFTINCK), Leiden 1897 ff.

Codices e Vaticanis selecti, Rom u. a. 1899 ff.

Codices e Vaticanis selecti ... iussu Ioannis Pauli II, Zürich 1981 ff.

Armarium codicum insignium, Turnhout 1980 ff.

Umbrae codicum occidentalium, Amsterdam 1960 ff.

Codices selecti, Graz 1960 ff.

Deutsche Texte in Handschriften, Köln / Graz 1962 ff.

Litterae. Göppinger Beiträge zur Textgeschichte, Göppingen 1971 ff.

Early English Manuscripts in Facsimile, Kopenhagen 1951 ff.

Corpus codicum Danorum medii aevi, Kopenhagen 1960 ff.

Corpus codicum Suecicorum, Kopenhagen 1943 ff.

Corpus codicum Islandicorum, Kopenhagen 1930 ff.

Manuscripta Islandica, Kopenhagen 1954 ff.

Early Icelandic Manuscripts in Facsimile, Kopenhagen 1958 ff.

図録類（主に写本書体関連）

Palaeographical Society → 「略号一覧」参照

New Palaeographical Society → 「略号一覧」参照

Catalogue des manuscrits datés → 「略号一覧」参照

Manuscrits datés, Belgique → 「略号一覧」参照

Manuscrits datés, Pays-Bas → 「略号一覧」参照

Catalogo dei manoscritti datati → 「略号一覧」参照

Catalogue of Dated Manuscripts, England → 「略号一覧」参照

Katalog der datierten Handschriften, Österreich → 「略号一覧」参照

Katalog der datierten Handschriften, Schweden → 「略号一覧」参照
Katalog der datierten Handschriften, Schweiz → 「略号一覧」参照
Datierte Handschriften, Bundesrepublik Deutschland → 「略号一覧」参照
DEGERING, Schrift → 「略号一覧」参照
STEFFENS[2] → 「略号一覧」参照
ARNDT / TANGL[4] → 「略号一覧」参照
KIRCHNER, Scriptura Latina libraria[2] → 「略号一覧」参照
HANS FOERSTER, Mittelalterliche Buch- und Urkundenschriften, Bern 1946.
ERNESTO MONACI, Esempj di scrittura latina dal secolo I dell'era moderna al XVIII, Rom 1898 (Neue Ausg. 1906).
FRANCO BARTOLONI, Esempi di scrittura latina dal secolo I a. C. al secolo XV, Rom 1934.
EHRLE / LIEBAERT → 「略号一覧」参照
Exempla scripturarum → 「略号一覧」参照
CHROUST → 「略号一覧」参照
BRUCKNER, Scriptoria → 「略号一覧」参照
Recueil des fac-similés à l'usage de l'École des Chartes, Fasz. 1–4, Paris 1880–1887.
Album paléographique ou Recueil de documents importants relatifs à l'histoire et à la litterature nationales, reproduits en héliogravure d'après les originaux des bibliothèques et des archives de la France par la Société de l'École des Chartes, Paris 1887.
Archivio Paleografico Italiano → 「略号一覧」参照
J. VAN DEN GHEYN, Album Belge de paléographie. Recueil de spécimens d'écritures d'auteurs et de manuscrits belges (VIIe–XVIe siècles), Brüssel 1908.
FRANCESCO CARTA / CARLO CIPOLLA / CARLO FRATI, Atlante paleografico-artistico. Monumenta palaeografica sacra. Text, Taf., Turin 1899.
GIROLAMO VITELLI / CESARE PAOLI, Collezione Fiorentina di facsimili paleografici greci e latini, 1.2, Florenz 1897.
EDWARD MAUNDE THOMPSON / GEORGE FREDERIK WARNER (Hrsg.), Catalogue of ancient manuscripts in the British Museum, 1.2, London 1881–1884.
LÉOPOLD DELISLE, Le cabinet des manuscrits de la Bibliothèque (Impériale) Nationale, 1–3, Planches, Index (Histoire générale de Paris 5), Paris 1868–1881.
RUDOLF BEER (Hrsg.), Monumenta palaeographica Vindobonensia. Denkmäler der Schreibkunst aus der Handschriftensammlung des habsburg-lothringischen Erzhauses, 1.2, Leipzig 1910–1913.
ÉMILE CHATELAIN, Paléographie des classiques latins 1.2, Paris 1884–1900.
MAXIMILIANUS IHM, Palaeographia Latina, Text, Taf., Leipzig 1909.
SCATO DE VRIES (Hrsg.), Album palaeographicum. Tabulae 54 selectae ex cunctis iam editis tomis codicum Graecorum et Latinorum photographice depictorum, Leiden 1909.
REINHOLD MERKELBACH / HELMUT VAN THIEL, Lateinisches Leseheft zur Einführung in Paläographie und Textkritik, Göttingen 1969.
HELMUT VAN THIEL, Mittellateinische Texte, ein Handschriften-Lesebuch, Göttingen 1972.

Codices Latini Antiquiores（CLA） → 「略号一覧」参照
CLA Addenda → 「略号一覧」参照
Chartae Latinae Antiquiores（ChLA） → 「略号一覧」参照
ZIMMERMANN, Vorkarolingische Miniaturen → 「略号一覧」参照
KOEHLER（KÖHLER）, Karolingische Miniaturen → 「略号一覧」参照
KOEHLER / MÜTHERICH, Karolingische Miniaturen → 「略号一覧」参照
STELIO BASSI, Monumenta Italiae graphica, 1.2, Cremona 1956–1957.
CAROLUS ZANGEMEISTER / GUILELMUS WATTENBACH, Exempla codicum Latinorum litteris maiusculis scriptorum, und Supplementum, Heidelberg 1876–1879.
AEMILIUS CHATELAIN, Uncialis scriptura codicum Latinorum novis exemplis illustrata, Paris 1901.
E. A. LOWE, Codices Lugdunenses antiquissimi. Le scriptorium de Lyon (Documents paléographiques, typographiques, iconographiques 3/4), Lyon 1924.
CARLO CIPOLLA, Codici Bobbiesi della Biblioteca Nazionale Universitaria di Torino, Text, Taf., Mailand 1907.
ENRICO CARUSI / W. M. LINDSAY, Monumenti paleografici veronesi, 1.2, Rom 1929–1934.
GIUSEPPE TURRINI, Millennium scriptorii Veronensis, dal IV° al XV° secolo, Verona 1967.
E. A. LOWE, Scriptura Beneventana, Facsimiles of South Italian and Dalmatian manuscripts from the sixth to the fourteenth century, 1.2, Oxford 1929.
ENRICO CARUSI / VINCENZO DE BARTHOLOMAEIS, Monumenti paleografici degli Abruzzi, 1,1, Rom 1924.
GIUSEPPE BONELLI, Codice paleografico lombardo. Riproduzione in eliotipia e trascrizione diplomatica di tutti i documenti anteriori al 1000 esistenti in Lombardia, Secolo VIII, Mailand 1908.
ALFIO ROSARIO NATALE, Il museo diplomatico dell'Archivio di Stato di Milano 1, 1.2, Mailand 1971.
VINCENZO FEDERICI, La scrittura delle cancellerie italiane dal secolo XII al XVII, Text, Taf., Rom 1934.
PAULUS EWALD / GUSTAVUS LOEWE, Exempla scripturae Visigoticae XL tabulis expressa, Heidelberg 1883.
JOHN M. BURNAM, Palaeographia Iberica. Fac-similés de manuscrits espagnols et portuguais (IXe–XVe siècles), Paris 1912–1925.
ANGEL CANELLAS, Exempla scripturarum Latinarum in usum scholarum, 1.2, Saragossa 1963–1966.
EDUARDO NUNES, Album de paleografia portuguesa, Lissabon 1969 ff.
W. B. SANDERS, Facsimiles of Anglo-Saxon manuscripts, 1–3, Southampton 1878–1884.
CHARLES JOHNSON / HILARY JENKINSON, English court hand, A. D. 1066–1500. Illustrated chiefly from the Public Record, 1.2, Oxford 1915.
HILARY JENKINSON, The later court hands in England from the XVth to the XVIIth century. Illustrated chiefly from the commonpaper of the Scrivener's Company of London, the Eng-

lish writing masters and the Public Records, Text, Taf.. Cambridge 1927.

KIRCHNER, Scriptura Gothica libraria　→　「略号一覧」参照

THOMSON, Bookhands　→　「略号一覧」参照

WILHELM SCHUM, Exempla codicum Amplonianorum Erfurtensium saeculi IX–XV, Berlin 1882.

PETZET / GLAUNING　→　「略号一覧」参照

GERHARD EIS, Altdeutsche Handschriften, München 1949.

MAGDA ENNECCERUS, Die ältesten deutschen Sprachdenkmäler, Frankfurt/M. 1897.

BAESECKE, Lichtdrucke　→　「略号一覧」参照

KOENNECKE, Bilderatlas　→　「略号一覧」参照

FISCHER, Schrifttafeln　→　「略号一覧」参照

RUDOLF THOMMEN, Schriftproben aus Basler Handschriften des XIV.–XVI. Jahrhunderts, Berlin 1908.

CARL ROTH / PHILIPP SCHMIDT, Handschriftenproben zur Basler Geistesgeschichte des XV. und XVI. Jahrhunderts, Basel 1926.

GEORG MENTZ, Handschriften aus der Reformationszeit, Bonn 1912.

OTTO CLEMEN, Handschriftenproben nach Originalen der Zwickauer Ratsschulbibliothek, 1, Zwickau 1911.

JULIUS FICKER / OTTO WINCKELMANN, Handschriftenproben des sechzehnten Jahrhunderts nach Straßburger Originalen, 1.2, Straßburg 1902–1905.

KURT DÜLFER / HANS-ENNO KORN, Schrifttafeln zur deutschen Paläographie des 16.–20. Jahrhunderts^{2}, 1.2, Marburg 1967.

KARL GLADT, Deutsche Schriftfibel. Anleitung zur Lektüre der Kurrentschrift des 17.–20. Jahrhunderts, Graz 1976.

LEO SANTIFALLER, Bozner Schreibschriften der Neuzeit 1500–1851. Beiträge zur Paläographie (Schriften des Inst. für Grenz- und Auslanddeutschtum an der Univ. Marburg 7), Marburg 1930.

精選文献目録(1986-2008年)

ヴァルター・コッホ(ミュンヘン)

1986年出版の本書第2版(増補版)までは,本書に収録された文献については,ただ以前のタイトルをそのまま掲載するだけであったが,今回はそれをアップ・ツー・デートして,大幅に補充した。多くの展覧会目録は,原則として収録していない。関連する研究集会で報告された個別研究は,精選して収録してある。文献の掲載は基本的に,ベルンハルト・ビショッフがあらかじめ定めた構成に準じている。新たに加えられた部門は「中世・近代碑文学,碑文古書体学」ならびに「証書における記号,文頭装飾文字,強調書体」である。Lexikon des Mittelalters (Stuttgart 1980-1999) と Lexikon des gesamten Buchwesens (Stuttgart 1987 ff.) の第2版で,増補された新版に収録されている古書体学関連の多くの項目にも,留意すべきである。これに加えて,半年ごとに刊行される Gazette du livre médiéval (Paris 1982 ff.) に掲載の古書体学,書冊学,図書館学に関する詳細で最新の文献情報,ならびに開催予定,およびプログラムの詳細を収録したすでに実施された研究集会,シンポジウム,セミナー,さらには展覧会などの情報を,とくに挙げておくべきであろう。この雑誌はまた,図書館目録や展覧会目録,ファクシミリ本,電子媒体による出版物や参考資料も教えてくれる。

学術雑誌,書誌,著作集,ラテン古書体学国際委員会報告集

JANET BATELY / MICHELLE P. BROWN / JANE ROBERTS, A palaeographer's view : The selected writings of Julian Brown, London / New York 1993.

LEONARD E. BOYLE, Paleografia latina medievale : introduzione bibliografica. Versione italiana di MARIA ELENA BERTOLDI, Rom 1999 (con supplemento 1982-1998).

–, Integral Palaeography. With an Introduction by FABIO TRONCARELLI (Textes et études du moyen âge 16), Turnhout 2001.

GIORGIO CENCETTI, Scritti di paleografia, hrsg. von GIOVANNA NICOLAJ, Dietikon-Zürich 1993.

KONRAD EHLICH / FLORIAN COULMAS / GABRIELE GRAEFEN (Hrsg.), A Bibliography on Writing and Written Language (Trends in Linguistics, Studies and Monographs 89), 3 Bde., Berlin / New York 1996.

SIGRID KRÄMER, Bibliographie Bernhard Bischoff und Verzeichnis aller von ihm herangezogenen Handschriften (Fuldaer Hochschulschriften 27), Frankfurt a. Main 1998.

URSULA KÜSTERS-SCHAH, Schrift, Buch und Neue Medien. Annotierte Auswahl-Bibliographie, Jülich 1995.

ALESSANDRO PRATESI, Frustula palaeographica (Biblioteca di ‚Scrittura e civiltà' 4), Florenz 1992.

PETER BEAL / JEREMY GRIFFITHS / bzw. ANTHONY S. G. EDWARDS (Hrsg.), English Manuscript Studies 1100–1700, Oxford u. a. 1989 ff.

Litterae caelestes. Rivista annuale internazionale di paleografia, codicologia, diplomatica e storia delle testimonianze scritte, Bd. 1 (unter Leitung von FABIO TRONCARELLI), Rom 2005. ［逐次刊行予定］

Quinio. International Journal on the History and Conservation of the Book, Rom 1999 ff.

Scripta. An International Journal of Palaeography and Codicology, ab Pisa / Rom 2008.

MANUEL C. DÍAZ Y DÍAZ (Hrsg.), Actas del VIII Coloquio del Comité internacional de Paleografia latina, Madrid-Toledo, 29 setiembre – 1 octubre 1987 (Estudios y Ensayos 6), Madrid 1990. ［寄稿 25 篇］

Beiträge des IXe Colloque international de paléographie latine, Biblioteca Apostolica Vaticana, 20–22 septembre 1990, in : Scriptorium 54 / 1 (2000), S. 4–86. ［寄稿 7 篇］

EMMA CONDELLO / GIUSEPPE DE GREGORIO (Hrsg.), Scribi e colofoni : le sottoscrizioni di copisti dalle origini all'avvento della stampa. Atti del seminario di Erice, X colloquio del Comité international de paléographie latine (23–28 ottobre 1993) (Biblioteca del Centro per il collegamento degli studi medievali e umanistici in Umbria 14), Spoleto1995. ［寄稿 28 篇］

PASCAL BOURGAIN / ALBERT DEROLEZ (Hrsg.), La conservation des manuscrits et des archives au Moyen Âge. Actes du XIe colloque scientifique du Comité international de paléographie latine (Bruxelles, Bibliothèque royale Albert-Ier, 19–21 octobre 1995), in : Scriptorium 50 / 2 (1996), S. 229–430. ［寄稿 18 篇］

MARIE-CLOTILDE HUBERT / EMMANUEL POULLE / MARC H. SMITH (Hrsg.), Le statut du scripteur au Moyen Âge. Actes du XIIe colloque scientifique du Comité international de paléographie latine (Cluny, 17–20 juillet 1998) (Matériaux pour l'histoire publiés par l'École des chartes 2), Paris 2000. ［寄稿 25 篇］

HERRAD SPILLING (Hrsg.), La Collaboration dans la production de l'écrit médiéval. Actes du XIIIe colloque scientifique du Comité international de paléographie latine (Weingarten, 22–25 septembre 2000) (Matériaux pour l'histoire publiés par l'École des chartes 4), Paris 2003. ［寄稿 29 篇］

XIVe Colloque international de paléographie latine, Enghien-les-Bains, 19.–20. September 2003, anläßlich des 50jährigen Bestehens der Kommission : Un jubilé paléographique, in : Arch. f. Dipl. 50 (2004), S. 205–580. ［寄稿 13 篇］

OTTO KRESTEN / FRANZ LACKNER (Hrsg.), Régionalisme et internationalisme. Problèmes de Paléographie et de Codicologie du Moyen Âge. Actes du XVe colloque du Comité international de Paléographie latine (Vienne, 13–17 septembre 2005) (Österreichische Akademie der Wissenschaften, Phil.-hist. Kl., Denkschriften 364 = Veröffentlichungen der Kommission für Schrift- und Buchwesen des Mittelalters Reihe IV / 5), Wien 2008. [寄稿 27 篇]

古書体学の本質と方法および学問史

JOHANNE AUTENRIETH, Die Münchener Schule. Ludwig Traube – Paul Lehmann – Bernhard Bischoff. Ein Beitrag zur paläographischen Forschung in Deutschland seit dem Ende des letzten Jahrhunderts, in : ARMANDO PETRUCCI / ALESSANDRO PRATESI (Hrsg.), Un secolo di paleografia [358 頁参照], S. 101–130.

T. JULIAN BROWN, What is palaeography ?, in : JANET BATELY / MICHELLE P. BROWN / JANE ROBERTS (Hrsg.), A palaeographer's view [355 頁参照], S. 47–51.

GUDRUN BROMM, Une méthode de codage morpho-analytique pour la description des écritures médiévales, in : Gazette du livre médiéval 19 (1991), S. 6–14.

PAUL CANART, La paléographie est-elle un art ou une science?, in : Scriptorium 60 / 2 (2006), S. 159–185.

GUGLIELMO CAVALLO, Écriture grecque et écriture latine en situation de "multigrafismo assoluto", in : COLETTE SIRAT / JEAN IRIGOIN / EMMANUEL POULLE (Hrsg.), L'écriture [359 頁参照], S. 349–362.

Commentare Bischoff, in : Scrittura e civiltà 19 (1995), S. 321–348 (mit Beiträgen von GIORGIO COSTAMAGNA, FRANÇOISE GASPARRI, LÉON GILISSEN, FRANCISCO M. GIMENO BLAY, ALESSANDRO PRATESI), 20 (1996), S. 399–407 (mit einem Beitrag von ARMANDO PETRUCCI), 22 (1998), S. 395–417 (mit Beiträgen von J. PETER GUMBERT, ALESSANDRO PRATESI, GIORGIO COSTAMAGNA [S. 409–417 : Paleografia : scienza o estetica?]).

Escritura y cultura en la edad media, in : Anuario de Estudios Medievales 21 (1991), S. 309–536. [寄稿 11 篇]

LUCIE FOSSIER / JEAN IRIGOIN (Hrsg.), Déchiffrer les écritures effacées, Actes de la Table ronde, Paris 1990.

FRANCISCO M. GIMENO BLAY, La paleografía en España. Una aproximación para su estudio en el siglo XX, in : ARMANDO PETRUCCI / ALESSANDRO PRATESI (Hrsg.), Un secolo di paleografia [358 頁参照], S. 189–209 (= ders. in : JOSÉ TRENCHS ÒDENA / FRANCISCO M. GIMENO BLAY, La paleografía y la diplomática en España (siglo XX), Valencia 1989, S. 39–59).

FRANCISCO M. GIMENO BLAY / JOSÉ TRENCHS ÒDENA, La paleografía y la diplomática en España, in : Hispania. Revista española de historia 50, n° 175 (1990), S. 459–472.

LUDMILA I. KISELEVA, Les travaux récents de savants soviétiques en paléographie latine (1967–1986), in : Gazette du livre médiéval 10 (1987), S. 4–6.

VLADIMIR N. MALOV, La scuola italiana di paleografia latina e la teoria di Mallon-Marichal, in : Nuovi annali della Scuola speciale per archivisti e bibliotecari 2 (1988), S. 39–64.

ANTONIO MASTRUZZO, Ductus, corsività, storia della scrittura : Alcune considerazioni, in :

Scrittura e civiltà 19 (1995), S. 403-464.

DENIS MUZERELLE, Un siècle de paléographie latine en France, in : ARMANDO PETRUCCI / ALESSANDRO PRATESI (Hrsg.), Un secolo di paleografia [下記参照], S. 131-158.

EEF A. OVERGAAUW, Fast or slow, professional or monastic. The writing speed of some latin medieval scribes, in : Scriptorium 49 / 2 (1995), S. 211-227.

-, Paläographie und Kodikologie in Deutschland. Philologen, Historiker und Bibliothekare, in : Gazette du livre médiéval 35 (1999), S. 46-52.

MARCO PALMA, Tecniche, tendenze e prospettive nuove negli studi paleografici, in : Arch. f. Dipl. 50 (2004), S. 527-545.

HANNA PÁTKOVÁ / PAVEL SPUNAR / JURAJ ŠEDIVÝ (Hrsg.), The History of written Culture in the „Carpato-Danubian" Region I (Latin Paleography Network 1), Preßburg / Prag 2003.

ARMANDO PETRUCCI, Paleografia greca e paleografia latina : significato e limiti di un confronto, in : Paleografia e codicologia greca (Atti del II colloquio internazionale. Berlin – Wolfenbüttel, 17–21 ottobre 1983), hrsg. von DIETER HARLFINGER / GIANCARLO PRATO (Biblioteca di Scrittura e civiltà 3), Alessandria 1991, S. 463-484.

-, La scrittura descritta, in : Scrittura e civiltà 15 (1991), S. 5-20.

ARMANDO PETRUCCI / ALESSANDRO PRATESI (Hrsg.), Un secolo di paleografia e diplomatica, 1887-1986. Per il centenario dell'Istituto di Paleografia dell'Università di Roma, Rom 1988.

EMMANUEL POULLE, Histoire du Comité international de paléographie latine, in : Arch. f. Dipl. 50 (2004), S. 207-220.

ALESSANDRO PRATESI, Gli orientamenti della paleografia latina negli ultimi decenni, in : Cento anni di cammino. Scuola Vaticana di paleografia, diplomatica e archivistica (1884-1984), hrsg. von TERZO NATALINI, Città del Vaticano 1986, S. 73-83.

PETER RÜCK (Hrsg.), Methoden der Schriftbeschreibung (Historische Hilfswissenschaften 4), Stuttgart 1999. [寄稿 43 篇]

MARC H. SMITH, De la cire au papyrus, de la cire au papier : Deux mutations de l'écriture?, in : Gazette du livre médiéval 43 (2003), S. 1-13.

PAOLA SUPINO MARTINI, Sul metodo paleografico : formulazione di problemi per una discussione, in : Scrittura e civiltà 19 (1995), S. 5-29.

書体の一般史，書字文化

FLORIAN COULMAS, The Writing Systems of the World, Oxford 1989.

JAMES G. FÉVRIER, La storia della scrittura, Genua 1992.

JEAN GEORGES, Die Geschichte der Schrift (Ravensburger Taschenbücher 1018), Ravensburg 1991.

HELMUT GLÜCK, Schrift und Schriftlichkeit, Stuttgart 1987.

LOUIS GODART, Le pouvoir de l'écrit. Aux pays des premières écritures, Paris 1990.

SALVATORE GREGORIETTI / E. VASSALE, La forma della scrittura. Tipologia e storia degli

alfabeti dai Sumeri ai giorni nostri, Mailand 1988.
HARTMUT GÜNTHER / OTTO LUDWIG, Schrift und Schriftlichkeit. Writing and Its Use. Ein interdisziplinäres Handbuch internationaler Forschung. An Interdisciplinary Handbook of International Research, 2 Bde. (Handbücher zur Sprach- und Kommunikationswissenschaft 10 / 1 und 10 / 2), Berlin / New York 1994-1996. [寄稿多数]
HAROLD HAARMANN, Universalgeschichte der Schrift, 2. Aufl., Frankfurt / New York 1991 (ND Köln 1998).
–, Geschichte der Schrift, München 2002.
HERBERT HUNGER, Schreiben und Lesen in Byzanz. Die byzantinische Buchkultur, München 1989.
HENRI JEAN MARTIN (avec la collaboration de BRUNO DELMAS, Préface de PIERRE CHAUNU), Histoire et pouvoir de l'écrit, Paris 1988.
–, Storia et potere della scrittura, übersetzt von MARIA GARIN, Bari 1990.
ARMANDO PETRUCCI, La scrittura. Ideologia e rappresentazione, Turin 1986.
ARMANDO PETRUCCI / FRANCISCO M. GIMENO BLAY (Hrsg.), Escribir y leer en occidente, Valencia 1995.
WOLFGANG RAIBLE, Zur Entwicklung von Alphabetschrift-Systemen. *Is fecit cui prodest*. (Abh. der Heidelberger Akad. d. Wiss., Phil.-hist. Kl., Jg. 1991 / 1), Heidelberg 1991.
WILFRIED SEIPEL (Hrsg.), Der Turmbau zu Babel. Ursprung und Vielfalt von Sprache und Schrift (Katalog der Ausstellung des Kunsthistorischen Museums Wien auf Schloß Eggenberg, Graz, 5. April bis 5. Oktober 2003), Bd. IIIA und Bd. IIIB : Schrift, Wien / Mailand 2003. [寄稿多数]
COLETTE SIRAT / JEAN IRIGOIN / EMMANUEL POULLE (Hrsg.), L'écriture : le cerveau, l'oeil et la main (Bibliologia. Elementa ad librorum studia pertinentia 10), Turnhout 1990.
PETER STEIN, Schriftkultur. Eine Geschichte des Schreibens und Lesens, Darmstadt 2006.
ALFRED WENDEHORST, Wer konnte im Mittelalter lesen und schreiben? , in : Schulen und Studium im sozialen Wandel des hohen und späten Mittelalters, hrsg. von JOHANNES FRIED (Vorträge und Forschungen 30), Sigmaringen 1986, S. 9-33.
ANNE ZALI / ANNIE BERTHIER, L'aventure des écritures, 3 Bde., Paris 1997-1999.
MICHEL ZIMMERMANN, Écrire et lire en Catalogne (IXe-XIIe siècle), Madrid 2003.

ラテン語書体の概観

HERBERT E. BREKLE, Die Buchstabenformen westlicher Alphabetschriften in ihrer historischen Entwicklung, in : HARTMUT GÜNTHER / OTTO LUDWIG (Hrsg.), Schrift und Schriftlichkeit [上記参照], S. 171-204.
FRIEDRICH BECK / LORENZ FRIEDRICH BECK, Die lateinische Schrift. Schriftzeugnisse aus dem deutschen Sprachgebiet vom Mittelalter bis zur Gegenwart, Köln / Weimar / Wien 2007. [とくに中世後期と近世に関して詳細な文献目録と豊富な図版付き]
BERNHARD BISCHOFF, Latin Palaeography. Antiquity and Middle Ages, transl. by DÁIBHÍ Ó

CRÓINÍN / DAVID GANZ, Cambridge 1990.

–, Paleografia latina. Antichità e Medioevo, Edizione italiana, hrsg. von GILDA P. MANTOVANI / STEFANO ZAMPONI (Medioevo e Umanesimo 81), Padua 1992.

ELKE FREIFRAU VON BOESELAGER, Schriftkunde. Basiswissen (Hahnsche Historische Hilfswissenschaften 1), Hannover 2004.

MICHELLE P. BROWN, A Guide to Western Historical Scripts from Antiquity to 1600, London / Toronto 1990.

ANTÓNIO CRUZ, Paleografia Portuguesa. Ensaio de manual, Porto 1987.

Explicatio Formarum Litterarum. The Unfolding of Letterforms. From the First Century to the Fifteenth. Text and Selection by ARIS RUTHERFORD, Design and Layout by DIANE VON ARX ANDERSON. With a Foreword by LEONARD BOYLE, St. Paul (Minnesota) 1990.

HANS FOERSTER / THOMAS FRENZ, Abriß der lateinischen Paläographie, 3. überarbeitete und um ein Zusatzkapitel „Die Schriften der Neuzeit" erweiterte Auflage (Bibliothek des Buchwesens 15), Stuttgart 2004.

FRANÇOISE GASPARRI, Introduction à l'histoire de l'écriture, Löwen 1994.

LUIS NÚÑEZ CONTRERAS, Manual de paleografía. Fundamentos e historia de la escritura latina hasta el siglo VIII, Madrid 1994.

OTTO LUDWIG, Geschichte des Schreibens I. Von der Antike bis zum Buchdruck, Berlin 2005.

MICHEL PARISSE, Manuel de paléographie médiévale. Manuel pour grands commençants, Paris 2006.

HANA PÁTKOVÁ, Česká Středověká Paleografie, Budweis 2008.

ARMANDO PETRUCCI, Breve storia della scrittura latina, 2. Aufl., Rom 1992.

KARIN SCHNEIDER, Paläographie und Handschriftenkunde für Germanisten. Eine Einführung (Sammlung kurzer Grammatiken germanischer Dialekte. B. Ergänzungsreihe 8), Tübingen 1999.

JACQUES STIENNON, L'Écriture (Typologie des sources du moyen âge occidental 72), Turnhout 1995.

SIGRID KRÄMER, Scriptores codicum medii aevi. Datenbank von Schreibern mittelalterlicher Handschriften, Augsburg 2003.

古代におけるラテン語書体

JOHANNE AUTENRIETH, „Litterae Virgilianae". Vom Fortleben einer römischen Schrift (Schriften des Historischen Kollegs, Vorträge 14), München 1988.

GUGLIELMO BARTOLETTI, La scrittura romana nelle *Tabelle defixionum* (secc. I a. C.–IV d. C.). Note Paleografiche, in : Scrittura e civiltà 14 (1990), S. 7–47.

GUGLIELMO BARTOLETTI / ILARIA PESCINI, Fonti documentarie in scrittura latina. Repertorio (sec. VII a. C.–VII d. C.) (Biblioteca di "Scrittura e Civiltà" 5), Florenz 1994.

PAUL BERRY, Roman handwriting at the time of Christ (Studies in classics 15), Lewiston u. a.

2001.
ALAIN BLANCHARD, L'hypothèse de l'unité de *ductus* en paléographie papyrologique, in : Scrittura e civiltà 23 (1999), S. 5-27.
ALAN K. BOWMAN / J. DAVID THOMAS, Vindolanda : The Latin Writing Tablets 1-3 (Britannia Monograph Series), Gloucester 1983-2004.
BRUNO BREVEGLIERI, Esperienze di scrittura nel mondo romano (II secolo d. C.), in : Scrittura e civiltà 9 (1985), S. 35-102.
FRANZ BRUNHÖLZL, Die sogenannten Afrikaner. Bemerkungen zu einem paläographisch-überlieferungsgeschichtlichen Problem, in : Litterae medii aevi. Festschrift für Johanne Autenrieth zu ihrem 65. Geburtstag, hrsg. von MICHAEL BORGOLTE / HERRAD SPILLING, Sigmaringen 1988, S. 17-26.
–, Zum sogenannten „Carmen de bello Actiaco" (P. Herc. 817), in : Codices Manuscripti 22 (1998), S. 3-9.
–, Ein neues Bild der älteren Überlieferung der römischen Literatur, in : De litteris, manuscriptis, inscriptionibus ... Festschrift zum 65. Geburtstag von Walter Koch, hrsg. von THEO KÖLZER / FRANZ-ALBRECHT BORNSCHLEGEL / CHRISTIAN FRIEDL / GEORG VOGELER, Wien / Köln / Weimar 2007, S. 397-407.
GUGLIELMO CAVALLO, Storia della scrittura e storia del libro nell'antichità greca e romana. Materiali per uno studio, in : Euphrosyne. Rivista de Filologia Classica 16 (1988), S. 401-412.
–, La scrittura greca e latina dei papiri. Un introduzione (Studia erudita 8), Pisa / Rom 2008.
TERESA DE ROBERTIS, La scrittura romana, in : Arch. f. Dipl. 50 (2004), S. 221-246. [詳細な文献目録付き]
GREGORY JOSEPH GUDERIAN, The Palaeography of Later Roman Cursive. Diss. University of Toronto 1990.
JOHANNES MUESS, Das römische Alphabet. Entwicklung, Form und Konstruktion, München 1989.
PAOLO RADICIOTTI, Osservazioni paleografiche sui papiri latini di Ercolano, in : Scrittura e civiltà 22 (1998), S. 353-370.

速記書体・ティロー式記号

PETER GANZ (Hrsg.), Tironische Noten (Wolfenbütteler Mittelalter-Studien 1), Wiesbaden 1990. [寄稿7点]
MARTIN HELLMANN, Tironische Noten in der Karolingerzeit am Beispiel eines Persius-Kommentars aus der Schule von Tours (MGH Studien und Texte 27), Hannover 2000.

島嶼書体

MICHELLE P. BROWN, Paris, Bibliothèque nationale, lat. 10861 and the Scriptorium of Christ

Church, Canterbury, in : Anglo-Saxon England 15 (1986), S. 119-137.

–, Fifty Years of Insular Palaeography, 1953-2003 : an Outline of some Landmarks and Issues, in : Arch. f. Dipl. 50 (2004), S. 277-325. ［詳細な文献目録付き］

–, Manuscripts from the Anglo-Saxon Age, London 2007.

–, Anglo-Saxon manuscripts, London 1991.

JULIA CRICK, The Case for a West Saxon minuscle, in : Anglo-Saxon England 26 (1997), S. 63-79.

DAVID N. DUMVILLE, English square minuscule script : the background and earliest phases, in : Anglo-Saxon England 16 (1987), S. 147-179.

ANTON VON EUW, The Book of Kells, Karlsruhe 1990.

GEORGE HENDERSON, From Durrow to Kells. The Insular Gospel-Books, 650-800, London 1987.

JOHN HIGGITT, The display script of the Book of Kells and the tradition of insular decorative capitals, in : The Book of Kells. Proceedings of a conference at Trinity College Dublin 6-9 September 1992, hrsg. von FELICITY O'MAHONY, Aldershot 1994.

ROSAMOND MCKITTERICK, The Anglo-Saxon Missionaries in Germany : reflections on the manuscript evidence, in : Transactions of the Cambridge Bibliographical Society 9 (1989), S. 291-329.

–, The diffusion of insular culture in Neustria between 650 and 850 : the implications of the manuscript evidence, in : HARTMUT ATSMA (Hrsg.), La Neustrie. Les pays au Nord de la Loire de 650 à 850, Bd. 1 (Beihefte der Francia 16, 1), Sigmaringen 1989, S. 395-432.

–, Le scriptorium d'Echternach aux huitième et neuvième siècles, in : MICHEL POLFER (Hrsg.), L'évangélisation des régions entre Meuse et Moselle et la fondation de l'abbaye d'Echternach (Ve-IXe siècle). Actes des 10es Journées Lotharingiennes 28-30 octobre 1998, Centre Universitaire de Luxembourg, Publications de la Section Historique de l'Institut G.-D. de Luxembourg 117, Publications du CLUDEM, 16, Luxemburg 2000, S. 500-522.

NANCY NETZER, Willibrord's Scriptorium at Echternach and its Relationship to Ireland and Lindisfarne, in : GERALD BONNER / DAVID ROLLASON / CLAIRE STANCLIFFE (Hrsg.), St. Cuthbert. His Cult and his Community to AD 1200, Woodbridge 1989, S. 203-212.

WILLIAM O'SULLIVAN, The palaeographical Background to the Book of Kells, in : The Book of Kells. Proceedings of a Conference at Trinity College Dublin, 6-9 September 1992, hrsg. von FELICITY O'MAHONY, Aldershot 1994.

–, The Lindisfarne Scriptorium. For and Against, in : Peritia 8 (1994), S. 80-94.

CARLO TEDESCHI, Osservazioni sulla paleografia delle iscrizioni britanniche paleocristiane (V-VII sec.). Contributo allo studio dell'origine delle scritture insulari, in : Scrittura e civiltà 19 (1995), S. 67-121.

–, Aspetti paleografici della cristianizzazione dell'Inghilterra : l'onciale inglese e la seconda fase della semionciale insulare, in : ANNA MARIA LUISELLI FADDA / EAMONN Ó CARRAGÁIN (Hrsg.), Le Isole Britanniche e Roma in Età Romano-barbarica, Rom 1998, S. 95-

108.
SUSAN D. THOMPSON, Anglo-Saxon royal diplomas : A palaeography (Publications of the Manchester Centre for Anglo-Saxon Studies 6), Woodbridge 2006.

西ゴート書体

JESUS ALTURO, La escritura visigótica de origen transpirenaico. Una aproximación a sus particularidades, in : Hispania Sacra 46 (1994), S. 33-64.
–, La escritura visigótica. Estado de la cuestión, in : Arch. f. Dipl. 50 (2004), S. 347-386.
MARIA JOSÉ AZEVEDO SANTOS, Da visigótica à carolina. A escrita em Portugal de 882 a 1172. Aspectos técnicos e culturais, Lissabon 1994.
–, Modos de escrever no século XII em Portugal. O caso do mosteiro de Santa Cruz de Coimbra, in : Bibliotheca Portucalensis 2, 15-16 (2000-2001), S. 99-114.
ROSA MARIA BLASCO, Aproximación a la escritura visigótica en Cantabria. La documentación conservada en Santillana, in : Altamira. Revista del Centro de Estudios Montañeses 47 (1988), S. 75-128.
–, La escritura de la zona norte peninsular en los siglos XI y XII, in : Estudis Castellonencs 6 (1994-1995), S. 123-223.
ANGEL CANELLAS LÓPEZ, Paleografía aragonesa de la Alta Edad Media anterior al año 1137, in : Anuario de Estudios Medievales 21 (1991), S. 471-492.
ANTÓNIO CRUZ, Paleografia Portuguesa. Ensaio de manual, Porto 1987.
MANUEL C. DÍAZ Y DÍAZ (Hrsg.), Actas del VIII Coloquio [この他西ゴート書体についての寄稿，356 頁参照].
–, Manuscritos visigóticos del sur de la Península. Ensayo de distribución regional (Historia y geografía 11), Sevilla 1995.
–, Consideraciones sobre el oracional visigótico de Verona, in : Petrarca, Verona e l'Europa, Atti del Convegno internazionale di studi (Verona, 19-23 sett. 1991), hrsg. von GIUSEPPE BILLANOVICH / GIUSEPPE FRASSO (Studi sul Petrarca 26), Padua 1997, S. 13-29.
SANTOS GARCÍA LARRAGUETA, Consideraciones sobre la datación de códices en escritura visigótica, in : MANUEL C. DÍAZ Y DÍAZ (Hrsg.), Actas del VIII Coloquio [356 頁参照], S. 51-58.
MANUEL LUCAS ÁLVAREZ, Paleografía gallega. Estadio de la cuestión, in : Anuario de Estudios Medievales 21 (1991), S. 419-469.
CONCEPCIÓN MENDO CARMONA, La escritura de los documentos leoneses en el siglo X, in : Signo. Revista de Historia de la Cultura Escrita 8 (2001), S. 179-210.
AUGUSTÍN MILLARES CARLO, Corpus de códices visigóticos. Edición preparada por MANUEL C. DÍAZ Y DÍAZ / ANSCARI MANUEL MUNDÓ / JOSÉ M. RUIZ ASENCIO / BLAS CASADO QUINTANILLA / ENRIQUE LECUONA RIBOT, I : Estudio, II : Álbum, Las Palmas de Gran Canaria 1999.
ANSCARI MANUEL MUNDÓ / JESUS ALTURO I PERUCHO, La escritura de transición de la

visigótica a la carolina en la Cataluña, in : MANUEL C. DÍAZ Y DÍAZ (Hrsg.), Actas del VIII Coloquio [356 頁参照], S. 131-138.

–, Problemàtica de les escriptures dels períodes de transició i de les marginals, in : Cultura Neolatina. Rivista di Filologia Romanza fondata da Giulio Bertoni 58, fasc. 1-2 (1998), S. 121-148.

MARÍA ISABEL OSTOLAZA ELIZONDO, La transición de la escritura visigótica a la carolina en los monasterios del reino de León, in : MANUEL C. DÍAZ Y DÍAZ (Hrsg.), Actas del VIII Coloquio [356 頁参照], S. 149-163.

ARMANDO PETRUCCI / CARLO ROMEO, L'orazionale visigotico di Verona. Aggiunte avventizie, indovinello grafico, tagli maffeiani, in : Scrittura e civiltà 22 (1998), S. 13-30.

JOSÉ MANUEL RUIZ ASENCIO, La escritura y el libro, in : Historia de España Menéndez Pidal 3, España visigoda 2 (1991), S. 161-205.

ISABEL VELÁZQUEZ SORIANO (Hrsg.), Documentos de época visigoda escritos en pizarra (siglos VI-VIII). Prefacio por JACQUES FONTAINE, T. 1 : Presentación, Edición de los textos, T. 2 : Introducción, Láminas, Bibliografia, Indices (Monumenta Palaeographica Medii Aevi, Series Hispanica), Turnhout 2000.

JEAN VEZIN, El códice British library ADD. 30849 y la introducción de la carolina en España, in : Silos. Un milenio. Actas del Congreso Internacional sobre la Abadía de Santo Domingo de Silos, Bd. 2 : Historia, hrsg. von JOSÉ A. FERŃANDEZ FLÓREZ (Studia Silensia 26), Burgos 2003, S. 211-222.

ベネヴェント書体

SANDRO BERTELLI, Nuove testimonianze di scrittura beneventana a Firenze, in : Studi Medievali, serie 3, 45 (2004), S. 333-359.

FRANCESCO BIANCHI / ANTONIO MAGI SPINETTI (Hrsg.), BMB. Bibliografia dei manoscritti in scrittura Beneventana (bisher 15 Bde.), Rom 1993 ff.

VIRGINIA BROWN, A second new list of Beneventan manuscripts (II), in : Mediaeval Studies 50 (1988) S. 584-625, (III) ebenda 56 (1994), S. 299-350, (IV) ebenda 61 (1999), S. 325-392.

VIRGINIA BROWN, In the Shadow of Montecassino : Beneventan script in the province of Frosinone, con sintesi in italiano, hrsg. von V. FONTANA, in : In the Shadow of Montecassino. Nuove ricerche dai frammenti di codice dell'Archivio di Stato di Frosinone, in : Quaderni dell'Archivio di Stato di Frosinone 3 (1995), S. 15-54.

–, Beneventan fragments in the Biblioteca della Società Napoletana di Storia Patria, in : Archivio storico per le province Napoletane 113 (1995), S. 7-68.

–, The Montevergine 6 Codex and Sixteenth-Century Beneventan Script in Naples, in : Per la storia del Mezzogiorno medievale e moderno. Studi in memoria di JOLE MAZZOLENI 1 (Pubblicazioni degli Archivi di Stato 48), Rom 1998, S. 407-418.

GUGLIELMO CAVALLO / GIULIA OROFINO / ORONZO PECERE, Exultet. Rotoli liturgici del medioevo meridionale, Rom 1994.

FRANCIS NEWTON, The Scriptorium and Library at Monte Cassino, 1058–1105 (Cambridge Studies in Palaeography and Codicology 7), Cambridge 1999.

–, Fifty Years of Beneventan Studies, in : Arch. f. Dipl. 50 (2004), S. 327–345.

PASQUALE ORSINI, Frammenti in scrittura beneventana rivenuti nell'Archivio Capitolare della Cattedrale di San Panfilo a Sulmona, in : Aevum 77 / 2 (2003), S. 363–377.

MARCO PALMA / SEBASTIANO BISSON / MARTINA CASMELI / ANTONELLO DE BERARDINIS / MARIA CHRISTINA DURI / SILVIA MAZZINI / ANTONELLA MAZZON, L'evoluzione del legamento *ti* nella scrittura protobeneventana (secoli VIII–IX), in : La tradition vive. Mélanges d'histoire des textes en l'honneur de Louis Holtz, hrsg. von PIERRE LARDET (Bibliologia 20), Paris / Turnhout 2003, S. 35–43.

イタリアとフランク国家における前カロリング朝書体

HARTMUT ATSMA / JEAN VEZIN, Aspects matériels et graphiques des documents mérovingiens, in : Typologie der Königsurkunden. Kolloquium der Commission Internationale de Diplomatique in Olmütz, 30. 8.–3. 9. 1992, hrsg. von JAN BISTŘICKÝ, Olmütz 1998, S. 9–22.

TERENCE ALLEN MARTYN BISHOP, The scribes of the Corbie „a-b", in : PETER GODMAN / ROGER COLLINS (Hrsg.), Charlemagne's heir. New perspectives on the reign of Louis the Pious (814–840), Oxford 1990, S. 523–536.

ETTORE CAU / MARIA A. CASAGRANDE MAZZOLI, Cultura e scrittura a Pavia (secoli V-X), in : Storia di Pavia II : L'alto medioevo, Mailand 1987, S. 177–217.

EMMA CONDELLO, Una scrittura e un territorio. L'onciale dei secoli V–VIII nell'Italia meridionale (Biblioteca di Medioevo latino 12), Spoleto 1994.

PETER ERHARD / LORENZ HOLLENSTEIN (Hrsg.), Mensch und Schrift im frühen Mittelalter, St. Gallen 2006. [寄稿26本]

FRANÇOISE GASPARRI, Le "scriptorium" de Corbie, in : Scrittura e civiltà 15 (1991), S. 289–305.

EVA KESSLER, Die Auszeichnungsschriften in den Freisinger Codices von den Anfängen bis zur karolingischen Erneuerung (Österreichische Akademie der Wissenschaften, Phil.-hist. Kl., Denkschriften 188 = Veröffentlichungen der Kommission für Schrift- und Buchwesen des Mittelalters, Reihe IV / 1), Wien 1986.

ROSAMOND MCKITTERICK, Carolingian Book Production. Some Problems, in : The Library, series 6–12, Oxford 1990, S. 1–33.

–, Nuns' Scriptoria in England and Francia in the Eighth Century, in : Francia 19 (1992), S. 1–35.

PAOLO RADICIOTTI, Attorno alla storia della curiale romana, in : Archivio della Società Romana di Storia Patria 122 (1999), S. 105–123.

JEAN VEZIN, Les scriptoria de Neustrie, 650–850, in : HARTMUT ATSMA (Hrsg.), La Neustrie. Les pays au Nord de la Loire de 650 à 850, Bd. 2（Beihefte der Francia 16, 2）, Sigmaringen 1989, S. 307-318.

-, Un demi-siècle de recherches et de découvertes dans le domaine de l'écriture mérovingienne, in : Arch. f. Dipl. 50（2004）, S. 247-275.

カロリング小文字書体（12 世紀まで）

ALISON I. BEACH, Women as scribes. Book Production and Monastic Reform in Twelfth-century Bavaria（Cambridge Studies in Palaeography and Codicology 10）, Cambridge u. a. 2004.

WALTER BERSCHIN, Der Hauptschreiber des "Codex Egberti". Ein Kalligraph des X. Jahrhunderts, in : Scriptorium 61 / 1（2007）, S. 3-46.

BERNHARD BISCHOFF, Manuscripts and Libraries in the Age of Charlemagne, translated and edited by MICHAEL GORMAN（Cambridge Studies in Palaeography and Codicology 1）, Cambridge 1994.

-, Katalog der festländischen Handschriften des neunten Jahrhunderts（mit Ausnahme der wisigotischen）, Teil I : Aachen-Lambach, Teil II : Laon-Paderborn, Wiesbaden 1998 bzw. 2004.

ALIZA COHEN-MUSHLIN, A medieval scriptorium. Sancta Maria Magdalena de Frankendal（Wolfenbütteler Mittelalterstudien 3）, 2 Bde., Wiesbaden 1990.

-, Scriptoria in Medieval Saxony. St. Pancras in Hamersleben, Wiesbaden 2004.

DAVID N. DUMVILLE, English Caroline Script and Monastic History : Studies in Benedictinism, A. D. 950-1030（Studies in Anglo-Saxon History VI）, Woodbridge 1993.

ERIKA EISENLOHR, Paläographische Untersuchungen zum Tafelgüterverzeichnis der römischen Könige（Hs. Bonn UB S. 1559）. Schreibgewohnheiten des Aachener Marienstifts in der zweiten Hälfte des 12. Jahrhunderts, in : Zs. des Aachener Geschichtsvereins 92（1985）, S. 5-74.

ANDREA FLEISCHER, Zisterzienserabtei und Skriptorium Salem unter Eberhard I. von Rohrdorf（1191-1240）, Wiesbaden 2004.

KARL FORSTNER, Neue Funde und Erkenntnisse zum karolingischen Schriftwesen von Salzburg und Mattsee, in : Scriptorium 52 / 2（1998）, S. 255-277.

DONATELLA FRIOLI, Lo scriptorium e la biblioteca del monastero cisterciense di Aldersbach（Testi, studi, strumenti 3）, Spoleto 1990.

-, Per una storia dello scriptorium di Reichersberg : Il prevosto Gerhoch e i suoi ‚segretari', in : Scrittura e civiltà 23（1999）, S. 177-212.

DAVID GANZ, The preconditions for Caroline minuscule, in : Viator 18（1987）, S. 24-44.

-, Corbie in the Carolingian Renaissance（Beihefte der Francia 20）, Sigmaringen 1990.

-, The Study of Caroline Minuscule 1953-2004, in : Arch. f. Dipl. 50（2004）, S. 387-398.［詳細な文献目録付き］

FRANÇOISE GASPARRI, Les écritures usuelles et leur signification historique : L'exemple de la chancellerie royale française au XIIe siècle, in : MANUEL C. DÍAZ Y DÍAZ（Hrsg.）, Actas del VIII Coloquio [356 頁參照], S. 71–75.

–, «Scriptorium» et bureau d'écriture de l'abbaye Saint-Victor de Paris (Bibliotheca Victorina 1), Paris / Turnhout 1991, S. 119–139.

MICHAEL GORMAN, Bernhard Bischoff's Handlist of Carolingian Manuscripts, in : Scrittura e civiltà 25 (2001), S. 89–112.

HARTMUT HOFFMANN, Buchkunst und Königtum im ottonischen und frühsalischen Reich, 2 Bde. (Schriften der Monumenta Germaniae Historica 30), Stuttgart 1986.

–, Bücher und Urkunden aus Helmarshausen und Corvey (MGH, Studien und Texte 4), Hannover 1992.

–, Bamberger Handschriften des 10. und 11. Jahrhunderts (Schriften der Monumenta Germaniae Historica 39), Hannover 1995.

–, Handschriftenfunde (MGH, Studien und Texte 18), Hannover 1997.

–, Bernhard Bischoff und die Paläographie des neunten Jahrhunderts, in : DA 55 (1999), S. 549–590.

–, Irische Schreiber in Deutschland im 11. Jahrhundert, in : DA 59 (2003), S. 97–120.

–, Schreibschulen des 10. und 11. Jahrhunderts im Südwesten des Deutschen Reiches, mit einem Beitrag von ELMAR HOCHHOLZER (Schriften der Monumenta Germaniae Historica 53), 2 Bde., Hannover 2004.

–, zum Trierer Skriptorium der Ottonenzeit, in : DA 64 (2008), S. 513–517.

STAN KNIGHT, Searching for the roots. The origins of Caroline Minuscule, in : Letter Arts Review 14 (1999), S. 32–39.

ROSAMOND MCKITTERICK, Manuscripts and scriptoria in the reign of Charles the Bald, 840–877, in : Giovanni Scoto nel suo tempo. L'organizzazione del sapere in età carolingia. Atti del XXIV Convegno storico internazionale, Todi, 11–14 ottobre 1987, Spoleto 1989, S. 201–233.

GIOVANNA NICOLAJ, Alle origini della minuscola notarile italiana e dei suoi caratteri storici, in : Scrittura e civiltà 10 (1986), S. 49–82.

ROBERT B. PATTERSON, The Scriptorium of Margam Abbey and the Scribes of Early Angevin Glamorgan. Secretarial Administration in a Welsh Marcher Barony, c. 1150–1225, Woodbridge u. a. 2002.

ARMANDO PETRUCCI / CARLO ROMEO, Scrivere "in iudicio". Modi, soggetti e funzioni di scrittura nei Placiti del "Regnum Italiae" (secc. IX–XI), in : Scrittura e civiltà 13 (1989), S. 5–48.

PAOLO RADICIOTTI, Luigi Schiaparelli ed alcune osservazioni in margine al problema della 'Nascita' della carolina, in : Scrittura e civiltà 23 (1999), S. 395–406.

RUDOLF RIEDINGER, Der Codex Vindobonensis 418. Seine Vorlage und seine Schreiber (Instrumenta Patristica 17), Steenbrugge 1989.

SUSAN R. RANKIN, Ego itaque Notkerus scripsi. Notker as scribe, in : Revue Bénédictine 101 (1991), S. 268–298.

ANNE SCHMID, Roms karolingische Minuskel im neunten Jahrhundert (Studien zur Geschichtsforschung des Mittelalters 15), Hamburg 2002.

HERRAD SPILLING, Die frühe Phase karolingischer Minuskel in Fulda, in : Kloster Fulda in der Welt der Karolinger und Ottonen, hrsg. von GANGOLF SCHRIMPF（Fuldaer Studien 7）, Frankfurt am Main 1996, S. 249-284.

-, Die Entstehung der karolingischen Minuskel, in : JOHANNES FRIED (Hrsg.), 794-Karl der Große in Frankfurt am Main. Ein König bei der Arbeit, Ausstellung zum 1200-Jahre-Jubiläum der Stadt Frankfurt am Main, Sigmaringen 1994, S. 51-54.

PAOLA SUPINO MARTINI, Roma e l'area grafica romanesca（secoli X-XII）(Biblioteca di Scrittura e civiltà 1), Alessandria 1987.

-, Scrittura e leggibilità in Italia nel secolo IX, in : CESARE SCALON (Hrsg.), Libri e documenti d'Italia : dai Longobardi alla rinascita delle città, Atti del Convegno Nazionale dell'Associazione Italiana dei Paleografi e Diplomatisti, Cividale, 5-7 ottobre 1994, Udine 1996, S. 35-60.

ANNE-MARIE TURCAN-VERKERK, Le scriptorium de Saint-Vanne sous l'abbatiat de Richard (1004-1046), in : Scriptorium 46 / 2 (1992), S. 204-223.

JEAN VEZIN, Les relations entre Saint-Denis et d'autre „scriptoria" pendant le haut moyen âge, in : DAVID GANZ (Hrsg.), The role of the book in the medieval culture (Proceedings of the Oxford international symposium, 26 september-1 october 1882) (Bibliologia. Elementa ad librorum studia pertinentia 3), Turnhout 1986, S. 17-40.

初期ゴシック書体とゴシック書体

JAN W. J. BURGERS, Palaeography and Diplomatics. The Script of the Charters in the Netherlands during the Fourteenth and Fifteenth Centuries, in : Quaerendo 38 / 1(2008), S. 9-31.

EMANUELE CASAMASSIMA, Tradizione corsiva e tradizione libraria nelle scrittura latina del Medioevo, 2. Aufl., Rom 1999.

IRENE CECCHERINI, La genesi della scrittura mercantesca, in : OTTO KRESTEN / FRANZ LACKNER (Hrsg.), Régionalisme et internationalisme［356 頁参照］, S. 123-138.

EMMA CONDELLO, Tra *littera textualis* e *littera bastarda* : Scritture e codici di Guillaume de Breuil, in : Scrittura e civiltà 19 (1995), S. 235-249.

ALBERT DEROLEZ, Observations on the Aesthetics of the Gothic Manuscript, in : Scriptorium 50 / 1 (1996), S. 3-12.

-, The Palaeography of Gothic Manuscript Books. From the Twelfth to the early Sixteenth century (Cambridge Studies in Palaeography and Codicology 9), Cambridge 2003.

FRANCISCO M. GIMENO BLAY, De scriptura gotica, algunos ejemplos a propósito de sus inicios en la Península Ibérica, in : Scriptorium 47 / 1 (1993), S. 115-126.

ALOIS HAIDINGER, Mitteleuropäische Vorläufer der Gebetbuchfraktur Maximilians I., in : OTTO KRESTEN / FRANZ LACKNER (Hrsg.), Régionalisme et internationalisme［356 頁参照］, S. 189-204.

FRANTIŠEK HOFFMANN, Vzorník gotického písma z 15. století (*Das Musterbuch der gotischen Schrift aus dem 15. Jahrhundert*), in : Studie o rukopisech 31 (1995-1996), S. 27-34.

WALTER KOCH, Paläographische Bemerkungen zum Komplex der österreichischen Freiheitsbriefe, in : Festschrift Walter Jaroschka zum 65. Geburtstag, hrsg. von ALBRECHT LIESS / HERMANN RUMSCHÖTTEL / BODO UHL (Archivalische Zeitschrift 80), Köln / Weimar / Wien 1997, S. 228-252.

RICHARD MARSINA, Vývoj listinného písma v stredoveku na Slovensku (*Entwicklung der diplomatischen Schrift im Mittelalter in der Slowakei*), in : Slovenská archivistika 26 / 1 (1991), S. 21-35.

OTTO MAZAL, Beobachtungen zu österreichischen Buchschriften des 14. Jahrhunderts, in : Codices Manuscripti 16 (1992), S. 1-26 (= Scriptorium 54 / 1, 2000, S. 40-63).

LUISA MIGLIO, L'altra metà della scrittura. Scrivere in volgare (all'origine delle corsive mercantili), in : Scrittura e civiltà 10 (1986), S. 83-114.

-, Criteri di datazione per le corsive librarie italiane dei secoli XIII-XIV, ovvero reflessioni, osservazioni, suggerimenti sulla lettera mercantesca, in : Scrittura e civiltà 18 (1994), S. 143-158.

LUCIANA MOSIICI, Osservazioni in margine alle scritture del volgare. Le cosidette bastarde italiane, in : Medioevo e Rinascimento 9 (1995), S. 121-133.

PIETER OBBEMA, De opkomst van een nieuw schrifttype : de littera hybrida, in : PIETER OBBEMA, De middeleeuwen in handen. Over de boekcultuur in de late middeleeuwen, Hilversum 1996, S. 69-76.

WOLFGANG OESER, Beobachtungen zur Entstehung und Verbreitung schlaufenloser Bastarden. Eine Studie zur Geschichte der Buchschrift im ausgehenden Mittelalter, in : Arch. f. Dipl. 38 (1992), S. 233- 343.

-, Beobachtungen zur Strukturierung und Variantenbildung der Textura. Ein Beitrag zur Paläographie des Hoch- und Spätmittelalters, in : Arch. f. Dipl. 40(1994), S. 359-439.

-, Raoulet d'Orléans und Henri du Trévou, zwei französische Berufsschreiber des 14. Jahrhunderts und ihre Schrift, in : Arch. f. Dipl. 42 (1996), S. 395-418.

-, Beobachtungen zur Differenzierung in der gotischen Buchschrift ; Das Phänomen des Semiquadratus, in : Arch. f. Dipl. 47 / 48 (2001 / 2), S 223-283.

EEF A. OVERGAAUW, Die Nomenklatur der gotischen Schriftarten bei der Katalogisierung von spätmittelaterlichen Handschriften, in : Codices manuscripti 17(1994), S. 100-106.

ARMANDO PETRUCCI, Fatti protomercanteschi, in : Scrittura e civiltà 25 (2001), S. 167-176.

GABRIELLA POMARO, La "cancelleresca" come scrittura libraria nell'Europa dei secoli XIII-XIV, in : OTTO KRESTEN / FRANZ LACKNER (Hrsg.), Régionalisme et internationalisme [356 頁參照], S. 113-122.

JEAN F. PRESTON / LAETITIA YEANDLE, English Handwriting, 1400-1650. An introductory manual, New York 1992.

PAOLO RADICIOTTI, La curiale romana nuova. Parabola discendente di una scrittura, in : Archivio della Società romana di storia patria 112 (1989), S. 39-113 ; Addenda et emendanda, ebenda 120 (1997), S. 45-64.

RICHARD HUNTER ROUSE / MARY AMES ROUSE, Manuscripts and their makers. Commer-

cial Book producers in Medieval Paris. 1200-1500, 2 Bde., Turnhout 2000.
KARIN SCHNEIDER, Gotische Schriften in deutscher Sprache. I. Vom späten 12. Jahrhundert bis um 1300. Text- und Tafelband, Wiesbaden 1987.
-, Buchstabenverzierungen als Datierungshilfen im späteren 13. und frühen 14. Jahrhundert, in : Scriptorium 54 / 1 (2000), S. 35-39.
NORBERT SCHNEIDER, Die Schriftproben des Schreibmeisters Johannes von Hagen aus Bodenwerder (Ms. lat. fol. 384 der Staatsbibliothek zu Berlin – Preußischer Kulturbesitz), in : Mittellateinisches Jb. 40, Heft 3 (2005), S. 445-454.
PAVEL SPUNAR, Zum Aufkommen der gotischen Kursive in Mitteleuropa, in : Scriptorium 54 / 1 (2000), S. 14-19.
JURAJ ŠEDIVÝ, Mittelalterliche Schriftkultur im Pressburger Kollegiatkapitel, Preßburg 2007.
MARC, H. SMITH, Les „gothiques documentaires" : un carrefour dans l'histoire de l'écriture latine, in : Arch. f. Dipl. 50 (2004), S. 417-465. ［国別の文献目録付き］
JOACHIM SPIEGEL, Vom Trecento I / II zum Typ A, B, C ... Ein Versuch zu Terminologie und (computer)-graphischer Darstellung der Urkundenschrift des 14. Jahrhunderts, in : Zeitschrift für Bayerische Landesgeschichte 55 (1992), S. 65-76.
MARTIN STEINMANN, Aus der Forschung zur gotischen Schrift in den letzten fünfzig Jahren. Ergebnisse und offene Fragen, in : Arch. f. Dipl. 50 (2004), S. 399-416.
PAOLA SUPINO MARTINI, Linee metodologiche per lo studio dei manoscritti in *litterae textuales* prodotti in Italia nei secoli XIII-XIV, in : Scrittura e civiltà 17 (1993), S. 43-101
-, Per la storia della "semigotica", in : Scrittura e civiltà 22 (1998), S. 249-264.
-, Orientamenti per la datazione e la localizzazione delle cosidette *litterae textuales* italiane ed iberiche nei secoli XII-XIV, in : Scriptorium 54 / 1 (2000), S. 20-34.
STEFANO ZAMPONI, Elisione e sovrapposizione nella *littera textualis,* in : Scrittura e civiltà 12 (1988), S. 135-176.
-, La scrittura del libro nel Duecento, in : Civiltà comunale : Libro, scrittura, documento. Atti del Convegno, Genova, 8-11 novembre 1988, Genova 1989, S. 317-354.

ユマニスト書体

JONATHAN J. G. ALEXANDER, Initials in Renaissance illuminated manuscripts : the problem of the so-called 'litera Mantiniana', in : JOHANNE AUTENRIETH (Hrsg.), Renaissance- und Humanistenhandschriften ［下記参照］, S. 145-152 (=JONATHAN J. G. ALEXANDER, Studies in Italian Manuscript Illumination, London 2002, S. 169-198).
JOHANNE AUTENRIETH (Hrsg., unter Mitarbeit von ULRICH EIGLER), Renaissance- und Humanistenhandschriften (Schriften des Historischen Kollegs, Kolloquien 13), München 1988.
ELISABETTA BARILE, ‚Littera antiqua' e scritture alla greca. Notai e cancellieri copisti a Venezia nei primi decenni del Quattrocento (Memorie dell'istituto veneto di scienze, lettere ed arti. Classe di scienze morali, lettere ed arti 51), Venezia 1994.

ALBINIA C. DE LA MARE, New Research on Humanistic Scribes in Florence, in : ANNAROSA GARZELLI, Miniatura fiorentina del rinascimento 1440-1525. Un primo censimento, Bd. 1 (Inventari e cataloghi toscani 18), Florenz 1985, S. 393-600.

-, Lo *scriptorium* di Malatesta Novello, in : Libraria domini. I manoscritti della Biblioteca Malatestiana : testi e decorazioni, hrsg. von FABRIZIO LOLLINI / P. LUCCHI, Bologna 1995, S. 35-93.

TERESA DE ROBERTIS, Nuovi autografi di Niccolò Niccoli (con una proposta di revisione dei tempi e dei modi del suo contributo alla riforma grafica umanistica), in : Scrittura e civiltà 14 (1990), S. 105-121.

-, Un libro di Niccoli e tre di Poggio, in : Studi in onore di Arnaldo D'Addario, Bd. 2, hrsg. von LUIGI BORGIA / FRANCESCO DE LUCA / PAOLO VITI / RAFFAELLA MARIA ZACCARIA, Lecce 1995, S. 495-515.

MIRELLA FERRARI, La „littera antiqua" a Milan, 1417-1439, in : JOHANNE AUTENRIETH (Hrsg.), Renaissance- und Humanistenhandschriften [上記参照], S. 13-29.

THOMAS FRENZ, L'introduzione della scrittura umanistica nei documenti e negli atti della Curia pontificia del secolo XV, con un saggio di PETER HERDE. Edizione italiana a cura di MARCO MAIORINO. Scuola Vaticana di Paleografia, Diplomatica e Archivistica (Littera Antiqua 12), Città del Vaticano 2005.

FRANCISCO M. GIMENO BLAY, Regola a fare letre antiche. A propósito de un tratado de caligrafía del Quattrocento italiano, in : Syntagma 0 (2002), S. 47-72.

J. PETER GUMBERT, Italienische Schrift – humanistische Schrift – Humanistenschrift, in : JOHANNE AUTENRIETH (Hrsg.), Renaissance- und Humanistenhandschriften [上記参照], S. 63-70.

GILDA P. MANTOVANI (Hrsg.), La maestà della lettera antica. L'Ercole Senofontio di Felice Feliciano (Padova, Biblioteca Civica, B. P. 1099), Padua 2006.

GILBERT OUY, Nicolas de Clamanges (ca. 1360-1437) . Philologue et calligraphe : Imitation de l'Italie et réaction anti-italienne dans l'écriture d'un humaniste français au début du XVe siècle, in : JOHANNE AUTENRIETH (Hrsg.), Renaissance- und Humanistenhandschriften [上記参照], S. 31-50.

M. LUZ MANDINGORRA LLAVATA, La escritura humanística en Valencia. Su introducción y difusión en el siglo XV, Valencia 1986.

ARMANDO PETRUCCI, „L'antiche e le moderne carte" : *imitatio e renovatio* nella riforma grafica umanistica, in : JOHANNE AUTENRIETH (Hrsg.), Renaissance- und Humanistenhandschriften [上記参照], S. 1-12.

-, Per una strategia della mediazione grafica nel Cinquecento italiano, in : Archivio storico italiano 144 (1986), S. 97-112.

-, Scrivere alla greca nell'Italia del Quattrocento, in : Scritture, libri e testi nelle aree provinciali di Bisanzio. Atti del seminario di Erice (18-25 settembre 1988), Bd. 2, hrsg. von GUGLIELMO CAVALLO / GIUSEPPE DE GREGORIO / MARILENA MANIACI, Spoleto 1991, S. 499-517.

MARTIN RÜTH, Aufkommen und Verbreitung der humanistischen Kanzleikursive in den kommunalen Behörden der südlichen Toskana und Umbriens. Untersuchungen zu den Dokumentarschriften von Foligno, Perugia, Siena und Arezzo im 15. Jahrhundert, Teil 1 : Arch. f. Dipl. 36 (1990), S. 221–370, Teil 2 : Arch. f. Dipl. 37 (1991), S. 307–451.

HERRAD SPILLING, Handschriften des Augsburger Humanistenkreises, in : JOHANNE AUTENRIETH (Hrsg.), Renaissance- und Humanistenhandschriften [上記参照], S. 71–84.

MARTIN STEINMANN, Von der Übernahme fremder Schriften im 15. Jahrhundert, in : JOHANNE AUTENRIETH (Hrsg.), Renaissance- und Humanistenhandschriften [上記参照], S. 51–62.

MARTIN WAGENDORFER, Die Schrift des Eneas Silvius Piccolomini (Studi e Testi 441), Città del Vaticano 2008.

STEFANO ZAMPONI, La scrittura umanistica, in : Arch. f. Dipl. 50 (2004), S. 467–504. [詳細な文献目録付き]

HORST ZIMMERHACKL, Die Entwicklung der humanistischen Dokumentarschrift. Ergebnisse eines Würzburger Forschungsprojekts, in : Quellen und Forschungen aus italienischen Archiven und Bibliotheken 79 (1999), S. 319–331.

–, Das Eindringen humanistischer Schriftformen in die Dokumentarschrift der kommunalen Behörden der Emilia Romana im 15. Jahrhundert, in : Arch. f. Dipl. 45 (1999), S. 119–333.

–, Dokumentation der humanistischen Schriftentwicklung in den kommunalen Behörden von Bologna, Modena und Reggio Emilia im 15. Jahrhundert, in : Arch. f. Dipl. 46 (2000), S. 325–544.

近代書体, ドイツ語書体

Alfabeto delle maiuscule antiche romane die Luca Orfei. Introduzione di ARMANDO PETRUCCI, Mailand 1986.

FRIEDRICH BECK, Die „Deutsche Schrift" – Medium in fünf Jahrhunderten deutscher Geschichte, in : Arch. f. Dipl. 37 (1991), S. 453–479.

–, Persönliche Schriften im Umfeld der frühbürgerlichen Revolution in Deutschland. Die Handschrift Luthers, Münzers, Zwinglis und Melanchthons. Ein paläographischer Vergleich, in : Jahrb. für Geschichte des Feudalismus 13 (1989), S. 89–131.

–, Die Zweischriftigkeit in Deutschland vom 16. bis zum 20. Jahrhundert, in : FRIEDRICH BECK / ECKART HENNING (Hrsg.), Vom Nutz und Frommen der Historischen Hilfswissenschaften (Herold-Studien 5), Neustadt a. d. Aisch / Berlin 2000, S. 45–61.

WERNER DOEDE, Schön schreiben, eine Kunst. Johann Neudörffer und die Kalligraphie des Barock, München 1988.

THOMAS FRENZ, Die Schriftbeschreibungen in den Schreibmeisterbüchern, in : PETER RÜCK, Methoden [358 頁参照] S. 141–150.

HELLMUT GUTSWILLER, Die Entwicklung der Schrift in der Neuzeit, in : Arch. f. Dipl. 38 (1992), S. 381–488.

SILVIA HARTMANN, Fraktur oder Antiqua. Der Schriftstreit von 1881 bis 1941, 2. überarb. Aufl., Frankfurt a. Main u. a. 1998.

ALBERT KAPR, Fraktur. Form und Geschichte der gebrochenen Schriften, Mainz 1993.

CHRISTINA KILLIUS, Die Antiqua-Fraktur-Debatte um 1800 und ihre historische Herleitung (Mainzer Studien zur Buchwissenschaft 7), Wiesbaden 1999.

PHILIPP LUIDL, Die Schwabacher. Die ungewöhnlichen Wege der Schwabacher Judenlettern, Augsburg 2003.

ALFRED MESSERLI / ROGER CHARTIER, Scripta volant, verba manent. Schriftkultur in Europa zwischen 1500 und 1900, Basel 2007.

STANLEY MORISON (†), Early Italian Writing-Books. Renaissance to Baroque, hrsg. von NICOLAS PARKER, Verona 1990.

PETER RÜCK, Die Sprache der Schrift. Zur Geschichte des Frakturverbots von 1941, in : JÜRGEN BAURMANN / HARTMUT GÜNTHER / ULRICH KNOOP (Hrsg.) : Homo scribens. Perspektiven der Schriftlichkeitsforschung (Germanistische Linguistik 134), Tübingen 1993, S. 231–272.

KAI-MICHAEL SPRENGER (Bearb.), Zug um Zug. Die Schreibmeister und ihre Kunst vom 16. bis zum 19. Jahrhundert, Mainz 1998.

WOLFGANG HANS STEIN, Französisches Schriftgut in Deutschland. Die Departementalverwaltungen in der Zeit der Französischen Revolution und des Empire (Veröffentlichungen der Archivschule Marburg 24), Marburg an der Lahn 1996.

SONJA STEINER-WELZ, Sütterlin. Schreibschrift, Schrift- und Buchstabenentwürfe (Von der Schrift und den Schriftarten 3), Mannheim 2003.

MARTIN STEINMANN, Von der Handschrift zur Druckschrift der Renaissance, in : Die Buchkultur im 15. und 16. Jahrhundert, 1. Halbbd., Hamburg 1995, S. 203–264.

TAMARA TACENKO, Zur Geschichte der deutschen Kursive im 16. Jahrhundert. Bemerkungen zur Entwicklung dieser Schrift anhand von Dokumenten einer Sammlung aus St. Petersburg, in : Arch. f. Dipl. 38 (1992), S. 357–380.

中世・近代碑文学, 碑文古書体学

OTTAVIO BANTI, Dall'epigrafica Romanica alle Preumanistica. La scrittura epigrafica dal XII alla fine del XV secolo a Pisa, in : Scrittura e civiltà 24 (2000), S. 61–97.

MÁRIO J. BARROCA, Epigrafia medieval Portuguesa (862–1422), 3 Bde., Fevereiro 2000.

CLEMENS M. BAYER, Versuch über die Gestaltung epigraphischer Schriften mit besonderem Bezug auf Materialien und Herstellungstechnik. Beobachtungen und Folgerungen anhand von Inschriften rhein-maasländischer Goldschmiedewerke des 12. und 13. Jahrhunderts, in : Inschrift und Material. Inschrift und Buchschrift. Fachtagung für mittelalterliche und neuzeitliche Epigraphik (Ingolstadt 1997), hrsg. von WALTER KOCH / CHRISTINE STEININGER (Abhandlungen der Phil.-hist. Kl. der Bayerischen Akademie der Wissenschaften, NF 117), München 1999, S. 95–125.

FRANZ-ALBRECHT BORNSCHLEGEL, Die frühe Renaissancekapitalis in Augsburg, in : Epigraphik 1988. Fachtagung für mittelalterliche und neuzeitliche Epigraphik. Graz, 10.-14. Mai 1988. Referate und Round-table-Gespräche, hrsg. von WALTER KOCH (Denkschriften der Österreichischen Akademie der Wissenschaften, Phil.-hist. Kl. 213 = Veröffentlichungen der Kommission für die Herausgabe der Inschriften des Deutschen Mittelalters 2), Wien 1990, S. 217-225.

-, Die Inschriften des Loy Hering und seiner Werkstatt, in : Pinxit / sculpsit / fecit, Kunsthistorische Studien. Festschrift für Bruno Bushart, hrsg. von BÄRBEL HAMBACHER / CHRISTL KARNEHM, München 1994, S. 39-50.

-, Stilpluralismus oder Einheitszwang? Die Schriften in süddeutschen Bildhauerwerkstätten der frühen Renaissance, in : Epigraphik 2000. Neunte Fachtagung für mittelalterliche und neuzeitliche Epigraphik. Klosterneuburg, 9.-12. Oktober 2000, hrsg. von GERTRUD MRAS / RENATE KOHN (Denkschriften der Phil.-hist. Kl. der Österreichischen Akademie der Wissenschaften 335 = Forschungen zur Geschichte des Mittelalters 10), Wien 2006, S. 39-63.

FLAVIA DE RUBEIS, La scrittura a San Vincenzo al Volturno fra manoscritti ed epigrafi, in : San Vincenzo al Volturno. Cultura, istituzioni, economia, hrsg. von FEDERICO MARAZZI (Miscellanea Volturnense 3), Montecassino 1996, S. 21-40.

Deutsche Inschriften. Terminologie zur Schriftbeschreibung, erarbeitet von den Mitarbeitern der Inschriftenkommissionen der Akademien der Wissenschaften in Berlin, Düsseldorf, Göttingen, Heidelberg, Leipzig, Mainz, München und der Österreichischen Akademie der Wissenschaften in Wien, Wiesbaden 1999.

HARALD DRÖS, Siegelepigraphik im Umfeld des Kölner Stadtsiegels, in : Arch. f. Dipl. 39 (1993), S. 149-199.

-, Schrifthierarchie in frühneuzeitlichen Inschriften? in : Epigraphik 2000. Neunte Fachtagung für mittelalterliche und neuzeitliche Epigraphik. Klosterneuburg, 9.-12. Oktober 2000, hrsg. von GERTRUD MRAS / RENATE KOHN (Denkschriften der Phil.-hist. Kl. der Österreichischen Akademie der Wissenschaften 335 = Forschungen zur Geschichte des Mittelalters 10), Wien 2006, S. 89-105.

RAMONA EPP, Eine epigraphische Minuskel zwischen Mittelalter und Neuzeit. Die Gotico-Antiqua in den Inschriften, in : Arch. f. Dipl. 47 / 48 (2001 / 2002), S. 167-321.

ROBERT FAVREAU, Épigraphie médiévale (L'Atelier du Médiéviste 5), Turnhout 1997.

RÜDIGER FUCHS, Die Schrift der Werkstatt Hans Ruprecht Hoffmanns († 1616) in Trier, in : Sancta Treveris. Beiträge zu Kirchenbau und bildender Kunst im alten Erzbistum Trier. Festschrift für Franz J. Ronig zum 70. Geburtstag, hrsg. von MICHAEL EMBACH / CHRISTOPH GERHARDT / WOLFGANG SCHMID / ANNETTE SCHOMMERS / HANS-WALTER STORK, Trier 1999, S. 147-171.

-, Die Kapitalis-Inschriften von Trierer Bildhauern des 16. Jahrhunderts, in : Epigraphik 2000. Neunte Fachtagung für mittelalterliche und neuzeitliche Epigraphik. Klosterneuburg, 9.-12. Oktober 2000, hrsg. von GERTRUD MRAS / RENATE KOHN (Denkschriften der Phil.-

hist. Kl. der Österreichischen Akademie der Wissenschaften 335 = Forschungen zur Geschichte des Mittelalters 10), Wien 2006, S. 15-37.

VICENTE GARCÍA LOBO / ENCARNACÍON MARTÍN LÓPEZ, De Epigrafía Medieval. Introducción y Album, León (o. J.).

NICOLETTE GRAY, A History of Lettering. Creative experiment and letter identity, Oxford 1986.

JOHN HIGGITT, Epigraphic lettering and book script in the British Isles, in : Inschrift und Material. Inschrift und Buchschrift. Fachtagung für mittelalterliche und neuzeitliche Epigraphik (Ingolstadt 1997), hrsg. von WALTER KOCH / CHRISTINE STEININGER (Abhandlungen der Phil.-hist. Kl. der Bayerischen Akademie der Wissenschaften, NF 117), München 1999, S. 137-149.

WALTER KOCH, Zur stadtrömischen Epigraphik des 13. Jahrhunderts – mit Rückblick auf das Hochmittelalter, in : Epigraphik 1988. Fachtagung für mittelalterliche und neuzeitliche Epigraphik. Graz, 10.-14. Mai 1988. Referate und Round-table-Gespräche, hrsg. von WALTER KOCH (Denkschriften der Österreichischen Akademie der Wissenschaften, Phil.-hist. Kl. 213 = Veröffentlichungen der Kommission für die Herausgabe der Inschriften des Deutschen Mittelalters 2), Wien 1990, S. 271-280.

–, Auszeichnungsschrift und Epigraphik. Zu zwei Westschweizer Inschriften der Zeit um 700 (SB der Phil.-hist. Kl. der Bayerischen Akademie der Wissenschaften, Jg. 1994, Heft 6), München 1994.

–, Auf dem Wege zur Gotischen Majuskel. Anmerkungen zur epigraphischen Schrift in romanischer Zeit, in : Inschrift und Material. Inschrift und Buchschrift. Fachtagung für mittelalterliche und neuzeitliche Epigraphik (Ingolstadt 1997), hrsg. von WALTER KOCH / CHRISTINE STEININGER (Abhandlungen der Phil.-hist. Kl. der Bayerischen Akademie der Wissenschaften, NF 117), München 1999, S. 225-247.

–, Insular Influences in Inscriptions on the Continent, in : Roman, Runes and Ogham. Medieval inscriptions in the Insular World and on the continent, hrsg. von JOHN HIGGITT / KATHERINE FORSYTH / DAVID N. PARSONS, Oxford 2001, S. 148-157.

–, Das 15. Jahrhundert in der Epigraphik. Die Schriften „zwischen" Mittelalter und Neuzeit in Italien und nördlich der Alpen, in : Libri, documenti, epigrafi medievali : possibilità di studi comparativi. Atti del Convegno internazionale dell'Associazione italiana dei Paleografi e Diplomatisti. Bari (2-5 ottobre 2000), hrsg. von FRANCESCO MAGISTRALE / CORINNA DRAGO / PAOLO FIORETTI (Studi e Ricerche 2), Spoleto 2002, S. 587-606.

–, Variationsfreudige Majuskel, in : Mediterraneo, Mezzogiorno, Europa. Studi in onore di Cosimo Damiano Fonseca, hrsg. von GIANCARLO ARDENNA / HUBERT HOUBEN, Bari 2004, S. 621-640.

–, Inschriftenpaläographie des abendländischen Mittelalters und der früheren Neuzeit. Früh- und Hochmittelalter, Wien / München 2007. ［詳細な文献目録付き］

RENATE KOHN, Versuch einer Typologie der Versalien in frühneuzeitlichen Minuskel inschriften, in : Epigraphik 2000. Neunte Fachtagung für mittelalterliche und neuzeitliche Epigraphik. Klosterneuburg, 9.-12. Oktober 2000, hrsg. von GERTRUD MRAS / RENATE KOHN

(Denkschriften der Phil.-hist. Kl. der Österreichischen Akademie der Wissenschaften 335 = Forschungen zur Geschichte des Mittelalters 10), Wien 2006, S. 65-88.

RENATE NEUMÜLLERS-KLAUSER, Die Westwerktafel der Kirche in Corvey. Ein Beitrag zur karolingischen Epigraphik, in : Westfalen 67 (1989), S. 127-138.

RENATE NEUMÜLLERS-KLAUSER, Epigraphische Schriften zwischen Mittelalter und Neuzeit (Grundsatzreferat), in : Epigraphik 1988. Fachtagung für mittelalterliche und neuzeitliche Epigraphik. Graz, 10.-14. Mai 1988. Referate und Round-table-Gespräche, hrsg. von WALTER KOCH (Denkschriften der Österreichischen Akademie der Wissenschaften, Phil.-hist. Kl. 213 = Veröffentlichungen der Kommission für die Herausgabe der Inschriften des Deutschen Mittelalters 2), Wien 1990, S. 315-328.

RENATE NEUMÜLLERS-KLAUSER, Fragen der epigraphischen Schriftentwicklung in Westfalen (1000-1300), in : Inschriften bis 1300. Probleme und Aufgaben ihrer Erforschung. Referate der Fachtagung für mittelalterliche und neuzeitliche Epigraphik. Bonn 1993, hrsg. von HELGA GIERSIEPEN / RAYMUND KOTTJE (Abhandlungen der Nordrhein.-westfälischen Akademie der Wissenschaften 94), Opladen 1995, S. 47-84.

JAVIER DE SANTIAGO FERNÁNDEZ, La epigrafía latina medieval en los condados catalanes (815-circ. 1150) (Colección "Temas históricos" 11), Madrid 2003.

SEBASTIAN SCHOLZ, Karolingische Buchstaben in der Lorscher Torhalle, in : Inschriften bis 1300. Probleme und Aufgaben ihrer Erforschung. Referate der Fachtagung für mittelalterliche und neuzeitliche Epigraphik. Bonn 1993, hrsg. von HELGA GIERSIEPEN / RAYMUND KOTTJE (Abhandlungen der Nordrhein.-westfälischen Akademie der Wissenschaften 94), Opladen 1995, S. 103-123.

CÉCILE TREFFORT, Mémoires carolingiennes. L'épigraphe entre célébration mémorielle, genre littéraire et manifeste politique (milieu VIIIe-début XIe siècle), Rennes 2007.

BARBARA TRELIŃSKA, Epigraficzna kapitała protorenessansowa w Polce, in : Tradycje i perspektywy nauk pomocniczych historii w Polce, pod redakcją MIECZYSŁAW ROKOSZ (Uniwersytet Jagielloński Kraków, Varia 345), Krakau 1995, S. 209-222.

Literaturbericht zur mittelalterlichen und neuzeitlichen Epigraphik (1976-1984), von WALTER KOCH (MGH Hilfsmittel 11), München 1987.

Literaturbericht zur mittelalterlichen und neuzeitlichen Epigraphik (1985-1991), von WALTER KOCH (unter Mitarbeit von FRANZ-ALBRECHT BORNSCHLEGEL / ALBERT DIETL / MARIA GLASER) (MGH Hilfsmittel 14), München 1994.

Literaturbericht zur mittelalterlichen und neuzeitlichen Epigraphik (1992-1997), von WALTER KOCH / MARIA GLASER / FRANZ-ALBRECHT BORNSCHLEGEL (MGH Hilfsmittel 19), Hannover 2000.

Literaturbericht zur mittelalterlichen und neuzeitlichen Epigraphik (1998-2002), von WALTER KOCH / FRANZ-ALBRECHT BORNSCHLEGEL (MGH Hilfsmittel 22), Hannover 2005.

短縮記号

Las Abreviaturas en la enseñanza medieval y la transmisión del saber. Symposium „Trivium, Quadrivium, Studium", 12.-14. Juni 1989, Universidad de Barcelona, hrsg. Universitat de Barcelona, Departamento de Historia Medieval, Paleografía y Diplomática, Barcelona 1990. ［多くの関連論文を収録］

FRANK AUSBÜTTEL, Abkürzungen aus Personalschriften des XVI. bis XVIII. Jahrhunderts, überarbeitet von RUDOLF LENZ / UWE BREDEHORN / MAREK WINIARCZYK (Marburger Personalschriften-Forschungen 18), 2. Aufl., Sigmaringen 1993.

TERESA DE ROBERTIS / ILARIA PESCINI / EMILIA CALIGIANI / GIUSEPPE PARIGINO, Quattro contributi per la storia del sistema abbreviativo, in : Medioevo e Rinascimento 7 (1993), S. 159-347.

KURT DÜLFER / HANS-ENNO KORN, Gebräuchliche Abkürzungen des 16.–20. Jahrhunderts (Veröffentlichungen der Archivschule Marburg 1), ND der 9., überarb. Aufl., Marburg 2006.

NICOLETTA GIOVÈ MARCHIOLI, Alle origini delle abbreviature latine. Una prima ricognizione (I secolo a. C. - IV secolo d. C.) (Ricerca papirologica 2), Messina 1993.

RUDOLF LENZ, Abkürzungen aus Personalschriften des XVI. bis XVII. Jahrhunderts, 2. Aufl., Sigmaringen 1993.

JÜRGEN RÖMER, Geschichte der Kürzungen. Abbreviaturen in deutschsprachigen Texten des Mittelalters und der Frühen Neuzeit (Göppinger Arbeiten zur Germanistik 645), 2. Aufl., Göppingen 1999.

–, Abbreviaturen in deutschsprachigen Texten des späten Mittelalters – Editorische Probleme, in : MATTHIAS THUMSER / JANUSZ TANDECKI / DIETER HECKMANN (Hrsg.), Edition deutschsprachiger Texte aus dem Ostseeraum (14.-16. Jahrhundert), Torún (Thorn) 2001, S. 35-52.

句読点法，分綴法

ULF CHRISTIAN BÄSTLEIN, Gliederungsinitialen in frühmittelalterlichen Epenhandschriften. Studie zur Problematik ihres Auftretens, ihrer Entwicklung und Funktion in lateinischen und volkssprachlichen Texten der Karolinger- und Ottonenzeit (Europäische Hochschulschriften, Reihe 1, Deutsche Sprache und Literatur 1167), Frankfurt / M. u. a. 1991.

MALCOLM BECKWITH PARKES, Pause and effect. An Introduction to the History of Punctuation in the West, Aldershot 1992.

ALFONSO MAIERÚ (Hrsg.), Grafia e interpunzione del latino nel Medioevo. Seminario internazionale, Roma 27-29 settembre 1984 (Lessico intellettuale europeo 41), Roma 1987.

PATRIZIA RAFTI, L'interpunzione nel libro manoscritto : Mezzo secolo di studi, in : Scrittura e civiltà 12 (1988), S. 239-298.

–, Alle origini dell'interpunzione Petrarchesca, in : Scrittura e civiltà 18 (1994), S. 159-181.

PAUL SAENGER, The separation of words and the order of words : The genesis of medieval reading, in : Scrittura e civiltà 14 (1990), S. 49-74.

-, The separation of words in Italy, in : Scrittura e civiltà 17 (1993), S. 5-41.

-, Space between Words. The origins of silent reading (Figurae - Reading Medieval Culture), Stanford 1997.

記譜記号

ANDREAS HAUG, Gesungene und schriftlich dargestellte Sequenz. Beobachtungen zum Schriftbild der ältesten ostfränkischen Sequenzenhandschriften, Tutzing 1987.

HERNAN LAURENTIS PIETROCOLA, Ursprung und Entwicklung der katalanischen Neumenschrift, Phil. Diss., Wien 2005.

JOSINE FRANCISCA HELENA DE LOOS, Duitse en Nederlandse muzieknotaties in de 12e en 13e eeuw. German and Dutch music notations in the 12th and 13th century, Phil. Diss., Utrecht 1996.

数 字

GEORGES IFRAH, Universalgeschichte der Zahlen, 2. Aufl. der Sonderausgabe, Frankfurt a. Main / New York 1991.

暗号文字

WOLFGANG FRANZ, Kryptologie. Konstruktion und Entzifferung von Geheimschriften (Sitzungsberichte der Wissenschaftlichen Gesellschaft an der Johann-Wolfgang-Goethe-Universität Frankfurt / Main 24 / 5), Stuttgart 1988.

UWE SIEBELIST, Moderne Kryptographie, in : PETER RÜCK (Hrsg.), Mabillons Spur. Zum 80. Geburtstag von Walter Heinemeyer, Marburg an der Lahn 1992, S. 155-163.

証書における記号, 文頭装飾文字, 強調書体

GUDRUN BROMM, Die Entwicklung der Großbuchstaben im Kontext hochmittelalterlicher Papsturkunden (elementa diplomatica 3), Marburg an der Lahn 1995.

-, Die Entwicklung der Elongata in den älteren Papsturkunden (9.-11. Jahrhundert), in : Arbeiten aus dem Marburger hilfswissenschaftlichen Institut (elementa diplomatica 8), Marburg an der Lahn 2000.

PETER RÜCK (Hrsg.), Graphische Symbole in mittelalterlichen Urkunden. Beiträge zur diplomatischen Semiotik (Historische Hilfswissenschaften 3), Sigmaringen 1996. [寄稿 49 本]

-, Bildberichte vom König : Kanzlerzeichen, königliche Monogramme und das Signet der salischen Dynastie (elementa diplomatica 4), Marburg an der Lahn 1996.

PETER WORM, Karolingische Rekognitionszeichen. Die Kanzlerzeile und ihre graphische Ausgestaltung auf den Herrscherurkunden des achten und neunten Jahrhunderts, 2 Bde. (elementa diplomatica 10 / 1 und 10 / 2), Marburg an der Lahn 2004.

写本学(コディコロジー)

MARIA LUISA AGATI, Il libro manoscritto. Introduzione alla codicologia (Studia archaeologica 124), Rom 2003.

JOHANNE AUTENRIETH, Bücher im Übergang von der Spätantike zum Mittelalter, in : Scriptorium 49 / 2 (1995), S. 169–179.

FRÉDÉRIC BABIER, Storia del libro. Dall'antichità al XX secolo, Neapel 2004.

FRANK M. BISCHOFF, Methoden der Lagenbeschreibung, in : Scriptorium 46 / 1 (1992), S. 3–26.

FRANK M. BISCHOFF / MARILENA MANIACI, Pergamentgröße – Handschriftenformate – Lagenkonstruktion. Anmerkungen zur Methodik und zu den Ergebnissen der jüngeren kodikologischen Forschung, in : Scrittura e civiltà 19 (1995), S. 277–319.

HORST BLANCK, Das Buch in der Antike, München 1992.

MICHELLE P. BROWN, Continental Symptoms in Insular Codicology : Historical Perspectives, in : PETER RÜCK (Hrsg.), Pergament [382 頁参照], S. 57–62.

–, Pigments and their Use in Insular Manuscripts, in : J. SHARP (Hrsg.), The compleat Binder : Studies in Bookmaking and Conservation in honour of Robert Powell (Bibliologia 14), Turnhout 1996, S. 136–145.

–, Anglo-Saxon Manuscript Production : Issues of Making and Using, in : A Companion to Anglo-Saxon Literature, hrsg. von PHILLIP PULSIANO / ELAINE TRAHERNE, Oxford 2001, S. 102–117.

Die Buchkultur im 15. und 16. Jahrhundert. Hrsg. vom Vorstand der Maximilian-Gesellschaft und BARBARA TIEMANN, Halbbd. 1 und 2, Hamburg 1995–1999.

PAOLA BUSONERO / CARLO FEDERICI / PAOLA F. MUNAFÒ / EZIO ORNATO / M. SPERANZA STORACE, L'utilisation du papier dans le livre italien à la fin du Moyen Âge, in : Ancient and Medieval Book Materials and Techniques. Erice, 18–25 settembre 1992 (Studi e Testi 357–358), Bd. 1, Città del Vaticano 1993, S. 395–450.

MARIO CAPASSO, Manuale di papirologia Ercolanese (Testi e studi 3), Galatina / Lecce 1991.

PAOLA DEGNI, Usi delle tavolette lignee e cerate nel mondo greco e romano (Ricerca papirologica 4), Messina 1998.

SIMONETTA CAVACIOCCHI (Hrsg.), Produzione e commercio della carta e del libro secc. XIII–XVIII. Atti della "Ventitreesima Settimana di Studi" 15–20 aprile 1991 (Istituto internazionale di storia economica "F. Datini" Prato, Serie II – Atti delle „Settimane di Studi" e altri Convegni 23), Florenz 1992.

ALBERT DEROLEZ, Datierung und Lokalisierung humanistischer Handschriften des Quattrocento auf Grund kodikologischer Merkmale, in : JOHANNE AUTENRIETH (Hrsg.), Renaissance- und Humanistenhandschriften [370 頁参照], S. 109-121.

–, La codicologie et les études médiévales, in : JAQUELINE HAMESSE (Hrsg.), Bilan et perspectives des études médiévales en Europe. Actes du premier Congrès européen d'Études Médiévales, Spoleto, 27-29 mai 1993 (Fédération Internationale des Instituts d'Études Médiévales, Textes et études du Moyen Âge 3), Löwen 1995, S. 371-386.

TIZIANO DORANDI, Papiri latini documentari. Un aggiornamento, in : Zeitschrift für Papyrologie und Epigraphik 111 (1996), S. 193-198.

FRIDOLIN DRESSLER, Scriptorum Opus. Schreiber-Mönche am Werk. Zum Titelbild des Bamberger Codex Patr. 5, 2., gekürzte Aufl., Wiesbaden 1999.

PETER GANZ (Hrsg.), The Role of the Book in Medieval Culture. Proceedings of the Oxford International Symposium 26 September-1 October 1982 (Bibliologia - Elementa ad librorum studia pertinentia 3 und 4), Turnhout 1986.

FRANÇOISE GASPARRI, Notes et matériaux. Ex-libris et mentions anciennes portés sur les manuscrits du XIIe siècle de l'abbaye Saint-Victor de Paris, in : Scriptorium 44 / 1 (1990), S. 69-79.

CHRISTINE GLASSNER / ALOIS HAIDINGER, Die Anfänge der Melker Bibliothek. Neue Erkenntnisse zu Handschriften und Fragmenten aus der Zeit vor 1200, Melk 1996.

J. PETER GUMBERT, The pen and its movement : Some general and less general remarks, in : Gazette du livre médiéval 40 (2002), S. 14-24.

–, Codicological units. Towards a terminology for the stratigraphy of non-homogeneous codex, in : EDOARDO CRISCI / ORONZO PECERE (Hrsg.), Il codice miscellaneo. Tipologie e funzioni. Atti del Convegno internazionale, Cassino, 14-17 maggio 2003 (Segno e testo 2), Turnhout 2004), S. 17-42.

–, Fifty Years of Codicology, in : Arch. f. Dipl. 50 (2004), S. 505-526.

ALOIS HAIDINGER, Datieren mittelalterlicher Handschriften mittels ihrer Wasserzeichen, in : Österreichische Akademie der Wissenschaften. Anzeiger der phil.-hist. Kl. 139 (2004), S. 5-30.

–, Projekt «WZMA-Wasserzeichen des Mittelalters» - Arbeitsstand und Perspektiven, in : Gazette du livre médiéval 47 (2005), S. 42-45.

JOS M. M. HERMANS (Hrsg.), Middeleeuwse handschriftenkunde in de Nederlanden 1988. Verslag van de Groningse Codicologendagen 28-29 april 1988 (Mijmeegse codicologische cahiers 10-12), Grave 1989.

KURT HOLTER, Buchkunst, Handschriften, Bibliotheken. Beiträge zur mitteleuropäischen Buchkultur vom Frühmittelalter bis zur Renaissance, hrsg. von GEORG HEILINGSETZER / WINFRIED STELZER, 2 Bde., Linz 1996. [寄稿 51 篇]

VIVIANA JEMOLO / MIRELLA MORELLI (Hrsg.), Guida a una descrizione uniforme dei manoscritti e al loro censimento, Roma 1990.

KOERT VAN DER HORST, The Reliability of Watermarks, in : Gazette du livre médiéval 15 (1989), S. 15-19.

CHRISTINE JAKOBI-MIRWALD, Das mittelalterliche Buch. Funktion und Ausstattung, Stuttgart

2004.

JAMES J. JOHN, The Format of Manuscripts in "Codices Latini Antiquiores". A statistical Report, in : MANUEL C. DÍAZ Y DÍAZ (Hrsg.), Actas del VIII Coloquio [356 頁參照], S. 95-105.

JOSEF KIRMEIER / ALOIS SCHÜTZ / EVAMARIA BROCKHOFF (Hrsg.), Schreibkunst. Mittelalterliche Buchmalerei aus dem Kloster Seeon. Katalog zur Ausstellung im Kloster Seeon, 28. Juni bis 3. Oktober 1994 (Veröffentlichungen zur Bayerischen Geschichte und Kultur 28 / 94), Augsburg 1994.

JACQUES LEMAIRE, Introduction à la codicologie (Université Catholique de Louvain, Publications de l'Institut d'Etudes Médiévales, Textes, Études, Congrès 9), Löwen 1989.

ALBRECHT LIESS (RED.) / ALAIDA ASSMANN / ALFONS DUFEY / HANS MATTHÄUS BACHMAYER, Schrift-Stücke. Informationsträger aus fünf Jahrtausenden (Ausstellung der Bayerischen Staatsbibliothek und des Bayerischen Hauptstaatsarchivs, München, 19. Juli – 20. September 2000), München 2000.

KARL LÖFFLER, Einführung in die Handschriftenkunde. Neu bearb. von WOLFGANG MILDE (Bibliothek des Buchwesens 11), Stuttgart 1997.

MARILENA MANIACI, Terminologia del libro manoscritto, Mailand 1996.

–, Archeologia del manoscritto. Metodi, problemi, bibliografia recente, con contributi di CARLO FEDERICI e di EZIO ORNATO (I libri di Viella 34), Rom 2002.

–, Terminologia del libro manoscritto, Rom 1996.

MARILENA MANIACI / PAOLA F. MUNAFÒ, Ancient and Medieval Book Materials and Techniques. Erice, 18–25 september 1992 (Studi e Testi 357–358), Città del Vaticano 1993.

OTTO MAZAL, Lehrbuch der Handschriftenkunde (Elemente des Buch- und Bibliothekswesens 10), Wiesbaden 1986.

–, Europäische Einbandkunst aus Mittelalter und Neuzeit. Zweihundertsiebzig Einbände der Österreichischen Nationalbibliothek, Graz 1987.

–, Europäische Einbandkunst aus Mittelalter und Neuzeit, Ausstellung der Handschriften- und Inkunabelsammlung der Österreichischen Nationalbibliothek, Prunksaal, 22. Mai–26. Oktober 1990, 2. vereinfachte Ausgabe, Graz 1990.

–, The manuscripts (Bibliologia 11), Turnhout / Paris 1991.

–, Einbandkunde. Die Geschichte des Bucheinbandes (Elemente des Buch- und Bibliothekswesens 16), Wiesbaden 1997.

Mise en page et mise en texte du livre manuscrit, sous la direction de HENRI-JEAN MARTIN / JEAN VEZIN. Préface de JACQUES MONFRIN. Ouvrage publié avec le concours du Centre national des Lettres, Paris 1990.

BIRGER MUNK OLSEN, L'élement codicologique, in : PHILIPPE HOFFMANN (Hrsg.), Recherches de codicologie comparée. La composition du codex au Moyen Âge, en Orient et en Occident (Collection Bibliologie), Paris 1998, S. 105–129.

EZIO ORNATO / PAOLA BUSONERO / PAOLA F. MUNAFÒ / M. SPERANZA STORACE, La carta occidentale nel tardo medioevo, 2 Bde. (Istituto centrale per la patologia del libro, Ad-

denda 4), Rom 2001.
MARIA PILAR OSTOS SALCEDO / MARIA LUISA PARDO PAVON / ELENA E. RODRÍGUEZ, Vocabulario de codicología (Versión española revisada y aumentada del Vocabulaire codicologique de Denis Muzerelle), Madrid 1997.
DAVID PEARSON, English bookbinding styles, 1450–1800. A handbook, London 2005.
ARMANDO PETRUCCI, La descrizione del manoscritto. Storia, problemi, modelli, 2. vermehrte Aufl., Rom 2001.
GERHARD POWITZ, Handschriften und frühe Drucke. Ausgewählte Aufsätze zur mittelalterlichen Buch- und Bibliotheksgeschichte (Frankfurter Bibliotheksschriften 12), Frankfurt a. Main 2005.
PETER RÜCK (Hrsg.), Pergament. Geschichte, Struktur. Restaurierung. Herstellung (Historische Hilfswissenschaften 2), Sigmaringen 1991. [寄稿34篇，詳細な文献目録付き]
PETER RÜCKERT (Red.), Ochsenkopf und Meerjungfrau. Wasserzeichen des Mittelalters. Begleitheft und Katalog zur Ausstellung des Landesarchivs Baden-Württemberg, des Hauptstaatsarchivs Stuttgart und der Österreichischen Akademie der Wissenschaften, Kommission für Schrift- und Buchwesen des Mittelalters, Wien / Stuttgart 2006. [詳細な文献目録付き]
–, Piccard-Online. Die digitale Präsentation von Wasserzeichen als neue Forschungsperspektive, in : Gazette du livre médiéval 50 (2007), S. 40–50.
ELISA RUIZ GARCÍA, Manual de codicología (Biblioteca del libro), Salamanca / Madrid 1988.
LIESELOTTE SAURMA-JELTSCH, Spätformen mittelalterlicher Buchherstellung. Bilderhandschriften aus der Werkstatt Diebald Laubers in Hagenau, Wiesbaden 2001.
IRMHILD SCHÄFER, Buchherstellung im frühen Mittelalter. Die Einbandtechnik in Freising (Wolfenbütteler Mittelalter-Studien 14), Wiesbaden 1999.
RITA SCHLUSEMANN / JOS. M. M. HERMANS / MARGRIET HOOGVLIET (Hrsg.), Sources for the History of Medieval Books and Libraries (Boekhistorische Reeks 2), Groningen 2002.
BARBARA A. SHAILOR, The Medieval Book. Illustrated from the Beinecke Rare Book and Manuscript Library (Mediaeval Academy Reprints for Teaching 28), Toronto 1991.
JENNIFER M. SHEPPARD, Medieval Binding Structures : Potential Evidence from Fragments, in : LINDA BROWNRIGG / MARGARET M. SMITH (Hrsg.), Interpreting and Collecting Fragments of Medieval Books (Proceedings of the Seminar in the History of the Book to 1500, Oxford 1998), Los Altos Hills 2000, S. 166–175.
FRANK SOETERMEER, Utrumque ius in peciis. Aspetti della produzione libraria a Bologna fra Due e Trecento (Orbis academicus 7), Mailand 1997.
VERA TROST, Skriptorium. Die Buchherstellung im Mittelalter, Stuttgart 1991.
–, Gold- und Silbertinten. Technologische Untersuchungen zur abendländischen Chrysographie und Argyrographie von der Spätantike bis zum hohen Mittelalter (Beiträge zum Buch- und Bibliothekswesen 28), Wiesbaden 1991.
PETER F. TSCHUDIN, Grundzüge der Papiergeschichte (Bibliothek des Buchwesens 12), Stuttgart 2002.

JEDERT VODOPIVEC, Vezave srednje veškib rokopisov : strukturne prvine in njihov razoj (Medieval bindings in Slovenia : Binding Structures on Stiff-Board Manuscripts), Laibach 2000.

BETTINA WAGNER (Red.), Außenansichten. Bucheinbände aus 1000 Jahren aus den Beständen der Bayerischen Staatsbibliothek München (Ausstellungskatalog), Wiesbaden 2006.

OLGA WEIJERS (Hrsg.), Vocabulaire du livre et de l'écriture au moyen âge. Actes de la table ronde, Paris 24.–26. septembre 1987 (Cimica, Études sur le vocabulaire intellectuel du moyen âge), Turnhout 1989.

写本装飾

JONATHAN J. G. ALEXANDER, Medieval illuminators and their methods of work, New Haven (CT) / London 1992.

–, Studies in Italian manuscript illumination, London 2002.

FRANÇOIS AVRIL / PATRICIA STIRNEMANN, Manuscrits enluminés d'origine insulaire, VIIe–XXe siècle, Paris 1987.

LEILA AVRIN, Scribes, Script and Books. The Book Arts from Antiquity to the Renaissance, Chicago / London 1991.

JOHN WILLIAM BRADLEY, A Dictionary of Miniaturists, Illuminators, Calligraphers and Copyists, 3 Bde., London 1987–1989.

MICHELLE P. BROWN, Understanding Illuminated Manuscripts : A Glossary of Technical Terms, London / Malibu 1994.

ROBERT FUCHS / DORIS OLTROGGE, Colour material and painting technique in the Book of Kells, in : FELICITY O'MAHONY, The Book of Kells. Proceedings of a Conference at Trinity College Dublin, 6–9 September 1992, Aldershot 1994, S. 131–171.

CHRISTOPHER DE HAMEL, A History of Illuminated Manuscripts, 2. Aufl., London 1995.

Helmarshausen und das Evangeliar Heinrichs des Löwen. Bericht über ein wissenschaftliches Symposion in Braunschweig und Helmarshausen vom 9. Oktober bis 11. Oktober 1985 (Schriftenreihe der Kommission für Niedersächsische Bau- und Kunstgeschichte bei der Braunschweigischen Wissenschaftlichen Gesellschaft 4), Göttingen 1992. [寄稿 15 篇]

CHRISTINE JAKOBI-MIRWALD, Buchmalerei. Ihre Terminologie in der Kunstgeschichte. Vollständig überarbeitete und erweiterte Neuauflage, Berlin 1997.

–, Text – Buchstabe – Bild. Studien zur historisierten Initiale im 8. und 9. Jahrhundert, Berlin 1998.

OTTO MAZAL, Beobachtungen zum Verhältnis von Bild und Text im Randschmuck des Croy-Gebetbuches (Codex 1858 der Österreichischen Nationalbibliothek in Wien), in : De litteris, manuscriptis, inscriptionibus ... Festschrift zum 65. Geburtstag von Walter Koch, hrsg. von THEO KÖLZER / FRANZ-ALBRECHT BORNSCHLEGEL / CHRISTIAN FRIEDL / GEORG VOGELER, Wien / Köln / Weimar 2007, S. 437–450.

MARGARET MORGAN, Illuminated letters : a treasury of decorative calligraphy, London 2006.

WILLIBALD SAUERLÄNDER, Initialen. Ein Versuch über das verwirrte Verhältnis von Schrift und Bild im Mittelalter (Wolfenbütteler Hefte 16), Wolfenbüttel 1996.

KARL KLAUS WALTHER (Hrsg.), Lexikon der Buchkunst und Bibliophilie, Leipzig 1987 (ND Hamburg 2006).

ANDREAS WEINER, Die Initialornamentik der deutsch-insularen Schulen im Bereich von Fulda, Würzburg und Mainz (Quellen und Forschungen zur Geschichte des Bistums und Hochstifts Würzburg 43), Würzburg 1992.

YOLANTA ZAŁUSKA, L'enluminure et le Scriptorium de Cîteaux au XIIe siècle. Ouvrage publié avec le concours du Centre National de la Recherche Scientifique et du Centre National de Lettres (Cîteaux, Commentarii cistercienses. Studia et Documenta 4), Cîteaux 1989.

写本複製

HANS ZOTTER, Bibliographie faksimilierter Handschriften, völlig überarb. 2. Aufl., Graz 1994 (als Diskette : HANS ZOTTER / HEIDI ZOTTER, Bibliographie faksimilierter Handschriften, 2. Aufl. Graz 1996). 1995 年以後(2005/2006 年頃まで)に製作されたそれ以外の複製本については以下のサイトも参照。http://www.kfunigraz.ac.at/ub/sosa/faksbib/index.php ; 28.06 2008.

図録類

Album pozdně středověkého písma (Album scripturae medii aevi posterioris), hrsg. von HANA PÁTKOVÁ, Severní Čechy (Bohemia septentrionalis), Prag 2002 ff.

Atlas zur Geschichte der Schrift, Bd. 1 : Von der sumerischen Keilschrift bis Gutenberg, Bd. 2 : Von Gutenberg bis Ende des 19. Jahrhunderts, Bd. 3 : Ausgewählte Schriftbeispiele des 20. Jahrhunderts, Darmstadt 1986-1989.

JOÃO JOSÉ ALVES DIAZ / A. H. DE OLIVEIRA MARQUES / TERESA F. RODRIGUES, Álbum de paleografia, Lissabon 1987.

P. AVELINO DE JESUS DA COSTA (Hrsg.), Álbum de Paleografia e Diplomática Portuguesas, vol. 1, Estampas, 5. verb. Aufl., Coimbra 1990.

GUGLIELMO BALLAIRA, Esempi di scrittura latina dell'età romana I : dal III-II secolo a. C. al I secolo d. C. (Corsi universitari 4), Alessandria 1993.

SYLVAIN BERTOLDI, Lire les écritures anciennes. Comment s'entraîner. Album de paléographie (textes et transcriptions), 3 Bde., 3. Aufl., Angers 1988-1992.

BERNHARD BISCHOFF / VIRGINIA BROWN / JAMES J. JOHN, Addenda to „Codices Latini Antiquiores" II, in : Mediaeval Studies 54 (1992), S. 286-307.

Cahier paléographique des Archives nationales, sous la dir. de MICHEL LE MOËL, assisté de JEAN-PIERRE BRUNTERC'H, Paris 1989.

MARIA CARERI u.a., Album de manuscrits français du XIIIe siècle. Mise au page et mise en texte, Rom 2000.

GUGLIELMO CAVALLO / GIOVANNA NICOLAJ (Hrsg.), Chartae Latinae Antiquiores, Facsimile-edition of the Latin charters. 2a ser. : Ninth century, Dietikon-Zürich 1997 ff.

PAOLO CHERUBINI / ALESSANDRO PRATESI (Hrsg.), Paleografia latina, Tavole. Scuola Vaticana di Paleografia, Diplomatica e Archivistica (Littera antiqua 10, Subsidia studiorum 3), Città del Vaticano 2004.

CORNELIS DEKKER / ROLAND BAETENS / SUZANNE MAARSCHALKERWEERD-DECHAMPS, Album palaeographicum XVII provinciarum. Paleografisch album van Nederland, België, Luxemburg en Noord-Frankrijk. Album de paléographie des Pays-Bas, de Belgique, du Luxembourg et du Nord de la France, Turnhout 1992.

KURT DÜLFER / HANS-ENNO KORN, Schrifttafeln zur deutschen Paläographie des 16.–20. Jahrhunderts, überarb. von KARSTEN UHDE (Veröffentlichungen der Archivschule Marburg – Institut für Archivwissenschaften 2), 12. Aufl., Marburg 2007.

ROGER GRYSON / LÉON GILISSEN / JOHN J. CONTRENI / T. JULIAN BROWN / T. W. MACKAY (Hrsg.), Armarium codicum insignium, 4 Bde., Turnhout 1980–1988.

LOUIS LE ROC'H MORGÈRE (Hrsg.), Recueil de paléographie normande, Caen 1995.

JOSEFINA MATEU IBARS / MARÍA D. MATEU IBARS, Colectánea paleográfica de la Corona de Aragón, siglos IX–XVIII. Texto y transcripciones, Barcelona 1980–1991.

FRANCESCO MOTTOLA, Esempi di scrittura latina, Salerno 1991.

ELISABETH NOICHL / CHRISTA SCHMEISSER, Deutsche Schriftkunde der Neuzeit. Ein Übungsbuch mit Beispielen aus bayerischen Archiven (Sonderveröffentlichung der Staatlichen Archive Bayerns 5), München 2006.

SCHMUKI KARL / OCHSENBEIN PETER / CORNEL DORA, Cimelia Sangallensia. Hundert Kostbarkeiten aus der Stiftsbibliothek St. Gallen, St. Gallen 1998.

PETER JOHANNES SCHULER, Materialien zur Paläographie, hrsg. vom Fachbereich Archiv-Bibliothek und Dokumentation der Fachhochschule Potsdam, Berlin 1995.

MARIA FRANCESCA TIEPOLO / PIETRO SCARPA / GIUSTINIANA MIGLIARDI O'RIORDAN, Esempi di scritture dei secoli XII–XVIII (Quaderni della Scuola archivistica, paleografia e diplomatica 2), Venedig 1991.

JOHN WOODCOCK / STAN KNIGHT, A book of formal scripts, London 1992.

ERNST ZIEGLER / JOST HOCHULI, Hefte zur Paläographie des 13.–20. Jahrhunderts aus dem Stadtarchiv (Vadiana) St. Gallen, 1–7, Rorschach 1985–1989.

日本語文献案内

L. D. レイノルズ／N. G. ウィルソン『古典の継承者たち――ギリシア・ラテン語テクストの伝承にみる文化史』西村賀子・吉武純夫訳，国文社，1996 年。文献学・テクスト校訂の視点から，古典作品がいかに伝えられてきたかを懇切丁寧に解説している。

シャルル・イグーネ『文字』矢島文夫訳，白水社，文庫クセジュ203，1956 年。ラテン・アルファベットを中心にした歴史上現れた種々の文字についての概説。

ジャン・マビヨン『ヨーロッパ中世古文書学』宮松浩憲訳，九州大学出版会，2000 年。ラテン語原著 De re diplomatica の第 2 版(1709 年)を底本にしている。全 6 章のうち第 4・6 章は除外。

F. G. ケニオン『古代の書物――ギリシア・ローマの書物と読者』高津春繁訳，岩波新書，1953 年。巻子本を中心とする基本的な概説。

B. M. メッツガー『図説 ギリシア語聖書の写本――ギリシア語古文書学入門』土岐健治監訳，教文館，1985 年。ギリシア語文献を対象としたものではあるが，ラテン語写本に共通する内容を含む。45 点の図版とその解説付き。

ヴェルナー・フォーグラー編『修道院の中のヨーロッパ――ザンクト・ガレン修道院にみる』阿部謹也訳，朝日新聞社，1994 年。修道院の歴史と写本についての紹介。

スタン・ナイト『西洋書体の歴史――古典時代からルネサンスへ』髙宮利行訳，慶應義塾大学出版会，2001 年。巻末に英語と日本語による用語注解がある。

バーナード・ミーハン『ケルズの書』鶴岡真弓訳，岩波書店，2015 年。写本のカラー版をもとに美術史的観点から，しかし写字生と挿画生についても詳細に論じている。

J. ゴンザレス・エチェガライほか解説『ベアトゥス黙示録註解――ファクンドゥス写本』大高保二郎・安發和彰訳，岩波書店，1998 年。豊富な図版をもとにその内容を紹介。

久保正彰他監修『ウェルギリウス・ロマヌス』(彩飾ファクシミリ版・縮刷複製版・解説)，岩波書店，1985 年。

辻佐保子監修『ベアトゥス黙示録註解――アローヨ写本 フランス国立図書館蔵本ファクシミリ版』岩波書店，2000 年。

高山博・池上俊一編『西洋中世学入門』東京大学出版会，2005 年。とくに「古書体学」(千葉敏之)，「古書冊学」「文書形式学」「刻銘学」(岡崎敦)を参照。

齋藤晃編『テクストと人文学』人文書院，2009 年。とくに「古文書学から史料論へ」(大黒俊二)を参照。

東京大学史料編纂所編『歴史学と史料研究』山川出版社，2003 年。とくに「フランスにおける中世史史料」(オリヴィエ・ギヨジャナン)を参照。

ピエール・プチマンジャン「ヨーロッパにおけるラテン語写本の伝承」月村辰雄訳,『文学』(岩波書店)第10巻第4号,1999年,188-201頁.

ジャン・ヴザン「古書体学と歴史学——シナイ半島のラテン語写本」佐藤彰一・瀬戸直彦訳,佐藤彰一編『西洋中世史セミナー講演報告集』名古屋大学大学院文学研究科西洋史研究室,2002年,135-150頁.

鷲田哲夫「フランスにおける古文書学の発達」『古文書研究』第1巻,1968年,48-65頁.

鷲田哲夫「ベネディクト会修道院における学校・図書館・書写室の活動について」『早稲田大学大学院文学研究科紀要』第16巻,1970年,81-98頁.

ヨゼフ・フィルハウス「中世の写本処(スクリプトーリウム)」上智大学中世思想研究所編『聖ベネディクトゥスと修道院文化』(『中世研究』第1号),1998年,257-277頁.

山田欣吾「西ヨーロッパ初期中世の修道院蔵書」『一橋大学社会科学古典資料センター年報』第7巻,1987年,1-5頁.

鵜川馨『イングランド中世社会の研究』聖公会出版,1991年.「歴史補助科学」の部で,古文書学の歴史とイングランドの古書体学について文書史料をもとに紹介.

佐藤彰一「西ゴート期スレート文書の歴史的コンテクスト」『統合テクスト科学の構築』(名古屋大学)COE討議資料NO.3,2003年,1-8頁.

佐藤彰一『修道院と農民——会計文書から見た中世形成期ロワール地方』名古屋大学出版会,1997年.巻末図版10にも掲げられているトゥールのサン・マルタン修道院文書に関する研究.

月村辰雄「偽物から本物へ——ヨーロッパ古文書学の成立」『言語』(大修館書店)30-8,2001年,50-55頁.偽書として著名な「コンスタンティヌス寄進状」の紹介と古文書学とのかかわり.

ロレンツォ・ヴァッラ『「コンスタンティヌスの寄進状」を論ず』高橋薫訳,水声社,2014年.

越宏一『挿絵の芸術——古代末期写本画の世界へ』朝日新聞社,1989年.「ウェルギリウス・ロマヌス」など,文学関係の挿絵入り5写本についての研究.

越宏一『線描の芸術——西欧初期中世の写本を見る』東北大学出版会,2001年.「ユトレヒト詩篇」の表現主義的線描の研究.

斉藤稔『イニシアルのデザイン——中世写本の装飾文字』岩崎美術社,1975年.文頭装飾文字の集成.

鶴岡真弓『ケルト／装飾的思考』筑摩書房,1989年,ちくま学芸文庫,1993年.「ダロウの書」「ケルズの書」などの文頭装飾文字における渦巻文様や組紐文様について.

金澤正剛『中世音楽の精神史——グレゴリオ聖歌からルネサンス音楽へ』講談社選書メチエ,1998年.とくに記譜記号についての解説を参照.

高野彰『洋書の話』丸善,1991年.第2版,朗文堂,2014年.折記号など活版印刷術についての解説が中心だが,写本学(コディコロジー)の基礎を知るにも役立つ.

リュシアン・フェーヴル／アンリ=ジャン・マルタン『書物の出現』筑摩書房，1985年，ちくま学芸文庫，1998年。印刷術出現以降の書物についての古典的概説。

ロジェ・シャルティエ／グリエルモ・カヴァッロ編『読むことの歴史──ヨーロッパ読書史』田村毅ほか訳，大修館書店，2000年。とくに「巻子本から冊子本へ──ローマ世界における読書」(グリエルモ・カヴァッロ)，「テクストの読解，筆写，解釈──中世前期における修道院の習慣」(マルカム・パークス)を参照。

髙宮利行『西洋書物学事始め』青土社，1993年。主としてイングランドを対象にした中世の写字生から近現代の活版印刷術にかんするエッセイ集。

髙宮利行『グーテンベルクの謎──活字メディアの誕生とその後』岩波書店，1999年。

インターネットによる書誌と写本の検索

Leonard E. Boyle(1984年。本書329頁)の書誌は，そのイタリア語訳(1999年。本書355頁)において Fabio Troncarelli によって1982–1998年の情報が補完されている。以下でも参照可能。centreleonardboyle.com/palaeog.html

写本の書誌については，CIPL(Comité international de paléographie latine)の後援によって Catalogues des manuscrits datés(CMD)が国別に刊行されつつある。www.digital.eu/blog/catalogue-des-manuscrits-dates-en-ligne

文書史料については，Thomas Frenz による書誌情報が詳しい。www.phil.uni-passau.de/histhw/bibliographie

本書では CLA や ChLA などの史料集がたびたび引用される。800年までの写本を対象とする前者については，全巻(11巻)が完結した後に Supplement(1巻，1971)と，雑誌 Medieval Studies(Pontifical Institute of Mediaeval Studies, Toronto, Canada), Vol. XLVII(1985)に収録された Addenda をのぞいて，元の規格の3分の2の縮小翻刻版がドイツの出版社 Otto Zeller Verlag, Osnabrück(1982–87)から出版され，さらに現在ではおなじ縮小版が Melle の Wagener Edition から刊行されている。元の大型版(30×44.5 cm)は高価であったが，縮小版は比較的廉価で，個人でも全巻購入が可能である。さらに所蔵別に調べると，写本や文書はヨーロッパ各国でデジタル化が進行しつつあることもあって，簡単にカラー版で一冊すべてを閲覧できる場合がある。

ファクシミリ版の有無などは，Zotter(Hans) / Zotter(Heidi), Bibliographie faksimilierter Handschriften で調べられる。Graz 大学のサイト sosa2.uni-graz.at/sosa/faksbib/index.php

デジタル化された写本については，全体的な情報として以下を参照。
　MESA : www.mesa-medieval.org
　DMMapp : digitizedmedievalmanuscripts.org
　Ménestrel : www.menestrel.fr

また，2010 年から 2012 年にかけて，フランス国立図書館を中心にドイツやスペインの図書館が加わって，中世・ルネサンスの写本（とくにカロリング朝期，シャルル 5 世（14 世紀）関連写本，アラゴン王領ナポリ写本）約千点がデジタル化された。横断検索が可能なこのプロジェクトは，Europeana Regia : www.europeanaregia.eu/fr

地域別では，
ヴァチカン　digital.vatib.it/ja/collection
イタリア　Istituto Centrale per il Catalogo Unico delle biblioteche italiane e per le informazioni bibliografiche : www.iccu.sbn.it/opencms/opencms/it
フランス　Bibliothèque nationale de France (BnF) : gallica.bnf.fr
イギリス　DigiPal (1000–1100 年のイングランド写本) : www.digipal.eu　あるいは　Late Medieval English Scribes : www.medievalscribes.com
ロンドン　British Library (BL) : catalogue.bl.uk
ケンブリッジ　Cambridge Digital Library : cudl.lib.cam.ac.uk (Codex Bezae など)
ベルギー　Belgica (Bibliothèque royale de Belgique) : belgica.kbr.be
ドイツ　Manuscripta Mediaevalia : www.manuscripta-mediaevalia.de
ベルリン　Staatsbibliothek zu Berlin : www.gesamtkatalogderwiegendrucke.de
スイス　Virtual Manuscript Library of Switzerland (ザンクト・ガレン : www.e-codices.unifr.ch あるいは CESG. Codices Electronici Sangallenses-Virtual Library : www.cesg.unifr.ch)
スペイン　Biblioteca Virtual del Patrimonio Bibliográfico : bvpb.mcu.es

主要な音楽写本は，DIAMM : www.diamm.ac.uk で閲覧できる。

短縮形については，基本となる Cappelli の辞書が電子版でも利用できる。www.hist.msu.ru/Departments/Medieval/Cappelli あるいは inkunabeln.ub.uni-koeln.de/vdibProduction/handapparat/nachs_w/cappelli/cappelli.html

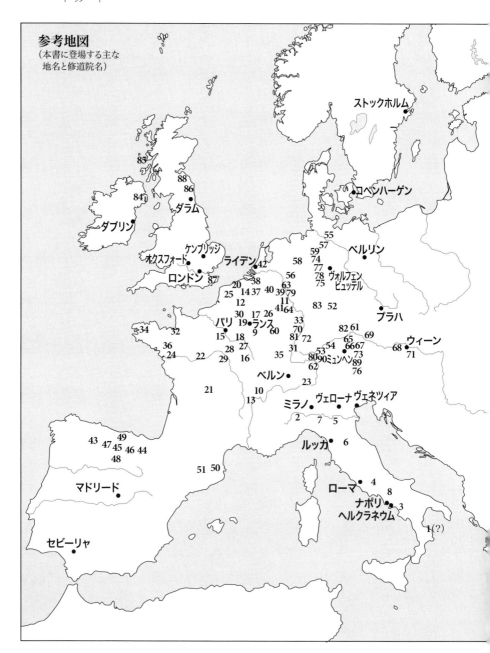

参考地図
（本書に登場する主な地名と修道院名）

修道院名

1	ウィウァリウム	46	サン・ミジャン・デ・ラ・コゴジャ
2	ヴェルチェッリ	47	シロス
3	サン・セヴェリーノ	48	バレラニカ
4	スビアコ	49	リエバナ
5	ノナントラ	50	リポル
6	ファルファ	51	ローダ
7	ボッビオ	52	アモルバッハ
8	モンテカッシーノ	53	ヴァイセナウ
9	オーヴィリエ	54	ヴァインガルテン
10	クリュニー	55	ヴィーンハウゼン尼僧院
11	クレルヴォー	56	ヴェルデン
12	コルビィ	57	ガンダースハイム尼僧院
13	サヴィニ	58	ゲルレーヴェ
14	サン・ヴァ	59	コルヴァイ
15	サン・ジェルマン・デ・プレ	60	ゴルツェ
16	サン・ジェルマン	61	ザンクト・エンメラム
17	サン・ジャン尼僧院	62	ザンクト・ガレン
18	サン・タンドレ	63	ザンクト・クララ会尼僧院
19	サン・ティエリ	64	ザンクト・マティアス
20	サン・ベルタン	65	シャイエルン
21	サン・マルシアル	66	シュタッフェルゼー
22	サン・マルタン	67	テゲルンゼー
23	サン・モーリス・ダゴーヌ	68	メルク
24	サン・モリュー	69	ニーダーアルタイヒ
25	サン・リキエ	70	ニーダーミュンスター尼僧院
26	サント・マリー尼僧院	71	ハイリゲンクロイツ
27	シェル尼僧院	72	ヒルザウ
28	フェリエール	73	フライジング
29	フルーリ	74	フリッツラー
30	ペロンヌ	75	フルダ
31	ムルバッハ	76	ベネディクトボイエルン
32	モン・サン・ミシェル	77	ヘルスフェルト
33	モン・サント・オディール尼僧院	78	ヘルマルスハウゼン
34	ランデヴェネック	79	ミヒェルスベルク
35	リュクスーユ	80	ライヒェナウ
36	ルドン	81	リヒテンタール
37	サン・タマン	82	レーゲンスブルク
38	シント・ピーテル	83	ロルシュ
39	スタブロ	84	バンガー
40	ロッブ	85	アイオナ
41	エヒテルナハ	86	ウィアマス゠ジャロウ
42	ヴィンデスハイム	87	セント・オーガスティン
43	アルバレス	88	リンディスファーン
44	アルベルダ	89	ヴェッソブルン
45	カルデーニャ	90	ケンプテン

図　版

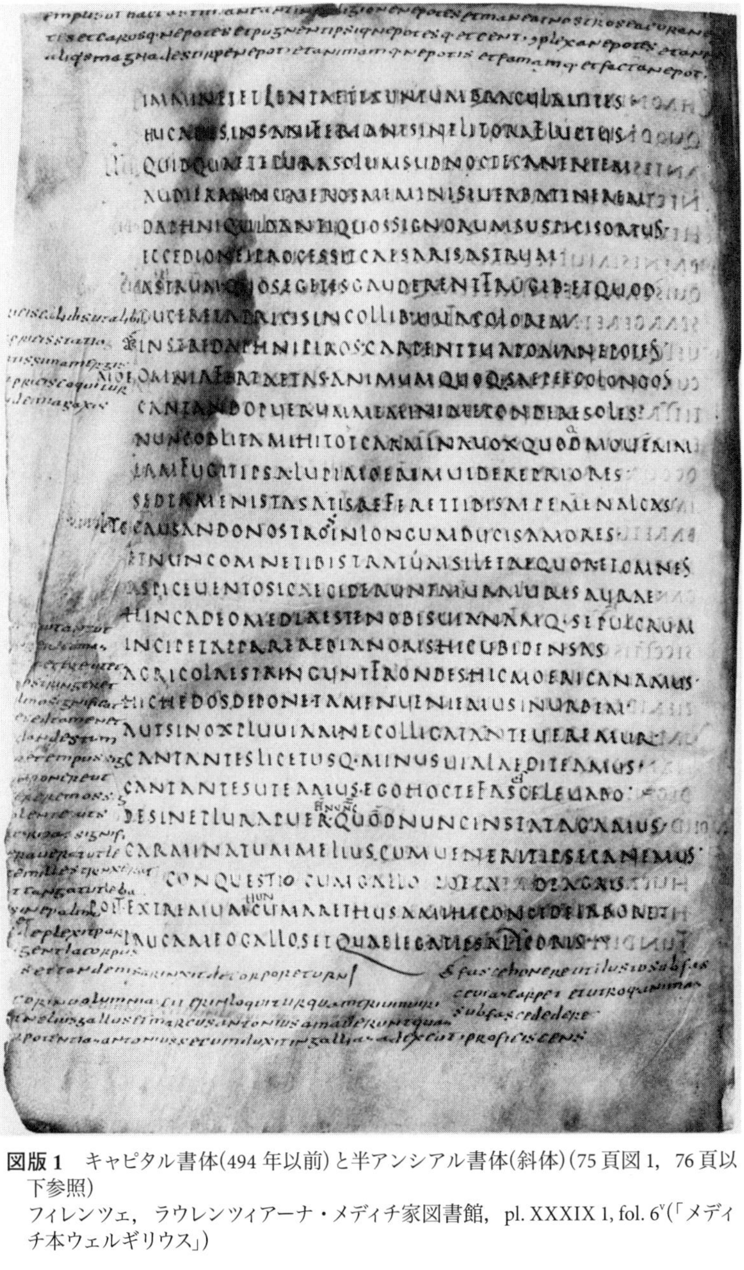

図版 | 395

図版 1　キャピタル書体(494年以前)と半アンシアル書体(斜体)(75頁図1, 76頁以下参照)
フィレンツェ，ラウレンツィアーナ・メディチ家図書館，pl. XXXIX 1, fol. 6ᵛ(「メディチ本ウェルギリウス」)

図版 2a 古ローマ草書体(1世紀)(75頁図2, 82頁以下参照)
ギーセン，大学図書館，Pap. Jand. 90(キケロ『ウェッレース弾劾』)

図版 2b 楷書体のローマ大文字書体(1-2世紀か)(87頁以下，91頁図6参照)
ロンドン，大英図書館，Pap. 745(『マケドニア戦記』断片)

図版 3 古(東方)半アンシアル書体(4世紀)(95頁以下,99頁図10・11参照)
マンチェスター,ジョン・ライランズ図書館,Pap. 472(典礼書断片)

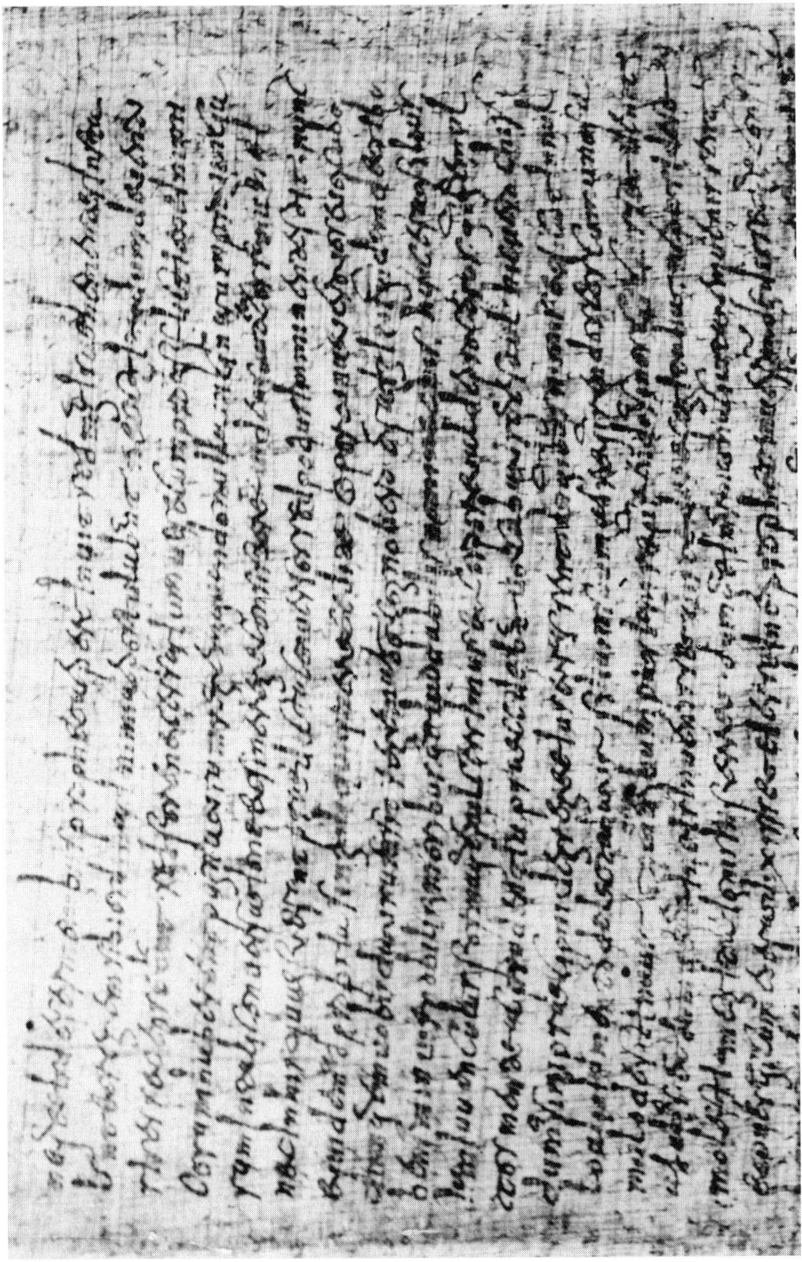

図版 4　新ローマ草書体(6世紀)(81頁図5, 85頁以下, 139頁註56参照)
ミラノ, アンブロジアーナ図書館, Cim. Ms. 1, p. 11(フラウィウス・ヨセフス『ユダヤ古代誌』)

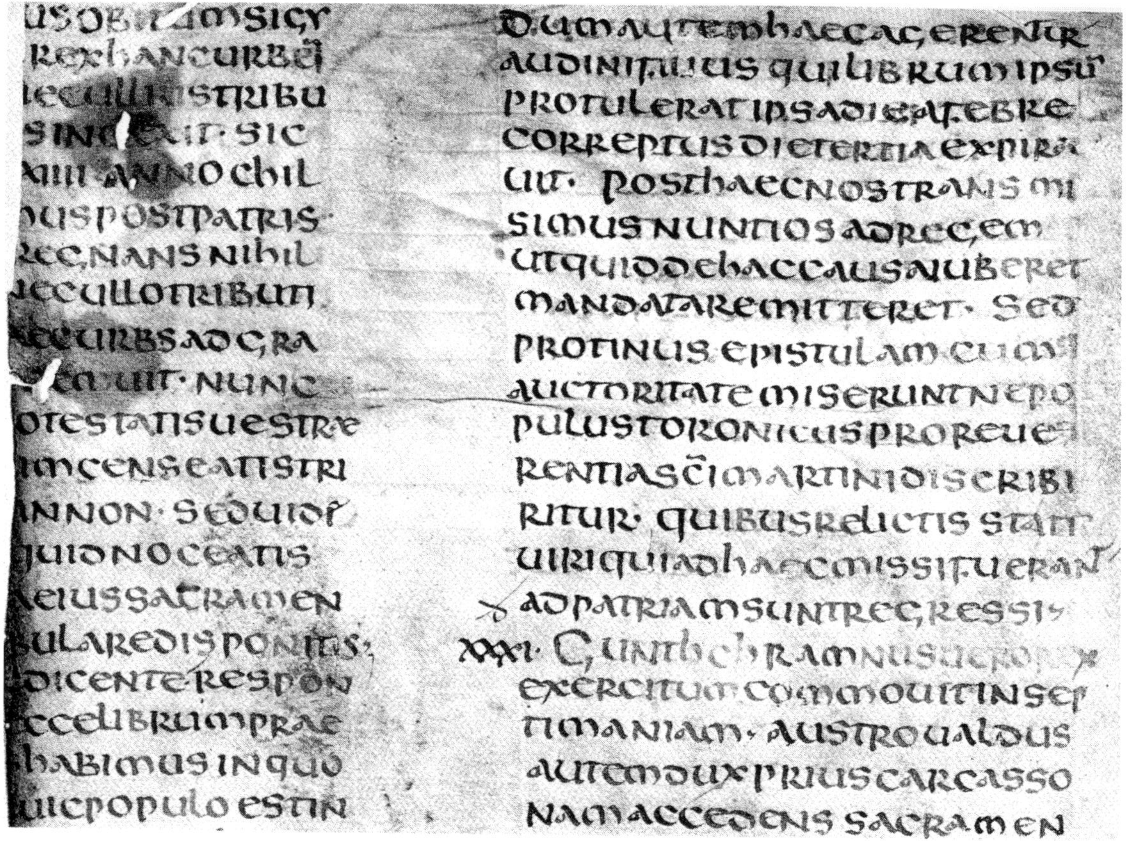

図版 5　アンシアル書体(7世紀) (91頁図7, 89頁以下, 268頁註56参照)
ローマ, ヴァチカン図書館, Ms. Regin. Lat. 689bis, fol. 324^v (トゥールのグレゴリウス『歴史十巻』)

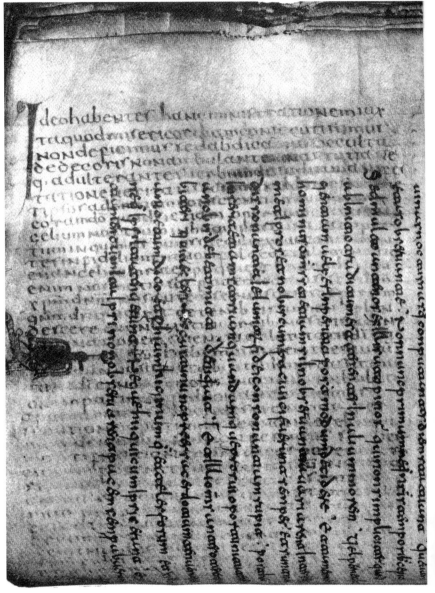

図版 6a 下に筆写されたもとの書体——新半アンシアル書体(7世紀，新約聖書「コリントの信徒への手紙」2)／上書きされた書体——西ゴート小文字書体(9世紀，エウセビオス『教会史』ルフィヌスによるラテン語訳)(12頁以下，99頁図12，100頁以下，133頁図16参照)
レオン，司教座聖堂文書館，Ms. 15, fol. 84ᵛ(パリンプセスト)左欄

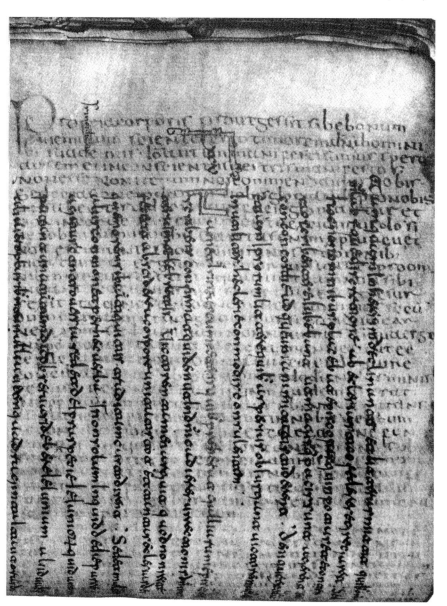

図版 6b　同, 右欄

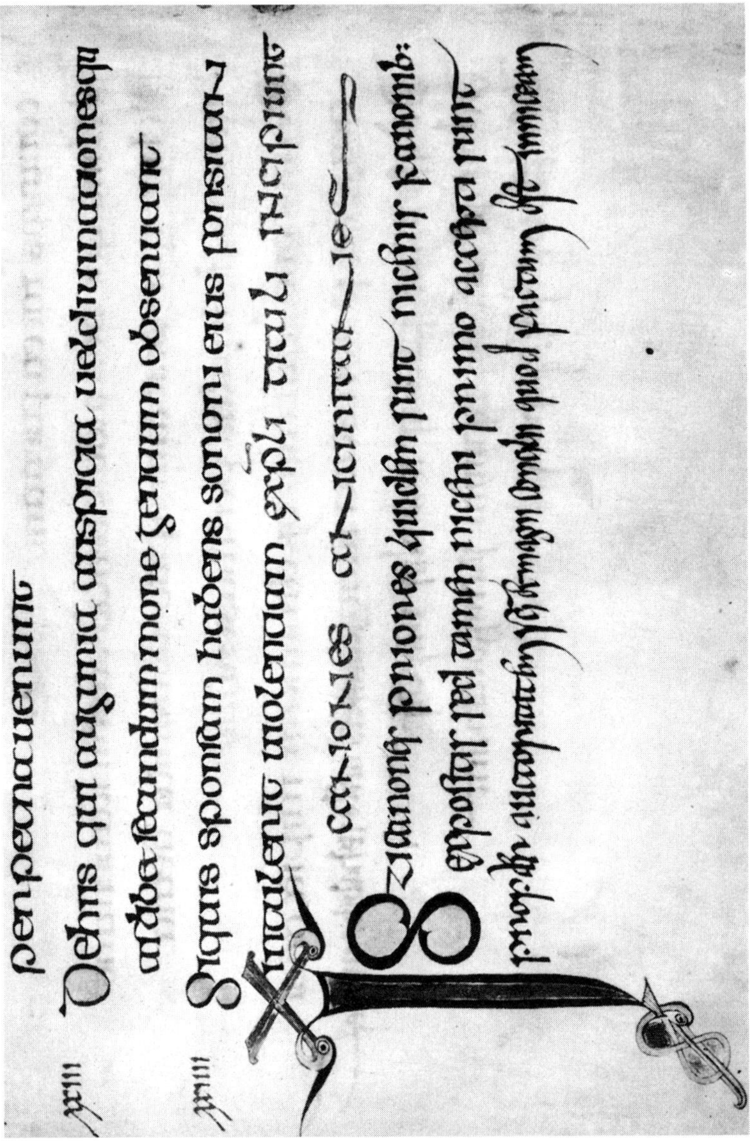

図版7 上からアングロ・サクソン半アンシアル書体、小文字書体、鋭い草書体の3書体（8世紀）（121頁以下参照）
ケルン、大司教座管区聖堂図書館、Ms. 213, fol. 19ᵛ（「教会法令集」）

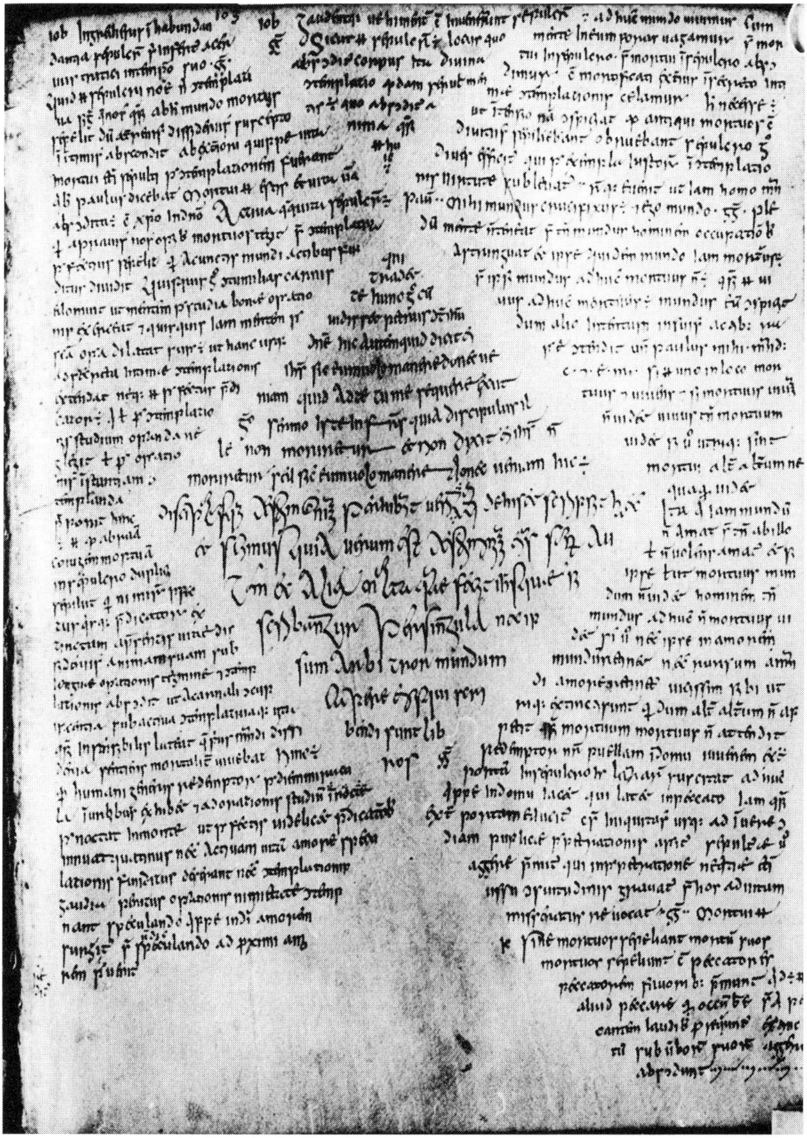

図版 8　アイルランド小文字草書体(807年頃)(114頁, 270頁以下参照)
ダブリン, トリニティ・カレッジ 52(「アーマーの書」), fol. 103(新約聖書, 教皇大グレゴリウスによる抜粋)

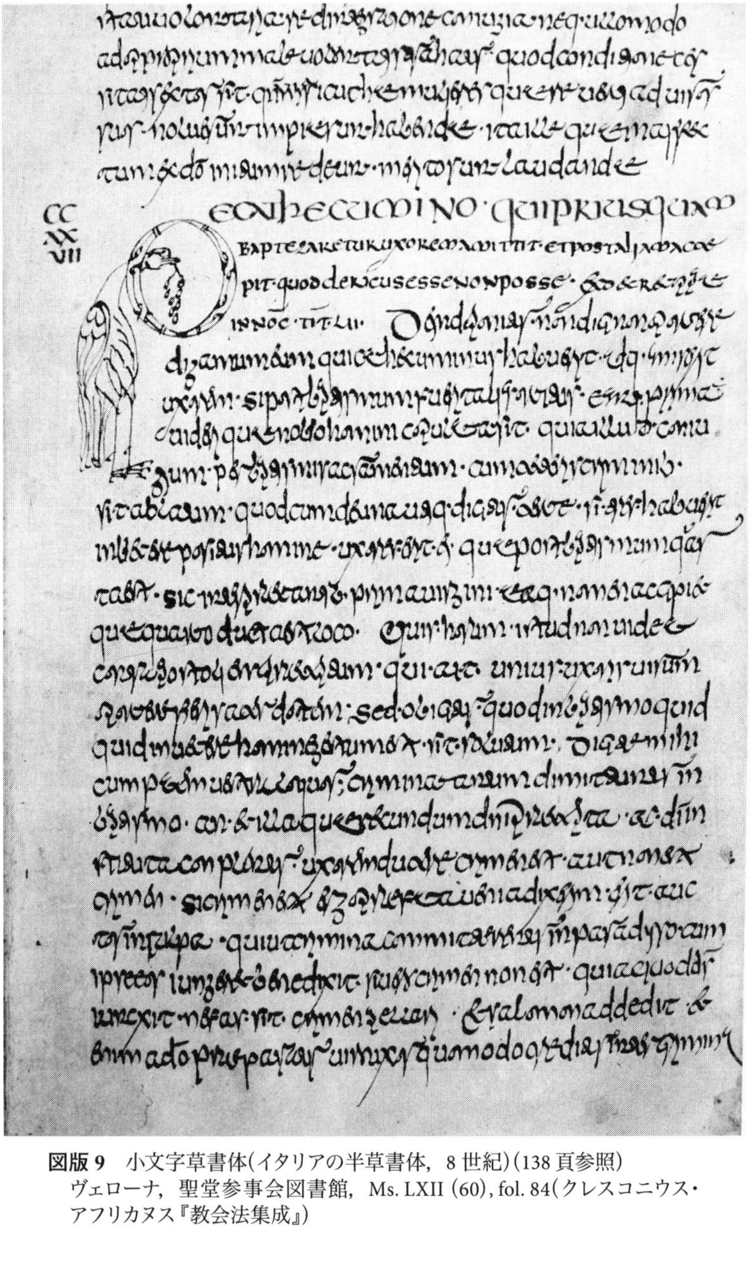

図版9　小文字草書体（イタリアの半草書体，8世紀）（138頁参照）
ヴェローナ，聖堂参事会図書館，Ms. LXII (60), fol. 84（クレスコニウス・アフリカヌス『教会法集成』）

図版 | 405

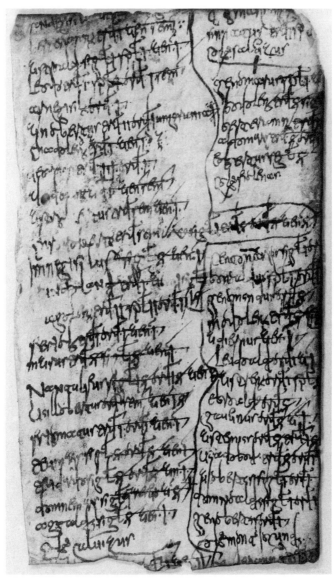

図版 10 小文字草書体(7世紀)(140頁以下参照)
パリ,フランス国立図書館, Nouv. acq. Lat. 2654, n° 11(トゥールのサン・マルタン修道院の貢租賦課リスト)

図版 11　リュクスーユ型(7 世紀)(142 頁，145 頁図 19 参照)
パリ，フランス国立図書館，Ms. Lat. 9427, fol. 96ᵛ(「リュクスーユ読誦集」)

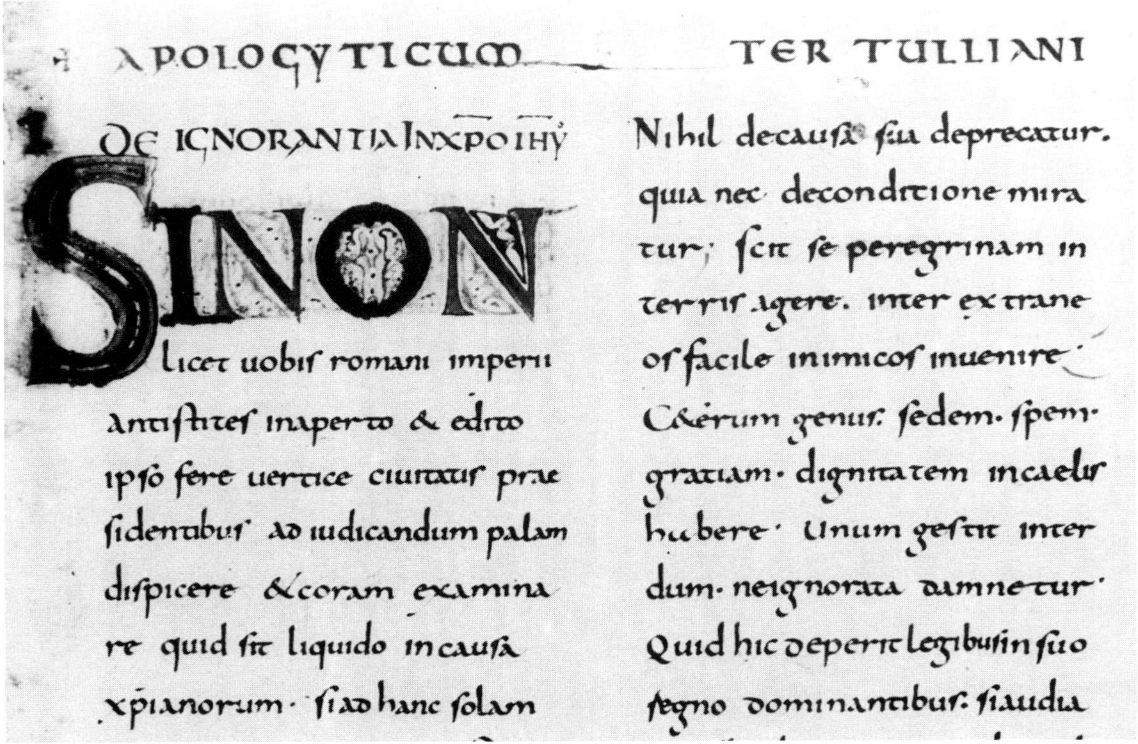

APOLOGYTICUM ———— TER TULLIANI

DE IGNORANTIA INXPO IHY

licet uobis romani imperii
antistites inspecto & edito
ipso fere uertice ciuitatis præ
fidentibus ad iudicandum palam
dispicere & coram examina
re quid sit liquido in causa
xpianorum. si ad hanc solam

Nihil de causa sua deprecatur.
quia nec de condicione mira
tur; scit se peregrinam in
terris agere. inter extrane
os facile inimicos inuenire.
Cæterum genus. sedem. spem.
gratiam. dignitatem in caelis
habere. Unum gestit inter
dum. ne ignorata damnetur.
Quid hic deperit legibus in suo
regno dominantibus? si iudicia

図版 12 カロリング小文字書体(8-9世紀)(155頁図23, 280頁註23参照)
サンクトペテルブルク, 公立図書館, Ms. Q. v. I. 40, fol.1'(テルトゥッリアヌス『護教論』)

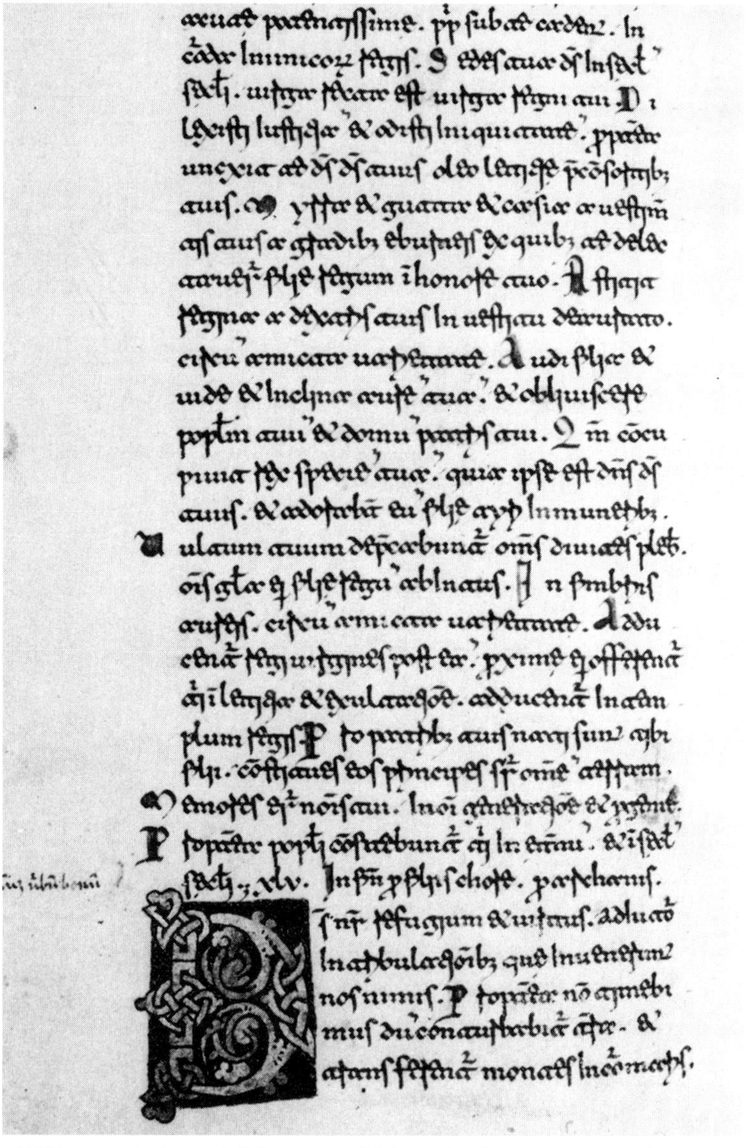

図版13　ベネヴェント書体(1099-1118年)(148頁以下，155頁図22参照)
ナポリ，国立図書館，Ms. VI. E. 43, fol. 103ᵛ(聖務日課書)

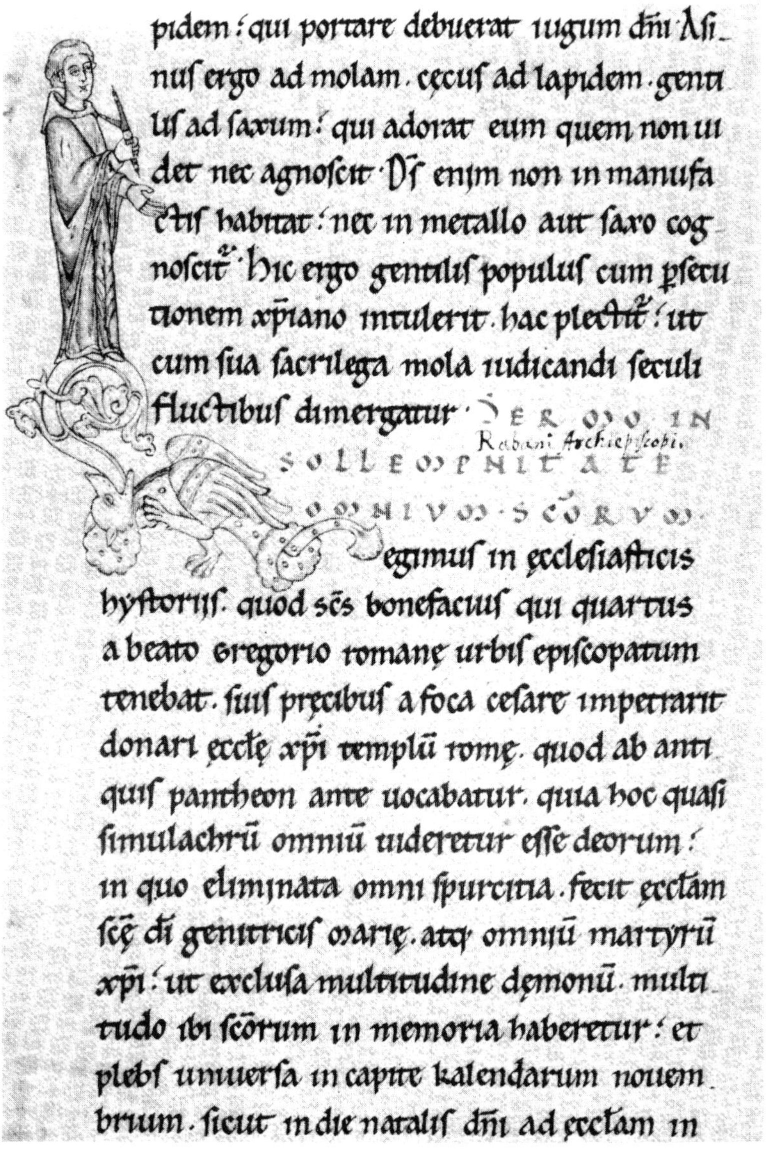

pidem: qui portare debuerat iugum dni. Asi_
nus ergo ad molam. cęcus ad lapidem. genti
lis ad saxum: qui adorat eum quem non ui
det nec agnoscit. Ds enim non in manufa
ctis habitat: nec in metallo aut saxo cog
noscit. Hic ergo gentilis populus cum psecu
tionem xpiano intulerit. hac plectit: ut
cum sua sacrilega mola iudicandi seculi
fluctibus dimergatur. SER O O IN
        Radani Archiepiscopi.
   SOLLE O PNIT A TE
   O O MNIV O S CORV O
   egimus in ecclesiasticis
hystoriis. quod ses bonefacius qui quartus
a beato gregorio romanę urbis episcopatum
tenebat. suis precibus a foca cesare impetrarit
donari ecclę xpi templū romę. quod ab anti
quis pantheon ante uocabatur. quia hoc quasi
simulachrū omniū uideretur esse deorum:
in quo eliminata omni spurcitia. fecit ecclam
sce di genitricis marię. atq omniū martyrū
xpi: ut exclusa multitudine dęmonū. multi
tudo ibi scōrum in memoria haberetur: et
plebs uniuersa in capite kalendarum nouem
brium. sicut in die natalis dni ad ecclam in

図版 14　過渡的な書体(12 世紀)(23 頁註 72 参照)
ベルリン，州立プロイセン文化財図書館，Ms. Theol. lat., fol.
270, fol. 224ᵛ(説教集)

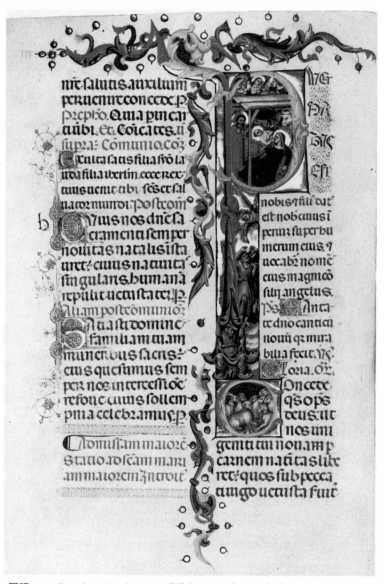

図版 15　ゴシック・テクストゥアリス書体(ロトゥンダ，1374 年)(181 頁以下参照)
　　　　　ミュンヘン，バイエルン州立図書館，Clm 10072, fol. 13ᵛ(ローマ・ミサ典書)

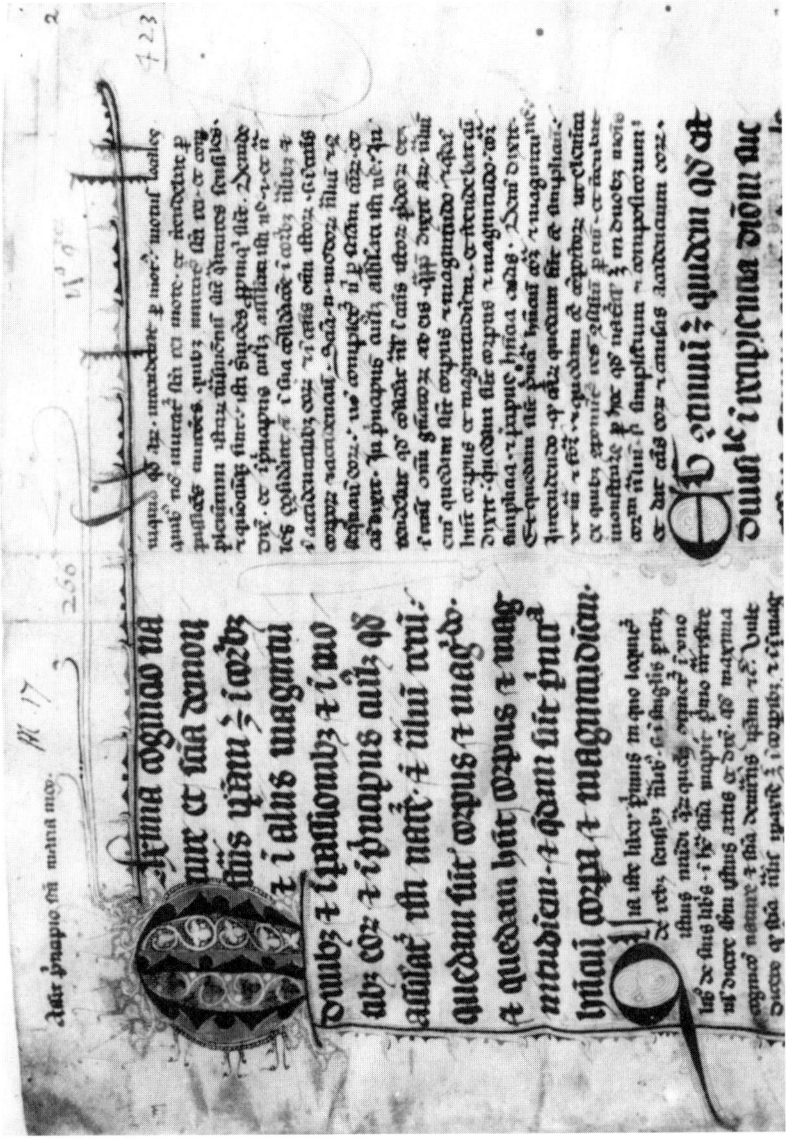

図版 | 411

図版 16 ゴシック・テクストゥアリス書体（1308年）（179頁図26、180頁参照）オクスフォード、ベリオール・カレッジ、Ms. 224, fol. 2（アヴェロエス『アリストテレス「天空論」註解』）

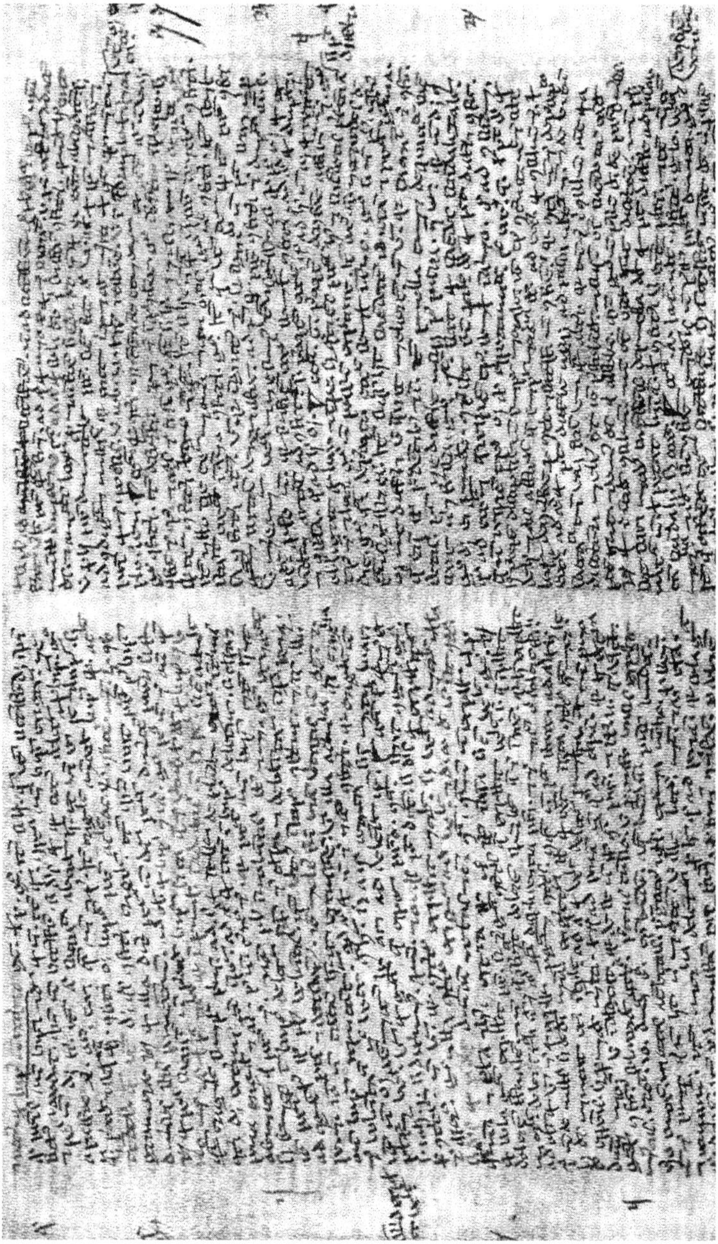

図版 **17** ゴシック草書体(13世紀)(189頁註71, 192頁参照)
パリ, フランス国立図書館, Ms. Lat. 15652, fol. 77ʳ(神学書雑纂)

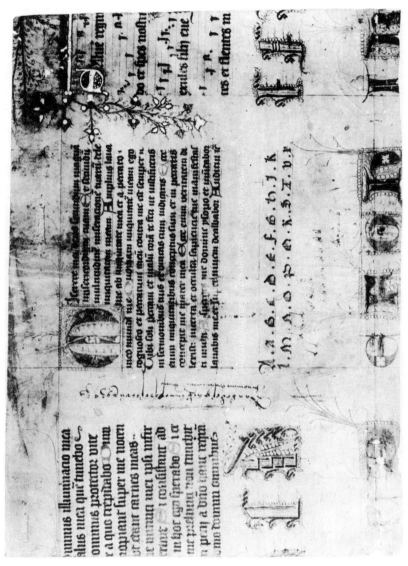

図版18 ゴシック・テクストゥアリス書体,「カデッラ」,文頭装飾文字,ロンバルド書体,楽譜(1447年)(198頁注132, 315頁参照)
ハーグ,王立図書館, Ms. 76 D 45, 4A(ヘルマン・シュトレベルの書体見本)

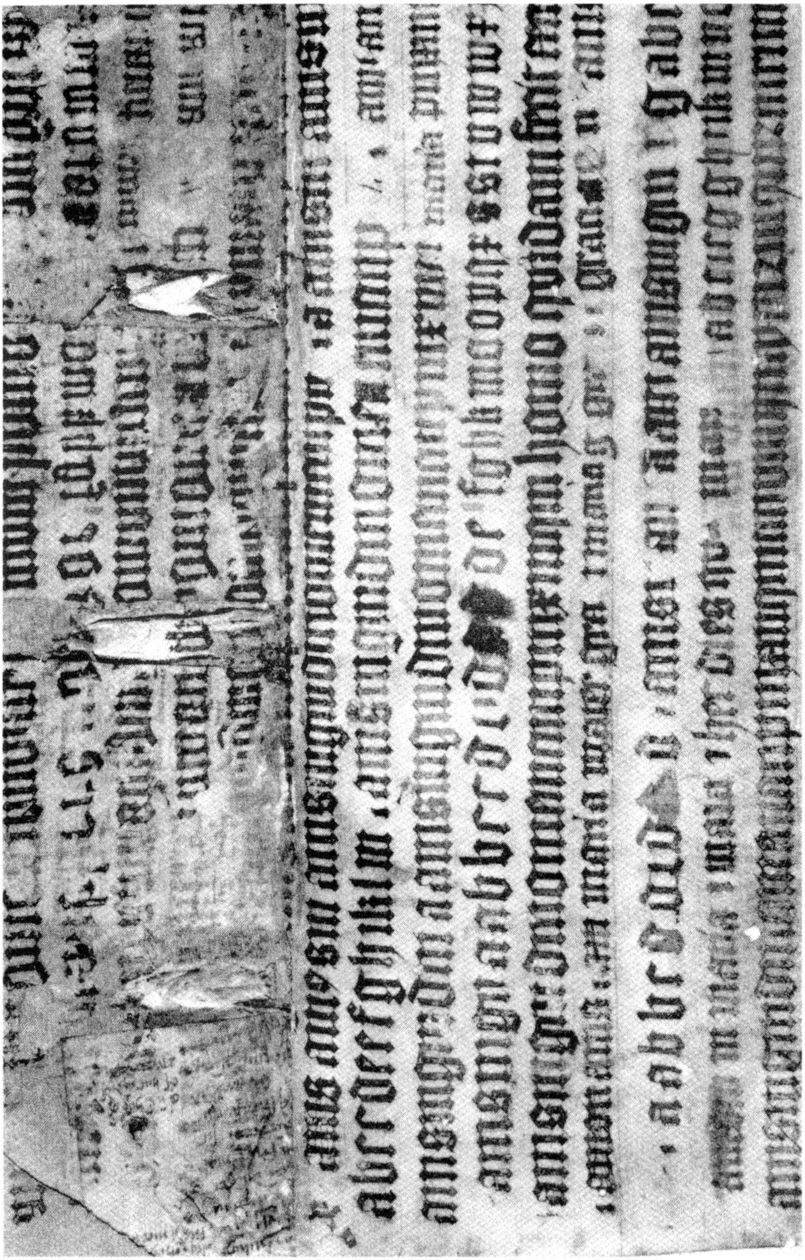

図版19 ゴシック・テクストゥラ書体（15世紀）（51頁註14参照）
ルツェルン，中央図書館, Ms. Pap. 25（書字練習帳）

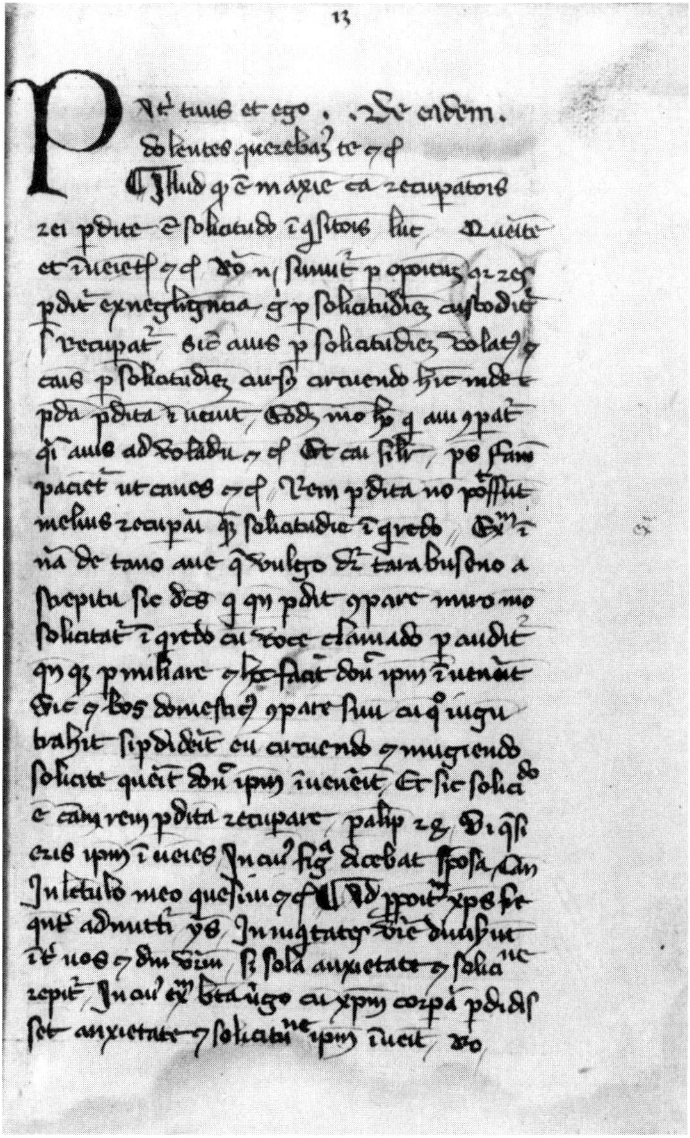

図版 20　ゴシック草書体(1391 年)(193 頁参照)
パドヴァ，アントニアーナ図書館，Cod. XXI. 508, fol. 13(「主の顕現」)

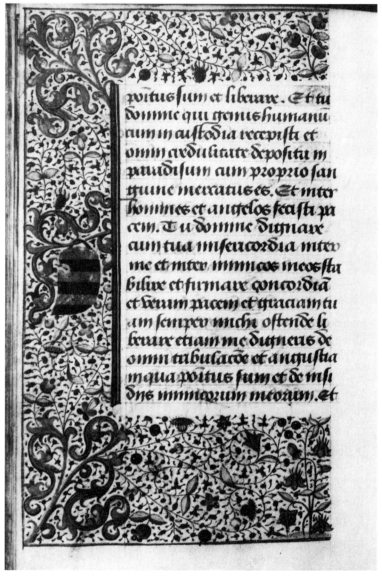

図版 21 ブルゴーニュ折衷書体(ブルギニヨンヌ，15世紀)(196頁以下参照)
ウィーン，オーストリア国立図書館，Cod. 1929, fol. 137ᵛ(聖務日課書)

図版 22 ユマニスト小文字書体(1470 年頃)(200 頁, 201 頁図 30 参照)
ベルリン, ドイツ国立図書館, Ms. Hamilton 570, fol. 1ʳ(フェラーラのリコバルドゥス『ラヴェンナ教会の果樹園』)

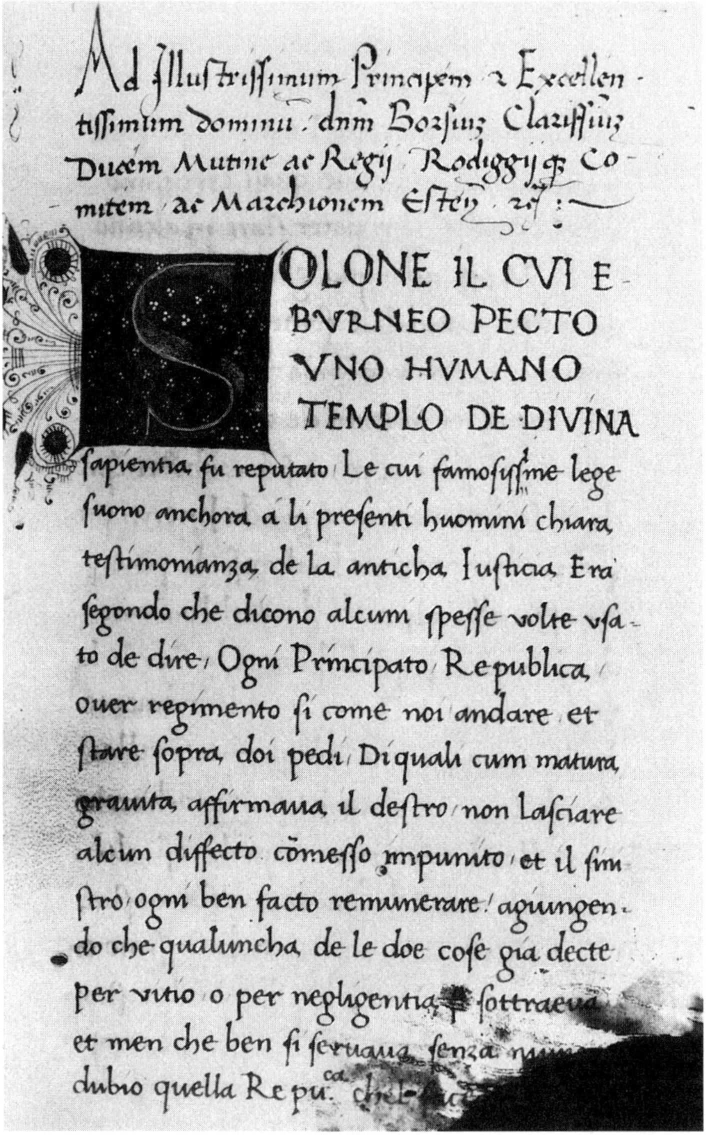

Ad Illustrissimum Principem & Excellen-
tissimum dominu. dnm Borsium Clarissimu
Ducem Mutine ac Regij Rodigijque Co-
mitem ac Marchionem Esten. etc.:

SOLONE IL CVI E-
BVRNEO PECTO
VNO HVMANO
TEMPLO DE DIVINA
sapientia fu reputato Le cui famosissime lege
suono anchora a li presenti huomini chiara
testimonianza de la anticha Iusticia Era
segondo che dicono alcuni spesse volte usa-
to de dire, Ogni Principato Republica
ouer regimento si come noi andare et
stare sopra doi pedi Di quali cum matura
grauita affirmaua il destro non lasciare
alcun diffecto comesso impunito et il sini-
stro ogni ben facto remunerare aguingen-
do che qualuncha de le doe cose gia decte
per vitio o per negligentia sottraeua
et men che ben si seruaua senza nium
dubio quella Repu.ca chel

図版 23　ユマニスト草書体(15 世紀)(201 頁図 31，202 頁以下参照)
ベルリン，ドイツ国立図書館，Ms. Hamilton 122, fol. 1^{v}(ボルニウス・デ・サラ『有徳についての書』)

訳者あとがき

　本書は Bernhard Bischoff, *Paläographie des römischen Altertums und des abendländischen Mittelalters*, Erich Schmidt Verlag, Berlin の第 4 版(2009 年)の全訳である。

　本書初版の刊行は 1979 年であり，7 年後の 1986 年には第 2 版が出版された。本訳書のもとになった第 4 版を含めてそれぞれの版の異同については，本書の「序言」をご参照いただきたい。

　本書の初版が刊行された 6 年後(つまりは第 2 版の出版の前年)に，第 2 版序言で著者自身が述べているように，原著のフランス語版が最初の外国語版としてパリのピカール出版社から出された。フランス語版の巻末には写本の写真版 23 点が加わり，ビショッフ自身が訳稿を校閲し，脚註に加筆してもいる。その後 1990 年に英語版がケンブリッジ大学出版局から，そしてその 2 年後の 1992 年にイタリア語版がパドヴァのアンテノール出版社から刊行されている。このほかの外国語版の存在もあるかもしれないが，これら仏英伊の 3 カ国語版は，翻訳作業のなかで私ども訳者が必要に応じて参照した版本である。

　本書で言及される古典の著作家や教会知識人の名前の表記については，カトーやフロントーのようないくつかの例外を除き，原則として長音を省略している。本文中の[　]は訳者による註記である。訳註の形で示した書体の事例は，Giulio Battelli, *Lezioni di Paleografia*, Libreria Editrice Vaticana, 1986 および Jean Vezin, Étude paléographique des documents, in : Pierre Gasnault, *Documents comptables de Saint-Martin de Tours à l'époque mérovingienne*, Bibliothèque Nationale de France, Paris, 1975, pp. 159-191 に収録された書体例を参考にしている。

　さて本書の標題は直訳するならば『古代ローマと西洋中世の古書体学』である。「古書体学(パレオグラフィー)」とは我が国では聞きなれない言葉であるが，簡単にいえば書かれた文字の形態を，書字行為の条件と論理を探究しながら，あわせて歴史的・文化的に研究する学問である。本書の対象としているのはラテン語アルファベット，つまり我々がローマ字と呼んでいる書かれた文字の変遷を，古代ローマから中世の終わりまで研究する学問分野である。

訳者あとがき

　欧米ではラテン古書体学やギリシア古書体学の研究はルネサンス期にさかのぼる古い歴史を持っているが，現代のラテン古書体学の先駆けとなったのは，本書「はじめに」で言及されているジャン・マビヨンであった。彼が『古文書の形式について』を刊行した 1681 年を，フランスの偉大な中世史家マルク・ブロックは「人類の知性の歴史のなかの輝ける年」と讃えた。真正の記録と偽りの記録とを厳格に識別する方法を模索するなかで，文書の形式面での真贋判定の方法を深化させてきたのが「文書形式学 Diplomatik」であるとすれば，「古書体学 Paläographie」は書かれた文字の字体，書体を手がかりに文字記録の真贋の判定や，記録・文書の来歴を確定するための学問として発達してきた。その歴史の概要については千葉敏之氏の手になる「古書体学」(高山博・池上俊一編『西洋中世学入門』東京大学出版会，2005 年刊) の参照を勧めたい。

　しかしながら，各国の第一級のラテン古書体学者たちの努力にもかかわらず，古代ローマから中世末期までのラテン語書体の歴史を体系的に描き出すことは困難であった。その理由として，とくにカロリング小文字書体が 8 世紀末に普及して，ある種の書体の画一化が起こる以前のラテン語書体のありようを，明確につかみ出すことがなかなかできなかったという事情があげられる。そしてその根本には，資料となるコーデクスや巻子本，あるいはそれらの断片が世界各地に分散して保存されており，書体の変化の全貌をひとりの研究者が掌握することが容易ではなかったという，資料の極端な分散状況があったのである。このことは，「写本索引」をご覧いただければ直ぐに納得できることであろう。電子媒体の飛躍的発達と通信手段の進歩が，研究者に時間と労力の負荷を著しく軽減させた現代に比べて，ビショッフが調査に乗り出した時代には遠隔地に所在する資料を自らの目で精査する作業は，途方もない忍耐力と情熱を必要としたのである。それを成し得たのが，本書の著者ビショッフであった。

　彼の徹底した悉皆調査がどのような経緯で始められたかを述べる前に，その生涯について簡単に記しておきたい。

　著者ビショッフは 1906 年にテューリンゲン地方のアルテンブルクに近いアルテンドルフに，国有地賃借人であったエミールを父として生まれた。母シャルロッテは息子をこの世に送りだしたのとひき替えのように，この世を去った。父はその後ブランデンブルクに移り，亡妻の妹と再婚した。彼女は敬虔主義

(ピエティズム)の信徒であり英国贔屓で，その気質はベルンハルトに深い影響を与えたとされる。母方の家系にはバーゼルでニーチェの治療にあたった医師や，ドイツ帝国最後の皇妃となったアウグステ・ヴィクトリアの宮廷で女官として勤めた婦人などがいて，知的刺激の源泉となったようである。

　地元のギムナジウムを卒業したのち，故郷を遠く離れた南東ドイツのミュンヘン大学に進み，中世ラテン文献学を専攻する。ここで当時世界の中世ラテン文献学の最高峰として君臨していたパウル・レーマンのもとで研鑽を積み頭角を現した。1943年に教授資格取得論文をレーマンのもとで仕上げ，1953年にレーマンの後継者として同大学の中世ラテン文献学講座の正教授となった。ルートヴィヒ・トラウベ，パウル・レーマン，ベルンハルト・ビショッフと続く同講座の三代にわたる系譜は，今では学問世界から失われてしまって久しい畏敬の感情を呼び覚まさずにはおかない。これに匹敵するものとしてベルギーのヘント大学中世史講座がアンリ・ピレンヌ，フランソワ゠ルイ・ガンスホーフ，アドリアーン・フェルヒュルストという巨匠によって，三代にわたり担われた事実が想起されるのみである。まさしく「学統」という言葉が誇張をまじえずに実感される，往時の学問世界のよすがを伝える事実である。

　ところでビショッフは，ザンクト・エンメラム修道院の写本と南バイエルン地方のカロリング朝期の書写室の研究により博士号を取得（1933年）する以前から，トラウベのもとで学んだアメリカ合衆国の古書体学者イライアス・エイヴリ・ローウィが，ある企画を念頭においてその才能に注目するところとなっていた。その企画とは西暦800年以前に書かれ，現在まで保存されているラテン語写本を悉皆調査し，一点一点のコーデクスや巻子本あるいは断片の，形状・内容・来歴などを突き止めて，その成果を，写真版を添えて出版するというプロジェクトであった。この壮大な計画は1930年に世界の人文科学系アカデミーが集う国際学士院連合の支援・監督プロジェクトに採択されていた。国際学士院連合(Union Académique Internationale, 略称 UAI)とは，第一次世界大戦後に連合国英国とフランスが中心となって，敗戦国ドイツの学術的ヘゲモニーを奪うべく，新たに創設された国際機構であり，日本もその創設メンバーの一員である。本部はブリュッセルに置かれ，初代会長はアンリ・ピレンヌが務めた。

訳者あとがき

　このプロジェクトは Codices Latini Antiquiores（CLA）と銘打たれ，40 年の歳月を要する一大事業であった。それは補巻 1 冊が 1971 年に刊行され，その後補遺が 1985 年と 1992 年に雑誌掲載という形で公刊され完全に終了した。この企画に収録された世界中の図書館・博物館・文書館に分散して保存された総計 1862 点の写本を，すべて自らの目で精査したのがビショップであった。西暦 800 年以前にさかのぼる写本で，彼が実際その目で精査していないラテン語写本は，世界のどこを探しても存在しないのである。人文科学において，こうした「経験」は知の根源的な構成要素である。こうした側面は本書の記述のいたるところに示されている。ローマ時代からポスト・ローマ時代にかけてのラテン語書体の変遷に関する記述には，この時代の写本を悉皆調査したビショップでなくては叶わない注目すべき指摘が数多く反映されている。そうした一端として，書体の変化はまずもって草書体に萌し，それが同時代の楷書体におよんで行くという書体変遷の根本に関わる認識，また尼僧院での筆写活動を，いくばくかの断片的所見を通して仮説として「予言」するなどの，今日で言えばジェンダー論と切り結ぶような論点の提示などがある。1983 年にパリの東郊に所在するシェル修道院（7 世紀創建の尼僧院）の廃墟から出た聖遺物箱の中から発見された大量の鞣皮紙のオータンティック（名札）の存在によって，その仮説が見事に証明された。当時この新発見のテクストの解読と編集の任に当たっていたパリ高等実習研究院のジャン・ヴザン先生の 1985 年のゼミで，実習としてこの新資料の写真をもとに解読の作業の訓練を受けたことが，訳者二人には懐かしく思い出される。こんにちでは尼僧の筆写実践は既知の事実に属するが，こうした認識の革新を果たしたのも彼の功績に数えられよう。多くの学問的栄光と伝説のオーラをまといながら，彼は 1991 年に 85 歳の生涯を終えた。

　本書を原著標題の直訳である『古代ローマと西洋中世の古書体学』と銘打たなかったことについて，いくばくかの説明が必要であろう。本書は見られるとおり A 部「写本学」，B 部「ラテン語書体の歴史」，C 部「文化史のなかの写本」の 3 部構成である。ラテン古書体そのものの論述は，基本的に A 部と B 部で終わっている。古書体学者のふつうの認識は，古書体学の役割は文字の形態を正確に識別し，原テクストを文字として再現することにある。そこに書かれた文字がどのような内容を語っているか，いかなる歴史的意義を有するかなど

については，ふつうは禁欲的な態度を持して語ることがない。それは歴史家の領分なのだという意識が，とくにフランス語圏の古書体学者には強いようである。ビショッフのこの書物についても書評の一部には，C部は余分であって「古書体学」の名称を冠するにふさわしくないという厳しい評価もあった。しかしピアノの優れた弾き手として，バイオリンの名手とされた夫人との奏楽を趣味とし，また出版されたばかりのエーコの『薔薇の名前』をイタリア語で読んで愉しむ教養人としての知的気質は，文字文化の精華たる写本の文化史的意義を語らずして，自らのライフ・ワークとはなし得ないとの思いもあったのではないだろうか。C部はビショッフのそうした気質の反映である。あえて日本語版の標題に「写本学」を冠した次第である。

　著者ビショッフは文献学者であり，優れた文献学者の常としてヨーロッパの様々な言語に通じている。そのために私どもは専門を越えて多数の同学の諸氏にご教示を仰がなければならなかった。古英語については田付秋子氏，北欧語については立教大学准教授小澤実氏，チェコ語については畏友群馬県立女子大学名誉教授稲野強氏，中世の記譜記号については西間木真氏の諸兄姉のご協力を得た。またフランス在住の中世史家ソリーヌ・熊岡氏にも種々お世話になった。記して感謝申し上げる。それでも残る誤りについては，私ども訳者二人の責任であることはいうまでもない。
　輻輳した訳稿について数多くの助言をしていただいた森裕介氏に，心よりの感謝の意を表する次第である。
　最後に，本書をフランス語版の訳者のおひとりであるジャン・ヴザン(Jean Vezin)高等実習研究院名誉教授，同書の共訳者で在パリ，ドイツ歴史研究所の元副所長で今は亡きハルトムート・アツマ(Hartmut Atsma)博士，おなじく故人となられたジャン・デュフール(Jean Dufour)高等実習研究院教授に捧げることをお許し願いたい。
　2015年7月

　　　　　　　　　　　　　　　　　　　　　　佐藤彰一　瀬戸直彦

索　引
（人名・地名・事項）

原語表記は原則としてドイツ語原著によるが，専門用語については必要と思われるラテン語や各国語の用語を加えた。肩付き数字は脚註番号を示し，当該ページが連続する場合は f. で表示している。

ア

アイオナ島 Iona　114, 118, 275
アイスランド Island　125[73], 171, 314[34]
アイルランド語（古）（ゲール語）Irländisch, Gälisch　26, 114, 118, 233 f.
―教会法集成 Irische Kanonessammlung　271
―書体 Irländ. Schrift (wesen)　17[43], 111, 118-120, 139, 169, 271 f., 274
アウィトゥス Avitus　141[73], 247[10], 279[17]
アヴィニョン Avignon　191, 311, 316, 323
アウグスティヌス（初代カンタベリー大司教）Augustinus von Canterbury　259, 276
アウグスティヌス（ヒッポの教父）Augustinus　8, 22[64], 36[70], 54[31], 92 f., 106[194], 208, 234[61], 247[10], 251 f., 262[15], 266, 281, 284, 294 f., 300
アウクスブルク Augsburg　129, 183[38], 199, 292, 314
アエティクス・ヒステル Aethicus Hister (Ister)　242
アエネアス・シルウィウス（教皇ピウス 2 世）Aeneas Sylvius　204
アキテーヌ記譜法 Aquitanische Neumen　236
アクサン・シルコンフレクス　→　プンクトゥス・キルクムフレクスス
アクセント記号 Akzente, Nachdruckzeichen　167, 232, 234
『アクティウム海戦の歌』Carmen de bello Actiaco　74, 245
アセンダ Oberlängen, haste, aste, ascender　28, 64, 67, 76, 83, 85, 93, 96, 100 f., 115 f., 131[10], 136, 149, 154[8], 158[30], 161, 167 f., 174- 177, 183, 188-192, 195, 197
アダムナーン Adamnan　53[28], 114
アタラヌス Atalanus　261
アッコン Akkon　296
アッタヴァンテ・デイ・アッタヴァンティ Attavante dei Attavanti　326
アデマール・ド・シャバンヌ Ademar de Chabannes　300[44]
アバクス数字 Abacusziffern　→　アラビア数字
アビンドン Abingdon　170
アプリア Apulien　305
アフリカ Afrika　→　北アフリカ
アプレイウス Apuleius　248, 295, 324
アブロガンス Abrogans　14, 129[108], 214[30]
アプロニアヌス Apronianus　76, 249
アボ（アボン）Abbo, Abbon　169
アーマー Armagh　114[16], 118[33], 271
アマルフィ Amalfi　139
アミアン Amiens　94, 265, 311
アモルバッハ Amorbach　126, 391
アラス Arras　159, 161, 304
アラトス Aratus　79, 287
アラビア（語）Araber, Arabisch　13[28], 134, 242, 295, 319
―数字（数学）Arabische Ziffern　29[27], 114, 201, 240, 298.
アラリック抄典 Breviarium Alarici　264
アリストテレス Aristoteles　279, 310
アルクイヌス Alkuin　52[22], 59, 260, 274, 277[5], 284[43], 288
『アルゴリスムス』Algorismus　240
アルトドルファー，アルブレヒト Altdorfer, Albrecht　322
アルドヘルム Aldhelm　22, 274
アルバレス Albares　135, 391
アルビ Albi　264[32]
アルファベット Alphabet　29, 44, 50, 71 f.,

80, 83[67], 86, 96, 122, 144, 153, 171[113], 204, 237, 241 f., 271, 309
アルフォンソ 10 世 Alfons X　319
アルブレヒト 3 世 Albrecht III　21, 320
アルベオ Arbeo　161, 284
アルベルダ Albelda　135
アルベルタヌス，ブレシアの Albertanus von Brescia　323
アルベルト・ベハム Albert Beham　15, 189[72], 214[28]
アルベルトゥス・マグヌス Albertus Magnus　189[71]
アルメニア（語）Armenisch　210[12], 296
アルン Arn　159, 161 f., 284
アレゴリー（寓意，寓喩）Allegorie　9[11], 249[25], 270[72]
アレッツォ Arezzo　181[27], 237
アレティーノ，ジョヴァンニ Aretino, Giovanni　203
アレマニエン Alemannien　172, 215
―書体 Alemannien Schrift　147, 154
アングロ・サクソン書体 Angelsäch. Schrift (wesen)　51[19], 111, 124, 126, 160, 170, 212
―（人）Angelsächsischen　10, 12, 20, 22, 28, 78, 112, 114[17], 117, 119, 121 f., 211, 235, 259 f., 267, 272 f., 293
―の写本装飾 Angelsäch. Buchmalerei　256
暗号文字 Geheimschriften　241 f.
アンシアル書体 Unziale　54[31], 60 f., 78 f., 87 f., 100, 104, 106, 112, 116, 130, 135, 140, 144, 146 f., 157 f., 248, 260[9], 262, 266 f., 281, 283, 290[68]
アンジェ Angers　17[43], 167[84], 169, 231, 304
アンセルム，ランの Anselm von Laon　298
アンダルシア Andalusien　136
アンドレアス，レーゲンスブルクの Andreas von Regensburg　193[97]
アンノ Anno　161

イ

イェルサレム Jerusalem　8[5], 210, 296
医学文献 Medizinische Literatur　43, 255, 310, 319

イシドルス，セビーリャの Isidor von Sevilla　32, 78, 107, 112, 130[3], 215, 231, 247[10], 263 f., 271[77]
「椅子掛け写字生」cathedralis　313
イタリアの写本挿画 Ital. Buchmalerei　286, 300, 319
イタリアの書体 Ital. Schrift (wesen)　112, 119, 138, 148 f., 151, 156, 166, 171, 178, 182, 204, 212, 263
異端 Häretiker　13, 254, 261, 271, 308[3]
「一般訓令」Admonitio generalis　108[208]
「糸状の書体」Scriptura filiformis　134[22]
イニシアル　→　文頭装飾文字
イルデフォンス，トレドの Ildefons von Toledo　263
イレナエウス Irenäus, Irenaeus　53[28]
インキピット Incipit　57, 78, 106
インク Tinte　13, 18-20, 28, 61, 65, 78, 105 f., 117, 157[24], 234, 249, 253, 303
インク壺（角製）Tintenhorn　23
『イングランド書籍目録』Registrum librorum Angliae　278[13]
イングランド書体 Eng. Schrift (wesen)　94, 121 f., 170, 175, 194, 196
―の写本挿画 Eng. Buchmalerei　301, 318
印璽付き証書 Notariatssignet　47
印章 Sigel　46
インスタンティウス Instantius　254
韻文恋愛書簡 gereimte Liebesbrief　43
引用文 Zitate　106, 234

ウ

ヴァイキング Wikinger　272, 289, 291
ヴァイセンブルク Weißenburg, Wissemburg　161, 234
ヴァインガルテン Weingarten　183[38], 391
ヴァグナー，レオンハルト Wagner, Leonhard　199
ヴァステーナ Vadstena　19, 197[125]
ヴァーツラフ（ボヘミア王）Wenzel, Václav　183
ウァッロー（マルクス・テレンティウス）Marcus Terentius Varro　254, 295, 323 f.
ウァレリアヌス Valerianus　270

索引（人名・地名・事項） | 427

ウィアマス = ジャロウ Wearmouth-Jarrow 11, 94, 123, 260[6], 273, 391
ウィウァリウム Vivarium　　　252, 260, 391
ウィクトリウス，カープアの Victor von Capua 58, 92, 104[184], 126
ヴィシェフラット Vyšehrad　　　80, 303
ヴィスコンティ家 Visconti　　　326
ヴィドゥキント，コルヴァイの Widukind von Corvey　　　294
ウィトビー Whitby　　　121
ウィニタール，ザンクト・ガレンの Winithar von St. Gallen　　　147, 267
ヴィバルド，スタブロの Wibald von Stablo 299
ヴィリアリク Viliaric　　　250, 253, 257
ウィリブロード Willibrord　　　125, 267
ヴィリラム・フォン・エーベルスベルク Williram von Ebersberg　　　37
ウィールドヘア Wealdhere, Waldhere　　48
ヴィルヘルム・フォン・ヴェイヤルン Wilhelm von Weyarn　　　39[86]
ウィーン Wien　　12, 41[98], 79, 104[184], 204, 254, 287, 390
ウィンチェスター Winchester　　　305
ヴィンデスハイム（修道会）Widesheim 184, 197, 313, 391
ヴィンドランダ Vindolanda　　　16
ヴィーンハウゼン Wienhausen　　23[73]
「ヴィンラント地図」Vinland-Karte　61
ヴェッソブルン Wessobrunn　　240[88]
――の祈禱書 Wessobrunner Gebet　129
ウェッティウス・アゴリウス・バシリウス Vettius Agorius Basilius　　77, 249
ウェナンティウス・フォルトゥナトゥス Venantius Fortunatus　　36[70], 268
ヴェネツィア Venedig　　204, 325, 390
ヴェラム Vellum, Kalbpergament　10, 116
ウェルギリウス Vergil　31, 35[65], 50[8], 61[65], 72[7], 76 f., 95[136], 97, 211[17], 235[64], 246-248, 255, 257[77], 265, 316[42]
「ウェルギリウスの文字」Litterae Virgilianae 77, 290[68]
ウェールズ Wales　　112, 120, 272, 274
ヴェルチェッリ Vercelli　　　139, 391
ヴェルデン Werden　　33, 126, 283, 391

ヴェローナ Verona　1, 22, 29[22], 97[141], 102, 131, 139[62,] 143, 147, 156, 160, 251, 254, 261, 323, 390
ヴォクレール（ランの修道院）Vauclair de Laon 19
ヴォルフガング Wolfgang　　　291
ヴォルフラム・フォン・エッシェンバッハ Wolfram von Eschenbach　　　38
「歌のなかの絵師」Pictor in carmine　316[40]
ウムラウト（母音変容）Umlaute　　186
ヴュルツブルク Würzburg　126, 160, 254, 272, 274
ウルシキヌス Ursicinus　　　102, 251
ウルビーノ Urbino　　　326
ウルフィラ（4世紀の司教）Ulfira, Wurfira 14, 101[160]
ウルリヒ・フォン・テュールハイム Ulrich von Türheim　　　38
ウルリヒ・フォン・リッヒェンタール Ulrich von Richenthal　　　321
ヴロツワフ（ブレスラウ）Wrocław, Breslau 187
運筆（ドゥクトゥス，書き癖）Duktus　3, 66[4], 74, 114, 152[124], 202, 204

エ

エイダン Aidan　　　121
エインハルドゥス（エギンハルドゥス）Einhard, Eginhardus　　　80, 282
エウアグリウス Euagrius　　　247[10]
エウギッピウス Eugippius　103, 105[191], 251 f.
エウクレイデス Euklid　　　240[88]
エウゲニウス，トレドの Eugenius von Toledo 263
エウセビオス，カエサレアの Eusebius von Cäsarea　　　256
エウテュケス Eutyches　　　121[45]
エウリック王法典 Codex Euricianus　14, 264[31]
エウリピデス Euripides　　　247[13]
エクスプリキット Explicit　57, 78, 105 f.
エクスルテト巻子本 Exultet-Rotuli (-Rollen) 42, 64, 151, 305
エクセンプラール（ペキアの制度における原

本）Exemplar 55
エクベルト（トリーア大司教）Egbert 302
エグベルト（リンディスファーンの修道士）
　Ecgberht 125
エクレシウス Ecclesius 251
エジプト Ägypten 7 f., 25, 74[23], 84, 95, 245 f., 252, 254
エステ家 Este 326
「絵図の鍵」Mappae clavicula 22
エセルウォルド Aethelwold, Ethelwold 170, 304
エセルスタン Aethelstan 293
エッカルト（エッケハルト）4世 Ekkehard IV 277
「悦楽の園」Hortus deliciarum 303
エドワード2世 Eduard II 196[121]
エドワード3世 Eduard III 191[79]
エニケル Enikel 191[79]
エヒテルナハ Echternach 112[12], 122 f., 125, 160[47], 165[77], 267, 274–276, 283, 300[45], 303, 391
エフレム Ephrem 265
エーベルハルト（イタリアのフリアウル辺境伯）Eberhard von Friaul (Friuli) 284
エーベルハルト・ツェルスネ Eberhard Cersne 237
エーベルハルト髭公（ヴュルテンベルク伯）Eberhard im Bart 321
エボ（エボン）Ebo, Eb(b)on 287
エラスムス（ロッテルダムの）Erasmus von Rotterdam 205[21], 206
エリンガー Ellinger 164[71]
エルフルト Erfurt 312 f.
エロンガータ書体 litterae elongatae 173[128]
エンギルベルヌ Engilberne 314[32]
円形祈禱書 Kreisrundes Gebetbuch 34
エンナ（シチリア島中部の都市）Henna, Enna 248

オ

オウィディウス Ovid 34[53], 36[70], 248, 265
オーヴィレール Hautvillers 287
『黄金聖人伝記集』Legenda aurea 186[59]
大きな書体（写本中の）Großbuchstaben 186
大文字書体 Majuskel 87 f.
オガム文字 Ogham-Schrift 79[54]
奥書　→　下署
オクスフォード Oxford 30, 55, 108[210], 309 f., 390
オクスュリュンコス Oxyrhynchus 8, 73, 75
オーストリア Österreich 21, 165, 182 f., 296 f., 303, 320
『オーストリア聖人伝記大全』Legendarium magnum Austriacum 297
オセール Auxerre 158 f.
オータン Autun 43, 131, 264 f.
オータンティック Authentiken 144[94], 267
オットー・フォン・ロンスドルフ Otto von Lonsdorf 297[28]
オットー3世 Otto III 301 f.
オットー大帝 Otto der Große 12, 21, 54[30], 94, 124, 164, 292, 301, 306
オデリシウス Oderisius 150
オトゥロ Othloh 49[6], 54[33], 165 f., 292
オトフリート Otfrid 38, 161, 233 f.
オドベルト Odbert 304
オドン Odo (Odon) 292
オノレ師 Maître Honoré 316
オーバーライン地方 Oberrheingebiet 301 f., 320
オランダ語 Holländisch 38, 232
　―の写本挿画 Holländ. Buchmalerei 318
　―の書体 Holländ. Schrift (wesen) 177, 197
オリゲネス Origenes 251, 252[42], 281
折畳み紙 Faltbücher, feuillets pliés, fogli piegati, folded books 41 f.
折丁 Lagen, cahier, fascicoli, gathering 9[8], 25–29, 31[36], 39, 54, 56 f., 324[5]
オルレアン Orléans 190, 279[15]
折れ線　→　線折れ
オロシウス Orosius 112, 250, 253, 257
音節速記記号 Silbentachygraphie 109

カ

ガイウス Gaius 83[68], 207, 246
会計（計算）Rechnungen 8[2]
　―記録 Rechnungswesen 16, 18, 44, 88[95]
　―帳簿 Rechnungsbücher 34, 41

索引（人名・地名・事項） | 429

楷書体の書き方 Kalligraphische Schreibtechnik
 51, 67 f.
外典 Apokryphes   261, 271
ガウディオスス Gaudiosus   250
カエサリウス，アルルの Cäsarius von Arles
 252
ガエータ Gaeta   149
「学識書」Libri scolastici   283
学生 Studenten   53 f., 181, 205, 298, 310
格闘術指南書 Ringbücher   321
下署（副署，結尾文，奥書）Unterschriften,
 Subskriptionen, Kolophon   47, 56, 58, 85,
 104, 159, 173[123], 186[57], 248 f., 252[42], 296
カスティーリャ Kastielien   136
カスル・イブリム（エジプトの遺跡）Qaṣr
 Ibrîme   74[16]
家政書 Hausbuch   322
型押し（装丁における表紙などの）
 Blindpressung   40 f.
カタマヌス（グウィネッズ王）Catamanus
 120
カタリ派 Kathare   308[3]
カタルーニャ Katalonien   130, 134[22], 136,
 162, 236[70], 292, 297, 305
カッシアヌス Cassian   263[26], 265
カッシオドルス Cassiodor   31, 38 f., 52[22],
 252, 260, 275
ガッルス（聖）Gallus   32, 119
家庭祭壇風見開き写本 Hausaltärchen Buchform
 34
「カデッラ」Cadella   315, 413
カトー Cato   83[68], 246
カトゥッルス Catull   60, 323
『ガニメデとヘレナ』Ganymed und Helena
 43
カピトゥラ型（ウィアマス＝ジャロウ修道院
 で用いられた小字径のローマ・アンシア
 ル書体）Capitula-Typ   94
カープア Capua   148
壁掛カタログ Wandkataloge   45
カペル（フラウィウス）Flavius Caper   36[70]
紙 Papier   14, 25 f., 184, 193, 204, 321
『ガラン・ル・ローエレン』（中世フランスの
 武勲詩）Garin le Loherain   38
ガリア Gallien   1, 18, 247, 264, 271

カリアリ Cagliari   102, 251
軽石 Bimsstein   10, 26
カール大帝 Karl der Große   12, 144, 153,
 173[128], 201, 231, 266, 279 f., 301
カルタゴ Karthago   250
カルデア語の数字 Chaldäische Zahlzeichen
 109, 241, 309[10]
カルデーニャ Cardeña   135, 391
カルトゥジオ会（士）Kartäuser, Chartreux
 23[71], 232, 296 f., 312 f.
『カールの書』Libri Carolini   52[22], 254[53]
カルマヌス，コルマヌス Calmanus, Colmanus
 271[77]
『カルミナ・ブラーナ』Carmina Burana
 19, 183[39], 186, 237[73]
カール 4 世 Karl IV   183, 191, 320
カレンダー・ピクチャー（月暦図）Monatsbilder
 315
カロリング・ルネサンス Karolingische Erneue-
 rung   280 f.
革装板表紙装丁 Lederschnitt   39 f.
『官職要覧』Notitia dignitatum   255, 302
巻子本（巻物）Rotulus, rodale   7 f., 25, 41–
 44, 61[65], 88, 95 f., 105 f., 151, 245–247, 254,
 256, 305
ガンダースハイム Gandersheim   292, 391
カンタベリー Canterbury   170, 176, 273,
 276, 305, 318
カンパーニア Campanien   149, 260, 305
「簡略文字」Litterae singulares   207 f.

キ

キエーティ Chieti   149
祈願の定型句 Invokation   56
戯曲テクスト Schauspieltexte   34
キケロ Cicero   14, 33[49], 73, 83[68], 89[105], 92[111],
 97[146], 107, 230, 245 f., 248, 282, 299, 323, 325
偽書 Fälschungen   17[44], 59 f.
寄進帳 Traditionsbücher, Liber traditionum
 46 f.
ギスラ Gisla   144, 284
ギスリルディス Gislildis   144
基線[域]（大文字書体は原則として 2 本の上
 下の仮想線内に記されるが，この仮想の

線が基線で，その間を基線域という）
Zeile, ligne, rigo, base-line　　28, 64, 74, 76, 85 f., 90, 93, 95 f., 100–102, 122, 131, 134, 141 f., 149 f., 161, 163, 166, 168, 172, 196, 202 f., 216 f., 221, 232^{46}　→　4線図式
気息記号（有音気息音）Spiritus asper　　116 f., 168, 231
北アフリカ Nordafrika　　27^{13}, 89, 92 f., 98, 102, 132, 146^{96}, 148, 247, 261, 264
北フランス Nordfrankreich　　20, 26, 78, 152^{124}, 175 f., 237 f., 272, 301, 318
偽ディオニュシウス・アレオパギタ Ps.-Dionysius Areopagita　　279
祈禱書 Gebetbuch　　12, 22, 27, 33 f., 41, 44, 129, 131, 192, 322, 327
祈念書 Orationale　　131
記念碑書体 Monumentalis　　72
規範キャピタル書体 Kanonisierten Capitalis　　65, 72, 74, 76, 80, 96 f., 245, 248
偽ヒラリウス Ps.-Hilarius　　279^{17}
記譜法（記譜記号）Musikalische Notation　　236–239, 291
疑問符 Fragezeichen　　150, 152^{124}, 154, 201, 231
キャピタル書体 Capitals, Kapitalis　　18, 36, 64–66, 68^{8}, 72–75, 77–82, 86^{87}, 88–90, 96^{137}, 105–107, 130, 135　→　装飾キャピタル書体, 規範キャピタル書体
宮廷書写室（カロリング朝の）Hofschulen, Karolingische　　287, 301, 303
キュプリアヌス Cyprian　　35^{63}, 92 f., 247, 250 f.
キュプリアヌス・ガッルス Cyprianus Gallus　　279^{17}
教育用例文（ティロー記号の）Schulsprache　　50^{10}
『教会著作家総覧』Catalogus scriptorum ecclesiae　　278^{13}
教会法（写本）Kanones　　37, 55, 123, 157, 172^{118}, 181, 211, 216, 260, 264, 271, 310
教科書 Schulbücher　　27^{9}, 44, 184, 310
教化本 Erbauungsbücher　　32, 187
校合（校訂）Kollation　　56, 267, 277, 282
教皇庁 Päpstliche Kurie　　9 f., 45, 109, 157, 172, 188^{66}, 202, 311, 323 f.

教皇庁書体 Kuriale, Kurialis　　45, 67, 137 f., 174, 188, 202, 260
『教皇列伝』Liber Pontificalis　　33^{50}, 262
行揃え Randausgleich　　233
強調（色彩による）Auszeichnungsfarben　　78, 105 f.
強調書体（顕彰書体）Auszeichnungsschriften　　79, 105, 135, 142, 158, 191, 266, 296
共同生活兄弟団 Brüder vom gemeinsamen Leben　　51, 184, 197, 313
行番号付け Zeilenzählung　　309
教本タブラ Schultabulae　　27, 187
行分け法 Stichometrie　　247, 250
ギヨーム，テュロスの Wilhelm von Tyrus　　296
ギヨーム・ド・サン・ティエリ Guillaume de Saint-Thierry　　170^{103}
ギリシア（語）Griechen, Griechisch　　1, 8^{2}, 13, 25^{4}, 37, 42^{104}, 57, 71, 77^{33}, 86 f., 90^{109}, 95–98, 104, 108, 116 f., 136^{41}, 151, 167 f., 202 f., 209 f., 213, 234, 236, 245–247, 249^{25}, 255, 260 f., 265, 279^{18}, 289, 295, 297, 314, 325
── 語の数字 Griechische Zahlzeichen　　109, 241
キリスマ（ネウマ譜の）Quilisma　　231
ギルバルダ Girbalda　　144
キルペリクス Chilperich　　265
キログラフム（割符証書）Chirographum　　47
金印勅書 Goldene Bulle　　187^{60}
禁止（書体使用の）Verbot von Schrift　　136
金箔 Blattgold　　22
金文字 Goldschrift　　21, 250^{28}, 320
銀文字 Silberschrift　　21^{60}

ク

クアテルニオ（折丁の構成）Quaternio　　26, 29, 157^{24}
グアラ・ビキエリ Guala Bichieri　　181^{27}
グイゴ Guigo　　296
グイド，アレッツォの Guido von Arezzo　　237
クイニオ（折丁の構成）Quinio　　26
寓話集 Fabeln　　255, 275
──（希・羅）griechisch-lateinische Fabeln　　246

索引（人名・地名・事項） | 431

— （中高ドイツ語）mhd. Fabeln　60
鎖がかり製本 Kettenstichbände　41
鎖留め本 Kettenbände, libri catenati　40, 311
グーテンベルク，ヨハン Gutenberg, Johann　326
句読点（法）Interpunktion　38, 230, 235[67]
グネーゼン（グニェズノ）Gnesen（Gniezno）　162
クーノ・フォン・ファルケンシュタイン Kuno von Falkenstein　320
クーファ（クーフィー）文字 Kufische Schrift　300
組紐文様 Flechtmuster　39, 135[30], 269, 274, 286, 288, 301, 304 f.
組文字（モノグラム）Monogramm　46, 168, 235, 270
クラウディウス Claudius　73, 90[105], 265
クラウディウス・サケルドス Claudius Sacerdos　100
グラッフィト書体（線刻書体）Graffiti　18, 72
グラティアヌス Gratian　309
クラナハ，ルーカス Cranach, Lukas　322
クララ会（尼僧院）Klarissen　314, 391
クリウィス（句読記号）Clivis　232
グリザイユ画法 Grisaille　316
クリスティアヌス，スタブロの Christian von Stablo　210[16]
クリュニー Cluny　136, 169[97], 173, 278[8], 292, 296, 391
グレゴリウス，トゥールの Gregor von Tours　94[131], 265, 268, 269
グレゴリウス1世（大）Gregor I. der Große　52[22], 93, 107, 143[82], 164, 187[59], 259 f., 273, 276, 294 f., 302
グレゴリウス5世 Gregor V　302
グレゴリウス7世 Gregor VII　136, 173
クレルヴォー Clairvaux　300, 391
グンター Gunthar　48[139]
グンドヒヌス Gundohinus　146, 268, 270

ケ

「軽快書体」Scriptura actuaria　72
罫線引き Liniierung　23, 27, 28
継続朗読 Lectio continua　277

携帯用（ポケット版）聖書 Taschenbibeln　31 f.
携帯用福音書 Taschenevangeliare　26, 115
罫引器 Liniierstock　23
系譜 Genealogien　42, 125[72]
ケオルフリス Ceolfrid　78, 273
ケック，ヨハンネス Keck, Johannes　204[17]
ゲッリウス（アウルス）Aulus Gellius　76, 128
ゲール語 → アイルランド語（古）
ゲルベルトゥス，ランスの → ジェルベール・ドーリヤック
ケルン Köln　22[64], 123, 161, 165[77], 278[10], 302 f., 312–314, 320, 324
献辞（写字生による）Widmungen　56, 153, 251
剣術指南書 Fechtbüchern　321
顕彰書体 → 強調書体
ケント（王国）Kent　123, 273
ゲンナディウス Gennadius　262[21]
ケンプテン Kempten　16[39], 391
ケンブリッジ Cambridge　170[105], 205, 256
「ケンブリッジ詩歌集」Cambridger Lieder　124

コ

公会議決議録 Konzilsakten　262
公会議の図像 Ikonographie des Konzilien　254[54]
豪華写本 Luxushandschriften, Pracht-　12, 79, 92, 94, 117, 153, 184[44], 213, 231, 253, 291
豪華装丁 Prachteinbände　40
口述筆記 Diktat, dictare　52, 190
公証技能 Ars notaria　190
交唱聖歌集 Antiphonarien　114, 128[100], 177[14], 239
交唱聖歌集（バンガーの）Antiphonar von Bangor　261
公証人 Notar　15, 47, 55, 109, 138 f., 186[57], 189–191, 196, 313, 323
校正作業 Korrektur → 校合
貢租賦課リスト Zinsverzeichniss　44, 140
後部省略（による短縮形）Suspension　115
小型本 Schmalformat　26, 31 f.
国王尚書局 Reichskanzlei　9, 46, 136[41], 140, 144, 163, 173, 196

極小の文字 Mikrographie　　185, 271, 321⁶³
古高ドイツ語 Althochdeutsch　　14, 23, 37, 60, 124, 129, 166, 215, 233, 236, 241
古ゴシック書体 Gotico-Antiqua　　198, 203, 205²¹, 206
ゴシック書体 Gotische Schrift　　118, 125, 150 f., 155, 165 f., 175–183, 200, 205 → 四角形, 字体, テクストゥラ書体, 縦線の折れ, テクストゥアリス書体
ゴスラー Goslar　　303, 319
弧線の連結 Bogenverbindungen　　66⁶, 180–183, 185, 202
古短縮記号 Notae antiquae　　104, 115, 208 f., 211 f.
ゴデスカルク Godescalc　　12, 153, 287
ゴデハルト Godehard　　294
古典註釈（スコリア）Scholien　　101
ゴート（語）Gotisch　　13, 21⁶⁰, 210¹², 252 f., 261
ゴトフリート・フォン・シュトラスブルク Gottfried von Straßburg　　38
護符（アミュレット）Amulette　　31, 44
コプト語 Koptisch　　13²⁸, 210¹²
子守唄（古高ドイツ語）Schlummerlied ahd.　　60
ゴールストン Gorleston　　318
ゴルツェ Gorze　　42–44¹¹⁹, 291, 298³⁰, 391
コルドバ Cordoba　　136³³
コルネリウス・ガッルス Cornelius Gallus　　73¹⁶
コルビイ Corbie　　14, 28 f., 36⁶⁸, 54³³, 103, 143–145, 153, 158, 170, 201, 264³¹, 266, 280 f., 284⁴⁴, 301, 391
コルンバ Columba　　53²⁸, 112, 119, 142, 261, 265, 274
コルンバヌス Columban　　119, 142, 261, 265
コロンとコンマ Cola et commata　　37, 230
コーンウォール Cornwall　　120, 272
コンスタンツ Konstanz　　154, 204, 277, 311, 321, 324
コンスタンティヌス（大帝）Konstantin　　249
混成書体 Hybride Schriften　　121, 152¹²⁴, 156, 195¹¹³, 261
コンパス（筆記用具）Zirkel　　23, 269

サ

『裁判の書』Liber Judiciorum　　263
ザカリアス（教皇）Zacharias　　260
ザクセン洗礼誓願 sächsische Taufgelöbnis　　127
冊子 Lagen　→　折丁
サッルスティウス Sallust　　245, 247 f., 267
ザノーネ・ダ・カスティリオーネ Zanone da Castiglione　　205
ザノービ・ダ・ストラーダ Zanobi da Strada　　324
サフォーク Suffolk　　318
サマセット Sommerset　　16³⁹
サマルカンド Samarkand　　14
ザラティール Salatiel　　190
サリカ法典 Lex Salica　　268
サリカ法典（古高ドイツ語）Lex Salica ahd.　　128
サルターティ, コルッチョ Salutati, Coluccio　　200, 324
ザルツブルク Salzburg　　32, 45, 103, 127, 159, 161 f., 165, 240, 284 f., 291, 303, 305
サルデーニャ Sardinien　　95¹³⁴, 100, 102, 251, 264
サンヴィート, バルトロメオ Sanvito, Bartolomeo　　204, 325
ザンクト・ガレン St. Gallen　　14, 31, 46, 53²⁴, 58⁵¹, 77, 102, 112, 117²⁸, 119, 127, 137⁴⁶, 146, 154, 161 f., 172¹²⁰, 182³⁸, 214³⁰, 236 f., 250, 260, 267, 272, 277, 279¹⁸, 283–286, 291, 297²⁹, 391
サン・ジェルマン・デ・プレ Saint-Germain-des-Prés　　103, 159, 168⁹⁷, 391
サンス Sens　　267 f.
『サン・スヴェールの黙示録』Apokalypse von Saint-Sever　　303
サン・タマン Saint-Amand　　44¹¹⁹, 103, 159, 162, 170, 201, 231, 288, 304, 391
サン・ドニ Saint-Denis　　48, 103, 159, 162, 201, 282
『354 年の祝日暦』Kalender von 354　　249, 255
サン・ベルタン Saint-Bertin　　159, 288, 304,

索引(人名・地名・事項) | 433

391
サン・ミジャン・デ・ラ・コゴジャ San Millan de la Cogolla　135, 391
サン・モーリス・ダゴーヌ Saint-Maurice d'Agaune　267 f., 391
サン・リキエ Saint-Riquier　159, 283

シ

詩歌集 Dichterhandschriften　34, 124, 180, 187, 238 f.
― (ミンネザング)写本 Liederhandschriften 33, 187^{62}, 320
シェーデル、ハルトマン Schedel, Hartmann 205
ジェノヴァ Genua　109, 189^{69}
シェル Chelles　54^{31}, 144, 161^{48}, 267 f., 284, 391
ジェルソン、ジャン Gerson, Jean　53^{25}, 312
ジェルベール・ドーリヤック Gerbert d'Aurillac 29^{27}, 109, 240, 262, 297 f., 301
ジェレミア・ディ・モンタニョーネ Geremia di Montagnone　323
四角形(ゴシック書体における) Quadrangeln 177 f., 183 f., 194
色彩調合法 Farbrezepte　300
ジギスムント(神聖ローマ皇帝) Sigismund 191
司教指令書 bischöfliche Ordines　42
支持素材 Beschreibstoff, support, supporto, writing surface　7, 9, 10 f., 14 f., 25, 65 f., 83^{67}, 89^{101}, 96^{140}
死者の巻物(死者回状) Totenrotuli　43, 176^{6}
字体(ゴシックのテクストゥラ書体における) Textus　177
シチリア Sizilien　248, 295
執政官ディプティクン Konsulardiptychen　16
実用書体 Bedarfschrift, écriture usuelle, scritture usuali, everyday scripts　67, 80
シトー会(シトー派)(士) Zisterzienser　19, 169^{98}, 182, 232, 238, 296 f., 306, 314
時禱書 Stundenbücher　187, 306, 315, 317
シナイ書体 Sinai-Schrift　132–134
シニー Signy　170^{103}
シニバルディ、アントニオ Sinibaldi, Antonio 325
紙背文書 Opistographe　8
「師父の戒律」Regula Magistri　266^{45}
私文書 Privaturkunden　46, 174
「詩篇(集)」Psalterien　17^{43}, 21, 23^{73}, 32 f., 36 f., 78 f., 108, 111 f., 118, 127, 132, 153 f., 170^{105}, 186, 208, 250^{27}, 269, 274 f., 284 f., 295, 301 f., 314 f., 318, 320
シモーネ・マルティーニ Simone Martini 316^{42}
シャイエルン Scheyern　313, 320, 391
写字生 Schreiber, -innen　49 f., 58, 68, 127, 142, 151, 153, 171, 213, 252, 296, 312, 314, 325 → 職業的写字生、尼僧(写字生としての)
― 世代 Schreibergenerationen　53, 58, 68, 164
― の親方(書字教師) Schreibmeister　164, 191, 198^{132}
― の祈願文 Schreiberbitten　57
― の詩句 Schreiberverse　57, 271^{76}
― の名前 Namen von Kopisten　54, 57
斜字体 Schrägschrift　253
写字手本 Schriftmuster　54^{33}
シャティバ(スペイン、バレンシア地方の都市) Xativa　14
写本学(書冊学) Handschriftenkunde, codicologie　7 f.
写本サイズ Buchtypen　31, 186 f., 239
― 挿画 Buchmalerei　54, 303, 314 f.
― 挿画生 Buchmaler　53 f., 164 f., 203, 286, 296, 300^{41}
― 取引 Buchhandel　90^{110}, 101, 186, 245, 250 f., 299^{35}
写本用書体 Buchschrift　142, 147, 162, 163, 174, 245
シャルトル Chartres　235^{66}, 298
シャルル豪胆公(ブルゴーニュ公) Karl der Kühne　196
シャルル5世 Karl V　298^{33}, 317
シャルル禿頭王 Karl der Kahle　94^{132}, 201, 285, 288, 301 f.
ジャン・ド・モンシュニュ Jean de Montchenu 34
ジャン・ド・モントルイユ Jean de Montreuil

205[25]
ジャン 2 世善良王 Johann II. der Gute　316
ジャン・ピュセル Jean Pucelle　316
ジャン（ベリー公）Jean de Berry　317
シュヴァリエ，エチエンヌ Chevalier, Étienne　317
宗教劇 geistliches Schauspiel　306[77]
集合写本 Corpora, Sammelhandschriften　31[36], 268, 279, 290, 298
十字架 Kreuz　16, 57, 270
修辞学 Rhetorik　230, 297 f.
十字架文字（イエス・キリストの象徴）Staurogramm　256
修道院食卓での朗読 Tischlesung, Fastenlectüre　30, 186, 278, 280, 297
『十二使徒の教え』Didascalia apostolorum　102
鞣皮紙 Pergament　8–14, 19–23, 25 f., 28, 30 f., 40–42, 44, 46–48, 52–53, 59 f., 67, 74[23], 76, 88, 90, 96 f., 106, 130, 246 f., 253–257, 267 f., 287, 321[63]
祝日暦 Kalender　21, 44, 132, 186, 249, 256, 297
縮約（文字の）Kontraktion　67 f., 209, 210 f., 216
呪詛木板 Verfluchungstafeln　82
シュタインヘーヴェル，ハインリヒ Steinhöwel, Heinrich　232
シュタッフェルゼー Staffelsee　129, 391
シュトレペル，ヘルマン Streppel, Hermann　199[132]
シュトローマー，ウルマン Stromer, Ulman　14
シュパイヤー Speyer　291, 303
シュピッツヴェーク，ヴォルフガング Spitzweg, Wolfgang　192
シュレージエン Schlesien　182[33], 184[44]
殉教者伝 Passionalien　38, 277, 295
―（ドイツ語）Passional dt.　38[81]
シュンマクス Symmachus　248
ジョヴァンニ・デ・マトチイス Johannes de Matociis　323
ジョヴィアーノ・ポンターノ Gioviano Pontano　203
定規（筆記用具）Lineal　269

証書 Urkunden　3, 15 f., 45–47, 51[20], 59, 83 f., 94–95, 107–109, 123 f., 130, 134[22], 138, 140 f., 147, 162, 170, 173 f., 185–193, 195, 247[10], 265
尚書局 Kanzlein　9, 15, 45–47, 84, 108, 136–138, 140, 163, 173, 188, 190 f., 205, 211, 264, 281, 284　→　国王尚書局
―書体 Kanzleischriften　3, 46, 84, 136[41], 140, 144, 146[98], 174, 191, 200, 202, 204[16]
小勅書（教皇の）Breven　204[16]
書簡 Briefe　9[9], 16, 47 f.
―書体 Briefschriften　188 f.
―範例（希・羅）Briefmuster, griech.-lat.　95[136]
―用草書体 Epistularis　136[41]
初期ゴシック書体 Frühgotische Schrift　155, 176–178
職業的写字生 Berufsschreiber, Stuhlschreiber　54, 181, 205, 294, 308, 310
植物学文献 Botanische Literatur　255, 319
書冊学　→　写本学
書字学校 Schule　33, 43, 50[10], 54[29], 84[75], 108, 153, 163, 181, 201, 283 f., 292, 298 f., 308
書式集 Formulae　281
書字技術 Schrifttarten　128, 164
―教育 Schreibunterricht　50 f., 193
書字台，書見台（傾斜した）Schreibpult　23, 49
書写作業（共同の）Gemeinschaftswerke　53
書写室（スクリプトリウム）Skriptorium, Scriptorium　2 f., 11 f., 20, 26, 28, 31[36], 36, 40, 51, 53, 58, 69[12], 78, 94, 103[71], 120, 124, 127, 142 f., 153 f., 156, 158–163, 165, 168–170, 182, 212, 231, 234, 237, 252, 259, 262, 267 f., 281, 283 f., 291 f., 300–305, 318, 320
書写面 Schriftflächen　10, 27 f., 30–32, 34 f., 38, 67, 85, 248, 263, 275, 283, 299
書字練習 Schreibübung　76[26]
書体の角度 Schriftwinkel　74[17], 88
―の系統 Schreibschule　2, 87
―の序列 Hierarchie der Schriftarten　46, 79, 94, 103, 106, 192[88]
―の命名 Nomenklatur　187[65]
―名称のカタログ Schriftnamen, Kataloge

索引（人名・地名・事項） | 435

198, 289
— 様式の水準 Stilhöhen　123, 142, 163, 203, 269
書棚 Arca　40, 297
署名（自筆の）Unterschrift　46, 54[31], 85, 146[98], 242, 253
ジョン・ボストン，ベリーの John Boston of Bury　278[13]
白樺の樹皮（支持素材）Birkenrinde　19
シリア（語）Syrien, Syrisch　242
シルウェステル2世 Silvester II　→　ジェルベール・ドーリヤック
シルマタ（文字の名称）sirmata　136[41]
白い巻蔓 bianchi girari　325
シロス Silos　135, 391
真珠書体 Perlschrift　185
神秘主義写本 Mystikerhandschriften　187
新約聖書（各書）Neues Testament, Einzelne Bücher　25[4], 31, 77[33], 96, 100
新約聖書（写本）Handschriften des Neues Testament　141[75]

ス

スイス Schweiz　214, 300, 302, 320
スウェーデン Schweden　171, 190
数字 Ziffer　29, 30, 66, 109, 114, 134, 232, 239, 240 f., 247[8], 283 f., 309[10]　→　アラビア数字，ローマ数字，カルデア語の数字，ギリシア語の数字
透かし模様（フィリグランヌ）Wasserzeichen　15
スコリア　→　古典註釈
スタヴロ（リエージュの修道院）Stavelot　165
スタティウス Statius　34[53]
スタティオ（工房）Statio　250
スタティオナリウス（貸本業者）Stationarius　55
スチーヴン・ハーディング Stephan Harding　306
スビアコ Subiaco　172, 204, 391
スフォルツァ家 Sforza　12, 326
スプリト（スパラト）Split (Spalato)　151
スマラグドゥス Smaragdus　280
スルピキア Sulpicia　262
スルピキウス・セウェルス Sulpicius Severus　102, 251
スレート（石板）（支持素材）Schiefertafeln　18, 130 f.

セ

『聖アマンドゥス伝』Vita sancti Amandi　306
聖歌合唱の記譜法 Choralnotation　237–239, 312[24]
聖歌写本 Choralbücher　33, 239, 319
制作年代の比定（写本の）Datierung　92, 102, 114, 257[77]
正字法（綴字法）Orthographie　83[70], 132[11], 198, 212, 272
聖書解釈集 Bibelkatene　281
— 関連挿画 Bibelillustration　256 f., 287, 305 f., 315 f.
— 語句索引 Bibelkonkordanzen　309, 312
— 写本 Bibel Handschriften　117, 268, 305
— 対観表（カノン）Kanontafeln　256 f., 287 f.
『聖女マルガレタ伝』Vita sanctae Margaretae　31[35]
聖人祝日暦 Martyrologium　186
— 伝 Heiligenleben　268, 297, 306, 315, 318
— 伝記（集）Legenden　21, 174, 186 f., 279, 297, 301
『聖地巡礼』Peregrinationes Terrae Sanctae　43
「聖なる名称」Nomina sacra　209–211, 213 f.
聖福音集 Evangeliare　20, 122, 146, 153, 268, 270, 273, 275 f., 303, 319
聖務日課書 Brevier　27, 184[44], 186 f., 315 f., 318
『聖リウドゲルス伝』Vita sancti Liudgeri　33
『聖ワンドレギシルス伝』Vita sancti Wandregisili　268
世界図 Weltkarten　44 f., 255[66]
世界年代記（ドイツ）Weltchroniken dt.　42, 45, 120[40], 215, 320　→　年代記
説教 Predigt　141, 186, 215, 266, 308
説教集 Homiliare　142[76], 167[83], 186, 277, 280, 295, 313
折衷書体（混淆書体）Bastarden, Bastarda　179, 184, 187, 193, 195–198, 205 f.
セドゥリウス（5世紀のキリスト教ラテン詩

索引（人名・地名・事項）

人） Sedulius 　　　　　34^{56}, 78, 121^{45}, 249
セドゥリウス・スコットゥス Sedulius Scottus
　　58, 119, 289 f.
セネカ Seneca 　　　　　50^8, 98, 107, 295, 323
セリフ（書体の髭飾り，撥ね）Füßchen 　　66,
　　72^7, 74, 76^{26}, 85, 89^{101}, 93, 103, 112, 134, 163,
　　168, 172, 174 f., 177 f., 182, 194, 197
線折れ（折れ線） 　　96, 154, 175, 177, 179 f.,
　　185, 189, 198, 231　→　縦線の折れ
穿孔（料紙への）Punkturen 　　9^{11}, 13, 27
―用具 Punctorium 　　　　　　　　　　23
占星術（挿画）Astrologie 　　　　　　316, 319
戦争術 Kriegskunst 　　　　　　284, 316, 322
セント・オールバンズ St. Albans 　　306, 318
セント・デヴィッズ St. Davids 　　　　　120
線の方向の変化 Richtungsänderung 　　　66^5,
　　194
「前フラクトゥール書体」Vorfraktur 　　191 f.

ソ

挿画（ミニアチュール）Miniaturen 　　4, 22,
　　34, 42, 49^2, 61, 117, 122, 249, 252, 254–256,
　　264, 270, 275 f., 285, 287, 290, 295, 300 f.,
　　303–306, 314–322, 326
挿画生（挿画師）Rubrikator 　　53 f., 164 f.,
　　203, 286, 296, 300, 302–306, 312, 317 f., 321,
　　326 f.
装飾キャピタル書体 Ziercapitalis 　　116, 118,
　　120–123, 142
装飾ページ（写本挿画のみが描かれたページ）
　　Teppischseiten, page tapis 　　118, 257^{74},
　　275
草書体 Kursive 　　　　　　　65 f., 82, 163, 174
―（13-15 世紀）Cursive 　　　　　　191^{82}
蔵書票 Ex-libris 　　　　　　　　　267^{47}, 273
蔵書目録 Sammelkataloge 　　15^{34}, 42^{105}, 44^{119},
　　181^{27}, 262, 272, 274, 278, 283, 293, 312 f.
装丁 Einband 　　　　　17, 30, 33 f., 39–41, 291
―モデル Musterbücher für Einbände 　　39
挿入記号 Auslassungszeichen 　　　　　　234
俗人の書写活動 Laien im Buchwesen 　　138,
　　300, 308, 319, 323
速記記号（中世の新しい）Kurzschrift, Neue
　　mittelalterliche 　　108 f., 211, 234　→　テ

ィロー式速記記号
―リスト Notenverzeichnisse 　　　109, 115
速記書体 Tachygraphie 　　　　　　　　107 f.
ソリヌス Solinus 　　　　　　　　　　　282
ソレント Sorrent 　　　　　　　　　　　139
ソワソン Soissons 　　　　　　　　　　　288

タ

大学（写本との関連）Universitäten, Buchwesen
　　der 　　　30, 37, 50^{11}, 55, 181 f., 185, 189^{71},
　　190^{76}, 192 f., 205, 213, 308, 310 f., 319
大字径（ページまたは欄の冒頭の）Vergröße-
　　rung des ersten Buchstabens 　　　105, 170
貸借記録簿 Ausleihverzeichnisse 　　　　278
楕円斜体小文字 Schrägovale Minuskel 　164 f.,
　　182, 292
タキトゥス Tacitus 　　　　　203, 294 f., 324
ダグルフ Dagulf 　　　　　　　　　　153 f.
タッシロ 3 世 Tassilo III 　　　　　　　　267
タティアノス Tatian 　　　　　　　　　　126
―（古高ドイツ語）Tatian ahd. 　　　　　37
縦線の折れ（ゴシック書体の特徴）Schaft-
　　brechung 　　161, 176–178　→　線折れ
ダニラ Danila 　　　　39, 100^{157}, 102^{164}, 135
タブラ（パギナ）Tabulae, Paginae 　　27, 44, 187
ダマスス（教皇）Damasus 　　　　　249, 257^{77}
ダルマティア Dalmatien 　　　　　　151, 162
短縮形 Abkürzungen 　　20^{59}, 50^{12}, 118 f., 131 f.,
　　150, 154, 163, 168 f., 181, 203, 207–219, 221,
　　224, 261
―リスト Abkürzungslisten 　　　　　　214
ダンスタン Dunstan 　　　　　　　　　　170
ダンテ Dante 　　　　　　　　　　196, 319

チ

チェコ書体 Tschechisch Schrift 　　　　　197
チェゼーナ Cesena 　　　　　　　　　　326
知識人書体 Gelehrtenschrift 　　　　　　189
チャド（聖）St. Ceadda 　　　　　　　　120
註解用書体（註解書体）Kommentarschriften
　　299
中空線（繋ぎ線）Luftlienien, lignes aériennes,
　　tratti aeri, joining strokes 　　67, 85, 100,

137, 163, 213
註釈用書体（註釈書体）Glossenschrift 189, 200
チューリヒ Zürich 205[20], 214
帳簿記録 Buchführung 193
チョーク（筆記用具）Kreide 10, 23
勅答 Reskripte 84[75]
著者の肖像 Autorenbilder 255 f., 287
チリアーコ，アンコーナの Ciriaco von Ancona 203

ツ

ツァラ（ザダル）Zara (Zadar) 151
包み装丁（革紙による）Koperteinband 40
繋ぎ言葉（レクラム，キャッチワード）
Reklamanten, Kustoden 29

テ

テアーノ Teano 148
ティヴォリ Tivoli 172
ティエリ，シャルトルの Thierry von Chartres 298
ディオクレティアヌス帝 Diokletian 246, 249
定型句（写本中の）Formelhaftes Beiwerk 56 f.
ディジョン Dijon 167[85]
ディセンダ Unterlängen, hampe, asta discendente, descender 28, 64, 93, 96, 100, 127, 131, 170, 174, 178, 188 f., 190, 194, 196, 208
低地ドイツ Niederdeutchland 20, 184, 197, 288
ティブッルス Tibull 203, 323
ティロー（マルクス・トゥッリウス）（キケロの書記）Marcus Tullius Tiro 107
――式速記記号 Tironische Noten 29[28], 50[10], 56, 107 f., 115, 178, 212[21], 283
――による詩篇（集）Tironische geschriebene Psalterien 108
「ティローの速記記号註解」Commentarii notarum Tironianarum (CNT) 107
「デウォチオ・モデルナ（新しい信心）」Devotio moderna 51, 232, 313
デウスデーディト Deusdedit 172[118], 295

テウデリンデ（ランゴバルド王妃）Theudelinde 40, 259
デオダドゥス Deodadus 153
テオドゥルフ，オルレアンの Theodulf von Orléans 36[68], 39, 94, 154, 279[15], 285[48]
テオドシウス法典 Codex Theodosianus 100, 208, 263 f.
テオドリック大王 Theoderich der Große 12, 252 f.
テオドルス，タルソスの Theodor von Tarsus 260
テオドロス，モプスエスティアの Theodor von Mopsuestia 208
「テオフィルス」（演劇作品）Theophilus 34[54]
テオフィルス・ルゲルス（修道士）Theophilus-Rugerus 19, 22, 300
摘要（証書の）Notizia 16, 47
摘要集（抜粋集）Exzerpierung 251, 252[42], 271, 281, 323
テクストゥアリス書体 Textualis 175, 184
テクストゥラ書体（書籍用のゴシック書体。Bischoff, Kirchner, Mazal の用語。Lieftinck の Textualis formata にあたる） 179–187, 190 f., 194 f.
テゲルンゼー Tegernsee 31, 37[71], 39[86], 52[20], 164 f., 182[38], 204[17], 291, 292, 313, 391
鉄筆 Griffel 15 f., 23, 28[16]
手引書 Anleitungen 36, 297
手本書き Vorschreiben von Schrift 54[33]
テュートン騎士団叙事詩風聖書 Bibelepen des Deutschen Ordens 38
デューラー，アルブレヒト Dürer, Albrecht 322
テューリンゲン・ザクセン挿画派 Thüringisch-sächsische Malschule 320
テュルスト，コンラート Türst, Konrad 205[20]
テル・ドゥースト Ter Doest 52[20]
テレンティウス Terenz 26, 37, 68[8], 101[159], 104[182], 255, 287, 317
デンマーク Dänemark 162, 171
天文学（挿画）Astronomie 35, 36[70], 297, 319, 321
典礼写本 Liturgische Handschriften 53, 132, 199[132], 268, 284[43], 312, 315, 320

索引（人名・地名・事項）

——用福音書抄本 Evangelistar　12, 153[1], 165[72], 287, 302

ト

「トイエルダンク」Teuerdank　192
ドイツ（の書体）Deutschland : Schrift（wesen）　108, 162 f., 181 f., 186 f., 198, 205, 214, 237, 292
ドイツ＝アングロ・サクソン領域 Deutsch-angelsächsisches Gebiet　160, 267, 283
ドイツ語（証書言語としての）Deutsch als Urkundensprache　47
答唱集 Tropare　33
同職組合成員名記録巻子本 Zunftrollen　43
島嶼書体 Insulare Schrift　79, 102, 111, 115, 120 f., 126, 139[62], 143, 156, 159 f., 175, 212, 267
動物寓話集（動物誌）Bestiarien　60, 318
陶片 Ostraka　18, 73[12]
謄本記録集 Kopialbücher　41, 128
ドゥーラ・エウロポス Dura-Europos　74, 84
トゥール Tours　3, 20, 28, 31[36], 53 f., 56, 79, 94, 103, 140, 146 f., 156–158, 169, 252, 265–269, 281, 285, 287 f., 295
ドゥルキティウス Dulcitius　104[184]
ドゥンガル Dungal　59, 119, 157, 289
読誦集 Lektionare　142, 277
図書館の目録 Bibliothekskataloge　22[64], 181[27], 278, 312
トスカーナ地方 Toskana　178
特権状書体 Letra de privilegios　195
特権賦与文書 Privileg　46
ドナトゥス（司祭）Donatus Presbyter　252[42]
ドナトゥス（ラテン語文法学者）Donatus　187
『ドナトゥス正字法』Donatus ortigraphus　272
トマス・アクィナス Thomas von Aquino　52, 55[35], 58, 181[30], 189[71]
トマス・ア・ケンピス Thomas a Kempis　52[22], 58, 232
ドミニコ会（士）Dominikaner　232, 238, 312
トラヴェルサーリ，アンブロージョ Traversari,

Ambrogio　279[21]
ドラコンティウス Dracontius　279[17]
トランサムンド Thransamund　102[165]
トランシルヴァニア Transilvania　16, 71
トリーア Trier　34[54], 177, 182, 276, 291, 302
トリテミウス，ヨハンネス Trithemius, Johannes　327
鳥のイニシアル Vogelinitialen　257, 269, 286, 305
トリプティック（三枚折版）Triptychon　16
トレド Toledo　11, 136, 173, 263
ドロルリー（挿画のモチーフとしての滑稽と諷刺）Drolerien　315, 318
トロワ Troyes　14, 93

ナ

ナイフ（筆記用具）Messer　23
ナザレ（教会）Nasareth　312
謎なぞ Rätsel　22
七科（自由七科目）VII Artes　298
ナポリ Neapel　31[34], 55, 100[158], 103, 138 f., 149, 181[30], 251 f., 259, 310, 326, 390
鉛板（支持素材）Blei　18

ニ

ニキアヌス Nicianus　98
ニケタス，レメシアナの Nicetas Remesianus　247[10]
ニコラウス 5 世（教皇）Nicolaus V　326
西ゴート（族）Westgoten　14, 18, 102[164], 130 f., 140, 259, 263 f.
——書体 Westgot. Schrift　36, 61, 130 f., 133 f., 142[78], 154, 173, 212, 231, 239, 264, 296
二重線 Doppelte Linien　27 f., 186, 194, 218, 233
二重母音 Diphtonge　167, 169, 186
尼僧（写字生としての）Nonnen als Schreiberinnen　23[73], 28[15], 53 f., 59, 126, 143 f., 161[48], 198[130], 252, 273, 284, 292, 302, 314
ニーダーアルタイヒ Niederaltaich　294, 391
ニタルドゥス Nithardus　215
ニッコリ，ニッコロ Niccoli, Niccolò　200[1], 203, 324 f.

索引（人名・地名・事項）　　439

『ニーベルンゲンの歌』Nibelungenlied　321
二枚折板 Diptycon　15, 17, 25, 34
ニュルンベルク Nürnberg　14, 191[81]

ネ

ネウマ譜（の書体）Neumen　51[18], 231, 235–238, 283, 291, 299
ネクタリオス，カーゾレの Nektarios von Casole　314
ネポス（コルネリウス）Nepos（Cornelius）　60
ネロ勅令 Edikt Neros　84
年代記 Annalen, Chroniken　42, 45, 59 f., 104[185], 118[35], 121[45], 125[72], 152[124], 193[97], 255, 266[44], 295, 317 f., 321　→　世界年代記

ノ

ノヴァーラ Novara　109, 139[63], 146[97], 160
ノヴゴロド Nowgorod　19
「濃密化」Verdichtung　68, 89 f., 101, 146
ノーサンブリア Northumbrien　94, 112, 117, 120–123, 125, 263, 272–276, 285, 288
ノトゥラ書体 Notula　187[65], 199
ノートケル（吃音者）Notker Balbulus　11[17], 237
ノートケル（ドイツ人の）Notker der Deutsche　233
ノナントラ Nonantola　149, 157, 160, 391
ノーフォーク地方 Norfolk　318
ノルウェー Norwegen　125[73], 171
ノルマン人 Normannen　61, 171, 175, 180[25], 188, 291, 293, 295

ハ

バイエルン地方 Bayern　31, 147, 165, 182, 215, 267, 291 f., 297, 303, 313
配置（テクストの）Ordinatio（Texte）　26, 28[15], 37, 39, 61, 96, 105 f., 232[50], 256, 286[54]
廃品（写本の）Makulatur　27, 253, 261
ハイリゲンクロイツ Heiligenkreuz　182[32, 33], 391
ハインリヒ2世 Heinrich II　164, 301 f.
ハインリヒ3世 Heinrich III　303

ハインリヒ・フォン・ヘスラー Heinrich von Hesler　38
ハインリヒ・フォン・ミュンヒェン Heinrich von München　38
パヴィーア Pavia　109, 261, 326
パウルス・ディアコヌス Paulus Diaconus　280
パウロ書簡 Paulusbriefe　100, 135, 271, 289
パキフィクス，ヴェローナの Pacificus von Verona　156
ハーゲナウ Hagenau　321
ハーゲン，ヨハンネス Hagen, Johannes　199
バーゼル Basel　61, 117[27], 127, 204, 312 f.
パッサウ Passau　15, 34, 162, 297
パッラディウス Palladius　111
ハドアルド，コルビィの Hadoard von Corbie　28[15], 285
パドヴァ Padua　35, 55, 204, 323
バトゥリヒ Baturich　161
ハート型（コーデックスの形状）Herzform（Codex in）　34
ハドリアヌス（修道院長）Hadrian　260
ハドリアヌス1世（教皇）Hadrian I　137
パトリック Patrick　111, 270 f.
花形文様 Fleuronné　301, 314
撥ね（書体の）Füßchen　→　セリフ
パピルス Papyrus　vi, 3, 7 f., 11 f., 18, 25, 35, 42, 45 f., 48, 73 f., 82–84, 88, 90[105], 96 f., 104 f., 108, 137, 139[56], 141 f., 245–247, 253 f., 256, 266, 282
パリ Paris　vi, vii, 2, 32, 39, 55, 78, 84[75], 122, 181, 190[76], 192
バーリ Bari　148, 150 f.
パリンプセスト Palimpsest　12–14, 31 f., 60, 76, 89[105], 110 f., 117[28], 141[73], 143[86], 247[12,13], 252, 261, 263, 265, 268, 289
バルセロナ Barcelona　248
ハルトヴィク Hartwic　298
ハルトヴィヒ Hartwig　291
バルドウィン Balduin　320
ハルトムート Hartmut　161
パレスティナ Palästina　296
バレラニカ Valeranica　135, 391
半アンシアル書体（古，新）Halbunziale, Ältere H., Jüngere H.　65, 67 f., 77, 82, 86 f.,

索引（人名・地名・事項）

93-95, 97-106, 112-118, 120-127, 130, 132^{15}, 135-137, 140, 142-148, 158, 248, 252, 262-264, 266, 268-271, 273, 281, 283
ハンガリー Ungarn　190, 291 f., 326
判型 Format　15, 30-35, 187, 263, 295
半ゴシック書体 Halbgotische Buchschrift　200
半草書体 Halbkursive　103, 139, 141-144, 146, 153, 262
パンデクタ本 Pandekten, Vollbibeln　263, 273, 285
ハンフリー・オブ・グロスター公 Hamphrey von Gloucester　205
ハンブルク Hamburg　9^{11}, 162
バンベルク Bamberg　9^{11}, 33, 160^{47}, 164, 182, 293, 302

ヒ

ヒエロニュムス Hieronymus　9^9, 13, 21, 33^{50}, 52-53, 92, 102, 104^{185}, 116^{23}, 143, 184^{44}, 205, 230, 249 f., 256 f., 262^{15}, 266^{44}, 294
ピクト人 Pikten　118, 272, 274^{93}
髭飾り(書体の) → セリフ
ビザンティン Byzanz　8, 12, 29, 91, 93, 97 f., 137, 151, 236, 276, 295 f., 300, 303, 305, 319
秘書官書体(イングランド) Secretary　195
ビスティッチ，ヴェスパシアーノ Bisticci, Vespasinao　326
ヒスペリク(初期アイルランドのラテン語) Hisperiche Latinität　57, 159
秘蹟書 Sakramentare　33, 112, 156, 160^{47}, 270, 286, 288, 301 f.
筆記用具 Schreibwerkzeuge　22
筆写角度 Schreibwinkel　72^7, 74, 76, 88 f., 92, 96 f.
— 作業の速度 Schreibgeschwindigkeit　54
筆跡鑑定学 Graphologie　58^{48}
ヒットー Hitto　161, 284
ヒッポ Hippo　251
ピピン(短軀王) Pippin der Jüngere　46, 78, 260, 280
「ビブル・モラリゼ」Bible moralisée　316
碑文(学，書体) Inschriften　3, 71 f., 77, 79 f., 82, 89, 92 f., 95, 98, 100, 111^2, 202 f., 207, 230^{41}, 239^{83}, 257, 325

百科辞典 Enzyklopädie　304 f., 309^9, 313, 315
「標準註解」Glossa ordinaria　298
標題(テクストの) Titel　4, 20, 41, 51^{13}, 56, 79 f., 95, 105-107, 134^{22}, 236^{70}, 256, 258, 270, 310 f., 316^{42}, 325
ヒラリウス Hilarius　102, 104^{184}, 210^{16}, 247^{10}, 251, 254, 279^{17}
ヒルザウ Hirsau　292, 391
ヒルデガルト，ビンゲンの Hildegard von Bingen　303
ヒルデグリム Hildegrim　48
ヒルデスハイム Hildesheim　34^{58}, 294, 306
ヒルデバルド Hildebald　161, 284
『ヒルデブラントの歌』Hildebrandslied　128
ヒルデマール Hildemar　157
ヒルドゥイン Hilduin　279^{21}
ヒンクマール，ランスの Hinkmar von Reims　48^{139}, 287
「貧者の聖書」Biblia pauperum　316, 320

フ

「ファビウス書式断片」Fragmentum de formula Fabiana　97, 207
ファブリアーノ Fabriano　14, 205^{21}
ファルファ Farfa　278^8, 391
— 書体 Farfa-Stil　172
— 聖書 Farfa-Bibel　305
ファン・アイク兄弟 Brüder van Eyck　317
フィリグランヌ → 透かし模様
フィリップ豪胆公(ブルゴーニュ公) Philipp der Kühne　317
フィリップ善良公(ブルゴーニュ公) Philipp der Gute　34, 196, 315^{36}, 317
フィリップ2世(オーギュスト) Philipp II. August　316
フィリップ4世(端麗王) Philipp IV. der Schöne　316
フィレンツェ Florenz　31, 55, 92, 98, 104^{186}, 106, 204^{16}, 253, 295, 309^{12}, 324, 326
フィロカルス Filocalus　77^{35}, 249
封印文書(教皇の) Bullen, Päpstlich　46
フェストゥス Festus　280
フェラーラ Ferrara　326
フェルディナンド(ナポリ王) Ferdinand

181³⁰
福音書記者（図像）Evangelisten (Bilder)   49, 256, 270, 274 f., 287, 289
服従の誓い（司教の）Obödienzversprechen   177¹⁰
袋本 Beutelbuch, libri caudati   41
武勲詩 Ritterdichtung   315
フーケ，ジャン Fouquet, Jean   317
フーゴ，サン・ヴィクトールの Hugo von Saint-Victor   310¹⁵
フーゴ・シュペヒツハルト Hugo Spechtshart   50
フーゴ・フォン・モンフォール Hugo von Montfort   238⁷⁶
ブシコー元帥の絵師 Meister des Marschalls Boucicaut   317
フス，ヤン Hus, Jan   198
フッガー，ヴォルフガング Fugger, Wolfgang   198
復活祭暦法（計算）Komputistik, Computus paschalis   36⁷⁰, 92, 240, 271, 279¹⁵
物故者記念書 Anniversarien   186
フュルベール，シャルトルの Fulbert von Chartres   298
フライジング Freising   20, 103, 127, 161, 163 f., 231, 267, 278¹⁰, 284 f., 291 f., 298³², 391
フラウィウス・ヨセフス Flavius Josephus   32, 139⁵⁶, 317
プラウトゥス Plautus   14, 37, 60, 111⁴, 324
フラクトゥール書体 Fraktur   191 f.
プラハ Prag   80, 128, 303, 320 f., 390
フラマン（フランドル）人 Flamen   205
フランク国家 Frankenreich   140 f., 153, 173, 264, 267, 269
フランクフルト役者指示本 Frankfurter Dirigierrolle   42
フランケン方言による洗礼誓願 fränkische Taufgelöbnis   127
フランコ・サクソン様式 Frankosächsischer Stil   159, 288, 301, 304
フランコ・フォン・ケルン Franko von Köln   238
『フランス大年代記』Grandes Chroniques de France   317
フランチェスコ会（士）Franziskaner   238,
312
ブラント，ゼバスチアン Brant, Sebastian   206
プリスキアヌス Priscian   324⁵
プリスキリアヌス Priscillianus   254
フリッツラー Fritzlar   126, 391
フリドゥギスス Fridugis   281
フリードリヒ 1 世 Friedrich I   47
フリードリヒ 2 世 Friedrich II   15, 139, 174, 188 f.
フリードリヒ 3 世 Friedrich III   191, 205
プリニウス（大）Plinius major   7¹, 265
プリニウス（小）Plinius minor   200
『旧き世の歴史』（フランス語による 13 世紀初頭の未完の歴史書）Ancienes estoires   296
「ブルグンド・ローマ法典」Lex Romana Burgundionum   263²⁶
フルゲンティウス，ルスペの Fulgentius von Ruspe   251
ブルゴーニュ Burgund, Bourgogne   34, 119, 154⁸, 261, 265, 272, 316 f.
一折衷書体 Bourguignonne   196
フルセウス Furseus   119
フルダ Fulda   11, 26, 37⁷², 92, 103, 126–128, 160, 274, 283, 301, 324, 391
ブルターニュ（地方）Bretagne   120 f., 156, 159, 162, 170, 237, 272, 275, 289, 292
プルデンティウス Prudentius   77 f., 249, 255
ブルトン（人，語）Bretonish   20, 57, 121⁴⁵, 159
ブルヒャルト Burchard   293
フルーリ Fleury   14, 121, 152¹²⁴, 156, 158 f., 169 f., 266, 292, 391
ブルンヒルデ（メロヴィング朝王妃）Brunhilde   259
ブレスラウ → ヴロツワフ
ブレデラー Bredelar   177
ブレーメン Bremen   162
プレモントレ会（士）Prämonstratenser   296 f.
プロヴァンス（地方，語）Provenzalisch   47, 170
フロウムント Froumund   164, 291
プロバ Proba   279¹⁷

プロブス Probus 100, 207, 262[17]
プロペルティウス Properz 323
フロルス，リヨンの Florus von Lyon 277[5]
フロンティヌス Frontinus 294
フロントー Fronto 14, 35[63], 247 f., 264[31]
フワーリズミー Kharizmi（al-Khwarizmi） 240
プンクトゥス・エレウァトゥス Punctus elevatus 232
プンクトゥス・キルクムフレクスス（アクサン・シルコンフレクス） Punctus circumflexus 169, 232
分断（綴字の） Wortbrechung 117
分綴法（ハイフネーション） Silbentrennung 233
文頭装飾大文字（ヴェアザーリエン） Versalien 51, 94 f., 186, 194
文頭装飾文字（イニシアル） Initialen 35, 106, 117[28], 156, 164[71], 172, 250[27], 257 f., 261, 269, 275, 286, 288, 291, 295 f., 300 f., 305, 314 f., 319, 321[63], 325
文法（書） Grammatik 57, 100, 108, 126, 187, 207 f., 213, 230, 236, 262, 268, 271 f., 282, 297

ヘ

ベアトゥス，リエバナの Beatus von Liebana 290, 296, 303
ベイルート Berytos 98, 248, 253
『ベーオウルフ』 Beowulf 293
ペキア Pecie, pecia 55
ページ・レイアウト Seiteneinteilung 35
— の通し番号 Seitenzählung 29 f.
— 番号付け → 葉（ページ）番号付け
ベーダ Beda 61[67], 106[201], 123, 167[83], 260[6], 273 f., 279[15], 324[6]
ヘッカルト（伯） Heccard 284
ヘッツェリン，クララ Hätzlerin, Klara 314
ベッドフォード公の絵師 Meister des Herzogs von Bedford 317
ペトラルカ Petrarca 200, 316[42], 323–325
ペトルス・ディアヌス Petrus Diaconus 152[124], 294
『ペトルス・リート』（古高ドイツ語） Petrus-Lied ahd. 236
ペトルス・ロンバルドゥス Petrus Lombardus 37[75], 299[35]
ベネヴェント Benevent 42, 148, 151
ベネヴェント書体 Beneventana 65, 69[12], 131, 140, 142[78], 148 f., 151, 155, 157, 162, 175[2], 203, 231, 292[5], 294, 324
ベネディクト・ビスコプ Benedict Biscop 260, 273
ベネディクトゥス，ヌルシアの Benedikt von Nursia 266, 294[16]
ベネデクィトゥス3世 Benedikt III 282
「ベネディクト戒律」 Benediktinerregel 31, 151, 215, 252, 284[43]
ベネディクトボイエルン Benediktbeuern 161, 201, 267, 292, 391
ヘバルハルト Hebarhard 174
ヘブライ語 Hebraïsch 13, 60, 131, 210, 212, 242, 261, 310
— 福音書 Hebräer-Evangelium 271
ペラギウス派 Pelagius 254[55], 271
『ヘラクリウス』 Heraclius 22, 300
ヘラート・フォン・ランズベルク Herrad von Landsberg 303
『ヘリアンド』(9世紀前半の古サクソン語による叙事詩) Heliand 11, 128 f., 293[9]
ベルギー Belgien 175, 236, 292
ヘルクラネウム Herkulaneum 8, 73 f., 245, 390
ペルシウス Persius 248
— 註解 Persius-Kommentar 299[36]
ヘルスフェルト Hersfeld 126, 294, 324, 391
ベルナール・イティエ Bernard Itier 59[52]
ベルナール・ド・クレルヴォー Bernard de Clairvaux 306
ベルノルト Bernold 277
ヘルマルスハウゼン Helmarshausen 303, 391
ペン（羽根，葦） Schreibrohr 16, 20[59], 22 f., 49 f., 53, 65–67, 77, 90, 96 f., 114, 116, 160, 163, 178, 190, 193, 195, 211, 238, 277, 301, 303, 315, 321
変異（文字の） Mutation 66 f., 194
弁証論 Dialektik 169[102], 213, 298[32]
ヘント（ガン） Gent 170, 175, 304[65]

索引（人名・地名・事項） | 443

「ペンの兄弟団」Broeder van de penne 313
ヘンリクス，キルクステーデの Henricus de Kirkstede 278[13]
ヘンリー3世 Heinrich III 318

ホ

法写本 Rechtshandschriften 207, 321
砲術書 Feuerwerksbücher 322
ボエティウス Boethius 36[70], 213[26], 282
ボッカチョ Boccaccio 200, 317, 324
ボッビオ Bobbio 14, 100[158], 109, 112, 119, 139, 141[73], 143, 160, 253, 261–263, 265, 268, 272, 274 f., 283, 391
『ボッビオ格言詩集』Epigrammata Bobiensia 262
ポドラジツェ Podlažce 32
ボニファティウス（聖）Bonifatius 124, 126, 142, 241, 267, 274, 283
ボニファティウス8世（教皇）Bonifaz VIII 311
ホノリウス，オータンの Honorius Augustodunensis 43
ホノリウス1世 Honorius I 262
ホノリウス2世 Honorius II 188
ボブレヌス Bobulenus 261
ボヘミア Böhmen 32, 183, 296
『ボヘミア語正字法』Orthographia Bohemica 198
ホラティウス Horaz 249
ポーランド Polen 183, 190, 197, 292
ボローニャ Bologna 55, 181, 190, 308–311, 319
ポワチエ Poitiers 33[50]
ポンペイ Pompeji 16, 18, 71 f., 86[87]
ポンポーザ Pomposa 323

マ

マインツ Mainz 11, 54[29], 126, 128, 160 f., 193[99], 284[43], 291, 313, 326 f.
マイン・フランケン Mainfranken 126, 320
マウルドラムヌス小文字書体 Maurdramnus-Minuskel 144, 148[110], 153, 231, 266
マギナリウス Maginarius 48, 146[98]

巻物 → 巻子本
マクシミヌス・アリアヌス Maximinus Arianus 101[160], 253 f.
マクシミリアン1世 Maximilian I 38, 60, 192, 199, 205, 322
マクデブルク Magdeburg 162, 187
『マケドニア戦記』断片 Fragmentum de bellis Macedonicis 10, 82, 88 f., 90 f., 97[141], 246
マーシア王国 Mercien 123, 273
マシュー・パリス Matthäus Paris 318
マース派 Maas-Schule 304
マティアス・コルヴィヌス（ハンガリー王）Mathias Corvinus 326
マヌティウス，アルドゥス Manutius, Aldus 204, 325
マネリウス Manerius 186[57]
マラテスタ・ノヴェッロ Malatesta Novello 326
マリアヌス・スコトゥス Marianus Scotus 119 f.
マリウス・ウィクトリヌス Marius Victorinus 208
マリー・ド・ブルゴーニュの絵師 Meister der Maria von Burgund 317
マルガレーテ，サヴォワの Margarete von Savoien 321
マルシエンヌ Marchiennes 304
マルティアリス Martial 25, 246, 248, 255[57]
マルティヌス，トゥールの Martin von Tours 251 f., 267
マルティヌス，ランの Martin von Laon 59, 119, 289
マルティヌス・ポロヌス Martinus Polonus 195[114]
マンテーニャ，アンドレア Mantegna, Andrea 202

ミ

ミエロ，ジャン Miélot, Jean 315[36]
ミサ典文 Missalien 184, 186, 315
南イタリア Süditalien 100[154], 148 f., 162, 180[25], 253, 295, 314
南ドイツ Süddeutschland 163–165, 172,

182, 214, 236, 293[6], 321
南フランス Südfrankreich　　180 f., 264–266, 297, 300
ミラノ Mailand　　42, 111[4], 139[56], 181[30], 390
民衆写本 Volkshandschriften　　321

ム

ムティアン，コンラート Mutian, Konrad　206
紫鞣皮紙 Purpurpergament　　11 f., 21, 54[30], 60, 249 f., 253, 287
ムーリ復活祭劇 Osterspiel von Muri　42
ムルバッハ Murbach　　283, 391

メ

名句集 Florilegien　　277
命題集註解 Sentenzenkommentar　310
眼鏡 Brille　　23
メス Metz　　153, 236, 278, 288, 298[32]
メディチ家 Medici　　326
メルカンテスカ型（商業用草書体）Mercantesca　191[82]
メルク Melk　　165[76], 204, 391
メールブライト Maelbrigte　　118[33]
メロヴィング朝 Merovinger　　9, 21, 45 f., 79, 108, 139 f., 173, 264 f., 268, 285
メンガー，ディオニシウス Menger, Dionysius　15[34]
メンガル Moengal　　164

モ

目次（聖書対観表をもとにした）Inhaltsangaben　257
黙示録（挿画）Apokalypse　　45, 164, 287, 290, 296, 303, 318
モサラベ Mozaraber　　130, 134–136, 290
文字の形態 Buchstabenformen　　2, 51, 65[1], 87 f., 189
模倣（書体の）Nachahmung von Schrift　26, 52, 72[7], 76[28], 78[40], 97 f., 103, 119[37], 137 f., 144, 150, 163, 169[98], 170[105], 173 f., 200, 203 f.
モリトール，ハインリヒ Molitor, Heinrich

205
モワサック Moissac　　168[96]
モン・サント・オディール Odilienberg, Mont Sainte-Odile　　303, 391
モン・サン・ミシェル Mont-Saint-Michel　175[4], 391
紋章 Wappen　　15, 43, 274[93], 314[34], 325
紋章一覧巻物 Wappenrollen　　43
モンテカッシーノ Montecassino　　148–151, 201, 266, 292, 294, 295[17], 305 f., 324, 391
モンテフェルトロ，フェデリコ・ダ Montefeltro, Federico da　　326

ユ

ユウェナリス Juvenal　　61
ユスティニアヌス大帝 Justinian　209, 259, 264
ユスティニアヌス法典 Justinianische Gesetzgebung　　8, 92 f., 97, 252 f.
ユトレヒト Utrecht　　165[77]
「ユトレヒト詩篇」Utrecht-Psalter　36, 79, 287, 304
ユノブルス Junobrus　　159
ユマニスト書体 Humanistische Schrift　181, 200, 202–206
――草書体 Humanistische Kursive　201, 203, 206
ユリアヌス（トレド司教）Julian von Toledo　263
ユリウス・ウァレリウス Julius Valerius　262

ヨ

用語註解 Glossare　　32, 36 f., 135, 246, 280, 284[44], 297
葉（ページ）番号づけ Blattzählung, Paginierung　30, 309
ヨーク York　　42, 274, 282
横長判（写本の判型）Querformat　　34
余白部分の装飾（文様）Randleisten　301, 315, 318
ヨハンネス，アッブヴィルの Johannes von Abbeville　　309[10]

索引（人名・地名・事項） | 445

ヨハンネス・スコットゥス Johannes Scottus 52[22], 59, 119, 289
ヨハンネス・フォン・ヴィクトリング Johannes von Viktring 194, 196
ヨハン・フォン・トロッパウ Johannes von Troppau 21, 320
読み石（拡大レンズ）Lesestein 23[73]
四重詩篇（集）Psalterium quadruplex 279[18]
4線図式（小文字書体では2本の基線をアセンダ，ディセンダなどで上下に越えることがある）Vierlinienschema, schéma à quatre lignes, sistema di quattro linee, four-line band 64, 85, 93 → 基線［域］
4文字語 Tetragramm 210

ラ

ライヒェナウ Reichenau 41, 154, 161, 164, 237, 272, 282–284, 286, 302 f., 324, 391
ライヘンバッハ Reichenbach 52[20]
ラヴェンナ Ravenna 9, 17, 42, 45, 84[76], 87[91], 103, 137 f., 247 f., 250–253, 255, 257, 259
ラエティア（書体）Rätien, Raetia 131, 142[78], 154, 267
ラキオ Rachio 286[52]
ラクタンティウス Lactantius 262[15]
ラテリウス Rather 168[94], 323
ラドルフ，ランの Radulf von Laon 298
ラバヌス・マウルス Hrabanus Maurus 11, 52[22], 241, 288 f., 295, 305
ラン Laon 19, 26, 59, 119, 143, 145 f., 268[53], 281, 289, 298
欄外註解 Marginalien 98[150], 100 f., 104, 134 f., 161, 192[93]
―見出し Seitentitel 78, 106
欄構成 Kolumnen 31[34,36,37,38], 33[50], 36[68], 55, 135 f., 264, 283, 296
ランゴバルド人（書体）Langobarden 1, 21, 40, 119, 138 f., 148, 153, 251, 259, 261 f.
ランス Reims 11[17], 42, 48[139], 158, 169, 240, 262, 285, 287 f., 298, 301
ランデヴェネック Landévennec 289, 391
ランブール（リンブルク）兄弟 Limburg, Brüder 317
ランベルト，サン・トメールの Lambert von Saint-Omer 304

リ

リウィウス Livius 25, 54[31], 93[122], 95[136], 246–248, 265, 281, 323, 325
「リウィウス簡略本」Livius-Epitome 8[2], 82, 88[96], 95, 99, 100
リウフラム Liuphram 161, 284
リエージュ Lüttich 298 f.
リシェ，ランスの Richer von Reims 297
リシャール，フルニヴァルの Richard von Fournival 311
リチャード・ド・ベリー Richard de Bury 309
リヒテンタール Lichtenthal 314, 391
リヒャー Richer 294
リポル Ripoll 136, 305, 391
リモージュ Limoges 169[97], 189[71], 236, 304
リュクスーユ Luxeuil 8, 14, 119, 139, 142 f., 145, 261, 265 f., 268 f., 391
リューベック Lübeck 17[43], 194[106]
料紙（折りも裁断もされていない）Bogen, unaufgeschnitten 8, 13, 21, 26 f., 44, 96 f., 204, 246, 255, 266 f.
リヨン Lyon 20, 98[148], 136[36], 250[27], 264 f., 285
リンディスファーン Lindisfarne 21, 117, 121 f., 272, 274 f., 289, 391

ル

ルイ9世 Ludwig IX 316
ルカヌス Lukan 31, 173, 248
ルクレティウス Lukrez 246
ルター，マルティン Luther, Martin 215
ルッカ Lucca 95, 136[36], 138, 140, 390
ルッジェーロ2世（シチリア王）Roger II 295
ルティリウス・ナマティアヌス Rutilius Namatianus 262
ルートヴィヒ敬虔帝 Ludwig der Fromme 156, 281, 283, 287
ルートヴィヒ2世（ドイツ人王）Ludwig II. der Deutsche 42, 173

「ルートヴィヒの歌」Ludwigslied 38
ルドルフ・フォン・エムス Rudolf von Ems 38, 196
ルドン Redon 121[45], 391
ループ（書体の）Schleife, Schlinge 85–87, 131, 141 f., 189, 192, 194 f., 197 f.
ルフィヌス Rufinus 111[2], 177
ルプス，フェリエールの Lupus von Ferrières 56[39], 79 f., 282 f.
ルル（マインツ大司教）Lul 126, 274
ルーン文字 Runen 19, 41, 79[54], 121 f., 125, 129, 171, 234, 242, 265

レ

レウトカリウス型 Leutchar-Typ 103, 143
レウブス（ルヴァッツ）Leubus（Lubiąż）177[14]
レオン León 135 f., 173, 263
レギンベルト，ライヒェナウの Reginbert von Reichenau 154, 161, 284
レッケスヴィント（西ゴート王）Reccesvinth 263
レーゲンスブルク Regensburg 15[34], 48[135], 59, 119, 127, 129[108], 147, 161 f., 164 f., 193[97], 231, 236, 240, 267, 278[12], 284, 291–293, 297, 301 f., 320, 391
レポルタチオ（講義の筆記）Reportatio 310
レミギウス，オセールの Remigius von Auxerre 290[68]
連綴文字 Ligaturen 50[9], 59, 67 f., 83[67], 86, 100 f., 114 f., 131[10], 134 f., 137–142, 144, 148–150, 156–158, 163 f., 166–168, 172, 174, 178, 180, 200, 202 f., 238 f., 266, 283, 291
連禱（集）Litaneien 16 f., 21, 42, 103[173]

ロ

ロイヒリン，ヨハネス Reuchlin, Johannes 206
ロヴァート・デイ・ロヴァーティ Lovati dei Lovati 323
蠟板（書体）Wachstafel 15–18, 23, 25, 34, 45[126], 52, 67, 71, 75, 82, 84[71], 111, 116
ロスヴィータ Hrotsvit 292, 324[6]
ローダ Roda 305, 391

『ロタリ王告示』Edictus Rothari 261
ロックネル，ヴィンツェンツ Rockner, Vinzenz 192
ロッブ Lobbes 165, 391
ロトゥンダ（書体）Rotunda 172, 177 f., 181, 195, 203, 206
ロートリンゲン Lothringen 168[94], 192, 291 f.
ロバート・グロステスト Robert Grosseteste 189[71]
ロヒナー，シュテファン Lochner, Stephan 321
『ローマ皇帝群像』Scriptores historiae Augustae 323
ローマ小文字書体 Minuscola romanesca (romana) 95[135], 172
ローマ数字 Römischen Zahlzeichen 239, 240
『ローマ土地測量士文献』Agrimensores 104 f., 255
『ローマの驚異』Mirabilia Romae 43
ローマ風の文字（ネウマ譜における）Romanus-Buchstaben 237
ロマンス語化したラテン語 Romanisiertes Latein 140
ロランディヌス Rolandinus 190
ロルシュ Lorsch 33, 42, 127, 153, 161, 234, 283, 285, 391
ロンバルディア地方 Lombarden 326

ワ

分かち書き Worttrennung 235
割符（計算用）Kerbhölzer 17[44]

ab 型（コルビィ修道院の書体）ab-Typ 28[15], 144 f., 266, 284[44]
az 型（リュクスーユ修道院由来のランの書体）az-Typ 143, 145
b 型（シェル尼僧院に特徴的な a の小文字書体）b-Typ 144, 268[53]
bd（アンシアル書体）bd-Unziale 95[135], 100[157] → 半アンシアル書体
eN 型（コルビィ修道院で初期に用いられた島嶼書体に近い半草書体）eN-Typ 144

研究者名索引

Agati, M. L.	379	Banti, O.	373
Alexander, J. J. G.	175, 255, 300, 317, 342, 345, 350, 370, 383	Bäuml, Fr. H.	43
		Bange, E. F.	165
Alker, L. u. H.	41	Barile, E.	370
Altbauer, M.	132	Barlow, Cl. W.	283
Alton, E. H.	117	Baroni, M. F.	107, 335
Alturo, J.	363	Barroca, M. J.	373
Alturo i Perucho, J.	363	Bartoletti, G.	360
d'Alverny, M.-Th.	59	Bartoloni, Fr.	v, 138, 338, 352
Alves Diaz, J. J.	384	Bassi, St.	71, 72, 76, 89, 335, 353
Amelli, A.	305	Bastard, A. Cte. de	286
Ameln, K.	239	Bastian, Fr.	193
Anderson, R. D.	73	Bästlein, U. Ch.	377
Appuhn, H.	23	Bately, J.	355, 357
Arndt, W.	xii, 47, 60, 126–128, 165, 173, 186–191, 194, 196, 240, 352	Battelli, G.	xii, xvi, 7, 9, 83, 154, 200, 236, 239, 284, 332, 345
Arnold, K.	327	Bayer, Cl. M.	373
Arns, E.	9, 52, 251	Beach, A. I.	366
Assmann, A.	381	Beal, P.	356
Atsma, H.	vi, xii, 12, 362, 365	Beaujouan, G.	348
Ausbüttel, Fr.	377	Bech, F.	23
Autenrieth, J.	xiii, 166, 272, 277, 357, 360, 371, 372, 379	Beck, F.	359, 372
		Beck, L. F.	359
Avarucci, G.	205	Becker, G.	xii, 44, 262, 278, 284
Avelino de Jesus da Costa, P.	384	Beer, E. J.	315
Avery, M.	151, 294, 337	Beer, R.	105, 153, 352
Avril, F.	316, 350, 383	Beeson, Ch. H.	341
Avrin, L.	383	Behrendt, R.	327
Azevedo Santos, M. J.	363	Beit-Arié, M.	233
		Belting, H.	151
Babier, Fr.	379	Benediktsson, Hr.	125, 342
Bachmayer, H. M.	381	Benton, J.	13, 350
Backhouse, J.	61	de Berardinis, A.	365
Baesecke, G.	xii, 14, 37, 126, 129, 154, 215, 336, 354	Berry, P.	360
		Berschin, W.	342, 366
Baetens, R.	385	Bertelli, S.	364
Bains, D.	212, 347	Berthier, A.	359
Ballaira, G.	384	Bertoldi, M. E.	355

| 研究者名索引 |

Bertoldi, S. 384
Besseler, H. 238
Best, R. I. 118
Beyerle, K. 31
Białostocki, J. 351
Bianchi, F. 364
Bieler, L. 111, 118, 121, 234, 336
Bierbrauer, K. 350
Billanovich, G. 202, 324, 363
Bischoff, B. xii, xvi, 2, 9, 11, 13, 23, 31, 32, 36, 39, 42, 44, 47, 50, 52, 54, 58, 59, 66, 78, 84, 89, 92, 94, 102, 116, 119, 121, 126, 129, 140, 144, 146–148, 153, 154, 156, 158, 160, 162, 165, 166, 192, 205, 207, 208, 211, 236, 241, 250, 255, 257, 267, 269, 270, 273, 277, 278, 280, 282, 285, 287, 289, 290, 293, 297, 298, 309, 310, 324, 329, 334, 339, 340, 348, 350, 355, 357, 359, 366, 384
Bischoff, Fr. M. 379
Bishop, T. A. M. 28, 54, 124, 144, 158, 170, 188, 284, 340, 342, 344, 365
Bisson, S. 365
Björnbo, A. A. 9
Blanck, H. 379
Blanchard, A. 361
Blasco, R. M. 363
Bliss, A. J. 19
Bloch, H. 249
Bloch, P. 49, 165, 302
Bockwitz, H. H. 14, 350
Boeckler, A. 254, 301, 303, 320
v. Boeselager, E. F. 360
Bömer, A. 326
Boge, H. 107, 335
Bonacini, C. 346
Bond, E. A. xvi
Bonelli, G. 138, 353
Bornschlegel, Fr.-A. 361, 374, 376, 383
v. Borries, S. 314
Bossert, H. Th. 322
Bourgain, P. 356
Boussard, J. 175, 343
Boutemy, A. 330
Bowman, A. K. 16
Boyle, L. E. vi, 329, 355, 360

Bozzolo, C. 349
Brackmann, A. 188
Bradley, J. W. 383
Brandi, K. 137, 338, 346
Brandis, T. 327
Breitenbach, E. 320
Brekle, H. E. 359
Bresslau, H. 45
Bretholz, B. 332
Breul, K. 124
Breveglieri, Br. 95, 334, 361
Brieger, P. 319
Bright, D. F. 74, 334
von den Brincken, A.-D. 309
Briquet, Ch.-M. 15
Brockhoff, E. 381
Bromm, G. 357, 378
Brøndum-Nielsen, J. 171, 333
Brounts, A. 55
Brown, M. P. 355, 357, 360, 379
Brown, T. J. 2, 10, 111, 116, 117, 121–125, 208, 275, 329, 330, 332, 336, 357, 385
Brown, V. xiii, 2, 73, 148, 151, 364, 384
Bruckner, A. vi, xii, 9, 28, 147, 154, 156, 158, 161, 163, 164, 172, 186, 193, 195, 240, 277, 301, 313, 314, 340, 352
Brunel, Cl. 170
Brunhölzl, F. 74, 83, 295, 361
Buberl, P. 254
Buchthal, H. 180, 295, 296
Bühler, C. F. 327, 345
Büttner, H. 80
Bulst, W. 181
Burger, G. 345
Burgers, J. W. J. 368
Burnam, J. M. 353
Busaeus, I. 327
Busonero, P. 379, 381
Butrica, J. L. 204
Butzmann, H. 106, 128, 160, 255
Byvanck, A. W. 318

Caligiani, E. 377
Campana, A. 3, 202, 330, 345
Canart, P. 357

| 研究者名索引 | 449 |

Canellas [López], A.   130, 191, 353, 363
Capasso, M.   379
Cappelli, A.   214, 390
Careri, M.   384
Carey, F. M.   158, 340
Carta, Fr.   352
Carusi, E.   102, 172, 353
Casamassima, E.   1, 83, 89, 90, 97, 331, 346, 368
Casmeli, M.   365
Cau, E.   139, 146, 160, 235, 341, 365
Cavaciocchi, S.   379
Cavallo, G.   xiii, 13, 42, 55, 88, 90, 93, 97, 148–151, 154, 157, 245, 248, 249, 260, 337, 349, 357, 361, 364, 371, 384
Cavenaile, R.   246
Ceccherini, I.   368
Cencetti, G.   v, xiii, 1, 2, 7–9, 14–16, 22, 25, 42, 65, 71–74, 83–86, 107, 111, 130, 136–138, 140, 141, 146, 148, 149, 153, 157, 175, 185, 191, 195, 196, 200, 207, 209, 211, 257, 308, 332, 334, 339, 341, 355
Cesare, Fr. di   xiii
Chaplais, P.   48
Chartier, R.   373
Chatelain, E.   xiii, 31, 34, 49, 61, 89, 101, 107, 157, 166, 169, 235, 335, 352
Chenu, M. D.   55, 189
Cherubini, P.   385
Chittenden, J.   272
Christ, K.   33, 49, 55, 259, 260, 271, 277, 278, 292, 308, 311
Chroust, A.   xiii, 15, 34, 37, 120, 126–128, 147, 154, 156, 160, 161, 164–167, 173, 177, 178, 181–184, 187, 189–191, 193, 194, 204, 205, 213, 215, 291, 352
Cipolla, C.   160, 352, 353
Clark, Ch. U.   130, 135, 336
Classen, P.   309
Clemen, O.   354
Clement, R. W.   259
Coens, M.   127
Cohen, M.   331, 333
Cohen-Mushlin, A.   366
Collura, P.   119, 160, 338

Condello, E.   356, 365, 368
Contreni, J. J.   119, 385
Corbett, P. B.   144, 266
Corbin, S.   236, 348
Costamagna, G.   107, 109, 335, 357,
Coulmas, F.   355, 358
Courcelle, P.   252, 260
Courtois, Chr.   16, 87, 334
Crick, J.   362
Crous, E.   xiii, 33, 175, 183, 185, 192–194, 197–199, 342
Cruz, A.   360
Csapodi, Cs.   326
Csapodi-Gardonyi, K.   326

Dain, A.   331
D'Ancona, P.   203, 319
Daniel, N.   163, 164, 172, 291, 298, 341
De Bartholomaeis, V.   353
De Boüard, A.   332
De Bruyne, D.   250
Decker, A.   22
Degenhart, B.   319
Degering, H.   xiv, 60, 180, 185, 186, 196, 215, 232, 352
Degni, P.   379
De Ghellinck, J.   300
De Hamel, Chr.   37, 299, 383
Dekker, C.   385
Delaissé, L. M. J.   52, 232, 317, 318
De la Mare, A. C.   200, 202, 205, 345, 371
Delbrück, R.   16
Delisle, L.   2, 44, 159, 176, 306, 317, 318, 343, 352
Delitsch, H.   333
De Luca, A.   138
De Marinis, T.   181, 326
De Mérindol, Ch.   342
Demus, O.   300, 319
Denecke, L.   127,
Dengler-Schreiber, K.   293, 342
Denholm-Young, N.   344
Derolez, A.   57, 304, 331, 356, 368, 379
Derolez, R.   241, 242, 348
De Rossi, G. B.   302

| 450 | 研究者名索引

Deschamps, P. 80
Deshusses, J. 159
Destombes, M. 348
Destouches, M. 45
Destrez, J. 30, 55, 181, 344
De Vries, Sc. 351, 352
Díaz y Díaz, M. C. 18, 61, 130, 135, 136, 290, 337, 356, 363, 364, 366, 381
Diehl, A. 50
Diehl, E. 16, 71, 72
Diringer, D. 331
Dittmer, L. 238, 347
Dobiaš-Roždestvenskaja, O. A. 332, 339
Dodwell, C. R. 306
Doede, W. 346, 372
Dold, A. 12, 41, 111, 261, 274, 336, 349
Domínguez-Bordona, J. 134, 136, 319
Dondaine, A. 52, 57, 189, 213, 308, 344
Dora, C. 385
Dorandi, T. 380
Doyle, A. I. 27
Draak, M. 235
Dreßler, F. 9, 38, 185, 380
Drögereit, R. 126
Drös, H. 374
Dubler, C. E. 290
Dufey, A. 381
Dufour, J. 44, 168, 341
Duft, J. 117, 164
Dülfer, K. 346, 354, 377, 385
Dümmler, E. 278
Dumville, D. N. 362, 366
Duri, M. Ch. 365
Dvořák, M. 312, 316, 320

Ebert, F. A. 348
Ebner, A. 270
Eder, Chr. E. xv, 39, 52, 53, 58, 69, 164, 165, 291, 341
Edwards, A. S. G. 356
Ehlich, K. 355
Ehrle, Fr. xiv, 76, 77, 120, 135, 157, 172, 181, 204, 352
Eis, G. 9, 23, 41

Eisenlohr, E. 366
Elder, J. P. 345
Engelbert, P. 338
Engels, H. 38, 185
Enneccerus, M. 127–129, 168, 354
Epp, R. 374
Erdmann, C. 48
Erdmann, K. 300
Erhard, P. 365
v. Euw, A. 362
Ewald, P. 130, 134, 173, 353

Fairbank, A. J. 51, 200
Fava, D. 203
Favreau, R. 374
Federici, C. 10, 379, 381
Federici, V. 138, 151, 189, 353
Feldham, A. 44
Ferrari, M. 157
Février, A. 132
Février, J. G. 331, 358
Fichtenau, H. xiv, 3, 17, 49, 50, 53, 60, 65, 176, 192, 330, 345
Ficker, J. 354
Fillitz, H. 351
Fink-Errera, G. 331
Fischer, B. 158, 249, 252, 285, 340
Fischer, H. xiv, 37, 127–129, 354
Fischer, I. 329
Fleischer, A. 366
Fleuriot, L. 121, 159
Flodr, M. 342
Floriano Cumbreño, A. Chr. 130, 336
Flower, R. 125
Foerster, H. xiv, 1, 14, 15, 17, 71, 73, 166, 173, 239, 332, 352, 360
Folda, J. 296
Forstner, K. 162, 340, 366
Fossier, L. 357
Fotheringham, J. K. 104
Fox, W. S. 18
Franchi de' Cavalieri, P. 260
Franz, W. 378
Frati, C. 352
Freeman, A. 52, 280

Frenz, Th.	188, 193, 202, 204, 343, 360, 371, 372, 389	Glück, H.	358
		Glück, M.	57
Friedl, A.	32	Gneuss, H.	125
Friedl, C.	361, 383	Goebel, H.	22
Frioli, D.	366	Göber, W.	245
Frühmorgen-Voss, H.	321	Godart, L.	358
Fuchs, R.	374, 383	Goetz, G.	297
Fuhrmann, H.	48	Goldschmidt, A.	255, 319
		Goldschmidt, E. Ph.	31, 39,
Gaborit-Chopin, D.	168, 304, 341	Gómez-Moreno, M.	18, 131, 136, 337
Gaehde, J.	286, 350	Gorman, M.	366, 367
Gallée, J. H.	127, 129, 167	Gottlieb, Th.	43, 293, 312
Gallo, A.	138, 149, 338	Grabmann, M.	30, 279
Gamber, K.	128, 132	Graefen, G.	355
Ganz, D.	360, 366, 368	Grauert, H.	192
Ganz, P.	361, 380	Gray, N.	375
Garand, M.-C.	44, 53, 169, 292, 341	Green, R.	303
García Larragueta, S.	363	Gregorietti, S.	358
García Lobo, V.	375	de Gregorio, G.	356, 371
García Villada, Z.	130, 336	Greidanus, J.	230
Garrison, E. B.	173, 295, 305	Gribomont, J.	132
Gasnault, P.	140–142, 267, 338	Griffiths, J.	356
Gasparri, Fr.	50, 52, 174, 188, 199, 357, 360, 365, 366, 380	Grohmann, A.	7
		Gruijs, A.	331
Gebele, E.	314	Gryson, R.	101, 385
Geldner, F.	39	Guderian, G. J.	361
Genzsch, H. A.	345	Gumbert, J. P.	xiv, xv, 23, 28, 51, 65–67, 86, 175, 184, 185, 192–195, 197, 232, 297, 313, 343, 357, 371, 380
Georges, J.	358		
Gerould, G.	45		
Gibbs, J.	330	Günther, H.	359, 373
Gichtel, P.	38	Gutswiller, H.	372
Gieysztor, A.	198, 332		
Gilissen, L.	26, 27, 36, 39, 58, 101, 165, 330, 349, 350, 357, 385	Haacke, D.	214
		Haarmann, H.	359
Gils, P.-M.	189	Haeger, Fr.	335
Gimeno Blay, F. M.	357, 359, 368, 371	D'Haenens, A.	58
Girard, P. F.	207	Hafner, W.	284
Giuliano, M. L.	342	Haidinger, A.	368, 380
Gladt, K.	354	Hajdu, H.	308, 345
Glaser, M.	376	Hajnal, St.	50, 190, 344
Glassner, Ch.	380	Hallinger, K.	294
Glauche, G.	xv, 283, 298	Halporn, J. W.	31
Glauning, O.	xvi, 30, 37, 38, 43, 129, 165, 167, 177, 183, 185–187, 189, 191, 193, 194, 196, 214, 236, 241, 314, 354	Hammond, C. P.	234
		Hanka, W.	60
		Hanthaler, Ch.	59, 60

研究者名索引

Hartmann, S.	373	Hunt, R. W.	53, 56, 83, 121, 156, 200, 205, 232, 278, 281, 309
Hartmann, W.	284		
Haseloff, A.	302, 320	Hurm, O.	50, 238, 333
Haug, A.	378		
Hauke, H.	278	Ifrah, G.	378
Haussherr, R.	316	Ihm, M.	203, 352
v. Heckel, R.	2	Ineichen-Elder, Chr. E.	→ Eder, Chr. E.
Hedlund, M.	xiv	Inguanez, M.	43, 151, 294
Heinemeyer, W.	194, 344, 378	Irigoin, J.	15, 357, 359
Hellmann, M.	361	Ivy, G. S.	9, 10, 25, 34, 349
Hellmann, S.	271		
Helwig, H.	350	Jahn, O.	248, 249
Henderson, G.	362	Jakobi-Mirwald, Ch.	380, 383
Herde, P.	204, 371	James, M. R.	316
Hermann, H. J.	327	Jammers, E.	348
Hermannsson, H.	314	Janini, J.	130
Hermans, J. M. M.	380, 382	Jemolo, V.	xiii, 380
Herrlinger, R.	255	Jenkinson, H.	189, 353
Hessel, A.	173, 181, 191, 339, 341, 344, 345	Jensen, H.	71, 331
Heydenreich, E.	128	Jeudy, C.	233
Higgitt, J.	362, 375	John, J. J.	xiv, 73, 111, 130, 200, 332, 381, 384
Higounet, Ch.	331	Johnen, Chr.	107, 109, 215, 335
Hill, G. F.	240, 348	Johnson, Ch.	17, 189, 353
Hirsch, H.	47, 346	Johnston, E.	333
Hlaváček, I.	312, 332	Jones, Ch. W.	279
Hobson, G. D.	40	Jones, L. W.	27, 127, 161, 255, 339, 340, 341
Hochuli, J.	385	Juchhoff, R.	180
Hocij, M.	339		
Hoeck, J. M.	314	Kapr, A.	346, 373
Hoffmann, Fr.	368	Karl, S.	385
Hoffmann, H.	48, 367	Kašpar, J.	50
Hoffmann, Ph.	381	Katterbach, Br.	xiv
Hoffmann, W.	321	Kauffmann, C. M.	305
Hofmann, J.	126, 160, 273, 340	Kautzsch, R.	321, 333
Hollenstein, L.	365	Kavka, Fr.	80
Holter, K.	79, 285, 286, 289, 380	Keller, G.	303
Holtz, L.	37	Keller, W.	124, 336
Homburger, O.	156, 286, 303	Kendrick, T. D.	122, 275, 336
Hoogvliet, M.	382	Kenney, J. F.	272
Hourlier, J.	236, 347	Kenyon, F. G.	349
Hövelmann, G.	27	Ker, N. R.	vi, xiv, 28, 30, 32, 43, 48, 53, 55, 56, 124, 144, 170, 171, 176, 177, 185, 231–233, 284, 293, 294, 300, 336, 343,
Hoyer, Fr.	14, 350		
Hubert, M.	230, 232, 356		
Hübner, Ae.	98	Kern, A.	49, 259, 260, 271, 277, 292, 297, 308, 311
Hunger, H.	7, 9, 14, 332, 359		

| 研究者名索引 | 453 |

Kern, L. 43
Kessler, E. 365
Killius, Ch. 373
Kirchner, J. xiii, xiv, 33, 73, 77, 83, 95, 97, 102, 123, 147, 169, 171, 175, 181–183, 185, 189, 192–199, 342, 345, 349, 352, 354
Kirmeier, J. 381
Kiseleva, L. I. 191, 344, 345, 357
Klapper, J. 57
Kleberg, T. 245
Kleiber, W. 161, 234
Klewitz, H. W. 45
Kloos, E. 177, 182, 184
Kloos, R. M. 203
Knaus, H. xv, 40, 41, 314
Knight, S. 367, 385
Knittel, F. A. 14
Koch, W. 361, 369, 373–376, 383
Koehler, W. xv, 79, 153, 255, 287, 350, 353
Köllner, H. 126, 314
Koennecke, G. xv, 127, 128, 186, 214, 239, 354
Kohn, R. 374, 375
Kopp, U. Fr. 107, 335
Korhammer, M. 235
Korn, H.-E. 354, 377, 385
Kottje, R. 160, 289, 293, 340, 376
Krämer, S. 355, 360
Krasa, J. 184, 321
v. Kraus, C. 129
Kresten, O. 137, 356, 368, 369
Krochalis, J. 61
Kronbichler, W. 48
Krüger, E. 330
Kruitwagen, B. 51, 198, 313, 344
Krusch, Br. 265
Kürbisówna, Br. 343
Küsters-Schah, U. 356
Kvetonova, O. 60
Kyriss, E. 40, 350

Lackner, Fr. xiv, 356, 368, 369
Langhof, P. 194
Largiadèr, A. 193
Lauer, Ph. 140, 173

Lauffer, S. 247
Laurent, M.-H. 214, 347
Laurentis Pietrocola, H. 378
Lawlor, H. C. 19
Le Bouveret, Bénédictins 57, 333
Lechner, J. 54
Legendre, P. 108, 335
Lehmann, P. xv, 2, 28, 30, 39, 41, 51, 52, 120, 160, 178, 208, 214, 235, 278, 297, 299, 300, 309, 312, 313, 325, 329, 333, 340, 347, 357
Leidinger, G. 94
Lemaire, J. 381
Le Moël, M. 384
Lenz, R. 377
Leonardi, Cl. 157
Le Roc'h Morgère, L. 385
Leroquais, V. 34, 315
Leschi, L. 334
Lesne, E. xv, 11, 12, 21, 49, 55, 156–158, 349
Levine, Ph. 341
Levison, W. 240, 297
Leyh, G. xv, 49, 245, 254, 259, 260, 271, 277, 292, 308, 311, 326, 331, 349
Liebaert, P. xiv, 76, 77, 120, 135, 157, 172, 181, 204, 205, 352
Lieftinck, G. I. xvi, 27, 28, 42, 52, 54, 56, 128, 158, 160, 175, 184, 192, 195, 197, 206, 317, 330, 331, 340, 343, 351
Liess, A. 369, 381
Liestøl, A. 19
Lietzmann, I. 260
Lindsay, W. M. xv, 55–57, 102–104, 114–116, 120–122, 124, 126, 159, 160, 172, 208, 211, 212, 233, 254, 329, 336, 340, 347, 353
Lipphardt, W. 236, 347
Ljublinskaja, A. D. 332
Löffler, K. 154, 300, 349, 381
Loenertz, R. 314
Loew, E. A. → Lowe, E. A.
Loewe, G. 130, 134, 173, 353
de Loos, J. Fr. H. 378
López de Toro, J. 109, 212, 347
Lot, F. 173
Loubier, H. 39, 350
Lowe, E. A. xiii, xv, 2, 8, 13, 20, 21, 28, 29, 31,

33, 35, 36, 39, 54, 78, 89, 92-94, 97, 100-102,
104-106, 111, 112, 131, 132, 135, 141-143,
148, 150, 152, 164, 209, 212, 231-234, 247,
253, 260, 265-268, 273, 277, 329, 332, 334,
336-339, 350, 353
Lucas Álvarez, M. 363
Luce, A. A. 121
Ludwig, O. 359, 360
Luidl, Ph. 373
Luizova, T. V. 343

Maarschalkerweerd-Dechamps, S. 385
Mabille, M. 189
Mabillon, J. 1
Mackay, T. W. 385
MacLagan, M. 309
Mac-Neill, E. 118
MacNiocaill, G. 115
Maffei, S. 1
Magistrale, Fr. 93, 375
Mai, A. 263
Maierú, Al. 377
Mairold, M. xiv
Majo, A. di 10
Mallon, J. vi, xiv, xv, 3, 72-74, 83, 84, 86, 88, 95, 97, 102, 239, 329, 330, 333,
Malov, V. N. 191, 357
Mandingorra Llavata, M. L. 371
Maniaci, M. 371, 379, 381
Mantovani, G. P. 360, 371
Marchioli, N. G. 377
Mardersteig, G. 346
de la Mare, A. C. 200, 202, 205, 345, 371
Mariana, M. S. 290
Marichal, R. xiii, xiv, 9, 16, 18, 73, 74, 82-84, 86, 90, 95-98, 176, 191, 247, 333, 334,
Marks, R. 350
Marqués Casanova, J. 290
Marrou, H.-I. 29, 50, 251
Marsina, R. 369
Marston, Th. E. 61
Martin, H. 49,
Martin, H. J. 359, 381
Martini, P. S. 157, 172, 341, 368, 370
Martín López, E. 375

Masai, F. xvi, 13, 55, 112, 174, 260, 266, 300, 330, 331
Mašín, J. 80
Mastruzzo, A. 357
Mateu Ibars, J. 329, 385
Mateu Ibars, M. D. 329, 385
Mazal, O. xv, 33, 39, 175, 184-187, 192, 197, 240, 308, 314-316, 327, 342, 345, 369, 381, 383
Mazzini, S. 365
Mazzoleni, I. 138
Mazzoli Casagrande, M. A. 342, 365
Mazzon, A. 365
McGurk, P. 31, 106, 115, 234, 250, 336
McKinney, L. 255
McKitterick, D. 332
McKitterick, R. 362, 365, 367
Meersseman, G. G. 228
Meiss, M. 202, 317, 319, 345
Meister, A. 241, 332, 348
Melnikas, A. 310
Mendo Carmona, C. 363
Menn, W. 331
Menninger, K. 17, 348
Mentz, A. 107, 109, 335,
Mentz, G. 206, 354
Merkelbach, R. 352
Merlette, B. 146
Merton, A. 286
Messerli, A. 373
Metzger, Br. M. 49
Meyer, P. M. 141, 257, 264
Meyer, Paul 318
Meyer, Peter 117, 121, 164
Meyer, W. 59, 180, 342
Meyvaert, P. 61, 152, 250
Mezey, L. 190, 344
Micheli, G. L. xv, 286, 289
Mieses, M. 331
Miglio, L. 369
Milde, W. 282, 381
Milkau, Fr. xv, 49, 245, 254, 259, 260, 271, 277, 292, 308, 311, 326, 331, 349
Millar, E. G. 61, 304, 318
Millares Carlo, A. xv, 78, 80, 130, 134, 135,

	173, 191, 195, 206, 231, 336, 337, 363
Miner, D.	9
Mommsen, Th.	141, 207, 208, 247, 257, 264
Monaci, E.	xii, 181, 195, 352
Mone, Fr.	12
Monfrin, J.	381
Montfaucon, Bernard de	1
Moreau-Maréchal, J.	230
Morelli, M.	380
Morey, Ch. R.	255
Morgan, M.	383
Morgan, N.	350
Morin, G.	42, 43
Morison, St.	65, 92, 202, 332, 333, 345, 373
Mosiici, L.	369
Mottola, F.	385
Muess, J.	361
Müller, H.-G.	289,
Müller, J.	232
Müller, K. K.	33, 238
Müller, R. W.	230, 347
Munafò, P. F.	379, 381
Mundó, A. M.	130, 134–136, 290, 337, 363
Munk-Olsen, B.	381
Mütherich, Fl.	xv, xvii, 33, 79, 157, 255, 284–288, 300–303, 350, 353
Mutzenbecher, A.	106, 251
Muzerelle, D.	358, 382
Muzika, Fr.	198, 333
Mynors, R. A. B.	176, 252, 282, 343
Nash-Williams, V. E.	120
Natale, A. R.	104, 119, 138, 139, 330, 334, 338, 353
Nélis, H.	331
Netzer, N.	362
Neumüller, W.	79
Neumüllers-Klauser, R.	376
Neuss, W.	290, 305
Newton, F.	148, 294, 365
Nicolaj, G. P.	8, 74, 76, 88, 203, 355, 367, 384
Nisbet, R. G. M.	73
Nörr, D.	207, 208
Noichl, E.	385
Nordenfalk, C.	xvi, 40, 77, 105, 112, 114, 165,

	250, 254, 256, 257, 264, 269, 270, 274, 286, 300, 302, 303, 306, 307, 350
Norsa, M.	87
Novak, V.	151, 337
Nunes, E.	353
Núñez Contreras, L.	360
Oakeshott, W.	304
Obbema, P. F. J.	27, 45, 369
Ó Cróinín, D.	125, 359
Odenius, D.	19
Oediger, Fr. W.	308, 345
Oeser, W.	177, 184, 313, 343, 344, 369
Ogilvy, J. D. A.	274
de Oliveira Marques, A. H.	384
Oltrogge, D.	383
Omont, H.	61
O'Riordan, G. M.	385
Orlandelli, G.	190, 191, 344
Ornato, E.	58, 349, 379, 381
Orofino, G.	364
Orsini, P.	365
Ostlender, H.	189
Ostolaza Elizondo, M. I.	364
Ostos Salcedo, M. P.	382
O'Sullivan, W.	362
Ott, H.	321
Oursel, Ch.	306
Ouy, G.	206, 349, 371
Overgaauw, E. A.	358, 369
Paap, A. H. R. E.	210, 347
Pächt, O.	35
Pagnin, B.	140, 156, 178, 181, 341, 343
Painter, G. D.	61
Palma, M.	10, 103, 149, 358, 365
Pantoni, A.	294
Paoli, C.	352
Pardo Pavon, M. L.	382
Parigino. G.	377
Parisse, M.	360
Parkes, M. B.	126, 194, 195, 197, 232, 308, 344, 377
Parsons, D. N.	375
Parsons, P. J.	73

Pasquali, G.	330
Pastoureau, M.	314
Pátková, H.	358, 360, 384
Patterson, R. B.	367
Pearson, D.	382
Pecere, O.	364
Peiper, R.	279
Pellegrin, E.	41, 56, 169, 181, 326, 341
Pelzer, A.	xiv, 214, 347
Perard, E.	284
Perl, G.	71
Perrat, Ch.	xiv, 16, 97, 333, 334
Pescini, I.	360, 377
Peter, O.	385
Petersohn, J.	273
Petrau, A.	331
Petrucci, A.	17, 18, 50, 77, 78, 86, 93, 103, 104, 138, 140, 151, 171, 178, 181, 200, 249, 252, 256, 257, 259, 334, 335, 338, 342, 344, 348, 349, 357–360, 364, 367, 369, 371, 382
Petzet, E.	xvi, 37, 38, 43, 129, 165, 167, 177, 183, 185–187, 189, 191, 193, 194, 196, 214, 236, 241, 314, 354
Pfaff, A.	44
Pfaff, C.	342
Piccard, G.	15
Pivec, K.	346
Plummer, Ch.	57
Polák, St.	346
Politis, L.	132
Pollard, G.	55
Pomaro, G.	369
Porcher, J.	34, 269, 285, 286, 289, 303, 316
Post, G.	343
Poulle, E.	58, 191, 356–359
Powitz, G.	xiii, 166, 382
Pralle, L.	294, 324
Pratesi, A.	76, 151, 330, 334, 356–358, 385
Pražák, J.	197
Preisendanz, K.	18, 161, 303
Preston, J. F.	369
Priebsch, R.	128, 293
Prochno, J.	49
Prou, M.	191, 268, 332

Rabikauskas, P.	137, 338
Radiciotti, P.	361, 365, 367, 369
Rafti, P.	377
Raible, W.	359
Rajna, P.	22
Rand, E. K.	3, 36, 54, 103, 142, 146, 147, 158, 334, 340
Randall, L. M. C.	315, 351
Rankin, S. R.	367
Rasmuseen, N. K.	42
Reed, R.	9, 349
Regensburger, R.	331
Reifferscheid, A.	251
Reimann, G.	80
Reinhardt, H.	53
Renker, A.	350
Reusens, E. H. J.	332
Reuter, M.	305
Reynolds, L. D.	323, 324, 349
Riché, P.	51, 132, 259, 263, 265, 267, 284
Richter, D.	9
Rieckenberg, H. J.	45
Robb, D. M.	350
de Robertis, T.	361, 371, 377
Roberts, C. H.	8, 25, 97, 246, 349
Roberts, J.	355, 357
Robinson, Fr. C.	235
Robinson, J. A.	293
Robinson, R. P.	109, 131, 134, 141, 325, 337
Rodrigues, T. F.	384
Rodríguez, E. E.	382
Rörig, Fr.	308, 345
Romanova, V. L.	175, 343
Romeo, C.	364, 367
Römer, J.	377
Roosen-Runge, H.	12, 20–22, 300, 350, 351
Rose, V.	45, 254
Ross, Br.	200
Roth, C.	354
Rouse, M. A.	278, 369
Rouse, R. H.	43, 278, 309, 311, 369
de Rubeis, Fl.	374
Rubinstein, N.	325
Rück, P.	358, 372, 373, 378, 379, 382
Rückert, P.	382

Ruf, P.	xv, 349	Schneider, N.	370
Ruhnke, M.	238, 347	Schneyer, J. B.	308
Ruiz Asencio, J. M.	xv, 336, 363, 364	Schnitzler, H.	49, 165, 302
Ruiz García, E.	382	Scholz, S.	376
Rüth, M.	372	Schottenloher, K.	346
		Schramm, P. E.	xvii, 33, 284, 288, 301–303
Saenger, P.	378	Schreiber, H.	30, 39
Salmi, M.	319	Schröbler, I.	43
Salmon, P.	142	Schröder, E.	54
Samaran, Ch.	vi, xiii, 4, 13, 27, 72, 140, 333	Schröpfer, J.	198
Sanders, W. B.	353	Schuler, P. J.	385
de Santiago Fernández, J.	376	Schum, W.	193, 240, 354
Santifaller, L.	xvi, 7–9, 14, 25, 41, 44, 346, 349, 354	Schütz, A.	381
		Schwab, U.	129, 241, 242
Sattler, P.	331	Seckel, E.	214, 216, 347
Sauerland, H. V.	302	Šedivý, J.	358, 370
Sauerländer, W.	383	Seider, R.	xvii, 7–9, 16, 18, 33, 35, 50, 72–74, 76, 77, 82–85, 87–89, 92, 93, 95–98, 100–102, 139, 246, 247, 250, 251, 266, 334
Saumagne, Ch.	334		
Saunders, O. E.	304, 318		
Saurma-Jeltsch, L.	382	Seifert, Tr.	61
Scardigli, P.	252	Seip, D. A.	125, 171, 333
Scarpa, P.	385	Seipel, W.	359
v. Scarpatetti, B. M.	xiv	Sella, P.	214
Schäfer, I.	382	v. Selle, G.	331
Schapiro, M.	341	Semkowicz, Wł.	198, 332
Schauwecker, H.	165	Serrano, J.	130
Scheller, R. W.	300, 351	Sesiano, J.	241
Schiaparelli, L.	109, 111, 139, 140, 146, 211, 333, 335, 336, 338, 341, 346, 367	Shailor, B. A.	382
		Sheppard, J. M.	382
Schieffer, R.	25	Siebelist, U.	378
Schilling, R.	127, 315	Sievers, P.	233
Schlögl, W.	330	Silagi, G.	v, xvi, 230
v. Schlosser, J.	183	Silva-Tarouca, C.	xiv
Schlusemann, R.	382	Silvestre, H.	278
Schmeisser, Ch.	385	Simms, G. O.	121
Schmid, A.	367	v. Simson, O.	351
Schmid, A. A.	254	Singleton, Ch. S.	319
Schmid, W.	374	Sirat, C.	357, 359
Schmidt, G.	21, 315, 320, 321,	Skeat, T. C.	7, 8, 25, 246, 349
Schmidt, Ph.	354	Skelton, R. A.	61
Schmidt, W.	308, 309, 345	Smalley, B.	298
Schmitt, A.	319	Smeyers, M.	350
Schmitz, W. (G.)	335	Smith, H.	125
Schmitz-Kallenberg, L.	46	Smith, M. H.	356, 358, 370
Schneider, K.	360, 370	Smith, M. M.	382

Soetermeer, F.	382
Spehr, H.	125, 342
Speyer, W.	254
Spiegel, J.	370
Spilling, H.	24, 127, 160, 199, 336, 340, 356, 361, 368, 372
Spinetti, A. M.	364
Sprenger, K.-M.	373
Spunar, P.	58, 80, 197, 330, 344, 358, 370
Stäblein, Br.	236, 348
Staraz, E.	83, 89, 90, 97
Steenbock, Fr.	40
Steffens, F.	xvii, 50, 71–73, 77, 84, 85, 95, 97, 100, 102, 108, 118, 124, 126, 128, 137, 139, 141, 142, 144, 146, 147, 153, 164, 168, 177, 181, 188–190, 196, 207, 233, 234, 237, 239, 268, 332, 352
Stein, P.	359
Stein, W. H.	373
Steinacker, H.	147, 339
Steinberg, S. H.	50, 198, 344
Steiner-Welz, S.	373
Steinmann, M.	198, 203, 204, 370, 372, 373
v. Steinmeyer, E.	215
Stern, H.	249, 255
Stettiner, R.	255
Stickler, A. M.	294
Stiennon, J.	xvii, 1, 9, 14, 18, 22, 65, 77, 174, 181, 241, 297, 332, 342, 360
Stirnemann, P.	383
Stix, F.	348
Storace, M. S.	379, 381
Storck, W. F.	322
Straub, A.	303
Strecker, K.	59, 124
Strubbe, Ae. I.	304
Sturm, H.	346
Sunyol, G. M.	236, 348
Supino Martini, P.	157, 172, 341, 358, 368, 370
Swarzenski, G.	37, 127, 165, 303, 305
Swarzenski, H.	320
Tacenko, T.	373
Taeger, B.	128

Tafel, S.	136
Tangl, M.	xii, 47, 60, 126–128, 160, 165, 173, 186–191, 194, 196, 240, 352
Tassin, R. Pr.	2
Tedeschi, C.	362
Temple, E.	304
Thiel, E. J.	286
Thomas, E. G.	309
Thomas, J. D.	16, 361
Thomas, M.	350
Thommen, R.	193, 354
Thompson, E. M.	xvi, 332, 352
Thompson, S. D.	363
Thomson, D. F. S.	202
Thomson, S. H.	xvii, 175, 181, 189, 192, 206, 354
Thorndike, L.	57
Thoss, D.	197
Thurneysen, R.	233
Tiepolo, M. Fr.	385
Till, R.	324
Tjäder, J.-O.	vi, xvii, 8, 9, 45, 68, 74, 83–90, 92, 111, 137, 140–142, 250, 253, 329, 333, 334, 338
Toustain, Ch. F.	2
Traube, L.	xvii, 1, 2, 35, 52, 60, 108, 157, 209–212, 252, 257, 264, 330, 347, 357
Treffort, C.	376
Trelińska, B.	376
Trenchs Òdena, J.	357
Trenkler, E.	12, 321
Tristano, S.	152
Troncarelli, F.	252, 355, 356, 389
Trost, V.	21, 382
Tschichold, J.	331
Tschudin, P. F.	382
Turcan-Verkerk, A.-M.	368
Turner, C. H.	347
Turner, E. G.	7, 25, 247, 349
Turrini, G.	22, 102, 103, 156, 261, 353
Ugolini, F. A.	95
Uhlhorn, Fr.	194, 344
Ullman, B. L.	61, 71, 200, 202–204, 332, 345
Unterkircher, Fr.	xiv, 38, 40

Van den Gheyn, J.	352	Wegener, H.	254
Van der Horst, K.	380	Wehmer, C.	176, 192, 193, 195, 198, 199, 205, 313, 343, 344
Vanderhoven, H.	144, 266		
Van de Vyver, A.	298	Weijers, O.	383
Van Dijk, S. J. P.	199, 312	Weiner, A.	384
Van Koningsveld, P. Sj.	135	Weitzmann, K.	33, 254, 264, 350
Van Moë, A.-E.	286, 301	Wendehorst, A.	308, 359
Van Regemorter, B.	41	Wendel, C.	245
Van Thiel, H.	38, 189, 352	Wenger, L.	98, 207, 209
Vassale, E.	358	Widmann, H.	326
Vaughan, R.	318	Wieacker, F.	247
Velázquez Soriano, I.	364	Wilhelm, Fr.	47
Venturini, M.	342	Willard, H. M.	152
Venturini, T.	156, 341	Williams, J.	350
Verey, Chr. D.	122	Wilmart, A.	157, 260, 278
Verhulst, A.	175, 342	Wilson, N. G.	323, 324, 349
Vezin, J.	vi, xii, 7, 9, 11, 14, 17, 25–27, 29, 36, 40, 49, 54, 66, 140–142, 144, 157, 167, 169, 231, 232, 292, 338, 340–342, 347, 364, 365, 368, 381	Winckelmann, O.	354
		Wingo, E. O.	230, 347
		Winkler, Fr.	197, 317
		Wittek, M.	xvi
Villa, Cl.	323	Wolf, A.	321
Vitelli, G.	352	Wolf, J.	236, 238
Vodopivec, J.	383	Wolpe, B.	50
Vogel, K.	240	Woodcock, J.	385
Vojtěch, V.	60	Worm, P.	379
Volbach, W. F.	103, 269, 286	Wormald, F.	v, 9, 25, 124, 256, 304, 306, 336, 349
		Wrede, Chr.	191
Wache, W.	48	Wright, C. E.	9, 25, 344, 349
Wagendorfer, M.	372	Wright, D. H.	17, 61, 78, 94, 111, 274, 334, 336
Wagner, B.	383		
Wagner, P.	236–238, 312, 348	Wurfbain, M. L.	42
Walter, Chr.	254		
Walter, J.	303	Yeandle, L.	369
Walther, J. L.	214, 346	Young, K.	43
Walther, K. K.	384		
Walz, A.	312	Zagni, L.	108, 335
Wardrop, J.	203, 204, 345	Zahn, P.	192
Warncke, J.	17	Zali, A.	359
Warner, G. Fr.	318, 352	Załuska, Y.	384
Warren, F. E.	114	Zamponi, S.	360, 370, 372
Waston, A. G.	xiii	Zangemeister, C (K).	18, 76, 78, 89, 353
Wattenbach, W.	xvii, 2, 9, 12–15, 17–19, 22, 23, 41, 43, 49–51, 54–57, 59, 76, 78, 89, 239, 289, 335, 349, 353	Zappert, G.	60
		Zelzer, M.	84
Weber, R.	230	Zerdoun Bat-Yehouda, M.	19

Ziegler, E.	385
Ziemer, M.	166
Zimmerhackl, H.	372
Zimmermann, E. H.	xvii, 40, 105, 116–118, 125, 142, 143, 160, 257, 258, 261, 269, 270, 286, 336, 340, 353
Zimmermann, M.	359
Zotter, H.	351, 384
Žunkovič, M.	60

写本索引

各写本と CLA および ChLA との対応はイタリア語版によるところが多い。頁表記の肩付き * 記号は、当該箇所が脚註部分であることを示す。

ABERDEEN（アバディーン，大学図書館）
 P. Aberd. 1（CLA II. 118） 77*
 P. Aberd. 130（CLA II. 120） 88
AMIENS（アミアン市立図書館）
 6；7；9；11；12［マウルドラムヌスの聖書］ 266
 12（CLA VI. 708） 265*
 18 301
ANGERS（アンジェ，市立図書館）
 675 54*
ANN ARBOR（アナーバー，ミシガン大学図書館）
 P. Mich, III. 159（ChLA V. 280） 73*
 P. Mich, III. 164（ChLA V. 281） 96*
 P. Mich, X. 592（ChLA V. 298） 85*
 P. Mich, VII. 459（CLA S 1781） 76*
ARRAS（アラス，市立図書館）
 559（435）［アラスの聖書］ 305
AUTUN（オータン，市立図書館）
 3（S. 2）［グンドヒヌスの聖福音集］（CLA VI. 716） 46*, 268*
 24（S. 28）［カッシアヌス『戒律』］（CLA VI. 724） 211*, 265
 27（S. 29）（CLA VI. 728） 109*, 131, 134*
 107（S. 129）（CLA VI. 729） 109*, 131
BALTIMORE（ボルチモア，ウォルターズ・アート・ギャラリー）
 MS. 71 165*
BAMBERG（バンベルク，国立図書館）
 Bibl. 44［四重詩篇］ 279*
 Bibl. 140［ライヒェナウの黙示録］ 164
 Lit. 1［フルダの秘蹟書］ 160*
 Lit. 7［バンベルク昇階唱集］ 33

 Lit. 8［バンベルク昇階唱集］ 33
 Patr. 5 9*
 Patr. 87（CLA VIII. 1031） 103*, 105*, 211*, 252*, 260*
BARCELONA（バルセロナ，福音書記者聖ルカ財団）
 Pap. Barc. Inv. 149^b-53（CLA S 1782） 210*
BASEL（バーゼル，大学図書館）
 F III 15b（CLA VII. 844） 127*
 F III 15d（CLA VII. 847） 117*
 F III 15e 128*
 O IV 17（CLA VII. 853） 34*
BERKELEY（カリフォルニア大学バークリィ校図書館）
 P. Inv. 1422-3010（P. Tebt. 686a；b）（CLA XI. 1646；1647；ChLA V. 304） 8*, 50*, 84*
BERLIN（ベルリン，国立エジプト博物館）
 Pap. Berol. 6757（CLA VIII. 1033） 96*, 105*
 P. B. 6760（CLA VIII. 1036） 13*
 P. B. 8507（CLA VIII. 1038；ChLA X. 418） 73*
 P. B. 11323（CLA VIII. 1039） 97*
 P. B. 11325（CLA VIII. 1041） 97*
 P. B. 11753［ファビウス書式断片］（CLA VIII. 1042） 97*, 207
 P. B. 13229a+b（CLA VIII. 1043） 33*
BERLIN（ベルリン，ドイツ国立図書館）
 Hamilton 122 ［図版 23］
 Hamilton 570 ［図版 22］
 Phillips 1676（CLA VIII. 1057） 156*
 Phillips 1745（CLA VIII. 1061） 137*, 264*
 Phillips 1761（CLA VIII. 1064） 264*
BERLIN（ベルリン，プロイセン文化財博物館）
 ［ラヴェンナ象牙折板］ 17
BERLIN（ベルリン，州立プロイセン文化財図書館）
 Ms. germ. fol. 1046 38*
 Ms. germ. qu. 1722 38*

Ms. lat. fol. 325　　　　　　　　　　45*
Ms. lat. qu. 150　　　　　　　　　　281*
Ms. lat. qu. 298(CLA VIII. 1053)　　92*
Ms. lat. qu. 690　　　　　　　　　　54*
Ms. theol. lat. fol. 270　　　23* ［図版 14］
Ms. theol. lat. fol. 354(CLA VIII. 1067a-b)
　148*
Ms. theol. lat. fol. 485(CLA VIII. 1069)
　255*
BERN(ベルン，市立図書館)
　A 91/7　　　　　　　　　　　　　156*
　165［ウェルギリウス］　　　　　　235*
　199(CLA VII. 859)　　　　　　　　143
　205　　　　　　　　　　　　　　　50*
　207　　　　　　　　　　　　　　　121
　250　　　　　　　　　　　　　　　80*
　611(CLA VII. 604 ; **604a-e)　146, 268
　803　　　　　　　　　　　　　　　43*
BOLOGNA(ボローニャ，大学図書館)
　701(CLA III. 280)　　　　　　85*, 101*
　Pap. Bon. I 5(CLA S 1677)　　　　95*
BOULOGNE-SUR-MER(ブローニュ・シュル・
　メール，市立図書館)
　32(37) (CLA VI. 735)　　　　　　106*
　42(47) (CLA VI. 736)　　　　　　　35*
　58(63, 64) (CLA VI. 737)　　　　　208
BRAUNSCHWEIG(ブラウンシュヴァイク，
　市立図書館)
　Fragm. 70　　　　　　　　　　　　273*
BREMEN(ブレーメン，市立図書館)
　b 52　　　　　　　　　　　　　　34*
BRESCIA(ブレシア，ケリニアナ図書館)
　S.N.［コーデクス・ブリクシアヌス］(CLA
　III. 281)　　　　　　　　　　　　253*
　B. II. 6［アルベルタヌスのコーデクス］
　323
　H VI 11(CLA III. 283)　　　　　　92*
BRESLAU(WROCŁAW)(ヴロツワフ市立文書
　館)
　B 1a　　　　　　　　　　　　　　187
BRÜSSEL(ブリュッセル王立図書館)
　903　　　　　　　　　　　　　　279*
　II. 1051　　　　　　　　　　　　309*
BÜCKEBURG(ビュッケブルク，市立文書館)
　Depot 3［ベーダ『時の理法について』］

　273*
CAIRO(カイロ，考古学博物館)
　Pap. Oxy. 1098［ウェルギリウス断片］(CLA
　X. 1569)　　　　　　　　　　　　77*
CAMBRAI(カンブレー，市立図書館)
　470(CLA VI. 740)　　　　　　103*, 273*
　684(T. II) (CLA VI. 742a-b)　268*, 269*
CAMBRIDGE(ケンブリッジ，コーパス・ク
　リスティ・カレッジ)
　69(CLA II. 121)　　　　　　　　　20*
　286(CLA II. 126)　　　　　105*, 256, 259*
　411［ケンブリッジ詩篇］　　　　　170*
CAMBRIDGE(ケンブリッジ，パンブローク・
　カレッジ)
　308　　　　　　　　　　　　　　　11*
CAMBRIDGE(ケンブリッジ，大学図書館)
　Ff 5.27(fol.1) (CLA S 1682)　　　211*
　Gg 5.35［ケンブリッジ詩歌集］　　124
　Ii 6.5　　　　　　　　　　　　　240*
　Kk I.24(CLA II. 138)　　　　　　123*
　Kk V.16(CLA II. 139)　　　　　　123*
　Nn II.41［ベーズ写本］(CLA II. 140)　20*,
　　98, 265*
CHELLES(シェル，サン・タンドレ教会)
　Authentiken(ChLA XVIII. 669)　144*, 267
CERRITO, EL(エル・セッリト，カリフォル
　ニア，ウエスタン・バプティスト・バイ
　ブル・カレッジ)
　Allen Pap. S.N.(CLA XI.1651)　　　13*
CHELTENHAM(チェルトナム，フィリップ
　ス卿コレクション)
　36185(CLA II. 146)　　　　　　　127*
CIVIDALE(チヴィダーレ，考古学博物館)
　Egbert-Ps.　　　　　　　　　　　302
　Psalter d. Hl. Elisabeth　　　　　　318
CLERMONT-FERRAND(クレルモン・フェラ
　ン，市立図書館)
　240　　　　　　　　　　　　　　　36*
CLEVELAND(クリーヴランド，ウエスター
　ン・リザーブ大学)
　Pap. Oxy. IV, 737(ChLA V. 308)　　73*
COLMAR(コルマール，県立文書館)
　［ムルバッハの規約集］　　　　　　42
COLMAR(コルマール，市立図書館)
　444(CLA VI. 757)　　　　　　　　117*

写本索引 | 463

DARMSTADT(ダルムシュタット，ヘッセン州立高等教育図書館)
4262　　　　　　　　　　　　　　273*
DIJON(ディジョン，市立図書館)
12-15［スチーヴン・ハーディングの聖書］
306
DUBLIN(ダブリン，国立博物館)
S.A. 1914. 2(CLA S 1684)　　　17*, 111*
DUBLIN(ダブリン，王立アイリッシュ・アカデミー)
S.N.(Cathach)［カタック（詩篇集）］(CLA II. 266)　　　　　　　　　112, 272*, 274
D.II.3, f. 1-11(CLA II. 267)　　　115*, 272*
D.II.3, f. 12-67(CLA II. 268)　　　115*, 272*
DUBLIN(ダブリン，トリニティ・カレッジ)
52［アーマーの書］(CLA II. 270)　　　115*, 271*［図版 8］
55［アッシャー・コーデクス I］(CLA II. 271)　　　　　　　　　　　111, 112*, 116
56［アッシャー・コーデクス II］(CLA II. 272)　　　　　　　　　　　　　　　118*
57［ダロウの書］(CLA II. 273)　　　20*, 121*, 122, 274
58［ケルズの書］(CLA II. 274)　　　　117
59(CLA II. 275)　　　　　　　　　115*
60(CLA II. 276)　　　　　　　　　115*
60, f. 95-98(CLA II. 277)　　　　115*
DÜSSELDORF(デュッセルドルフ，大学図書館)
E 1　　　　　　　　　　　　　　260*
DURHAM(ダラム，司教座聖堂図書室)
A. II. 4［ギヨーム・ド・サンカレの聖書］
176*
A. II. 10　　　　　　　　112, 114*, 274
A. II. 17(CLA II. 149)　　　122, 274 f.
A. IV. 19　　　　　　　　　　　　208*
A. IV. 34　　　　　　　　　　　　27*
B. II. 30(CLA II. 152)　　　　　　211*
EINSIEDELN(アインジーデルン，聖堂参事会図書室)
355　　　　　　　　　　　　　　196*
EPERNAY(エペルネ，市立図書館)
1［エボ・コーデクス］　　　　　287
ERFURT(エルフルト，専門図書館)
Fol. 42　　　　　　　　　　　　312

Fol. 64　　　　　　　　　　　　312
Qu.102　　　　　　　　　　　　312
ESCORIAL, EL(エル・エスコリアル，サン・ロレンソ王立図書館)
Camerín de las reliquias S.N.(CLA XI. 1628b)
87*, 282*
Camerín de las reliquias S.N.(CLA XI. 1629)
104*
P. I. 8(CLA XI. 1630)　　　　　　136*
R. II. 18(CLA XI. 1631)　　78*, 130*, 211*, 263*
&. I. 14(CLA XI. 1635)　　　　31*, 136*
Vitr. 17　　　　　　　　　　　　302
ETON(イートン・カレッジ)
44　　　　　　　　　　　　　　56*
FLORENZ(フィレンツェ，ラウレンツィアーナ図書館)
S.N.［学説彙纂］(CLA III. 295)　42, 92, 98, 104*, 106, 253, 309*
P.S.I. I. 111　　　　　　　　　　85
P.S.I. II. 142(CLA III. 289)　　　101*
P.S.I. XIII. 1306(CLA S 1694)　　　77*
P.S.I. XIII. 1307(CLA S 1695)　　　76*
P.S.I. S.N.(CLA III. 294)　　　　　13*
Amiatino I［コーデクス・アミアティヌス］
(CLA III. 299)　10, 11, 31, 78*, 94*, 263, 273
Amiatino III　　　　　　　　　　295
Ashb. 1814　　　　　　　　　　　33*
Conv. Soppr. 364　　　　　　　　295
Pl.39.I［メディチ本ウェルギリウス］(CLA III. **296)　　　104*, 249［図版 1］
Pl.47.29　　　　　　　　　　　　324*
Pl.65.1　　　　　　　　　　　250, 253
Pl.65.35　　　　　　　　　　　　295
Pl.68.2　　　　　　　　　　　　83
S.Croce pl. V. dextr. 6　　　　　　36*
FLORENZ(フィレンツェ，国立中央図書館)
I.II.44　　　　　　　　　　　　308*
FRANKFURT AM MAIN(フランクフルト・アム・マイン，市立・大学図書館)
APP. III　　　　　　　　　　　　42
Barth. 32　　　　　　　　　　　37*
Barth. 178［フランクフルトの詩篇］　42, 127

FREIBURG IM BREISGAU（フライブルク・イム・ブライスガウ，大学図書館）
  702（CLA VIII. 1195） 38*
FULDA（フルダ，ヘッセン州立図書館）
  Aa 20 21*
  Cod. Bonif.1（CLA VIII. 1196） 93*, 96, 104*, 106*, 115*, 123*, 126*
  Cod. Bonif.3 26
GAESDONCK（ゲスドンク，修道院図書室）
  Ms. 5 27*
GENF（ジュネーヴ，公立・大学図書館）
  Lat. 16（パリ，フランス国立図書館 Lat. 11641 参照） 109*
  Lat. 139 144*
GENT（ヘント大学図書館）
  1125［リベル・フロリドゥス］ 304
GENUA（ジェノヴァ，国立文書館）
  Reg. di Giovanni scr. 189*
GERLEVE（ゲルレーヴェ，ザンクト・ヨゼフ修道院図書室）
  Frag. 23*
GIESSEN（ギーセン，高等教育図書館）
  651/20（CLA VIII. 1200） 253*
GIESSEN（ギーセン，大学図書館）
  Pap. Jandana V 90（CLA VIII. 1201） 73, 83*［図版 2a］
GÖTTINGEN（ゲッティンゲン，ニーダーザクセン州立・大学図書館）
  Dt. Sem. III 31 43*
GOSLAR（ゴスラー，市庁図書室）
  Evangeliar 319
GOTHA（ゴータ，研究専門図書館）
  Mbr. I. 75（CLA VIII. 1206） 59*
GRAZ（グラーツ，シュタイアーマルク州文書館）
  Frag. 38*
HAAG, DEN（ハーグ，メールマン・ウェスタリーン博物館）
  10 A I（CLA X. 1571） 146*
HAAG, DEN（ハーグ，王立図書館）
  76D. 45 ［図版 18］
HANNOVER（ハノーファー，ケストナー博物館）
  Cul. I. 48（369）（CLA S 1700） 143
HANN. MÜNDEN（ハン・ミュンデン市立文書館）
  Frag. 127*
HEIDELBERG（ハイデルベルク大学図書館）
  Pal. germ. 146 196
  Pal. germ. 848［マネッセ写本］ 187*, 214, 320
HEREFORD（ヘレフォード聖堂図書室）
  P. I. 2（CLA II. 157） 120
HERSFELD（ヘルスフェルト市立文書館）
  Lat. III（CLA VIII. 1225） 126*
HILDESHEIM（ヒルデスハイム，司教管区博物館）
  Codex rotundus 34*
HILDESHEIM（ヒルデスハイム，ザンクト・ゴデハルト図書室）
  S.N. 306
IVREA（イヴレア，教会参事会図書室）
  I（I）（CLA III. 300） 143*
JENA（イエナ大学図書館）
  33［イエナ詩歌集］ 33, 180, 187*, 238
JESI（IESI）（イェージ，バルデスキ゠バッレアーニ文庫）
  S.N.［タキトゥス］ 324*
KARLSRUHE（カールスルーエ，バーデン州立図書館）
  Aug. IV（CLA VIII. 1076） 156*
  Aug. CCXXVI 268*, 282
  Aug. CCLIII（CLA VIII. 1099） 268*
  Aug. CCLIII（CLA VIII. 1107） 103*
  Aug. CCLIV（CLA VIII. 1110） 139*
  Aug. CCLIV（CLA VIII. 1118） 115*
  Frag. Aug. 104（CLA VIII. 1122） 268*
KASSEL（カッセル，ヘッセン州立図書館）
  Medic. 8°11 43*
  Philol. fol. 15（CLA VIII. 1133） 126*
  Theol. fol. 21（CLA VIII. 1134） 126*
  Theol. fol. 32（CLA VIII. 1138） 126*
  Theol. fol. 65（CLA VIII. 1139） 274*
  Theol. qu. 2（CLA VIII. 1140） 126*
  Manuskripten-Anhang 18（CLA VIII. 1143） 126*
  Manuskripten-Anhang 18（2）（CLA S 1785） 212*
KÖLN（ケルン，大司教管区聖堂図書館）
  63, 65, 67 161*

106	127*
117	48
212 (CLA VIII. 1162)	211*
213 (CLA VIII. 1163)	123*［図版 7］

KÖLN（ケルン，歴史文書館）
| W 352* (CLA VIII. 1171) | 247* |

KOPENHAGEN（コペンハーゲン，王立図書館）
| Gl. kgl. S. 4.2.2°［ハンブルク聖書］| 9* |
| Fragm. 19 m. 3 | 169* |

KREMSMÜNSTER（クレムスミュンスター，教会参事会図書室）
| Cim. 1［コーデクス・ミッレナリウス］| |
| | 79* |

LA CAVA（カーヴァ・デイ・ティッレーニ，サンティッシマ・トリニタ修道院図書室）
| 1［コーデクス・カウェンシス］| 31*, 36*, 100*, 102*, 135 |

LAON（ラン，市立図書館）
50 (CLA VI. 763)	29*
273	279*
274	168*
279	279*
423 (CLA VI. 766)	26*
444	119*
468	119*

LEEUWARDEN（レーワルデン，フリースラント州立図書館）
| 55［アウルス・ゲッリウス］| 127, 160* |

LEIDEN（ライデン国立大学図書館）
BPL 2589 (CLA X. 1577)	74*, 96*
Perizon. XVIII Q. 21	203
Scal. Or. 231	135*
Voss. lat. F. 26 (CLA X. 1579)	94*
Voss. lat. F. 82 (CLA X. 1581)	103*
Voss. lat. F. 96 A	121
Voss. lat. Qu. 9 (CLA X. 1582)	235*
Voss. lat. Qu. 79	79, 287
Voss. lat. Oct. 15	300*

LEIDEN（ライデン，国立古代博物館）
| P. 421a,b,c | 84* |

LEIPZIG（ライプツィヒ，大学図書館）
| Rep. II. 2°6 | 128 |

LENINGRAD（レニングラード［サンクトペテルブルク］，ロシア国立図書館）
Q. v. I. 3 (CLA XI. 1613; S. Taf. IIIa)	92, 211*
Q. v. I. 6-10 (CLA XI. 1614)	106*
Q. v. I. 18 (CLA XI. 1621)	123*
Q. v. I. 40［テルトゥッリアヌス『護教論』］	280*［図版 12］

LEÓN（レオン，司教座聖堂文書館）
| 15 (CLA XI. 1636; 1637) | 31*, 100*, 130*, 263*［図版 6a, b］|
| 22 | 136* |

LE PUY（ル・ピュイ，司教座聖堂）
| S.N.［テオドゥルフの聖書］(CLA VI. 768) | |
| | 38*, 154* |

LICHFIELD（リッチフィールド，聖堂図書室）
| S.N.［聖チャドの聖書］(CLA II. 159) | 120 |

LONDON（ロンドン，大英図書館）
Add. 17212 (CLA II. 166)	13*
Add. 24142［テオドゥルフの聖書］	36*, 154
Add. 37777［ケオルフリスの聖書］(CLA II. 177)	211*, 273
Add. 40165 A. 1 (CLA II. 178)	35*, 89*
Add. 49598［エセルヴォルドの司教定式書］	170, 304
Add. 49622［ゴールストンの詩篇集］	171*
Arundel 393	129
Burney 275	298
Cotton Aug II 2 (ChLA III. 182)	94*
Cotton Aug II 3 (ChLA III. 183)	94*
Cotton Aug II 18 (ChLA III. 185)	48*,
Cotton Aug II 29 (ChLA III. 187)	194*
Cotton Calig. A. VII	128*, 292*
Cotton Cleopatra A. III* (CLA II. 184)	123*
Cotton Nero D. IV［リンディスファーンの書］(CLA II. 187)	21, 117, 122, 275
Cotton Tib. C. IV	306*
Cotton Titus C. XV (CLA II. 192)	247*
Cotton Vesp. A I	78, 276
Egerton 1046, f. 17-31 (CLA II. 194b)	123*
Egreton 1934 (CLA II. 195)	31*
Harley 647［アラトス］	79, 287
Harley 1492 (2493)［ペトラルカのリウィウス］	324*
Harley 2795	20

写本索引 | 465

Harley 5786　　　　　　　　　　295*
Harley 5792（CLA II. 203）　　　137*
Oriental Ms. 4717（5）B（CLA II. 205）　13*
Papyrus Lond. 229（ChLA III. 200）　84*
Papyrus Lond. 730（ChLA III. 204）　209*
Papyrus Lond. 745［マケドニア戦記断片］
　（CLA II. 207）　　10, 82, 88, 89, 90*, 91,
　97*, 246［図版 2b］
Papyrus Lond. 1532［リウィウス簡略本］（CLA
　II. 208）　　　　8*, 82, 88*, 95*, 99, 100
Papyrus Lond. 2057（CLA II. 210）　　97*
LONDON（エジプト探査協会）
　Pap. Oxy. 1814（CLA S 1713）　　92*
　Pap. Oxy. 2088（CLA S 1714）　　83*
　Pap. Oxy. 2013（CLA S 1716）　　83*
LONDON（ロンドン，ランベス宮図書館）
　382　　　　　　　　　　　　　279*
LUCCA（ルッカ，聖堂参事会図書室）
　490（CLA II. 303a-f）　　　　　140
LUZERN（ルツェルン，中央図書館）
　Msc. Pap. 25　　　　51*［図版 19］
LYON（リヨン，市立図書館）
　425（351）（CLA VI. 772）　　　250*
　443（372）（CLA VI. 774c）　　　136*
　478（408）（CLA VI. 777）　　　265*
　483（413）（CLA VI. 779）　　　281
MADRID（マドリード，国立図書館）
　Vitr. 14-3（Tolet. 15, 8）（CLA XI. 1638）
　　11*, 134*
　10110　　　　　　　　　　　　130*
MAILAND（ミラノ，アンブロシアーナ図書
　館）
　Cimelio Ms. 1（CLA III. 304）　139*, 247*
　　［図版 4］
　Cimelio Ms. 2（CLA III. 305）　　248*
　Cimelio Ms. 3, f. 113-120（CLA III. 306）
　　13*, 97*
　A. 220 inf.　　　　　　　　　　282*
　C. 5 inf.［バンガーの交唱聖歌集］（CLA III.
　　311）　　　　　　　　　　　　114
　C. 73 inf.（CLA III. 314）　　　　137*
　C. 77 sup., fol. 245（CLA III. 321）　262*
　C. 98 inf + M77 sup. f. 93（CLA III. 322）
　　139*
　C. 105 inf.（CLA III. 323b）　　　139*
　C. 105 inf. f. 1; 9（CLA III. 324）　141*
　C. 301 inf.（CLA III. 326）　　　208*
　D. 23 sup.（CLA III. 328）　　　112*
　D. 268 inf.（CLA III. 334）　　139*, 262*
　G. 82 sup.（CLA III. 344a）　　　112*
　G. 82 sup.（CLA III. 345）　　　19*
　I. 61 sup.（CLA III. 350）　119*, 139*, 275*
　L. 99 sup.（CLA III. 353）　　119*, 139*
　O. 212 sup.（CLA III. 361）　　119*, 262*
　R. 57 sup.（CLA III. 363）　　　35*
　S. 45 sup.（CLA III. 365）　119*, 261*, 262*
　S.P. cassaf. 1　　　　　　　　　52*
MAILAND（ミラノ，サクロ・クオーレ・カト
　リック大学図書館）
　Pap. Med. 1（CLA III. 367）　　　95*
MAILAND（ミラノ，サント・アンブロシオ聖
　堂参事会文書館）
　Briefe　　　　　　　　　　　　48*
MANCHESTER（マンチェスター，ジョン・
　ライランズ図書館）
　71　　　　　　　　　　　　　　43*
　Papyrus Ryl. I 42（CLA II. 223）　　74*
　Papyrus Ryl. III 472（CLA S 1720）　97*
　　［図版 3］
　Papyrus Ryl. III 478（CLA II. 227）　95*
　Papyrus Ryl. G.k. IV 623（ChLA IV. 253）
　　85*
MARBURG（マールブルク，ヘッセン州立文
　書館）
　Fuld. Chartular　　　　　　　　127
MARBURG（マールブルク大学図書館）
　Frag.　　　　　　　　　　　　38*
METZ（メス市立図書館）
　227　　　　　　　　　　　　　169*
MODENA（モーデナ，聖堂参事会文書館）
　O. I. 12（CLA III. 369）　　　　137*
MONTE CASSINO（モンテカッシーノ，バデ
　ィア文書館）
　4 ; 19（CLA III. 372-373）　　　134*
　132　　　　　　　　　　　　　305*
　150（CLA III. 374a）　　103*, 105*, 252*
　580　　　　　　　　　　　　　152*
　753（CLA III. 381）　　　　　　140*
MONTPELLIER（モンペリエ，大学図書館）
　160　　　　　　　　　　　　　36*

写本索引 | 467

MONPELLIER(モンペリエ, 市立図書館)
  5   136*
  6   136*
MÜNCHEN(ミュンヘン, バイエルン州立図書館)
  Cod. gall. 6   317
  Cgm 19[パルツィファル G 写本]   38*, 185, 189*
  Cgm 25[ヘリアンド]   11
  Cgm 51[トリスタン]   185, 189*
  Cgm 174   43*
  Cgm 189   42
  Cgm 717   196
  Clm 208(CLA IX. 1237)   251*
  Clm 2574b[アルベルト・ベハム]   15, 189*, 214*
  Clm 3514(CLA IX. 1238)   268*
  Clm 4577(CLA IX. 1243)   22*
  Clm 4660, 4660a[カルミナ・ブラーナ]   186
  Clm 5508(CLA IX. 1247)   103*
  Clm 5900   51*
  Clm 6212   251*
  Clm 6224(CLA IX. 1249)   270*
  Clm 6233   54*
  Clm 6237(CLA IX. 1253)   127*
  Clm 6297(CLA IX. 1263)   127*
  Clm 6300(CLA IX. 1266)   278*
  Clm 6432   39*
  Clm 6433(CLA IX. 1283)   127*
  Clm 10072   [図版 15]
  Clm 13038(CLA IX. 1288)   54*
  Clm 14000   94*
  Clm 14070c   168*
  Clm 14080(CLA IX. 1289a)   127*
  Clm 14272   298*
  Clm 14429(CLA IX. 1298)   112*
  Clm 14436   242*
  Clm 14485[ロスヴィータ写本]   292, 324*
  Clm 14512   54*
  Clm 14516[ボエティウス]   213*
  Clm 14653(CLA IX. 1307)   127*
  Clm 14712   54*
  Clm 14792   168*
  Clm 14830   32
  Clm 14843   32*
  Clm 15826   152*
  Clm 17177   39*
  Clm 18140   215
  Clm 19408(CLA IX. 1322)   31*
  Clm 19453   164*
  Clm 19717   23*
  Clm 22053[ヴェッソブルンの祈禱書]   129
  Clm 22501(CLA IX. 1324)   264*
  Clm 23511   240*
  Clm 29155d(CLA IX. 1335)   122*
  Clm 29163a(CLA S 1797)   117*
  Clm 29270/1   35*
  Clm 29270/7   79*
  Clm 29300/2   117*
  Clm 29555/3   42*
  Clm 29670   309*
MÜNSTER IN WESTFALEN(ミュンスター, ヴェストファーレン州立文書館)
  Msc. I. 243(CLA IX. 1233)   273*
MÜNSTER IN WESTFALEN(ミュンスター, 大学図書館)
  Fragm.   23*
MURI(ムーリ, スイス, アールガウ州立図書館)
  Osterspiel[復活祭劇]   42
NAMUR(ナミュール, 市立図書館)
  1   36*
NEAPEL(ナポリ, 国立図書館)
  Pap. Herc. 817(CLA III. 385)   8*, 74*
  Pap. Herc. 1067(CLA III. 386)   74*
  Pap. Herc. 1475(CLA III. 387)   8*, 74*
  Lat. 1(CLA III. 388)   119*, 139*
  Lat. 2[ルカヌス・パリンプセスト](CLA III. 392)   31*
  Lat. 2(CLA III. 394)   262*
  Lat. 2(CLA III. 396a)   262*
  Lat. 2(CLA III. 397a. b)   27*, 85*, 100*, 262*
  Lat. 3(CLA III. 399)   21*
  Lat. 4   149*
  IV. A. 8(CLA III. 400)   262*
  IV. A. 8(CLA III. 403)   119*, 139*, 262*

| 写本索引

VI. E. 43 　　　　　　　　　　　　［図版 13］
XVI. A. 9 　　　　　　　　　　　　　　149*
NEW HAVEN（ニューヘヴン，イェール大学）
　P. Dura 54（ChLA VI. 309） 　　　　　74*
NEW YORK（ニューヨーク，コロンビア大学図書館）
　Plimpton 27（CLA XI 1654） 　　　31*, 36*
NEW YORK（ニューヨーク，ピアポント・モーガン図書館）
　Pap. M. 334（CLA XI. 1659） 　　　　266*
　L 23 　　　　　　　　　　　　　　　54*
NOVARA（ノヴァーラ，聖堂参事会図書室）
　2（LXXXIV）（CLA III. 406） 　　　　139*
NÜRNBERG（ニュルンベルク，国立ゲルマン博物館）
　Ms. 27932（CLA IX. 1347） 　　　　　79*
OBERKAUFUNGEN（オーバーカウフンゲン，騎士団財団文書館）
　Grammatica Bonifatii（CLA S 1803） 　126*
ORLÉANS（オルレアン，市立図書館）
　19（16）, f. 26–30（CLA VI. 800） 　　105*
　192, f. 19（CLA VI. 810） 　　　　　 252*
　192, f. 46–55（CLA VI. 819） 　　　 252*
　221（193） 　　　　　　　　　　　　159
　302 　　　　　　　　　　　　　　　121*
OVIEDO（オビエド，聖堂文書館）
　Libro de los testamentos 　　　　　134*
OXFORD（オクスフォード，ベリオール・カレッジ）
　224 　　　　　　　　　　　　［図版 16］
　306 　　　　　　　　　　　　　　　108*
OXFORD（オクスフォード，ボドリアン図書館）
　Auct. D. II. 19（CLA II. 231） 　　　118*
　Auct. F. III. 32 　　　　　　　　　　121*
　Auct. T. II. 26（CLA II. 233a） 　　　104*
　Douce 140（CLA II. 237） 　　　103*, 273*
　Eng. poet. a I 　　　　　　　　　　　38*
　Hatton 93（CLA II. 241） 　　　　　　20*
　Lat. Bibl. C.8（P）（CLA II. 259） 　　20*
　Lat. class. f. 5（P）（CLA II. 247） 　　95*
　Lat. class. g. 1（CLA II. 248） 　　　　97*
　Laud. gr. 35（CLA II. 251） 　　100*, 274*
　Laud. lat. 49 　　　　　　　　　　　　36*
　Lyell Bequest 84 　　　　　　　　　　45*

Marshall 19 　　　　　　　　　　　　233*
PADUA（パドヴァ，アントニアーナ図書館）
　Scaff. I 27 　　　　　　　　　　　　 35
　Cod. XXI. 508 　　　　　　　　［図版 20］
PARIS（パリ，アルスナル図書館）
　664 　　　　　　　　　　　　　　　317
PARIS（パリ，フランス国立図書館）
　Grec 107+107A+107B（CLA V. 521） 　100*
　Lat. 257 　　　　　　　　　　　　　21*
　Lat. 281+298（CLA V. 526） 　　　　　78*
　Lat. 817［ザンクト・ゲレオンの秘蹟書］
　　302
　Lat. 1535 　　　　　　　　　　　　 169*
　Lat. 2110（CLA V. 541） 　　　　　　269
　Lat. 2235（CLA V. 543） 　　　　　 250*
　Lat. 2269 　　　　　　　　　　　　 135*
　Lat. 4403A（CLA V. 556） 　　　　　 143
　Lat. 5730［プテアヌス本リウィウス］（CLA V. 562） 　　　　　　　　　　　　　89*
　Lat. 7498 　　　　　　　　　　　　　57*
　Lat. 7520, f. 1–24（CLA V. 568） 　121*, 156*
　Lat. 7929 　　　　　　　　　　　　　31*
　Lat. 7993 　　　　　　　　　　　　　36*
　Lat. 8084, f. 1–155［プルデンティウス］（CLA V. 571a） 　　77*, 78*, 77*, 104*, 249*
　Lat. 8824 　　　　　　　　　　　　　33*
　Lat. 8907（CLA V. 572） 　　　　　　101*
　Lat. 8913–8914（CLA V. 573） 　141*, 247*
　Lat. 9332 　　　　　　　　　　　　 156*
　Lat. 9380（CLA V. 576）［テオドゥルフの聖書］12*, 154*
　Lat. 9389（CLA V. 578）［エヒテルナハ・コーデクス］ 　　　　　　　　10*, 122, 275
　Lat. 9427（CLA V. 579） 　　　　［図版 11］
　Lat. 9431 　　　　　　　　　　　　 169*
　Lat. 9525 　　　　　　　　　　　　 125*
　Lat. 9526（CLA V. 584） 　　　　125*, 267*
　Lat. 9533（CLA V. 587） 　　　　　 130*
　Lat. 9538（CLA V. 588） 　　　　　 125*
　Lat. 9550, f. 4–86（CLA V. 589） 　　109*
　Lat. 9565 　　　　　　　　　　　　 125*
　Lat. 9643（CLA V. 591） 　　　　　 264*
　Lat. 9665（CLA V. 702） 　　　　　　143
　Lat. 9768［ニタルドゥス，ストラスブールの誓約］ 　　　　　　　　　　　168, 215

Lat. 10233(CLA V. 592)	130*	Barberini-Elfenbein［バルベリーニ象牙折板］	
Lat. 10318(CLA V. 593)	95*	17, 140	
Lat. 10439(CLA V. 600)	31, 257*	P. 2329(CLA V. 696)	87*
Lat. 10526	34*	P. 2404(ChLA XVII. 657)	84*
Lat. 10756, f. 62-69(CLA V. 604)	146*	PARIS（パリ，ソルボンヌ・パピルス学研究所）	
Lat. 10837, f. 2-33(CLA V. 605)	125*		
Lat. 10837, f. 42-43(CLA V. 606b)	125*	Pap. inv., Bouriant 2249(CLA S 1755)	84*
Lat. 11529(CLA V. 611)	36*	Pap. Reinach 2140(CLA V. 699)	108*
Lat. 11530(CLA V. 611)	36*	POITIERS（ポワティエ，市立図書館）	
Lat. 11641(CLA V. 614)（ジュネーヴ，lat. 16 参照）	9*, 247*, 266*	17(65)(CLA VI. 821)	94*
		POMMERSFELDEN（ポンメルスフェルデン，シェーンボルン図書館）	
Lat. 11947(CLA V. 616)	21*		
Lat. 12021, f. 140-141(CLA V. 617)	79*	Lat. Pap. 1-6(CLA IX. 1351)	247*
Lat. 12048［ジェローヌの秘蹟書］(CLA V. 618)	286, 301	Lat. Pap. 7-13(CLA IX. 1350)	247*
		Lat. Pap. 14(CLA IX. 1349)	87*, 247*
Lat. 12097, f. 1-224(CLA V. 619)	264	PRAG（プラハ，国立図書館）	
Lat. 12124	281	XIV.A.13［コーデクス・ヴィシェフラデンシス］	80
Lat. 12132	11*		
Lat. 12161(CLA V. 624 ff.)	143*, 264*	Lobkowitz 434［アブロガンス］	14
Lat. 12205(CLA V. 633)	266*	PRINCETON（プリンストン，大学図書館）	
Lat. 12214(CLA V. 635)	234*, 281*	Vergil-Rotulus［ウェルギリウス巻子本］ 61*	
Lat. 12238, f. 129(CLA V. 617)	79*		
Lat. 12242 ff.	277*	QUEDLINBURG（クヴェトリンブルク，参事会教会宝物館）	
Lat. 12958, f. 1-43	169*		
Lat. 13046, ff.A et 118v(CLA V. 648)	144*	S.N.(CLA VIII. 1069)	255
Lat. 13246(CLA V. 653)	137*, 268*	RAVENNA（ラヴェンナ，大司教管区文書館）	
Lat. 13367(CLA V. 658)	105*	S.N.(CLA IV. 410a-b)	103*
Lat. 15652	189*［図版 17］	S.N.(CLA IV. 412)	103*
Lat. 15679	279*	REIMS（ランス，市立図書館）	
Lat. 16668(CLA S 1749)	127*	1424(CLA VI. 825)	132*
Lat. 17654(CLA V. 670)	94*, 269*, 268*,	ROM（ローマ，国立中央図書館）	
Lat. 17655(CLA V. 671)	143, 266*	Sessor. 55(2099)(CLA IV. 420b)	140*
Lat. 18315(CLA V. 675)	268*	ROM（ローマ，ヴァッリチェッリアーナ図書館）	
N.a.l. 1063(CLA V. 679)	141*		
N.a.l. 1114(CLA V. 680)	102*	A 5	157
N.a.l. 1203(CLA V. 681)	12*	B 25^2	157*
N.a.l. 1448	281	ROM（ローマ，サン・パオロ・フオーリ・レ・ムーラ教会）	
N.a.l. 1548	169*		
N.a.l. 1575(CLA V. 682)	147*	Bibel	10*, 80, 159*, 287, 288
N.a.l. 1587(CLA V. 684)	121*	ROUEN（ルアン，市立図書館）	
N.a.l. 2334［アッシュバーナムのモーセ五書］(CLA V. 693)	264*, 270	24(A.41)［ルアンの二重詩篇］	118
		SAINT-MAURICE（サン・モーリス，修道院文書室）	
N.a.l. 2654(ChLA XVIII. 659)	140*［図版 10］		
		Authentiken(ChLA I. 14-39)	267
PARIS（パリ，ルーヴル美術館）		SAINT-OMER（サン・トメール，市立図書館）	

| 写本索引

91	54*
SALISBURY（ソールズベリー，聖堂図書館）	
117（CLA II. 259）	20*
SALZBURG（ザルツブルク，ザンクト・ペーター修道院文書館）	
Arch. A	162*
Cod. a I O	32
Cod. a X. 23（CLA X. 1463）	103
Tabula	45
SANKT-GALLEN（ザンクト・ガレン，修道院文書館）	
I 10（ChLA I. 46）	147*
I 12（ChLA I. 48）	147*
I 15（ChLA I. 50）	147*
I 16（ChLA I. 51）	147*
I 23（ChLA I. 57）	147*
SANKT-GALLEN（ザンクト・ガレン，修道院図書館）	
2（CLA VII. 893a）	147*
8	53*
44	147
87	251*
126（CLA VII. 910）	127
194（CLA VII. 918）	208*
214（CLA VII. 924）	144
226（CLA VII. 929）	247*
226（ChLA II. 174）	48
273	34
348（CLA VII. 936）	156*
672	28*
730（CLA VII. 949）	211*, 260
868	299*
908（CLA VII. 955）	13*
911［アブロガンス］	214*
912（CLA VII. 967a）	32*
912（CLA VII. 968）	32
913（CLA VII. 976）	32*
1093	43*
1394（CLA VII. 977. 980）	31*, 77*, 117*, 137
1395（CLA VII. 984. 988. 991）	102*, 105*, 117*, 250
1399 a. I（CLA VII. 995）	112
1399 a. 7	36*
SANKT-PAUL（ザンクト・パウル，ケルンテン，修道院図書室）	
1. I（25・3・19）（CLA X. 1450）	22*
3. I（25・2・36）（CLA X. 1455, 1456）	266*
SAREZZANO（サレッツァーノ，教区図書館）	
S.N.（CLA IV. 436a–b）	19*
SCHAFFHAUSEN（シャッフハウゼン，市立図書館）	
Ms. Gen. 1（CLA VII. 998）	20*, 114,
SINAI（シナイ，聖カタリーナ修道院）	
Slav. 5	132
Arab. 455	132
Gr. 567	132
SPANGENBERG（シュパンゲンベルク，教区図書館）	
S.N.（CLA S 1806）	123*
STOCKHOLM（ストックホルム，スウェーデン国立図書館）	
A. 135［コーデクス・アウレウス］（CLA XI. 1642）	94*, 276, 289*, 302
A. 148［コーデクス・ギガス］	32
STONYHURST（ストーニーハースト，カレッジ図書館）	
S.N.（CLA II. 260）	94*
STRASBOURG（ストラスブール，国立・大学図書館）	
P. Argent. lat. 1	89*
P. lat. 2（CLA VI. 833）	29*
S.N.（1870年滅失）［ラキオのコーデクス］（CLA VI. 835）	286*
STUTTGART（シュトゥットガルト，ヴュルッテンベルク州立図書館）	
H.B. II. 16	36*
H.B. VI.113（CLA IX. 1360）	154*
H.B. XIII.1［ヴァインガルテン詩歌集］	320
H.B. XIV 3	30*
Hist. 459	43*
SULMONA（スルモナ，教会参事会文書館）	
Rotulus	42
TOULOUSE（トゥルーズ，市立図書館）	
364（I. 63）（CLA VI. 836）	211*, 264
TOURS（トゥール，市立図書館）	
22	29*
TRIER（トリーア，聖堂図書館）	
61［聖福音集］	276

写本索引 | 471

TRIER（トリーア，市立図書館）
　24［コーデクス・エグベルティ］　164*
TROYES（トロワ，市立図書館）
　504（CLA VI. 838）　259
TURIN（トリーノ，国立文書館）
　IB. II. 27（CLA IV. 438）　211*, 262
TURIN（トリーノ，国立図書館）
　A. II. 2（CLA IV. 439）　262*
　A. II. 2*（CLA IV. 441）　119*
　A. II. 2*（CLA IV. 444）　119*
　E. IV. 42（CLA IV. 447）　78*
　F. IV. I fasc. 4（CLA IV. 451）　262*
　G. V. 4（CLA IV. **462）　101*, 262*
　G. VII. 15（CLA IV. 465; S Taf. Va）　27*, 89*, 92*, 210*
　O. IV. 20（CLA IV. 466）　117*
UPSALA（ウプサラ，大学図書館）
　DG 1［コーデクス・アルゲンテウス］　12, 21*, 250*, 253
UTRECHT（ユトレヒト，国立大学図書館）
　32［ユトレヒト詩篇］　36, 79, 287, 304
VALENCIENNES（ヴァランシエンヌ，市立図書館）
　495（CLA VI. 841）　266*
VATICANA（ヴァチカン，サン・ピエトロ聖堂文書館）
　Basilicanus D. 182（CLA I. 1a-b）　102*, 152*, 211*, 251*
VATICANA（ヴァチカン，教皇図書館）
　Barb. gr. 336　260*
　Lat. 1512（CLA I. 10）　143*
　Lat. 3225［ヴァチカン本ウェルギリウス＋メディチ本ウェルギリウス］（CLA I. 11; **11）　76, 77*, 255*
　Lat. 3226［ベンボ本テレンティウス］（CLA I. 12）　68*, 76*, 77*, 101*, 104*
　Lat. 3256［アウグステウス本ウェルギリウス］（CLA I. 13）　31*, 35*, 77*, 257
　Lat. 3375（CLA I. 16）　103*, 252*
　Lat. 3867［ロマヌス本ウェルギリウス］（CLA I. 19）　77*, 211*, 255*
　Lat. 5729［ファルファ聖書］　305
　Lat. 5750（CLA I. 26-30）　92*, 104*, 248*, 262*
　Lat. 5757（CLA I. 35）［キケロ］　89*

　Lat. 5763, f. 3-80（CLA I. 39）　139*
　Lat. 5766（CLA I. 45.46.47）　100*, 207, 263*
　Lat. 7809（CLA I. 55）　139*
　Lat. 10696（CLA I. 57）　93*
　Lat. 10816　34*
　Palat. lat. 24（CLA I. 69）　98*
　Palat. lat. 24（CLA I. 72）　35
　Palat. lat. 24（CLA I. 74）［ゲッリウス］　76
　Palat. lat. 24（CLA I. 77）　89
　Palat. lat. 57　48*
　Palat. lat. 68（CLA I. 78）　273*
　Palat. lat. 177（CLA I. 79）　127*
　Palat. lat. 210　281
　Palat. lat. 259（CLA I. 90）　127*
　Palat. lat. 493（CLA I. 93）　269*
　Palat. lat. 577（CLA I. 97）　127*
　Palat. lat. 1631［パラティヌス本ウェルギリウス］（CLA I. 99）　77*
　Palat. lat. 1753（CLA S 1776）　208*
　Regina lat. 11（CLA I. 101）　78, 269
　Regina lat. 124　128*
　Regina lat. 257（CLA I. 103）　269*
　Regina lat. 317（CLA I. 106）　266*
　Regina lat. 689 bis（CLA I. 107）　268*［図版 5］
　Regina lat. 762（CLA I. 109）　54*
　Regina lat. 846　281*
　Regina lat. 852　281*
　Regina lat. 857　281*
　Regina lat. 886（CLA I. 110）　104*, 264*
　Regina lat. 1024（CLA I. 111）　130*
　Regina lat. 1040（CLA I. 112）　157*
　Regina lat. 1283a（CLA I. **112）　76*
　Regina lat. 1308　29*
　Regina lat. 1504　169*
　Regina lat. 2077（CLA I. 115）　76*
　Rossian. 247　169*
　Urbin. lat. 1154（CLA I. 117）　101*, 262*
VERCELLI（ヴェルチェッリ，聖堂参事会図書室）
　S.N.（CLA IV. 467）　93*, 103*
　CIV（47）　157
　CLXXXIII（CLA IV. 469）　139*
　CLXXXIII（CLA IV. 470）　137*
　Tabula　44*

VERDUN（ヴェルダン，市立図書館）
51　　　　　　　　　　　　　119
VERONA（ヴェローナ，聖堂参事会図書館）
　I (1) Append. Frag. IV (CLA IV. 476)　　103*
　III (3) (CLA IV. 478)　　　　　　　　103*
　VI (6) (CLA IV. 481)　　　　　　　　　21*
　X (8) (CLA IV. 483)　　　　　　　　　137*
　XIII (11) (CLA IV. 484)　　　　　22*, 101*
　XIV (12) (CLA IV. 485)　　　　　　　　89*
　XV (13) (CLA IV. 488)［ガイウス］　29, 97,
　　207*
　XVII (15) (CLA IV. 489a)　　　　　　104*
　XXII (20) (CLA IV. 490)　　　　　　　211*
　XXVIII (26) (CLA IV. 491)　　　　　　101*
　XXXIII (31) (CLA IV. 492)　　　　　　139*
　XXXVIII (36) (CLA IV. 494)　　102*, 251*
　XL (38) (CLA IV. 497–501)　　　60*, 104*,
　　143*, 266*
　XLII (40) (CLA IV. 502)　　　　137*, 147*
　XLVI (44) (CLA IV. 503)　　　　　　　137*
　LI (49) (CLA IV. 504)　　　　　　253*, 254
　LV (53) (CLA IV. 508)　　　　　　　　102*
　LIX (57) (CLA IV. 509)　　　　　　　 105*
　LXII (60) (CLA IV. 512)　　　 139*［図版 9］
　LXXXIX (84) (CLA IV. 515)　　　　　 131*
WARSCHAU（ワルシャワ，国立図書館）
　480　　　　　　　　　　　　　　　　281*
WIEN（ウィーン，ホーフブルク宗教宝物館）
　S.N.［戴冠式福音書］(CLA X. 1469)　　12*,
　　28*, 79*
WIEN（ウィーン，国立図書館）
　Lat. I a (CLA X. 1470)　　　　　　　　9*
　Lat. I b (CLA X. 1471)　　　　　　　　9*
　Lat. 15 (CLA X. 1472)　　　　　　　　89*
　Lat. 418 (CLA X. 1478)　　　　　103*, 233*
　Lat. 765 (CLA X. 1489)　　　　　　　103*
　Lat. 847 (CLA X. 1491)　　　　　　　106*
　Lat. 1182［黄金福音書］　　　　　　　　21

Lat. 1224 (CLA X. 1500)　　　　　　　127*
Lat. 1800　　　　　　　　　　　　　　34*
Lat. 1856［スフォルツァの祈禱書］　　　　12
Lat. 1861［ダグルフ詩篇集］(CLA X. 1504)
　153*, 154
Lat. 1929　　　　　　　　　　　　［図版 21］
Lat. 2160 (CLA X. 1507)　　　　　104*, 247*
Lat. 12600　　　　　　　　　　　　　　36*
Papyrussammlung L.16 (CLA X. 1520)　　74*
Papyrussammlung L 59+92 (CLA X. 1527)
　97*, 105*
WIESBADEN（ヴィスバーデン）
　Hs. 1　　　　　　　　　　　　　　　 303
WOLFENBÜTTEL（ヴォルフェンビュッテル，
　アウグスト大公図書館）
　Aug. 2°. 36.23［ローマ土地測量士文献］(CLA
　　IX. 1374a-b)　　　　　　 104*, 106*, 255
　Aug. 4° 13.11 (CLA IX. 1377)　　　　266*
　Helmst. 455 (CLA IX. 1380)　　 121*, 156*
　Novi 404.8 (26)　　　　　　　　　　　51*
　Weissenb. 14+24 (CLA IX. 1384)　　　 29*
　Weissenb. 64［ウルフィラ・カロリヌス］
　　(CLA IX. 1386)　　　　　　　　　　139*
　Weissenb. 64 (CLA IX. 1388)　　　　　252*
　Weissenb. 84 + 92　　　　　　　　　　128
　Weissenb. 91　　　　　　　　　　　　 53*
　Weissenb. 97　　　　　　　　　　　　268
WÜRZBURG（ヴュルツブルク，大学図書館）
　M.p.j.f.7 (CLA IX. 1400)　　　　　　 126*
　M.p.th.f.64a (CLA IX. 1420; 1421)　　266*
　M.p.th.f.68 (CLA IX. 1423a-b)　　　　274*
　M.p.th.f.98　　　　　　　　　　　　　53*
　M.p.th.q.2 (CLA IX. 1430a-b)　　273*, 274*
　M.p.th.q.3 (CLA IX. 1431)　　　　251*, 254
ZÜRICH（チューリヒ，中央図書館）
　C. 79b, f. 17-18 (CLA VII. 1018)　　　35*
ZÜRICH（チューリヒ，スイス州立図書館）
　Wappenrolle　　　　　　　　　　　　43*

佐藤彰一

1945年生．名古屋大学名誉教授，日本学士院会員．専攻西洋中世史．
『修道院と農民』(名古屋大学出版会)，『ポスト・ローマ期フランク史の研究』(岩波書店)，『中世初期フランス地域史の研究』(岩波書店)ほか．

瀬戸直彦

1954年生．早稲田大学文学学術院教授．専攻中世フランス文学・文献学．
『トルバドゥール詞華集』(大学書林)，ベルナール・セルキリーニ『フランス語の誕生』(共訳，白水社)，「フランス国立図書館856写本における目次と索引」(『早稲田大学図書館紀要』49)ほか．

西洋写本学　ベルンハルト・ビショッフ
　　2015年9月16日　第1刷発行
　　2025年4月24日　第4刷発行

訳　者　佐藤彰一　瀬戸直彦
　　　　（さとうしょういち）（せとなおひこ）

発行者　坂本政謙

発行所　株式会社　岩波書店
　　　　〒101-8002　東京都千代田区一ツ橋2-5-5
　　　　電話案内　03-5210-4000
　　　　https://www.iwanami.co.jp/

印刷・三秀舎　製本・牧製本　製函・岡山紙器所

ISBN 978-4-00-061065-0　Printed in Japan

羊皮紙の世界 ――薄皮が秘める分厚い歴史と物語――	八木健治	A5判 三一九六頁 定価三一九〇円
西洋書物史への扉	高宮利行	岩波新書 定価一一〇〇円
岩波オンデマンドブックス 日本近世書物文化史の研究	横田冬彦	A5判 五〇二頁 定価二二〇〇円
書物の宮殿	R・シャルティエ 宮下志朗訳	四六判 二九七四頁 定価二九七〇円
カラー版 本ができるまで 増補版	岩波書店編集部編	岩波ジュニア新書 定価一二三二〇円
中世史とは何か	J・H・アーノルド 図師宣忠・赤江雄一訳	四六判 二七〇頁 定価三〇八〇円

―――― 岩波書店刊 ――――

定価は消費税10%込です
2025年4月現在